다시 쓰는 고조선사

다시 쓰는

고조선사

송호정 지음

서경문화사

책을 내며 — 다시 쓰는 고조선사

필자가 고조선사를 주제로 공부를 한 지도 어느덧 30년을 넘어간다. 그동안 고조선사를 공부하면서 개인적으로 제일 많이 고민을 한 부분은 우리 역사상 첫 국가의 역사적 경험이 이후의 삼국시대로 어떻게 계승되느냐 하는 점이었다. 그리고 고조선이 각 단계별로 고대 국가로서 어떤 특징을 가지고 있었는 지를 명확하게 정리하기 위해 노력을 해왔다. 그러나 고조선 관련 문헌 자료가 너무 단편적이어서 그 실상을 파악하는 데는 많은 어려움이 있었다. 문헌 자료만으로 해결이 안 되는 주제들은 고고 자료를 통해 그 내용을 채워 나가는 식으로 연구를 하였지만 아직도 많은 내용이 해결되지 않았다는 생각이 든다.

해마다 몇 편의 글을 통해 고조선사의 실상에 다가가기 위한 노력을 하다 보니 어느덧 하나의 체계를 갖출 수 있는 정도가 되었다. 그 동안의 연구 성과를 모아 놓고 보니 고조선사가 청동기 시대를 거쳐 철기 시대에 이르러 고대 국가 단계로 성장하였고, 고조선의 중심지는 처음부터 멸망 시까지 평양 대동강 유역에 있었음을 분명히 말할 수 있게 되었다.

이러한 나의 고조선사에 대한 생각은 기존 학계의 통설과 많이 다르다. 전문 연구자가 자신만의 생각을 갖는 것은 너무나 당연한 일임에도 우리 학계에 만연한 민족주의적 시각 때문에 나의 견해와 주장은 여러 부류의 사람들로부터 많은 비판과 질타를 받기도 했다.

최근 우리 학계는 물론 일반 시민들 사이에서는 고조선의 위치 문제에 대해 큰 관심을 가지고 있다. 그러나 고조선의 중심지 문제는 고조선사의 여러 문제를 규명하는

데 하나의 주제일 뿐이다. 기존 학계의 통설이라 할 수 있는 고조선 중심지 이동설은 몇몇 문헌에 요동(遼東)과 조선(朝鮮)이 동시기에 다른 지역이라고 나오는 기록과 배치되는 해석이다. 최근 고고학계를 중심으로 요서 지역의 비파형동검문화를 고조선의 문화로 보는 주장 역시 요서 지역에 오랑캐[戎狄]가 살았다는 문헌 기록과 일치하지 않는다.

필자는 그 동안 고고 자료를 문헌과 결부시켜 종합하는 방식으로 고조선사에 대해 해석해 왔다. 문헌 자료를 통해서는 고조선 중심지가 평양에 있었다는 사실에 대해 분명한 입장을 가지게 되었고, 중국 동북지방 및 한반도 서북지방의 고고 자료를 공부하면서는 지역별 문화유형 분류라는 것이 문화적 영향 관계를 논할 수는 있지만 하나의 정치체와 직결되기 어렵다는 생각을 가지게 되었다.

이러한 나의 생각을 정리한 연구 논문 가운데 시기별로 대표적인 글 17편을 모아 하나의 책으로 묶어 보았다. 책의 본문은 크게 2부로 나누었다. 1부에는 문헌 자료를 중심으로 고조선사의 초기 단계부터 후기 단계에 이르기까지의 주요 쟁점에 대한 내용을 주제별로 정리한 글을 실었다. 2부는 고조선사의 전개 과정에 맞추어 각 시기마다 유행했던 고고 문화의 내용에 대해 정리한 글을 모은 것이다.

맨 처음에 「고조선사 연구의 새로운 방법론」 글을 넣은 것은 고고 자료의 유형 분류를 중심으로 초기 고조선사에 관심을 갖는 고고학계의 연구 방법론에 문제를 지적하고 싶었기 때문이다. 이 글에서는 고조선사를 명확히 해명하기 위해 이제까지의 접근 방법과는 다른 접근 방법이 필요함을 역설하였다. 그 동안의 고조선사 연구처럼 요령성 각 지역의 문화 유형을 분류하고 이를 단편적인 문헌 기록과 연계하여 고조선의 문화를 추론하는 식의 연구 방법론으로는 고조선사와 관련하여 진전된 해석을 얻기가 어렵다고 생각한다. 하나의 문화나 문화 유형은 정치체와 직결되는 것이 아니기 때문이다. 분명 고조선은 고대국가이므로 어느 단계에 국가로 성장했으며, 고대국가로서 고조선 사회의 역사적 특성은 어떠한지 등에 대한 연구가 선행되어야 여타의 주제에 대한 해명이 가능하다는 점을 강조하였다.

Ⅰ부 1장의 글은 고조선사 관련 문헌과 고고자료에 대해 개관한 것이다. 본 글은 하버드 대학 Early Korea Project Korea Institute와 동북아역사재단에서 주관하여 고조선사 및 한사군을 주제로 책을 낼 때 게재한 원고이다. 여기에서는 고조선사와 관련하여 기본적인 개관과 함께 고조선사 관련 기록 및 이를 둘러싼 다양한 논쟁들을 간략하게 정리하였다.

Ⅰ부 2장, 3장의 글은 논란이 많은 고조선 중심지 문제와 관련하여 문헌 자료와 고고 자료를 정리해 보고, 고조선 중심지와 관련된 각 주장에 대해 객관적으로 그 주장의 근거와 문제점을 짚어본 것이다. Ⅰ부 4장의 「왕검성 위치에 대한 재검토」 글 역시 고조선 중심지와 관련된 것인데, 그 동안 일부 연구자가 고조선의 수도 왕검성의 위치를 요동 일대로 비정하였는데 그 연구의 논리적 문제점을 제기한 것이다. 여기서 문헌 기록과 고고 자료가 부합하는 후기 고조선 시기의 왕검성 위치는 대동강 유역임을 다시 한 번 주장하였다.

Ⅰ부 5장의 글은 선진(先秦) 시기의 문헌에 실린 고조선 관련 내용에 대해 정리해 본 것이다. 선진 문헌 가운데 고조선 관련 기록이 있는 책은 『관자(管子)』와 『산해경(山海經)』, 『전국책(戰國策)』 등이다. 이들 선진문헌에는 '조선(朝鮮)'이 '요동(遼東)' 지역과 구분되어 나온다. 이를 통해 '조선'은 처음부터 한반도 서북 지역을 중심으로 존재하고 있던 정치체였음을 강조하였다.

Ⅰ부 6장의 글은 고조선이 성장하면서 주변 국가, 특히 중원제국과 외교 관계를 맺는 양상을 정리한 것이다. 대부분 고대 중원제국과 주변 국가 사이에 맺어진 외교 관계는 책봉(冊封)과 조공(朝貢)이라는 형식으로 이루어졌다. 그리고 조공-책봉 관계는 주대(周代)부터 성립하였는데, 본격적으로는 한대(漢代) 이후 중국과 그 인접국 간에 성립되었다. 따라서 이 글에서는 고조선과 중원제국이 국가 간에 책봉체제에 따른 공식적인 외교 관계를 맺은 것은 한(漢) 이후부터임을 강조하였다.

Ⅰ부 7장의 글은 위만조선의 등장과 한(韓)의 관계에 대한 것이다. 위만조선과 한의 문제는 고대사 인식체계 문제에서 매우 중요하다. 고조선 후기 단계에 위만의 등장으

로 남쪽으로 망명한 준왕이 한강이남 지역에서 한(韓)을 일으키는 데 중요한 계기를 마련하였다. 그 이전에 한강 이남에는 진(辰) 또는 진국(辰國)으로 불리는 정치 세력이 있었는데, 아직까지 학계에서는 명확히 진국의 위치나 국가적 성격에 대한 정리가 되어 있지 않다.

일찍이 『고려사』 지리지 등 고려·조선조의 여러 사서에서 준왕의 남래지로 익산(益山) 지역을 주목하였다. 이러한 사실과 익산 지역의 발달된 청동기문화가 대동강 유역에 위치한 고조선 청동기문화와 유사하다는 점에서 많은 연구자들이 오래 전부터 준왕의 남래지로 익산 지역이 가장 적합하다는 생각을 해왔다. 필자도 전통적인 문헌 기록과 고고 자료에 입각해서 준왕의 남래지가 익산 지역임을 주장하였다.

Ⅰ부 8장의 글은 고조선사와 관련하여 필자의 가장 큰 관심사였던 「고조선의 국가 구조와 정치 운영」에 대해 정리한 것이다. 본 글에서 필자는 약간의 문헌 자료가 남아 있는 위만조선 단계의 관제(官制)를 구체적으로 해명하고, 그것이 비슷한 국가 단계에 있던 남월(南越) 사회 및 부여(扶餘)와는 어떠한 유사성과 차이가 있는지를 밝혔다. 이를 통해 궁극적으로 고조선 사회의 사회경제 구성과 국가적 특성을 살펴보았다. 나아가 삼국 초기의 정치구조인 부(部) 체제 모습과 비교하여 어떠한 특성과 차이가 있는지를 연구하여 고조선 사회가 삼국 사회에 미친 영향을 고찰하였다.

Ⅱ부에 실려 있는 8편의 글은 모두 고고(考古) 자료를 통해 살펴본 고조선의 역사와 문화에 대한 것이다.

Ⅱ부 1장의 글은 고고 자료를 통해 본 고조선이라는 제목 그대로 고조선사를 논할 때 거론되는 고고 자료와 고고 문화에 대해 종합 정리한 것이다. 이 글에서는 모든 고대국가처럼 고조선 역시 청동기 사회의 발전을 바탕으로 철기를 비롯한 금속문화가 보급되면서 농업생산력이 일층 발전하였고, 그로 인한 사회적 분화가 발생하는 과정에서 국가가 형성되었음을 서술하였다. 또한 선진 철기문화를 누리던 세력의 성장이 이루어지면서 기원전 4~3세기경 한반도 서북 지방을 중심으로 점진적으로 중앙 지배 권력이 성립하였음을 강조하였다.

Ⅱ부 2장의 글은 비파형동검이 가장 집중하는 요서지역의 비파형동검문화에 대한 최근 고고학계의 관심 내용을 정리한 것이다. 최근 우리 고고학계에서는 요서 대릉하 유역에 집중 분포하는 십이대영자문화의 성격과 주민 집단을 예맥족이나 고조선으로 해석하는 경향이 지배적이다. 이러한 주장에 대해 필자는 요서 지역의 청동기시대 주민 집단을 오랑캐로 기록한 문헌 및 주변 지역 청동기문화와 비교를 통해 고고학계의 주장이 설득력이 떨어지는 점을 비판적으로 정리하였다.

Ⅱ부 3장의 글은 초기 고조선 사회를 파악하기 위한 하나의 시도로서 기자조선의 중심지역으로 설정되는 대릉하 유역의 상주시기 청동예기 교장(窖藏)유적에 대한 분석을 한 것이다. 이를 통해 '기자조선'의 실체에 대한 확인과 고조선 국가형성과의 관련 여부를 살펴보았다. 그 결과 대릉하 유역의 기후명(箕侯銘) 등 청동예기(靑銅禮器)를 부장한 세력은 기자조선과 관련이 없고, 상주 교체기에 요서 지역에 거주한 기자의 후예집단으로 보는 것이 합리적임을 지적하였다.

Ⅱ부 4장의 글은 요동 지역 청동기문화와 고조선사와의 관련성을 검토한 것이다. 대개 요동 지역의 초기 청동기문화는 처음 중국 상주(商周) 청동기문화와 중국 북방식 청동기의 영향을 받아 지역성을 띠고 발전하였다. 기원전 8~7세기 단계에 이르면 비파형[요령식]동검과 미송리형토기를 함께 부장하는 돌널무덤과 고인돌이 성행하게 된다. 이러한 비파형[요령식]동검문화는 기원전 5~4세기 단계인 전국시대에 이르면 중국 전국시대 문화의 영향을 받아 움무덤과 함께 초기 세형동검문화로 발전하고, 기원전 3~2세기가 되면 중국 세력이 요동 지역에 도달함에 따라 이전의 전통을 계승하면서 석곽무덤이나 나무곽무덤으로 변화하게 된다. 요동지역의 청동기문화는 요서 지역과는 차이를 보이고 한반도 서북지방의 청동기문화와는 매우 유사하여, 예맥(濊貊) 계통의 주민 집단이 남긴 문화라는 결론을 내렸다.

Ⅱ부 5장에서는 요동지역에만 특별히 번성하였던 미송리형토기문화에 대해 살펴보았다. 대개 비파형[요령식]동검문화는 토기를 지표로 할 때 요동~청천강 유역의 미송리형토기문화와 서북한 지역의 팽이형토기문화, 길림성 지역의 서단산형토기문화

로 구분되어 발전하였는데, 모두 예맥 계통의 주민집단이 남긴 청동기시대의 문화라고 할 수 있다. 따라서 본 글에서는 요동지역에서 번성한 미송리형토기문화만이 청동기 시대 고조선의 문화라고 보는 시각에서 벗어나, 미송리형토기문화는 요동 지역에서 번성하고 서북한 지역에서는 팽이형토기문화가 발전하였음을 정리하였다.

Ⅱ부 6장은 청동기시대에 대동강 유역을 중심으로 한 서북한 지역에 지석묘와 팽이형토기를 사용하는 주민집단이 거주하면서 독자적인 문화권을 이루고 있었음을 정리한 글이다. 청동기시대의 팽이형토기문화는 후기 고조선 단계에 이르면 대동강 유역에 위치한 왕검성을 중심으로 독자적인 문화로 변화되는데, 움무덤[토광묘]에 이어 나무곽 무덤이 조영되고 고조선만의 독특한 세형동검문화가 발전하였다. 이러한 대동강 유역의 고대 문화야말로 바로 고조선의 중심 문화로 이해할 수 있다는 점을 강조하였다.

Ⅱ부 7장에서는 요동~서북한 지역에서 세형동검문화의 발생과 고조선의 국가형성 문제를 다루었다. 대체로 기원전 5~4세기경 요동~서북한 지역에 중국 전국시대의 문화가 영향을 미치고 이주민들이 정착하게 되면서, 그 지역의 문화는 점차 철기문화로 대체되었다. 그 과정에서 초기 세형동검문화가 등장하게 되는데, 이 문화의 영향으로 고조선이 더욱 성장하게 되었음을 서술하였다.

Ⅱ부 8장의 글은 고조선의 후기 단계, 즉 위만조선 단계에 요동~청천강 이북에서 번성한 초기철기 문화인 세죽리(평북 영변)-연화보(요동 무순)유형문화에 대한 것이다. 이 글은 요동 지역~서북한 지역의 초기 철기문화의 특성과 그 담당자 문제 및 고조선과의 관련성 등에 대해 새로운 시각을 마련하고자 준비한 것이다. 이 글에서 필자는 세죽리-연화보 유형문화가 예맥족의 거주 지역에 유이민 세력이 들어와 남긴 문화로 고조선의 문화로 해석하기보다는 고조선 문화에 영향을 준 전국계(戰國系) 철기문화로 보는 것이 타당하다는 견해를 밝혔다.

본 책에 실린 이상의 글들은 그 동안의 연구 성과를 새롭게 정리한 것이다. 새로운 연구란 기존 연구 성과에 대한 이해와 비판을 바탕으로 해서 진행되는 만큼, 이상의 논고들이 고조선사를 체계적이고 새롭게 이해하는 디딤돌로서의 역할을 할 수 있었으면 하는 바람을 가져본다.

끝으로 인문 전공 책을 출판하는 것 자체가 큰 이익이 없는 일임에도 흔쾌히 책 출판을 허락해준 서경문화사에 진심으로 감사의 말씀을 전한다. 그리고 부족한 글이지만 초고를 꼼꼼히 읽고 정리해준 대학원생 최영인 군에게도 감사의 마음을 전한다.

2020년 2월 28일

수타리 마을 서재에서 송호정

제2부

고고 자료로 본 고조선

고조선사 연구 방법론의 새로운 모색

Ⅰ. 머리말

고조선은 한국 최초의 국가인 까닭에 우리 역사상 여타의 국가와는 같은 방식으로 연구할 수 없는 독특한 위치를 차지하고 있다. 한국 고대 문화가 형성될 무렵 역사 무대에 등장한 정치체인 만큼 문헌 자료만 가지고는 복원할 수 없고, 한국 고대 문화가 탄생한 역사적 배경 속에서 논의되어야 한다는 점이다.

실제로 고조선사 연구는 문헌 사학계보다는 고고학계와 민족학(인류학), 신화학 등 여러 인접 분야에서 활발하게 연구되어 학제적 접근을 절대적으로 필요로 하고 있다. 최근 고고학자들이 중심이 되어 고조선사 연구를 주도하고 있는 점도 청동기시대에 성립된 고조선의 국가적 특성 때문에 기인한다고 할 수 있다.

그러나 고고 자료는 그 커다란 가능성과 잠재력에도 불구하고 명백한 한계를 지니고 있다. 고고 자료를 통하여 동북아시아 고대사 무대에 등장하는 여러 집단을 확인하려는 노력은 수많은 시도들에 비하여 그 결과는 기대에 미치지 못하고 있다. 이는 각 지역의 청동기문화가 하나의 국가체와 직결되는 것은 아니며, 여러 종족 집단들의 이동과 정주 과정에서 남긴 유산임을 간과한 데서 기인한다.

고고 자료를 이용하여 한국 최초의 국가 고조선을 연구하려는 많은 학자들이 있지만, 기원전 2세기경의 이른바 '위만조선'시기 이전에 대한 연구에서 역사적으로나 고고학적으로 객관적이고 타당성 있는 새로운 결론을 도출하는 것은 상당히 어려운 상황이다. 심지어 위만조선에 대한 연구라고 할지라도 왕검성의 위치 문제를 비롯해 사회 성격 문제 등 아직 해결되지 않은 수많은 기본적인 과제들이 남아 있다. 하물며 위만조선 이전 시기에 대한 연구는 그 사회상에 대해 구체적으로 언급해 놓은 문헌 자료가 거의 없어 구체적인 접근이 사실상 어려운 형편이라 하겠다.

따라서 고고학자들이 중심이 되어 요령지역 청동기문화 자료의 지역별 유형 분류를 통해 고조선 사회와 연결하려는 노력이 시도되고 있지만 여전히 문화 유형의 특징 차이가 종족집단의 차이에 대한 반영이라고 볼 수 있을지에 대한 의문이 제기되고 있다.

고조선사를 명확히 해명하기 위해서는 이제까지의 접근 방법과는 다른 접근 방법이 필요하다. 그 동안의 고조선사 연구처럼 요령성 지역 고고학 문화 유형을 분류하고 이를 단편적인 문헌 기록과 연계하여 고조선의 문화를 추론하는 식의 연구 방법론으로는 더 이상 고조선사와 관련하여 진전된 해석을 얻기가 어렵다고 생각한다.

일차적으로 고조선은 고대국가이므로 그 연구 주제가 국가 형성 과정 연구에 집중하는 것이 필요하다. 고조선은 어느 단계에 국가로 성장했으며, 고대국가로서 고조선 사회의 역사적 특성은 어떠한지 등에 대한 연구가 명확히 해명되어야, 그 이전 단계의 고조선 사회나 멸망 이후 삼국시대와의 계기성 문제 등이 어느 정도 정리될 수 있다.

다음으로 국가 형성 단계의 고조선 문화, 즉 동아시아에 철기가 전래되는 단계의 고조선의 고고학적 지표로는 어떤 것들이 있는 지에 대한 정리가 중요하다. 고조선 관련 고고학 자료가 일정하게 정형성을 보이고, 한 곳에서 집중적으로 조영된다면 그것은 고조선의 국가 사회와 연결시켜 볼 수 있기 때문이다. 반면, 청동기시대 고조선사의 경우 처음 형성 단계의 고조선 사회가 어느 정도의 국가적 성격을 가지고 있었는지에 대한 고민이 정리되어야 올바른 해석이 가능하다.

대개 고고학계에서는 고대국가 성립의 지표로 다음의 내용을 중시하고 있다. 일차적으로 왕성(王城)의 축조 여부와 특정 토기 양식의 성립을 중시한다. 그리고 고분(古墳)의 등장과 중앙에서 위세품(威勢品)의 제작과 사여(賜與), 원거리 대외교역권의 확립 등을 들고 있다. 이 가운데 고대국가 성립의 지표로서 가장 중요한 핵심은 왕성의 축조라 할 수 있다.

고조선의 국가 형성 문제도 이상의 고고학적 지표를 확인하는 과정에서 그 양상을 정리해 보면 어느 정도 명확해지리라고 생각한다. 요즘 가장 논란이 되는 고조선 중심지 문제의 경우도 고대국가로서 고조선 문화의 특징이 무엇인지 명확히 정리하고, 그러한 특성이 보이는 지역에 중심지를 비정하면 크게 오류가 없으리라 생각한다.

고고학 자료에 대한 최종적인 역사적 고찰은 문헌 자료를 통해 이루어져야 한다. 그 동안은 연구자마다 자신의 관점과 부합하는 자료를 집중적으로 활용하고, 자의적으로 해석하는 경향이 많았다. 고조선사 관련 자료는 내용이 단편적이라 연구자마다 다양한 해석이 존재한다. 그러나 비록 단편적인 자료일지라도 그 속에는 모두가 공유할 수 있는 고조선 관련 기본 내용이 담겨 있다. 이에 대해서는 모두가 인식의 전제로서 인정하고 더 이상 논란하지 않는 것이 중요하다고 생각한다.

고조선 사료 가운데 주로 인용되는 것으로는 선진(先秦) 시기의 문헌 일부와 『사기』 조선열전, 『삼국유사』 고조선조, 그리고 『위략』, 『염철론』 등이다. 이 가운데 가장 기본이 되는 사료는 『사기』 조선열전이다. 『사기』 조선열전에는 후기 고조선[위만조선]의 모습과 한과의 전쟁 내용이 주로 서술되어 있다. 초기 고조선의 모습은 선진 문헌 기록과 『삼국유사』 등에 일부 서술되어 있는데, 그 내용이 너무 막연하고 『삼국유사』 기록도 신화로 기록되어 있어 초기 단계 고조선의 모습을 문헌 기록을 통해 복원하는 것은 매우 어려운 작업이다.

선진 시기 문헌 기록에도 단편적인 내용이지만 고조선의 위치나 그 존재를 확인할 수 있는 아주 기본적인 내용이 있다. 그러나 그 내용이 너무 단편적이어서 그 기록을 통해 고조선 사회를 논하기는 매우 어렵다.

본고에서는 그러한 내용에 대해 정리해 보고 이를 고조선사 연구의 전제로서 삼고자 한다. 나아가 고조선 사람들이 남긴 고고 자료 가운데 확실히 고조선의 문화라고 할 수 있는 것이 무엇인지를 찾아 정리함으로써 고조선사 이해를 위한 최소한의 기준과 전제를 마련해 보려 한다.

Ⅱ. 고조선사 관련 문헌 자료

1. 선진문헌(先秦文獻) 중 고조선 관련 내용

1) 『관자(管子)』의 고조선 기록

선진문헌 가운데 '조선'에 대해 최초로 기록하고 있는 책은 『관자』이다.[1] 『관자』의 기록 가운데 '조선'의 존재를 명확하게 기록하고 있는 곳은 권23 「경중갑(輕重甲)」편과 「규탁(揆度)」편이다.

조선이 나오는 부분의 기록은 아래와 같다.

> "관자가 말하기를 왕의 나라를 돕는 것으로 세 개가 있다. … 초나라에는 여한의 황금이 있고, 제나라에는 거전의 소금이 있고, 연에는 요동의 구운 소금이 있다. … 환공이 말하기를 사방 오랑캐가 복종하지 않으니 도리어 공격당할까 두렵습니다. 천하에서 놀면서 과인을 다치게 하는 것은 … 관자가 대답하기를 오와 월이 우리에게 조공을 바치지 않고 있는데, 진주와 상아에 대한 대가를 쳐주면 어떻겠습니까? 조선이 조공을 바치지 않으니 청컨대 호랑이 가죽과 털옷을 보물로 여겨주면 어떻겠습니까? (중략) 그런 연후에 8천리 정도 떨어져 있는 발과 조선이 우리에게 조공을 바칠 것입니다."[2]

---

1) 『管子』는 춘추시대(기원전 8~7세기) 齊의 재상이었던 管仲이 편찬했다고 전해진다. 그러나 실제 그 주된 내용은 기원전 5~3세기(전국시대) 사람들의 저술로 보는 것이 일반적이다. 다만 전국시대 이전부터 내려오던 어떤 전승을 토대로, 전국시대 사람들이 자기 시대의 사상을 담아 기술한 것이라 볼 수 있다. 따라서 그것에 반영된 내용은 춘추시대까지 올려 볼 수 있는 내용도 있다(上海辭書出版社, 『中國歷史大辭典』 先秦史 편, 1996, 547쪽).

2) 『管子』卷23 輕重甲 第80 "管子曰 陰王之國有三 … 楚有汝漢之黃金 而齊有渠展之鹽 燕有遼東之煮 此陰王之國 桓公曰 四夷不服 恐其逆攻 游於天下而傷寡人 … 管子對曰 吳越不朝 珠象而以爲幣乎 朝鮮不朝 請文皮毤服而爲幣乎 … 然後八千里之發朝鮮 可得而朝也"

"환공이 관자에게 다음과 같이 물었다. '나는 이 세상에 일곱 군데의 보물이 있는 곳이 있다고 들었습니다. 이에 관해 알고 있습니까?' 관자가 대답했다. '첫 번째 보물은 음산(陰山)에 있는 보석이요, 두 번째 보물은 연의 자산(紫山)에 있는 은이요, 세 번째 보물은 발(發)·조선(朝鮮)의 반점이 박힌 짐승가죽입니다.'"[3]

『관자』경중갑편은 제환공과 관자가 사방 오랑캐에 대한 대처 문제를 이야기한 것을 기록한 것이다. 여기서 왕의 통치를 도와주는 자원으로 연의 경우에는 요동 지역의 구운 소금(煮)을 들고 있어, 요동지역을 연의 통치범위에 포함시켜 이해하고 있음을 알 수 있다. 곧바로 다음 문장에서는 제(齊)의 사방 오랑캐가 불복하는 상황에 대처하는 과정에서 발·조선의 호랑이가죽과 가죽옷을 보물로 삼아주자고 하여, 요동과 조선을 연(燕)의 해내(海內)와 사이(四夷) 지역으로 구분하여 인식하고 있다.

반면 『관자』규탁편 기록은 기원전 7세기 당시 중국인들이 발·조선의 반점 박힌 짐승가죽[文皮]을 대단히 귀중한 물품으로 인정하였고, 경중갑편과 달리 발·조선을 자기들의 영역 안[海內]으로 인정하고 있다.

초기 고조선과 관련하여 『관자』경중갑편 기록에서 주목해서 보아야 할 부분은 한 문장 안에 '요동'이라는 명칭과 '조선'이라는 명칭이 구분되어 독자적으로 등장한다는 점이다. 이처럼 '조선'과 '요동'이 다른 지역으로 기록되어 있다는 점은 청동기시대 초기 고조선의 위치와 관련하여 매우 중요한 점을 시사한다. 그리고 조선이 해내(海內)가 아니라 오랑캐로 표현된 점에서 해내인 요동 지역보다 그 이남인 한반도 서북지역을 가리키는 것으로 볼 수 있다.

만일 『관자』의 내용을 관중이 활동한 시기까지 올려본다면 고대 중국인들은 이미 기원전 7세기경에 조선을 알고 있었으며, 그것이 전국시대의 내용이라고 해도 당시 고조선은 요동 지역과 구분되는 지역이면서 해외(海外) 지역에 존재하고 있었음을 알 수 있다.

----

3) 『管子』卷23 揆度 第78 "桓公問管子曰 吾聞海內玉幣有七筴 可得以聞乎 管子對曰 陰山之礝䃣 一筴也 燕之紫山白金 一筴也 發朝鮮之文皮一筴也"

2) 『전국책(戰國策)』의 고조선 기록

선진 문헌 가운데 초기 고조선의 활동과 그 위치에 관한 내용은 『전국책』[4]에서도 보인다.

『전국책』 권29 「연책(燕策)」에는 소진이 연나라 문후(기원전 361~333)에게 당시 연의 주변 상황을 말하는 내용이 있다.

> "연의 동쪽에는 조선 요동이 있고, 북쪽에는 임호와 누번이 있다. 서쪽에는 운중과 구원이 있고, 남쪽에는 호타와 역수가 있다. 땅은 사방 2천 리이고 무장한 군사가 수십만이고 수레가 7백승이나 되며 식량은 10년을 버틸 수 있다."[5]

위 기록은 소진이 연 문후(기원전 361~333년)를 달래면서 하는 이야기로서, 기원전 4세기경의 사실을 말한 것이다. 그런데 똑같은 내용이 『사기』 소진열전에 그대로 실려 있어[6] 사실성을 더해주고 있다.

『전국책』과 『사기』 소진열전의 기록에서는 지명·족명 혹은 물 이름으로 두 지역을 분별·열거하여 연나라의 사방으로 이르는 곳을 설명하고 있다. 그 내용을 자세히 보면 '조선·요동'은 '임호·누번' 등과 병렬되고 있어, 연의 동쪽에 조선과 요동이 있었다는 의미로 해석할 수 있다. 이 내용은 다른 두 사서에서 동일한 기록이 나오는 것으로 보아 매우 신빙성이 있는 것으로 보인다. 이 기록에는 분명히 조선과 요동이 병렬되고 있으며, 연나라의 동쪽에 별도로 위치한 두 정치체로 등장한다.

『전국책』 기록을 문자의 기록 순서에 따라 조선이 연나라 쪽에 가까운 지역에

---

4) 『戰國策』은 西漢 유향(劉向)이 편정(編訂)한 책이다. 전체 33편으로 전국시대에 있었던 역사적인 사실과 책사(策士)들이 의논하고 책모(策謀)한 것을 기록한 것이다(『中華文化辭典』, 廣東人民出版社, 666쪽).

5) 『戰國策』 卷29 燕策1 "蘇秦將爲從 北說燕文侯曰 燕東有朝鮮遼東 北有林胡樓煩 西有雲中九原 南有嘑沱易水 地方二千餘里 帶甲數十萬 車七百乘 騎六千匹 粟支十年"

6) 『史記』 卷69 蘇秦列傳 第9 "說燕文侯曰燕 「燕東有朝鮮 遼東 北有林胡 樓煩…」"

있는 것이라고 이해하는 경우가 있다. 그러나 그렇게 쉽게 생각하기에는 기사가 너무 단편적이다. 물론『전국책』에 쓰여진 순서대로 조선이 연 쪽에 가까운 지역에 있었다고 이해할 수도 있다. 그러나 연나라 남쪽 경계 강인 호타수에 대한 기록에는 호타수·역수의 순서로 되어 있으나 실제 호타수는 역수보다 더 남쪽에 있다는 점으로 보아 이는 지리적 순서에 따라 기술된 기록이 아님을 알 수 있다.

따라서『전국책』의 기록에서는 단지 요동과 조선의 인접 관계만을 알 수 있을 뿐이며, 연의 동방에 조선과 요동이 따로 존재하고 있었다는 의미로 해석할 수 있다.[7]

3)『산해경(山海經)』의 고조선 기록

『관자』와『전국책』기록 외에 선진(先秦)시대 고조선에 대한 기록으로는『산해경』 해내북경(海內北經)과 해내경(海內經)[8]의 기록이 주목된다.

『산해경』안의 각 경(經)마다 편찬된 기록이 차이가 나므로, 이 책에 보이는 조선에 대한 기록 또한 언제 것인지 단정키 어렵다.[9] 다만 그것이 전국시대 기원전 4세기 이전의 사실을 반영하고 있는 것은 분명하다.

> "동호는 대택의 동쪽에 위치하고 오랑캐(夷人)는 동호의 동쪽에 위치한다. 맥국은 한수의 동북에 위치한다."[10]

----

7) 徐榮洙,「古朝鮮의 위치와 강역」,『韓國史市民講座』2권, 一潮閣, 1989, 22~23쪽.

8) 『山海經』第十二 海內北經 "朝鮮在列陽東 海北山南";『山海經』第18 海內經 "東海之內北海之隅 有國 名曰朝鮮"

9) 『산해경』은 기원전 4~3세기에 출간되고 곽박(郭璞, 276~324)에 의해 재편집된 책으로, 그 내용이 어느 한 시기에 씌어진 것이 아니라 춘추 말기부터 전한대(前漢代)에 여러 곳에서 작성된 기사들을 모은 것이다(岡本正,「山海經について」,『中國古代史研究』第一, 熊山閣, 1960, 7~12쪽; 徐敬浩,『山海經研究』, 서울대학교 출판부, 1998, 65~93쪽).

10) 『山海經』第11 海內西經 第七 "東胡在大澤東 夷人在東胡東 貊國在漢水東北"

"조선은 열양의 동쪽에 위치하고 바다의 북쪽 산의 남쪽에 위치한다. 열양은 연에 속한다. 조선은 지금의 낙랑현을 가리킨다."[11]

"동해의 안쪽 북해의 모퉁이에 나라가 있으니, 그 이름을 조선이라 한다."[12]

위 기록 중『산해경』해내서경에 기록된 '夷人'은 동호의 동쪽 지역에 위치한 오랑캐로서, 명확하게 말하기는 어렵지만 '夷人' 중에 고조선도 포함된 것으로 해석할 수 있다. 한편『산해경』해내북경에는 "조선이 열양(列陽)의 동쪽, 바다의 북쪽, 산의 남쪽에 있었고, 열양은 연에 속했다."라고 쓰어 있다. 여기서 열양은 기원전 3세기경 연의 동쪽 지방, 곧 연이 지배하던 조선의 서쪽 영역을 말한다.

현재의 요동과 서북한은 뒤로는 장백·낭림산맥을 등지고 앞으로는 바다에 면해 있다. 또한『해내경』에서 '동해의 안쪽 북해의 모퉁이(東海之內北海之隅)'라 한 것은 크게 말하여 조선이 동해의 범위 안, 즉 동해에 면하였고 더 구체적으로 말하면 그 동해 북부의 한쪽 가에 있다는 뜻으로도 볼 수 있다.[13]

해내북경에서는 조선이 지금의 낙랑현을 가리킨다고 하는데, 조선 지역은 대체로 한반도 서북 지방에 해당한다고 할 수 있다.

중국 고대 사서에 의하면 당시 연의 영토는 결코 요양(遼陽), 즉 요하 동쪽보다 더 멀리 확대된 적이 없다. 따라서『산해경』의 기록을 통해서는 조선이 연의 동쪽에 있던 열양의 동쪽에 위치하고, 동호의 동쪽에 존재했다는 사실을 알 수 있다. 그리고 그 지역은 낙랑군의 지역으로 비정할 수 있다.

2.『사기(史記)』조선열전(朝鮮列傳)

고조선사와 관련하여 가장 믿을만한 사료는『사기』조선열전이다.『사기』조선

---

11)『山海經』第12 海內北經 "朝鮮在列陽東 海北山南 列陽屬燕朝鮮今樂浪縣"
12)『山海經』第18 海內經 "東海之內 北海之隅 有國 名曰朝鮮"
13) 황철산,「예맥족에 대하여」(Ⅰ),『고고민속』63-1, 사회과학출판사, 1963, 8쪽.

열전에는 후기 고조선, 즉 위만조선과 고조선의 멸망 과정이 비교적 자세하게 서술되어 있다. 따라서 고조선사 연구는 기본적으로 『사기』 조선열전의 후기 고조선사 내용을 정리하고, 이를 바탕으로 고조선 사회의 역사적 성격 등에 대한 연구가 이루어져야 한다.

고조선의 중심지 문제와 관련해서는 『사기(史記)』 조선열전(朝鮮列傳)의 다음 기록이 가장 중요하다.

> "처음 연 전성기에 일찍이 진번 조선을 공략하여 관리를 두고 장새(鄣塞)를 쌓았다. 진이 연을 멸망시키고 요동외요(遼東外徼)에 속하게 하였다. 한이 일어나 그곳이 멀고 지키기 어렵다고 하여 다시 요동고새(遼東故塞)를 수리하고 패수(浿水)에 이르러 경계를 삼고 연에 속하게 하였다. 연왕(燕王) 노관이 반란하여 흉노에게 들어가니 위만이 망명하여 1천여 명을 모아 북상투를 틀고 오랑캐 복장을 하고 동쪽으로 달아나 (요동) 장새를 나와 패수를 건너 진고공지 상하장새에 거주하였다. 점점 진번 조선의 오랑캐 및 옛 조선오랑캐 및 옛 연제 망명자들을 복속시키고 왕 노릇하다가 왕검성에서 도읍하였다."[14]

위 기록에서는 왕검성(王儉城)의 위치와 그 곁에 흐르는 열수(洌水)의 위치, 요하(遼東)의 위치, 고조선과 한의 경계를 이룬 패수(浿水)의 위치 등이 고조선의 영역 및 세력 범위와 관련하여 중요하다.

또 『사기(史記)』 조선열전(朝鮮列傳)의 뒷부분에 기록된 한과 고조선의 전쟁 기록을 보면 고조선의 위치와 관련하여 중요한 정보가 나온다.

> "병사 5만 인으로 좌장군 순체는 요동(遼東)을 나와 우거(右渠)를 공격하였다. (중략) 좌장군의 군대는 패수상군(浿水上軍)을 격파하고 이내 앞으로 나아가 (왕

---

14) 『史記』 115 朝鮮列傳 55 "自始全燕時 嘗略屬眞番朝鮮 爲置吏築鄣塞 秦滅燕 屬遼東外徼 漢興 爲其遠難守 復修遼東故塞 至浿水爲界 屬燕 燕王盧綰反入匈奴 滿亡命聚黨 千餘人 魋結蠻夷服而東走出塞 渡浿水 居秦故空地上下鄣 稍役屬眞番朝鮮蠻夷及故燕 齊亡命者王之 都王險"

검)성 아래에 이르렀고, (왕검)성의 서북쪽을 포위하였다."[15]

『사기』 조선열전에 나오는 '요수(遼水)'는 현재의 '요하'를 가리킨다. 요하는 한 이후 그 위치가 변동되거나 문헌 기록에도 다른 강 이름으로 표기되지 않았다. 그렇다면 요동고새 바깥에 설정된 한과 고조선의 경계인 '패수'는 청천강 또는 압록강을 가리킨다고 볼 수 있다. 나아가 왕검성 옆에 흐르는 '열수'는 대동강, 고조선의 후기 단계 수도인 '왕검성'은 고고 자료와 여러 문헌 자료를 보면 대동강 유역의 평양임이 분명하다.

고조선이 한과 전쟁을 벌이는 기록에서 좌장군이 요동지역을 나와 패수 위쪽에 배치된 고조선 군대를 물리치고 곧바로 왕검성으로 내려갔다는 점에서 패수와 왕검성 사이에는 강이나 산맥이 존재하지 않음을 알 수 있다. 따라서 『사기』 조선열전 기록에 나오는 패수는 청천강일 가능성이 매우 높다.

결국 『사기』 조선열전 기록에 따르면 당시 고조선은 요동 바깥의 한반도 서북지방에 위치했던 것으로 보는 것이 합리적이다.

3. 『위략(魏略)』

중국 삼국시대 위나라 사람 어환이 썼다는 『위략』[16] 기록이 『삼국지(三國志)』 「위서(魏書)」 동이전 한조(韓條)에 인용되었는데, 여기에 고조선과 관련된 중요한 사실이 기술되어 있다.

---

15) 『史記』 115 朝鮮列傳 55 "兵五萬人 左將軍荀彘出遼東 討右渠. (中略) 左將軍破浿水上軍 乃前 至城下 圍其西北"

16) 『위략』은 전체 50권으로 현재 완본(完本)이 없어 그 전체적 정확성은 검토할 수 없다. 또 비교적 정확한 사실을 기록한 『사기』의 찬자도 전혀 몰랐던 조선 서쪽 2천리 점령 사실이 『위략』에 기록되었다는 것은 그 후 어떤 새로운 자료가 발견되었을 것으로 믿어지나 그 자료의 정확성과 이에 대한 저자 어환(魚豢)의 취사 태도는 전혀 알 수 없는 문제이다.

『위략』에는 고조선이 기원전 4세기 말경 대중국 관계에서 왕을 자칭하는 왕국 단계로 발전했다가 약 한 세대 뒤인 기원전 280년경 중국 전국시대 7웅의 하나인 연과 대립한 끝에 그 침략을 받아 2천여 리의 땅을 빼앗겼다는 내용이 보인다.

"옛날 기자의 후예 조선후가 주가 쇠퇴한 것을 보고 연이 스스로 높혀 왕이라 칭하고 동쪽 땅을 공략하고자 하자 조선후 역시 스스로 왕이라 칭하고 병사를 일으켜 연을 공격하여 주 왕실을 높이고자 하였다. 그 대부인 예가 간하자 이내 그 치었다. 예로 하여금 연을 달래게 하자 연도 이내 그치고 공격하지 아니하였다. 후에 자손들이 점점 교만해지자 연이 이내 장수 진개를 보내 고조선 서방을 공격하여 그 땅 2천여 리를 취하고 만번한을 경계로 삼자 조선이 마침내 약해졌다."[17]

『위략』에는 고조선이 연 소왕(기원전 311~270년)대 이전 시기에 연과 각축하는 존재였음이 사실적으로 기록되어 있다.[18] 고조선이 성장하여 왕을 칭(稱)한 시기에 대해 리지린은 역왕(易王) 대로 보고 있고,[19] 강인숙은 기원전 323~318년 사이라고 하였다.[20] 노태돈은 구체적으로 기원전 323년이라고 보았다.[21] 기존의 연구

---

17) 『三國志』권30 烏桓鮮卑東夷傳 제30 韓條 所引『魏略』"昔箕子之後朝鮮侯 見周衰燕自尊爲王 欲東略地 朝鮮侯亦自稱爲王 欲興兵逆擊燕以尊周室 其大夫禮諫之 乃止 使禮而說燕 燕止之不功 後子孫稍驕虐 燕乃見將秦開功其西方 取地二千餘里 至滿番汗爲界 朝鮮遂弱 及秦幷天下 使蒙恬築長城到遼東 (중략) 天下亂 燕齊趙民愁苦 稍稍亡入王準 準乃置之於西方 及漢以盧綰爲燕王 朝鮮與燕界於浿水 及綰反入匈奴 燕人衛滿亡命 爲胡服 東渡浿水 詣準降 說準求居西界 故中國亡命 爲朝鮮藩屛 準信寵之 拜以博士 賜以圭 封之百里 令守西邊"

18) 『三國志』卷30 魏書 30 烏丸鮮卑東夷傳 韓條 所引『魏略』"昔箕子之侯朝鮮侯 見周衰燕自稱爲王 欲東略地 朝鮮侯亦自稱爲王 欲興兵逆擊燕 以尊周室 其大夫禮諫之 乃止 使禮西說燕 燕止之 不攻"

19) 리지린, 『고조선 연구』, 사회과학출판사, 1963, 364쪽.

20) 강인숙, 「기원전 4~3세기 고조선의 서변」, 『비파형단검문화에 관한 연구』, 사회과학출판사, 1987, 159쪽.

21) 노태돈, 「고조선 중심지의 변천에 대한 연구」, 『한국사론』23, 서울대학교 출판부, 1990, 33쪽.

성과를 통해 보면 고조선은 기원전 320년 전후해서 王을 칭한 것으로 보인다.

『위략』에 나오는 '칭왕'의 의미는 고조선이 명실상부 고대 국가 단계로 성장했음을 의미한다. 그러나 대부분의 연구에서는 그 의미에 대한 강조보다는 '서방 2천 리' 상실 기록에 초점을 맞추어 고조선의 서쪽 범위에 관심이 집중되어 왔다.

그러나 『사기』 소진열전의 "연의 동쪽에 조선 요동이 있고, 북쪽에 임호와 루번이 있으며, 서쪽에 운중과 구원, 남쪽에 호타와 역수가 있는데 그 땅은 사방 2천여 리이다."[22]는 기록 등을 보면 2천 리는 매우 넓은 지역을 가리키는 수치로 사용한 것이지, 실제 거리로서 2천 리를 계산해서 기록한 것이 아님을 알 수 있다. 만일 『위략』의 기록처럼 고조선 중심지에서 서쪽으로 2천여 리에 해당하는 지점을 찾으면 전국시대 요서 지역에 존재한 것으로 나오는 동호 세력과 그 위치가 겹치는 문제를 설명하기가 쉽지 않다. 앞으로 『위략』 기록에 나오는 고조선의 서방(西方)에 대한 연구는 새로운 차원에서의 접근이 필요하다.[23]

4.『염철론(鹽鐵論)』 벌공편(伐功篇)과 『사기(史記)』 흉노열전(匈奴列傳)

한대에 쓰여진 『염철론』 벌공편에는 전국시대 말기에 연이 조선을 공격할 때 요동을 지나[24] 진공을 개시하였다고 한다.

----

22) 『史記』 卷69 蘇秦列傳 第9 "說燕文侯曰 燕東有朝鮮 遼東 北有林胡 樓煩 西有雲中 九原 南有呼沱 易水 … 地方二千餘里"

23) 최근 『위략』 기록에서 연이 공격했던 조선의 서방은 바로 진번(古眞番), 맥국을 가리키는 것으로 보고, (古)진번(眞番)과 맥국의 위치를 서요하(西遼河, 遼水)와 동요하(東遼河, 沛水)가 합류하는 요북(遼北) 지역(鐵嶺 이북)으로 비정하고, 연과 조선의 경계가 된 "만번한(滿番汗)"을 동요하 유역에 위치했던 것으로 추정하는 논문이 나와 새로운 논의를 펼치고 있다(박대재, 「고조선 이동설에 대한 비판적 검토」, 『東北亞歷史論叢』 55, 동북아역사재단, 2017).

24) 『염철론』에 나오는 요동은 요수로 보는 것이 합리적이라는 주장이 있다(노태돈, 1990, 앞의 논문). 그러나 『염철론』에 등장하는 '요동'은 문자 그대로 '요동'으로 보는 것이 순리이며 '度'는 '지나다'는 본래의 뜻으로 해석하는 것이 타당하다고 생각한다.

"연이 동호를 습격하여 달아나게 하고, 땅을 천리 개척하였다. 계속해서 요동을 지나 조선을 공격하였다."[25)]

당시 요서 지역은 영지·고죽·도하 등 산융과 동호 세력이 존재하였고, 산융과 동호 동쪽에 조선이 위치하였다. 여기서 연이 건넜다고 하는 '요동'을 '요하'로 해석하기도 하나, 기록 그대로 요동 땅으로 해석하는 것이 합리적 해석이다.

이는 전국시대 말기에 요동이 조선과 구별되는 지역에 있었음을 말해주는 또하나의 분명한 사료라고 할 수 있다. 여기서 요동을 요수로 해석한다고 하더라도 『염철론』 기록을 근거로 하면 요서 지역에 조선을 비정할 수는 없다.

위 사료는 기원전 4세기의 사실을 말하는 것이어서, 기원전 4세기 이후 고조선이 서북한 지역을 중심으로 중국 세력과 대치하기 이전에는 여전히 요동 지역과 구분되어 존재하고 있었음을 보여주는 근거로서 중요하다.

한편 『사기』 흉노열전에서 연의 소왕은 장군 진개를 파견하여 동호를 1천여 리 밖으로 물리치고 조양(현 하북성 회래현)에서 양평(현 요양시)까지 장성을 쌓았다고 한다.

"연은 장성을 쌓아 조양에서 양평에 이르게 하였는데, 그곳에 상곡 어양 우북평 요서 요동군을 두고 오랑캐를 막았다."[26)]

이때 유의할 것은 요동 등 5군을 설치한 것은 '동호를 막기 위한 것(拒胡)'이라는 기록대로 고조선에 대한 대책이 아니고 어디까지나 동호에 대한 조치였다는 점이다.

따라서 『염철론』과 『사기』 흉노열전의 동호를 밀어내고 요동까지 장성을 설치한 기록을 고려하면, 요서 지역에 고조선의 중심지나 영역을 설정하기는 어렵다고 하겠다.

---

25) 『鹽鐵論』伐功 제45 "燕襲走東胡 辟地千里 度遼東而攻朝鮮"

26) 『史記』卷110 匈奴列傳 50 "燕築長城 自造陽至襄平 置上谷漁陽右北平遼西遼東郡以拒胡"

5. 『삼국유사(三國遺事)』 고조선조

고조선사 연구와 관련하여 『삼국유사』 왕검조선조 내용 검토도 필요하다.

충렬왕 대(1285년경) 일연(一然)에 의해 씌어진 『삼국유사』에 왕검(단군)조선과 위만조선이라는 이름으로 고조선 내용이 처음으로 실려 있다.

> "위서에 이르기를 지난 2천년에 단군왕검이 있었는데 도읍을 아사달(경서에 이르기를 무엽산이라고도 하고 또 백악이라고 이르는데 백주의 땅에 있었다. 혹 이르기를 개성 동쪽이라고 이르는데 지금의 백악궁이 이곳이다)에 세우고 나라를 여러 조선이라 이름하니 중국의 요임금과 같은 시기였다."[27]

일연은 『삼국유사』에서 고조선은 단군왕검이 세운 왕검조선을 말한다고 서술하고 있다. 고조선사의 첫 단계로 인식해왔던 단군신화나 단군조선의 시기는 한국 역사에서 초기 국가가 출현하는 단계의 역사적 경험을 신화 형태로 정리한 것이라 볼 수 있다. 고조선의 초기 단계인 소위 단군조선은 고조선의 국가 권력이 형성되고 난 이후에 지배층 사이에서 만들어진 신화 속의 역사이다. 단군 이야기를 일정한 지배 권력이 형성된 정치체로서 설명하기에는 역사성이 떨어진다.

『삼국유사』에서 고조선이 평양에 도읍했다고 기록한 것은 평양 지역의 지역신앙으로 내려오던 단군 신앙이 고조선 건국과 함께 고조선의 건국 신화로 자리 잡은 것이다. 그렇다면 고조선 건국 이전부터 평양 대동강 지역은 고조선을 세운 주요 정치집단이 존재했음을 알 수 있다.

고조선의 건국신화인 단군신화를 보면 그 배경지로 세 군데 지명(묘향산, 서경(평양), 황해도 배천)이 등장한다. 그런데 세 지역 모두 현재의 평양에서 반경 150km 범위 안에 위치하고 있다.

---

27) 『三國遺事』 紀異篇 古朝鮮條 "魏書云 乃往二千載有壇君王儉 立都阿斯達(經云無葉山 亦云白岳 在白州地 或云在開城東 今白岳宮是) 開國號朝鮮 與高同時"

사진 1. 황해도 구월산 관산리 1호 고인돌
(북한에서는 국보 14호로 지정하여 단군조선시기 왕의 무덤으로 비정하고 있다)

『제왕운기』에는 초기 도읍지 아사달을 구월산[황해도]이라고 명시하였다.[28]

『삼국사기』 고구려본기 동천왕 21년조(247)에는 위나라 장수 관구검의 침공에 의해 수도 환도성이 파괴되어 다시 도읍할 수 없는 조건에서 평양성을 쌓고 거기에 백성들과 종묘사직을 옮긴 사실이 수록되어 있다.[29] 이 내용 역시 『삼국사기』에 단군에 관하여 언급하고 있는 유일한 예이다. 이 기록에서는 초기 고조선인 단군조선의 중심지가 평양 대동강 지역임을 말하고 있다.

이상의 자료를 보면, 『삼국사기』나 『삼국유사』를 편찬할 당시 대동강 지역이 고조선의 수도로서 인식되어 왔음을 말해준다.

현재 우리 고대사학계에서는 고조선 중심지가 요동에서 한반도 서북 지방으로

---

28) 『帝王韻紀』 東國君王開國年代 并序 "並與帝高興戊辰 經虞歷夏居中宸 於殷虎丁八乙未 入阿斯達山爲神(今九月山也 一名弓忽 又名三危祠堂猶在)"

29) 『三國史記』 高句麗本紀 東川王 21년조(247) "平壤이라고 하는 곳은 본래 仙人王儉이 살던 곳인데, 혹은 임금의 도읍이었던 王險이라고도 한다."

이동했다는 주장이 일반적으로 통용되고 있다. 고조선 중심지 이동설에서는 고조선의 초기 세력 범위 안에 서북한 지역을 배제하고 있다. 그러나 앞에서 살펴보았듯이 단군신화의 내용을 보면 고조선 성립 초기부터 평양 지역은 고조선의 세력 범위에 있던 주요한 지역이었음을 알 수 있다.

Ⅲ. 고조선의 국가 형성 관련 고고 자료

고조선사에 대해 진전된 이해를 얻기 위해서는 문헌자료의 재해석만으로는 어려움이 있다. 기본적으로 남만주 요령성 지역의 고대문화에 대한 폭넓은 이해와 서북한 지역의 문화유적에 대한 종합적인 고찰을 통해 고조선과의 관련 여부를 추적해 보는 것이 중요하다.

그 동안의 연구는 거의 대부분 비파형동검문화의 유형 분류와 주민집단의 비정에 집중되어 진행되었다.[30] 그러나 이러한 연구는 각 문화 유형 간의 특징 차이와 유사성을 특정 정치체나 세력 집단의 문화로 볼 수 있는지의 문제가 있고, 한 지역의 고고 문화에 대해 문헌상에 분명한 기록이 없다는 점에서 논리적 설득력이 떨어진다고 하겠다. 그리고 중국 요령성 지역에 집중하는 비파형동검문화를 우리 민족이 창안한 문화라는 전제 하에 연구를 진행하다보니 그 문화의 중심 지역인 요서 지역이나 요동 지역에 지나치게 집중하고 한반도 서북 지방의 청동기문화에 대해서는 상대적으로 소홀하게 연구해온 한계가 있다.

따라서 고고 자료를 통한 고조선사 연구의 방향을 비파형동검문화의 유형 분류와 주민 집단을 비정하는 방식에서 벗어나 오히려 고조선 후기 역사와 관련해

---

30) 이청규, 「청동기를 통해서 본 고조선과 주변사회」, 『고조선의 역사를 찾아서』, 학연문화사, 2007; 조진선, 「요서지역 청동기문화의 발전과정과 성격」, 『요하문명의 확산과 중국 동북지역의 청동기문화』, 동북아역사재단, 2010; 오강원, 「청동기-철기시대 요령·서북한 지역 물질문화의 전개와 고조선」, 『동양학』 53, 단국대학교 동양학연구원, 2013.

문헌 기록에 분명하게 나오는 고조선 관련 자료를 바탕으로, 고대 국가로서 고조선의 구체적인 문화 특징이 무엇인지에 대해 추적해보는 방식으로 바뀌어야 할 것으로 본다.

문헌 자료를 보면 대개 고조선은 기원전 4세기를 전후해서 국가 단계로 성장한 것으로 보인다. '조선'을 중심으로 완만하게 연맹상태를 형성하고 있던 부족(종족)들은 동방(東方)으로 진출하는 중국세력의 침입에 맞닥뜨리면서 힘을 기르고 통치조직을 강화해 나가는 가운데 통합력을 키워 나갔다. 이는 기원전 4세기경 『위략』에 나오는 '조선후(朝鮮侯)'의 존재와 조선후가 '칭왕(稱王)'했다는 기사에서 증명된다.[31) 고조선은 연의 장수 진개가 동호 지방 1천여 리를 복속시키고(기원전 283년) 조양에서 양평에 이르는 장성을 쌓고 조선 정벌에 나서자 조선도 스스로 왕이라 칭하였다. 그리고 당시 고조선에는 왕과 박사·대부 등의 관직이 존재했다. 이러한 초보적인 지배 세력의 모습은 고조선이 고대국가 형성의 초기 단계에 있었음을 말해 준다.[32)

그렇다면 기원전 4세기 이후 고조선이 고대 국가로 성장해 나가는 시기에 해당되는 고고학적 지표들을 발굴하여 이를 문헌 기록상에 나오는 고조선 사회와 연계시켜 해석한다면 어느 정도 고조선 사회에 대한 이해가 가능하리라 생각한다.

일반적으로 고대국가 성립의 지표로는 왕성의 축조와 특정 토기 양식의 성립, 고분의 등장, 위세품의 제작과 사여, 원거리 대외교역권의 확립 등이 거론되고 있다.[33)

이상의 고고학적 지표들이 고조선사의 전개 과정에서 어떻게 나타나는 지를 정리해 보는 과정에서 고조선의 국가적 특성이 새롭게 정리될 것으로 생각한다.

---

31) 『三國志』券30 烏桓鮮卑東夷傳 제30 韓條 所引 『魏略』 "昔箕子之後朝鮮侯 見周衰燕自尊爲王 欲東略地 朝鮮侯亦自稱爲王 欲興兵逆擊燕以尊周室 其大夫禮諫之 乃止"

32) 송호정, 『한국고대사 속의 고조선사』, 푸른역사, 2003.

33) 한국고고학회, 「백제」, 『한국 고고학 강의』, 사회평론, 2012, 267쪽.

1. 왕성(王城)의 축조 여부

『사기』 조선열전과 『위략』의 기록을 종합하면, 고조선은 기원전 4세기경 요하 동쪽에서 가장 강력한 정치세력이었다. 『위략』의 저자는 이 시기에 연과 대립하는 유일한 세력으로 바로 '조선후국(朝鮮侯國)'을 꼽는다.[34] 당시 고조선은 비록 소국연맹(小國聯盟) 상태에 있었지만 국가로서의 특성을 어느 정도 갖추었다고 볼 수 있다. 물론 기원전 4세기 당시에는 국가가 되기 위한 기본 요소들은 갖추었지만, 본격적인 의미에서 고대국가 단계에 이르렀다고 말하기는 어렵다. 당시 고조선에는 '왕'이 존재하고 있었고, 전쟁 등 국가의 중대사를 왕과 함께 논의하는 대부(大夫)라는 관직도 보인다.

『사기』 조선열전의 고조선과 한의 전쟁 기록에 따르면 후기 단계 고조선의 도성은 왕험(검)성(王險(儉)城)으로 나온다. 그리고 좌장군 순체(荀彘)가 요동을 나와 고조선 왕검성을 공격하는 것으로 보아 후기 단계 고조선의 왕성인 왕검성은 한반도 서북 지방에 있었음이 분명하다.[35]

그렇다면 현재 서북한 지역에 남아 있는 고대 성(城) 가운데 어느 성이 고조선 시기의 왕검성에 해당하는 지를 추적해 보는 것이 중요한 과제라고 할 수 있다. 왕검성이 구체적으로 어느 성에 비정되면 그 성에 대한 조사 자료나 보고서 등을 검토하여 고조선 사회에 대한 기본적인 내용을 정리하는 것이 가능하기 때문이다.

그러나 우리 학계에서는 아직도 왕검성의 위치에 대해 명확한 입장을 가지고 있지 못하다. 그것은 멸망 당시의 고조선이 지금의 평양 지역에 자리하고 있었는데, 평양 지역의 고대 유적에 대한 접근이 쉽지 않고, 북한 학계의 연구 성과를 비

---

34) 『위략』에는 기원전 4세기경 '조선후'가 존재했고, 그가 성장하여 '왕'을 칭했다고 기록하고 있다. 이것은 기원전 4세기경부터 조선후국의 세력이 성장하여 중국 연과 대등한 정도가 되었다는 표현이다.

35) 후기 단계의 왕검성이 한반도 서북 지방에 존재했다는 점은 한대 고고 자료와 고조선 후기 단계 고고 자료가 복합되어 나오는 곳이 대동강 유역 외에는 없다는 점에서 한반도 서북지방이 명확하다 할 수 있다.

판적으로 연구해야 한다는 점에서 매우 어렵다고 하겠다.[36] 최근 우리 학계에서는 후기 단계 왕검성의 위치를 고구려 초기 도읍지와 관련된 지역으로 해석하는 주장까지 있어 혼란을 주고 있다.[37]

왕검성의 위치를 비정하고 그곳에서 나오는 고고 자료에 대한 면밀한 분석이 이루어진다면 고조선의 국가적 특성과 문화적 특성 등에 대한 명확한 정리가 가능할 것이다. 대개 위만조선 철기문화 실체는 아직 명확하지 않으나, 강철제 무기를 기반으로 한 철기문화였을 것으로 추정하고 있다. 이러한 내용은 왕검성에 대한 조사로 어느 정도 정리될 수 있을 것으로 기대한다.

왕성에 대한 연구를 위해서는 일차적으로 현재 북한학계의 연구 성과 속에서 왕검성으로 비정되는 청암리토성 등 관련 자료에 대한 면밀한 분석이 요구된다. 그러나 고조선의 왕검성 위치와 그 규모 등을 파악하는 것이 쉽지 않은 문제인데, 그 이전 고조선 전기 왕성의 문제는 논의조차 힘든 상황이라 할 수 있다.

2. 고분(古墳)의 등장

지배자들의 무덤인 고분이 일정 지역에 집중하는 것은 정치체의 성장과 지배 권력의 성립을 말해준다. 고조선의 지배자 무덤은 전국시대를 기점으로 돌로 만든 석관묘와 지석묘에서 움을 파고 묻는 토광묘와 목곽묘로 전환된다.

후기 단계 고조선의 무덤은 토광묘이다. 현재 토광묘가 집중 분포되어 있는 곳으로는 남포시 강서구역 태성리, 황해북도 황주군 부근, 함경남도 함흥시 일대를 들 수 있다.[38] 이들 토광묘 유적은 충적지를 바라보는 낮은 구릉 지대에 주로 분

---

36) 북한학계에서는 최근 왕검성의 위치를 대동강 유역의 청암동 토성 일대로 비정하고 있다(남일룡, 「대동강류역 고대 성곽의 성격」, 『조선고고연구』 1999-1호, 1999).

37) 김남중, 「위만조선의 영역과 왕검성의 위치」, 전남대학교 석사학위논문, 2000; 조법종, 「위만조선의 붕괴 시점과 왕험성, 낙랑군의 위치」, 『한국사연구』 110, 2000.

38) 과학원출판사, 『태성리고분 발굴보고』, 1959, 11~69쪽; 『朝鮮古文化綜鑑』 제1권, 1947, 30·42쪽; 사회과학출판사, 『고고학자료집』 제4집, 1974, 165~182쪽.

포하며, 맨땅에 깊이 판 무덤구덩이 안에 아무런 시설 없이 주검을 넣은 관을 묻고 관 안팎에 이전 단계와 달리 동검과 동과, 철부 등을 묻고 있다.[39]

지배계급들의 무덤이 이렇게 한 곳에 집중되어 있는 것은 그 부근에서 주민들과 지배계급이 오랫동안 거주하였음을 말해준다. 비록 토성은 발견되지 않았지만 이곳이 지방의 중심지였음은 쉽게 알 수 있다. 이때 토광(목관)묘가 집중하는 지역은 옛 기록들에 보이는 소국의 읍락 또는 국읍의 전신인 우세집단이 자라난 곳으로 짐작된다.

여러 지역의 정치체(=소국)들과 계층으로 분열되어 있던 고조선은 계속되는 연의 동진세력과 대립하면서 점차 국왕을 정점으로 전 지역을 포괄하는 지배체제를 정비하고 중앙정부의 통제력을 강화해갔다. 이에 따라 지방지배자 출신의 관인층도 자신의 세력기반 지역에서 떨어져 나와 중앙의 관료군으로 형성되어 갔을 것이다. 그리하여 기원전 3~2세기경에 이르면 중앙정부의 국왕은 자신이 관할하는 주변지역에 대해 지배력을 행사하게 되었을 것이다.

요동 지역의 영향을 받아 성행하던 토광묘는 기원전 2세기를 지나면서부터 평안남도·황해도 지역을 중심으로 목곽묘로 변화하였다.[40]

목곽묘는 평양 일대를 비롯하여 대동군·은율군·재령군·은파군·황주군 등 서북한 지역 각지에 널리 분포하고 있다. 이 가운데는 재령군 부덕리 수역동 유적 등 단독으로 분포하는 일군의 유적이 있고, 태성리 유적과 운성리 유적처럼 수십 기에서 백여 기씩 군집된 유적이 있다. 낙랑 군치(郡治)가 있던 평양의 대동강 남안

---

39) 토광묘는 부장품의 내용에 따라 한국식동검·동사(銅鉇)·세문경(細紋鏡) 등을 기본으로 하는 1부류(평양시 남형제산유역·반천리유적 등)와 전형적 한국식동검·세형동모·동과·주조철부 등을 기본으로 하는 2부류(배천군 석산리·이화동·북창군 하세동리·용산리 등)로 나뉜다(리순진, 「우리나라 서북지방의 목곽묘에 대한 연구」, 『고고민속론문집』 8, 1983, 117~119쪽).

40) 목곽묘는 구덩이를 파고 바로 목관을 넣는 토광목관묘에서 한 단계 진전된 형식이다. 부장품도 토광묘는 청동제품이 기본인데 비해 목곽묘는 기년명(紀年銘) 철기나 동경(銅鏡)이 기본이다. 이러한 사실들에서 볼 때 목곽묘는 기원 이후 시기임이 분명한 귀틀무덤보다 선행하는 기원 이전 시기에 존재했던 것으로 추정된다.

낙랑구역에는 대개 낙랑의 무덤이지만, 목곽묘·귀틀무덤·전축분 2,700여 기가 집중적으로 분포하는 경우도 있다. 그 가운데 이른 시기의 목곽묘는 대개 고조선의 것으로 해석하고 있다.[41]

목곽묘는 기원전 4~3세기 서북한 지역의 세형(한국식)동검 관계유적 문화를 계승하여 기원전 2세기 대에 등장한 후 기원전 1세기에는 각지에서 활발히 조영되었다.[42] 목곽묘는 대동강 유역과 황해도 및 함경남도 남부에 거의 한정 분포하고 있고, 군집하는 경향도 보인다.[43] 이 무덤들의 대체적인 시기 상한은 기원전 2세기 중엽경으로, 낙랑의 무덤이 많은 수를 차지 하지만 위만 단계의 고조선 무덤도 있다. 이처럼 목곽묘가 대동강 유역과 황해도 및 함경남도 남부의 일정 지역에 집단적으로 집중 분포하는 것은 피장자가 정치권력에 의해 지역공동체 사회로부터 단절되어 묻힌 결과로 볼 수 있다.[44]

지금까지 서술한 후기 단계 고조선의 고분 조영 모습과 달리 그 이전 청동기시대 고조선의 무덤에 대한 연구는 많이 이루어지지 못하였다. 이러한 가장 큰 요인은 고고학계의 연구 대부분이 비파형동검 등 청동기 유물에 집중되고 있고, 청동기를 포함하는 상위의 고고 자료, 즉 무덤 및 주거지 자료 등에 대해서는 관심이 부족한 데서 기인한다고 할 수 있다.

청동기시대의 고조선은 문헌 기록을 종합해 보면 중국 동북 지방에서 청동기문화가 번성하는 기원전 8~7세기경 존재하였다. 이 시기에 중국 동북 지방의 지배자들은 대부분 석관묘와 지석묘, 대석개묘 등을 사용하였다. 이 가운데 석관묘의 경우 요령성과 길림성 한반도 전역에 걸쳐 분포하고 있으며, 지석묘의 경우는 요하를 경계로 요동 지역에서만 존재하고 있다.

---

41) 吳永贊, 「樂浪郡의 土着勢力 再編과 支配構造」, 『韓國史論』 35, 1996, 39~40쪽.

42) 田村晃一, 「いわゆる土壙墓について」, 『考古學雜誌』 50-3, 1965, 60~73쪽; 리순진, 앞의 논문, 1983, 99~158쪽; 後藤直, 「韓半島の靑銅器 副葬墓」, 『尹武炳博士回甲記念論叢』, 1984, 666~667쪽.

43) 리순진, 앞의 논문, 1983, 99~158쪽.

44) 後藤 直, 앞의 논문, 1984, 668쪽.

기원전 8~7세기 이후 요하 동쪽에서 한반도 서북 지방과 길림 일대에 걸쳐 지석묘와 대석개묘가 집중하여 분포하는 점은 일정한 종족의 세력범위를 암시한다. 이것은 중국 동북 지방 청동기문화에서 공병식(銎柄式) 청동단검과 비수식(匕首式) 청동단검, 삼족기가 요서 지역에서만 나오고, 요동 지역에서는 미송리형토기, 팽이형토기와 단경식비파형동검과 함께 출토되는 점에서도 방증된다고 할 수 있다.

현재까지 중국 동북 지방의 고고학 자료는 요하~압록강 일대의 석관묘(대석개묘)·미송리유형 문화권과 서북한지역의 지석묘·팽이형토기 문화권, 그리고 요동반도 지역이 독자적으로 문화권을 이루고 있음을 알 수 있다.[45] 다만 요동~서북한 지역은 전체적으로는 지석묘와 석관묘라는 동일 계열의 묘제를 사용하는 것으로 보아 같은 계통의 주민집단이 살고 있었고, 지리적인 차이로 인해 문화유형의 차이가 있게 된 것으로 보인다.

당시에는 탁자식[북방식] 지석묘가 하나의 세력권을 이루고 있었다. 탁자식 지석묘의 분포지역은 요동반도 이남에서 한반도 서북 지방에 걸쳐 일정한 범위를 이루고 있어 특정 정치집단의 존재와 연결된다. 이때 요하 이동에서 청동기시대에 형성된 정치체로는 고조선 외에 달리 언급할 세력이 없다.

무덤 가운데 지석묘와 석관묘가 일정 지역에 집중 분포하는 것은 그 일대에 하나의 유사한 계통의 종족과 주민집단, 즉 예맥족이 있었음을 말해준다.[46]

이상의 고분 관련 정리를 바탕으로 보면 요하를 경계로 기본적인 무덤 양식이 구분되고 있고, 요하 서쪽에는 융적들이 활동한 곳으로 기록되어 있는 점을 유념해야 할 것이다.[47]

---

45) 송호정, 「고고학으로 본 고조선」, 『한국사시민강좌』 49집, 일조각, 2011.

46) 황해 이북 연안 지역은 중국인의 시각에서 볼 때 동이족이 살고 있었던 것으로 믿어지는 지역으로 일찍이 "오랑캐와 예족의 고향(夷穢之鄕)"으로 표기하고 있다. 그곳은 정치집단으로 말하면 '조선'으로 표현되는 세력의 거주지역이라 할 수 있다.

47) 『管子』 小匡 "北伐山戎 制令支 斬孤竹 而九夷始聽";『史記』齊太公世家 "二十三年 山戎伐燕 … 齊桓公救燕 遂伐山戎 至于孤竹而還";『史記』卷110 匈奴列傳 第50 "山戎越燕而伐齊 齊釐公與戰于齊郊"

3. 토기 양식의 성립

고조선은 기원전 4세기를 지나면서 고대국가로 성장하고, 고조선 독자의 토기를 사용했을 것이다. 전술했듯이 고조선 후기 단계에는 지배층의 무덤으로 목곽묘를 조영하는데, 대개 기원전 6~5세기에 비정되는 심양의 정가와자 무덤이 가장 이른 단계의 고조선 목곽묘라고 할 수 있다. 따라서 정가와자 무덤에서 출토된 토기를 통해 후기 단계 고조선의 토기 양식을 규정해 볼 수 있을 것이다.

사진 1의 정가와자 박물관에 전시되어 있는 토기[48]를 보면 기본적으로 미송리형 토기와 비슷한 조합을 보이지만, 그 보다는 훨씬 후대의 토기 양식 특성을 보인다. 이는 기본적으로 한반도 세형동검문화 단계의 기본 토기 양식인 점토대토기와 흑도장경호(후기 미송리형토기)가 조합된 토기임을 알 수 있다.

이러한 토기 양식은 고조선 이후 한강 이남의 삼한 사회에도 영향을 미쳤을 것인데, 기원전 2세기 이후 금강 유역의 대전, 익산 등지와 전남 지역 등에서 일반적으로 나오는 점토대 토기와 흑도 장경호가 그 사실을 말해준다.

출토되는 토기를 보면 점토대토기의 등장 이전 청동기시대 중국 동북 지방에서는 요하를 경계로 요서 지역에는 삼족기가, 요동 지역에는 미송리형토기가, 길림성 일대에는 삼족기와 함께 서단산 토기가, 한반도 서북 지방에는 팽이형토기가 주로 사용되었다. 이 가운데 요서 지역의 삼족기는 중국 문화의 영향에 따른 요서 지역 융적들이 사용한 토기로 볼 수 있고, 길림 지역의 서단산 토기는 부여의 선주민인 예맥족이 사용한 토기라 할 수 있다.

사진 2. 심양 정가와자 출토 후기 미송리형 토기

---

48) 본문에 제시된 심양 정가와자 출토 토기 사진은 1994년도에 필자가 직접 정가와자 박물관(舊 박물관)에서 촬영한 것이다.

요동 지역과 한반도 서북 지방에서 출토되는 미송리형토기는 청동기시대에 그 일대에 살았던 예맥족과 고조선 사람들이 남긴 대표적 토기로 볼 수 있다. 요동과 서북한 지역의 문화적 유사성과 차이점을 생각하면 서북한 지역의 팽이형토기 문화의 담당자 역시 요동 지역과 같은 예맥 계통의 종족임이 분명하다. 다만 미송리형토기 문화가 주로 석관묘와 대석개묘(大石蓋墓)를 사용한다는 점과 달리 팽이형토기 문화는 지석묘를 주로 사용했다는 점이 차이가 있다. 토기양식이 보여주는 일정한 차이 등을 고려해보면, 두 문화는 지역, 주민집단 간에 어느 정도 구별되는 문화로 볼 수 있다.

4. 위세품(威勢品)의 제작과 사여

고대국가에서는 중앙 권력이 성장하면 중앙의 지배 세력이 지방 세력에 대해 공납과 사여라는 일정한 방식으로 지배 권력을 행사하였다.

고조선의 성장 과정에서 정복지역에서 나오는 여러 생산품과 원료는 고조선이 국가로 성장하는데 불가결한 전제였다. 따라서 고조선은 주변지역을 정복하여 그 지역의 수장을 통해 지역을 통제하고 물자를 공납 받아 정치적 통합을 유지하는 물질적 자료로 활용하였다.

고조선 사회의 정치적 통합 규모는 공납과 고조선에서 내려주는 사여·증여 형식을 통해 규정되었을 것이다. 그렇다고 볼 때 고조선 왕실은 영역 내에 있는 여러 소국들을 통제하고 그 소국들이 중국과 하던 무역을 독점함으로써 고조선 왕실의 왕권이나 지배력을 강화하기 위한 노력을 하였다. 이러한 사실은 당시 이미 고조선 왕실의 권한이 어느 정도 확립되어 있었음을 보여준다.

고조선은 중앙 권력이 형성되고 각 세력의 정치적 통합을 위해 제천의식 같은 이념적 장치를 마련하고 위세품을 사용하여 지역 집단을 통제해 나갔을 것이다.

고조선은 기원전 3~2세기경에 이미 국가 단계에 있었다. 고조선은 국가형성과정에서 족적 유대감이 강한 단위정치체의 크고 작은 족장세력을 연맹 단계를 거쳐 국가의 지배신분층으로 편제하였다. 그 지배체제의 특성은 각 지역의 촌락공동체, 즉 '읍'들의 내부구조에서 씨족제적인 유제의 강인한 존속과 그것을 매개로 하는 촌락공동체들의 계층적 지배와 예속관계를 편성하였다.[49] 그리고 중앙 왕실에서는 공동체적 유제에 묶여 있는 일반민과 족장세력을 결속시키기 위해 사회적인 면에서 일정한 제천의식을 거행하고, 이를 통해 정치·경제적 지배 권력의 한계를 뒷받침하고자 했을 것이다. 고조선 사회 자체가 후기 단계까지도 지역공동체에 기반을 가진 세력들을 왕권 밑으로 완전히 장악하지 못하고 지방의 독자성을 인정하는 상태였을 것이므로 혈연의식·천명사상 등을 통해 고조선 왕조의 통합을 유지하는 데 노력하였을 것으로 보인다.

고조선 왕은 매년 조상신인 천신께 제사를 지냈을 것이며, 이때 베풀어진 의식은 단군신화의 내용을 재현하는 형태였을 것이다. 이 제의에 고조선을 구성하던 모든 집단의 장들이 참여하여 정치적 통합을 강화하고 결속력을 높였을 것이다.[50] 즉 고조선의 왕 및 지배층들은 단군신화라는 건국신화와 그를 통한 제의의 시행을 통해 정치적으로 지역집단들을 통제하고 지배력을 높여 나갔다고 보인다.[51]

이러한 점은 고고학 자료를 통해서 엿볼 수 있다. 심양시에 위치한 정가와자[52]나 본계 양가[53] 등 토광묘의 부장품에서 제천의식 행사에 쓰였거나 제사장의 사용품으로 추측되는 원판형 청동기 및 세문경이 보이고, 서북한 지역 한국식 동검 문화의 주된 유물인 세형(한국식)동검과 세문경이 제의에 사용되던 도구일 가능성이 높다는 점 등이 그것이다. 즉 후기 고조선의 고고학 자료 중에는 중심 유물들이 제례의식과 관련된 것들이 많아, 당시 지배자는 지역공동체 제례의식의 집행

49) 송호정, 「고조선의 국가적 성격」, 『역사와 현실』 제14호, 한국역사연구회, 1994, 148~149쪽.

50) 노태돈 외, 「원시·고대」, 『시민을 위한 한국역사』, 창작과 비평사, 1997, 26쪽.

51) 노태돈 외, 위의 책, 1997, 25~26쪽.

52) 瀋陽故宮博物館, 「瀋陽鄭家窪子的靑銅器時代墓葬」, 『考古學報』 75-1, 1975.

53) 魏海波, 「本溪梁家出土靑銅短劍和雙鈕銅鏡」, 『遼寧文物』 84-6, 1984.

사진 3. 요서 영성현 소흑석구 출토 청동거울 거푸집

자로서 사제권을 수행한 공동체의 우두머리였을 것이라는 추측이 가능하다.[54)]

최근 고고학계에서는 다뉴기하문경을 비파형동검문화의 핵심적인 유물임과 동시에 요령－한반도의 엘리트 계층을 대표하는 위세품으로 보고, 이의 분포와 부장을 통해 동북아시아 속에서 비파형동검문화의 중심 지역과 정치 상위층을 살펴본 연구가 있다.[55)] 이 연구에서는 청동기 유물 조합 등을 통해 고조선의 가능한 범위를 추론하였다.

그러나 위 주장처럼 기원전 8~6세기에 청동기를 중심으로 한 네트워크 형성 문제를 말하려면 네트워크 운영의 주체 문제나 구체적인 교류의 내용을 설명해 주어야 한다. 그러나 현재의 고고 자료는 문화적인 유사성이 일부 유물에서 보일 뿐으로, 그것을 청동기시대 국가나 정치체 간의 교류 관계로 설명하기에는 그 구체성이 떨어진다. 단편적인 자료이지만 사진 2의 내몽골 영성현 소흑석구 출토 거울형[鏡形] 동기의 거푸집 자료를 보면, 당시에 청동 거울은 각 지역 집단 내에서 자체 제작했을 가능성이 높아 보인다.

5. 원거리 대외교역권

고조선의 대외 교역 관계에 대한 연구는 고조선의 국가적 성격을 이해하는 데

54) 金鐘一, 「韓國 中西部地域 靑銅遺蹟·遺物의 分布와 祭儀權」, 『韓國史論』 31, 1994, 45쪽.
55) 이청규, 「청동기를 통해서 본 고조선과 주변 사회」, 『고조선의 역사를 찾아서』, 학연문화사, 2007, 112쪽; 『다뉴경과 고조선』, 단국대학교 출판부, 2015.

중요하다. 대외 교역 문제는 국가의 지배력을 확인하는 중요한 기제가 되기 때문이다.

여러 지역집단들과 계층으로 분열되어 있던 고조선은 계속되는 중국의 동진 세력과 대립관계가 조성되면서 점차 국왕을 정점으로 전 지역을 포괄하는 지배체제의 정비와 중앙정부의 통제력을 강화해 나갔다. 그리고 왕권이 부왕에서 준왕으로 계승56)되는 것을 볼 때 왕위계승이 비교적 안정적이었다고 할 수 있다. 준왕이 위만에게 고조선 서쪽 지역에 대한 통치와 박사 직위를 내린 것57)을 보면 대외적으로도 일정한 집권력이 있었던 것으로 보인다.

『사기』 조선열전의 기록에 의하면 위만은 주변 만이족이 중국 변경을 침입하는 것을 방어하는 책임을 맡았고, 만이 군장이 입현천자하는 것을 차단하지 않는다는 조건하에 한의 외신으로 봉해지고 한으로부터 무기를 공급받았던 것 같다.58) 그리고 이를 바탕으로 진번, 임둔 같은 세력을 복속시키고 있었다.59) 이는 위씨 조선의 지배자집단이 이미 한의 철제무기를 세력팽창의 배경으로 삼고 있었다는 것을 뜻한다. 그러나 손자 우거 대에 이르면 이미 한과 공식적인 외교관계는 지속되지 않는데, 그간의 달라진 사정을 잘 말해준다.60) 이는 중간무역의 이익을 독점하고자 하는 실질적인 이해관계에 따른 거부이다. 그리고 관계 거부 결정은 철제무기 제작기술을 습득했으며, 기술 수준 또한 일정 수준에 도달했기에 가능했을 것이다. 즉 기원전 2세기 후반 위만조선은 강철 제작기술을 습득함으로써 철

---

56) 『三國志』卷30 魏書東夷傳 "時朝鮮王否立 畏秦襲之 略服屬秦 不肯朝會 否死 其子準立"

57) 『三國志』卷30 魏書東夷傳 "燕人衛滿亡命 … 準信寵之 拜爲博士"

58) 『史記』에 위만이 한의 외신이 되어 공급받았다고 하는 병위재물은 공식적인 관계를 통한 교역품을 의미하며, 그 중 병위는 철제의 무기를 가리키는 것으로 보아도 무방할 듯하다.

59) 『史記』卷115 朝鮮列傳 第55 "會孝惠高后時天下初定 … 以故滿得兵威財物侵降其旁小邑"

60) 『史記』卷115 朝鮮列傳 第55 "傳子孫右渠所誘漢亡人滋多 又未嘗入見 眞番旁衆國欲上書見天子 又擁閼不通"

제무기를 독자적으로 제작할 수 있었으리란 추정이 가능하다.[61]

고조선은 이웃한 진번·임둔·동옥저 등지에서 나오는 풍부한 물자를 확보하고 그것을 바탕으로 사회를 유지하였다. 또한 철기문화를 바탕으로 국가적 성장과정에서 주변세력을 복속시키고 속민집단으로 편제하여 안정된 수취기반을 확대해 가는 데 주력하였다. 한 문제(기원전 179~157) 초에 장군 진무 등이 조선과 남월이 병력을 갖추고 중국을 엿보고 있으니 이를 치자고 주청한 기록이 있는[62] 것으로 보아 이 당시 위만조선이 발달된 철기문화와 철제 무기를 바탕으로 한반도 서북지방에서 요동 방면으로 진출을 꾀한 것이 아닌가 짐작된다.

위만과 그 자손은 평양을 중심으로 하는 서북한 지방만이 아니고 남방이나 동방으로 세력을 확장해 진번과 임둔도 지배하에 두었다. 그 이북에 위치한 동옥저도 한때 고조선의 지배를 받았다. 이처럼 후기 고조선은 주변 지역에 대한 정복을 통해 지배 체제를 확립한 후, 세력권에 있던 여러 부족이나 진번 곁에 위치했다는 중국(衆國, 辰國) 등이 요동 지역의 중국 군현에 직접 조공하고 교역하는 것을 금했다.[63]

고조선은 위만 집권 단계에 이르러 진번·임둔·동옥저 등을 복속시켜 광대한 영토국가를 이룩하고 이들을 공납지배(貢納支配)한 것으로 보인다. 또한 남방의 진국(辰國)이 한과 직접 교역하는 것을 막아 동방무역의 이득을 독점해 나갔다.

이 당시 고조선의 교역 문제는 주로 명도전의 사용과 그 주체 문제와 관련하여 연구가 이루어지고 있다.[64] 그러나 요동~청천강 유역에 집중하는 명도전과 중국 연 문화가 과연 고조선의 교역을 말해주는 지에 대한 의문이 있기에, 명도전의 존재를 통해 고조선의 교역을 구체적으로 이야기 하는 것은 쉽지 않다.

---

61) 한대에 이르러 실용적인 무기로서 철검, 철도가 대량 제작될 수 있었던 것은 단철 기술의 진보를 바탕으로 하고 있다(佐藤武敏, 『中國古代工業史の硏究』, 1977, 79쪽).
62) 『史記』 卷25 律書 第3 "將軍陳武等議曰「南越朝鮮 自全秦時內屬爲臣子 後且擁兵阻阨 選蝡觀望"
63) 『史記』 朝鮮列傳 "眞番旁衆國欲上書見天子 又擁閼不通"
64) 박선미, 「화폐유적을 통해 본 고조선의 교역」, 시립대학교 박사학위논문, 2008.

고조선의 교역과 관련하여 일부 연구자들은 위만 단계의 중계 무역보다 훨씬 이른 시기에 고조선의 교역 가능성을 이야기 해 주는 『관자』경중갑편의 기록을 중시한다. 그러나 관자의 기록은 전국시대에 쓰여진 것으로 고조선을 교역의 대상으로 인식하고 있음을 알 수 있을 뿐이고, 교역이 이루어진 것을 말해주는 것은 아니다.[65] 춘추시대 고조선 사회의 모습은 중심지의 문제를 포함하여 그 어느 것도 명확하게 정리된 것이 없다. 국가적 실체가 불분명한 상태인데 교역을 말하기는 어렵다고 할 것이다.

Ⅳ. 맺음말

최근 고조선사 연구와 관련하여 필자가 갖고 있는 생각은, 대부분의 학자들이 관심을 가져왔던 요령성 지역의 여러 문화 유형을 특정 정치체에 연결시켜보는 연구보다는 문헌 기록이 어느 정도 존재하고 고고 자료가 많이 집중하는 후기 단계 고조선의 고고학적 지표에 대한 관심을 가지고 연구를 집중했으면 하는 것이다.

고고 자료만을 갖고는 그것이 어느 종족이나 정치체의 산물인지에 대해 알기 쉽지 않다. 따라서 고고학자들은 문헌 자료를 찾아 일정 주민집단과 연결시켜 보려는 시도를 하지만 기록 자체가 너무 단편적이고, 고고 문화를 일정한 정치체와 연결시키는 것 자체가 선입관이 개입될 여지가 크다.

요서 지역의 청동기시대 물질문화 자료에 대해서는 이 지역의 사회 복합화 양상과 시간적 추이에 따른 변화 등에 관한 문제를 종합적으로 살펴볼 필요가 있다. 최근 고고학계의 연구처럼 한 지역의 고고 문화를 하나의 정치체에 연결시키려는 해석보다는 그 지역 고고문화의 역사적 특성을 잘 서술하려는 시도가 훨씬

---

65) 『管子』卷23 輕重甲 第80 "管子對曰 吳越不朝 珠象而以爲幣乎 朝鮮不朝 請文皮毤服 而爲幣乎 … 然後八千里之發朝鮮 可得而朝也"

합리적이다.[66)]

고조선 관련 사료 가운데 주로 인용되는 것으로는 선진(先秦) 시기의 문헌 일부와 『사기』 조선열전, 『삼국유사』 고조선조, 그리고 『위략』, 『염철론』 등이다.

고조선 관련 자료를 통해 확인할 수 있는 사실은 고대 중국인들이 기원전 7세기에 요동과 가까운 지역에 위치한 조선을 알고 있었다는 점이다. 『위략』 기록을 중시하면 고조선 중심지가 요동에서 한반도 서북 지방으로 옮겨졌을 가능성이 높다. 그러나 나머지 기록을 보면 전국시대 연(燕)의 동쪽에 조선과 요동이 다른 지역에 존재하고 있었고, 조선은 요동 바깥의 한반도 서북지방에 위치했던 것으로 보인다.

그 동안의 고조선사 연구는 요령성 지역 고고학 문화 유형을 분류하고 이를 단편적인 문헌 기록과 연계하여 고조선의 문화를 추론하는 식으로 연구를 진행하였다. 이러한 연구 방법론은 선입관이 많이 작용하고 자료에 대한 자의적인 해석이 지나쳐 고조선사와 관련하여 진전된 해석을 얻기가 어렵다.

고조선사를 명확히 해명하기 위해서는 이제까지의 접근 방법과는 다른 접근 방법이 필요하다. 고조선은 고대국가이므로 그 연구 주제를 국가 형성 과정 연구에 집중하는 것이 필요하다. 국가 형성 단계의 고조선 문화, 즉 고조선의 고고학적 지표로는 어떤 것들이 있는 지에 대한 정리가 중요하다. 고조선 관련 고고학 자료가 일정하게 정형성을 보이고, 한 곳에서 집중적으로 조영된다면 그것은 고조선의 국가 사회와 연결시켜 볼 수 있기 때문이다.

대개 고고학계에서는 고대국가 성립의 지표로 왕성의 축조 여부와 특정 토기 양식의 성립, 고분의 등장, 중앙에서 위세품의 사여, 원거리 대외교역권의 확립 등을 들고 있다. 이 가운데 고분 자료만을 보더라도, 요하를 경계로 무덤 양식이 구분되고 있고, 전국시대 이후 움무덤(나무곽무덤)이 한반도 서북 지역에 집중하고 있는데, 이 지역은 옛 기록들에 보이는 소국의 읍락 또는 국읍의 전신인 우세집단이 자라난 곳으로, 고조선의 중심 지역이라 할 수 있다.

---

66) 김정열, 「요서 지역의 청동기문화와 복합사회의 전개」, 『東洋學』 52집, 2012.

제1부

문헌 자료로 본 고조선

고조선, 역사와 고고학

Ⅰ. 머리말 : 고조선의 시공간적 범주

고조선(古朝鮮)은 한국 역사상 한반도와 남만주 지역에서 형성된 가장 이른 시기의 국가(國家)였다. 고조선의 청동기문화는 황하유역의 북중국(北中國) 청동기문화나 유목민의 오르도스(Ordos)식 청동기문화와 다른 특징과 개성을 지녔다. 때문에 고조선은 13세기 말 『삼국유사(三國遺事)』에서 한국 민족사의 출발로서 서술된 이래, 그 뒤의 모든 사서(史書)에서 한국 민족의 유구(悠久)함과 동원성(同源性)의 상징으로 서술되었다. 특히 근대에 들어서면서 한국 동포(同胞) 의식과 결합하여 단군(檀君)이 민족의 상징으로 널리 받아들여지고 고조선을 한국 역사의 기원(起源)으로 여기는 인식이 한국인의 의식 깊숙이 자리하게 되었다.

고조선은 동시기에 부여(扶餘)·동옥저(東沃沮)·삼한(三韓)을 비롯하여 주변 국가와 많은 문화적 교류와 영향 관계에 있었다. 멸망 후에는 고구려·백제·신라 삼국의 국가형성과 정치적 성장에 중요한 영향을 미쳤다. 그런 의미에서 기원전 2세기까지 동북아지역에서 가장 앞선 사회였던 고조선사에 대한 해명은 매우 중요하다.

일반적으로 우리가 고조선이라고 할 때, 그것은 대개 단군왕검이 세운 단군조선과 이후의 기자조선, 그리고 위만이 세운 위만조선이라는 세 단계의 발전 과정을 거친 것으로 이해한다. 바꾸어 말하면 고조선은 1392년에 이성계가 중심이 되어 개창한 조선 왕조와 대비되어 그 이전에 '조선(朝鮮)'의 칭호를 쓴 나라에 대한 역사라는 의미로 사용된다.

고조선의 역사발전 단계는 생산력의 비약적 발전이 이루어지는 철기의 사용 시기(기원전 3~2세기)를 기준으로 그 이전 청동기시대를 고조선 전기(기원전 8·7~4세기)와 중기(기원전 5~4세기), 그 이후를 고조선 후기로 구분할 수 있다.

공간적으로 고조선 사람들은 남만주의 요동 일대와 한반도 서북부를 중심으로 살았다. 이 지역은 일찍부터 농경이 발달한 곳이다. 이곳의 주민은 주로 예족과 맥족으로, 언어와 풍속이 서로 비슷했다. 처음에는 이 지역에서 조그만 정치 집단이 군데군데 생겨나 그 중 우세한 세력을 중심으로 다른 집단이 정복당하거나 통합되었다.

고조선사의 시기와 범주에 대한 이상과 같은 공통의 이해가 전제되지 않으면 고조선사 연구는 계속해서 논란이 일 수 밖에 없다. 고조선에 대한 연구는 기본적으로 초기 역사에 대한 문헌 자료가 절대적으로 부족하고 그 공백을 메워줄 수 있는 고고학 자료들은 기본적으로 위치 문제가 해결되어야만 자료로서 가치를 갖게 되기 때문에, 중심지에 대한 인식 차이와 관련하여 상반된 해석이 전개되고 있다.[1]

해방 직후 북한 학계에서는 고고학 자료, 즉 비파형동검문화에 대한 적극적 해석을 통해 그 문화의 출발지와 중심지가 요동이고 요령성과 길림성 일부, 한반도 서북 지방의 비파형동검문화 지역을 고조선의 영역으로 설명하였다. 그리고 그 사회는 강상묘·루상묘의 예로 볼 때 노예를 순장하던 노예제사회라고 보았다.

최근에는 1993년 개건한 단군릉을 근거로 단군과 단군조선을 인정하고, 5천여 년 전 평양 일대에서 고조선이라는 고대국가가 존재했다고 주장하고 있다.[2] 전성

---

1) 노태돈, 「단군과 고조선사의 이해」, 『단군과 고조선사』, 사계절, 2000; 송호정, 「고조선 중심지 성격과 그 과제」, 『한국 고대사연구논총』 10집, 2000.

2) 『단군릉에 관한 학술보고논문집』, 1993; 『북한의 「단군 및 고조선」 논문자료 −제2차 학술토론회 발표−』, 1994.

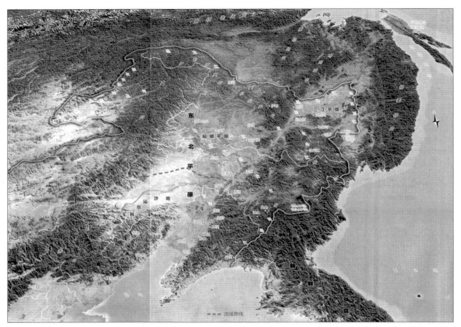

사진 1. 중국 동북지방 지형 지도

기의 영역은 이전의 주장처럼 요령성 대부분과 길림성 일부이며, 평양이 그 중심이었다고 주장한다.

　남한학계에서는 고조선 평양 중심설이 1970년대에 주장되어 1980년대에도 계속되었다. 이 주장은 기본적으로 문헌자료에 기초를 둔 것으로, 초기 고조선사와 관련된 단군신화나 기자조선을 부정하고 고조선사의 진정한 출발을 기원전 4세기 이후인 전국시대부터라고 보고 있다. 이러한 시각의 연구는 만주 일대에 분포하는 청동기문화와 초기 고조선사에 대한 실증적인 고찰이 이루어질 수 없었다.

　1980년대 중반에 이르러 남한학계에는 북한학계의 요동 중심설이 소개·부연되면서 고조선에 대한 새로운 관심과 논쟁이 일어나고, 고조선 중심지가 평양에 있었다는 설 외에 요령성 중심설 및 중심지 이동설이 다시 검토되었다.

　남한학계의 요령성 중심설은 기본적으로 고조선은 단군조선만을 말하며 기자조선과 위만조선은 중국의 망명세력으로 고조선 역사와 무관한 것이라고 주장한다. 그리고 요서 지역의 초기 청동기문화인 하가점하층문화를 고조선의 문화로 해석한다. 고조선은 일찍부터 남만주 일대에 광대한 영역을 가진 제국을 형성하였고, 그 사회는 노예제사회였다는 논리를 펴고 있다. 특히 신화에 대한 합리적 이해를 부정하고 웅대한 고조선상을 미리 설정한 가운데 논리를 전개하다보니 과장된 고조선상을 주장하고 있다.

반면 고조선의 중심지 이동설은 이제 남한학계의 지배적인 통설이 되고 있다.[3] 중심지 이동설은 고조선이 초기단계에는 요동 지역에서 요령식동검문화를 주도하다가 연(燕) 세력과 충돌로 말미암아 그 중심부를 대동강 유역의 평양 지역으로 옮겼다고 보는 입장이다. 그 사회성격도 연맹적 성격이 강한 초기국가임을 주장한다. 이 주장은 종래의 평양설과 요동설의 문제점을 극복하기 위한 노력의 결과로서, 문헌 사료에 대한 비판적 이해를 바탕으로 문헌에 기록되지 않은 초기 고조선사에 해당되는 부분은 고고학 자료를 적극적으로 활용하고 있다.

II. 고조선사 관련 자료

1. 문헌 자료

그 동안 고조선사와 관련하여 통일된 인식이 마련되지 못한 데에는 기본적으로 문헌 사료의 부족과 그 사료에 대한 인식상의 차이에 기인한다.

고조선사와 관련된 문제들을 고찰하는 기본적인 문헌자료는 『사기』「조선열전」이다. 「조선열전」에는 후기 고조선, 즉 위만조선과 고조선의 멸망 과정이 비교적 자세하게 서술되어 있다. 부분적으로는 『삼국지』에 인용된 『위략』과 선진문헌(先秦文

---

3) 노태돈, 「고조선 중심지의 변천에 대한 연구」, 『한국사론』 23, 서울대학교 국사학과, 1990(『단군과 고조선사』, 사계절, 2000에 재수록).

獻)으로 『관자』·『전국책』·『염철론』 등이 참고 된다. 그러나 이들 문헌사료는 대단히 단편적이고 일반적인 상황만을 말해 주는 모호한 내용밖에 없다. 가령 '중국 동쪽에 조선·요동이 있다'(『관자』)·'중국에서 8천리 떨어진 곳에 조선이 있다'(『관자』)·'바다의 북쪽 산의 남쪽에 조선이 있다'(『산해경』) 등이다. 이 기사를 놓고 연구자 각자는 자신이 세운 가설에 맞게 해석하고 끼워 맞춘 고조선상을 만들어내었다.

선진문헌에 기록된 단편적인 내용만으로는 고조선사를 구체적으로 복원하기는 무리이다. 단지 고조선이 늦어도 기원전 4세기 중반에는 전국시대의 고대 중국인들에게 그 실체가 알려졌고, 연과 대립하는 세력이었음을 알 수 있다.

한편 고려시대 이래 단군조선 및 기자조선과 관련하여 기록이 전하고 있다. 충렬왕대(1285년경) 일연(一然)에 의해 쓰인 『삼국유사』에 왕검(단군)조선과 위만조선에 대한 내용이 실려 있다. 단군신화와 단군조선사는 조선시대의 『세종실록지리지』와 『응제시주』 등에도 계속해서 주목하고 있다. 이밖에 고려 충렬왕대(1287년) 이승휴에 의해 쓰인 『제왕운기』에는 고조선을 전조선(단군조선)과 후조선(기자조선)으로 구분해서 서술하고 있다.

은나라 말엽에 기자라는 현인이 조선 땅으로 와서 조선의 제도와 문화를 발전시켰다는 기자조선의 내용은 한초(漢初) 복생(伏生)이 쓴 『상서대전』에 처음 기록되어 있고, 『사기』 송미자세가(宋微子世家)에도 같은 내용이 실려 있다.

고조선사와 관련된 직접적인 문헌 자료는 고조선의 사회상을 체계적으로 설명해 줄 수 있을 정도로 자세하지 못하다. 따라서 고조선사 연구를 위해서는 고고학 발굴 자료에 대한 해석이 매우 중요하다.

2. 고고학 자료

고조선사에 대해 진전된 이해를 얻기 위해서는 문헌자료만의 재해석은 의미가 없다. 기본적으로 남만주 요령성 지역의 고대문화에 대한 폭넓은 이해와 서북한 지역의 문화유적에 대한 종합적인 고찰을 통해 고조선과의 관련 여부를 추적해 보는 것이 중요하다.

고조선은 청동기문화를 바탕으로 성장하여 철기문화를 수용하면서 본격적으로 발전하였다. 청동기시대의 고조선문화는 여러 가지이지만 대표적으로는 4가지 요소, 즉 비파형(요령식)동검과 지석묘, 미송리형토기와 팽이형토기를 들 수 있다.

중국 요령성 지역과 한반도에 특징적으로 분포하는 비파형동검은 일정 지역에 집중 분포하고 있어 하나의 문화권 개념을 적용하여 비파형동검문화라고 부른다. 비파형동검문화는 황하 유역의 북중국 청동기문화나 유목민의 오르도스(Ordos)식 청동기문화와 다른 특징과 개성을 지녔다. 비파형동검문화는 요령성 각 지역마다 독자적 특징을 간직하고 있다. 이는 청동기시대 고조선 사회가 왕권이 강하지 않고 토착 족장들이 지역에서 영향력을 발휘하고 있었음을 말해준다.

요동 지역에서는 청동기시대의 대표적 표지 유물로 비파형동검과 함께 탁자식(북방식) 지석묘와 미송리형토기가 주목된다. 탁자식 지석묘와 미송리형토기는 요동반도 이남에서 한반도 서북 지방에 걸쳐 특징적으로 분포하고 있어, 고조선 주민들이 남긴 것으로 볼 수 있다. 특히 요동 지역에 집중된 미송리형토기 문화는 문헌 기록과 종합해 볼 때 고조선을 형성한 예맥족의 문화이며, 서북한 지역에서 발전한 팽이형토기문화와도 밀접한 관계에 있었음을 알 수 있다. 한편 서북한 지역에 집중 분포하는 팽이형토기문화는 요동 지역의 미송리형토기 문화와 함께 고조선의 중심 청동기문화로 발전하였다.

기원전 5~4세기는 중국 전국시대 문화 및 주민의 영향으로 요령 지역과 한반도 지역에 움무덤과 초기 철기문화라는 새로운 문화적 변동이 일어나게 된다. 이당시 고조선문화는 이전의 고인돌 등 돌무덤 대신 움무덤과 한국식동검 및 각종 철제무기들이었다.

Ⅲ. 기원전 8~7세기 : '조선'의 등장

고조선의 초기 단계를 가리키는 단군조선과 단군신화는 고조선의 국가권력이 형성되고 난 이후에 지배층 사이에서 만들어진 건국 신화이지 실재한 역사를 반영한 것이 아니다. 단군 이야기를 일정한 지배 권력이 형성된 정치체로서 설명하기에는 역사성이 떨어진다.

그러나 이른바 단군조선 이후에 등장하는 기자조선의 역사는 초기 고조선사를 다루는 과정에서 그 시기나 내용이 겹치기 때문에 반드시 언급하고 넘어가야 할 주제이다. 현 중국 요령성 지역에 분포하는 요령식동검문화를 분석하여 지역적 특성과 그 주민집단을 고증해 본 결과 기자조선의 국가였다는 요하 서쪽의 고죽 국(孤竹國)이나 기국(箕國) 등은 모두 중국 연(燕)의 관할 하에 있던 상족(商族)의 후예 들이 거주하였던 국가였고, 그 국가들은 실질적으로 '산융(山戎)' 등 유목민족 계통 의 소국(小國)임을 알 수 있었다. 따라서 문헌 기록상 기자동래설(箕子東來說)은 기자 가 활동하였던 기원전 10세기 이전이 아닌 한대 이후 한나라 역사가들이 꾸며낸 이야기이고, 요서 지역에서 나온 '기후(箕侯)' 이름이 쓰인 청동그릇은 산융 등 오랑 캐족 사회에 상나라 유민들이 살았다는 증거에 불과함을 입증하였다.

그렇다면 고조선은 언제 역사무대에 등장하고 초기 단계의 사회성격은 어떠했 는가. 문헌자료, 특히 선진문헌에 기록된 고조선은 중국에서 멀리 떨어진 지역에 존재하던 종족집단에 불과하였다. 고조선은 처음에는 일정한 지역 명칭이면서 종 족이름이었고, 나중에 사회가 발전하게 되자 국명으로 고착되었다. 기원전 4세기 이전의 일을 기록한 『관자』나 『전국책』 등에는 '요동'과 '조선'이 다른 지역으로 구 분되어 나온다. 또 요동 지역의 주민집단은 '예맥'이라 표기되어 있다. 따라서 요 동 지역과 고조선, 예맥족의 연관성은 매우 깊이 형성되었던 것으로 볼 수 있다. 그 시기는 대개 기원전 8~7세기까지 올라간다. 이러한 사실은 고고학 자료에서 도 확인할 수 있다.

종래 만주 지방 고고학 자료에 대한 논의는 이른바 '비파형(요령식)동검문화'에 대한 해석 여부를 둘러싼 것이었다. 여러 형태의 청동단검이 주로 사용되던 시기 는 기원전 8~7세기 이후이므로 그 주민집단을 단군조선으로 보기는 힘들다. 이 때에 기원전 8~7세기 단계에 요령성 일대에서 활약한 군소(群小) 종족 가운데 여 러 융적(戎狄)과 고조선이 주목된다.

중국 선진문헌에는 요서 지역에서 기원전 8~7세기경에 활동한 종족으로 산융 (山戎)·동호족(東胡族)이 등장한다. 그 동쪽 지역에 예맥·조선이 있었음이 보인다. 그런데 비파형동검은 산융족이 활동한 요서 지역에 집중되어 있다. 따라서 남만주 일대에서 비파형동검문화를 주도한 민족은 요서 지역에 거주한 '산융', '동호' 등 여러 '융적'이라고 볼 수 있다.

고조선 초기인 기원전 1000년기 전반에는 고조선의 힘이 미약하고 중국세력 또한 동방으로 진출하지 않았으므로 고조선과 중국 간에는 대규모 무력충돌이 없었을 것이다. 중국인들이 처음 인식한 춘추시대(770~476B.C.) 당시의 '조선'은 제(齊)나라와 교역할 수 있는 동쪽 지역의 나라였다.

기원전 7세기 당시 '조선' 서쪽에 존재했던 '산융'을 대표로 하는 영지·고죽·도하 등의 종족집단은 "백여 개의 오랑캐가 하나로 합일되지 못하였다."는 기록에서(『사기』 흉노열전) 보듯이 어떠한 통치조직도 갖지 않았다. 단지 각기 우두머리를 지닌 집단들이 계곡에 흩어져 완만한 연합체를 이루고 있었다. 따라서 그 동쪽에 위치한 '조선'도 처음에는 통일적인 국가를 형성하지 못하고 비파형동검 문화권에 속해 있던 여러 종족들의 거주 지역에 불과했다고 볼 수 있다. 그리고 각 지역의 지역집단을 대표하는 세력은 후대의 사료에 근거할 때 '조선'·'진번(眞番)'·'예맥' 등의 선조들이 살고 있었던 것으로 보인다. 그들은 상호 간에 일정한 통제와 지배가 이루어지지 않는 관계 속에서 독자적인 문화를 영위해 갔다.

Ⅳ. 기원전 5~4세기 : 조선연맹체(朝鮮聯盟體)의 형성

1. 연(燕)·진(秦) 세력의 요령 지방 진출

전국시대에 이르러 제(齊)·진(秦) 등의 국상이 계속해서 변법개혁을 실행하자 중국 동북지방의 연(燕) 또한 변법 개혁의 물결에 휩쓸리게 되었다. 연은 동란 중에 소왕이 즉위(기원전 311~279년)하였는데, 그는 20여 년에 걸친 개혁과 강화정책을 적극 추진하여 성공을 거두었다. 소왕대에 연나라의 야철 연강(煉鋼) 기술은 가장 선진적이었다. 우수한 철기 제작기술을 바탕으로 연의 국력은 급격하게 신장되었고, 군사적 역량도 강화되었다. 기원전 284년(소왕 26) 우수한 철제 무기와 무장을 바탕으로 연은 진(秦)·한(韓)·조(趙)·위(魏)와 연합하여 공동으로 제(齊)를 정벌하였다. 이후 연 군대의 위세는 날로 강성해졌고, 계속해서 동북방의 동호를 쫓아내고 요령 지방의 남부 지역을 향해 발전할 수 있는 매우 유리한 조건을 만들었다.

대릉하(大凌河) 유역 청동예기(靑銅禮器)의 존재를 통해 볼 때 연 소왕이 등장하기 이전에 연이 직접 통제하는 지역의 동북부 경계는 대릉하 상류 일대에 이르고 있었다. 이후 연이 요령 지방 남부 지역으로 계속 발전할 수 없었던 까닭은 남쪽에 위치한 제의 강한 견제를 받았고 북으로는 산융이 가로막고 있었기 때문이다. 그런데 기원전 7세기에 이르러 제가 산융을 정벌하자 연은 잠시 연 북방에 존재하던 위협으로부터 벗어날 수 있었다. 그러나 오래지 않아 동호로 불리는 세력이 산융이 있던 지역에 위치하여 연인(燕人)의 동쪽으로 진출을 다시 막았다. 이러한 상황에서 연 소왕은 강화된 국력과 제나라 정벌의 승세를 타고 북상하여 동호를 격파하였고 비로소 남만주 지역에 대한 직접 지배를 할 수 있었다.

기원전 3세기 이후 연나라는 동호를 공격하고 요동 천산산맥 일대까지 장성을 설치하였다. 이때 설치된 장성 근처에는 대량의 와당, 명도전, 철기 등이 발견되는데, 이 유물들은 서북한 지역의 청천강 유역을 경계로 그 이북에서만 출토하고 있다. 이러한 고고학 자료의 분포를 통해, 연이 기원전 3세기 초 요서 지역에 위치한 동호를 공격하는 과정에서 요동 및 서북한 지역의 '조선후(朝鮮侯)' 세력을 공격하여 한반도 서북부 지역에까지 영향력을 행사하였음을 알 수 있다. 이후 고조선은 청천강(=패수)[4] 이남 지역을 중심으로 새로이 국가적 성장을 지속해 나갔다.

2. 조선연맹체(朝鮮聯盟體)의 형성

고조선은 기원전 4세기경에 와서는 요하 동쪽에서 가장 강력한 정치세력이 된다.『위략』의 저자는 이 시기에 연과 대립하는 유일한 세력으로 바로 '조선후국'을

---

4) 고조선과 한의 경계인 패수에 대해서는 많은 논의가 있으나, 필자는 고고학 자료상 명도전과 전형적 세형동검 출토 지역이 청천강을 경계로 구분되며, 문헌 자료 역시 패수를 청천강으로 보는 것이 합리적이라 생각한다.

꼽는다. 전국시대의 중국 문헌을 보면, '조선후'가 존재했고, 그가 성장하여 '왕'을 칭했다고 기록하고 있다. 이것은 기원전 4세기경부터 조선후국의 세력이 성장하여 중국 연과 대등한 정도가 되었다는 표현이다.

계속되는 기록에서 조선이 연을 치겠다는 표현은 조선이 일정 정도 병력을 동원할 수 있을 정도로 왕실 권력이 성장하였음을 말해준다. 기원전 4세기에는 중국인들이 "교만하고 사납다."(『위략』)고 기록할 정도로 조선후의 세력이 강했다고 보인다. 그러나 기원전 4세기경에 고조선이 '왕'을 칭했다고 해서 고조선의 비약적인 성장을 추측하는 것은 무리이다.

고조선이 기원전 4세기에 '칭왕(稱王)'한 사실은 고조선 지배 권력의 성장에 따라 그에 상응하는 권위가 필요하여 취해진 조치로 볼 수 있다. 당시는 여러 소국들의 연맹 상태로, 연맹 단계에서는 아직 정치권력을 배경으로 하는 지배·복속 관계라든가, 또는 각 지역의 세력집단이나 소국 전역을 포괄하는 단일한 정치체를 상정하기는 어렵다. 고조선의 경우도 기원전 5~4세기경에는 중국에서 이른바 '조선후국'이라 부르는 정치권력이 맹주가 되어 그 주변에 위치한 예맥·진번·임둔 등 소국세력에 대해 일정한 영향력을 행사하는 단계에 있었다고 생각되며, 이것을 필자는 '조선연맹체(朝鮮聯盟體)'라는 개념으로 부르고자 한다.[5]

당시 '조선후국'의 '왕'은 주변에 산재한 지역집단의 연맹장이라는 직책을 수행하면서, 전문적인 관리가 필요했던 만큼 미숙한 관료체계를 마련하였던 것이다. 고조선의 관직은 위만 단계에서도 모든 관직을 '상(相)'이라 부를 정도로 분화되어 있지 않았다.

고조선은 기원전 4세기에 이르기까지 주변의 자연경계 등을 이용하여 일정한 세력권을 형성하고, 타국과의 경계를 설정하고 있었다고 생각된다. 아직 연맹을 형성하고 있던 여러 속읍(屬邑)에 대한 영유권만을 확보할 뿐 구체적인 영역이나

---

5) 일반적으로 연맹이라 하면 집권적 고대국가가 형성되기 이전에 각 지역별로 집단이나 소국간에 다수의 소국을 통솔하는 구심체가 대두되고, 그 특정세력을 중심으로 정치·경제적 결속기반을 형성하면서 대외적으로 통일된 기능을 발휘하는 단계를 말한다(李賢惠 1984; 權五榮 1996).

지배권을 행사하지는 못하였다. 다만 중국 사가들에게는 요동 지역 정치집단의 세력중심이 바로 조선에 있었기 때문에 요동 지역의 정치집단을 서술할 경우 조선을 그 중심에 두었던 것이다.

고조선은 기원전 1000년기 후반기 초, 구체적으로는 기원전 4세기를 전후한 시기에 넓은 지역을 차지하였으나 여기에 속한 여러 소국(=소읍)들을 아직 하나의 단일한 통치체제 밑에 두지는 못하였다. 고조선의 중앙정치세력은 고조선에 복속된 정치세력에게 일정한 정치적 독자성을 주어 그 지역을 다스리도록 했으며, 그들을 통해 전국을 지배하였다. 따라서 고조선 중심지역의 경제, 문화적 영향은 일정한 정치적 독자성을 가진 소국들에게는 크게 미치지 못하였다.

문헌 기록에는 고조선에 진번, 임둔 등의 정치세력이 있었으며, 그것들은 모두 고조선의 어느 한 지역을 차지하던 소국(小國)이었다고 한다. 이 소국들은 정치, 경제, 문화적으로 상대적 독자성을 가지고 있었다. 이러한 사실은 지석묘 및 석관묘를 중심으로 한 비파형동검문화 마지막 단계의 문화유형이 혼하 유역, 요동반도 지역, 서북한 등 크게 세 지역으로 나뉘고, 그 각각의 유형이 독자적으로 성장하는 모습에서도 엿볼 수 있다. 이 세 문화유형은 독자적으로 발전하면서 전체적으로는 비파형동검 문화권에 속해 있었던 것이다.

Ⅴ. 기원전 3~2세기 : 국가의 형성

1. 위만과 위만조선

서북한 지역에서는 기원전 4~3세기의 전국시대부터 하북·산동 방면의 중국인이 이주하였고, 이미 기원전 3세기 후반기에는 이주민에 의한 일정한 정치세력이 등장하게 된다. 이러한 역사적 움직임을 기반으로 기원전 2세기 초가 되면서 이 지방에 독립정권이 발생하였다. 그것은 바로 요동 방면에서 서북한으로 망명하여 온 위만이라는 인물에 의해 수립된 위만조선이다.

위만이 이주민이나 토착민을 세력 하에 두고 위만조선을 세웠던 시기는 전한 혜제 때, 즉 기원전 190년대의 일이다. 위만과 그 자손은 평양을 중심으로 하는 서북한 지방만이 아니고 남방이나 동방으로 세력을 확장해 진번과 임둔도 지배하에 두었다. 그 이북에 위치한 동옥저도 한때 고조선의 지배를 받았다. 이처럼 후기 고조선은 주변 지역에 대한 정복을 통해 지배 체제를 확립한 후, 세력권에 있던 여러 부족이나 진번 곁에 위치했다는 중국(衆國, 辰國) 등이 요동 지역의 중국 군현에 직접 조공하고 교역하는 것을 금했다.

위만조선의 이런 태도는 무엇보다 자국의 실력에 의지했겠지만, 한편으로는 당시 북아시아에서 강대한 정치 세력을 형성했던 흉노 제국과 연결될 수 있는 가능성이 또 하나의 힘으로 작용했다고도 볼 수 있다. 이런 자신감을 바탕으로 위만조선은 수도인 왕검성을 중심으로 한 독자적인 문화도 탄생시켰다. 토광묘에 이어 목곽묘를 조영하고, 고조선만의 독특한 세형동검문화를 창조한 것이다.

당시 중국이 한나라로 통일되어 안정을 되찾아가자, 위만은 주변 종족들이 중국의 국경을 침범하지 못하게 하고 또 중국과 교통하는 것은 막지 않는다는 조건으로 한나라와 화평한 관계를 맺었다. 한나라도 위만조선을 우리 겨레의 땅을 대표하는 나라로 인정해 외신(外臣)이라는 권위를 부여하고 물자를 지원하겠다고 약속했다(『사기』 조선열전).

위만조선은 중국에서 흘러들어온 사람들과 함께 전래된 중국 문물을 수용하고, 한나라의 위세와 물자 지원을 활용해 군사력을 키웠다. 게다가 한반도 남부에 생겨난 여러 작은 나라가 한나라와 교역하는 것을 통제하면서 중간에서 중계 무역을 해 많은 이익을 챙겼다. 이윽고 더욱 강해진 힘을 바탕으로 이웃한 동옥저와 임둔, 진번 같은 부족 집단을 정복해 사방 수 천리에 이르는 영토를 가진 정복 국가가 되었다.

2. 고조선의 정치적 통합

위만조선은 준왕이 통치하던 때에 지방의 족장들을 중앙에 끌어들여 '상(相)'이라는 관직을 주고 관료로서 복무케 했다. 왕이라고 해서 모든 일을 마음대로 하지 않고 각 지방의 일은 어느 정도 그 지방 사회에서 알아서 하도록 권한을 주었으며, 나라 전체에 관한 일은 '상'과 '장군'이 모인 귀족 회의에서 결정했다. 고조선의 지방 족장이었던 역계경(歷谿卿)이라는 인물은 왕이 자기 말을 듣지 않자 자신이 거느린 부족 사람들을 모두 데리고 이웃 나라로 떠나기도 했다.

당시 상황에서 종족적 유대가 없이는 역계경의 사례와 같은 대이동은 거의 불가능했을 것이다. 결국 이들 각 지역집단의 우두머리가 조선의 상이 된 것은 후기 고조선, 즉 위만조선이 왕 위만을 포함해 한족(漢族) 유이민을 하나의 단위로 한 집단과 토착 사회 여러 읍락집단들의 연맹적 구성으로 이루어졌기 때문임을 추측할 수 있다. 다시 말해 대동강 유역에서는 위만 이전부터 정치력이 성장해 하나의 우세한 지역집단이 영도 세력으로 등장하는 소국(=소읍) 연맹이 형성되었다고 생각되며, 이런 토착 사회의 기반 위에 한족의 유이민이 이주하면서 위만왕조를 수립했다고 보인다.

이처럼 여러 지역집단들과 계층으로 분열되어 있던 고조선은 계속되는 중국의 동진 세력과 대립관계가 조성되면서 점차 국왕을 정점으로 전 지역을 포괄하는 지배체제가 정비되었고 중앙정부의 통제력이 강화되어갔다. 왕권이 부왕(否王)에서 준왕(準王)으로 계승되는 것을 볼 때 왕위 계승이 비교적 안정적이었다고 할 수 있다. 준왕이 위만에게 고조선 서쪽 지역에 대한 통치를 맡기고 박사 직위를 내린 것을 보면 대외적으로도 일정한 집권력이 있었다고 보인다.

고조선은 주변 지역을 정복하여 그 지역의 수장을 통해 지역을 통제하고 물자를 공납받아 정치적 통합을 유지하는 물질적 자료로 활용했다. 따라서 고조선 사회의 정치적 통합 규모는 공납과 고조선에서 내려주는 사여(賜與) 형식을 통해 규정되었을 것이다. 그렇다고 볼 때 사방 1천 리 영역 내에 있는 여러 소국들을 통제하고 그 소국들이 중국과 하던 무역을 독점함으로써 고조선 왕실의 왕권이나 지배력을 강화할 수 있었다. 이러한 사실은 당시 이미 고조선 왕실의 권한이 어느 정도 확립되었음을 보여준다.

고조선은 국가형성과정에서 족적 유대감이 강한 단위 정치체의 크고 작은 족장 세력을 연맹·결속시켜 국가의 지배신분층으로 편제하였다. 그 지배체제의 특성은 각 지역의 촌락공동체, 즉 '읍(邑)'들의 내부구조에서 씨족제적인 유제의 강인한 존속과 그것을 매개로 하는 촌락공동체들의 계층적 지배와 예속관계를 편성한 것이다. 중앙 왕실에서는 공동체적 유제에 묶여 있는 일반민과 족장세력을 결속시키기 위해 일정한 제천의식을 거행하고, 이를 통해 정치·경제적 지배 권력의 한계를 뒷받침하고자 했을 것이다.

VI. 맺음말

고조선이 하나의 지역 범위를 초월하여 고대국가라는 정치적 통합을 이루어 낼 수 있었던 것은 일차적으로 내부의 생산력 발전이 원동력이 되었다. 직접적으로는 계속적으로 내려오는 중국 세력의 힘과 문화에 영향 받으면서 내부적으로 힘을 키우고 그에 맞서 대응하는 과정에서 정치적 통합을 이루어냈다.

고조선 후기 단계의 지배체제를 보면, 지방 세력들이 중앙으로 올라와 귀족집단을 형성하고 왕과 협의하여 통치를 함으로써 왕이 초월적인 지배권을 행사하지 못하였다. 다만 대외적인 교류나 제의(祭儀) 등을 통해 지역집단을 통할한다는 점에서 삼국 초기의 지배체제인 부(部) 중심의 정치구조와도 연결되는 측면이 많다. 그러나 고대사회의 기본 통치단위였던 '부'가 고조선에 존재했다는 기록이 전혀 보이지 않는다는 것은 고조선 지배체제가 삼국과 차이(差異)가 있었음을 말해 준다.

고조선은 멸망 후 낙랑군으로 그 문화와 주민이 이어지고 삼국사회를 형성하는 기본바탕이 되었다. 따라서 낙랑군의 지배구조와 군현체제에 대한 이해와 이후 고조선의 유민들이 고구려나 신라의 국가형성에 미친 영향과 그 차이점 등을 명확하게 밝히는 작업은 고조선 사회의 특성을 밝히는 데 꼭 필요한 작업이다.

고조선 중심지를 둘러싼 논쟁을 어떻게 볼 것인가[1]

Ⅰ. 머리말

우리 학계에서 한국상고사,[2] 즉 고조선사 문제가 크게 논란이 된 것은 국정교과서를 편찬해 사용하기 시작한 1970년대 말부터였다. 1980년대에 들어서면서 고조선, 즉 한국상고사 문제는 이데올로기 논쟁의 표적이 되었고, 학문적인 차원을 넘어서 정치적으로 민감한 주제가 되었다.

한국 상고사 문제 논란의 진원지는 학계가 아니라 역사를 국수주의적 시각에

---

1) 본고는 2017년 하계 청람사학회 특강 원고(송호정, 2015, 「고조선 중심지의 위치 문제에 대한 쟁점과 과제」, 『역사와 현실』 98; 송호정, 2016, 「최근 한국상고사 논쟁의 본질과 그 대응」, 『역사와 현실』 100)를 기본으로 재구성한 원고이다.

2) '한국상고사'는 대개 '고조선사'를 가리킨다. 유념해야 할 것은 한국 상고사의 핵심 내용인 고조선사는 한국 고대의 첫 국가이자 정치체라는 점이다. 따라서 한국 고대사의 일부분이며, 넓게 보아 한국고대사와 관련되므로 상고기에 해당되는 내용일지라도 상고사라는 용어나 개념 대신 '고대사(古代史)'라는 개념으로 충분히 설명할 수 있다. 그럼에도 불구하고 굳이 '한국상고사'라는 개념을 사용하는 것은 단군조선 시기만을 부각시켜 우리 역사가 처음 출발부터 만주지역을 지배한 웅대한 역사였음을 과시하고 싶은 생각이 배경에 있다.

서 바라보는 일반 시민단체나 유사역사학자[3]들이었다. 이들은 이전 정부 시절에는 교육부나 국회의원, 일부 언론과 연계하여 자신들의 주장을 펼쳐나갔고, 정권이 바뀐 최근까지 여전히 한국 고대사 강연회나 학회에 참석하여 목소리를 높이고 있다. 그 동안 유사역사학자는 물론 국회나 언론에서도 한국 상고사 문제는 그 서술 내용이 문제가 되었고, 기존 학계의 연구 성과나 동북아역사재단의 한국 고대사 관련 연구 사업에 대해서도 일제 식민사관과 중국의 동북공정을 추종한 것이라고 비판해 왔다.

과거 1970년대 말과 1980년대 초부터 발생한 이와 유사한 상황은 대개 10년을 주기로 반복적으로 제기되고 있다. 이른바 유사역사학자들은 극단적 민족주의와 반공사상을 내세우는 보수적 성향의 사람들이다. 이들은 전두환 정부가 들어선 1980년대에는 정치권과 연결하여 국사 교과서의 상고사 내용을 전면 개편해야 한다는 자신들의 주장을 관철시키고자 했다. 이러한 논의는 2016년에 간행된 국정교과서의 내용에 고대사에서 상고사 부분을 떼어내어 서술하려는 노력으로 재현되었다. 다행히 국정교과서에서 한국상고사가 독립된 장절로 구성되지는 않았지만, 고조선사 문제는 극단적 민족주의 인식과 연계되어 많은 사람들의 관심을 받았고, 학문적인 연구 성과 역시 선입관이나 왜곡된 인식이 많은 영향을 미쳤다.

본고는 그 동안 유사 역사학자들에 의한 고조선사 서술을 둘러싸고 벌어진 일련의 사건과 학계의 연구 성과에 대한 매도와 공격에 대해 객관적인 시각에서 그

----

3) '유사역사학'이란 역사학의 방법론을 사용하는 것처럼 위장하고, 자신들의 주장을 입증하기 위해 비과학적, 비논리적, 비역사적 주장을 하는 비정상적인 믿음을 가리키는 용어이다. 영어로는 Pseudohistory라고 쓰며, '사이비 역사학'이라고 번역된다. 그동안 정식으로 학계에서 학문적으로 훈련이 되지 않은 일반 시민 가운데 우리 역사에 대해 많은 관심을 가지고 활동하며, 특히 웅대한 상고사 복원에 노력하는 아마추어 역사학자들을 '강단사학자'와 구분하여 '재야사학자'라 불러왔다. 그러나 그들의 역사 해석은 객관적이거나 합리성을 갖지 못하고 자료 가운데 자신들의 생각에 부합되는 자료만 다루며, 해석 또한 매우 자의적으로 하여 환상적인 고대사상을 그려내고 있다. 따라서 이들을 종전의 재야사학자라는 용어보다는 유사역사학자라고 부르는 것이 합리적이다.

논쟁의 본질과 역사적인 맥락을 짚어보고, 학문적인 차원에서 어느 정도의 의미가 있는지를 짚어보고자 한다.

고조선사를 둘러싼 논쟁은 대개 3가지 주제가 가장 논란이 되고 있다. 하나는 전기 고조선사, 즉 단군조선과 관련된 내용이고, 다음으로는 고조선의 중심지 문제가 가장 논란이 되고 있다. 그리고 낙랑군 등 한사군 문제 역시 고조선 중심지 문제와 연관되어 논쟁의 대상이 되고 있다. 끝으로 고조선 사회의 발전 단계 문제, 즉 사회적 성격 문제 역시 고조선사 이해에 매우 중요한 문제이다. 다만 사회성격 문제는 지면 관계상 후고로 미루고 본고에서는 중심지 문제를 중심으로 다루도록 하겠다.

Ⅱ. 전기 고조선사의 제 문제

1. 전기 고조선 관련 사료

고조선의 전 시기는 하나의 성격으로 포괄하여 설명하기에는 시간의 폭이 너무 크다. 따라서 고조선의 역사는 역사발전 단계에 따라 각 시기의 특징을 명확히 구분지어 서술하는 것이 중요하다. 고조선의 역사발전 단계는 생산력의 비약적 발전이 이루어지는 철기의 사용 시기(기원전 3~2세기)를 기준으로, 그 이전을 고조선 전기(기원전 8·7~4세기)와 그 이후를 고조선 후기(기원전 4~2세기)로 구분할 수 있다.[4]

고조선 관련 사료 가운데 주로 인용되는 것으로는 선진(先秦) 시기의 문헌 일부와 『사기(史記)』 조선열전(朝鮮列傳), 『삼국유사(三國遺事)』 고조선조(古朝鮮條), 그리고 『위략(魏略)』, 『염철론(鹽鐵論)』 등이다. 이 가운데 가장 기본이 되는 사료는 『사기』 조선열전이다. 그런데 『사기』 조선열전에는 후기 고조선, 즉 위만조선(衛滿朝鮮)과 고조선의 멸망 과정이 비교적 자세하게 서술되어 있다.[5]

---

4)　송호정, 『한국 고대사 속의 고조선사』, 푸른 역사, 2003, 18쪽.
5)　『史記』 권115 朝鮮列傳55 "自始全燕時 嘗略屬眞番朝鮮 爲置吏築鄣塞 秦滅燕 屬遼東

초기 고조선 사회를 파악하기 위해서는 어환의 『위략』과 선진 시기의 문헌으로 『관자(管子)』와 『전국책(戰國策)』, 그리고 한대의 『염철론』[6] 등이 주로 참고 된다. 그러나 이들 문헌 사료는 대단히 단편적이고 일반적인 상황만을 말해 주는 모호한 내용밖에 없다. 예를 들어 '중국 동쪽에 조선·요동이 있다.'[7]거나 '중국에서 8천 리 떨어진 곳에 조선이 있다',[8] 그리고 '바다의 북쪽 산의 남쪽에 조선이 있다.'[9] 등의 기록이다. 이러한 단편적인 기록을 놓고 연구자 각자는 자신이 세운 가설에 맞게 해석한 고조선 상을 만들어내었다.

선진 시기 문헌에 기록된 내용만으로는 고조선사를 구체적으로 복원하기는 쉽지 않다. 그것은 기록이 너무 단편적이고 모호하기 때문이다. 초기 고조선 사회의 모습으로 선진 문헌에 기록된 내용은 너무 막연하고, 『삼국유사』에 서술되어 있는 내용조차 신화로 기록되어 있어 초기 단계 고조선의 모습을 문헌 기록을 통해 복원하는 것은 매우 어려운 작업이다. 따라서 선진 시기 문헌을 통해서는 단지 고조선이 늦어도 기원전 4세기 중반에는 전국시대의 고대 중국인들에게 그 실체가 알려졌고, 연(燕)과 대립하는 세력이었음을 알 수 있을 뿐이다.

단군신화 내용이 처음 게재된 『삼국유사』에는 평양과 그 인근 지역이 고조선의 중심 지역으로 서술되고 있다. 『삼국유사』 고조선조에서 일연은 단군왕검이 세운 왕검조선(王儉朝鮮)을 고조선이라고 서술하였다.[10] 고조선의 초기 단계로 기록된

外徼 漢興 爲其遠難守 復修遼東故塞 至浿水爲界 屬燕 燕王盧綰反入匈奴 滿亡命聚黨 千餘人 魋結蠻夷服而東走出塞 渡浿水 居秦故空地上下鄣 稍役屬眞番朝鮮蠻夷及故燕 齊亡命者王之 都王險"

6) 『鹽鐵論』 伐功 第45 "燕襲走東胡 辟地千里 度遼東而攻朝鮮"

7) 『戰國策』 卷29 燕策1 "蘇秦將爲從 北說燕文侯曰 燕東有朝鮮遼東 北有林胡樓煩 西有 雲中九原 南有嘑沱易水 地方二千餘里 帶甲數十萬 車七百乘 騎六千匹 粟支十年"

8) 『管子』 卷23 輕重甲 第80 "朝鮮不朝 請文皮毤服而爲弊乎 … 然後八千里之發朝鮮 可 得而朝也"

9) 『山海經』 第12 海內北經 "朝鮮在列陽東 海北山南 列陽屬燕朝鮮今樂浪縣"

10) 『三國遺事』 紀異篇 古朝鮮條 "魏書云 乃往二千載有壇君王儉 立都阿斯達(經云無葉山 亦云白岳 在白州地 或云在開城東 今白岳宮是) 開國號朝鮮 與高同時"

소위 단군조선은 고조선의 국가 권력이 형성되고 난 이후에 지배층 사이에서 만들어진 신화 속의 역사로 기술되어 있다. 고조선사의 첫 단계로 기술된 단군신화나 단군조선(檀君朝鮮)의 시기는 우리 역사에서 초기 국가가 출현하는 단계의 역사적 경험을 신화 형태로 정리한 것이라 볼 수 있다. 따라서 신화로 기록된 단군 이야기를 일정한 지배 권력이 형성된 정치체로서 설명하기에는 역사성이 떨어진다.

『삼국유사』에서 단군조선이 평양에 도읍했다고 기록한 것은 평양 지역의 지역신앙으로 내려오던 단군 신앙이 고조선 건국과 함께 고조선의 건국 신화로 자리 잡은 것이라 할 수 있다. 그렇다면 고조선 건국 이전부터 평양 대동강 지역은 고조선을 세운 주요 정치집단이 존재했음을 알 수 있다.[11]

단군신화와 단군조선의 역사는 조선시대에 들어와서 『세종실록지리지(世宗實錄地理志)』와 『응제시주(應製詩註)』 등에도 계속해서 실리고 있다. 이밖에 고려 충렬왕대(1287년) 이승휴에 의해 씌어진 『제왕운기(帝王韻紀)』에는 고조선사가 전조선(前朝鮮 : 단군조선)과 후조선(後朝鮮 : 기자조선)으로 구분되어 서술되고 있다. 그리고 『제왕운기』에는 초기 도읍지 아사달을 구월산[황해도]이라고 명시하고 있다.

조금 앞 시기에 씌어진 『삼국사기』 고구려본기 동천왕 21년(247)조에는 위나라 장수 관구검의 침공에 의해 수도 환도성이 파괴되어 다시 도읍할 수 없는 조건에서 평양성(平壤城)을 쌓고 거기에 백성들과 종묘사직을 옮긴 사실이 수록되어 있다. 이 내용 역시 『삼국사기』에 단군에 관하여 언급하고 있는 유일한 예인데, 이 기록에서는 초기 고조선인 단군조선의 중심지가 평양 대동강 지역이라고 분명히 말하고 있다. 이상의 자료를 보면, 『삼국사기』나 『삼국유사』를 편찬할 당시 대동강 지역이 고조선의 수도로서 인식되어 왔음을 알 수 있다.

『삼국유사』에서는 단군왕검이 왕검조선을 세우면서부터 고조선의 역사가 시작되었다고 하였다. 조선시대 초기에 씌어진 『동국통감』 등에 서술된 단군 건국 연대를 종합해 보면 단군왕검이 나라를 세운 것은 기원전 2333년이 된다. 그러나

---

11) 고조선의 건국신화인 단군신화를 보면 그 배경지로 세 군데 지명(묘향산, 서경(평양), 황해도 배천)이 등장한다. 그런데 세 지역 모두 현재의 평양에서 반경 150km 범위 안에 위치하고 있다.

도 1. 『삼국유사』 고조선조

이 연대는 믿기 어렵다. 왜냐하면 이 당시 우리나라는 신석기시대였고, 건국 연대 역시 중국 전설상의 시조인 요임금의 건국 연대와 같다고 하는 가정에 불과하기 때문이다.

그렇다면 고조선(古朝鮮)은 구체적으로 언제 역사 무대에 등장하고 초기 단계의 사회성격은 어떠했을까?

2. '조선(朝鮮)'의 등장과 전기 고조선 사회

일반적으로 고대국가는 청동기문화가 보급되어 지배하는 자와 지배받는 자들 이 생긴 이후에야 출현한다.

'조선'이라는 명칭이 처음 나오는 문헌은 『관자』라는 책이다. 이 책의 내용은 대 개 중국의 춘추시대인 기원전 8~7세기 무렵의 사정을 전하는 것이라지만 이에 대해서는 회의적인 견해가 많다. 책이 쓰여진 시기가 전국시대이기 때문이다.

더 믿을 만한 것이 『전국책』과 『사기』 등의 기록이다. 이에 의하면 기원전 4~3세기 무렵에 조선이란 나라의 지배자가 왕(王)을 칭하고 중국 연(燕)나라와 각축하면서 상당한 세력을 형성하고 있었다고 한다. 그렇다면 고조선은 적어도 기원전 4세기 이전, 더 올라가면 중국 동북 지방에서 청동기문화가 발전하는 기원전 8~7세기 무렵부터 존재하였을 가능성이 높다.

다른 나라와 마찬가지로 고조선도 처음에는 일정 지역에 위치한 부족 집단에서 성장하였을 것이다. 고조선은 주변 집단들에게 지역(地域)이나 종족(種族)의 이름으로 불리다가 나중에 사회가 발전하게 되면서 점차 국명(國名)으로 고정된 것이라 할 수 있다.

기원전 4세기 이전의 일을 기록한 『관자』나 『전국책』 등에는 단편적이지만 당시 고조선과 관련하여 중요한 사실을 말해준다. 그것은 바로 당시 고조선이 요동 지역과 다른 지역에 위치했다는 사실이다.[12] 『사기』 흉노열전에는 요동 지역의 주민집단을 '예맥(濊貊)'으로 보고, 예맥의 동쪽에 조선(朝鮮)이 있다고 기록하고 있다. 따라서 『사기』 흉노열전 기록을 보면 고조선은 요동 지역과 접하고 있었고, 주민집단은 예맥족일 가능성이 높다. 그 시기는 대개 기원전 8~7세기까지 올라간다.

이러한 사실은 고고학 자료에서도 확인할 수 있다. 종래 남만주 지방 고고 자료에 대한 논의는 이른바 '비파형(요령식)동검문화'를 둘러싸고 전개되었다. 여기서 비파형동검문화의 주인공 문제에 대한 정리가 필요하다. 여러 형태의 청동단검이 주로 사용되던 시기는 기원전 8~7세기 이후이므로 그 주민집단을 단군조선(檀君朝鮮)으로 보기는 힘들다. 이때에 기원전 8~7세기 단계에 요령성 일대에서 활약한 군소 종족 가운데 여러 오랑캐[戎狄]와 고조선을 생각해 볼 수 있다.

중국 선진 시기의 문헌을 보면 요서(遼西) 지역에서 기원전 8~7세기경에 활동한 종족으로는 산융(山戎)과 동호족(東胡族)이 등장한다. 예맥과 조선은 산융 및 동

---

12) 『管子』 권23 輕重甲 第80 "管子曰 陰王之國有三 … 燕有遼東之煮 此陰王之國 桓公曰 四夷不服 恐其逆攻 游於天下而傷寡人 … 管子對曰 朝鮮不朝 請文皮毤服而爲弊乎 … 然後八千里之發朝鮮 可得而朝也"; 『戰國策』 권29 燕策1 "蘇秦將爲從 北說燕文侯曰 燕東有朝鮮遼東 北有林胡樓煩 西有雲中九原 南有嘑沱易水 地方二千餘里"

호족 거주지의 동쪽 지역에 있었음이 보인다.[13] 그런데 비파형동검은 산융족이 활동한 요서 지역에 집중되어 있다. 요서 지역 가운데에서도 특히 중간 지역인 대릉하(大凌河) 중상류 지역에 집중하고 있다. 따라서 남만주 일대, 특히 요서 지역에서 비파형동검문화를 주도한 민족은 그 지역에 거주한 '산융', '동호' 등 여러 '오랑캐'라고 보는 것이 합리적이다. 그 동안 남북한 학계 모두 비파형동검이 집중하는 것에 주목하여 요서 지역에 고조선의 초기 중심지를 비정해 온 것은 기본적으로 문헌 기록과 배치된다는 점에서 재고해 보아야 한다.

고조선 초기인 기원전 1000년기 전반에는 고조선의 힘이 미약하고 중국세력의 동방 진출도 시도되지 않았으므로 고조선과 중국 간에는 대규모 무력충돌이 없었을 것이다. 따라서 중국인들이 처음 인식한 '조선(朝鮮)'은 제(齊)나라에 조공을 바쳐야 하는 제후국의 모습이었다.

초기 고조선과 관련하여 『관자』경중갑편 기록[14]이 주목된다. 이 기록에서 주목해서 보아야 할 부분은 한 문장 안에 '요동(遼東)'이라는 명칭과 '조선(朝鮮)'이라는 명칭이 다른 지역으로 동시에 등장한다는 점이다. 『관자』경중갑편은 제환공과 관자가 사방 오랑캐에 대한 대처 문제를 이야기한 기록인데, 요동은 해내 지역인 연(燕)에 소속되었고, 구운 소금이 특산물이었다고 한다. 이처럼 '조선'과 '요동'이 해내와 오랑캐 지역으로 다른 곳으로 기록되어 있다는 점은 청동기시대 초기 고조선의 위치와 관련하여 매우 중요한 점을 시사한다. 즉, 조선이 오랑캐로 표현된 점에서 해내 지역인 요동보다 이남 지역인 한반도 서북 지역을 가리키는 것으로 볼 수 있다.

『관자』의 내용을 관중의 시기까지 올려본다면 고대 중국인들은 이미 기원전 7세기경에 조선을 알고 있었으며, 조선과 고대 중국 왕조간에 제한적인 교역이 이루어졌을 가능성도 배제할 수 없다. 그러나 『관자』의 기록은 고조선을 조공을 바

---

13) 『史記』匈奴列傳 "燕北有東胡山戎 … [冒頓時]諸左方王將居東方 直上谷以往者 東接穢貊朝鮮"

14) 『管子』권23 輕重甲 第80 "管子對曰 吳越不朝 珠象而以爲幣乎 朝鮮不朝 請文皮毤服而爲弊乎 … 然後八千里之發朝鮮 可得而朝也"

쳐야 할 나라로 인식하고 있음을 알 수 있을 뿐이고, 교역이 이루어진 것을 말해 주는 것은 아니다.

기원전 7세기 당시 '조선' 서쪽에 존재했던 '산융'을 대표로 하는 영지·고죽·도하 등의 종족집단은 "백여 개의 오랑캐가 하나로 합일되지 못하였다."(『사기』흉노열전)는 기록에서 보듯이 어떠한 통치조직도 갖고 있지 않았다. 단지 각기 우두머리를 지닌 집단들이 계곡에 흩어져 완만한 연합체를 이루고 있었다. 따라서 같은 시기 그 동쪽에 위치한 '조선'도 처음에는 통일적인 국가를 형성하지 못하고 비파형동검 문화권에 속해 있던 여러 종족들과 같은 발전 단계에 있었다고 볼 수 있다.

Ⅲ. 고조선의 세력 범위와 중심지 논의

우리 역사상 첫 국가인 고조선의 경우 문헌 자료가 매우 단편적이어서 그 사회상이나 문화에 대해 잘 알 수 없으며, 중심지 문제에 대해서도 많은 논란이 있다.

고조선의 중심지 문제와 관련해서는 『사기(史記)』 조선열전(朝鮮列傳)의 다음 기록이 가장 중요하다.

> "처음 연(燕) 전성시기에 일찍이 진번·조선을 공략하여 관리를 두고 장새(鄣塞)를 쌓았다. 진(秦)이 연을 멸망시키고 요동외요(遼東外徼)에 속하게 하였다. 한(漢)이 일어나 그곳이 멀고 지키기 어렵다고 하여 다시 요동고새(遼東故塞)를 수리하고 패수(浿水)에 이르러 경계를 삼고 연에 속하게 하였다. 연왕(燕王) 노관이 반란하여 흉노에게 들어가니 위만이 망명하여 1천여 명을 모아 북상투를 틀고 오랑캐 복장을 하고 동쪽으로 달아나 장새를 나와 패수를 건너 진고공지 상하장새에 거주하였다. 점점 진번·조선의 오랑캐와 옛 조선오랑캐 및 옛 연·제 망명자들을 복속시키고 왕 노릇하다가 왕검성에서 도읍하였다."[15]

---

15) 『史記』 권115 朝鮮列傳55 "自始全燕時 嘗略屬眞番朝鮮 爲置吏築鄣塞 秦滅燕 屬遼東

위 기록을 자세히 보면 왕검성(王儉城)의 위치와 그 곁에 흐르는 열수(洌水)의 위치, 요하[遼東]의 위치, 고조선과 한의 경계를 이룬 패수(浿水)의 위치 등이 고조선의 영역 및 세력 범위와 관련하여 중요하게 기록되어 있다.

1. 고조선의 초기와 후기 중심지는 모두 평양 대동강 유역에 있었다는 주장

『사기』 조선열전의 기록을 통해 전통적으로 고조선의 중심지가 평양이었다는 주장이 있어왔고, 그 주장은 지금까지도 계속되고 있다.[16] 이른바 고조선 중심지 재평양설은 남한 학계의 일부 학자, 일본 학계의 대부분과 최근의 북한학계가 단군릉 개건을 계기로 이러한 입장을 보이고 있다. 이 주장은 『삼국유사』의 서술 이래 전통적인 입장으로, 사료를 있는 그대로 본다면 가장 설득력이 있는 주장이라 할 수 있다.

이 입장은 고조선 관련 우리나라 최초의 문헌인 『삼국유사』에 고조선의 도읍(아사달)이 평양이라는 주장을 받아들인 것이다. 그리고 『사기』 조선열전에 나오는 '요수(遼水)'가 현재의 '요하(遼河)'를 가리키는 것으로 보고, '패수(浿水)'는 청천강 또는 압록강을 가리킨다고 보았다. 나아가 왕검성 옆에 흐르는 '열수(洌水)'는 대동강, 고조선의 후기 단계 수도인 '왕검성(王儉城)'은 평양을 가리킨다는 것이다.

고조선 관련 최초의 기록은 『삼국유사』에 나온다. 그런데 『삼국유사』에는 일찍부터 대동강 유역의 청동기시대 주민 집단을 고조선으로 인식하였다. 『삼국유사』 기이(紀異) 고조선조에서는 『고기(古記)』를 인용하여 고조선이 평양에 도읍하였다고 기록하고 있다. 『삼국유사』에서 고조선이 평양에 도읍했다고 기록한 것은 평양 지

外徼 漢興 爲其遠難守 復修遼東故塞 至浿水爲界 屬燕 燕王盧綰反入匈奴 滿亡命聚黨 千餘人 魋結蠻夷服而東走出塞 渡浿水 居秦故空地上下鄣 稍役屬眞番朝鮮蠻夷及故燕 齊亡命者王之 都王險"

16) 丁若鏞, 『我邦疆域考』 권1 朝鮮考; 李丙燾, 「古朝鮮問題의 研究」, 『韓國古代史研究』, 博英社, 1976; 송호정, 『한국 고대사 속의 고조선사』, 푸른 역사, 2003.

역의 지역신앙으로 내려오던 단군 신앙이 고조선 건국과 함께 고조선의 건국 신화로 자리 잡은 것이다. 그렇다면 고조선 건국 이전부터 평양 대동강 지역은 고조선을 세운 주요 정치집단이 존재했음을 말해준다.

『삼국사기』 고구려본기 동천왕 21년(247년)조에는 위나라 장수 관구검의 침략군에 의해 수도 환도성이 파괴되어 다시 도읍할 수 없는 조건에서 평양성(平壤城)을 쌓고 거기에 백성들과 종묘사직을 옮긴 사실이 수록되어 있다.[17] 이 내용 역시 『삼국사기』에 단군에 관하여 언급하고 있는 유일한 예이다. 이 기록에서는 초기 고조선인 단군조선의 중심지가 평양 대동강 지역임을 말하고 있다. 이상의 자료를 보면, 『삼국사기』를 편찬할 당시 대동강 지역이 고조선의 수도로서 인식되어 왔음을 알 수 있다.

한편, 고조선 중심지가 평양임을 주장하는 논자들은 선진 시기의 문헌 기록에 요동과 조선이 별개의 지역에 위치한다고 하는 기록을 주목한다.

먼저, 『전국책』 권29 「연책(燕策)」에는 소진(蘇秦)이 연나라 문후(文侯: 기원전 361~333)에게 당시 연의 주변 상황을 말하면서 "연의 동쪽에는 조선(朝鮮)과 요동(遼東)이 있고, 북쪽에는 임호(林胡)와 루번(樓煩)이 있다."고 기록되어 있다. 위 기록은 소진이 연 문후를 달래면서 하는 이야기를 적은 것으로, 연 문후 때인 기원전 4세기의 사실을 기록하였는데, 똑같은 기록이 『사기』 「소진열전(蘇秦列傳)」에 실려 있어 사실성을 더해준다.

『전국책』과 『사기』 소진열전의 기록에서는 지명·족명 혹은 물 이름으로 두 지역을 분별하여 연나라의 사방에 이르는 곳을 설명하고 있다. 여기서 '조선·요동'은 '임호·루번' 등과 병렬되고 있어, 연의 동쪽에 조선과 요동이 있었다는 의미로 해석할 수 있다. 이 내용은 다른 두 사서에서 동일한 기록이 나오는 것으로 보아 매우 신빙성이 있다. 그런데 이 기록에는 분명 요동이 조선과 병렬되고 있으며, 요동 지역이 연나라에 속하지 않았음을 말해준다.

----

17) 『三國史記』 高句麗本紀 東川王 21年條 "二十一年 春二月 王以丸都城經亂 不可復都築平壤城 移民及廟社 平壤者 仙人王儉之宅也 或云 王之都王險"

사진 1. 평양 대동강과 평양성

　한편 한대에 씌어진『염철론(鹽鐵論)』벌공편(伐功篇)에는 "연이 동호를 습격하여 달아나게 하고, 땅을 천리 개척하였다. 계속해서 요동을 지나 조선을 공격하였다."고 기록되어 있다. 요서 지역은『사기』기록을 보면, 영지·고죽·도하 등 산융과 동호 세력이 존재하였고, 산융과 동호 동쪽에 조선이 위치하였다.『염철론』에서 연이 지났다고 하는 '요동'을 '요하(遼河)'로 해석하기도 하나, 요동 땅으로 해석하는 것이 합리적이다. 이상에서『염철론』벌공편 기록을 본다면 요동 동남쪽에 조선이 위치하고 있었고, 그곳은 지금의 한반도 서북 지방을 가리킨다고 할 수 있다.

　고고학적으로 요동~서북한 지역 청동기문화는 혼하~압록강 일대의 석관묘·미송리형토기가 특징적인 문화권과 서북한 지역의 지석묘·팽이형토기가 특징적인 문화권, 그리고 요동반도 지역이라는 세 개의 독자적인 문화권으로 세분할 수 있다. 그 가운데 탁자식 지석묘는 요동반도 지역과 한반도 서북 지방에만 특징적으로 집중 분포하고 있다. 이것은 그 일대에 하나의 유사한 계통의 종족과 주민집단이 살고 있었고, 다른 지역과 지리적인 차이로 인해 약간의 문화유형의 차이가 있게 된 것으로 보인다.[18]

요동 지역에는 미송리형토기가 집중하고 서북한 지역에는 팽이형토기가 집중하는데, 요동과 서북한 지역의 문화적 유사성과 차이점을 생각하면 팽이형토기문화의 담당자 또한 같은 예맥(濊貊) 계통의 종족임이 분명하다. 고조선 평양중심설 주장자들은 토기양식이 보여주는 일정한 차이 등을 고려해, 요동 지역과 서북한 지역을 같은 예맥 계통이 거주했지만, 요동 지역은 국가체나 정치체가 존재한 것으로 보지 않고 단지 사료상에 요동이나 예맥으로 표기되었고, 그 이남 지역만을 조선으로 불렀다는 주장을 한다.

요동 지역과 서북한 지역의 문화는 지역, 주민집단간에 구별되는 문화로 볼 수 있다. 따라서 서북한 지역 청동기시대 팽이형토기의 담당자는 선진문헌에서부터 '예맥(濊貊)'과 대비되어 등장하는 '조선(朝鮮)'을 형성한 집단으로 보는 것이 합리적이다.

2. 고조선의 중심지가 요령성 일대에서 서북한 지역으로 이동했다는 주장

최근 남한학계의 고조선 연구자들은 대부분 고조선 중심지 이동설을 주장하고 있다. 즉 초기의 중심지는 요령성 일대이고, 후기의 중심지는 평양 일대라는 것이다. 이 주장은 기본적으로 멸망 당시의 고조선은 낙랑군의 위치를 고려할 때 평양 일대에 있었음이 분명하다는 것이다. 이를 전제로 『위략(魏略)』에 나오는 연(燕)에게 서방 2천리를 상실하고 고조선이 위축되었다는 기록[19]으로 보아 초기 고조선은

---

18) 황해 이북 연안 지역은 중국인의 시각에서 볼 때 東夷族이 살고 있었던 것으로 믿어지는 지역으로 일찍이 "오랑캐와 예족의 고향(夷穢之鄉)"으로 표기하고 있다. 그곳은 정치집단으로 말하면 '朝鮮'으로 표현되는 세력의 거주지역이라 할 수 있다.

19) 『三國志』권30 烏桓鮮卑東夷傳 제30 韓條 所引『魏略』"昔箕子之後朝鮮侯 見周衰燕 自尊爲王 欲東略地 朝鮮侯亦自稱爲王 欲興兵逆擊燕以尊周室 其大夫禮諫之 乃止 使

지금 평양보다 훨씬 서쪽에 있어야 한다는 것이다.[20)]

그리고 고고학 자료로도 요동 지방과 한반도 서북 지방에서는 기원전 8·7~4세기경까지 비파형동검이 분포하고 있고, 기원전 4~3세기경 비파형동검문화를 계승하여 나타난 세형동검문화가 압록강 이북 지역에서는 나타나지 않는 것을 근거로 논지를 전개한다. 고조선 중심지 이동을 주장하는 분들은 처음에는 요동 일대에 광범한 비파형동검문화를 건설하고 있던 고조선이 연나라의 동방진출로 위축되어 평양 일대를 중심으로 세형동검문화를 건설했다고 보았다.

이 주장은 문헌 자료와 고고학 자료를 종합하여 해석하는 것으로 현재까지는 고조선의 중심지 및 강역 문제와 관련하여 가장 합리적인 해석이라 할 수 있다. 그러나 고조선 중심지 이동설의 경우도 그 주요 근거로 인용되고 있는 『삼국지』 동이전 한조(韓條)에 인용된 『위략』의 고조선 서방 2천리 상실 기록이 『사기』 흉노열전 기록에 나오는 연(燕)이 동호(東胡)를 1천리 물리친 사실과 곧이어 고조선을 1천리 물리친 사실을 말하는 것인지 여부와 초기 중심지 비정 문제가 여전히 과제로 남아 있다.

최근 대부분의 고조선 중심지 이동을 주장하는 논자들은 초기 중심지로 요동반도에서 서쪽으로 더 나아가 요서의 대릉하(大凌河) 지역을 주목한다.[21)] 대릉하

禮而說燕 燕止之不功 後子孫稍驕虐 燕乃見將秦開功其西方 取地二千餘里 至滿番汗 爲界 朝鮮遂弱 及秦幷天下 使蒙恬築長城到遼東 (중략) 天下亂 燕齊趙民愁苦 稍稍亡 王準 準乃置之於西方 及漢以盧綰爲燕王 朝鮮與燕界於浿水 及綰反入匈奴 燕人衛滿 亡命 爲胡服 東渡浿水 詣準降 說準求居西界 故中國亡命 爲朝鮮藩屏 準信寵之 拜以 博士 賜以圭 封之百里 令守西邊"

20) 徐榮洙, 「古朝鮮의 위치와 강역」, 『韓國史 市民講座』 제2집, 1988, 19~50쪽; 노태돈, 「고조선 중심지의 변천에 대한 연구」, 『단군과 고조선사』, 사계절, 2000, 89~94쪽; 박대재, 『고대한국 초기국가의 왕과 전쟁』, 景仁文化社, 2006.

21) 박준형, 『고조선사의 전개』, 신서원, 2014; 조진선, 「요서지역 청동기문화의 발전과정과 성격」, 『요하문명의 확산과 중국 동북지역의 청동기문화』, 동북아역사재단, 2010, 184~186쪽; 이청규, 「청동기를 통해서 본 고조선과 주변사회」, 『고조선의 역사를 찾아서』, 학연문화사, 2007, 112쪽; 「고조선과 요하문명」, 『한국사시민강좌』 49, 2011, 85~91쪽; 오강원, 「청동기–철기시대 요령·서북한 지역 물질문화의 전

유역에서 번성하였던 조양 십이대영자문화를 비파형동검문화권의 중심으로 해석하여 전기 고조선의 문화로 해석한다. 그리고 이 문화가 기원전 5세기 전후 심양 지역으로 이동하였고, 최종적으로는 서북한 지역으로 이동한다고 보았다. 그러나 시기에 따른 고조선 중심지 이동의 구체적인 문헌 근거는 제시하지 못하고 있다.

대릉하 유역의 청동기문화를 전기 고조선의 문화로 포함시키는 주장은 주로 비파형동검이라는 고고학 자료를 근거로 주장하는 것이며, 문헌 자료로는 『위략』 기록만을 주목하고 있다. 대개 기원전 3세기를 전후해 요서 지역은 중원문화가 주류적 위치를 점하게 되는데, 이것은 연(燕)의 5군(郡) 설치와 관련되는 것으로 보인다. 이후 요서 지역의 비파형동검문화, 즉 십이대영자문화[22]가 갑작스럽게 소멸되는데, 이는 기원전 4~3세기 연 소왕 때 장군 진개(秦開)의 동방 경략(經略)과 결부시켜 이해할 수 있다는 것이다. 이때 소멸된 비파형동검문화[십이대영자문화]가 바로 고조선의 문화라는 것이다.

요서 지역에 전기 고조선의 중심지를 설정하는 논자들은 요서 지역의 청동기문화인 내몽고 지역의 하가점상층문화와 대릉하 유역의 비파형동검문화를 다른 종족이 남긴 문화로 보고, 각각 오랑캐(융적)와 고조선의 문화로 본다. 그러나 이러한 입장과 달리 문헌에는 요서 지역에 고조선 관련 기록은 보이지 않고 단지 산융이나 융적 등 오랑캐가 거주했다는 기록만이 나오고 있다. 그리고 요서 지역에 위치하고 있던 고조선이 어떤 계기로 요동으로 이동하고, 다시 한반도 서북 지방으로 이동하는 지를 증명할 자료가 전혀 없다는 점에서 요서에서 요동 및 한반도로 고조선 중심지가 이동했다는 주장은 설득력이 떨어진다고 할 수 있다.

개와 고조선」, 『동양학』 53, 단국대학교 동양학연구원, 2013.

22) 최근에는 중국학자는 물론 한국의 고고학자 대부분도 대릉하 유역의 청동기문화인 십이대영자문화와 서요하(西遼河)유역의 하가점상층문화 사이에 차이가 분명히 존재하고, 또 대릉하 유역 청동기문화가 요하 중류 심양(瀋陽)의 정가와자(鄭家窪子) 묘지로 대표되는 청동기문화와 많은 점에서 유사하다고 보고 있다. 따라서 대릉하 유역의 청동기문화를 서요하·노합하 유역 청동기문화로부터 분리해내어 '십이대영자문화'로 명명하였다.

도 2. 고조선 중심지 이동설(『역사부도』(천재교육)에서 인용)

　　요서 지역에 전기 고조선의 중심지를 설정하는 논자들의 주장처럼 서요하 유역 하가점상층문화와 대릉하 유역 십이대영자문화 사이에는 청동기, 토기 및 매장 습속 방면에서 일정한 차이가 있다. 그러나 그 차이라는 것이 지역적인 특색이 보이는 정도이지 완전히 다른 문화권으로 구분할 정도의 차이라고 보기는 어렵다. 분명한 것은 하가점상층문화와 십이대영자문화는 돌널무덤이라는 전통적인 매장 방식에서 서로 유사함을 보이고, 단경식 검, T자형 자루가 달린 비파형 단검, 투구, 도자(刀子), 거울모양 청동장식품[鏡形飾], 재갈[銜, 鑣] 등 청동기 유물에서도 기본적으로 유사하다. 따라서 서요하 상류지역 하가점상층문화와 대릉하 유역 십이대영자문화의 지역적 차이는 종족이나 주민 집단의 차이를 결정지을 정도의 차이는 아니라고 본다. 오히려 초기 연구처럼 대릉하 유역 십이대영자문화는 서요하 상류지역 하가점상층문화의 지역 유형이라고 보는 견해가 더 설득력이 있다.

그렇다면 그 문화의 담당자 역시 산융(山戎)이나 융적(戎狄)으로 표현되는 오랑캐로 보는 것이 합리적이다.

3. 고조선 중심지가 요령성(遼寧省 : 요서와 요동)에 있었다는 주장

한반도를 고조선의 중심지로 설정하는 입장과 달리 고조선은 시종 일관 요령성 일대에 있었다는 주장이 전통시대 이래 강하게 제기되어 왔다. 이른바 고조선 중심지 재요령성설로, 이 주장은 1993년까지 북한학계의 입장이기도 하였다.

전통시대에 고조선 중심지 재요령성설을 주장한 학자로는 이익(李瀷)과 안정복(安鼎福), 이종휘(李種徽)가 주목된다. 이익(李瀷)은 고조선의 문화와 강역을 깊이 연구하여 소위 단군조선(檀君朝鮮)의 강역은 순(舜)의 12주 안에 들어있다고 하여 만주의 요심(遼瀋)지방(遼河의 東西)을 단군과 기자조선의 중심지로 보았으며, 단군이 개국했다는 태백산도 묘향산이 아니라 요하 일대에 있을 것으로 추측했다.[23] 안정복 역시 단군조선의 강역을 요동(遼東)에서 한수(漢水)까지로 비정하였다.[24]

한편 고조선을 포함해 한국 고대사의 활동 무대를 만주 지역으로 이해한 이종휘는 『동사(東史)』에서 한국 고대사의 판도는 북방의 고조선(古朝鮮)지역과 남방의 삼한(三韓)지역으로 나누어진다고 보았다.[25] 이 가운데 고조선 지역의 범위는 한

---

23) 『星湖僿說』天地門 檀箕疆域 "舜肇十有二州 封十有二牧咨命之中 幽州居其一 按漢地理志 幽州其山醫巫閭 其利魚鹽 非今遼瀋而何哉 檀君與堯竝立 至十二州時 已百年矣 雖未知疆土遠近 而箕子繼立 其後孫朝鮮侯 時與燕爭强 燕功其西 取地二千餘里 至滿潘汗爲界 朝鮮遂弱 自燕以東 本無許多地 滿潘汗卽今鴨綠水 則滿者是滿洲 潘是瀋之 誤也 鴨綠之外 距山海關 不過千有餘里 其爲燕所侵奪者 遼瀋之外 更無其地 燕則檀君 亦必在虞廷文化之內 而東那之變夷爲夏 久矣"

24) 『東史綱目』附下 地理考 檀君疆域考 "檀君疆域無考 而箕子代檀氏 其提封半是遼地則 檀君之世亦當然矣 古記云北扶餘爲檀君之後 按夫餘在遼東之北千餘里 蓋檀氏世衰 子 孫北遷而舊疆因入箕封矣 麗史地志江都摩尼山塹城壇世傳檀君祭天壇傳燈山一名三郎 城世傳檀君使三子築之 然則其南亦當限以漢水矣"

25) 「東史」에서 서술취지를 보여주는 범례나 서문이 없고, 서술체계에 일관성이 부족하

반도 북부 지역과 요동과 심양 일대를 비롯한 만주 지역의 상당 부분을 포함하는데, 이 지역을 고조선의 옛 땅이라는 의미에서 '조선고지(朝鮮故地)'라고 일컬었다.

근대에 들어와 고조선 중심지로 요동을 주목한 이는 신채호이다. 신채호는 언어학적 방법론을 통해 한(漢)과 경계의 강인 패수(浿水)와 평양(平壤)은 모두 '펴라'의 뜻으로 보았고, 『일통지(一統志)』와 『성경지(盛京志)』 등에서 요동의 해성(海城)에 위치한 어니하(淤泥河)를 패수로 보았다. 신채호는 고조선 시절의 고평양(古平壤)과 고패수(古浿水)는 요동의 해성 헌우박(蓒芋濼=淤泥河)이었는데, 이 지명이 나중에 지금의 평양과 대동강으로 옮겨졌다고 보았다.[26]

전통시대 이래 신채호에 이르기까지 고조선 중심지를 요령성 일대로 비정하는 논의들을 종합적으로 정리한 성과가 리지린의 『고조선연구』이다. 리지린은 선진시기 문헌인 『산해경(山海經)』의 내용과 중국 문헌에 고조선 관련 기록을 언어학적으로 접근한 결과, 고대에 요수(遼水)가 난하(灤河)라는 주장을 하였다.[27] 그리고 패수는 현재의 대릉하, 고조선의 남변(南邊)은 현재의 압록강이란 견해를 피력하였다.[28] 그러나 리지린이 『산해경』에 나오는 강(江)의 흐름만을 갖고 난하를 요수라

며, 다루는 대상에 균형이 무너진 것에 대해 다양한 의견이 있다(한영우, 「18세기 중엽 소론학인 이종휘의 역사의식」, 『동양학』 1, 단국대학교 동양학연구소, 1987; 조동걸, 『한국의 역사가와 역사학 上』, 창작과 비평사, 1994; 김철준, 「수산 이종휘의 사학」, 『동방학지』 15, 연세대학교 국학연구원, 1974; 김영심·정재훈, 「조선 후기 정통론의 수용과 그 변화 −수산 이종휘의 동사를 중심으로−」, 『한국문화』 26, 서울대학교 한국문화연구소, 2000; 장유승, 「이종휘의 자국사 인식과 소중화주의」, 『민족문화사연구』 35, 2007).

26) 申采浩, 「平壤浿水考」, 『朝鮮史硏究草』, 1929(단재신채호전집편찬위원회, 『丹齋申采浩全集』 전3권, 을유문화사, 1972).

27) 리지린, 『고조선연구』, 과학원출판사, 1963, 72~83쪽.

28) 이 설을 입증하기 위해 『山海經』 海內東經의 "요수는 위고 동쪽을 나와 동남으로 발해에 물을 대고 요양에 들어간다."는 기록에서 東南으로 흐르는 강을 찾고, 『鹽鐵論』 險固篇의 "연은 갈석에서 막히고 야곡을 끊고 요수로 둘렀다."는 기록에서 남만주 일대에서 碣石이 遼水와 함께 있는 것으로 해석하였다(리지린, 앞의 책, 1963, 44~71쪽).

고 주장하는 것은 정황 논리일 뿐이지 그 옆을 흐르는 대릉하나 요하도 같은 방향으로 흐른다는 점에서 주장의 신빙성이 떨어진다.

고조선 중심지 요령성설은 한마디로 북한학계 리지린의 주장을 기본적으로 재해석한 것이라고 할 수 있다. 일찍이 북한 학계의 리지린은 『고조선 연구』에서 '요수(遼水)'를 북경 근처의 '난하(灤河)'로 보았고, 한과 고조선의 경계에 흐르는 '패수(浿水)'는 '대릉하(大凌河)'로, 왕검성 옆의 '열수(洌水)'는 현재의 '요하(遼河)'로 비정하였다. 그러므로 고조선의 왕성인 '왕검성(王儉城)'은 요하 동쪽의 개평현(蓋平縣 : 현재의 개주시)으로 비정하였다.[29]

이 주장에서는 기원전 8~7세기경에 요서와 요동, 그리고 길림(吉林) 지역에 고조선이 국가를 형성하였다고 본다. 문헌에는 요서 일대에서 활약한 종족으로 산융이나 동호족이 나오는데, 이 동호족을 예맥족(濊貊族)의 일종으로 해석하여 요서 일대에도 고조선 주민집단이 살았다고 해석하였다.

이러한 북한학계의 주장은 남한 학계의 윤내현에 의해 그대로 확대 해석되었다. 윤내현은 북한학계의 주장에서 한 걸음 더 나아가 단군의 건국 연도인 2400년경에 요령 지역의 청동기문화인 하가점하층문화를 바탕으로 고조선이 국가를 형성했다고 보았다. 고조선의 후신인 기자조선, 위만조선은 모두 고조선과 관계없는 중국과 고조선의 국경인 난하 근처에 있는 나라로 비정하였다. 그리고 그 동쪽에서 한반도 서북 지역까지의 땅에 고조선의 영역을 설정하였다. 그리하여 고조선은 고대 제국 단계로까지 발전하였다고 보았다.[30]

최근에 고조선 재요령성설로 윤내현 외에 많은 유사역사학자들의 지지를 받고 있는 이가 이덕일이다. 본래 근대사 전공자인 이덕일의 경우 고조선사와 관련해서는 재요령설에서 언급하였던 사료들을 재해석하여 자신의 주장을 펼치고 있다.

이덕일 역시 고조선 영역 문제와 관련하여 기본적으로 『위략(魏略)』에 나오는 서

---

29) 리지린, 『고조선연구』, 과학원출판사, 1963.

30) 윤내현, 『고조선 연구』, 一志社, 1994.

방 2천리 상실 기사[31])를 절대적으로 중시한다. 그리고 고조선 말기에 조선상 역계경이 우거왕께 건의했다가 듣지 않자 동쪽 진국(辰國) 땅으로 갔다는 기록[32])을 통해 고조선이 요하 서쪽 일대에 있었기에 역계경이 동쪽 진국으로 가는 것이 가능했다고 주장한다.[33])

그러나 『사기』 흉노열전의 동호(東胡)를 밀어내고 요동(遼東)까지 장성(長城)을 설치한 기록을 고려하면, 요서(遼西) 지역에 고조선의 중심지나 영역을 설정하기 어렵다.

유사역사학자들의 고조선 대제국설에서는 기본적으로 『삼국유사』 기록을 근거로 고조선이 단군조선만을 가리키는 것으로 본다. 그리고 고대 기록에 단군조선에 이어 존재했다고 하는 기자조선과 위만조선은 우리 역사와 무관한 것으로 이해한다. 여러 부류의 유사역사학자 가운데 윤내현이나 이덕일 같은 역사 사료를 근거로 논리를 전개하는 유사역사학자들은 그 주장이 단지 원전 사료를 가지고 역사학적 논법을 구사하고 있다는 점 때문에 많은 사람들의 지지를 얻고 있는 실정이다. 그러나 그 주장의 논리라는 것이 북한 학계의 리지린이 내세웠던 근거를 새롭게 재구성한 것에 불과하기 때문에 설득력을 갖기 어렵다고 하겠다.

고대에 요수(遼水)가 난하(灤河)라는 주장은 일찍이 리지린이 선진(先秦)시기 문헌인 『산해경(山海經)』의 내용과 중국 문헌 가운데 고조선 관련 기록을 언어학적으로 접근한 결과이다. 리지린이 내세우는 가장 중요한 근거는 한초(漢初)의 요수(遼水)가 지금의 요하(遼河)와 동일한 곳인가의 문제였다. 리지린은 진(秦), 한초(漢初)의 요수(遼水)는 현재의 요하(遼河)가 아니라 난하(灤河)라는 입장에서 출발하여, 한과 경계의 강인 패수(浿水)는 현재의 대릉하, 고조선의 남변(南邊)은 현재의 압록강이란 견해를 피력하였다.

---

31) 『三國志』 권30 魏書30 烏丸鮮卑東夷傳30 韓條 所引 『魏略』 "燕乃遣將秦開功其西方取地二千餘里 至滿潘汗爲界 朝鮮遂弱"

32) 『三國志』 권30 魏書30 烏丸鮮卑東夷傳30 韓條 所引 『魏略』 "初右渠未破時 朝鮮相歷溪卿以諫右渠不用 東之辰國"

33) 이덕일, 『고조선은 대륙의 지배자였다』, 역사의 아침, 2006.

도 3. 이덕일의 고조선 영역 인식 　　　도 4. 이덕일의 요동 인식

　이 설의 입증을 위해 『산해경』 해내동경(海內東經)의 "요수는 위고 동쪽을 나와 동남으로 발해에 물을 대고 요양에 들어간다."는 기록[34]에서 동남으로 흐르는 강을 찾고, 『염철론』 험고편(險固篇)의 "연은 갈석에서 막히고 야곡을 끊고 요수로 둘렀다."는 기록[35]에서 남만주 일대에서 갈석(碣石)이 요수(遼水)와 함께 있는 것으로 해석하였다. 이에 따르면 현재 산해관(山海關)과 갈석산(碣石山)이 위치한 곳을 전국시대 연(燕) 장성(長城)이 끝나는 곳이고 근처에 흐르는 난하가 요수라고 볼 수도 있을 것이다.

　이 주장은 요서 지역을 고조선의 영역으로 보고자 하는 기본적인 선입관을 바탕으로 강의 흐르는 방향을 통해 요수의 위치를 고증하며, '요수'나 '갈석'이 바로 고조선과 경계지역이라는 논리에 바탕을 두었다. 그러나 『산해경』에 나오는 강의 흐름만을 갖고 '난하'를 '요수'라고 주장하는 것은 정황 논리일 뿐이지, 그 옆을 흐르는 대릉하나 요하도 같은 방향으로 흐른다는 점에서 주장의 신빙성이 떨

---

34) 『山海經』 第13 海內東經 "遼水出衛皐東 東南注渤海 入遼陽"

35) 『鹽鐵論』 險固篇 第50 "燕塞碣石 絶邪谷 繞援遼"

어진다.

또한 『염철론』에 기록된 갈석은 자세히 읽어보면 꼭 요수 근처에 있는 것으로 해석될 수 있는 것은 아니다. 특히 요수나 갈석이 연의 장새 근처에 위치하나 그 것이 꼭 고조선과 경계의 지역이라는 내용이 없고 산융·동호와 경계한 지역일 가능성이 오히려 높다. 설령 이 주장을 믿더라도 당시 요수였던 난하가 기원전 4세기(전국시대) 이후 난하로 그 이름을 바꾸게 되고, 요수(遼水)는 현재의 요하(遼河)로 이름이 바뀌게 되는 과정과 그 이유를 전혀 입증할 수 없다는 점 때문에 설득력을 갖기 어려운 주장이라 할 수 있다.

고조선 중심지가 요령성에 있었다는 주장에서는 고고학적으로 비파형동검문화 분포지역이 바로 고조선의 영역이라고 해석한다. 특히 요동반도 남단에 위치한 강상무덤과 루상무덤을 순장무덤으로 보아 무덤의 주인공은 당시 노예를 거느린 정치권력자 고조선의 왕이라고 보고, 당시에는 고조선이 요동 지역에 중심을 가지고 있었다고 보았다.[36]

초기 청동기시대의 특징적 유물인 비파형동검은 한반도에서도 나오지만, 집중적으로 발견되는 곳은 역시 남만주 지역이다. 또 요서 지역에서 청동기시대에 발전한 청동단검문화, 특히 내몽고 지역의 하가점상층문화를 고조선의 문화로 해석하고, 그보다 앞서 존재한 홍산문화(이른바 요하문명론)에 대해서도 우리 민족 문화의 원류로 해석한다.

이러한 주장은 고대 중국 문헌이나 『삼국유사』 등 우리 고조선 관련 문헌을 자

---

36) 종래 북한학계를 비롯하여 남한학계의 일부 논문들은 고조선의 사회성격이 노예제적 성격을 지니고 있음을 바로 강상묘와 누상묘의 순장 실시와 그것을 고조선 왕의 무덤으로 여기는데 근거하고 있다. 그러나 강상묘와 누상묘는 요동 지역 전체 청동기 문화에서 독특한 지역성을 갖는 것으로 殉葬이라는 의미보다는 고조선 초기단계의 대표 무덤인 고인돌이나 우가촌 타두 등의 돌무지무덤 전통과 그 변화과정에서 파악해야 할 것으로 생각한다(사회과학출판사, 「기원전 천년기전반기의 고조선문화」, 『고고민속론문집』 1, 1969; 사회과학출판사, 『비파형단검문화에 대한 연구』, 평양, 1969; 박진욱, 『비파형단검문화에 관한 연구』, 과학백과사전출판사, 1987).

신들의 생각과 일치시켜 재해석한 것으로 논리적인 구성은 일면 이해할 부분도 있으나 당시 중국 고대사의 전개나 고대 문헌 기록과 일치하지 않아 설득력이 많이 떨어지는 주장이라 할 수 있다.

Ⅳ. 한사군, 특히 낙랑군의 위치를 둘러싼 논쟁

유사역사학자들은 고조선 중심지는 물론 고조선 멸망 후 설치된 한사군의 중심지인 낙랑군의 위치를 중국 고대 사서에서 일관되게 '요동'으로 기록했다고 주장한다.

유사역사학자들이 동북아역사재단에서 발간한 한사군 책[37]을 비판하며, 낙랑군 재만주설과 관련하여 제시한 사료는 아래와 같다.

① "안사고가 말하기를 "낙랑은 유주(현재 북경)에 속해 있다"[38]
② "장잠현은 낙랑군에 속해 있는데 그 땅은 요동에 있다."[39]
③ "낙랑군은 옛 조선국이다. 요동에 있다."[40]
④ "낙랑 수성현에는 갈석산이 있으며, (만리)장성의 기점이다."[41]

---

37) 동북아역사재단, 『The Han Commanderies in Early Korean History』, Early Korea Project Occasional Series, Korea Institute Harvard University, 2013.

38) 『漢書』薛宣列傳 "薛宣…遷樂浪都尉丞 幽州刺史擧茂材 爲宛句令 … 師古曰 樂浪屬幽州"

39) 『後漢書』崔駰列傳 "憲擅權驕恣 駰數諫之 及出擊匈奴 道路愈多不法 駰爲主簿 前後奏記 數十 指切長短 憲不能容 稍疎之 因察駰高第 出爲長岑長[長岑縣 屬樂浪郡 其地在遼東] 駰自以遠去 不得意 遂不之官而歸 永元四年 卒于家"

40) 『後漢書』光武帝本紀 建武 6년 "初 樂浪人王調據郡不服[樂浪郡 故朝鮮國也 在遼東] 秋 遣樂浪太守王遵擊之 郡吏殺調降"

41) 『史記』권2 夏本紀 第2의 주석에 인용된 『史記索隱』 "太康地志云 樂浪遂城縣 有碣石山 長城所起"

유사역사학자들은 위에서 언급한 문헌 이외에도 중국의 모든 고대 1차 사료들이 낙랑군이 요동에 있었음을 전한다고 주장한다. 그러나 유사역사학자들의 주장과 달리 낙랑군은 한반도 서북 지방에 위치했다고 기록한 문헌 및 고고 자료가 대부분이다. 위 기록에서 낙랑군이 만주 일대에 있었다는 기록은 사료 그대로 읽어서는 안 되며, 그렇게 기록된 배경을 함께 고려하며 읽어야 한다.

위에 인용한 낙랑군 재요령성설 관련 사료에 대해 간략히 검토해 보겠다.

먼저 『한서』 설선열전에 나오는 내용을 살펴보자. 이 기록은 "낙랑도위승" 직위에 있던 설선을 유주자사가 무재로 천거하였다는 내용이다. 이 기록의 내용은 한대(漢代) 유주자사가 낙랑군에 대해 일정한 영향력을 행사했다는 기록으로 쉽게 해석된다. 이 기사는 낙랑 지역에 대해 북경에 위치한 유주자사의 역할과 관여가 일정 정도 있었다는 것이지, 낙랑군이 만주에 있었음을 말해주는 기록은 아니다.

『한서』 기록을 통해 낙랑군 문제를 접근하고자 할 때는, 고대 지리서의 전형을 보여주는 지리지의 내용을 통해 이해하는 것이 중요하다. 『한서』 권28 지리지에는 중국 동북 지역에 설치한 군현(郡縣)이 나오는데 중국에서 가까운 순서로 5개 군현을 기록하고 있다. 그 다섯 군현은 어양군→우북평군→요서군→요동군→현도군→낙랑군의 순으로 기록[42]되어 있다. 이 기록은 이미 『사기』 흉노열전[43]에도 똑같은 내용이 기술되어 있을 정도로 기원전 4세기경 전국시대 연(燕)이 설치하였음이 명확하게 입증되었다. 이들 다섯 군현 관련 유적은 오랫동안 조사를 통해 그 군현 통치의 실상이 여러 연구 성과[44]로 제시되고 있다.

---

42) 『漢書』 권28 下 地理志 下

43) 『史記』 권110 匈奴列傳 "其後 燕有賢將秦開爲質于胡 胡甚信之 歸而襲破走東胡 東胡却千餘里 …(중략)… 燕亦築長城 自造陽至襄平 置上谷 漁陽 右北平 遼西 遼東郡以拒胡"

44) 배진영, 「연국의 오군설치와 그 의미 -전국시대 동북아시아의 세력관계-」, 『중국사연구』 36, 2005.

『한서』지리지 기록에 따르면 요동반도의 요양시에 치소를 둔 요동군의 동남쪽인 압록강 유역에 현도군이 있었고, 그 바로 아래 지역에 낙랑군이 있었다. 낙랑군은 고(故)조선국(朝鮮國)으로 25개 현(縣)을 두었는데, 그 가운데 고조선 수도인 왕검성에는 수현(首縣)인 조선현(朝鮮縣)을 두었다고 한다. 그리고 낙랑군에는 점제현 등이 있었고, 가장 동쪽에는 부조현(=夫租縣; 옥저현)을 두었는데 그 위치는 분명하게 한반도 동북 지방 두만강 유역이라고 기술하고 있다.

다음으로 『후한서』「최인열전」에 기록된 "장잠현은 낙랑군에 속해 있는데 그 땅은 요동에 있다."(160년대 기록)는 기록과 『후한서』「광무제본기」의 "낙랑군은 옛 조선국이다. 요동에 있다."(A.D.30년)는 기록을 살펴보도록 하겠다.

두 기록에 대해 유사역사학자들은 낙랑군이 요동에 있었음을 말해주는 기록으로 해석한다. 그러나 전술했듯이 『한서』지리지에 따르면 당시 요동에는 요동군이 있었음이 분명하다. 따라서 이 기록은 낙랑군이 요동에 있었다고 해석해서는 안 되고, 낙랑군이 중국 동북 지역에 설치한 다섯 개의 군 가운데 가장 동쪽 요양에 치소를 둔 요동군의 관할 범위에 있다는 것으로 해석하는 것이 합리적이다.

끝으로 『사기』주석과 「하본기」주석에 인용된 「태강지리지」에는 "낙랑 수성현에는 갈석산이 있으며, (만리)장성의 기점이다."라는 기록을 살펴보도록 하겠다. 이 기록에서 장성의 기점으로 나오는 갈석(碣石)은 현존하는 만리장성의 동단인 산해관과 인접한 지역에 있다. 이를 근거로 유사역사학자들은 고조선의 영역을 산해관 근처까지라고 설정한다. 그러나 분명히 인식해야 할 사실은 현존 장성이 명대(明代)에 재수축한 것이라는 사실이다. 고조선시기에 설치된 전국시대 연(燕)·진(秦) 장성은 그보다 훨씬 북쪽에 설치되었음이 이미 고고 조사 결과 확인되었다.[45]

진(秦) 장성(長城)이 낙랑군 수성현(遂城縣)에 미친다는 기록은 「태강지리지」에 처

---

45) 요령성 지역의 장성유적은 두 개의 줄기를 이루며 동서로 길게 뻗쳐 있다. 북쪽은 化德縣 동쪽에서 영금하 북안을 거쳐 적봉, 오한기, 庫倫의 남쪽을 거쳐 부신시 동쪽에 이르며, 남쪽 성벽은 객라심기와 적봉 남부를 거쳐 노합하를 넘어 건평현 북부와 오한기 남부를 지나 北票市에 이른다.

음 기록되었다. 그리고 이후 시기에도 이러한 주장이 있었던 것 같다. 만약 이 기록이 사실이라면 진(秦) 세력이 한반도의 서북부 깊숙이 뻗쳤던 것이 된다. 그러나 전술했듯이 당시 연·진 장성은 요동(遼東)까지만 이르렀음이 확인되었다.[46]

이러한 논란에 대해 최근 공석구는 진(秦) 「태강지리지」에서 낙랑군 수성현이 갈석산 근처에 있다는 내용을 기록한 것에 대해, 이는 313년에 낙랑군이 멸망한 후 요서 지역에 교치(僑置)된 이후의 낙랑군을 두고 기록한 것이라고 명확하게 논증하였다.[47]

낙랑군 관련 기록은 매우 단편적이어서 문헌 기록상 해석의 여지는 있다. 사료 가운데 요서 지역을 낙랑군의 위치로 소개된 자료도 있다. 그러나 그 사료는 공석구의 논문에서 명확하게 정리했듯이 본래의 낙랑군이 요서 지역에 있었다는 것이 아니라 교치(僑置)된 이후의 상황을 기록한 것이며, 낙랑군이 유주(幽州)나 요동(遼東) 태수의 관할 하에 있었음을 말한 것일 뿐이다.

고조선이 기원전 108년 한에 의해 멸망하고 한사군이 설치된 것은 역사적 사실이다. 특히 한사군 가운데 낙랑군이 한반도 대동강 유역에 설치된 것 역시 더 이상 논의가 필요 없는 역사적 사실이다. 문헌 기록과 대동강 유역의 고고 자료가 그것을 분명하게 입증하고 있다.[48]

기본적으로 요서·요동, 한반도의 평양 일대 중 고조선의 문화와 중국 한(漢)의 문화가 복합되어 나타나는 곳은 바로 평양 일대이다. 그렇다면 평양 부근에 고

---

46) 『史記』 권110 匈奴列傳 第50 "燕亦築長城 自造陽至襄平 置上谷 漁陽 右北平 遼西 遼東郡以拒胡"

47) 공석구, 「秦 長城 東端인 樂浪郡 遂城縣의 위치문제」, 『韓國古代史研究』 81, 한국고대사학회, 2016.

48) 해방 이후 북한 학계는 평양 일대에서 많은 낙랑 유적과 유물을 조사하였고, 그 결과가 1980년대 이후 우리 학계에 소개되었다. 1990년대 들어서도 북한 학계는 낙랑군을 비롯한 한사군 연구를 주도하였는데, 북한 학계의 낙랑 유적 조사는 무엇보다 낙랑고분이 나무곽무덤 → 귀틀무덤 → 벽돌무덤으로 변모하였다는 것을 밝혔다는 점이 큰 역사적 의미를 갖는다.

조선이 있었고, 그 뒤에 낙랑군이 설치되었다고 보는 것이 합리적이다. 사료에는 멸망 당시 고조선의 도성 왕검성은 대동강 유역에 있었고, 그곳에 낙랑군 조선현(朝鮮縣)이 설치되었다고 한다.[49] 대동강 유역에서 나오는 많은 중국식 무덤과 중국제 유물은[50] 이곳이 단순히 중국과 무역을 하던 곳이 아니고, 기원전부터 4세기 무렵까지 높은 수준의 중국문화를 향유하는 집단이 거주하고 있었음을 알수 있다.

1990년 7월 평양 정백동 364호 나무곽 무덤에서 「초원 4년(初原四年) 낙랑군 호구부(樂浪郡戸口簿)」라는 나무판에 쓴 목간이 출토되었다. 전한 원제 초원 4년

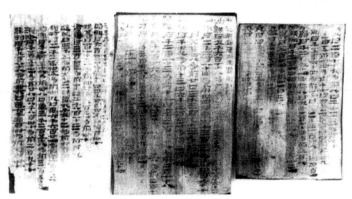

사진 2. 초원 4년명 낙랑목간 사진(평양 정백동 364호 나무곽무덤 출토)

---

49) 『漢書』 권28 下 樂浪郡 "應邵曰 故朝鮮國也 … 縣二十五 朝鮮 應邵曰 武王封箕子於 朝鮮"

50) 대동강 유역 출토 낙랑의 유물은 다음과 같다. ① 낙랑의 여러 군현명을 새긴 봉늬(封泥)와 인장(印章)이 일제시대에 200여 개 이상 수습되었다. ② '낙랑'이란 글자가 새겨진 기와 출토하였다. ③ 점제현 신사비가 대동강 유역에서 발견되었다. ④ 평양 일대에 나무곽 무덤과 벽돌무덤이 상당수(2천 수백여 기) 존재한다. 이는 고조선의 무덤양식과 명백히 다르고, 한반도 내 다른 지역의 무덤양식과도 구분된다. 이는 중국문화의 영향을 받은 중국식 무덤양식이다.

(B.C.45)에 생산된 이 목간에는 낙랑군 25개 현의 호구수와 그 전년대비 증감치가 적혀있다. 그 동안 한사군 연구의 기초 자료는 기원 2년경의 상황을 보여주는 『한서』 지리지였다. 그런데 『한서』 지리지와 같은 25개 현의 이름이 적혀 있는 호구부는 그 보다 반세기 가까이 오래된 것으로 진번군, 임둔군이 폐지되고 낙랑군으로 재편된 지 얼마 안 된 시기에 작성된 것이다. 초원 4년 호구부는 위만조선의 중심부에 설치한 본래의 낙랑군을 시작으로 진번군과 임둔군 및 현도군에 편입된 지역을 4구역으로 나누어 기재하였다. 초원 4년명 낙랑군 호구부는 그 동안의 낙랑군 위치 논쟁에 종지부를 찍고, 한군현 폐합 전후 지역집단의 행방을 추정하는 귀중한 자료가 되고 있다.

Ⅴ. 고조선의 중심지 문제 바로보기

지금까지 살펴보았듯이 한사군의 위치와 관련하여 그 지역을 만주에 비정하는 유사 역사학자의 견해는 현실 자료를 무시한 논리상의 주장이라 볼 수 있다.

한사군, 특히 낙랑군의 위치와 관련해서 주목해야 할 것은 바로 고조선 후기 단계(초기 철기시대)에 고조선(古朝鮮)의 문화와 한(漢)의 문화가 복합되어 나오는 곳이 어디인가의 문제이다. 그것은 고조선인 거주 지역에 한인들이 들어와 살았기 때문이다. 그런데 낙랑군의 속현이었던 점제현 신사비(神祠碑)가 대동강 유역에서 나왔고, 한에서 유행한 벽돌무덤과 한(漢) 관리들이 거주한 토성(土城)이 현재에도 대동강 유역에 위치하고 있다. 최근 대동강 남안 일대에 통일거리를 조성하는 과정에서 수천 기의 낙랑 유물이 나왔다고 한다. 문헌 자료를 제외하고 고고학 자료만 보아도 평양 일대에서 낙랑 관련 유물이 쏟아져 나오는 점은 낙랑군(樂浪郡)과 왕검성(王儉城)의 위치가 바로 평양 대동강 유역임을 증명하고 있다.

고조선의 영역 문제를 생각할 때 먼저 고려해야 할 점은 고조선의 영역이 시대에 따라 다양하게 변화했을 가능성이다. 고대사회 초기에는 오늘날처럼 국경선이 확정적인 상황이 아니었다. 국가와 국가 사이에는 상당히 넓은 빈 땅들이 있었다. 특히 고조선의 서쪽 경계선은 매우 유동적이었다. 이 지역의 종족구성도 단일한 것이 아니어서 그야말로 다양한 종족들이 섞여 있었을 것이다. 따라서 고조선의 영역을 처음부터 멸망할 때까지 대동강 유역으로 한정하거나, 만주·한반도 북부에 걸친 대제국으로 그리는 것은 당시의 실상과 거리가 있다.

특히 종족의 분포나 문화권의 범위를 곧바로 정치적 영역으로 비약해서 해석하는 견해는 더욱 경계해야 한다. 같은 종족이라고 해서, 또 같은 문화권이라고 해서 하나의 국가를 형성하는 것은 결코 아니다. 영역 문제를 따질 때는 무엇보다 그 사회가 가지는 생산력 수준(문화수준)과 생산관계를 밝혀야 한다. 고조선은 청동기시대에 성립되어 철기문화가 보급되던 단계까지 계속 존속했던 나라였다. 따라서 초기에는 공동체적 잔재를 많이 가진 사회에서 후기에는 제법 강력한 지배체제를 갖춘 사회로 발전해갔다. 그리고 그 과정에서 고조선의 영역도 끊임없이 변화되었을 것으로 보인다.

구체적인 고조선의 영역, 특히 초기 고조선의 영역이나 세력권의 범위는 앞으로 밝혀져야 할 과제로 연구자들의 손길을 기다리고 있다. 그러나 고조선사가 단지 비파형동검을 사용하는 청동기문화 단계에 그친 것이 아니라 이후 철기문화 단계에 국가 단계에 이르렀음을 염두에 두고 시간 흐름에 따른 영역의 변화과정을 염두에 두어야 한다. 그리고 비파형동검문화 분포지역이 고조선의 영토라는 선입관을 버려야 한다. 비파형동검이 고조선 사람이 창안하여 고조선 사람만이 사용한 동검인지는 알 수 없다. 비파형동검의 초기 제작지가 요서 지역인지 요동 지역인지 논란이 있지만 그것의 분포지역이 고조선 영역이라고 할 수 있을지 여부도 알 수 없다. 그 범위 또한 너무 광범위하다. 그리고 처음부터 대동강 유역을 고조선의 세력 범위와 관련하여 빠트려서는 안 되며, 요동 지역을 넘어 요서 지역에서 고조선의 세력권을 설정하는 것 역시 역사의 실상과는 거리가 있다.

근대역사학은 그 기본적인 학문적 토대를 객관적인 합리성의 추구에 두고 있으며, 엄정한 사료 비판과 실증은 그것을 구현하는 구체적인 방법이다. 이것이 바탕이 되지 않는 한, 그 어떠한 주장도 공허한 메아리이며, 과거에 대한 환상만을 불러일으킬 것이다.

고조선사에 대한 연구는 각 시대의 역사인식과 연구 과제에 따라 그 관심과 방법론이 변화되었고 앞으로도 계속 그럴 것이라 생각한다. 그러나 고조선사가 한국고대사의 한 시기이고 첫 국가인 만큼 이제는 고조선사의 실상이 무엇이고 한국고대사 전체 체계 속에서 차지하는 위치를 고증하기 위해 고고학·문헌자료를 종합한 진지하고 보다 치밀한 연구가 요구된다.

고조선의 위치와 중심지 문제에 대한 고찰

Ⅰ. 머리말

문헌사료가 매우 부족한 고대사에서는 해당사회의 위치파악이 선행되어야 그 곳에서 출토되는 유적·유물의 역사적 성격규명을 통해 사회구성 등 여타 부문을 복원할 수 있다. 고조선(古朝鮮)에 대한 연구는 기본적으로 초기 역사에 대한 문헌자료가 절대적으로 부족하고 그 공백을 메워줄 수 있는 고고학 자료들은 기본적으로 위치문제가 해결되어야만 자료로서 가치를 갖게 되기 때문에 그 동안 역사지리 문제와 관련하여 많은 논의가 진행되었다.

고조선의 강역과 경계의 변천에 대한 연구는 시기에 따른 역사인식의 변천에 따라 큰 변화가 있어 왔다. 중국 정사(正史)에 인용된 고조선 사료에서부터 논란이 되기 시작하여, 당시의 역사인식과 관련하여 조선 중·후기 실학자(實學者)들에 의해 위치(位置) 문제가 본격적으로 논의되기 시작하였다. 특히 중국 중심의 유교사관이 중요했던 고려·조선시대에는 기자조선설이 중심이 되다가 민족주의가 강해지는 시기에는 단군에 대한 인식이 강화되었다. 그 과정에서 자연히 고조선의 역사와 활동무대에 대해서도 다양한 인식 변화가 있었다.

고조선의 위치와 중심지 문제에 대해서는 그 동안 많은 연구가 있었다.[1] 고조선 관련 연구가 이처럼 다양한 주장이 펼쳐지고 합의가 잘 이루어지지 않는 원인에는 고조선의 시공간적(時空間的) 범주에 대한 기본적인 합의가 이루어지지 않은 것이 가장 큰 요인이라 생각한다.

일반적으로 고조선은 1392년에 이성계(李成桂)가 중심이 되어 개창한 조선(朝鮮) 왕조와 대비되어 그 이전에 '조선'의 칭호를 쓴 나라에 대한 역사라는 의미로 사용된다.[2] 그리고 많은 학자들이 고조선은 단군왕검(檀君王儉)이 세운 단군조선(檀君朝鮮)과 이후의 기자조선(箕子朝鮮), 그리고 위만(衛滿)이 세운 위만조선(衛滿朝鮮)이라는 세 단계의 발전 과정을 거친 것으로 이해한다.

그러나 고조선의 초기 단계를 가리키는 단군조선과 단군신화(檀君神話)는 고조선의 국가권력이 형성되고 난 이후에 지배층 사이에서 만들어진 건국 신화이지 실재한 역사를 반영한 것이 아니다. 단군(檀君) 이야기를 일정한 지배 권력이 형성된 정치체로서 설명하기에는 역사성이 떨어진다.[3] 따라서 본고처럼 역사 지리적 측면에서 연구 성과를 검토할 때는 단군조선과 관련된 연구는 대부분 고려치 않았다.

그러나 이른바 단군조선 이후에 등장하는 기자조선(箕子朝鮮)의 역사는 초기 고

---

1) 서영수, 「고조선의 위치와 강역」, 『한국사 시민강좌』 2, 일조각, 1988; 오강원, 「고조선 위치비정에 관한 연구사적 검토(1)(2)」, 『백산학보』 48·49, 백산학회, 1996·1997; 노태돈, 「단군과 고조선사의 이해」, 『단군과 고조선사』, 사계절, 2000; 송호정, 「고조선 중심지 성격과 그 과제」, 『한국 고대사연구논총』 10집, 2000; 조법종, 「고조선의 영역과 그 변천」, 『한국사론』 34, 국사편찬위원회, 2002; 김정배, 「고조선 연구의현황과 과제」, 『단군학연구』 9, 단군학회, 2003; 박선미, 「근대사학 이후 고조선사 연구의 현황과 쟁점」, 『한국사학보』 23, 고려사학회, 2006; 오영찬, 「고조선 중심지 문제」, 『한국 고대사 연구의 새동향』, 서경문화사, 2007.

2) 檀君神話가 처음 실린 『三國遺事』에서 고조선은 위만조선 이전의 옛 조선을 가리키는 개념으로 사용하였다. 이러한 주장을 남한학계의 윤내현 선생은 그대로 따르고 있다. 그러나 일반적으로 고조선이라 하면 조선 왕조 이전의 조선이라는 이름을 칭한 나라로 보는 것이 일반적이다.

3) 서영대, 「단군신화의 의미와 기능」, 『단군과 고조선사』, 사계절, 2000, 118~156쪽.

조선사를 다루는 과정에서 그 시기나 내용이 겹치기 때문에 반드시 언급하고 넘어가야 할 주제이다. 기자조선의 역사를 이해하기 위해서는 일차적으로 현 중국 요령성(遼寧省) 지역에 분포하는 비파형(요령식)동검문화를 분석하여 지역적 특성과 담당 주민집단을 고증해 보는 것이 중요하다.[4] 대개 고조선의 역사발전 단계는 생산력의 비약적 발전이 이루어지는 철기의 사용 시기(기원전 3~2세기)를 기준으로 그 이전 청동기시대를 고조선 전기(기원전 8·7~4세기), 그 이후(기원전 3~2세기)를 고조선 후기(위만조선)로 구분할 수 있다.[5] 혹자는 고조선 후기(기원전 3세기 초~기원전 2세기 초)와 위만조선(기원전 2세기 초~기원전 108년)을 따로 시기 구분하고 있는데, 이 주장 역시 고조선의 발전 단계에 대한 인식은 같다고 할 수 있다.[6]

문헌 자료, 특히 선진문헌(先秦文獻)에 기록된 고조선은 중국에서 멀리 떨어진 지역에 존재하던 종족 집단에 불과하였다. 고조선은 처음에는 일정한 지역 명칭이면서 종족이름이었고, 나중에 사회가 발전하게 되자 국명으로 고착되었다. 기원전 4세기 이전의 일을 기록한 『관자(管子)』나 『전국책(戰國策)』 등에는 '산융(山戎)'·'동호(東胡)'와 '예맥(濊貊)'·'조선(朝鮮)'이 다른 지역으로 구분되어 나온다.[7] 따라서 요령성(遼寧城) 지역(地域), 특히 요동(遼東) 지역과 고조선, 예맥족(濊貊族)의 연관성은 매우 깊이 형성되어 있었던 것으로 볼 수 있다. 그 시기는 대개 기원전 10세기까

---

4) 중국 遼寧城 지역에 분포하는 요령식동검문화를 분석하여 지역적 특성과 그 주민집단을 고증해 본 결과 기자조선의 국가였다는 요하 서쪽의 孤竹國이나 箕國 등은 모두 중국 燕의 관할 하에 있던 商族의 후예들이 거주하였던 국가였고, 그 국가들은 실질적으로 '山戎' 등 유목민족 계통의 小國임을 알 수 있었다(송호정, 「大凌河流域 殷周靑銅禮器 사용집단과 箕子朝鮮」, 『韓國古代史硏究』 38집, 2005).

5) 북한학계에서는 청동기문화의 편년 체계에 근거하여 고조선 전기를 기원전 5세기 이전, 후기를 위만조선을 포함하여 기원전 2세기 이전으로 규정한 바 있다(박진욱, 『조선고고학전서』, 과학백과사전출판사, 1988). 이에 대해 기원전 300년경 燕나라의 침입이전을 고조선 전기, 그 이후를 후기로 규정하는 분도 있다(이청규, 「청동기를 통해 본 고조선과 주변 사회」, 『고조선의 역사를 찾아서』, 학연문화사, 2007).

6) 오영찬, 「고조선 중심지 문제」, 『한국고대사 연구의 새동향』, 서경문화사, 2007.

7) 『戰國策』 卷29 燕1 蘇秦將爲從北說燕文侯 "蘇秦將爲從 北說燕文侯(기원전 361~333)曰 燕東有朝鮮遼東 北有林胡樓煩 西有雲中九原 南有嘑沱易水 地方二千餘里'"

지 올라간다. 이러한 사실은 고고학(考古學) 자료(資料)에서도 확인할 수 있다.

공간적(空間的)으로 고조선 사람들은 넓게는 남만주(南滿洲)의 요령 지역과 한반도(韓半島) 서북부(西北部)를 중심으로 살았다. 이 지역은 일찍부터 농경이 발달한 곳이다. 이곳의 주민은 주로 예족(濊族)과 맥족(貊族)으로, 언어와 풍속이 서로 비슷했다. 처음에는 이 지역에서 조그만 정치 집단이 군데군데 생겨나 그 중 우세한 세력을 중심으로 다른 집단이 정복당하거나 통합되었다.

요령 지역 중 요서 지역의 경우 청동기문화 담당자를 놓고 우리 학계와 중국 학계 간에 입장 차이가 크다. 이에 대해서는 자민족사라는 관점을 버리고 학술적 차원에서 고고학 및 문헌 자료에 대한 종합 고찰을 시도하는 것이 필요하리라 생각한다.

고조선사의 시기와 범주에 대한 이상과 같은 공통의 이해가 전제되지 않으면 고조선사 연구는 계속해서 논란이 일 수 밖에 없다.

본고는 이상의 내용을 바탕으로 고조선의 위치와 관련하여 그 동안 쟁점이 되었던 주제들을 면밀하게 재검토하고자 한다. 고조선의 역사지리 문제를 살피는 데는 한군현 문제 역시 검토가 필요하나 지면의 제약과 새로운 정리가 필요한 주제라는 점 때문에 별도의 논고를 기약하고자 한다.

Ⅱ. 고조선의 역사지리 관련 자료

1. 문헌 자료

그 동안 고조선사와 관련하여 통일된 인식이 마련되지 못한 데에는 기본적으로 문헌 사료의 부족과 그 사료에 대한 인식상의 차이에 기인한다.

고조선사와 관련된 문제, 특히 역사 지리를 고찰할 경우 가장 기본적인 문헌 자료는 『사기(史記)』 조선열전(朝鮮列傳)이다. 『사기』 조선열전은 고조선사와 관련하여 가장 신뢰할 수 있는 대표적 사료이며, 그 내용에는 후기 고조선, 특히 위만조선

(衛滿朝鮮)과 고조선의 멸망 과정이 자세하게 서술되어 있다.

조선열전 기록 가운데 지리적 측면에서 주목해야 할 내용은 아래의 기사이다.

> 처음 연(燕)나라 전성 시기부터 일찍이 진번(眞番)과 조선(朝鮮)을 공략하여 관리를 두고 장재(鄣塞)를 쌓았다. 진(秦)이 연(燕)을 멸한 뒤에는 요동외요(遼東外徼)에 속하게 하였다. 한(漢)이 일어나 그곳이 멀고 지키기에 어렵다고 하여, 다시 요동고새(遼東故塞)를 수리하여 패수(浿水)에 이르러 경계를 삼았다. 연(燕)나라 왕 노관(盧綰)이 반(反)하여 흉노(匈奴)에 들어가자 만(滿)역시 망명(亡命)하여, 1천여 명의 사람을 거느리고 북상투를 틀고 오랑캐 복장을 한 뒤 동으로 장새를 나와 진고공지 상하장 지역에 거주하였다. 점차 진번(眞番)과 조선(朝鮮) 만이(蠻夷) 및 옛날 연(燕)·제(齊) 망명자(亡命者) 사이에서 왕노릇하였고 왕험(王險)에 도읍을 하였다.[8]

이 기록에는 고조선의 지리적 위치와 관련하여 도성인 왕검성(열수의 위치)의 위치, 진(秦)이 연(燕)을 멸하고 영역으로 포함한 요동외요(遼東外徼)와 한(漢)이 수리한 요동고새(遼東故塞)에 나오는 요하(遼河: 遼東), 한(漢)과 경계가 되었다는 패수(浿水)의 위치 등이 중요 지명으로 등장하고 있다.

따라서 고조선사를 명확하게 정리하기 위해서는 『사기』 조선열전에 나오는 왕검성(王儉城)이나 패수의 위치 등이 기본적으로 정리되어야 한다. 이 내용을 바탕으로 그 지역에서 나오는 고고학 자료와 관련 문헌 자료를 종합해서 고조선의 역사상을 찾는 작업이 필요하다.

『삼국지(三國志)』 오환선비동이전(烏桓鮮卑東夷傳) 한조(韓條)에 인용된 『위략(魏略)』 역시 고조선의 위치 문제를 연구하는 데 소중한 자료이다.

----

8) 『史記』 卷115 朝鮮列傳 55 "自始全燕時 嘗略屬眞番朝鮮 爲置吏 築鄣塞 秦滅燕 屬遼東外徼漢興 爲其遠難守 復修 遼東故塞 至浿水爲界 屬燕 燕王盧綰反 入匈奴 滿亡命 聚黨千餘人 魋結蠻夷服而東走出塞 渡浿水 居秦故空地 上下鄣稍役屬 眞番朝鮮蠻夷 及故燕齊亡命者王之 都王險"

옛날 가자(箕子)의 후예인 조선후(朝鮮侯)는 주(周)나라가 쇠약해지자 연(燕)나라가 스스로 높여 왕(王)이라 칭하고 동쪽으로 침략하려는 것을 보고, 조선후(朝鮮侯)도 역시 스스로 王이라 칭하고 군사를 일으켜 연(燕)나라를 맞아 공격하여 주(周) 왕실을 높이고자 하였는데, 그 대부(大夫) 예(禮)가 간(諫)하므로 중지하였고, 예(禮)를 서쪽으로 보내 연(燕)나라를 설득하게 하니, 연(燕)나라도 멈추고 침공하지 않았다. 그 뒤에 자손이 점점 교만하고 포악해지자, 연(燕)나라는 장군 진개(秦開)를 보내 서쪽 지방을 침공하고 2천여 리의 땅을 빼앗아 만번한(滿潘汗)에 이르는 지역을 경계로 삼았다. 마침내 조선(朝鮮)의 세력은 약화되었다. 진(秦)나라가 천하를 통일한 뒤 몽염(蒙恬)을 시켜서 장성(長城)을 쌓게 하여 요동(遼東)까지 이르렀다.[9]

『위략(魏略)』에는 중국 제후국 연나라가 강성하여 '국(國)'을 칭하자 고조선 역시 '국'을 칭하고 세력을 키우다가 연장 진개의 침공으로 서쪽 땅 2,000여 리를 빼앗기고 만반한(滿潘汗)이라는 곳을 경계로 중국과 영토를 달리하였다고 한다. 그리고 이후 조선은 점점 약해져 진(秦)이 천하를 통일한 이후에는 몽염을 시켜 장성(長城)을 쌓아 요동(遼東)에까지 이르게 하였다고 한다.

『위략(魏略)』의 기록 내용은 『사기』 조선열전이 위만조선 및 한-고조선 전쟁(戰爭) 관련 기사만 자세한 것에 비한다면 고조선사를 복원하는 데 대단히 중요한 정보를 제공하고 있다. 특히 중국과의 관계 속에서 고조선의 단계적 성장 모습과 영역 변천을 추론할 수 있는 중요한 사료이다. 비록 그 기록에는 후대의 윤색이 상당히 가해졌지만 고조선과 연의 관계에 대한 기사는 상당한 사실성을 인정할 수 있다.[10]

전국시대(戰國時代) 후반 연(燕)과 경계를 이룬 만번한(滿潘汗)은 패수(浿水)와 함께

---

9) 『三國志』권30 烏桓鮮卑東夷傳 제30 韓條 所引『魏略』"魏略曰 昔箕子之後 朝鮮侯 見周衰 燕自尊爲王 欲東略地 朝鮮侯 亦自稱爲王 欲興兵逆擊 燕以尊周室 其大夫禮諫之 乃止 使禮而說燕 燕止之 不功 後子孫稍驕虐 燕乃見將秦開功其西方 取地二千餘里 至滿潘汗爲界 朝鮮遂弱 及秦幷天下 使蒙恬築長城到遼東"

10) 盧泰敦, 「고조선 중심지의 변천에 관한 연구」, 『한국사론』 23, 서울대학교 국사학과, 1990, 32~33쪽.

고조선의 지리적 위치에 대한 매우 중요한 지리적 정보를 제공하고 있다. 그리고 고조선의 서쪽 땅이 2,000여 리에 이르렀다고 하는 기사 역시 고조선의 지리적 위치와 관련하여 많은 점을 시사하고 있다. 현재 많은 연구자들은 『위략』 기록의 신빙성을 근거로 고조선의 영역이 상당히 넓었고 요하 서쪽에까지 이르렀다는 인식을 하고 있다.

이밖에 고조선의 역사 지리적 고찰을 하는 데 참고할 수 있는 자료로 선진문헌(先秦文獻)이 있다. 선진문헌으로는 『관자(管子)』, 『전국책(戰國策)』, 『산해경(山海經)』 등이 주요하게 인용되고 있다. 다만 여러 선진문헌 자료는 대단히 단편적이고 일반적인 상황만을 말해주고 있다.

> 연(燕)의 북쪽에 조선(朝鮮) · 요동(遼東)이 있다.[11]
> (중원에서) 8천리 떨어진 곳에 조선(朝鮮)이 있다.[12]
> 바다의 북쪽 산의 남쪽에 조선(朝鮮)이 있다.[13]

연구자들은 단편적인 이 기사를 놓고 각자 자신이 세운 가설에 맞게 해석하고 있다.

『관자(管子)』의 기록에는 고조선의 위치에 대한 확정적인 언급이 없고 단지 중국 동쪽 먼 곳에 조선이 존재했다는 의미로 8천리라는 거리를 언급하고 있다. 이 기록에서 조선을 제(齊)나라(現 山東半島)에서 8천리가 된다고 한 것은 절대적 거리를 의미하는 것이 아니고 다만 거리가 멀다는 것을 형용한 데 불과하다.[14] 왜냐하면 실제 8천리가 안되거니와 같은 사료에 등장하는 오월(吳越), 우씨(禹氏), 곤륜(崑崙) 등 지역을 모두 동일하게 8천리가 된다고 표시하고 있기 때문이다. 이것은 숫자에 대한 중국식 표현이며, 이 숫자를 가지고 고조선과 제나라와의 거리를 생각해

---

11) 『管子』大匡篇 "燕北有東胡山戎"
12) 『管子』卷23 輕重甲篇 "然後八千里之發朝鮮 可得而朝也"
13) 『山海經』第12 海內北經 "朝鮮在列陽東 海北山南"
14) 리지린, 『고조선연구』, 과학원출판사, 1963; 학우서방, 1989 재발간, 12쪽.

서는 안 된다.

고조선이 기원전 4세기 이전에 등장하여 제(齊) 및 연(燕)과 교섭하였음은 『산해경(山海經)』에 '조선'의 존재가 보이는 점[15]과 『전국책(戰國策)』에서도 조선의 존재를 언급하는 것[16]으로 보아 알 수 있다. 이처럼 고조선은 기원전 4세기 이전부터 그 세력이 형성되었으며 늦어도 기원전 4세기 중반에는 전국시대 고대 중국인들에게 그 실체가 알려졌다고 보인다.

기원전 4세기 당시 고조선은 연(燕)의 동방에 있던 유력한 세력집단으로서 연(燕)과는 대치 상태를 이루고 있었다. 그러나 구체적으로 조선이라는 실체가 언제부터 역사상에 등장하였고, 그 위치는 어디인가 하는 점에 대해서는 문헌으로 접근하기에는 한계가 있다. 이를 위해서는 고조선과 관련된 지역을 확인하고 그곳에서 출토되는 유적(遺蹟)·유물(遺物)을 통해 가늠할 수밖에 없다.

2. 고고학 자료

고조선의 역사지리 문제에 대한 진전된 이해를 얻기 위해서는 문헌자료 만의 재해석으로는 한계가 있다. 자료가 대부분 단편적이고 자세한 정보가 없기 때문이다. 따라서 고조선의 역사 지리 고찰을 위해서는 남만주(南滿洲) 요령성(遼寧省) 지역의 고대문화(古代文化)에 대한 폭넓은 이해와 서북한(西北韓) 지역의 문화유적에 대한 종합적인 고찰을 통해 고조선과의 관련 여부를 추적해 보는 것이 중요하다.

고조선은 청동기문화(靑銅器文化)를 바탕으로 성장하여 철기문화(鐵器文化)를 수용하면서 본격적으로 발전하였다. 청동기시대의 고조선문화는 여러 가지이지만 대표적으로는 4가지 요소, 즉 비파형(요령식)동검과 지석묘, 미송리형토기와 팽이형토기를 들 수 있다.

중국 요령성 지역과 한반도에 특징적으로 분포하는 비파형동검은 일정지역에

---

15) 『山海經』 제18 海內經 "東海之內北海之隅 有國 名曰朝鮮"
16) 『戰國策』 燕策1 "燕東有朝鮮遼東"

집중 분포하고 있어 하나의 문화권 개념을 적용하여 '비파형동검문화'라고 부른다. 중국학계를 포함하여 많은 한국학자들은 비파형동검이 많이 분포하는 지역의 이름을 따 비파형(요령식)동검문화라고 부르고 있다.[17] 비파형동검문화는 요령성 각 지역마다 독자적 특징을 간직하고 있다. 그리고 황하 유역의 북중국 청동기문화나 유목민의 오르도스(Ordos)식 청동기문화와 다른 특징과 개성을 지녔다. 이는 청동기시대 고조선 사회가 왕권이 강하지 않고 토착 족장들이 지역에서 영향력을 발휘하고 있었음을 말해준다.

따라서 고조선사와 관련해서는 중국 요령 지방의 청동기문화를 주목해야 하며, 비파형동검이라는 유물이 분포하는 광범위한 문화영역이 고조선이라는 하나의 정치세력권으로 상정될 수 있는가 하는 점이 해결해야 될 과제로 남아 있다.[18]

지금까지 많은 논자들이 고조선 관련지역으로서 중국 동북 지방, 남부 만주 지방의 청동기문화를 "비파형(요령식)동검문화"라는 문화특성으로 규정하고, 그 지역 내에서 요서의 하가점상층문화(夏家店上層文化), 대릉하(大凌河) 유역의 십이대영자문화(十二台營子文化), 요동의 미송리형토기문화(美松里型土器文化), 길림(吉林) 일대의 서단산문화(西團山文化), 한반도의 청동기문화로 세분하여 이를 동호(東胡), 산융(山戎), 예맥(濊貊), 조선(朝鮮) 등 당시 여러 종족과 관련 여부를 고증하고자 노력하였다.

이 논의 과정에서 고조선 문제와 관련하여 가장 관건이 되는 부분은 역시 요서 지역이 고조선 영역에 포함될 수 있는가의 문제였다. 자연히 논의는 요서 지역 청동기문화의 담당자와 대릉하 동쪽에서 요동 지역에 분포하는 십이대영자문화를

---

17) 이건무, 「韓國의 靑銅器文化」, 『韓國의 靑銅器文化』 도록, 汎友社, 1992.

18) 최근 조사된 중국 동북 지역의 청동기문화 관련 고고학 자료는 다음 논문에 잘 정리되어 있다(복기대, 『요서지역의 청동기시대 문화 연구』, 백산자료원, 2002; 吳江原, 『비파형동검 문화와 요령지역의 청동기문화』, 청계, 2006; 吳江原, 「요령지역청동기시대 유적 조사 및 청동기문화의 연구 성과와 과제」, 『동북아 청동기문화 조사연구의 성과와 과제』, 학연문화사, 2009; 이청규, 「청동기를 통해 본 고조선과 주변사회」, 『고조선의 역사를 찾아서』, 학연문화사, 2007; 이청규, 「중국 동북지역과 한반도 청동기문화 연구의 성과」, 『중국 동북지역 고고학 연구 현황과 문제점』, 동북아역사재단, 2008).

어느 주민집단과 정치체의 문화로 보느냐 하는 점이다. 중·고등학교 국사 교과서를 비롯하여 많은 개설서에는 요서 지역이 요령 지역과 동일한 개념으로 표현되면서 고조선의 세력 범위로 서술되어 있다. 이러한 인식은 고고학적으로 보면 비파형동검의 출토 지역이 곧바로 고조선의 세력 범위와 직결된다는 도식적인 인식의 결과라고 할 수 있다.

이와 달리 현재의 중국학계나 한국학계의 대다수 연구자들은 요서 지역의 청동기문화는 동호족(東胡族)이나 산융족(山戎族)이 남긴 문화로 보고 있다. 다만 요서 지역 내에서도 동쪽에 해당하는 대릉하 유역에 거주한 종족과 요동 지역 비파형동검문화의 주체를 놓고 동호[19]·산융[20]으로 볼 것인지, 아니면 고조선의 문화[21] 또는 예맥족[22]의 소산으로 이해할 것인지를 놓고 논의가 벌어지고 있다.

여러 주장이 하나의 입장으로 정리가 잘 되지 않는 이유는 고고학 자료가 정합성을 보이지 않고 문헌자료 또한 명확한 해석을 할 수 없을 정도로 단편적인 점 등이 근본적 요인이다.

요동 지역에서는 청동기시대의 대표적 표지 유물로 비파형동검과 함께 탁자식(卓子式, 北方式) 지석묘(支石墓)와 미송리형토기(美松里形土器)가 주목된다. 그 동안 이들 지석묘와 돌무덤을 조영한 주민집단이 고조선 사람인지 여부를 놓고 많은 논의가 있었다. 특히 북한 고고학계를 중심으로 요동 지역에 집중된 미송리형토기문화는 서북한 지역에서 발전한 팽이형토기문화와도 밀접한 관계에 있었음이 주

---

19) 秋山進午를 비롯하여 현재 일본학계의 대부분은 요동 지방 청동기문화의 주체를 東胡로 보고 있다(秋山進午, 「中國東北地方の初期金屬文化の樣狀」(上)(中)(下) 『考古學雜誌』 53-4, 54-1, 54-4, 1953).

20) 李康承은 요서 지역의 하가점상층문화는 東胡로, 대릉하 이동의 요령식동검문화는 山戎으로 보고 있다(李康承, 「遼寧地方의 靑銅器文化 -청동유물로 본 遼寧式銅劍文化와 夏家店上層文化의 비교 연구-」, 『韓國考古學報』 6, 1979).

21) 1993년도 이전의 북한학계의 견해이며(박진욱, 『비파형단검문화에 관한 연구』, 과학백과사전출판사, 1987), 중국학계에서는 林沄이 주장하고 있다(林沄, 「中國東北系銅劍初論」, 『考古學報』 80-2, 1980). 남한의 이청규, 앞의 논문, 2008이 대표적이다.

22) 鄭漢德, 「美松里型土器の生成」, 『東北アジアの考古學』, 天池, 1990, 87~138쪽.

장되었다.[23] 이들 요동 지역과 한반도 서북지방 청동기문화의 특징과 차이점 등을 명확히 하는 것은 청동기시대 고조선의 세력 범위와 관련하여 매우 중요한 과제의 하나라 할 수 있다.

기원전 5~4세기는 중국 전국시대(戰國時代) 문화 및 주민의 영향으로 요령 지역과 한반도 지역에 토광묘(土壙墓)와 초기 철기문화(鐵器文化)라는 새로운 문화 요소가 전래된다. 이 당시 고조선문화는 이전의 지석묘 등 돌무덤 대신 토광묘와 한국식동검(韓國式銅劍) 및 각종 철제무기(鐵製武器)들이었다. 따라서 기원전 4~3세기에서 기원전 2세기경 요동 지역에서 한반도 서북 지방에 분포하는 초기 철기문화의 성격과 그 담당자에 대한 명확한 해명 역시 후기 고조선 사회와 문화를 이해하는데 중요한 과제이다.

Ⅲ. 고조선의 역사지리 관련 주요 논점

1. 청동기시대 요서지역의 주민 집단

1) 요서지역 하가점상층문화(夏家店上層文化)의 담당자와 고조선의 서변(西邊)

비파형동검문화 전성 시기인 기원전 8~7세기경 고조선의 영역 문제를 명확히 파악하는 것은 매우 어려운 과제이다. 이 시기에는 고조선 지역에도 국가체나 정치체가 명확하게 세워진 것이 아니기 때문에 중국이나 주변 종족과 경계를 찾는 작업이 힘들다. 때문에 청동기시대에는 고조선과 그 주변에 존재한 여러 종족의 세력 범위를 추정하는 정도가 가능하다고 할 수 있다.

요서 지역의 청동기문화 주인공과 관련해서는 문헌 기록이 어느 정도 남아 있

---

23) 황기덕, 『조선의 청동기시대』, 사회과학출판사, 1984; 안병찬, 「우리나라 서북지방의 이른 시기 좁은 놋단검관계 유적 유물에 관한 연구」, 『고고민속론문집』 8, 1983.

다. 단편적이지만 기록을 모아보면 다음과 같다.

> 겨울에 노(魯)·제(齊)에서 만나 산융(山戎)을 공격할 것을 도모하였는데 연(燕)을 괴롭혔기 때문이다.[24]
>
> 북으로 산융(山戎)을 치고 영지(令支)·고죽(孤竹)을 치고 남으로 귀환하였다.[25]
>
> 과인은 북으로 산융을 치고 고죽을 지나왔다.[26]
>
> 환공은 곧 북으로 영지(令支)와 하북 산 일대를 치고 고죽(孤竹)을 치고 산융(山戎)과 마주쳤다.[27]
>
> 북으로 산융(山戎)을 치고 영지(令支)를 제압하고 고죽(孤竹)을 치니 아홉 오랑캐가 마침내 굴복하였다.[28]
>
> 23년 산융(山戎)이 연(燕)을 쳤다 … 제(齊) 환공(桓公)은 연(燕)을 구원하고자 마침내 산융(山戎)을 치고 고죽(孤竹)에 이르렀다가 돌아왔다.[29]
>
> 이후 65년에 산융(山戎)은 연(燕)을 넘어 齊를 정벌하였다. 제(齊) 이공(釐公)(기원전 706)은 제나라 교외에서 맞아 싸웠다.[30]
>
> 이때에 진(秦)·진(晋)이 강국이었는데 … 진(晋) 북에는 임호 루번이 있고 연 북쪽에는 동호 산융이 있었다.[31]
>
> 그 후 연(燕)에는 현명한 장수 진개가 있었는데 동호에 인질로 갔다. 동호가 그를 신임하였는데 돌아와 동호를 습격하여 깨뜨려 동호는 천여 리 물러났다.[32]

---

24) 『左傳』 "冬遇于魯齊 謀山戎也 以其病燕故也"

25) 『鹽鐵論』 卷6 伐功 "北伐山戎 剗令支 斬孤竹"

26) 『史記』 卷28 封禪書; 卷34 燕召公世家 "遂伐山戎至于孤竹而還"

27) 『管子』 大匡篇 "桓公乃北伐令支 斬孤竹 過山戎"

28) 『管子』 小匡 "北伐山戎 制令支 斬孤竹 而九夷始聽"

29) 『史記』 卷32 齊太公世家 "二十三年 山戎伐燕 … 齊桓公救燕 遂伐山戎 至于孤竹而還"

30) 『史記』 卷110 匈奴列傳 第50 "山戎越燕而伐齊 齊釐公與戰于齊郊"

31) 『史記』 卷110 匈奴列傳 "秦北有林胡樓煩 燕北有東胡山戎"

32) 『史記』 卷110 匈奴列傳 "其後燕有賢將秦開爲質于胡 胡甚信之 歸而襲破走東胡 東胡却千餘里"

기원전 7~6세기 당시의 상황을 기록한 선진문헌에는 연과 세력을 다투는 군소종족으로 산융을 중심으로 영지(洽支)·고죽(孤竹)·도하(屠何) 등이 보인다. 이 종족들은 기원전 8~7세기를 전후한 춘추시대 초·중기에는 세력이 상당히 강성하여 '연을 병들게 하거나(病燕)'·'산융이 연을 넘어 제나라를 정벌하자 제(齊)의 리공(釐公)이 제(齊) 교외에서 맞아 싸웠다'는 등의 상황을 초래하였다. 이 과정에서 가장 커다란 위험을 느낀 세력은 역시 산융과 이웃하고 있던 연(燕)나라였을 것이다. 연(燕)은 당시 패주(覇主)였던 제(齊)나라에 구원을 요청하였고, 제(齊)는 드디어 산융을 중심으로 한 요령 지역의 '융적(戎狄)'들을 정벌하기에 이른다.[33]

기원전 7세기 중엽에 이르러 제(齊) 환공(桓公)은 산융 등 각 종족을 정벌하기 시작하였다. 제 환공이 산융을 정벌하려고 했던 이유는 기본적으로 산융이 제(齊)의 안전에도 위협이 되는데다가 연의 요청이 있었기 때문이다. 하지만 궁극적인 목표는 패자(覇者)의 신분으로 주(周) 왕실의 지위를 유지하기 위해서였다.[34]

산융이 활동하던 시기에 이들 융적(戎狄)과 대응하는 고고문화는 바로 하가점상층문화(夏家店上層文化)이다. 하가점상층문화는 대부분 산곡(山谷) 사이에 분포하는데, 이것은 산융의 명칭과도 부합하며, 특히 하가점상층문화 무덤에서 청동창·청동단검·청동칼 등의 무기(武器)가 대량으로 출토되는 것은 오랑캐[戎狄]가 정복전쟁에 뛰어났다는 사실과도 잘 부합한다.[35]

상(商)·주(周) 시대에 시라무렌하 이북 지역에 분포한 하가점상층문화는 시라무렌하를 넘어서 남쪽까지 영향을 미치며, 기원전 8~7세기에 이르면 이미 연산(燕山) 지구의 대부분 지역에 이르게 된다. 그것은 기원전 11~8세기(西周시대)에 시작된 '융호(戎胡)'의 남진(南進) 추세와 연관되어 나타난 현상이라고 보인다.[36]

일찍이 고고학계를 중심으로 많은 논자들이 중국 동북 지방, 즉 남부 만주 지

---

33) 『史記』 卷110 匈奴列傳 "山戎走"

34) 『管子』 卷9 覇形 第22 "北伐孤竹 還存燕公 …"

35) 朱永剛, 「夏家店上層文化的初步研究」, 『考古學文化論集』 1, 1987, 124~126쪽.

36) 상동.

방의 청동기문화를 "요령식동검문화"[37] 또는 "비파형동검문화[38]라는 문화특성
으로 규정하였다. 중국학계의 오은(烏恩), 임운(林澐), 근풍의(靳楓毅) 등은 요령 지역
청동기문화를 요서와 요동으로 구분하고, 다시 요서 지역 청동기문화를 대정(大井)
유형, 남산근(南山根) 유형, 십이대영자(十二臺營子) 유형으로 구분하였다.[39] 그리고
요서 지역 청동기문화의 담당자는 동호족(東胡族), 요동 지역은 동이족(東夷族)이라
고 보았다.[40] 이러한 견해는 일본학계의 대부분이 동조하면서 현재 중국 동북 지
역 청동기문화 이해의 통설로 자리 잡고 있다.

이와 달리 북한학계(北
韓學界)에서는 요서 지역의
청동기문화를 남산근 유
형과 십이대영자 유형으
로 구분하고, 이를 기본적
으로 맥족(貊族=東胡)의 문
화라고 주장하였다. 남산
근 유형과 십이대영자 유
형의 청동기문화는 부여
(扶餘)—고구려(高句麗, 貊族)
의 옛 조상으로 파악되는
발족(發族)·동호족(東胡族)
의 것이며, 요동 지역에 존

도 1. 중국 동북 지방 주요 청동기 문화권

37) 李健茂, 「韓國의 遼寧式銅劍文化」, 『韓國의 靑銅器文化』, 汎友社, 1992, 126~132쪽.

38) 박진욱, 「비파형단검문화의 발원지와 창조자에 대하여」, 『비파형단검문화에 관한 연
구』, 과학백과사전출판사, 1987, 59~67쪽.

39) 烏恩, 「關于我國北方的靑銅短劍」, 『考古』 78-5, 1978; 林澐, 「中國東北系銅劍初
論」, 『考古學報』 80-2, 1980; 靳楓毅, 「論中國東北地區含曲刃靑銅短劍的文化遺存」,
『考古學報』 82-4, 83-1, 1982.

40) 靳楓毅, 「夏家店上層文化及其族屬問題」, 『考古學報』 87-2, 1987.

재한 고조선 종족과 함께 고대 조선족의 소산임을 밝히고 있다.[41)]

고고학 자료를 문헌 자료와 결부시켜 이해하는 데는 신중해야 하고 한계가 따를 수밖에 없지만 그렇다고 시도를 하지 않는 것도 바람직하지 않다. 현재까지의 논의를 종합해 보면 요서 지역 비파형동검문화는 요서 지역 비파형동검문화에 살던 유목적 성향의 산융족(山戎族)들이 남긴 문화로 보는 것이 설득력이 있다.[42)] 그러나 여기서 한 가지 유념해야 할 점은 하나의 고고학 자료 분포권이 곧 바로 한 주민집단의 생활권과 직결될 수 없다는 점이다. 중국 동북 지방 내에서도 각 지역별로 전체적인 청동기유물의 특성을 분석하고 그 특징이 문헌 기록에 기록된 종족과 어떻게 연결되는지를 면밀히 검토해야만 각 지역의 주민집단이 누구인지를 이야기 할 수 있는 것이다.

2) 대릉하(大凌河) 유역 십이대영자문화(十二臺營子文化)의 주인공

하가점상층문화는 적봉(赤峰) 하가점(夏家店)이나 영성(寧城) 남산근(南山根) 등 중심지역에서뿐 아니라, 동으로 조금 떨어진 대릉하 유역의 조양(朝陽)·금서(錦西)와 요하 평원 일대에서도 발전하였다. 이 지역에서는 조양(朝陽) 십이대영자(十二臺營子),[43)] 금서현(錦西縣) 오금당(烏金塘)[44)]·북표시(北票市) 일대[45)]를 중심으로 전형적인 요령식동검의 검몸을 가진 동검이 출토되고 있으며, 특이한 장식이 되어 있는 청동제품을 많이 공반하고 있다.

이 지역은 산지인 요서 지역보다 지세가 낮은데, 이처럼 평탄한 지역을 중심으로 하가점상층문화가 요동 지역의 농업문화(農業文化)와 복합(複合)되고 있다. 실제

---

41) 리지린, 앞의 책, 1963; 황기덕, 「료서지방의 비파형단검문화와 그 주민」, 『비파형단검문화에 관한 연구』, 과학백과사전출판사, 1987.

42) 송호정, 『한국 고대사 속의 고조선사』, 푸른역사, 2003, 78~91쪽.

43) 朱貴, 「遼寧朝陽十二臺營子靑銅短劍墓」, 『考古學報』 60-1, 1960, 63~71쪽.

44) 錦州市博物館, 「遼寧錦西縣烏金塘東周墓調査記」, 『考古』 60-5, 1960.

45) 靳楓毅, 「朝陽地區發現的劍柄端加重器及相關遺物」, 『考古』 83-2, 1983.

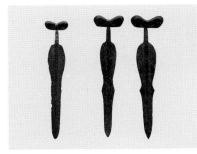

사진 1. 조양 십이대영자 출토 청동단검

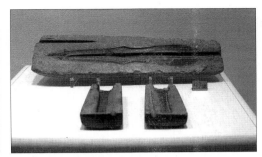

사진 2. 조양 십이대영자 출토 거푸집

청동기나 여타의 유적·유물도 중국문화와 북방 유목문화 및 요동 지역 농경문화의 요소가 혼재되어 있는 다양한 특징을 보여준다. 따라서 한국학계에서는 시라무렌하~노합하 지역을 요령식(遼寧式) 동검(銅劍)과 공병식(銎柄式) 단검(短劍)이 같은 시기에 공존했던 별개의 문화유형으로 설정하고, 기하학 무늬 동경(銅鏡)과 비파형동검만이 주로 분포하는 대릉하 유역을 요하의 중상류 지역인 노합하(老哈河) 유역과 구분하는 것이 일반적이다.[46]

기존에는 이 지역의 문화를 '십이대영자유형(十二臺營子類型)[47]' '능하유형(凌河類型)[48]이라 불렀다. 그러나 최근 대릉하 유역의 십이대영자(十二臺營子) 유형과 서요하 유역의 하가점상층문화 사이에 차이가 분명히 존재하였음을 주목하게 되었다.[49] 따라서 그것을 서요하·노합하 유역 청동기문화로부터 분리해 내어 '십이대

---

46) 李康承, 「遼寧地方의 靑銅器文化 −청동유물로 본 遼寧靑銅文化와 夏家店上層文化의 비교 연구−」, 『韓國考古學報』 6, 1979; 李淸圭, 「청동기를 통해본 고조선」, 『國史館論叢』 第42輯, 1995, 20~21쪽.

47) 靳楓毅, 「論中國東北地區含曲刃靑銅短劍的文化遺存(上)」, 『考古學報』 1982−4, 1982.

48) 王成生, 「遼河流域及隣近地區短鋌曲刃短劍硏究」, 『會刊』, 1981; 卜箕大, 『요서지역의 청동기시대 문화연구』, 白山, 2002; 오강원, 『비파형동검문화와 요령 지역의 청동기문화』, 청계, 2006.

49) 烏恩岳斯圖, 「十二台營子文化」, 『北方草原』, 考古學文化硏究, 科學出判社; 李淸圭,

영자문화(十二臺營子文化)'로 명명하였다.[50]

십이대영자문화는 기원전 9세기 이전에 대릉하 중류 지역을 중심으로 형성되었으며, 기원전 8~6세기에는 대(大)·소릉하(小凌河) 유역의 전역으로 확산됨과 동시에 노합하 유역의 하가점상층문화 남산근 유형과도 영향 관계가 있었던 것으로 보인다. 이후 기원전 5~4세기가 되면 능원(凌源)·건평(建平)·건창(建昌)·객좌(喀座)와 같은 대릉하 상류 지역에서 비파형(요령식)동검과 중원식(中原式) 동과(銅戈) 등이 공반되고 있어 십이대영자문화가 서서히 중원문화(中原文化)와 접촉함을 알 수 있다.

기원전 300년을 전후해서는 중원문화가 주류적 위치를 접하게 되는데, 이것은 연의 5군 설치와 관련되는 것으로 보인다.[51] 따라서 하가점상층문화와 십이대영자문화의 갑작스런 종말을 연나라 장군 진개(秦開)의 경략(經略)과 결부시켜 이해하고 있으며, 이 때 십이대영자문화는 고조선과 연결시켜 볼 수 있다는 것이다.[52]

다른 연구자는 고고학적으로 다뉴기하학문경(多鈕幾何學紋鏡)을 대표적인 위세품으로 삼는 십이대영자 유형이 요동―한반도와 관련 있는 족속, 곧 고조선이거나 적어도 고조선이라고 부를 수 있는 집단에 대응하는 것으로 추정한다.[53]

고조선 전기에 현재까지 찾아진 고고학 성과로 본다면 십이대영자 유형이 그 중심에 있으며 일정한 과정을 거쳐 주변의 양가촌(楊家村) 유형 등의 여러 집단과 연결하여 '국'의 네트워크를 형성시켰을 것으로 본다. 그 연대는 대체로 기원전 8~6세기로서 선진문헌인 『관자(管子)』의 기록은 이러한 고고학적 상황과 맞물리는 것으로 이해하고 있다.[54]

앞의 논문, 2007; 卜箕大, 앞의 논문, 2002; 오강원, 앞의 책, 2006 참조.

50) 烏恩岳斯圖, 앞의 논문, 2007.

51) 裵眞永, 「燕國의 五郡 설치와 그 의미」, 『中國史研究』36, 2005.

52) 趙鎭先, 「多鈕粗紋鏡의 型式變遷과 地域的 發展 過程」, 『韓國上古史學報』62, 2008; 「요서지역 청동기문화의 발전과 성격」, 『요하문명의 확산과 기원전 1천년기의 동북아 청동기문화』, 동북아역사재단 발표문.

53) 이청규, 앞의 논문, 2007, 91~93쪽.

54) 이청규, 앞의 논문, 2007, 93쪽.

문헌 기록만으로 추정한 고조선의 위치도 노로아호산을 경계로 하여 동호(東胡)와 인접하였다고 보는 주장도 있다.[55] 이 주장은 고조선이 상실한 서방 2천리는 연(燕)이 개척한 5군 중 요서군과 요동군에 해당하는 지역으로 보고 있다.[56]

그러나 서요하 유역 하가점상층문화와 대릉하 유역 십이대영자문화 사이에 청동기(青銅器), 토기(土器) 및 매장(埋葬) 습속 방면에서 분명한 구별이 있다고 하더라도, 양지역의 청동기문화는 석곽묘(石槨墓)와 토광묘(土壙墓)라는 전통적인 매장방식(埋葬方式)에서 서로 유사함을 보이고, 단경식(短頸式) 검(劍), T자형 자루 곡인검(曲刃劍), 투구, 치병도(齒柄刀), 경형식(鏡形飾), 함(銜), 표(鑣) 등 유물에서도 유사함을 확인할 수 있다. 따라서 양 지역은 기본적으로는 같은 문화권에 속하였지만 지역적인 특성을 갖고 있는 것으로 보는 것이 합리적이다.

일찍이 왕성생(王成生)은 무덤의 형태, 매장풍습, 부장품, 특히 토기, 단검 등 제 방면에서 요서와 요동 문화 유적 사이의 명확한 차이점을 자세히 분석하였다.[57] 나아가 가까운 대릉하 유역과 요동 지역 역시 문화상 특징에서 일정한 차이를 보이고 있다고 강조했다. 따라서 대릉하 유역 청동기문화는 서요하 유역 하가점상층문화의 하나의 지역 유형으로 보는 것이 합리적이다.

크게 보아 요하~대릉하 일대를 접경지대(接境地帶)로 하여, 요서 지역의 청동기문화인 하가점상층문화와 요동 지역의 청동기문화인 요령식 동검을 특징으로 하는 문화가 구분된다. 그리고 중간의 십이대영자문화는 하가점상층문화 및 요동 지역 청동기문화 양자의 공통적인 요소를 지니고 있었다고 보인다.

비파형동검문화 범위 내의 모든 유적유물 갖춤새를 고조선에 속하는 것 이라고 보기 어렵다. 그 정확한 경계를 찾는 것은 어려운 일인 바, 결국 중심되는 청동기문화유형을 찾는 것이 가능할 뿐이다.

---

55) 서영수, 「고조선의 대외관계와 경역의 변동」, 『동양학』 29, 1999, 93~118쪽.

56) 서영수, 「요동군의 설치와 전개」, 『요동군과 현도군 연구』, 동북아역사재단 총서 36, 2008.

57) 王成生, 앞의 논문, 1981 참조.

3) 요동~서북한 지역 비파형동검문화의 주인공

최근 대부분의 고대사 연구자들은 청동기시대 고조선의 영역(세력 범위)으로 요동 지역을 포함시키는 것은 당연시하고 있다. 그 동안은 요동 지역의 청동기문화가 선진적이고, 문헌 자료 또한 전국시대 후반 연장(燕將) 진개(秦開)의 침공으로 고조선이 서쪽 땅의 상당 부분을 상실한다는 『위략(魏略)』의 기록을 중시하여 요동 지역에 고조선이 중심지를 형성하고 있었다고 보았다.[58] 이 논의에서는 한반도 서북지방에 대해서는 구체적인 언급이 없었다. 암묵적으로 서북한 지역은 고조선의 영역임을 말하고 있다. 다만 고고학 유적과 유물이 서북지방에서 많이 조사되지 않아 초기에는 서북한 지역이 중심 지역이 아니라고 판단하였다.

기원전 8~7세기 이후 요하 동쪽에서 한반도 서북 지방과 길림 일대에 걸쳐 지석묘(支石墓)가 집중하여 분포하는 점은 일정한 종족의 세력범위를 암시한다. 이것은 중국 동북 지방 청동기문화에서 공병식(銎柄式) 청동단검과 비수식(匕首式) 청동단검이 요동 지역에서는 안 나오고, 지석묘나 석관묘(石棺墓) 안에 미송리형토기(美松里形土器) 등이 주로 출토되는 점에서도 방증된다. 한편 서북한 지역에서는 지석묘와 주거지에서 팽이형토기가 집중하여 출토한다.

기원전 8~7세기 단계에 요동지역에서 비파형(요령식)동검과 미송리형토기를 함께 부장하는 석관묘(石棺墓)·지석묘(支石墓) 문화는 이른바 '미송리형토기문화(美松里形土器文化)'[59]라고 통칭되며, 크게는 요령식동검문화(遼寧式銅劍文化)의 한 특징을 이룬 문화라고 할 수 있다.

종래 북한 고고학자들은 미송리형토기를 초기 고조선문화의 배경이 되었던 대

---

58) 노태돈, 「고조선 중심지의 변천에 대한 연구」, 『한국사론』, 서울대학교 국사학과, 1989.

59) 황기덕, 「비파형단검문화의 미송리유형」, 『력사과학』 89-3, 1989; 鄭漢德, 「美松里型土器の生成」, 『東北アジアの考古學』, 天池, 1989; 宋鎬晸, 「遼東地域 靑銅器文化와 美松里型土器에 관한 考察」, 『韓國史論』 24, 1991; 「美松里型土器 문화에 관한 再考察」, 『韓國古代史研究論』 45, 2007; 朴美京, 「美松里型土器의 변천과 성격에 대하여」, 『韓國考古學報』 60, 2006.

사진 3. 영성 소흑석구 주인공 복원　　　　사진 4. 영성 소흑석구 출토 동검

표적인 요소로 보았다.[60] 반면 남한학계에서는 청동기시대 고조선의 전형적인 문화로 보면서,[61] 한반도 출토 토기를 형식분류 할 때 중요하게 언급해 왔다. 최근 정한덕(鄭漢德)은 요하 중·하류에서 한반도 서북부 청천강 유역에 이르는 지역에서 석관묘를 조영하고 활약하던 민족은 예맥이고, 그 가운데 맥계(貊系) 민족으로 보고 있다.[62] 연대관에 약간의 차이는 있지만, 미송리형토기 분포권은 맥(貊)의 지역이고, 그 이남에서 지석묘를 조영한 세력은 예족(濊族)이라는 것이다.

　과연 요동 지역의 지역집단이 예족과 맥족으로 구분되었는지는 더 고찰되어야겠지만, 미송리형토기 분포의 중심지역과 서북한에 이르는 지역은 출토 토기나 무덤 형식의 차이로 볼 때 어느 정도 구분되는 문화권임을 알 수 있다.

　이점을 고려할 때 혼하(渾河)~태자하(太子河)에서 환인(桓仁)에 이르는 미송리형토기 중심 분포 지역과 요동반도 지역을 같은 계열의 다른 지역집단으로 구분한 견

---

60) 박진욱, 「고조선 전기문화」, 『조선고고학전서』 고대편, 과학백과사전출판사, 1988, 8~14쪽.

61) 盧泰敦, 앞의 논문, 1990, 36~49쪽; 李淸圭, 앞의 논문, 1995.

62) 鄭漢德, 「美松里型土器の生成」, 『東北アジアの考古學』, 天池, 1989, 131~132쪽.

해는 시사하는 바가 크다.[63]

그 동안 이 점에 주목한 연구는 요동 지역 전체를 고조선의 세력 범위로 볼 것인가 아니면 요동 지역 내에서도 문화 유형에 따라 종족 집단의 차이가 있는가의 문제를 놓고 논의가 있었다.

요동 지역에서 미송리형토기 분포권은 넓게 보면 지석묘 분포범위와 겹친다. 그러나 한반도~요동 지역에서 지석묘를 수용한 지역은 미송리형토기 중심 분포지역의 외연지대라고 볼 수 있다. 요동 지역에서 미송리형토기의 분포권은 대체로 석관묘·비파형(요령식)동검의 출현지역과 일치하고[64] 이후의 명도전 분포지역과 거의 겹친다.[65] 그리고 이 지역에서 기원전 2세기 이래 예맥 계통의 고구려족(高句麗族)이 등장하고 있다. 따라서 미송리형토기문화의 주민집단은 예맥 계통으로 보아 틀림이 없을 것이다.

그러나 이 경우에도 고조선이나 예맥에 대한 이해가 서로 달라 합치된 결론에 도달한 것은 아니다. 크게는 고조선의 배경문화[66]로 보는 입장과 고조선과 예맥을 구분하여 예맥의 문화로 보는 입장으로 나뉜다.[67]

기원전 10세기경부터 기원전 5~4세기에 요동 지역에서 미송리형토기문화를 누리던 예맥족이 대개 해성시(海城市) 일대를 경계로 그 이북 지역은 석관묘에 미송리형토기를 사용하는 집단과 그 이남 지역에서는 주로 탁자식 지석묘를 조영하는 집단으로 구분되고 있음을 주목해야 할 것 같다.

한편 고조선의 지리 문제를 검토하기 위해서는 그 동안 잘 주목하지 않았던 선

---

63) 鄭漢德, 앞의 논문, 1990, 131~132쪽.

64) 김용간·황기덕, 「기원전 천년기 전반기의 고조선문화」, 『고고민속』 67-2, 1967, 1~17쪽.

65) 余昊奎, 『1~4세기 고구려 政治體制 연구』, 서울大學校 博士學位論文, 1997, 4~26쪽.

66) 近藤喬一, 「日朝靑銅器の諸問題」, 『東アジアにおける日本古代史講座』 2, 學生社, 1984, 285쪽; 張博泉, 『東北地方史稿』, 吉林大學出版社, 1984, 35~37쪽.

67) 鄭漢德, 「美松里型土器の生成」, 『東北アジアの考古學』, 天池, 1989; 「美松里型土器 形成期に於ける若干の問題」, 『東北アジアの考古學』第二, 1996, 205~232쪽: 田中 俊明·東潮, 『高句麗の歷史と遺蹟』, 中央公論社, 1995.

진문헌의 기록을 검토할 필요가 있다. 여기에는 고조선과 연의 관계를 기록한 것들이 눈에 띈다.

선진문헌 및 고대 문헌에 연과 조선의 관계를 언급한 것은 아래 기록들이다.

① 관자(管子)가 가로되 "왕의 나라에는 세 가지 보물이 있습니다. … 초(楚)에는 여한(汝漢)의 황금(黃金)이 있고, 제(齊)에는 거전(渠展)의 소금이 있고, 연(燕)에는 요동(遼東)의 구운 소금이 있습니다." 환공(桓公)이 가로되 "발(發)과 사이(四夷)가 복종하지 않으니 그 역공이 있을까 두렵고 천하에서 지내면서 과인을 상하게 한다." 관자(管子)가 대답하여 가로되 "오월(吳越)이 조공(朝貢)하지 않으면 구슬과 상아(珠象)를 예물로 받아들이십시오. 조선(朝鮮)이 조공하지 않거든 문패(文皮)와 털옷(毼服)을 폐물로 받아들이십시오."[68]

② 소진(蘇秦)이 연(燕) 문후(文侯)에게 가로되 연(燕)의 동(東)에는 조선(朝鮮)과 요동(遼東)이 있고, 북(北)에는 임호(林胡)와 루번(樓煩)이 있고, 서(西)에는 운중(雲中)과 구원(九原)이 있고, 남(南)에는 호타(嘑沱)와 역수(易水)가 있습니다. 땅이 사방 2천여 리이고 병사가 수십만이며 수레가 7백승, 기마가 6천필, 식량이 십년 이상 비축되어 있습니다.[69]

③ 제(齊) 환공(桓公)(기원전 685~643)이 연(燕)을 넘어 산융(山戎)을 정벌하고 고죽(孤竹)을 깨트리고 영지(令支)를 점령하였다. 조(趙) 무령왕(武寧王)이 구주(句注)를 넘어 대용(代谷)을 지나 임호(林胡) 루번(樓煩)을 공략하였다. 연(燕)이 동호(東胡)을 쳐 천리(千里) 밖으로 몰아내고 요동(遼東)을 지나 조선(朝鮮)을 공격하였다.[70]

---

68) 『管子』 卷23 揆道78 "管子日 陰王之國有三 … 楚有汝漢之黃金 而齊有渠展之鹽 燕有遼東之煮 … 桓公日發四夷不服 恐其逆攻 游於天下而傷寡人 … 管子對日 吳越不朝珠象而以爲幣乎 朝鮮不朝 請文皮毼服而爲幣乎"

69) 『戰國策』 卷29 燕1 "蘇秦將爲從 北說燕文侯(기원전 361~333)日 燕東有朝鮮遼東 北有林胡樓煩 西有雲中九原 南有嘑沱易水 地方二千餘里 帶甲數十萬 車七百乘 騎六千匹 粟支十年"

70) 『鹽鐵論』 第45 伐攻 "齊桓公(기원전 685~643)越燕伐山戎 破孤竹 殘令支 趙武寧王踰句注 過代谷 略滅林胡樓煩 燕襲走東胡 辟地千里 度遼東而攻朝鮮"

④ 진황협록도(秦皇挾錄圖)에 「진을 망하게 한 자는 오랑캐다」라고 전한다. 50만 병사를 내어 몽염을 시켜 양옹자(楊翁子)를 거느리고 성(城)을 쌓아 관리하였다. 서(西)로 유사(流沙)를 속하게 하고, 북(北)으로 요수(遼水)[遼水 遼東]를 치고, 동(東)으로 조선(朝鮮)[朝鮮 樂浪]과 연결하였다.[71]

①은 제(齊) 환공(桓公)과 관자(管子)가 사방 오랑캐에 대한 대처 문제를 이야기한 것을 기록한 것인데, 왕의 통치를 도와주는 자원으로 燕의 경우에는 요동 지역의 구운 소금(煮)을 들고 있어, 요동 지역을 연(燕)의 통치범위에 포함시켜 이해하고 있음을 알 수 있다. 그런데 곧바로 다음 문장에서는 제(齊)의 사방 오랑캐가 불복하는 상황에 대처하는 과정에서 발(發)·조선(朝鮮)의 호랑이가죽과 가죽옷을 보물로 삼아주자고 하여, 요동과 조선을 연(燕)의 해내(海內)와 사이(四夷) 지역으로 구분하여 인식하고 있다. 따라서 이 기록을 통해 볼 때, 관중(管仲)이 활동하던 기원전 7세기에는 요동과 조선이 분명하게 구분되는 지역이었음을 알 수 있다.

②는 소진(蘇秦, ?~B.C.317)이 연(燕) 문후(B.C.361~333년)에게 지명·족명 혹은 수명으로 두 곳을 분별·열거하여 연(燕)나라의 사방으로 이르는 곳을 설명한 것이다. 이 기록들에는 기원전 4세기에 요동 지역이 조선과 병렬되고 있으며, 요동 지역이 연(燕)나라에 속하지 않고 또한 조선과도 구분되어 존재하고 있었다고 나온다. 이 가운데 『전국책(戰國策)』에 기록된 이야기는 매우 설득력이 있기 때문에 혹자는 위 기록의 "조선요동(朝鮮遼東)"을 "조선(朝鮮)의 요동(遼東)"이라 이해하고 중간에 점을 찍어 조선과 요동을 병렬적인 존재로 인식하지 않고 있다.[72]

이 주장에 따르면, 요동은 조선의 영토로 볼 수 있다. 그러나 이 주장은 특정한 근거가 있는 것이 아니고 더군다나 매우 부정확하다고 할 수 있다. 왜냐하면 사료에 계속해서 나오는 "임호루번(林胡樓煩)"이 "임호(林胡)의 루번(樓煩)"이 아니며 "호타역수(嘑沱易水)" 또한 "호타(嘑沱)의 역수(易水)"로 볼 수 없기 때문이다. 따라서 "조

---

71) 『淮南子』人間訓 "秦皇挾錄圖 見其傳曰「亡秦者胡也」因發卒五十萬 使蒙公 楊翁子將
築修城 西屬流沙北擊遼水[遼水 遼東] 東結朝鮮[朝鮮 樂浪]"

72) 과학백과사전출판사, 『조선전사』 2, 1979, 91쪽.

선요동(朝鮮遼東)"도 '조선(朝鮮)'과 '요동(遼東)'을 병렬된 것으로 보는 것이 순리이다.

③의 기록은 "燕나라가 먼저 요동(遼東) 일대에 위치한 동호(東胡)를 치고 천리의 땅을 개척한 이후에 그 군대가 요동(遼東)을 지나 고조선(古朝鮮)에 대한 진공을 개시하였다."는 내용이다. 이 기록을 그대로 읽는다면 "요동(遼東)을 지나 조선(朝鮮)을 공격한" 것으로 요동이 고조선의 영토가 아님을 말해주는 또 하나의 사료라고 할 수 있다.

이에 대해서는 다른 해석이 있는데, 끊어 읽기를 다르게 하여 "연(燕)이 동호(東胡)를 습격하여 1천 리를 개척하고 요수(遼水)를 건너 동(東)으로 조선(朝鮮)을 공격하였다."[73]고 보기도 한다. 이 주장의 핵심은 요동(遼東)을 요수(遼水)로 바꾸어 이해한다는 점이다. '요동(遼東)'을 '요수(遼水)'로 이해하니 요수(遼水) 동쪽이 바로 고조선(古朝鮮)의 영토가 된다. 그러나 한문 해석상 "도요(度遼)" 두 자는 끊어 읽는 것이 가능하나, "동이공(東而攻)" 세 자를 따로 떼어 "동으로 공격하여"라고 해석하는 데는 무리가 따른다. 이것은 연이 요동을 지나 조선을 공격한 것으로 해석하는 것이 순리에 맞는다.

이 문구에 대해 "요동(遼東)으로 건너가서"로 해석하는 논자도[74] 있으나, 이 또한 자신의 논지에 맞추어 해석한 측면이 강하며 한문 어법 그대로의 해석과는 차이가 있다.

④의 『회남자(淮南子)』 기록[75]은 진시황(秦始皇) 때의 명장 몽염이 흉노를 치는 과정에서 요동 지역을 공격하고 장성(長城)을 요수(遼水) 근처까지 설치한 내용이다. 이 당시는 이미 고조선이 대동강 유역에 중심을 두고 있을 때이지만 고대 중국인들은 이전부터 요동을 조선과 구별하여 인식했고, 중요한 것은 요동(遼東)을 요수

---

73) 사회과학출판사, 『고조선문제연구론문집』, 1976, 60~61쪽.

74) 박대재, 「고조선의 왕과 연과의 전쟁」, 『고대한국 초기국가의 왕과 전쟁』, 경인문화사, 2006, 74~79쪽.

75) 劉安 等 編著 高誘 注 『淮南子』 卷18 人間訓(上海古籍出版社): 『淮南子』는 前漢 淮南王 劉安이 幕下의 학자들에게 명하여 각각 그 道를 講論시켜 만든 것이다. 思想은 道家의 경향이 농후하다고 한다. 전부 21卷이다.

제3장 고조선의 위치와 중심지 문제에 대한 고찰 — 115

(遼水)로 표기했음을 알 수 있다.

이상의 기록들을 종합하면, 연(燕)이 동호(東胡)를 치고 동쪽으로 진출하였을 때 동호의 동쪽에는 요동이 고조선과의 사이에 일종의 접경지대로서 자리 잡고 있었음을 알 수 있다. 그 구체적인 위치는 미송리형토기와 석관묘의 집중분포지역인 혼하(渾河)와 태자하(太子河) 유역 일대를 가리키는 것으로 보이며, 대개 천산산맥(千山山脈)을 넘지 않는 지역을 포괄하고 있었다고 생각한다. 그것은 요동 지역에서 요동반도에 이르는 천산산맥 일대의 장새 흔적을 통해서도 증명된다.[76]

따라서 예맥(濊貊)과 병존하고 그 이남 지역에 있었다고 보이는 고조선은 천산산맥 동쪽에서 서북한(西北韓) 지역에 걸쳐 존재하던 정치집단을 가리키는 것으로 추측된다. 전술했듯이 요동 지역에는 연(燕)과의 경계에 위치하는 완충지대(緩衝地帶)로서 '예맥(濊貊)' 계통의 여러 정치집단들이 존재하고 있었다.

이들은 기본적으로 요서 지역의 동호와 유사하거나 밀접한 관계에 있었기 때문에 중국 고대 역사가들은 요동 지역에 대해 동호와 동일한 종족으로 여겼던 것 같다. 이러한 예맥 계통 집단들을 느슨한 연맹관계에 묶어두고 있던 중심세력은 역시 서북한에 존재한 고조선이었다고 생각한다. 이러한 세력에 대해 연(燕)은 예맥이 위치한 요동의 요양 지역에 요동군을 설치하여 교두보를 마련하고, 이후 그 동쪽에 위치한 고조선에 대한 공략에 나섰던 것이다. 문헌 기록에서 요동 지역과 한반도 서북 지방의 주민집단에 대해 명확히 서술하고 있는 기록은 찾기 어렵다. 따라서 학계의 통설과 달리 전술한 것처럼 청동기문화 단계에 요동 지역과 서북한 지역이 예맥과 조선으로 구분되어 있었다는 주장이 나오기도 하였다.[77] 그러나 이 주장 역시 문헌에 명확히 기록이 없는 상태에서 일정 지역의 문화적 특징 차이를 단편적 기록과 연결시켜 해석해 본 것으로 여전히 많은 논의가 필요하다.

현재 미송리형토기가 주로 사용된 기원전 1천 년기 전반에 고조선이 요동 지역, 특히 요동반도 중북부 지역을 중심으로 존재했다고 볼 수 있는 문헌자료가 없

---

76) 佟柱臣, 「考古學上漢代及漢代以前的東北疆域」, 『考古學報』 56-1, 1959, 35~40쪽.
77) 宋鎬晸, 앞의 논문, 1999, 82~107쪽.

는 상황에서 요동 지역의 주민집단과 정치체를 고조선으로 성급하게 해석하는 것은 피해야 할 것이다.

만일 일반적인 주장처럼 요동 지역 정치체를 고조선과 관련시켜 볼 경우 초기 고조선의 중심지가 어디인지에 대한 명확한 고찰이 필요하다. 요동 지역에서는 서북한 지역에 비해 상대적으로 청동기가 많이 나오나 현재까지의 고고학 자료 출토 상황으로는 요동 지역에서 청동기시대의 중심지를 찾는 작업이 쉽지는 않다. 앞으로 문헌과 고고학 자료를 종합하여 치밀한 접근과 분석이 요구된다고 하겠다.

2. 후기 고조선(後期 古朝鮮: 衛滿朝鮮)의 지리 고증

1) 기원전 4~3세기 고조선(古朝鮮)과 연(燕)의 경계

기원전 4세기를 지나 3세기에 들어오면 요령지역과 한반도 북쪽 지방에는 중국(中國) 전국계(戰國系) 철기문화(鐵器文化)가 주류를 이루게 된다. 현재 전국시대(戰國時代)의 철기(鐵器)는 연(燕) 당시의 우북평군·요서군·요동군 관할구역 각지에서 출토되고 있다.[78] 이것은 기원전 4~3세기 당시 많은 수의 연인(燕人)들이 요령 지역으로 이주해 오면서 대량의 철기가 들어오고, 요령지역은 혁신적인 철기시대에 들어갔음을 보여준다.

이와 관련하여 『사기』 조선열전을 보면 연(燕)의 전성시기인 소왕(昭王, 기원전 311~270)대에 연(燕)이 조선을 공략하여 진번(眞番)·조선(朝鮮)을 복속시켰다[79]고 한다. 이 기록을 보면 고조선은 기원전 4~3세기를 전후한 시기에 '진번' 등과 함께 연에 복속되었음을 알 수 있다. 그러나 『사기』의 기록에는 고조선이 연에게 복속되었다는 사실 외에는 서쪽의 많은 땅을 빼앗겼다는 내용 등은 알 수 없다.

---

78) 遼寧省博物館文物工作隊, 『中國考古學三十年』(1949~1979), 文物編輯委員會編, 1981, 92쪽.

79) 『史記』卷115 朝鮮列傳 第55 "自始全燕時 嘗略屬眞番朝鮮 爲置吏 築障塞"

사진 5. 요동 신성자 대석개묘(돌널무덤)

사진 6. 요동 서풍 출토 미송리형토기

사진 7. 요동 쌍방 출토 단지, 물동이

『위략』 기록에는 고조선의 지리적(地理的) 위치와 관련하여 중요한 내용이 나온다. 그것은 "후에 (朝鮮侯의) 자손이 점차 교만 포학해지니, 연이 장군 진개(秦開)를 보내어 조선의 서방(西方)을 공격해 이천리(二千里)의 땅을 빼앗아 만반한(滿潘汗)에 이르러 경계를 삼았다."는 내용이다.

그 동안 학계에서는 고조선 서쪽 땅 "이천여리(二千餘里)"라는 수치에 대해 연이 요하 서쪽에서 동호로부터 1천여 리를 빼앗고 계속해서 요하 동쪽의 이른바 고조선의 영토에 진공하여 1천여 리의 땅을 빼앗아 "만반한(滿番汗)"에 이르러 비로소 고조선과 경계를 정하게 되었다[80]고 보았다. 이때 '서방 2천리'는 『삼국지(三國志)』 위서(魏書) 동이전(東夷傳) 한조(韓條)의 배송지(裵松之) 주(註)에 인용된 『위략』의 "연나라사람 위만이 망명하였는데, 오랑캐 옷을 입고 동쪽으로 패수를 건너 준왕에게 와서 항복하고 준왕을 달래어 서쪽 경계에 살게 해 달라고 요구하였다."[81]나 "준왕이 위만을 총애하여 박사로 삼고 백 리의 땅을 주고, 서쪽 변경을 지키게 하였다."[82] 등의 기록에서 "서계(西界)에 살기를 요구하거나"나 "서변(西邊)을 지키게 했다."라 한 기록의 "서계(西界)"·"서변(西邊)"과 관련이 있다.

『한서(漢書)』 지리지에 의하면 전한 때의 요동군의 속현(屬縣)으로 문현(汶縣)과 반한현(潘汗縣)이 있었다. 이 문(汶)·반한(潘汗) 두 현의 연칭(連稱)이 만반한(滿番汗)과 통함은 분명해 보인다.[83] 이 가운데 문현의 위치에 대해서는 魏 正始 元年(240)에 요동의 문현과 북풍현(北豐縣)의 유민이 산동반도로 건너갔다는 기록으로 보아 요동 일대에 위치했음을 알 수 있다. 한편 『독사방여기요(讀史方輿紀要)』에서 문현고성(汶縣古城)이 개주위(蓋州衛) 서쪽에 있었다고 하여 문현이 요동에 있었음이 분명해 보인다.

다만 반한현의 경우는 청천강(靑川江) 유역으로 보는 입장과 요동으로 보는 입장이 있다. 번한현을 청천강변의 '박천(博川)'으로 보는 입장은 『한서보주(漢書補注)』 지리지조의 내용으로 그 후 이병도에 의해 지지를 받았으나[84] 기본적으로 문현과 너무 멀리 떨어져 있다는 점이 문제로 제기되고 있다. 요동으로 보는 입장은 문현과 번한현의 근접성을 중시하면서 요동 일대로 비정한다.[85] 두 입장 모두 일정한

80) 李丙燾, 『韓國古代史硏究』, 博英社, 1976; 盧泰敦, 앞의 논문, 1990.

81) 『魏略』 "燕人衛滿亡命 爲胡服 東度浿水 詣準降 說準求居西界"

82) 『魏略』 "準信寵之 拜爲博士 賜以圭封之百里 令守西邊"

83) 丁若鏞, 『我邦疆域考』 卷1, 朝鮮考.

84) 李丙燾, 앞의 논문, 1976 참조.

85) 노태돈, 「고조선 중심지의 변천에 대한 연구」, 『단군과 고조선사』, 사계절, 2000,

근거가 있다. 다만 반한현이 꼭 요동 일대에서 문헌과 인접한 곳에 있어야 될 근거는 없다고 생각한다. 청천강 근처도 요동군의 관할 범위였고 한과 경계의 지점이었으므로 이 일대에 반한현이 위치할 수도 있다고 생각한다.

여기서 다시 '서방(西方) 2천 리' 문제를 생각해 볼 필요가 있다. 『사기』 흉노열전(匈奴列傳)에는 동호를 치고 장성을 설치한 곳이 요동의 '양평(壤平, 현 요양시)'까지 1천 리라고 했고, 『위략』에서는 고조선을 치고 경계로 삼은 요동의 만반한까지 2천여 리라고 했다. 두 기록을 합리적으로 이해하는 과정에서 대개 2천 리 가운데, 1천 리는 동호를 치고 나머지 1천 리는 고조선을 친 것으로 이해하였다.[86] 이러한 입장을 더 강화하여 연장(燕將) 진개(秦開)가 동호를 1천여 리 몰아내고 사실상 요서 지역까지만 이르렀고, 거기서부터 요동반도 서남부 개평(蓋平) 일대의 '만반한'까지의 거리가 1천 리라고 주장하기도 한다.[87]

중국학계에서는 '조선후(朝鮮侯)가 스스로 王을 칭하고 나아가 요하 동쪽지역에 도달하였고', 그 후 '연군(燕軍)이 동호를 이긴 승세를 타고 동진(東進)하여 곧바로 요하 유역에 이르러 조선후(朝鮮侯) 세력과 서로 만나게 되었다.'는 주장을 하고 있다.[88] 여기서 요하 유역에서 양 세력이 만났다는 것은 구체적인 자료가 있어서라기보다는 당시 요하를 경계로 요령 지역 고고학 자료가 구분되고 있는데 근거한 것으로 보인다.

『위략』의 서방 2천 리 상실 기사를 검토하는 데에는 먼저 생각해야 될 사료가 있다. 그것은 연장(燕將) 진개(秦開)가 동호를 습격하자 동호가 1천 리 물러갔다는 『사기』 흉노열전의 기록이다. 이 기록에 따르면 연나라는 발해만 북쪽 연안지역에 있는 폭넓은 지대를 동호로부터 약탈하였다고 명확하게 기록하고 있다. 이것은

89~94쪽; 박대재, 「고조선의 왕과 연과의 전쟁」, 『고대한국 초기국가의 왕과 전쟁』, 경인문화사, 2006, 74~79쪽.

86) 노태돈, 앞의 논문, 1999 참조.

87) 박대재, 앞의 책, 2006, 74~76쪽.

88) 佟冬, 『中國東北史』, 吉林文史出版社, 1987, 232~234쪽; 張博泉·魏存成, 『東北古代 民族·考古與疆域』, 吉林大學出版社, 1998.

사진 8. 내몽골 영성현 흑성고성(우북평군 치소 전국시대 성지)

흉노전의 다른 기록들이 매우 사실성이 있는 기록이라는 점과 요서 지역에 존재하는 연나라 장성유적 등의 조사로 인해 분명히 있었던 사실을 기록한 것으로 보인다. 그렇다면 연장 진개의 군사행동 이전시기에 요령지역 발해만 일대에는 동호가 살고 있었다고 생각해야 할 것이다.

또한 『사기』 흉노열전에는 연나라가 조양(造陽, 現 河北省 懷來縣)으로부터 양평(襄平, 現 遼陽市)에 이르는 장성을 쌓고 이 지역에 동호의 침입에 대비하기 위하여 5군을 설치하였다[89]고 기록되어 있다. 이 기사를 면밀히 검토하면, 연은 동호를 몰아낸 뒤 현재의 북경(北京) 북쪽에 있던 옛날 도시 조양(造陽)으로부터 현재의 양평(襄平)에 이르는 대규모의 방어선을 구축하였던 것이다. 물론 장성 설치의 목적은 동호의 침입을 막기 위한 것이었다. 그리고 계속해서 연(燕)이 조선의 서쪽땅에 대한 공격과 영유(領有)에 의한 결과로 만반한 지역이 요동과 조선의 경계로 되었던 것이다.[90]

---

89) 『史記』 卷110 匈奴列傳 第50 "燕亦築長城 自造陽至襄平 置上谷漁陽右北平遼西遼東 郡以拒胡"

90) 『史記』 卷115 朝鮮列傳 第55 "自始全燕時 嘗略屬眞番朝鮮 爲置吏築障塞"; 『三國志』

『사기』몽념열전(蒙恬列傳)에는 진대(秦代)에 몽념(蒙恬)의 활동상을 말하면서 연 장성의 기초 위에 장성을 다시 쌓았는데 그것이 요동에 이르렀다고 한다.[91] 이것 역시 연소왕대(燕昭王代)에 동호를 물리치고 쌓은 장성이 요하 일대에까지 이르렀음을 말해주는 중요한 기록이다. 현재 장성의 흔적은 요하를 넘지 않는 선에서 확인되고 있는데, 이것은 중국 동북 지방의 지형과 관계된 것으로 생각되며, 대개 천산산맥(千山山脈) 일대까지를 연 장성의 경계로 설정하고 가장 동쪽인 요동 지역의 장성을 관리하던 중심을 요양시(遼陽市)에 두었던 것이라고 생각된다.[92]

이러한 사실을 유념하면서『위략』에 나온 수치가 무엇을 의미하고 또 어떻게 산출된 것인가를 살펴볼 필요가 있다.『후한서(後漢書)』지리지 기록에 의하면 요동으로부터 낙랑(樂浪, 대동강 유역)까지의 거리는 약 1,400여 리가 된다. 여기서『위략』의 편자가 말한 2천여 리라는 의미는 형식논리로 볼 때에는 상곡군(上谷郡)에서 요동군까지, 즉 새로 약취(略取)한 땅의 서단(西端)으로부터 동단(東端)까지의 거리로 생각할 수 있다. 그러나 이 계산이 맞기 위해서는 하나의 필수적인 요건이 있다. 즉 이 군(郡)들이 동호로부터 빼앗은 땅에 설치한 것이 아니고 고조선으로부터 약취한 땅이어야만 하는 것이다. 그러나 이렇게 본다면 요서 지역에 존재하던 동호가 위치할 자리가 없고, 고조선 역시 요서 지역에 존재하고 있어야 하는 문제가 있다.

『위략』은 고조선의 내부 상황에 관해 약간 세부적인 문제를 다루고『사기』또는 『한서(漢書)』에 이미 기록된 사실들보다 기사가 많지만, 그 내용에 있어서는 몇 가지 문제가 있다. 예를 들면 기자동래설(箕子東來說)이라든가, 조선이 주실(周室)을 받들려고 하였다든가 하는 것이 그러한 면이다.

『위략』에는 분명 중국적인 속성을 가진 발달된 국가로 조선을 묘사하려는 의도

卷30 魏書 30烏丸鮮卑東夷傳 韓條 所引『魏略』“燕乃遣將秦開功其西方 取地二千餘里 至滿潘汗爲界 朝鮮遂弱”

91) 『史記』卷88 蒙恬列傳 第28 “築長城 因地形 用制險塞 起臨洮至遼東([正義] 遼東郡在 遼東水東 始皇築長城 東至遼水 西南至海)”

92) 馮永謙·何溥瀅 編著,『遼寧古長城』, 遼寧人民出版社, 1986; 遼寧省長城學會,『遼寧 長城』, 瀋陽, 1996.

가 눈에 뜨인다.[93] 또 『위략』에는 고조선의 왕이 위만(衛滿)에게 박사(博士) 칭호를 수여하고 규(圭)를 주고 백리(百里)의 땅에 봉하였다는 표현이 있는데, 일부의 학자들은 이것을 근거로 고조선은 발달된 노예국가였다는 결론을 내리고 있다.[94] 그러나 이 또한 사실성 여부를 신중히 고려해야 될 내용이라 하겠다.

『위략』의 편자 어환(魚豢)은 동호와 고조선의 상관관계를 고려하지 않았다. 동호는 고조선과 다르다. 그러므로 동호를 치고 1천 리를 차지했다는 『사기』 흉노열전의 기록과 『위략』에 연이 고조선의 서방 2천 리를 빼앗았다는 기록은 다른 차원의 자료로 볼 수 있다.

만일 『사기』의 기록이 동호와 관련하여 구체적인 사실을 기록한 것이라고 본다면 『위략』의 수치는 고조선의 역사지리 문제를 고찰하는 데 믿음직한 논증자료로 사용하기 어렵다고 할 수 있다.[95] 단지 서쪽지역의 많은 부분이 연(燕)에 의해 빼앗겼다는 정도의 이야기는 가능할 것이다.[96] 혹 『위략』 기록의 중요성을 인정하여 기록 그대로 신빙한다면 2천여 리의 거리는 고조선의 서쪽 관련 기록으로만 해석해야 하며, 그 기록에 동호와 관련된 내용이 포함된 것으로는 해석하기 힘들다.

2) 기원전 2세기 한(漢)과 고조선의 경계, '패수(浿水)'의 위치

『위략』에는 연의 장수 진개(秦開)가 조선의 서방 2천 리를 점령하고 그곳에 장성을 축조했다고 한다. 진개에 의해 요동평야 지대가 정복된 다음 연이 화북 지방에서 밀려나게 되자 이 요동을 그 본거로 삼게 되었다(기원전 226년).[97] 4년 후에 진

---

93) 盧泰敦, 앞의 논문, 1990, 32~33쪽.

94) 과학백과사전출판사, 『조선전사』 2, 1979, 47~50쪽.

95) 필자는 『魏略』에서 고조선이 서쪽 땅 2천여 리를 빼앗겼다는 기록의 2천여 리는 바로 『史記』 권69, 蘇秦列傳 第9에 나오는 '燕'의 사방이 '2천리'로서 매우 넓다는 기록과 같이 매우 넓은 땅을 말하는 것으로 보고 싶고 蘇秦列傳의 기록에서 착오를 일으켰거나 또는 넓은 땅이라는 일반적인 의미에서 쓴 것으로 이해하고 있다.

96) 佟柱臣, 「考古學上漢代及漢代以前的東北疆域」, 『考古學報』 56-1, 1959, 35~40쪽.

97) 『史記』 卷34 燕召公世家 第4 "燕王亡 徙居遼東 斬丹以獻秦 … 三十三年 秦拔遼東 虜

시황(秦始皇)은 요동 지역을 다시 점령하였으며,[98] 그 후 한대(漢代)에는 한초(漢初)의 전란으로 요동의 한족세력은 약화되었으나 노관(盧綰)으로 연왕(燕王)을 삼고 패수(浿水)를 경계로 삼았다. 그러므로 이 시기의 고조선은 요동 동쪽, 구체적으로 패수의 동쪽에 있었다.

성호(星湖) 이익(李瀷)이 지적한 바와 같이 패수는 하나만이 아니었다.[99] '패수'라는 강 이름은 '보통명사'에서 온 '고유명사'임에 틀림없는 바, 고구려시대의 패수가 대동강(大同江)임은 주지의 사실이다.[100] 문제는『사기』조선열전에 등장하는 고조선과 중국의 경계로서 패수가 바로 어느 강인가에 있다.

패수의 위치를 살펴보는 데는 그 옆에 있었던 연(燕)·진(秦) 장성(長城)의 위치를 먼저 살펴볼 필요가 있다. 장성의 위치가 명확하게 비정되면 패수의 위치는 자연스럽게 알아낼 수 있다. 대개 전국(戰國)·진한기(秦漢期)의 장성 유적은 신장(新藏)위구르자치구에서 요령성에 걸쳐 단속적으로 확인되고 있다. 특히 연(燕)·진(秦) 장성(長城)의 위치는 요령성 북부 일대에 뚜렷한 흔적을 남기고 있다. 그 끝으로 되어 있는 양평은 현재의 요하 이동의 요양으로 비정되고 현재 장성 유적 또한 요하 일대까지 나온다고 한다.[101]

현장 답사 결과 연(燕)·진(秦) 장성은 요서 지역에서 그치고, 요하 일대는 보루나 초소 형태의 시설이 존재한 것으로 이해된다. 연(燕)·진(秦) 장성 유적이 오늘의 요하 유역에 이르렀으므로 자연히 장성 동쪽에 존재했던 패수는 요하 서쪽에서 찾을 수 없다. 기존의 패수를 난하(灤河)로 보는 입장은[102] 고조선과 중국과의 경계 지역에 있던 연(燕)·진(秦) 장성이 바로 지금의 북경 근처에 있는 만리장성(萬里長城)

燕王喜"

98)『史記』卷6, 秦始皇本紀 第6.

99)『星湖集』卷38, 三韓正統論.

100) 노태돈, 앞의 책, 2000, 68~70쪽.

101) 劉謙,「遼東長城考査」,『遼寧大學學報』82-5, 1982; 馮永謙·何溥瀅 編著,『遼寧古長城』, 遼寧人民出版社, 1986; 遼寧省長城學會,『遼寧長城』, 瀋陽, 1996.

102) 윤내현,『고조선 연구』, 一志社, 1994.

이라는 것이 핵심 근거이다. 그러나 현재의 만리장성은 명대(明代)에 새로이 신축된 것이며,[103] 전국시대(戰國時代)의 장성은 요서 일대에 그 흔적을 뚜렷이 남기고 있다.

패수를 대릉하로 보는 주장이 있다. 이 주장은 패수 서쪽에 위치했다는 장성 흔적이 대릉하 유역까지 확인되고 연(燕)·제(齊) 유이민이 머무른 "진고공지상하장(秦故空地上下障)"이 현재 요서 지역에 있는 연북장성(燕北長城)과 연남장성(燕南長城)과 관계 있을 수 있다는 점에서 검토의 여지가 있다.[104]

패수=대릉하설은 기본적으로 기원전 4~3세기에 왕검성의 이동, 즉 열수(洌水) 명칭의 이동(요하→대동강)을 전제로 하고 초기에는 요하 서쪽에 있는 강 가운데 패수(浿水)를 찾은 것이다. 그러나 이 주장 역시 중국 전국시대(戰國時代)인 기원전 5~4세기에는 이미 중국의 문화가 요동 지역에까지 영향을 미치고 요하 유역은 이미 중국의 세력권 하에 들어가기 때문에 대릉하에서 고조선의 경계선을 찾는 것은 설득력이 떨어진다.

한대(漢代)에 들어서면 새로운 군현(郡縣)이 설치된다. 그 중 신의주에서 마주 보이는 요령성 단동시(丹東市)의 옛 성터에서 한대에 유행한 '안평락미앙(安平樂未央)'의 길상어(吉祥語)가 있는 와당 및 장새(障塞) 유적이 조사[105]되어 요동에 설치된 한(漢)의 안평현(安平縣) 위치를 알 수 있었다. 그리고 단동시(丹東市) 애하첨(靉河尖) 장성(長城) 유적 부근에서 발견된 성지(城址)나 출토유물이 연(燕) 및 한(漢)의 특징을 보이고,[106] 중국 철기문화의 영향을 받은 철기 유적이 요하 이동에서 압록강 사이에 집중하고 있음은[107] 연(燕)·진(秦) 시기의 요동고새(遼東故塞)가 바로 요하 이동

---

103) 馮永謙, 「明萬里長城東端起點的發現與研究」, 『遼寧長城』, 遼寧長城學會, 1996, 16~36쪽.
104) 徐榮洙, 「古朝鮮의 위치와 강역」, 『韓國史 市民講座』 제2집, 1988, 19~50쪽.
105) 曹汛, 「靉河尖古城和漢安平瓦當」, 『考古』 80-6, 1980, 566~567쪽.
106) 中國社會科學院 歷史研究所 編著·關野雄 監譯, 『新中國の考古學』, 平凡社, 1988, 372쪽.
107) 宋鎬晸, 앞의 논문, 1999, 161~186쪽.

이었음을 입증하는 것이라고 하겠다. 특히 전국말 이래 한족(漢族) 세력의 요동에서의 중심은 양평(襄平)이었는 바 이는 오늘날의 요양시(遼陽市) 부근이다. 따라서 한군(漢軍)의 침입과정에서 볼 때 왕검성(王儉城)을 적대 세력의 바로 앞인 요하 유역에서 찾을 수는 없을 것이다. 이렇게 볼 때 패수는 청천강이거나 압록강으로 보는 것이 자연스럽다.

여기서 패수 이남에 있던 왕검성에 대해 잠깐 살펴보겠다. 요서·요동, 한반도의 평양 일대 가운데 고조선의 문화와 중국 한의 문화가 복합되어 나타나는 곳은 바로 평양 일대이다. 그렇다면 평양 부근에 고조선 왕검성이 있었고, 그 뒤에 낙랑군(樂浪郡)이 설치되었다고 보는 것이 합리적이다. 왕검성은 낙랑군 조선현의 위치가 평양 지역인 만큼 역시 평양 일대에 있었다고 보는 것이 순리다. 평양 일대에 기원전 3세기 이래의 유적이 연속적으로 많이 존재하고 있음은 이를 뒷받침한다.

『동국여지승람(東國輿地勝覽)』이래 패수(浿水)=압록강설(鴨綠江說)이 주장되어 왔다.108) 이익(李瀷)도 "위만이 건넌 패수는 아마도 압록강일 것이다."라고 하여 역

사진 9. 요령성 연(燕)·진(秦)·한대(漢代) 장성 출토 와당

시 패수=압록강설을 지지하였다.109) 북한의 정찬영도 유사한 결론에 이르러 한과 고조선의 국경 방비선은 천산산맥에 따라서 구축되어 있었다110)라고 추측하였다. 지내굉(池內宏) 등 일본의 많은 학자들도 압록

108) 『新增東國輿地勝覽』 平安道 平陽府 大同江條 "今按司馬遷列傳 漢興修遼東故塞 至浿水爲界 衛滿亡命東走 出塞渡浿水都王險則以鴨綠江爲浿水矣"

109) 『星湖集』 卷38 三韓正統論 "據衛滿之渡浿則疑鴨綠也"

110) 정찬영, 「고조선의 위치와 그 성격에 관한 몇 가지 문제」, 『문화유산』 60-3, 1960, 48~49쪽.

강설을 지지하였다.[111]

패수 압록강설은 정약용에 의해 논리적으로 완성된다.[112] 정약용의 패수가 압록강이라는 주장은 고조선의 영역과도 관련이 있는데, 고조선의 영역에 대해서는 한강 이북 한반도 북부 지역으로 비정하고 있다. 이는 당시 조선팔도의 영역이 역사 이래 우리 민족의 것임을 역사지리적 고찰로써 정당화하려는 것이었다.

고고학적으로 보면 기원전 3~2세기 무렵 서북한 지역의 대표적 금속기유물인 세형(한국식)동검의 분포가 청천강(淸川江) 선(線)이 경계가 된다. 또 연(燕)·진(秦) 세력에 의해 유입된 명도전(明刀錢)이 한반도 서북 지방 북부 지역에서 대량으로 출토되는데 청천강이 그 분포상의 주된 경계선을 이룬다.[113] 물론 청천강 이남에서도 일부 화폐가 나오고 있으나 기본적으로는 청천강을 주된 경계로 하고 있다. 따라서 필자는 고고학상으로 보아 명도전 등 연 계통의 유물이 출토하는 청천강 이북은 요동군을 통한 중국문화 및 주민집단의 영향이 강하게 미친 지역이고, 한국식동검 등 조선 독자의 청동기가 출토하는 청천강 이남 지역이 고조선이었다고 보는 것이 보다 합리적이라 생각한다.[114]

『사기』 기록에 따르면 위만이 요동고새(遼東故塞)를 나와 패수를 건너 진고공지(秦故空地)에 거주했다고 하므로, 진말(秦末)과 한초(漢初)에 연(燕)·제(齊)의 유이민(流移民)과 위만(衛滿)이 거주하던 진고공지(秦故空地)는 요동고새와 패수 이서에 있어야 한다. 그러나 그 지역을 청천강~대동강으로 보기에는 너무 좁다. 그리고 『사기』 기사를 보면 한과의 경계인 패수는 한 초에 진대(秦代)의 고조선과 경계가 멀고 지

---

111) 池內宏, 「樂浪郡考」, 『滿鮮史研究』 上世 第一册, 吉川弘文館, 1951, 19~61쪽.

112) "漢나라가 일어나 다시 遼東의 故塞를 수리했으니, 이미 요하를 건넜는데 어찌 다시 요수로 경계를 삼는단 말인가? 요하와 압록강 사이에 다시 큰 강이 없다면 패수가 곧 압록강이다."(丁若鏞 著, 『我邦疆域考』 「朝鮮考」)

113) 朴善美, 「기원전 3~2세기 古朝鮮 文化와 明刀錢 유적」, 서울시립대학교 석사학위논문, 1999; 『고조선과 동북아의 고대 화폐』, 학연문화사, 2009.

114) 송호정, 「고조선의 지배체제와 사회성격」, 『한국사』 1, 한길사, 1994, 306~307쪽; 이병도, 앞의 책, 1976.

사진 10. 청천강 중상류

키기 어렵다고 하여 서쪽으로 그 경계선을 후퇴하여 경계로 삼았던 강이다. 그런 만큼 청천강이 그 경계라면 후퇴한 것이 되지 못한다는 것이다.[115] 또한 명도전 (明刀錢) 유적이 청천강 이북에서 발견되는데, 이것이 패수를 건너온 유이민(流移民, 衛滿세력 포함)이 사용한 것으로 볼 때 패수는 압록강으로 보는 것이 합리적이라고 한다.

그러나 압록강=패수라는 주장을 입증하기 위해서는 해결해야 될 문제가 몇 가지 있다. 그 중 대표적인 것이 다음의 기록이다. 『한서(漢書)』 지리지에는 패수와 나란히 압록강이 다른 명칭으로 나와 있다. 『한서』 지리지 현토군조(玄菟郡條)에는 "서개마현: 마자수가 서북으로 흘러 염난수에 들어가는데, 서남으로 서안평에 이르러 바다로 들어간다. 두 군을 지나 2,100리 가면 왕망이 말한 현토정이다."[116]

---

115) 盧泰敦, 앞의 논문, 1990, 26~27쪽.

116) 『漢書』 地理志 "西蓋馬 馬訾水西北入鹽難水 西南至西安平入海 過郡二行二千一百里 莽曰玄菟亭"

라 주석되어 있다. 전통적 견해에 따르면 염난수(鹽難水)가 주어가 되어 염난수는 서북으로 흐르는데 서남으로 흘러서 서안평(西安平)에 이르러 바다에 들어가는 마자수(馬訾水)에 합류된다고 해석되어 왔다. 『동국여지승람』에도 "압록강은 마자수라고 한다."라고 되어 있고,[117] 안정복(安鼎福)도 『통전(通典)』을 근거로 "마자수는 한편 압록수라고 한다."[118]라고 하여 이러한 견해를 뒷받침하고 있다.

『한서』 지리지의 기록은 문장 그대로 해석한다면 "마자수(馬訾水)는 서북으로 흘러 염난수(鹽難水)와 합류하고 또 서남으로 흘러서 서안평(西安平)에 이르러 바다에 들어간다."라고 해석하는 것이 순리이다. 이는 압록강의 흐름과 일치한다.

그렇다면 한(漢)이 등장하여 그 초기에 요동외요(遼東外徼)가 너무 멀어서 지키기 어려운 까닭에 요동 지역에 있는 고새(故塞)를 수리하고 패수에 이르러 경계를 삼았다는 기록[119]은 어떻게 해석할 것인가의 문제가 있다. 『사기』 조선열전에는 고조선과 경계로 된 패수가 이전에는 청천강이었는데 한대에 와서 요동고새와 그 옆에 있는 압록강으로 변경되었을 가능성을 시사한다. 기록 그대로 본다면 한대에 동쪽 경계지역에 있던 장새를 요동 지역으로 옮긴 것은 사실로 보인다. 그렇지만 기록 내용에서는 고조선과 경계가 되었던 지역의 장새에 대한 관리를 포기하거나 경계의 지점(浿水)을 변경했다는 사실을 찾기가 힘들다. 다만 관리상의 문제점 때문에 한(漢)이 직접 관할하는 장새를 요동 지역으로 축소했다는 사실을 알 수 있을 따름이다.

따라서 현재의 청천강은 한나라와 고조선의 국경 하천으로 되어 있었고 전국(戰國)·진(秦)·한대(漢代)에 걸쳐 줄곧 패수로 호칭되어 있었다는 주장이 여전히 설득력이 있다.

---

117) 『新增東國輿地勝覽』 平安道 平壤府 大同江條 "鴨綠江 … 一云馬訾"

118) 『順菴集』 卷10 東史問答 "馬訾水一名鴨綠水"

119) 『史記』 卷115 朝鮮列傳 第55 "自始全燕時 嘗略屬眞番朝鮮爲置吏築障塞 秦滅燕屬遼東外徼漢興爲其遠難守 復修遼東故塞 至浿水爲界"

Ⅳ. 맺음말

고조선사에 대한 역사 지리 연구는 각 시대의 역사인식과 연구과제에 따라 그 관심과 방법론이 변화되었고 앞으로도 계속 그럴 것이라 생각한다.

지금까지의 연구는 대부분 요동 지역에 초기 중심지를 두었던 고조선이 후기 단계에 이르러 연의 진출로 서북한 지역으로 이동했다고 보고 있다. 최근 들어 고고학자를 중심으로 초기 고조선의 중심지를 대릉하 유역까지 포함시켜 보려는 견해가 집중 검토되고 있다. 여전히 평양 대동강 유역에 중심지를 두고 있었다는 견해도 존재하는 데, 이 주장도 초기 고조선의 서변은 요동까지였다고 보고 있다.

만일 일반적인 주장처럼 요동 지역 정치체를 고조선과 관련시켜 볼 경우 초기 고조선의 중심지가 어디인지에 명확한 고찰이 필요하다. 요동 지역에서는 서북한 지역에 비해 상대적으로 청동기가 많이 나오나 현재까지의 고고학 자료 출토 상황으로는 요동 지역에서 청동기시대 고조선의 중심지를 찾는 작업이 쉽지 않다. 이 과정에서 특히 유의할 점은 비파형동검문화 범위 내의 모든 유적유물 갖춤새를 고조선에 속하는 것이라고 보기 어렵다는 점이다. 그 정확한 경계를 찾는 것은 어려운 일인 바, 결국 중심되는 청동기문화유형을 찾는 것이 가능할 뿐이다. 앞으로 문헌과 고고학 자료를 종합하여 치밀한 접근과 분석이 요구된다.

기원전 4~3세기 중국 전국시대 후기에는 중국으로부터 철기문화가 전래되면서 요동 지역도 연(燕) 문화의 영향권으로 들어가게 된다. 고조선은 이 시기 언젠가 천산산맥 이남의 압록강과 청천강을 경계로 그 이남 지역을 배경으로 성장한 것으로 보인다. 그리고 한(漢) 이후 중국과의 경계 지점인 패수 역시 압록강이나 청천강으로 비정되며, 고조선의 마지막 수도 왕검성은 패수 남쪽인 대동강 유역으로 보는 것이 가장 합리적이다.

전성기 고조선과 한(漢)의 경계 문제는 문헌상에 보이는 '진고공지 상하장(秦故空地 上下障)'과 '만번한(滿番汗)'의 위치 및 요동~서북한 지역의 명도전·초기한국식(세형)동검문화·초기철기문화의 성격에 대한 종합적 고찰을 통해 더 분명해지리라 생각한다.

위만조선(衛滿朝鮮)의 왕검성(王儉城) 위치에 대한 최근 논의와 비판적 검토

Ⅰ. 머리말

고조선사 연구에서 무엇보다 기본적으로 해결해야 할 내용은 고조선 중심지의 위치 문제이다. 고조선사는 물론 고대 역사는 그 시기를 연구하기 위한 문헌 사료가 부족하여 먼저 해당 사회의 위치파악이 선행되어야 그곳에서 출토되는 유적·유물의 역사적 성격규명을 통해 사회구성 등 여타부문을 복원할 수 있다. 따라서 '고조선은 어디에 있었는가'에 대한 해답을 얻지 못하면 고조선 사회상에 대한 의문은 해결하기 어렵다고 하겠다.

고조선 중심지 문제에서 가장 핵심은 고조선의 왕성(王城)인 왕검성(王儉城)에 대한 연구이다. 왕검성은 왕성으로서 고조선의 수도이다. 따라서 왕검성의 위치를 찾는 것은 고조선의 위치를 확정하는 데 매우 중요하다.

그 동안 고조선의 수도 왕검성에 대한 연구는 조선시대 실학자의 연구 이래 고조선사에서 중요한 주제로 자리하였다. 대표적으로 조선후기 한백겸[1]과 정약용[2]

---

1) 韓百謙 著, 『久菴遺稿·東國地理志』, 一潮閣, 1987, 204~205쪽.
2) 丁若鏞, 『我邦疆域考』卷1, 朝鮮考(『疆域考』, 『與猶堂全書』제6집 1권, 新朝鮮社, 1937).

의 고조선 연구 이래 1960년대까지 고조선의 후기 단계인 위만 조선의 수도 왕검성이 평양(平壤)에 있었다는 것은 상식으로 되어 있었다.[3] 그러나 1963년 북한학계의 리지린이 고조선 왕검성의 위치를 요동(遼東)으로 비정한 연구를 발표하면서 고조선 중심지의 위치와 관련하여 만주(滿洲) 중심설이 주목을 받게 되었다.[4]

우리 역사상 첫 국가인 고조선 관련 문헌 자료는 매우 단편적이어서 위치는 물론 사회상이나 문화에 대해 잘 알 수 없다. 그동안 전기(前期) 고조선사에 대해서는 특히 문헌 자료의 부족함으로 인해 주로 비파형동검문화에 대한 연구를 통해 그 전성 시기를 전기 고조선 사회의 모습으로 이해하였다. 후기(後期) 고조선사 역시 세형동검문화와 『사기(史記)』 조선열전(朝鮮列傳)을 중심으로 그 역사상에 대한 해석을 위해 노력하였다.

북한 학계에서는 1960년대 후반에 비파형동검문화에 대한 일련의 연구[5]를 통해 그것을 고조선의 문화로 규정하고 그 분포 중심 지역인 요령성(遼寧省) 전체를 고조선의 공간적 범주로 설정하게 된다. 그리고 고조선의 중심지 왕검성을 요동 일대에 비정하였다. 1993년 단군릉 개건 후에는 고조선의 공간적 영역 범주에는 변함이 없으나 고조선의 수도 왕검성의 위치가 만주 지역에서 평양 대동강 유역으로 바뀌게 된다.[6]

한국 학계에서는 1980년대 중반에 처음 중국 동북 지방 청동기문화에 대한 관심을 갖고 중국 고고학계의 연구 성과를 읽기 시작하였고, 고조선과 관련 가능성을 제기하였다. 결과 고조선 중심지의 이동설이 제기되었다.[7] 현재 우리 학계의

3) 도유호, 「왕검성의 위치」, 『문화유산』 5, 1962, 60쪽.

4) 리지린, 『고조선 연구』, 사회과학출판사, 1963; 강인욱, 「리지린의 『고조선 연구』와 조중고고발굴대」, 『선사와 고대』 45, 한국 고대학회, 2015; 송호정, 「리지린의 古朝鮮史 硏究와 그 影響」, 『文化史學』 44, 한국문화사학회, 2015.

5) 김용간·황기덕, 「기원전 천년기 전반기의 고조선 문화」, 『고고민속』 2, 1967; 사회과학원 고고학연구소·력사연구소, 「기원전 천년기 전반기의 고조선문화」, 『고고민속 론문집』 1호, 1967.

6) 박득준 편집, 『고조선 력사 개관』, 사회과학출판사, 1999.

7) 서영수, 「古朝鮮의 위치와 강역」, 『韓國史 市民講座』 2, 一潮閣, 1988; 노태돈, 「고

통설이 된 고조선 중심지 이동설은 문헌 자료와 고고학 자료를 종합하여 초기 중심지를 요동(遼東) 일대로 보고, 세형동검과 철기를 사용하는 후기 단계에는 서북한(西北韓) 지역으로 중심지가 이동했다고 보는 주장이다.[8] 고조선 중심지 이동설을 주장하는 연구자 사이에도 초기 중심지를 놓고는 요서(遼西)인지 요동인지에 대해 논의가 지속되고 있다.

특히 최근 고고학자들을 중심으로 만주지역의 청동기문화에 대해 관심을 가진 연구자가 늘어나고, 그 연구자들 대부분이 요서 지역 청동단검문화를 고조선과 관련된 문화로 주목하고 있다. 초기 고조선의 중심지가 요동 지역이 아니라 요서 지역에 있다가 전국시대 후반에 요동 지역으로 이동하였고, 최종적으로 한반도 서북 지방으로 이주했다는 것이다.[9] 그러나 고조선 초기 중심지를 요서 지역이나 요동 지역으로 보는 연구자 모두가 동의하는 사실은 후기 고조선의 수도인 왕검성이 평양에 있었다는 점이다.[10]

이러한 고고학계의 연구 성과가 집약되어 2017년 11월 전국 고고학대회에서 발표·토론의 장이 열렸다. '고고학으로 본 고조선'을 주제로 열린 전국고고학대회에서 대부분의 고고학자들은 초기 고조선의 중심지를 남만주, 특히 요서(遼西) 지역으로 보는 입장에서 발표를 하였다.[11] 후기 고조선사와 관련해서는 왕검성(王儉城)에 대한 연구가 가장 주목받았다.

조선 중심지의 변천에 대한 연구」, 『한국사론』 23, 서울대학교 국사학과, 1990.

8) 노태돈, 위의 논문, 1990, 49~54쪽.

9) 박준형, 『고조선사의 전개』, 신서원, 2014; 조진선, 「요서지역 청동기문화의 발전 과정과 성격」, 『요하문명의 확산과 중국 동북지역의 청동기문화』, 동북아역사재단, 2010, 184~186쪽; 이청규, 「청동기를 통해서 본 고조선과 주변사회」, 『고조선의 역사를 찾아서』, 학연문화사, 2007, 112쪽; 이청규, 「고조선과 요하문명」, 『한국사시민강좌』 49, 2011, 85~91쪽; 오강원, 「청동기−철기시대 요령·서북한 지역 물질문화의 전개와 고조선」, 『동양학』 53, 2013.

10) 노태돈, 앞의 논문, 1990, 21~24쪽; 이청규, 앞의 논문, 2007.

11) 강인욱, 「초기 고조선 네트워크의 형성과 비파형동검문화 −기술, 무기, 제사를 중심으로」, 『韓國考古學報』 第106輯, 2018.

고고학 대회 발표회에서는 고고학 자료상 후기 고조선, 즉 위만조선 시기로 비정할 수 있는 토성(土城) 유적의 부재를 이유로 위만조선의 수도 왕검성의 위치를 요동으로 비정하고 대동강 유역으로 보는 주장은 폐기되어야 한다는 논고가 발표되었다.[12] 이 발표를 인용해 신문지상에서는 고고학계에서 문헌사학계에 반기를 들었다는 선정적인 보도 기사를 내보내기도 하였다.[13]

금번 고고학계에서 제기된 왕검성 재요동설은 그 동안의 고고학적 연구 성과를 바탕으로 결론을 도출하고 있어 논리적 근거와 완결성을 갖고 있다. 그러나 논문에서 주장하는 왕검성 관련 내용은 북한 평양 지역 현지 자료에 대한 접근의 어려움이나 북한 학계 보고서 내용의 한계를 고려하지 않은 채, 현재까지 알려진 고고자료만을 근거로 주장하는 한계가 있다. 특히 고조선 중심지와 관련하여 가장 기본적인 전제가 되는 문헌 자료, 특히 중국의 군현 설치 내용 등을 고려하고 있지 않아 논문의 객관성은 물론 설득력이 매우 떨어진다.

본고에서는 고고학계를 중심으로 이야기 된 후기 고조선 시기 왕검성의 위치를 요동 일대로 비정하는 연구에 대해 그 논리적 문제점을 제기하고자 한다. 그리고 문헌 기록과 고고 자료가 부합하는 후기 고조선 시기의 왕검성 위치는 대동강 유역임을 다시 한 번 정리할 것이다.

본고에서 말하는 내용은 이미 조선 후기 실학자들 이래 선학들이 검토한 것들이다. 필자는 고조선 위치 관련 기본 문헌 자료와 고고 자료를 검토하여 후기 단계 고조선의 수도 왕검성의 위치가 한반도 서북 지방이라는 그 동안의 주장이 합

---

12) "왕검성의 진위를 염두에 둔 본격적인 발굴이 이루어지지 않았다는 한계를 인정하지만 지금까지 확보된 고고자료를 종합하건대, 평양성은 위만조선 왕검성이 될 수 없는 공간이다. 또한 대성산성이나 안학궁, 청암리토성 등 대동강 북안에 위치하는 그 어떤 성곽 유구 중에서도 낙랑군이나 위만조선대로 비정되는 유구나 유물의 정보는 인정되지 않는다. 즉 고고학적 견지에서 〈왕검성 대동강북안설〉은 지금으로서는 폐기해야 마땅한 주장이다(정인성, 「고고학으로 본 위만조선 왕검성」, 『韓國考古學報』第106輯, 2018, 117쪽)."

13) 「'고조선의 수도는 평양' 100년 통설에 반기를 든 고고학계」, 한겨레신문 2017년 12월 7일자 문화면.

리적이고 설득력이 있음을 강조하고자 한다.

Ⅱ. 『사기(史記)』 조선열전(朝鮮列傳)에 반영된 고조선의 영역 및 세력 범위

지금까지 남아 있는 사료 가운데 고조선의 중심지 문제를 포함해 왕검성의 위치를 파악하기 위해서는 『사기(史記)』 조선열전(朝鮮列傳)의 기록이 가장 기본적이고 중요한 자료라 할 수 있다. 『사기』 조선열전 내용 가운데, 고조선의 위치 및 왕검성 관련 부분을 살펴보면 다음과 같다.

"처음 연(燕) 전성시기에 일찍이 진번(眞番)·조선(朝鮮)을 공략하여 관리를 두고 장새(鄣塞)를 쌓았다. 진(秦)이 연(燕)을 멸망시키고 요동외요(遼東外徼)에 속하게 하였다. 한(漢)이 일어나 그곳이 멀고 지키기 어렵다고 하여 다시 요동고새(遼東故塞)를 수리하고 패수(浿水)에 이르러 경계를 삼고 연에 속하게 하였다. 연왕(燕王) 노관이 반란하여 흉노에게 귀의하니 위만이 망명하여 1천여 명을 모아북상투를 틀고 오랑캐 복장을 하고 동쪽으로 달아나 장새를 나와 패수(浿水)를 건너 진고공지(秦故空地) 상하장에 거주하였다. 점점 진번·조선의 오랑캐와 옛 조선오랑캐 및 옛 연·제 망명자들을 복속시키고 왕 노릇하다가 왕험성(王險城)에서 도읍하였다."[14]

위의 『사기』 조선열전 기록에서는 먼저, 기원전 4~3세기 연(燕)의 동진 과정에서 진번(眞番)과 조선(朝鮮)을 공략하고 장새(鄣塞)를 쌓았다고 하였다. 여기서 장

---

14) 『史記』 卷115 朝鮮列傳 55 "自始全燕時 嘗略屬眞番朝鮮 爲置吏築鄣塞 秦滅燕 屬遼東外徼 漢興 爲其遠難守 復修遼東故塞 至浿水爲界 屬燕 燕王盧綰反入匈奴 滿亡命聚黨千餘人 魋結蠻夷服而東走出塞 渡浿水 居秦故空地上下鄣 稍役屬眞番朝鮮蠻夷及故燕齊亡命者王之 都王險"

새는 요하(遼河)의 동쪽 지역에 두었으니, 요동외요(遼東外徼) 또는 요동고새(遼東故塞)[15]라고 이름 하였다. 이후 위만(衛滿)이 연왕 노관으로부터 떠나 망명을 하는 과정에서 요동고새를 나와 패수를 건넜고, 패수 아래의 진고공지(秦故空地) 상하 장새에서 일시적으로 거주하였다고 한다. 그곳에서 점점 세력을 키운 위만은 준왕(準王)을 밀어내고 왕검성(王儉城)[王險城]에 도읍을 두었다고 하였다.

이처럼 『사기』 조선열전에는 고조선사와 관련된 중요한 역사적 사실이 시간의 흐름에 따라 세 부분으로 나뉘어 기록되어 있다. 첫째는 전국시대의 기원전 4~3세기 연 소왕 때의 일로 연이 진번·조선을 공략하여 관리를 두고 장새를 쌓았다는 내용이다. 기원전 4~3세기 당시 조선 주변에는 같은 수준의 정치체인 진번 등이 존재하고 있었음을 알 수 있다. 둘째는 진(秦)·한대(漢代)의 기록으로, 진 통일 이후 진번·조선 지역에 설치한 장새를 요동외요에 속하게 하였는데, 한이 일어나 그곳이 멀고 지키기 어렵다고 하여 다시 요동고새를 수리하고 패수에 이르러 경계를 삼고 연에 속하게 하였다는 내용이다. 전국시대(戰國時代)에 조선지역에 쌓았던 장새를 진·한대에 수리하고, '요동외요'에 소속시켜 관리했다는 사실이다. 셋째는 위만조선(衛滿朝鮮)의 성립과 관련된 내용이다. 위만은 연왕을 떠나 망명 할 때, 처음에는 동쪽으로 장새를 나와 패수를 건너 진고공지(秦故空地) 상하장(上下鄣)[16]에 거주하였다. 이후 위만은 진번·조선의 오랑캐 및 옛 연·제 망명자들을 복속시키고 왕 노릇하다가 왕험성에서 도읍하였다고 한다.

『사기』 조선열전 기록에서 왕검성 위치와 관련된 내용은 위만의 망명 기록 부분에 서술되어 있다. 위만은 요동고새를 나와 패수를 건너 왕검성에 도읍하였다고 한다. 여기서 한과 고조선의 경계 강인 패수는 분명 요동고새 이남 지역에 있었

---

15) 일부 연구자는 徼(요)와 塞(새)를 다른 성격의 구조물로 이해하기도 한다. 그러나 『史記』 司馬相如傳을 주석한 「索隱」에서는 "徼는 塞이다. 木柵과 江으로 蠻夷와 경계가 되는 것이다."라고 한 내용을 볼 때 徼와 塞는 본질적으로 같은 방어 시설로 보는 것이 합리적이라 생각한다.

16) 일부 연구자는 鄣과 塞를 구분하기도 하지만, 鄣에 대한 語源과 쓰임새는 기본적으로 요새나 성채를 가리키는 단어로 '鄣塞'와 같은 의미로 사용된 것으로 볼 수 있다 (『世界考古學事典』上, 509, 平凡社).

고, 패수 이남 지역에 위만이 거주한 진고공지 상하장이 있었음을 알 수 있다. 그리고 진고공지 이남 지역에 왕검성이 위치하고 있었다고 한다.

결국 『사기』 조선열전 내용에 따르면, 고조선의 수도 왕검성은 요동과 패수 이남 지역에 존재하고 있었던 것만큼은 분명하다고 할 수 있다. 따라서 왕검성의 위치를 연구하기 위해서는 일차적으로 기원전 4~3세기 연이 진번, 조선을 공략하고 쌓은 장새와 요동고새의 위치에 대한 파악이 중요하다. 다음으로 기원전 2세기경 연 땅을 나온 위만이 요동고새를 지나 패수를 건넜다고 하므로, 패수의 위치 파악이 중요하다.

『사기』 조선열전 기록과 함께 고조선 왕검성 위치를 살펴보는 데 중요한 사료로 『삼국지』에 인용된 『위략』 기록이 있다. 『삼국지』 「배송지」 주에 인용된 『위략』에는 연의 장수 진개(秦開)가 조선의 서방 2천 리를 점령하고 그곳에 장성을 축조했다고 기록되어 있다. 이후 연은 화북지방에서 밀려나면서 요동을 본거지로 삼게 되었다(기원전 226년).[17] 그 4년 후에 진시황은 다시 요동 지역을 점령하였다.[18] 한대에는 초기의 전란으로 요동에 대한 지배력이 약화되었으나 노관(盧綰)으로 연왕을 삼아 패수를 고조선과 경계로 삼았다고 한다. 그러므로 이 시기 고조선은 요동의 동쪽, 구체적으로 패수 이동에 있었다. 그렇다면 고조선 왕검성의 위치와 관련하여 제일 먼저 살펴보아야 할 것은 요동고새와 패수의 위치이다.

Ⅲ. 한(漢)의 요동고새(遼東故塞)와 패수(浿水)

1. 요동(遼東)과 요동고새(遼東故塞)의 위치

중국 전국시대 연 소왕(昭王)에 의해 설치되었다는 요동고새에 대해 검토하기

---

17) 『史記』卷34 燕召公世家 第4 "燕王亡 徙居遼東 斬丹以獻秦 ⋯ 三十三年 秦拔遼東 虜
    燕王喜"
18) 『史記』卷6 秦始皇本紀 第6.

전에 먼저 검토해야 할 내용은 요동에 대한 그 동안의 논의이다. 그 동안 역사학계에서는 고조선 시기의 '요하'와 '요동'의 위치 비정을 둘러싼 논의가 다양하게 개진되어 왔다.

문헌 기록에 '요동'이 독자적으로 등장하는 것은 대개 전국시대의 기록인『관자(管子)』나『전국책(戰國策)』등이다. 두 기록에는 '요동'이 '조선'(고조선)과 인접한 지역에 있었으며, 고조선과는 다른 지역으로 등장한다.[19] 일찍이 정약용은 이 기록을 읽고 요동 지역에서 고조선을 찾는 우를 범해서는 안 된다고 주장하였다.『아방강역고(我邦疆域考)』「조선고(朝鮮考)」에서는 한백겸(韓百謙) 이래의 모든 실학 거장들에 의해 논의된 정설을 정식화하고, 다시 자기의 안설(按說)을 첨가하여 "지금 사람들이 혹 의심하기를 최초에 조선이 요동에 있지 않았는가 하기도 하나, 원래『사기』소진열전(蘇秦列傳), 화식열전(貨殖列傳) 및 기타에서 모두 조선, 요동, 진번 등을 처음부터 갈라서 써 놓았은즉 이것들을 혼돈할 수는 없는 것이다."[20]라고 하였다. 이것은 당시 고조선의 실상과 지리적인 위치를 매우 정확하게 파악한 견해라 할 수 있다.

전국시대 기록 이후의 '요동'에 대해서는 기본적으로『사기』조선열전의 '요동외요'와 '요동고새' 기록에서 확인할 수 있다.[21]『사기』조선열전 기록에 따르면 연 전성 시기인 소왕 시절(기원전 4~3세기) 연은 동으로 진번과 조선을 공격하여 복속시켰고, 진 때에는 그 지역을 '요동외요'로 하였다고 한다. 엄밀하게는 진번과 조선지역을 요동 바깥의 요새에 속하게 했다는 것인데, 기록 속의 '속(屬)'은 "관할 지역으로 하였다."로 해석하는 것이 합리적이다. 여기서 진번과 조선은 요동 지역이

---

19) 『管子 輕重』卷13 輕重甲 "管子曰 陰王之國有三 … 燕有遼東之煮 … 桓公曰 四夷不服 恐其逆攻 游於天下而傷寡人 … 管子對曰 吳越不朝 珠象而以爲幣乎 朝鮮不朝 請文皮 毨服而爲弊乎";『戰國策』卷29 燕策1 "蘇秦將爲從 北說燕文侯曰 燕東有朝鮮遼東 北有林胡樓煩 西有雲中九原 南有嘑沱易水"

20) 『與猶堂全書』第六集 第一卷『我邦疆域考』卷1 朝鮮考 "鏞案 今人多疑箕子朝鮮或在遼東 燕蘇秦傳貨殖傳 朝鮮遼東眞番之等 皆別言之 不可混也"

21) 『史記』卷115 朝鮮列傳 第55 "自始全燕時 嘗略屬眞番朝鮮爲置吏築障塞 秦滅燕屬遼東外徼 漢興爲其遠難守 復修遼東故塞 至浿水爲界"

나 또는 요동과 매우 밀접한 곳에 위치하였음을 알 수 있다.

『사기』 조선열전 중반부에는 좌장군(左將軍) 순체(荀彘)가 요동 지역을 나와 누선장군 양복(楊僕)과 함께 우거왕(右渠王)을 공격하는 기록이 있다.[22] 이 기록에서 좌장군 순체가 5만 명의 병사를 이끌고 출발한 요동 지역은 요하의 동쪽을 가리키며 지금의 요동 지역이 분명하다. 만일 다른 지역이라면 계속해서 이어지는 왕검성 공격 기록을 해석하기 어렵다.

중국 고대 문헌에서 '요동'은 중원을 기준으로 동쪽에 위치한 지역을 지칭하는 지명이기도 하지만, 지방 행정 단위로서 군명(郡名)이기도 하였다. 거연한간(居延漢簡)을 보면 한대 행정 문서에 언급된 '요동'은 비록 군(郡)을 칭하지 않았지만 요동군(遼東郡)을 의미하였다.[23]

'요동군'이라는 명칭은 전국시대 흉노(匈奴)와 접하고 있던 진·조·연 삼국의 북변 방비를 설명하는 기록에 처음으로 보인다. 진(秦)·조(趙)에 이어 연은 소왕 때 북변에 장새를 쌓고, 요동군을 포함한 5개의 군을 설치하였다. 『사기』 흉노열전 기록에 따르면 진개(秦開)의 동방 경략 이후 연에서는 조양(造陽, 현 河北省 懷來縣)에서 양평(襄平, 현 遼陽市)까지 장성을 쌓고 그 이남 지역에 상곡군(上谷郡)·어양군(漁陽郡)·우북평군(右北平郡)·요서군(遼西郡)·요동군(遼東郡)을 설치하였다.[24] 이 다섯 개의 군현(郡縣) 관련 유적에 대한 오랫동안 조사를 통해 그 군현 통치의 실상이 여러 연구 성과[25]로 제시되고 있다.

전국시대 중국 동북지역에 설치한 5군 가운데 요동군은 연이 동호(東胡)를 1천

---

22) 『史記』 卷115 朝鮮列傳 第55 "左將軍荀彘出遼東 討右渠"

23) 宋眞, 「전국 진 한시기 요동군과 그 경계」, 『한국고대사연구』 76, 2014, 57쪽 각주 5번 재인용.

24) 『史記』 권110 匈奴列傳 "其後 燕有賢將秦開爲質于胡 胡甚信之 歸而襲破走東胡 東胡却千餘里 …(중략)… 燕亦築長城 自造陽至襄平 置上谷 漁陽 右北平 遼西 遼東郡以拒胡"; 중국 학계에서는 造陽을 현 河北省 懷來縣으로, 襄平을 현 遼陽市로 비정하고 있다(『遼寧古長城』, 遼寧旅遊叢書, 1985, 10~14쪽).

25) 배진영, 「연국의 오군설치와 그 의미 −전국시대 동북아시아의 세력관계−」, 『중국사연구』 36, 2005.

여 리 물리친 뒤에 그들의 남하를 방어하기 위해 설치한 것으로 기술되어 있다.[26] 대개 요동군은 연의 동북변경에 위치하였다. 의무려산(醫巫閭山)을 기준으로 요서 군과 관할 지역이 구분되어, 그 동쪽의 양평(襄平, 현 遼陽市)을 중심으로 한 지역이 대개 요동군에 해당되었을 것으로 보인다.[27] 최근까지 연 관할 지역에서 두루 발 견되는 '양평'포나 고새(古璽)에 '양평우승(襄平右丞)'이 확인되는 점은 양평이 당시 주요 중심지였음을 보여준다.[28]

요동 지역에 장새가 설치된 기록은 한대의 『염철론(鹽鐵論)』 기록을 보면 더 분명 해진다. 『염철론』에서는 "(대부가 말하였다.) 조(趙) 무령왕(武靈王)은 구주(句注)를 넘고 대곡(代谷)을 지나 임호(林胡) · 루번(樓煩)을 공략하여 멸망시켰다. 연은 동호를 엄습 하여 퇴각시키고 천리의 땅을 개척하였으며, 요동을 지나 조선을 공격하였다."[29] 고 하였다. 즉, 『염철론』 벌공편에서는 연이 요서 지역에 위치하고 있던 동호를 치 고 요동반도(遼東半島)를 지나 조선 땅을 침공하였다고 한다. 여기서 요동은 요동 반도를 가리키는 것이 분명하다.

이러한 사실은 고대 중국의 지리 상황을 잘 정리한 『한서(漢書)』 지리지에서도 확인할 수 있다. 『한서』 권28 지리지에는 중국 동북 지역에 설치한 군현(郡縣)이 나 오는데, 중국에서 가까운 순서로 5개 군현을 기록하고 있다. 그 다섯 군현은 어양 군→우북평군→요서군→요동군→현도군→낙랑군의 순으로 기록[30]되어 있 다. 여기서 보면, 요동군은 의무여산 이동의 요동반도 일대에 두어졌고, 그 이남 지역에 현토군(玄菟郡)과 낙랑군(樂浪郡)이 두어졌음을 알 수 있다.

26) 『史記』 권110 匈奴列傳 "燕亦築長城 自造陽至襄平 置上谷 漁陽 右北平 遼西 遼東郡 以拒胡"

27) 배진영, 앞의 논문, 2005, 22~25쪽.

28) 송진, 앞의 논문, 2014, 63쪽.

29) 『鹽鐵論』 卷8 伐功 "(大夫曰)趙武靈王逾句注 過代谷 略滅林胡樓煩 燕襲走東胡 辟地 千里 度遼東而功朝鮮"

30) 『漢書』 卷28下 地理志 下.

요동 및 요동군 지역과 관련해서는 북한 학계 리지린의 연구[31]가 소개된 이래 그 위치에 대한 논란이 있었다. 그러나 리지린이 고대의 요동은 강의 흐름을 볼 때 북경 근처의 난하(灤河)라고 본[32] 것은 논리상으로는 가능할지 모르나 실제 요하나 요동은 그 명칭이나 이름을 바꾼 적이 없기에 사실로 받아들이기는 어렵다고 하겠다.[33]

이상에서 『사기』 조선열전과 『염철론』 기록만을 보아도 요동의 위치가 현재의 요동 지역을 가리키는 점이 분명하다 하겠다. 그리고 요동군과 요동고새는 요동반도 전체에 뻗쳐 내려오는 천산산맥(千山山脈) 자락에 있었음이 명백하다.

2. 패수(浿水)의 위치

왕검성의 위치를 파악하기 위해서 요동고새와 함께 살펴보아야 할 내용은 고조선과 한의 경계를 이루었다는 패수의 위치 문제이다. 성호 이익(李瀷)이 지적한 바와 같이 패수(浿水)는 하나만 있는 것이 아니었다. 패수라는 이름은 '보통명사'에서 온 '고유명사'임에 틀림없는 바, 고구려시대의 패수는 대동강이었다.[34] 문제는 『사기』 조선열전에 등장하는 고조선과 중국의 경계로서 패수가 바로 어느 강인가에 있다.

『사기』 조선열전에는 위만의 망명 기록과 원봉(元封) 2년 한 사신 섭하(涉河)가 우거왕(右渠王)에게 왔다가 요동으로 돌아가는 기록 속에서 패수가 등장한다. 위만이 연 땅을 나오는 기록을 보면, 동으로 요동고새를 나와 패수를 건너 진고공지에 머물렀다가 왕험성에 이른다고 한다.[35] 여기서 위만이 지나온 고새는 요동고새임

31) 遼河가 현재의 遼河가 아니고 北京 동북에 위치한 灤河라고 본다(리지린, 앞의 책, 1963).
32) 리지린, 앞의 책, 1963.
33) 송호정, 『한국 고대사 속의 고조선사』, 푸른 역사, 2003, 165~166쪽.
34) 노태돈, 앞의 논문, 1990, 5~6쪽.
35) 『史記』 卷115 朝鮮列傳 55 "滿亡命聚黨千餘人 魋結蠻夷服而東走出塞 渡浿水 居秦故

이 분명하며, 그 다음에 패수가 위치하고 있다.

위만이 왕위에 오르는 기사 다음에 한 사신 섭하가 고조선에 왔다가 돌아가는 기사가 이어진다. 그 기록 속에서도 패수가 요동고새 다음에 위치하고 있다고 기록되어 있다.[36] 기원전 109년 한의 사신 섭하는 위만에게 조서를 전달했으나 위만이 그 조서를 받들지 않자 소득 없이 돌아가야 했다. 그런데 섭하는 요동으로 돌아가는 길에 한과 조선의 경계인 패수에 이르러 자기를 배웅하러 온 고조선의 비왕(裨王) 장(長)을 살해하고 패수를 건너 요동고새로 들어갔다고 한다.

『사기』 조선열전의 위만 망명 기사와 한 사신 섭하의 귀국 여정에 대한 기록을 보면, 모두 패수가 등장하고 있는데 요동고새 이남에 위치하고 있다고 기록되어 있다. 결국, 패수의 위치는 요동고새의 남쪽에서 찾을 수밖에 없다. 그런데 앞에서 살펴보았듯이 요동고새는 현재 요동반도에 위치하고 있음이 명확하다. 따라서 패수는 압록강(鴨綠江) 이남의 한반도 서북 지방에 위치하고 있었다고 할 수 있다.

『사기』 조선열전에 한과 고조선의 경계로 나오는 패수가 어느 강인가에 대하여 조선 후기 리익이나 정약용(丁若鏞)은 그것을 압록강에 비정하였다. 그러나 한백겸은 그것을 청천강에 비정하였다.[37] 두 견해 모두 패수를 요동 이남에 비정한 것은 동일하지만, 압록강인지 청천강인지 다른 견해가 나오는 것은 패수의 위치 문제와 관련해 『한서』와 『후한서』의 지리지 및 그 주석가들의 견해가 다르기 때문이다.

패수의 위치와 관련해서는 일차적으로 『한서』 지리지 낙랑군 패수현조 기록을 살펴 볼 필요가 있다. 『한서』 지리지 낙랑군조에는 25개의 현 가운데 패수현이 나온다. 그 내용을 보면 패수현은 낙랑군의 수현(首縣)인 조선현(朝鮮縣)과 염감현(詔邯縣) 다음에 위치하고 있는데, 패수현 밑에는 작은 글씨로 패수가 서쪽으로 증지현(增地縣)을 지나 바다로 들어간다고 기록되어 있다.[38]

空地上下鄣 稍役屬眞番朝鮮蠻夷及故燕齊亡命者王之 都王險"
36) 『史記』 卷115 朝鮮列傳 55 "元封二年 漢使涉河誘諭右渠 不肯奉詔 何去至界上臨浿水 使御刺殺送何者 朝鮮裨王長 卽渡馳入塞"
37) 韓百謙 著, 『久菴遺稿·東國地理志』, 一潮閣, 1987, 204~205쪽.
38) 『漢書』 卷28下 地理志 下 樂浪郡條 "浿水 水西至增地入海"

이처럼 『한서』나 『후한서』 기록에는 패수현이 낙랑군에 속하고 있는 바, 기원 1~3세기 패수가 요동군의 18개 속현(屬縣)[39]들이 있던 곳으로 비정되는 요동반도, 즉 압록강 건너편에 있지 않은 것은 쉽게 이해할 수 있다. 그리고 패수의 방향이 서쪽으로 흘러 바다로 들어간다고 했으니, 압록강이나 청천강임은 쉽게 짐작할 수 있다.

이러한 내용은 최근 우리 학계에 알려진 낙랑 초원 4년명 목간(木簡)[40]에서도 확인할 수 있다. 초원 4년명 낙랑 목간은 대동강 남안의 낙랑 무덤을 조사하는 중에 나와 대동강 남안 평양 지역이 낙랑군이 위치했던 지역임을 입증하는 부정할 수 없는 기록이 되었다.

초원 4년명 낙랑 목간은 '樂浪郡 初元四年 縣別 戶口多少△簿'라는 이름으로 조선현의 호구 증감을 기록한 것인데, 맨 처음 조선현의 호와 인구수의 증감이 기록되어 있다. 그 이하로 염감, 증지 등 나머지 24개 현의 호와 인구 증감 내용이 이어지는데, 17번째 현으로 패수현이, 마지막 25번째 현으로는 부조현(夫租縣=沃沮縣)이 기록되어 있다.[41] 이 초원 4년명 호구부를 통해 낙랑군은 내군과 동일하게 토착민[胡]과 이주해 온 한인을 모두 호적에 등재하여, 한법(漢法)으로 관리하고 통치하기 위해 실제 호구 파악과 호구부(戶口簿)를 작성했음을 알 수 있다.

대개 낙랑군 초원 4년 현별 호구부에서는 한 군현의 현 이름을 위쪽에 존재한

---

39) 『漢書』卷28下 地理志 下 遼東郡條 "縣十八 襄平 新昌 無慮 …"

40) 樂浪郡은 內郡과 동일하게 토착민[胡]과 이주해 온 漢人을 모두 호적에 등재, 漢法으로 관리하고 통치하기 위해 실제 호구 파악과 戶口簿를 작성하였다('樂浪郡初原四年 縣別戶多少△簿'). 목간에는 朝鮮縣부터 夫租縣에 이르는 25개 縣의 戶口 증감을 기록하고 있는데, 낙랑군에는 모두 43,835戶와 280,361명의 인구가 있었다고 기록되어 있다.

41) 樂浪郡 初元四年 縣別 戶口多少□簿 "朝鮮戶九千六百七十八多前九十三口五萬六千八百九十多前千八百六十二 …(중략)… 浿水戶千一百五十二多前卅八口八千八百卅七多前二百九十七夫租戶千一百五十多前二口五千一百一十一多前九凡戶四萬三千八百卅五多前五百八十四口卄八萬三百六十一其戶三萬七千□□卅四口卄四萬二千□□□□□□□"

지역 명칭부터 아래 지역으로 이어지는 식으로 기록했다.[42] 연구 결과에 따르면, 초원 4년명 호구부에는 낙랑군 25개 현의 기재 순서가 4개 구역으로 단락을 이루면서 배열되어 있는데, 각각의 구역은 위만조선·진번·임둔(臨屯) 등 역사적 연원을 지닌 공동체로 여겨진다.

3개의 목독 가운데 목독 1의 처음은 조선현에서 남감[43]·증지·점제·사망·둔유까지 6개현이 기록되어 있다. 대체로 조선을 기점으로 서북의 증지현, 서쪽의 점제현, 남쪽의 둔유현 순으로 호구수를 기재하고 있다.[44] 목독 1의 8행이자, 현의 기재 순서로는 일곱 번째가 되는 대방(帶方)에서 목독 2의 4행인 함자(含資)까지의 7개현은 후한 말 공손강(公孫康)이 낙랑군 '둔유현 이남'을 떼어 만든 대방군의 소속 현명과 일치한다. 다음으로 목독 2의 5행 수성(遂成)부터 9행 탄렬(呑列)에 이르는 5개 현이 또 한 단락이 된다.[45] 다음으로 목독 3의 7개 현(東夷縣~夫租縣)은 이른바 옛 동부도위(東部都尉) 관할의 영동(嶺東) 7현으로 구분된다.

패수현은 낙랑군 3구역에 위치하고 있는데, 대개 옛 임둔(臨屯)의 영서(嶺西)지역에 해당한다고 볼 수 있다.[46] 그리고 기존 연구의 가정대로 조선현을 중심으로 방사상식(放射狀式)으로 순서가 매겨졌다고 본다면, 패수현은 청천강변의 향산이나 북쪽의 희천·동신, 남쪽의 개천·영변 등지에 해당할 가능성이 높다. 이 패수현에 대해 이병도는 패수(청천강)의 상류 처에 있었으므로, 지금의 평안북도 영변군(寧邊郡) 일대가 이에 해당한다고 보고 있다.[47]

패수가 압록강이 아닐 가능성은 현토군(玄菟郡)의 기록을 보면 자명해진다. 『한

---

42) 尹龍九, 「平壤出土 「樂浪郡初元四年縣別戶口簿」 硏究」, 『木簡과 文字』 第3號, 2009, 288~299쪽.

43) 손영종은 '남함'으로, 이병도는 '엄함'으로 讀音하였다.

44) 尹龍九, 앞의 논문, 2009, 290~294쪽.

45) 尹龍九, 앞의 논문, 2009, 294쪽.

46) 윤용구, 「낙랑군 호구부'의 발견 -100년 낙랑 고고학 최대 수확」, 『내일을 여는 역사』63호, 2016, 159쪽.

47) 이병도, 『韓國史』古代篇, 진단학회, 1959, 157쪽.

서』 지리지에는 우북평군, 요서군, 요동군을 기록한 뒤, 그 다음에 현도군과 낙랑군이 기록되어 있다. 현도군에는 고구려현(高句麗縣), 상은태현(上殷台縣), 서개마현(西蓋馬縣)의 세 현이 존재하고 있었고, 낙랑 25개 현은 그 아래에 위치하고 있었다.[48]

현도군의 위치는 압록강 연안인 통구(通溝)평야 일대가 분명하다. 현도군은 대체로 요동평야에서 소자하(蘇子河)유역으로 나가, 산을 넘어 혼강(渾江)유역을 거쳐, 압록강 중류를 건너 독로강유역을 거슬러 올라가 개마고원을 넘어 동해안으로 빠지는, 요동과 동해안을 잇는 긴 교통로를 중심으로 설치되었다고 본다.[49]

이처럼 한군현을 둘 때 설치된 현도군은 압록강유역에 있었다. 따라서 패수현은 압록강 이북에는 존재하지 않았을 것이며, 압록강 이남에 위치한 큰 강 유역에 있었을 것인데, 이때 압록강 이남에서 패수로 불린 강은 청천강(淸川江)밖에 없다고 생각한다.

그 동안 패수를 청천강으로 인정하던 논자들도 다음의 몇 가지 문제 때문에 압록강이 패수라는 설을 들고 나왔다. 즉, 진 말과 한 초에 연·제의 유이민이 거주하고 위만이 처음 세력을 키웠던 '진고공지(秦故空地)'가 '요동고새(遼東故塞)'의 동쪽과 패수 서쪽에 있어야 하는데 그 지역을 청천강~대동강으로 보기에는 너무 좁다는 것이다.[50] 그리고 '패수에 이르러 경계로 삼았다(至浿水爲界)'는 『사기』 기록을 두고, 한과의 경계인 패수는 한 초에 진대의 고조선과 경계가 멀고 지키기 어렵다고 하여 서쪽으로 그 경계선을 후퇴하여 고조선과 경계로 삼았던 강이라고 해석하였다.[51] 청천강이 경계라면 후퇴한 것이 되지 못한다는 것이다.[52]

---

48) 『漢書』 卷28下 地理志 下 "玄菟郡 戶四萬五千六 口二十二萬一千八百四十五 縣三 高句麗 上殷台 西蓋馬"

49) 오영찬, 『낙랑군 연구』, 사계절, 2006, 67쪽; 노태돈, 『한국고대사』, 경세원, 2014, 61쪽.

50) 丁若鏞, 『我邦疆域考』 卷1, 「浿水考」.

51) 『史記』 卷115 朝鮮列傳 第55 "自始全燕時 嘗略屬眞番朝鮮爲置吏築障塞 秦滅燕屬遼東外徼 漢興爲其遠難守 復修遼東故塞 至浿水爲界"

52) 盧泰敦, 앞의 논문, 1990, 26~27쪽.

『동국여지승람(東國輿地勝覽)』에는『사기』조선열전을 인용하여 다음과 같이 기록하고 있다. "지금 사마천의 열전을 살펴보니 한이 일어나 요동의 옛 장새를 수리하고 패수로 경계를 삼았다. 위만이 망명하여 동으로 달아나매 고새를 나와 패수를 건너 왕험성에 도읍하니 압록강이 패수가 된다."[53] 여기에는 패수가 압록강이라는 설이 제시되어 있다.

이익도 "위만이 패수를 건너 웅거했다 했는데, 아마도 압록강일 것이다."고 하여 역시 패수=압록강설을 지지하였다.[54] 북한의 정찬영도 이와 유사한 결론에 이르러 한과 고조선의 국경방비선은 천산산맥에 따라 구축되어 있었다고 추측하였다.[55] 지내굉(池內宏) 등 일본의 많은 학자들도 압록강설을 지지하였다.[56]

이상의 패수를 압록강으로 보는 주장의 논거는 문헌 기록에 의한 것이 아니고 대체적인 정황 논리라고 할 수 있다. 정약용의 생각으로는 청천강과 대동강 사이를 위만이 일시적으로 거주한 진고공지로 보기에는 그 범위가 너무 작다는 것이다. 이는 정약용이 위만의 거주 지역을 너무 넓은 지역으로 상정한 것이라 볼 수 있다. 평양에서 150km 이상 떨어진 곳에 청천강이 위치하는 데 정약용은 청천강~평양의 범위를 위만의 세력이 거주한 진고공지로는 작다고 본 것이다.

한 초에 요동고새가 너무 멀고 지키기에 어려워 다시 수리하고 패수 서쪽으로 경계를 후퇴하여 압록강을 경계로 하였다는 주장 역시『사기』조선열전 사료에 대한 해석의 결과이다. 이 사료는 다른 해석의 여지가 충분히 있다.『사기』조선열전을 보면, 한이 세워지고 요동고새가 너무 멀어 지키기에 어렵자 고새를 다시 수리

---

53) 『新增東國輿地勝覽』平安道 平陽府 大同江條 "今按司馬遷列傳 漢興修遼東故塞 至浿水爲界 衛滿亡命東走 出塞渡浿水都王險則以鴨綠江爲浿水矣"

54) 『星湖集』卷38 三韓正統論 "據衛滿之渡浿則疑迂鴨綠也"

55) 정찬영,「고조선의 위치와 그 성격에 관한 몇 가지 문제」,『문화유산』3, 1960, 48~49쪽.

56) 池內宏은 遼東故塞는 압록강 서쪽연안에 위치하였다라고 추측하였다(池內宏,「樂浪郡考」,『滿鮮史研究』上世 第一冊, 吉川弘文館, 1951, 19~61쪽).

하고 패수에 이르러 경계로 삼았다고 한다.[57] 필자가 보기에는 『사기』 조선열전에 기록된 '패수에 이르러 경계로 삼았다(至浿水爲界).'는 구절을 패수를 중국 쪽으로 후퇴했다고 읽기보다는 요동고새를 수리한 뒤에 원래 패수를 다시 경계로 설정했다고 읽는 것이 더 자연스럽다.

패수가 압록강이 될 수 없는 것은 『한서』 지리지 현토군의 속현에 대한 기록을 보면 분명해진다. 『한서』「지리지」에는 같은 내용을 설명하는 문장 속에 패수와 함께 압록강이 다른 강의 명칭으로 나와 있다. 『한서』「지리지」 현토군조에는 "서개마(西蓋馬) 마자수(馬訾水)는 서북으로 흘러 염난수(鹽難水)와 합류하고 또 서남으로 흘러서 서안평(西安平)에 이르러 바다에 들어간다."라고 주석되어 있다.[58] 이 주석에 대해서는 염난수를 주어로 하여 염난수는 서북으로 흐르는데, 서남으로 흘러서 서안평에 이르러 바다에 들어가는 마자수와 합류된다는 게 전통적인 해석이다.

『동국여지승람』에도 "압록강은 … 마자수라고도 한다."고 되어 있고,[59] 안정복도 『통전(通典)』을 근거로 "마자수는 일명 압록수라고 한다."[60]고 하여 이러한 견해를 뒷받침하고 있다.

이러한 논의에 대해 연구자들은 『한서』 지리지 기사가 지금의 혼강(渾江)인 염난수를 본류로 보고 압록강인 마자수를 지류로 잘못 이해했다고 보았다. 즉 『한서』 지리지에서 "마자수가 서북쪽으로 염난수에 합류하고, (염난수)는 서남으로 흘러"라고 잘못 기록하였다는 것이다.[61] 아마도 압록강과 염난수를 두고 해석상의 착오를 가져오게 된 데는 『한서』 지리지를 기록할 당시부터 강의 흐름에 대한 착오에서 기인하는 것으로 생각한다.

같은 책 낙랑군 패수현조에는 "패수는 서쪽으로 증지에 이르러 바다에 들어간다."라 하였고, 『수경(水經)』에서도 "패수는 낙랑 누방현(鏤方縣)을 나와 동남으로 임

----

57) 『史記』 卷115 朝鮮列傳 第55 "漢興爲其遠難守 復修遼東故塞 至浿水爲界"

58) 『漢書』 卷28下 地理志 下 玄菟郡條 "西蓋馬 馬訾水西北入鹽難水 西南至西安平入海"

59) 『新增東國輿地勝覽』 平安道 平壤府 大同江條 "鴨綠江 … 一云馬訾"

60) 『順菴集』 卷10 東史問答 "馬訾水一名鴨綠水"

61) 盧泰敦, 앞의 논문, 1990, 30쪽.

패현(臨浿縣)을 지난다."고 하였다.[62] 즉 패수가 염난수[鴨綠江]와 전혀 다른 강이며, 낙랑군 경내에서 발원하여 군 경내를 통과해서 증지현에서 바다로 들어간다고 전한다. 여기서 낙랑군 경내를 지나 서쪽으로 흘러 들어가는 강은 청천강밖에 없다. 그렇다면 패수현 위쪽에서 패수가 아니고, 염난수(또는 마자수)로 기록된 강은 압록강을 가리키는 것으로 볼 수 있다.

이상에서 『한서』 지리지에서 압록강이 염난수(또는 마자수)라고 하였고, 패수와 패수현이 압록강과는 다른 지역으로 나오고 있다는 점에서 압록강은 패수가 될 수 없다고 생각한다.

낙랑군과 그 속현인 패수현이 압록강 이남에 있다는 것은 일찍이 낙랑군 관련 고고 자료로 낙랑리 토성지에서 '탄열(呑列)'과 '화려(華麗)' 및 열구(列口)의 세 현 이름만 제외하고 낙랑 22현의 이름이 모두 나오는 점이나, '패수현'의 이름이 있는 '봉니(封泥)'도 나오고 있다는 것으로 방증이 된다.[63]

『사기』 조선열전에는 전술했듯이 위만이 망명하여 올 적에 건너 온 패수와 한 사신 섭하가 건너 온 패수가 있고, 나중에 한 무제 침략군의 좌장군 부대가 고조선의 패수 상군을 격파한 곳인 패수가 있다. 여기서 세 번 연속해서 기록되어 있는 패수가 서로 다른 패수인가 같은 강인가의 문제를 제기할 수 있는데, 『사기』 조선열전에 기록된 패수를 서로 다른 강으로 볼 수 있는 특별한 내용이 없다. 따라서 세 번 연속해서 기록된 패수는 모두 같은 강이라고 보는 것이 순리이다.

패수 상군을 격파한 좌장군 순체의 군대는 단번에 왕검성 아래로 내려 왔다. '내전지성하(乃前至城下)'라는 문구는 패수와 왕검성과의 거리가 멀지 않았음을 말해 준다. 만일 패수와 왕검성 사이에 다른 강이 있었다면 곧바로 왕검성으로 이르렀다고 표현하지 않았을 것이다. 또 수도를 방어하는 견지에서 보더라도 평양에 있는 왕검성을 방어하는 데 결정적 의미를 가진 강은 압록강이 아니라 청천강

---

62) 『水經』 "浿水出樂浪鏤方縣 東南過臨浿縣"
63) 가락국사적개발연구원 편, 『譯註 韓國古代金石文』 1권, 한국고대사회연구소, 1997, 320~321쪽; 오영찬 외, 『낙랑樂浪』 도록, 국립중앙박물관, 28쪽.

이었다.[64] 후한 광무제 시절에 고구려한테 빼앗겼던 낙랑을 중국 측에서 도로 빼앗았을 때에 그 북쪽 경계로 한 곳도 청천강이었으며, 을지문덕(乙支文德)이 수양제 침략군의 30만 대군을 한꺼번에 전멸시킨 곳도 바로 청천강이었다. 이는 모두 우연한 일이 아니었다.

Ⅳ. 『사기(史記)』 조선열전(朝鮮列傳)의 열수(洌水)와 왕검성(王儉城)

1. 열구현(列口縣)과 왕검성(王儉城)

1) 『사기(史記)』 조선열전(朝鮮列傳) 기록 검토

고조선의 수도 왕검성(王險城)[65]에 대한 기록은 사마천이 쓴 『사기』 조선열전에 처음으로 등장한다. 고조선의 수도 왕검성의 '왕검'은 임금이라는 우리말을 이독(吏讀)식으로 표시한 글자에 불과하다. 즉, 왕검이란 칭호에는 정치적 군장의 의미가 더 많은 것으로 보는 것이 타당하다.[66] 『사기』 색은(索隱)의 내용처럼 왕험성과 험독현(險瀆縣)을 동일시하는 견해는 '험(險)'자가 같다는 데 근거를 두고 있다. 그러나 '王險'은 '王儉'이라고도 함에서 알 수 있듯이 한자어라기보다는 고조선의 소리말을 옮겨 적은 것으로 보인다. 즉 '임금'이 있는 성, 국도라는 명칭의 향찰식 표기

---

64) 도유호, 앞의 논문, 1962, 63쪽.

65) 『三國遺事』 紀異篇 魏滿朝鮮條에 漢 樓船將軍이 이끄는 7천명의 병사가 도착한 고조선의 수도를 '王儉城'이라고 하였다(『三國遺事』 紀異篇 魏滿朝鮮條 "王儉城未下"). 반면, 『史記』 朝鮮列傳에는 위만이 준왕을 밀어내고 왕위에 오른 고조선이 도읍을 王險城이라고 하였다(『史記』 권115 朝鮮傳 "王之都王險"). 중국 기록과 우리 기록에서 고조선의 수도에 대한 이름이 다른데, 본고에서는 『삼국유사』의 기록을 기본으로 '王儉城'으로 표기하도록 하겠다.

66) 이병도, 「단군설화의 아사달문제」, 『한국고대사연구』, 박영사, 1975, 34쪽.

라고 보는 것이 타당하다.[67]

연나라 사람이었던 위만은 자기의 서울을 왕검성이라고 하였다. 이는 본래부터써 오던 지명을 계승한 것이다. 즉 고조선의 왕검성은 위만조선의 왕검성으로 이어지며, 모두 같은 지역에 있던 것으로 보아야 한다.[68] 그렇다면 과연 위만조선의수도 왕검성은 어느 곳에 위치하고 있었을까?

『사기』조선열전의 위만이 조선 땅에 와서 준왕을 밀어내고 왕위를 차지하는 기록을 보면, 위만은 오랑캐의 복장을 하고 동쪽으로 가서 요동고새를 나와 패수를건너 고조선 왕검성 지역에서 위만조선을 세웠다.[69] 이 기록대로라면 고조선 수도 왕검성은 패수 남쪽에 있어야 한다. 한편, 한나라 군대가 조선을 공격할 때 패수를 건넌 뒤 왕검성을 포위하였으므로, 이 한과의 전쟁 기록 속에서도 왕검성은패수보다 남쪽에 있었다고 보는 것이 순리이다.

『사기』조선열전 주석(注釋)에서는 '왕험'에 대해「집해(集解)」와「색은(索隱)」을 인용해 그 위치를 설명하고 있다. 먼저 『사기정의(史記正義)』에 인용된 괄지지(括地志)에는 '조선'에 대해 "고구려는 평양성에 도읍했다. 본래 한 낙랑군 왕험성이다."[70]라고 했는데 대체로 명확한 논증이라 할 수 있다. 그러나 『사기집해(史記集解)』에서는서광(徐廣)의 말을 인용하여 창려(昌黎)에 험독현이 있다고 하였다. 그리고 『사기색은(史記索隱)』에서는 응소(應邵)의 말을 인용해 험독현은 요동지역에 있는데, 조선의옛 수도[71]라고 하여 왕험성이 요동(遼東)에 있다고 했다. 그리고 계속해서 찬(瓚)의말을 인용해 왕험성은 낙랑군 패수(이때의 패수는 대동강이었다)의 동쪽에 있다고 하였

---

67) 황철산,「고조선의 위치와 종족에 대하여」,『고조선에 관한 토론론문집』, 과학원출판
    사, 1963, 124쪽.

68) 노태돈, 앞의 책, 2014, 36쪽.

69) 『史記』권115 朝鮮列傳 55 "燕王盧綰反入匈奴 滿亡命聚黨千餘人 魋結蠻夷服而東走
    出塞 渡浿水 居秦故空地上下鄣 稍役屬眞番朝鮮蠻夷及故燕齊亡命者王之 都王險"

70) 『史記正義』括地志 "高麗都平壤城 本漢樂浪郡王險城"

71) 『索隱』"韋邵云 古邑名 應邵注地理志云 遼東有險瀆縣 朝鮮王舊都"

다.[72] 당(唐)나라 안사고(顔師古)가 이에 찬동하고 있다.[73]

『사기』 조선열전의 주석을 보면, 과거 주석가들이 왕험성의 위치를 비정할 때 혼돈을 일으키게 하였음을 알 수 있다. 왕검성의 위치를 요동으로 비정한 응소(應劭)는 후한 시기 박학으로 이름났으나 그는 지리 지식보다는 오히려 관제(官制)나 예의·제도·풍속에 밝은 사람이었고, 지리 지식이나 자연과학 지식에는 그리 밝았던 것 같지는 않다. 응소와 시대적으로 크게 차이가 없는 신찬(臣瓚)이 "왕험성은 낙랑군 패수의 동쪽에 있는 것으로서 이 험독(險瀆)은 그와는 관계없는 독자적인 것이다."라고 반박하였고, 이에 대해 안사고는 찬의 말이 옳다고 하였다.[74] 뿐만 아니라 『사기』의 표현대로 한다면 낙랑군 패수 동쪽에 있던 왕험성이 후에 요동 속국이 되었으며 요서 가까이에 있었으리라고 보이는 험독현에 비정한다는 것은 전후가 모순되는 것이다.[75] 따라서 『사기』의 주석 내용을 보면 색은에서 응소의 말을 인용해 왕험성을 요동에 비정했지만 정의(正義)의 주석대로 대동강 유역, 즉 평양이 왕험성으로 보는 것이 합리적이라 할 수 있다.

대개 고구려 이래의 기록에는 왕험성이 오늘날 평양 지역에 있었다고 나온다. 『삼국사기』 고구려본기 동천왕 21년(247)조에서는 위나라 장수 관구검(毌丘儉)의 침략군에 의해 수도 환도성(丸都城)이 파괴되어 다시 도읍할 수 없는 조건에서 평양성을 쌓고 거기에 백성들과 종묘사직을 옮긴 사실이 기록되어 있다. 그리고 그 "평양이라고 하는 곳은 본래 선인왕검(仙人王儉)이 살던 곳인데, 혹은 임금의 도읍이었던 왕험이라고도 한다."[76]고 기록하고 있다.

---

72) 『索隱』 "韋邵云 古邑名 應邵注地理志云 遼東有險瀆縣 朝鮮王舊都 瓚云 王險城在樂浪郡浿水之東也"

73) 『漢書』 遼東郡 險瀆縣條 "應邵曰 朝鮮王滿都也 依山險 故曰險瀆 臣瓚曰 王險城在樂浪郡浿水之東 此自是險瀆也 師古曰 瓚說是也"

74) 『漢書』 遼東郡 險瀆縣條 "臣瓚曰 王險城在樂浪郡浿水之東 此自是險瀆也 師古曰 瓚說是也"

75) 정찬영, 앞의 논문, 1960, 49쪽.

76) 『三國史記』 卷17 高句麗本紀 제5 東川王條 "二十一年…築平壤城 移民及廟社 平壤者

여기서 선인왕검은 아마도 고조선의 단군왕검(檀君王儉)을 당시의 관점에서 신성시한 표현으로 보이고, 고려시대 평양신의 하나라고 볼 수 있다.[77] 분명한 것은 평양이 본래 신선인 왕검(王儉)의 집이었다는 기록은 단군이 평양 지역의 시조신(始祖神)이었음을 전하는 것이라 할 수 있다. 이 내용은 『삼국사기』에서 단군에 관하여 언급하고 있는 유일한 예로서, 초기 고조선인 단군조선(檀君朝鮮)의 중심지가 평양 대동강(大同江) 지역임을 시사하는 기록이라 할 수 있다. 그리고 '선인왕검' 기록에서 『삼국사기』를 편찬할 당시 대동강 지역이 고조선의 수도로서 인식되어 왔음을 알 수 있다.

이상의 사실들은 고려시대 당시 단군이 우리나라의 시조(始祖)로 인식됐다기보다는 평양 지역의 신이나 고구려와 관계있는 인물로 인식됐음을 말해 준다. 고려 왕조가 후삼국을 통일한 후, 고려 왕실은 우리 민족이 마한·진한·변한의 삼한시대부터 시작되었다고 보았다.[78] 이는 삼한시대 이전에 있었던 고조선 역사에 대해서 뚜렷이 알지 못했기 때문에 갖게 된 생각이다. 그렇지만 일부에서는 단군에 대한 전승이나 신앙이 잊혀지지 않고 전해져 왔다.

당나라 두우(杜佑)가 저술한 『통전(通典)』에는 "고려는 본래 조선의 땅이다. 한 무제 때 현을 두었고 악랑군에 속하게 하였다. (중략) 평양성에 도읍하였는데, 고조선국 왕험성이다."[79]라고 하여 고조선 수도 왕험성은 평양성에 설치되었다고 기록하였다.

같은 책 변방(邊防) 고구려조에는 "동진(東晉) 이후로 그 왕이 거처하는 평양성(이곳은 곧 漢 樂浪郡 王險城이다. 모용황의 정벌 이후 국내성으로 옮겼다가 이 성으로 다시 옮겼다)은 또 장안성(長安城)으로 불렸는데 산의 굴곡을 따라 배치되었고 남쪽으로 패수에 임

本仙人王儉之宅也 或云王之都王險"

77) 이병도 역주, 『삼국사기』 역주 상, 을유문화사, 396쪽.

78) 노태돈, 「삼한에 대한 인식의 변천」, 『한국사연구』, 1982, 38쪽, 144~145쪽.

79) 『通典』卷185 邊防 序略 "高麗本朝鮮地 漢武置縣 屬樂浪郡 … 所都平壤城 則古朝鮮國王險城也"

하였다."[80]고 하였다. 여기서 패수는 수당(隋唐) 이후의 패수이지, 진한대(秦漢代)의 패수가 아니다. 수당(隋唐) 이후의 패수는 지금의 대동강을 의미한다. 따라서 『통전』의 내용에 따르더라도 왕검성은 대동강에 임해 있었음을 알 수 있다.

2) 열수(洌水)의 위치

위에서 왕검성(王儉城)의 위치에 대해 살펴보았지만 여전히 많은 해석의 여지를 갖고 있다. 왕검성의 위치와 관련하여 또 하나의 중요한 근거가 되는 것이 열수(洌水)의 위치에 대한 해석이다. 『사기』 조선열전에는 왕검성을 치러 오는 한(漢) 무제(武帝) 침략군의 수군 지휘관인 누선장군 양복(楊僕)이 열구(洌口)에 이르러 육군 지휘관인 좌장군 순체(荀彘)의 부대가 도착하기를 기다려야 할 것이었는데 그렇지 않고 제멋대로 먼저 들어가서 손실이 많았다고 한다. 따라서 응당 그의 목을 베어야 할 것이었으나 용서하여 서인(庶人)으로 만들었다고 기록하고 있다.[81]

여기서 누선 장군이 도달한 왕검성 근처의 열구는 列水(洌水)의 어구라는 의미의 지명이다. 이로써 왕검성이 열수(洌水)를 끼고 있었다는 것을 알 수가 있다. 그렇다면 열수는 구체적으로 어느 강을 가리키는 것일까?

『한서』 지리지 낙랑군 탄열현 조의 원주(原註)에는 다음과 같이 기록되어 있다. "분려산(分黎山)은 열수가 나오는 곳인데 열수는 서쪽으로 점제(粘蟬)에 이르러 바다로 들어가니 길이가 820리다."[82] 이 기록에서 서쪽으로 점제현(粘蟬縣)에 이르러 바다로 들어가는 강이 어느 강인지가 문제가 된다. 『한서』 지리지에 기록된 열수는 점제현을 지난다. 그런데 당시 점제현의 위치는 대동강 부근에서 점제현 신사비가 발견되어 대동강 부근임이 분명해졌다.

---

80) 『通典』 권186, 邊防 高句麗條 "自東晉以後 其王所居平壤城(卽漢樂浪郡王險城 自爲 慕容皝來伐後 徙國內城 移都此城) 亦曰長安城 隨山屈曲 南臨浿水"

81) 『史記』 권115 朝鮮列傳 55 "樓船將軍亦坐 兵至列口當待左將軍 擅先縱失亡多 當誅 贖爲庶人"

82) 『漢書』 地理志 樂浪郡 呑列縣條 "分黎山列水所出 西至黏蟬入海 行八百二十里"

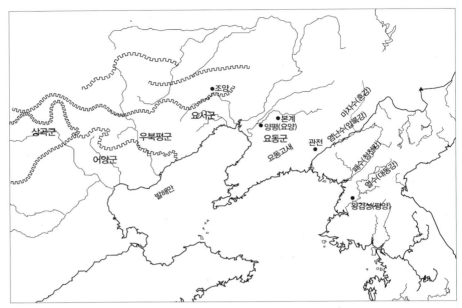

도 1. 고조선 왕검성 및 위치 관련 주요 명칭

    1914년 대동강 하구 북안인 온천군 성현리에 있는 어을동(於乙洞) 토성 부근에서 점제현 신사비(神祠碑)가 발견되었는데 그 비문의 내용인즉 점제현장(秥蟬縣長)이 평산군(平山君)의 귀신에게 곡식이 잘 되어 풍년을 이루게 하며 도적이 없게 해 달라고 비는 것이다. 점제비(秥蟬碑)로 미루어 성현리 토성이 점제현 치지(治址) 자리였을 가능성이 높다.[83]

    점선현은 초원 4년명 낙랑 호구부에 '조선·남감·증지·점제·사망·둔유현'과 한 그룹으로 기록되어 있다. 이는 점제현이 대체로 낙랑 군치 조선현이 자리한 대동강 중류를 중심으로 서북으로 청천강과 남으로는 재령강 하구에 이르는 위만

---

83) 關野貞 外, 『樂浪郡時代ノ遺蹟(本文)』, 1927, 240~245쪽; 오영찬, 앞의 책, 2006, 98~99쪽.

조선의 중심지에 위치하고 있었음을 말해준다.[84]

열구현은 초원 4년명 낙랑 호구부에 2구역에 기록되어 있다. 낙랑 호구부에는 대방(帶方)에서 열구(列口)·장잠(長岑)·해명(海冥)·소명(昭明)·제해(提奚)·함자(含資)까지 7개의 현이 하나의 구역으로 기재되어 있다.[85] 이 가운데 황해도 봉산(鳳山)으로 추정되는 대방 아래에 열구현이 위치하고 있다. 따라서 열구현은 대체로 두만강 하구인 황해도 은률(殷栗) 지역으로 비정된다.[86]

대동강 하구 남안은 은률 지방이다. 『삼국사기』 지리지에 의하면 고구려시대에 은률 지방을 율구(栗口)라고 하였다.[87] 율구는 틀림없이 열구의 변음이다. 이상에서 열수, 즉 지금의 대동강의 북안 지방은 점제(黏蟬)와 둔유(屯有) 등이 있었고 그 남안 지방에 대방과 열구가 있었음을 알 수 있다.[88]

한편, 장안(張晏)의 말이라고 『사기(史記)』 집해(集解)에 인용한 "조선에는 습수와 열수, 산수가 있는데, 세 강물이 합쳐 열수가 된다(朝鮮有濕水洌水汕水 三水合爲洌水)." 라는 문구도 대동강의 모습에 잘 들어맞는다. 대동강의 본류가 정융강(靜戎江), 비류강(沸流江) 및 남강(南江), 즉 능성강(能成江)의 세 줄기가 합하여 이루어졌음은 주지의 사실이다.

『사기』 조선열전에 의하면 한 문제의 침략군이 왕검성을 칠 때 좌장군이 거느린 육군은 패수에서 고조선의 패수 상군을 격파하고, 단번에 왕검성 밑에 이르러 성의 서쪽과 북쪽을 포위하였고, 수군도 가서 육군을 만난 후 수군은 성 남쪽을 담당하였다.[89]

대동강은 평양의 동쪽과 남쪽을 흐른다. 동쪽과 남쪽이 큰 강으로 에워싸인 곳

---

84) 윤용구, 앞의 논문, 2009, 293쪽.

85) 윤용구, 앞의 논문, 2009, 290~291쪽.

86) 이병도, 「漢四郡과 그 變遷」, 『韓國史』(古代篇), 震檀學會, 1959, 157~158쪽.

87) 『三國史記』地理志 "栗口一云栗川 今殷栗縣"

88) 도유호, 앞의 논문, 1962, 62쪽.

89) 『史記』권115 朝鮮列傳 55 "左將軍破浿水上軍 乃前至城下 圍其西北 樓船亦往會 居城南"

에서 수군이 담당한 방면은 남쪽과 동쪽뿐이다. 그런데 강 하구에서 올라오는 수군이었던 것만큼 하구 쪽에 더 가까운 남쪽 방면이 먼저 점령할 수 있는 곳이었다. 따라서 그 남쪽을 담당한 것은 당연한 일이었으며, 또 남쪽에만 진을 치면 동쪽도 동시에 막을 수 있는 것이었다.[90]

이상에서 왕검성은 열수(洌水江) 북쪽 어딘가에 위치하고 있었음은 분명하다 하겠다.

3) 왕검성(王儉城)의 위치

그렇다면 왕검성은 구체적으로 대동강 북쪽 어디에 위치하고 있었을까? 현재 북한 전 지역이 답사가 사실상 어려운 상태이고, 특히 북한 연구자들이 제공하는 고고학 보고서가 내용이 너무 소략하거나 구체성이 많이 떨어지다 보니 그 실상을 파악하는 것이 쉽지 않다. 그럼에도 불구하고 본고에서는 북한 학계의 연구 성과를 참조하여 필자의 입론에 맞추어 가능한 왕검성 관련 지점을 생각해 보고자 한다.

현재까지 평양 일대에서 조사된 고대 토성 가운데 고조선 말기의 토성으로 알려진 것은 황해남도 은율군의 운성리토성과 신천군의 청산리토성, 온천군의 어을동토성, 요동반도 끝의 목양성 등이 있다. 이 토성들과 비슷한 토성으로서 평양시 낙랑구역 토성동의 토성과 황해북도 봉산군 지탑리토성 등이 있으나 그 성들에서는 명백히 기원전 2세기 이전의 것으로 볼 수 있는 유물과 무덤이 알려지지 않았다.[91] 따라서 위 토성 가운데 고조선 후기의 수도 왕검성과 관련해서는 낙랑구역 토성동의 낙랑토성이 유일한 검토 대상이라 할 수 있다.

---

90) 일찍이 도유호는 위에서 인용한 『사기』 조선열전의 문구를 보건대 왕검성은 낙랑군 치지 자리가 있는 동평양 쪽에 있는 것이 아니라 본 평양 쪽에 있었다고 보았다. 최근 단군릉을 개건하고 북한 학계에서는 왕검성의 위치를 평양성이나 새로 조사한 황대성, 그 옆의 청암리토성 등에 비정하고 있으나 제대로 조사가 이루어지지 않아 명확치 않다.

91) 과학백과사전출판사, 『조선고고학전서』 고대편, 1988, 185쪽.

그러나 전술했듯이 고조선의 수도 왕검성은 『사기』 조선열전에서 전하는 고조선 멸망 당시 한군의 공격 방향을 보면 대동강 북쪽에 위치하고 있었다.[92] 그런데 대동강 남안에 위치한 현재의 낙랑토성을 낙랑군치(樂浪郡治)로 본다면, 낙랑토성이 왕검성은 아니라는 결론에 도달한다. 기록에 따른다면 대동강 북안에서 왕검성을 찾을 수밖에 없다.

현재 대동강 북안에서 왕검성으로 비정할만한 토성은 고구려의 마지막 도성이었던 평양성과 그 옆에 위치한 청암동(靑巖洞) 토성을 들 수 있다. 그러나 두 성 모두 발굴 조사보고서를 접하기 어렵고, 그 조사 내용 역시 간략하다보니 어느 것을 고조선의 왕검성으로 비정하기는 쉽지 않다. 고구려 도성이었던 평양성의 경우, 현재 남아있는 성의 구조나 축성 기록은 고구려의 마지막 왕성과 관련된 내용만을 확인할 수 있어[93] 고조선 왕검성과 관련된 내용을 확인하기가 어렵다. 반면 청암동 토성의 경우 북한학계에서 90년대 후반 4차례에 걸쳐 조사와 발굴을 거쳤다고 하며, 고조선의 왕검성으로 추정한 연구가 있어[94] 그 가능성을 어느 정도 생각해 볼 수 있다.

평양시 대성구역의 대동강 기슭에 자리 잡고 있는 청암동 토성은 동쪽으로 4km 떨어진 곳에는 대성산성과 안학궁이 있고, 성의 서남쪽 약 1.5km 지점에 유명한 평양성의 북성이 있으며, 약 10km 떨어진 곳에는 낙랑토성이 있다. 그러므로 청암동 토성은 평양 지역 성곽 유적들의 중심에 있다고 할 수 있다. 그리고 청암동 토성의 자연 지리적 조건을 보면 남쪽으로는 대동강, 동쪽으로는 합장강, 북쪽으로는 합장강과 보통강으로 흘러드는 작은 강줄기들이 흐르므로 세면이 강으로 둘러싸인 성 방어에 매우 유리한 조건을 가지고 있다.

청암동 토성의 성벽과 성안에서는 발굴, 시굴 과정에서 많은 유물들이 나왔다고 한다. 고조선 시기 유물들로는 많지 않지만 토성의 아래 성벽에서 반달칼 편 2

---

92) 도유호, 앞의 논문, 1962, 60~65쪽.

93) 사회과학원 고고학 연구소, 「북부 조선 지역의 고구려 성곽」, 『고구려의 성곽』, 진인진, 2009, 73~96쪽.

94) 남일룡, 「청암동토성에 대하여」, 『조선고고연구』 2, 1998, 13~15쪽.

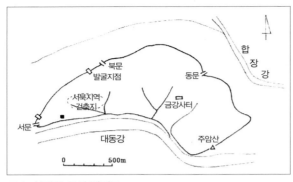

도 2. 청암동 토성 평면도

개, 전형적인 팽이그릇 조각과 돌창끝과 같은 유물들이 조사되었는데, 이는 청암동 토성이 청동기시대부터 고조선의 주요 토성으로 존재하고 있었음을 증명하는 유물이라 생각한다.[95]

따라서 현재까지의 자료 조사 상황만을 놓고 본다면, 청암동 토성은 후기 고조선 시기의 세형동검이나 나무곽 무덤 자료 등이 나오지 않았으나, 그 지리적 위치나 청동기시대 전기 팽이형토기 유물 등을 통해 고구려 시기 이전 고조선의 수도였던 왕검성으로 비정할 수 있는 가장 유력한 곳이라 할 수 있다.

V. 맺음말

본고에서는 문헌 자료를 통해 후기 고조선의 도성인 왕검성의 위치가 평양 지역에 있었음을 살펴보았다. 그 내용을 정리하면 다음과 같다.

『사기』 조선열전의 기록에 따르면 기원전 4~3세기에 연은 진번과 조선을 공략하고 장새를 쌓았다. 그리고 기원전 2세기경 연 지역에서 나온 위만은 요동고새를 지나 패수를 건넜다고 한다. 따라서 왕검성의 위치와 관련해 요동고새와 패수의 위치 비정이 가장 중요하다.

기원전 4~3세기에 연은 동호를 물리치고 조양(造陽, 현 하북성 회래현)에서 양평(襄

---

95) 남일룡, 위의 논문, 1998, 14~15쪽.

주, 현 遼陽市)에 이르는 지역에 장새를 설치하고, 상곡군·어양군·우북평군·요서군·요동군을 설치하였다. 5개 군 가운데 요동군은 양평(현 요양시)에 치소를 두고 18개 현을 관리하였다. 이때 요동반도에 위치한 요동군 변경에 설치한 장새가 요동고새이다.

『사기』 조선열전에 기록된 위만의 남하 기록을 보면, 한이 등장하여 고조선과 경계로 설정한 패수는 요동고새의 남쪽에 있었다. 한대에 요동고새 남쪽에서 패수로 비정할 수 있는 강은 압록강과 청천강 두 강이 있었다. 그런데『한서』지리지 등 문헌 기록에는 한대 요동 남쪽의 압록강이 패수가 아닌 염난수 또는 마자수로 기록되어 있다. 그러므로 고조선과 한의 경계가 되었던 패수는 압록강(염난수) 남쪽에 있는 청천강으로 보는 것이 합리적이다.

요동고새를 나와 패수를 건넌 위만은 준왕을 밀어내고 왕험성에서 위만조선을 세웠다. 이 기록대로라면 고조선 수도 왕검성은 패수 남쪽에 있어야 한다. 한 군대가 고조선을 공격할 때 패수를 건넌 뒤 열수 입구에 위치한 왕검성을 포위하였다고 하므로, 열수는 패수보다 남쪽에 있는 지금의 대동강임이 분명하다. 따라서 후기 고조선의 왕성인 왕검성은 평양에 있었음이 분명하다.

최근 고고학계를 중심으로 제기된 왕검성 요동설은 고고 자료만으로 논의를 펼친 것이다. 그러나 문헌 자료에서는 요동 지역 이남에 왕검성이 있었다고 기록하고 있다. 따라서 고고학자들은 이에 대한 대안이나 합리적인 해답을 제시하고 고고학 자료에 입각한 논의를 주장하여야 한다.

선진문헌(先秦文獻)에 기록된
고조선(古朝鮮) 사회와 주민집단

I. 머리말

우리 역사상 첫 국가인 '고조선(古朝鮮)'이 어떻게 성립되었는지, 언제부터 역사무대에 등장했는지, 그리고 어디에 살던 누가 '조선(朝鮮)'이란 정치체를 형성했는지에 대해서는 지금까지 다양한 논의가 전개되고 있다.

조선 후기 실학자들 이래 오늘에 이르기까지 고조선 관련 많은 주제가 해결되지 않고 논쟁 중에 있는 이유는 문헌 자료의 부족이 가장 큰 이유라 할 수 있다. 다만 후기 단계 고조선의 경우 『사기(史記)』 조선열전(朝鮮列傳)의 기록이 남아 있어 어느 정도 그 모습을 정리할 수 있다. 그러나 청동기시대 초기 고조선의 모습은 단편적인 자료조차도 없어 명확하게 설명하기가 쉽지 않다.

역사상 청동기시대에 해당하는 초기 고조선의 모습은 대부분 고고 자료로 남아있고, 일부의 사실이 선진(先秦) 시기 문헌에 기록되어 있다. 이른바 선진문헌(先秦文獻)에는 '조선'과 관련된 내용이 단편적이지만 남아 있어 초기 고조선 사회를 이해하는 데 귀중한 사료로 인용되고 있다. 따라서 고조선이 역사무대에 등장한 초기 사회의 모습을 이해하기 위해서는 선진문헌(先秦文獻)에 나오는 고조선 관련 종족 및 주변 정치체의 실체를 검토해볼 필요가 있다.

그 동안은 초기 고조선 사회를 이해하기 위해 주로 남만주 지역에 광범위하게 분포하는 청동기문화의 지역별 특징을 정리하고 이를 선진문헌에 나오는 종족집단과 연결시켜 보는 방법론이 많이 활용되었다. 대부분의 연구자들은 문헌 자료의 부족함을 고고 자료로 해결하고자 노력하였다. 그러나 초기 고조선 사회를 포함해 고대 국가의 역사상에 대한 최종적인 해석은 역시 문헌 자료에 입각해서 내려주어야 한다.

선진문헌 가운데 고조선 관련 내용이 기록되어 있는 것은 『관자(管子)』와 『산해경(山海經)』, 『전국책(戰國策)』, 『상서(尙書)』 등이다. 이들 문헌에는 조선[1]이라는 나라가 단편적으로 소개되고 있다. 그러나 선진문헌에 나오는 '조선'의 역사상에 대한 해석은 그 단편적 내용과 해석의 차이로 많은 논란이 있어왔다. 만주 일대에 넓은 영토를 가진 나라로 해석하는가 하면 일정한 국가로 보기 어렵다는 주장에 이르기까지 다양한 논의가 있었다. 일부 논자들은 중국 선진문헌에 '숙신(肅愼)'이나 '동이(東夷)'로 표현된 세력도 '조선'과 같은 실체로 볼 수 있다는 주장을 강하게 제기하고 있다.[2] 하지만 그 기록이 워낙 단편적이어서 더 이상의 논의는 기대하기 어렵다.

본고는 초기 고조선사를 해명하기 위해서는 선진문헌에 대한 검토가 절대적으로 필요하다는 생각에서 준비하였다. 본고는 선진문헌 가운데 '조선'이란 명칭이 기록되어 있는 자료를 기본 대상으로 분석했다. 그리고 예맥(濊貊)이나 동이, 숙신 등 고조선사와 관련하여 검토가 필요한 기록이 있는 문헌도 간략히 언급하고, 고조선과 관련해 어떻게 해석하는 것이 합리적인지 정리해 보았다.

본고 작성을 위해서는 일차적으로 선진문헌에 대한 사학사적인 평가가 필요하다. 즉 선진문헌의 저술 배경과 저자에 대한 기본적인 이해가 바탕이 되어야 할 것이다. 이를 바탕으로 선진문헌에 기록된 여러 종족과 고조선 기록에 대한 면밀

---

1) 고조선에 대한 표기를 '조선'이라 한 것은 그것이 아직 종족이나 지역집단과 같은 상태에 있었기 때문에, 후대의 정치체로서 고조선이라는 일반적 용어와 구별하여 '조선'이라 표기하였다.

2) 茶山 丁若鏞이나 일제 식민지 시기 신채호·정인보, 그리고 해방 후에는 주로 북한학계에서 이러한 입장에서 논의를 전개하였다.

한 분석을 하는 것이 중요하다.

그러나 선진문헌에 기록된 내용은 기록 자체가 워낙 단편적이기 때문에 기록만을 가지고 구체적인 사회상을 접근하기에는 어려움이 있다. 따라서 선진문헌 이후의 기록도 활용하여 해석하는 것이 당시 고조선 사회 및 종족집단 이해에 큰 도움이 되리라 생각한다.

본 연구가 그 동안 한민족 최초의 국가로서 고조선의 건국 및 등장 시기와 관련하여 논란을 빚었던 많은 의문점들을 해소하는 데 일조할 수 있기를 기대한다.

Ⅱ. 『관자(管子)』의 고조선 기록

선진문헌 가운데 '조선'에 대해 최초로 기록하고 있는 책은 『관자』 「경중(輕重)」이다. 『관자』는 춘추시대(春秋時代, 기원전 8~7세기) 제(齊)의 재상이었던 관중(管仲)이 편찬했다고 전해진다. 그러나 실제 그 주된 내용은 기원전 5~3세기 사람들의 저술로 보는 것이 일반적이다.[3] 다만 전국시대(戰國時代) 이전부터 내려오던 어떤 전승을 토대로, 전국시대 사람들이 자기 시대의 사상을 담아 기술한 것이라 볼 수 있다. 따라서 그것에 반영된 것은 춘추시대의 사실로 볼 수 있다.

『관자』 경중 19편은 3편이 망실되고 현재 16편이 전하는데, 이 가운데 '조선'의 존재를 기록하고 있는 곳은 11편 「규탁(揆度)」편과 13편 「경중갑(輕重甲)」편이다.[4]

'조선'이 기록되어 있는 부분은 아래와 같다.

"환공이 관자에게 다음과 같이 물었다. '나는 이 세상에 일곱 군데의 보물이 있는 곳이 있다고 들었습니다. 이에 관해 알고 있습니까?' 관자가 대답했다. '첫 번

---

3) 『管子』는 春秋時代 管仲이 撰한 것으로 전해지나 일반적으로 후인이 이름을 가탁하여 지은 것이라고 본다. 책이 쓰여진 시기는 戰國時代로 보고 있다(上海辭書出版社, 『中國歷史大辭典』先秦史 편, 1996, 547쪽).

4) 馬非百 撰, 『管子輕重篇新詮』(上)(下), 中華書局, 1979.

째 보물은 음산(陰山)에 있는 보석이요, 두 번째 보물은 연의 자산(紫山)에 있는 은이요, 세 번째 보물은 발(發)·조선의 반점이 박힌 짐승가죽입니다.'"5)

"관자가 말하기를 왕의 나라를 돕는 것으로 세 개가 있다. … 초나라에는 여한의 황금이 있고, 제나라에는 거전의 소금이 있고, 연에는 요동의 구운 소금이 있다. … 환공이 말하기를 발과 사방 오랑캐가 복종하지 않으니 도리어 공격당할까 두렵습니다. 천하에서 놀면서 과인을 다치게 하는 것은 … 관자가 대답하기를 오(吳)와 월(越)이 우리에게 조공을 바치지 않고 있는데, 진주와 상아에 대한 대가를 쳐주면 어떻겠습니까? 조선이 조공을 바치지 않으니 청컨대 호랑이 가죽과 털옷을 보물로 여겨주면 어떻겠습니까? … 그런 연후에 8천리 정도 떨어져 있는 발과 조선이 우리에게 조공을 바칠 것입니다.'"6)

『관자』경중편은 국가 재정 및 경제 문제를 전문적으로 토론한 내용을 기록한 책이다. 그 가운데는 허다한 문제가 있는데, 이는 보편적인 재정 경제 문제와는 다른 것들이 많다.7)

위 「규탁」편의 내용을 보면 기원전 7세기 당시 중국인들이 발·조선의 문피(文皮),8) 즉 호랑이나 표범의 가죽을 대단히 귀중한 물품으로 인정하였고, 발·조선을 자기들의 영역 안[海內]으로 인정하고자 했다는 사실을 알 수 있다.

여기서 발과 조선은 국명(國名)이다. 『일주서(逸周書)』왕회해(王會解)에 보면 연(燕)사람을 발(發)이라 하고 있다.9) 발은 일명 '북발(北發)'이라고 하였다. 『사기』「오제

---

5) 『管子』輕重 卷11 揆度 "桓公問管子曰 吾聞海內玉幣有七筴 可得以聞乎 管子對曰 陰山之礝磻 一筴也 燕之紫山白金 一筴也 發朝鮮之文皮一筴也"

6) 『管子』輕重 卷13 輕重甲 "管子曰 陰王之國有三 … 楚有汝漢之黃金 而齊有渠展之鹽 燕有遼東之煮 此陰王之國 桓公曰 四夷不服 恐其逆攻 游於天下而傷寡人 … 管子對曰 吳越不朝 珠象而以爲幣乎 朝鮮不朝 請文皮毤服而爲幣乎 … 然後八千里之發朝鮮 可得而朝也"

7) 馬非百 撰, 「論管子輕重上」, 『管子輕重篇新詮』(上), 中華書局, 1979, 3~4쪽.

8) 여기서 文皮는 무늬 있는 호랑이나 표범의 가죽을 말한다.

9) 『逸周書』「王會解」"燕人發"

본기(五帝本紀)에는 '북발산융식신(北發山戎息愼)'이 기록되어 있고,[10] 『한서(漢書)』「무기(武紀)」에도 '북발'이라 기록되어 있다.[11] 그런데 「규탁」편에 발이 조선과 연이어 말해지고 있는 것으로 보아 북발은 마땅히 조선 부근에 있었던 것으로 보인다. 다만 더 이상 발의 자세한 위치는 알기 어렵다. 그것은 발과 함께 나오는 조선의 위치가 너무 일반적으로 서술되어 있기 때문이다.

「경중갑」편은 주로 국가의 예산 운용에 관한 내용을 기록한 것인데, 여기서는 제와 조선 등과의 관계를 논하면서 조선의 특산물, 즉 호랑이 가죽과 모피로 만든 옷의 교역 문제를 언급하였다. 또 조선의 위치에 대해 제나라(지금 산동반도)에서 8천 리가 된다고 하였다.

여기서 8천 리라고 하는 것은 절대적 거리를 의미하는 것이 아니고 다만 거리가 멀다는 것을 형용한 데 불과하다.[12] 왜냐하면 실제로도 8천 리가 안 되거니와 오월(吳越), 우씨(禹氏), 곤륜(崑崙) 등 지역과의 거리도 모두 동일하게 8천 리가 된다고 표현하고 있기 때문이다. 이것은 중국식 숫자 표현일 뿐이므로, 이것을 가지고 고조선과 제나라의 거리를 생각해서는 안 된다.

『관자』의 두 기록에서 가장 중요한 점은 기원전 7세기를 전후해 고조선과 연이 교역(交易)을 논의할 정도로 국가(國家) 단계로 성장했다는 점이다. 또 연과 일정한 교류가 이루어졌을 가능성이다. 전술했듯이 『관자』의 내용을 관중(管仲) 시기까지 올려본다면 고대 중국인들은 이미 기원전 7세기에 조선을 잘 알고 있었으며, 조선과 고대 중국 왕조들 간에 제한적인 교역이 이루어졌을 가능성도 배제할 수 없다.

기원전 7세기 중국은 여러 나라가 쟁패하는 춘추시대(春秋時代)로 접어들었다. 이 시기 중국과 조선의 관계는 매우 밀접하였던 것으로 보인다. 제는 원래 주(周)의 동방 대국으로 토지가 광활하고 물산이 풍부하며 환공(桓公)의 국력 강화와 관중의 국정운영을 통해 중국 여러 나라 가운데 가장 부강한 국가를 이루었다. 특히

------

10) 『史記』「五帝本紀」 "北發山戎息愼"

11) 『漢書』「武紀」 "海外肅賓北發渠搜氏羌徠服"

12) 리지린, 『고조선 연구』, 1963; 학우서방, 재발간, 1989, 12쪽.

기원전 679년(제 환공 7년) 제나라는 나라가 부유하여 상업이 발달하였고 대외무역 또한 매우 활발하였다. 당시 제나라가 관할했던 산동반도와 한반도는 바다를 사이에 두고 서로 떨어져 있었는데, 『관자』의 기록을 보면 양국은 해로와 연안 등을 따라 교류 관계를 형성하고자 했음을 알 수 있다.

제(齊)가 조선으로부터 주로 수입하려고 한 품목은 반점 박힌 호랑이 가죽과 모피를 써서 제작한 의복 등 각종 특산품이었던 것으로 보인다. 당시 호랑이 가죽은 제의 유명한 해구(海口)인 척산(斥山, 산동성 榮成縣 해안의 작은 산)을 통해 들어 왔을 것이다. 『수서(隋書)』「지리지(地理志)」와 송대(宋代) 악사(樂史)가 찬한 『태평환우기(太平寰宇記)』에는 척산(斥山)이 조선을 포함한 외국과 왕래를 통하는 입구라고 기재되어 있다. 중국 최고(最古)의 사전인 『이아(爾雅)』에는 "동북지방의 아름다운 것으로는 척산의 호랑이가죽이 있다."[13]고 했다. 척산의 호랑이가죽이 척산에서 나온 것일 수도 있지만 고조선으로부터 들여온 물품일 가능성도 배제할 수는 없을 것 같다.

기원전 567년 제는 래(萊, 現 산동 黃縣)를 멸망시킴으로써 제의 땅은 그 영토가 2배 이상 확대되었으며 바다에서 어염(魚鹽)의 이익도 더욱 풍성해졌다. 그리고 이와 함께 주변 나라들과 무역 또한 더욱 발전하여, 교류와 왕래가 진일보하게 되었다. 이때 고조선과도 교역 관계를 트기 위한 논의가 있었고, 그것이 『관자』에 기록된 것으로 볼 수 있다. 다만 실제 교역이 이루어졌는지는 더 이상 자료가 없어 단정하긴 힘들다.

여기서 한 가지 짚고 넘어갈 것은 고조선 서쪽에서 중국의 연과 가까이 있던 산융(山戎)과 달리, 고조선과 연의 관계는 교류와 관련된 기록이 남아 있다는 점이다. 이것은 일차적으로 고조선이 연으로부터 멀리 떨어져 있어 연과 직접 접촉하지 않았기 때문에 정치적으로 대립할 이유가 없었기 때문일 것이다. 한편으로는 고조선 지역에서 나오는 산품이 경제적으로 대단히 이득이 컸기 때문에 우호적인 관계 속에서 원거리 교역을 통한 상호관계를 지속시켜나가고자 건의한 것으로 볼 수 있다. 실제 일찍부터 산동반도와 요동~서북한 간에는 해로 및 연안을 통하여

---

13) 『爾雅』 卷7 釋地 "東北之美者 有斥山之文皮焉"

연계가 있었다는 것은 고고학 자료로도 증명된다.

청동기시대에 요동반도와 서북한의 평안남도·황해도에는 지석묘(支石墓)가 특히 많이 조영되었다. 그 기원에 대해서는 아직 명확하게 말하기는 어렵지만 기원전 8~7세기경 중국 남쪽에서 산동반도를 거쳐서 들어온 것으로 보는 것이 설득력이 있다.[14] 지석묘가 산동에는 보이나 하북·요서에서는 아직 보이지 않는다는 것은 지석묘가 하북이나 요서를 통해서가 아니라 직접 해로나 연안을 통해서 전해졌다는 것을 의미하는 것으로 볼 수 있다. 그 경로야 어떻든 기원전 7세기인 제환공 시절에 요동~서북한 지역 주민들이 해로를 통하여 산동의 제나라와 문화교류가 이루어졌고 그러한 사실이 문헌에 기록되었다고 할 수 있다.

『관자』 경중편의 두 기록에 따르면 조선은 단지 하나의 지명으로 기록되었을 뿐 그 위치나 명칭의 기원에 대한 어떤 언급도 없다.

초기 고조선과 관련하여 『관자』 경중편 기록에서 주목해 보아야 할 부분은 한 권의 책 내용 안에 '요동(遼東)'이라는 명칭과 '조선'이라는 명칭이 구분되어 등장한다는 점이다. 『관자』 경중갑편은 제환공과 관자가 사방 오랑캐에 대한 대처 문제를 이야기한 것을 기록한 것인데, 왕의 통치를 도와주는 자원으로 연의 경우에는 요동 지역의 구운 소금(煮)을 들고 있어, 요동 지역을 연의 통치범위에 포함시켜 이해하고 있음을 알 수 있다.

그런데 다른 문장에서는 제의 사방 오랑캐가 불복하는 상황에 대처하는 과정에서 발·조선의 호랑이가죽과 가죽옷을 보물로 삼아주자고 하여, 요동과 조선을 연의 해내(海內)와 사이(四夷) 지역으로 구분하여 인식하고 있다. 따라서 이 기록을 통해 볼 때, 관중이 활동하던 기원전 7세기에는 요동과 조선이 분명하게 구분되는 지역이었음을 알 수 있다.

이러한 서술이 나오게 된 배경은 더 따져보아야 하지만 '조선'과 '요동'이 다른 지역으로 기록되어 있다는 점은 청동기시대 초기 고조선의 위치와 관련하여 매우 중요한 점을 시사한다.

---

14) 도유호, 『조선 원시 고고학』, 1960, 203~204쪽, 206쪽.

이후 시기의 기록이지만 고조선 초기에 요동과 조선이 따로 구분되는 지역이었음을 말해주는 기록은 더 있다. 한대에 쓰여진 『염철론(鹽鐵論)』에는 전국시대 말기에 연이 조선을 공격할 때 요동을 지나 진공을 개시하였다고 한다.[15] 이는 전국시대 말기에 요동이 조선과 구별되는 지역에 있었음을 말해주는 또 하나의 분명한 사료라고 할 수 있다.

『염철론』 기록은 기원전 4세기의 사실을 말하는 것이어서, 기원전 7세기의 고조선과 관련해서는 적절한 사료가 아닐 수도 있다. 그러나 이 기록들은 기원전 4세기 이후 고조선이 서북한 지역을 중심으로 중국 세력과 대치하기 이전에는, 여전히 요동 지역과 구분되어 존재하고 있었음을 보여주는 근거로서 중요하다.

이상에서 『관자』 기록을 통해 초기 고조선은 요동이나 요동과 인접한 지역에 있었고, 요서 지역에는 존재하지 않았음이 분명해졌다. 나아가 요동과 구분되어 인접한 지역에 조선이 존재하고 있었을 가능성이 매우 높다고 볼 수 있다. 그리고 그 고조선은 무늬 있는 호랑이 가죽이 특산물로 유명했으며, 춘추 시기 제나라에서 무역을 논의할 정도였다.

Ⅲ. 『전국책(戰國策)』의 고조선 기록

선진문헌 가운데 초기 고조선의 활동과 그 위치에 관한 내용은 전국시대의 사실을 기록한 『전국책(戰國策)』에서도 단편적으로 보인다.

『전국책』의 원 작자는 명확치 않고, 서한(西漢) 유향(劉向)이 편정(編訂)한 책이 전해지고 있다. 전체 33편으로 전국시대에 있었던 역사적인 사실과 책사(策士)들이 의논하고 책모(策謀)한 것을 기록한 것이어서 그것이 책명이 되어 전해지고

---

15) 『鹽鐵論』에 나오는 遼東은 遼水로 보는 것이 합리적이라는 주장이 있다(노태돈, 「古朝鮮 중심지의 변천에 대한 연구」, 『韓國史論』 23, 1990). 그러나 『鹽鐵論』에 등장하는 '遼東'은 문자 그대로 '遼東'으로 보는 것이 순리이며 '度'는 '지나다'는 본래의 뜻으로 해석하는 것이 타당하다고 생각한다.

있다.[16)]

『전국책(戰國策)』권29 「연책(燕策)」에는 소진(蘇秦)이 연나라 문후(文侯, 기원전 361~333)에게 당시 연의 주변 상황을 말하면서 "연의 동쪽에는 조선 요동이 있고, 북쪽에는 임호(林胡)와 누번(樓煩)이 있다."고 한 내용이 기록되어 있다.

> "연의 동쪽에는 조선 요동이 있고, 북쪽에는 임호와 누번이 있다. 서쪽에는 운중과 구원이 있고, 남쪽에는 호타와 역수가 있다. 땅은 사방 2천리이고 무장한 군사가 수십만이고 수레가 7백승이나 되며 식량은 10년을 버틸 수 있다."[17)]

위 기록은 소진(蘇秦)이 연 문후를 달래면서 하는 이야기를 적은 것으로서 연 문후 때인 기원전 4세기의 사실을 말한 것이다. 그런데 『전국책』 기록에서는 조선의 위치를 『관자』보다 더 사실적으로 기술하고 있어, 고조선 중심지의 위치와 관련하여 주목의 대상이 되어왔다. 특히 똑같은 기록이 『사기』 「소진열전」에 그대로 실려 있어[18)] 사실성을 더해주고 있다.

『전국책』과 『사기』 소진열전의 기록에서는 지명·족명 혹은 물 이름으로 두 지역을 분별하여 연나라의 사방에 이르는 곳을 설명하고 있다. 그 내용을 자세히 보면 '조선·요동'은 '임호·누번' 등과 병렬되고 있어, 연의 동쪽에 조선과 요동이 있었다는 의미로 해석할 수 있다. 이 내용은 다른 두 사서에서 동일한 기록이 나오는 것으로 보아 매우 신빙성이 있는 것으로 보인다. 그런데 이 기록에는 분명 요동이 조선과 병렬되고 있으며, 요동 지역이 연나라에 속하지 않았음을 말해준다.

이 기록 내용을 혹자는 요동 왼쪽에 조선이 있는 것으로 보거나 조선과 요동을 같은 뜻으로 해석하기도 하는데, 그렇게 쉽게 생각하기에는 기사가 너무 단편적이다. 여기서는 단지 요동과 조선의 인접 관계만을 알 수 있을 뿐이며, 연의 동방

---

16) 范祥雍, 『中國史學史辭典』, 明文書局, 1986, 524쪽.

17) 『戰國策』卷29 燕策1 "蘇秦將爲從 北說燕文侯曰 燕東有朝鮮遼東 北有林胡樓煩 西有雲中九原 南有嘑沱易水 地方二千餘里 帶甲數十萬 車七百乘 騎六千匹 粟支十年"

18) 『史記』卷69 蘇秦列傳 第9 "說燕文侯曰燕 「燕東有朝鮮 遼東 北有林胡 樓煩…」"

에 조선과 요동이 따로 존재하고 있었다는 의미로 해석할 수 있다.[19]

『전국책』의 기록을 문자의 기록 순서에 따라 조선이 연나라 쪽에 가까운 지역에 있는 것이라고 이해하는 경우가 있다. 물론 『전국책』에 쓰여진 순서대로 조선이 연 쪽에 가까운 지역에 있었다고 이해할 수도 있다. 그러나 연나라 남쪽 경계 강인 호타수(呼沱水)에 대한 기록에는 호타수(呼沱水)·역수(易水)의 순서로 되어 있으나 실제 호타수는 역수보다 더 남쪽에 있다는 점으로 보아 이는 꼭 지리적 순서에 따라 기술된 기록이 아님을 알 수 있다.

『전국책』의 기록에 따르면 당시 조선이 연의 변경에서 멀지 않은 곳에 있었으며, 연나라의 국세나 대외관계 등을 논할 때 주의해야 할 세력집단이었음을 확인할 수 있다. 따라서 늦어도 기원전 4세기 중반에는 조선의 실체가 북중국 지역 사람들에게 뚜렷이 인식되고 있었음을 알 수 있다.[20]

기원전 4세기 당시 고조선의 위상에 대해서는 『위략(魏略)』 기록을 통해 상세히 추측해 볼 수 있다. 『위략』에는 고조선이 연 소왕(昭王, 기원전 311~270년)대 이전 시기에 연과 각축하는 존재였음이 사실적으로 기록되어 있다.[21]

고조선이 성장하여 '王'을 칭(稱)한 시기에 대해 북한학계의 리지린은 역왕(易王)대로 보고 있고,[22] 강인숙은 기원전 323~318년 사이라고 하였다.[23] 노태돈은 구체적으로 기원전 323년이라고 보았다.[24] 기존의 연구 성과를 종합해 보면 고조선은 기원전 320년 전후해서 왕을 칭한 것으로 볼 수 있다. 한편 연의 역왕이

19) 徐榮洙, 「古朝鮮의 위치와 강역」, 『韓國史市民講座』 2권, 一潮閣, 1989, 22~23쪽.

20) 盧泰敦, 「古朝鮮 중심지의 변천에 대한 연구」, 『韓國史論』 23, 1990, 32쪽.

21) 『三國志』 卷30 魏書 30 烏丸鮮卑東夷傳 韓條 所引 『魏略』 "昔箕子之侯朝鮮侯 見周衰 燕自稱爲王 欲東略地 朝鮮侯亦自稱爲王 欲興兵逆擊燕 以尊周室 其大夫禮諫之 乃止 使禮西說燕 燕止之 不攻"

22) 리지린, 『고조선 연구』, 1963, 364쪽.

23) 강인숙, 「기원전 4~3세기 고조선의 서변」, 『비파형단검문화에 관한 연구』, 1987, 159쪽.

24) 노태돈, 앞의 논문, 1990, 33쪽.

'왕'을 칭하게 된 것은 기원전 323년이다.

결과적으로 기원전 4세기 말경 고조선은 역왕 이전의 왕인 문후(기원전 361~331년) 때에도 연 동방의 주요세력으로 존재하고 있었음을 알 수 있다. 이상에서 『전국책』의 기록을 보면 고조선은 분명 기원전 4세기 이전에 존재하였고, 기원전 4세기를 전후하여 그 세력이 매우 성장하였음을 확인할 수 있다.

고조선은 연의 동방에 있던 유력한 세력집단으로 연과는 기원전 4세기에 대치 상태를 유지하고 있었다. 그러나 구체적으로 기원전 7세기 이전 어느 시기, 어느 곳에서 '조선'이라는 실체가 역사상에 등장했는가 하는 점에 대해서는, 더 이상 문헌으로 접근하는 데 한계가 있다. 더 명확한 해석을 위해서는 초기 고조선과 관련된 지역을 비정하고 그곳에서 출토되는 유적·유물을 통해 판단하는 수밖에 없다.

Ⅳ. 『산해경(山海經)』의 고조선 기록

『관자』 외에 선진(先秦)시대 고조선에 대한 기록으로는 『산해경(山海經)』 「해내북경(海內北經)」과 「해내경(海內經)」[25]이 주목된다.

『산해경』은 기원전 4~3세기에 출간되고 진(晉)의 곽박(郭璞, 276~324년)에 의해 재편집된 책으로, 그 내용이 어느 한 시기에 한 사람에 의해 서술된 것이 아니라 춘추시대 말기부터 전한대에 여러 곳에서 작성된 기사들을 모은 것이다.

많은 연구자들은 『산해경』 대부분의 내용이 전국시대에 완성된 것이고, 일부가 서한 초기에 이루어진 것이라고 한다.[26] 또 『산해경』 안의 각 경마다 편찬된 기록이 차이가 나므로, 이 책에서 보이는 조선에 대한 기록 또한 언제 것인지 단정키 어렵다.[27]

---

25) 『山海經』 第十二 海內北經 "朝鮮在列陽東 海北山南";『山海經』 第十八 海內經 "東海之內北海之隅 有國 名曰朝鮮"

26) 楊翼驤, 『中國史學史辭典』, 明文書局, 1986, 23쪽.

27) 岡本正, 「山海經について」, 『中國古代史研究』 第一, 熊山閣, 1960, 7~12쪽; 徐敬

『산해경』의 가장 이른 판본은 서한 시기 유향(劉向)·유흠(劉歆) 부자가 교감하여 완성한 것이다. 이후 진의 곽박(郭璞)이 주석을 단 것이 유명하고, 고증하여 주석을 단 것으로는 청조(淸朝) 필원(畢沅)의 『산해경신교정(山海經新校正)』과 학의행(郝懿行)의 『산해경전소(山海經箋疏)』 등이 있다.[28] 이처럼 여러 시기에 걸쳐 다양한 해석이 있어왔지만 그것이 전국시대 기원전 4세기 이전의 사실을 반영하고 있는 것은 분명하다 하겠다.

현대의 학자들은 『산해경』이 「장산경(藏山經)」과 「해경(海經)」·「대황경(大荒經)」의 세 부분으로 나누어져서 쓰여졌을 것이라고 보고 있다. 그러나 『산해경』 각 부분의 연대에 대한 논쟁이 거듭되었음에도 불구하고 현대의 학자들은 어떤 형태의 합의된 결론을 도출해 내지는 못하였다. 최근의 연구자들 사이에서는 적어도 『산해경』에 나타나 있는 모든 사항이 반드시 이 책을 편찬한 작자가 살았던 시기에 비로소 형성된 것이 아니라 오래 전부터 존재해 오던 것이었을 수도 있다고 본다.[29]

다음은 『산해경』에 나오는 조선과 관련된 기록이다.

① "동호는 대택의 동쪽에 위치하고 오랑캐는 동호의 동쪽에 위치한다. 맥국은 한수의 동북에 위치한다."[30]

② "조선은 열양의 동쪽에 위치하고 바다의 북쪽 산의 남쪽에 위치한다. 열양은 연에 속한다. 조선은 지금의 낙랑현을 가리킨다."[31]

③ "동해의 안쪽 북해의 모퉁이에 나라가 있으니, 그 이름을 조선이라 한다."[32]

浩, 『山海經硏究』, 서울대학교출판부, 1998, 65~93쪽; 袁珂 校注, 『山海經 校注』, 上海古籍出版社, 1980, 1~2쪽.

28) 赫子東, 『山海經』 圖文百科1000問, 陝西師範大學出版社, 2009.

29) 徐敬浩, 앞의 책, 1998, 65~77쪽.

30) 『山海經』 第11 海內西經 第七 "東胡在大澤東 夷人在東胡東 貊國在漢水東北"

31) 『山海經』 第12 海內北經 "朝鮮在列陽東 海北山南 列陽屬燕朝鮮今樂浪縣"

32) 『山海經』 第18 海內經 "東海之內 北海之隅 有國 名曰朝鮮"

①의 『산해경』「해내서경(海內西經)」에는 직접적으로 '조선'을 들고 있지는 않지만, 고조선과 매우 관련이 깊은 동호(東胡)와 맥국(貊國), 그리고 오랑캐[夷人]가 기록되어 있어 주목된다. 여기에 인용된 동호나 맥(貊), 이(夷)의 경우 모두 아직 명확하게 정리되어 있지 않아 세밀한 논증이 필요하지만, 본고에서는 고조선과 관련하여 많은 학자들이 인정하는 내용만을 간략히 언급하고자 한다.

먼저 ①의 동호는 『사기』 흉노열전(匈奴列傳)[33]에 명확히 기록되어 있듯이 연의 북쪽에 산융(山戎)과 함께 존재했던 종족이자 고대 국가이다. 동호라는 명칭은 『사기』 흉노열전에 인용된 복건(服虔)의 말에 의하면 '흉노의 동쪽에 있는 종족'이라는 의미에서 생긴 것이다.[34] 그 위치 또한 흉노의 동쪽인 현재 요서 지역과 내몽고 지역에 걸쳐 거주하였던 것으로 보인다. 동호는 나중에 오환(烏桓)과 선비(鮮卑)가 되는 종족으로 고조선과는 관련이 없다 하겠다.

동호에 이어 기록된 '이인(夷人)'은 원가(袁珂)의 주석에 '동호의 동쪽'에 있다하였으니 '동이(東夷)'를 가리킨 것으로 볼 수 있다. 동이에 대해서는 다음 장에서 자세히 다루겠지만 구체적으로 하나의 나라나 종족으로 보기보다는 후한 이후 동호의 동쪽에 위치한 여러 종족 집단을 통칭하여 부른 것으로 보는 것이 합리적이다.[35]

이인 다음에 나오는 맥국은 곽박의 주석에 따르면 나중에 부여(扶餘)를 이룬 주민집단으로 볼 수 있다.[36] 『삼국지』 동이열전에 부여를 형성한 종족이 예족(濊族)으로 나오지만 예(濊)와 맥(貊)은 같은 계통의 주민집단이라 할 수 있다. 따라서 『산해경』에 인용된 맥국은 조선과 다르며 부여나 고구려를 세운 선주민을 가리킨 것으로 보는 것이 합리적이다.

결과적으로 『산해경』에서는 동호와 이인, 그리고 맥국이 '조선'과는 다른 독자적인 종족이자 국가였다고 인식하였음을 알 수 있다.

---

33) 『史記』 卷110 匈奴列傳 第50 "晉北有林胡樓煩之戎 燕北有東胡山戎"

34) 『史記』 卷110 匈奴列傳 正義 "東胡烏丸之先 後爲鮮卑 在匈奴東 故曰東胡"

35) 李成珪, 「先秦 文獻에 보이는 '東夷'의 성격」, 『韓國古代史論叢』 1, 1991, 108~124쪽.

36) 『山海經』 第11 海內西經 第七 "郭璞云 今夫餘國卽濊貊故地 在長城北 去玄菟千里"

②의 『산해경』 「해내북경(海內北經)」에는 "조선이 열양(列陽)의 동쪽, 바다의 북쪽, 산의 남쪽에 있었고, 열양은 연에 속했다."라고 씌여 있다. ③의 「해내경」 기록 역시 「해내북경」 기록과 동일한 내용이라 할 수 있다.

여기서 '열양'은 기원전 3세기경 연의 동쪽 지방, 곧 연이 지배하던 조선의 서쪽 영역을 말한다. 이 기록을 고조선이 요서 지방 난하 유역에 있었다는 논거의 하나로 삼는 이도 있다. 1994년 이전의 북한학계[37]나 남한학계 일부에서는 「해내북경」에 기록된 열수(列水)의 북쪽[=列陽]을 현재의 대릉하와 요하가 합류하는 지점의 북쪽으로 이해하였다. 즉 기원전 1000년기 당시의 요수(遼水)는 현재 북경 동쪽의 난하(灤河)이며, 왕검성(王儉城)이 위치한 열수는 현재의 요하(遼河)라는 것이다. 또 「해내북경」에서 말한 '바다의 북쪽, 산의 남쪽(海北山南)'의 '海'는 '발해(渤海)'를, 山은 의무려산(醫巫閭山)을 지칭하는 것으로 해석한다.[38] 그러나 위 기록은 특정 바다와 특정 지역을 가리키는 것이 아니고 막연한 방향만을 제시하고 있어 결코 고조선의 위치에 대한 구체적인 근거가 되지 못한다. 「해내북경」에서 '해북산남(海北山南)'이라고 한 것은 '바다의 북쪽, 산의 남쪽'으로 위로는 산을 등지고 앞으로는 바다에 면하였다는 의미다. 이것은 북한학계의 주장과 달리 현재의 요동과 서북한 지역을 대입해보아도 성립한다.

현재의 요동과 서북한은 뒤로는 장백·낭림산맥을 등지고 앞으로는 바다에 면해 있다. 또한 『해내경』에서 '동해의 안쪽 북해의 모퉁이(東海之內北海之隅)'라 한 것은 크게 말하여 조선이 동해의 범위 안, 즉 동해에 면하였고 더 구체적으로 말하면 그 동해 북부의 한쪽 가에 있다는 뜻으로도 볼 수 있다.[39]

결국 『산해경』의 기사는 고조선 위치에 대한 개략적 상황을 설명해줄 뿐 고조선의 본래 위치를 논하는 자료로는 부적합하다 하겠다. 중국 고대 사서에 의하면 당시 연의 영토는 결코 요양(遼陽), 즉 요하 동쪽보다 더 멀리 확대된 적이 없다. 따

---

37) 윤내현, 『고조선연구』, 一志社, 1994.

38) 림건상, 「고조선위치에 대한 고찰」, 『고조선에 관한 토론론문집』, 1963, 289~295쪽; 리지린, 앞의 책, 1963, 2~3쪽.

39) 황철산, 「고조선의 종족에 대하여」, 『고고민속』 63-1, 1963, 8쪽.

라서 『산해경』의 기록을 통해서는 조선이 하북성 난하 유역 일대에 있던 연의 동쪽에 열양이 위치하고, 열양 동쪽에 존재했다는 사실만을 알 수 있다.

여기서 검토해야 될 또 하나의 사항은 기원전 8~7세기 고조선과 연의 경계로 나오는 요하가 현재의 요하가 아니고 북경 동북에 위치한 난하라는 주장이다.[40] 난하가 요수라는 주장은 기본적으로 북한학계의 견해이며, 남한학계의 윤내현 선생이 그대로 따르고 있다. 이 주장대로라면 고조선은 처음부터 북경을 중심으로 한 연과 대립하면서 요서 지역에 위치한 것으로 이해된다. 그러나 이 주장은 일차적으로 당시 요수였던 난하가 기원전 4세기(전국시대) 이후 현재의 요하로 옮겨지게 된 이유와 과정을 전혀 입증할 수 없는 점 등 많은 문제를 안고 있다.[41]

이 주장의 기본적인 근거는 『산해경』「해내동경(海內東經)」의 "요수는 위고의 동쪽에서 나와 동남으로 흘러 발해에 물을 대고 요양에 들어간다."는 기록에서 동남으로 흐르는 강을 찾고, 『염철론(鹽鐵論)』험고편(險固篇)의 "연은 갈석으로 막히어 있고 여러 계곡을 끊고 요수를 둘러싸고…"라는 기록에서 갈석(碣石)이 요수에 있는 것으로 본 것이다. 그러나 위 기록에서 갈석은 요수 근처에 있는 것으로만 해석될 수 있는 것이 아니다. 또한 『산해경』에 나오는 강의 흐름만을 갖고 난하를 요수라고 주장하는 것은 큰 오류를 범하는 해석이라 생각한다.

이 주장에 대한 비판은 『수경주(水經注)』의 사료를 검토함으로써 대신하겠다. 중국 고대 지리서의 하나인 『수경주』에는 다음과 같은 기록이 있다.

① "대요수는 장새의 바깥 위백평산을 나와 동남쪽으로 장새에 흘러 들어가고 요동의 양평현 서쪽을 지나며 또 동남쪽으로 방현의 서쪽을 지나고 동쪽의 안시현을 지난다."[42]

---

40) 리지린, 앞의 책, 1963; 사회과학출판사, 『조선전사』2, 1989, 90쪽.

41) 이순근, 「고조선의 성립과 사회성격」, 『북한의 한국사인식』[1], 한길사, 1990, 90~91쪽.

42) 『水經注』遼水 "大遼水出塞外衛白平山 東南入塞 過遼東襄平縣西 又東南過房縣西 又東過安市縣 西南入于海"

② "현도 고구려현에는 요산이 있는데 소요수가 나오는 곳이다. 서남쪽으로 흘러 요대현에 이르러 대요수에 들어간다."[43]

①·②의 내용을 정리하면 요수는 장새 바깥의 위백평산(衛白平山, 砥石山)에서 발원하여 동남쪽으로 흘러 장새에 들어가고, 양평현(襄平縣, 現 遼陽市)의 서쪽을 거쳐 동남쪽으로 흘러 방현(房縣)의 서쪽을 지나며, 다시 동쪽으로 흘러 안시현(安市縣)의 서남쪽을 거쳐 바다에 들어간다고 되어 있다. 또 세주(細註)에 보면 소요수(小遼水 =渾河)가 양평현 부근에서 '못(淵)'을 이루고 있었는데, 309년(永嘉 3)경 물이 말랐다가 다시 양평현을 거쳐 요수에 합류하게 되었다고 한다.

이처럼 『수경주』에 기록된 요하(遼河)와 혼하(渾河)의 흐름에 대한 설명은 현재의 요하와 혼하의 흐름과 거의 일치한다. 물론 요하 중·하류 지역의 경우 시대에 따라 해로가 달라지며 포하(蒲河)와 대릉하 하류가 합쳐져 한대 이래 요하의 본류가 되었음을 알 수 있다.[44] 그러나 요하의 기본적인 위치는 북한학계나 남한학계 일부의 주장처럼 변하지 않았던 것이다.

이상의 『산해경』과 『수경주』의 기록은 전국시대 이전 시기 조선의 존재와 대략적인 위치에 대한 이해에 많은 도움을 주고 있다. 다만 위 두 사료는 모두 기록 자체에 대한 비판적인 이해가 필요한 관계로, 이를 바탕으로 고조선의 등장 시기 및 위치에 대한 구체적인 논의를 전개하기는 어렵다고 하겠다.

어쨌든 『산해경』의 기록을 통해서는 하북성 난하 유역 일대에 있던 연의 동쪽에 열양이 위치하고, 열양 동쪽에 조선이 존재했다는 사실을 알 수 있다. 그리고 고조선이 낙랑현 지역에 있었다는 기록을 남긴 것은 중국인의 인식에는 여전히 고조선이 처음부터 한반도 서북지방에 있었던 국가로 보았다는 사실을 유념해야 한다.

---

43) 『水經注』卷14 小遼水條 "又玄菟高句麗縣有遼山 小遼水所出「西南至遼隊縣入于大遼水也."

44) 孫守道, 「漢代遼東長城列燧遺蹟考」, 『遼海文物學刊』92-2, 1992, 13~32쪽.

V . 『상서(尙書)』에 기록된 숙신(肅愼)과 조이(鳥夷; 島夷)

『관자』나 『전국책』의 기록처럼 조선이라는 명칭이 직접 나오지는 않지만 '숙신 (肅愼)'이나 '도이(島夷)' 등 '조선'과 밀접한 관련이 되는 종족 명칭이 기록된 선진문 헌이 있다. 그 가운데 '숙신'은 많은 연구자들이 '조선'과 같은 종족 집단으로 해석 한다.

다음은 선진문헌에 나오는 숙신 기사이다.

> "성왕이 이미 동이를 정벌함에 숙신이 와서 하례하였다. 왕이 영백으로 하여금 숙신에게 명을 내려 주었다.[45]
>
> "순임금 시절에 우씨가 있었다. … 25년 식신씨가 와서 궁시를 조공하였다."[46]

선진 시기 이후 선진 문헌에 주석(註釋)을 단 책들에서는 숙신을 발(發)·식신(息 愼)으로 기록하고 있고, 그 발·식신은 기원전 12세기경 연에 인접한 장성(長城)·열 하(熱河) 부근(현 하북성 승덕시)에 존재하였다고 한다.

> "무왕이 상을 물리쳤다. 포고·상엄은 우리나라의 북쪽 땅이다. 파·박·초· 등은 우리나라의 남쪽 땅이다. 숙신·연·박은 우리나라의 북쪽 땅이다."[47]

위 기록은 주 왕조의 사방을 말하면서 숙신이 북경 근처에 있던 연과 가까운 지역에 있었다고 기록한 것이다. 당(唐)의 공영달(孔穎達) 등이 찬(撰)한 『춘추좌전(春 秋左傳)』정의(正義)의 내용과 마찬가지로 진(晉)의 두예(杜預)가 주석을 단 『춘추좌전

---

45) 『尙書』 書序 "成王旣伐東夷 肅愼來賀 王俾榮伯 作賄肅愼之命"
46) 『竹書紀年』 1권 五帝本紀 帝舜 有虞氏 "帝舜有虞氏 … 二十五年 息愼氏來朝 貢弓矢"
47) 『春秋左傳正義』 卷45 召公 9年條 "及武王克商 蒲姑商奄 吾東土也 巴璞楚鄧吾南土也 肅愼燕亳吾北土也 肅愼北夷 在玄菟北三千餘里"

『春秋左傳』소공(召公) 9년조의 기록에도 "숙신·연·박은 우리나라의 북쪽이다."라고 쓰여 있는데, 이에 근거하면 숙신은 주나라 북방에서 연과 인접해 있던 종족이었다.

여기서의 숙신은 『사기』「오제본기(五帝本紀)」[48]의 '식신'에 해당하며, '박(亳)'은 '발(發)'에 해당하는 것으로 보인다.[49] 한편 발은 조선과 인접한 종족으로 나오고 있기 때문에 숙신도 조선과 비슷한 지역이거나 혹은 조선을 가리키는 것으로 보는 것이다.

발과 식신은 남쪽의 한족과 대립하는 한편 상호간에도 충돌했을 것으로도 짐작되는데, 그 가운데 가장 먼저 중국과 교섭을 맺은 종족은 숙신이었다.

『춘추좌전(春秋左傳)』소공(昭公) 9년조에 연(燕)·박(亳)과 함께 나오는 숙신의 거주지역은 결코 후세에 길림성 동북지방에 거주하던 읍루(挹婁)의 땅을 가리키는 것으로 해석할 수 없다. 기록의 순서로 보건대 숙신은 연의 북방이나 혹은 그 동북방에 위치했다고 판단된다.

한편 숙신은 서주(西周) 초, 즉 기원전 12세기에 벌써 서주 왕조와 교섭이 있었다. 『상서(尚書)』에 보면 "무왕이 동이를 이미 정벌하였다. 숙신이 와서 축하하자 왕이 영백으로 하여금 숙신의 명을 내려주었다."[50]라는 기록이 남아 있는데 이는 벌써 서주 초에 숙신이 서주 왕조와 교통하고 물물교환을 진행하였음을 의미한다. 그리고 『죽서기년(竹書紀年)』에는 숙신이 순 임금 시절에 궁시(弓矢)를 조공(朝貢)하였다는 기록도 있다.[51]

춘추시대에 공자가 진(陳)나라에서 돌화살촉에 맞아 죽은 새매를 보고, 그 화살이 숙신씨(肅愼氏)의 것이라고 하면서 무왕(武王) 때 숙신씨가 싸리나무 화살과 돌로

---

48) 『史記』周本紀에는 "成王旣伐東夷 息愼來賀 王錫榮伯作賄息愼之命"

49) 『史記』卷1 五帝本紀 第1 "方五千里 至于荒服 南撫交趾 北發西戎 析枝 渠廋 北山戎 發息愼"

50) 『尚書』卷18 賄肅愼之命 序 "武王旣伐東夷 肅愼來賀 王俾榮伯 作賄肅愼之命"

51) 『竹書紀年』一卷 五帝本紀 帝舜 有虞氏 "帝舜有虞氏 … 二十五年 息愼氏來朝 貢弓矢"

만든 쇠뇌를 선물한 일이 있다고 말한 사실은[52] 이 기사가 허황한 것만은 아님을 보여준다.

다산 정약용[53] 이래 많은 학자가 숙신이 곧 조선을 뜻한다고 보고, 상·주 시대에 이미 중국과 조선이 교통하고 물물교환을 진행하였다고 보았다.[54] 특히 북한 학계에서는 숙신족(肅慎族)이 뒤에 고조선의 주민으로 편입되어 고조선 서쪽에 살았다고 하면서, 서주 초에 당시 중국 본토에 있던 동이족들이 주에게 멸망당한 상(商)의 유민과 합세하여 주에 대항하다가 주의 공격을 받아 쇠약해지자 그들에게 막혀 중국과 교통하지 못하던 숙신이 직접 교통할 수 있게 되었다고 주장한다.[55]

숙신은 기원전 8~7세기(춘추시대) 이후에는 이미 중국 가까이에 있지 않았다. 돌화살촉에 맞아 죽은 새매를 보고 고전에 정통한 공자만이 그 화살이 중국 가까이에 있던 것이 아니라고 말했던 사실은 숙신이 주의 중심인 북경에서 상당히 떨어진 곳에 위치했음을 짐작할 수 있다.

선진문헌에도 기원전 8세기 말~7세기 초 춘추시대에 중국 동북부에서 활약한 종족으로 산융(山戎)·영지(令支)·고죽(孤竹)·도하(屠何) 등이 등장할 뿐 숙신은 나타나지 않는다. 따라서 기원전 7세기 이전 북경 동북 지방에 숙신이 존재했다 하더라도 기원전 8~7세기를 전후한 어느 시기에는 길림성 북쪽 일대로 이주하여 읍루를 세운 것으로 보인다.

일부 논자들은 중국 고대문헌에 '숙신'이나 '동이'로 표현된 세력도 '조선'과 같은 실체로 볼 수 있다는 주장을 강하게 제기하고 있다.[56] 신채호·리지린 등에 의

---

52) 『國語』卷5 魯語 下 "仲尼曰 隼之來也遠矣 此肅慎氏之矢也 昔武王克商 通道於九夷百蠻 使各以其方賄來貢 使無忘職業 於是肅慎氏貢楛矢石砮"

53) 丁若鏞, 『我邦疆域考』(『與猶堂全書』 內).

54) 리지린, 「숙신에 대한 고찰」, 『고조선 연구』, 과학원출판사, 1963; 학우서방, 재발간, 1989, 201~213쪽.

55) 황철산, 「고조선의 종족에 대하여」, 『고고민속』 63-1, 1963, 4~5쪽.

56) 리지린, 앞의 책, 1963, 40~45쪽.

해 기원전 7세기 이전에 요령지역(遼寧地域)[57])에 존재한 것으로 나오는 발·숙신 등을 고조선으로 보는 주장이 그것이다.

중국 역사상 상(商)·주(周) 시대(기원전 11세기경)에서 춘추시대(春秋時代, 기원전 8~7세기)에 이르기까지의 '동이'란 산동반도 일대의 조이(鳥夷)·내이(萊夷)·우이(嵎夷)·회이(淮夷) 등 여러 오랑캐를 포괄하는 개념이었다. 그리고 춘추시대를 지나면서 전통적인 의미의 동이들은 사실상 소멸되었고, 따라서 동이 개념도 한대 이후에는 조선을 비롯한 그 주변의 여러 민족들로 변하였다.[58])

한편 기원전 7세기경 '조선'이라는 지역(종족) 집단이 등장하기 이전에 활동한 여러 종족들에 대한 기록을 보면 중국의 북쪽 지방에 산융과 발, 숙신이 있었고, 동쪽에는 '조이'가 있었다고 한다.

『사기』「오제본기」에 보면 우(禹)의 치수(治水) 덕분에 제순(帝舜)의 덕이 사방 이(異) 종족에까지 미친 것을 말하면서 "남쪽으로 교지·북발을 위무하고, 서쪽으로는 융·석지·거수·저·강족이 있고, 북쪽에는 산융·발·식신이 있으며, 동쪽에는 장이·조이가 있다."라는 기록이 있다.[59])

「오제본기」에 보이는 조이(鳥夷)는 『상서(尙書)』「우공(禹貢)」편에 나오는 도이(島夷,[60]) 『사기』「하본기」에 나오는 부이(鳧夷)와 같은 것으로,[61]) 제순(帝舜) 시기에는 분명 조이(鳥夷)가 중국 동북 지방에 있었던 것 같다. 이 조이에 대해 제일 먼저 주목한 사람은 북한학계의 리지린이었다.

리지린은 중국 및 만주의 난생설화를 조이(鳥夷)의 신화로 보고, 나아가 중국 북방계의 예맥족(濊貊族)이 요령성 지역에 정착하기 이전의 고조선 주민을 조이의 일

---

57) 본고에서 사용하는 '요령 지역'은 현 중국의 행정구역에서 요령성과 적봉시를 중심으로 하는 요령성에 인접한 내몽고 지역을 말한다.

58) 이성규, 앞의 논문, 1991.

59) 『史記』卷1 五帝本紀 第一 "南撫交趾北發 西戎析枝渠庾氐羌 北山戎發息愼 東長鳥夷"

60) 『尙書』卷6 禹貢 "冀州 … 恒衛旣從 大陸旣作 島夷皮服 夾右碣石 入於河"

61) 『史記』卷2 夏本 第二 "禹行自冀州始 … 常衛旣從 大陸旣爲 鳧夷皮服 夾右碣石 入于海"

부로 보고 있다.[62] 리지린에 따르면 조이는 바로 황해 연안, 발해만, 한반도에 거주하던 고대 종족을 가리킨다고 한다. 다시 말해 고조선 국가가 형성되기 이전의 원주민이 곧 조이였는데, 기원전 2천년경 예맥족이 남하하여 조이와 혼합되었다는 것이다.

조이(鳥夷)를 고조선의 주민으로 보는 주장은 앞서 서술한 동이족(東夷族) 문제와 관련된 문제이다. 얼핏 보면 이는 문헌적 근거가 있는 주장으로 설득력이 있어 보인다. 그러나 동이족의 하나인 조이가 고조선의 종족인가의 문제는 과연 동이족이 고조선과 관련되는지 여부를 살펴본 뒤에 평가할 수 있을 것이다. 그러나 동이족은 고조선과 관련시켜 보기 어렵다는 점에 대해서는 이미 전술하였다. 따라서 조이와 고조선과의 관련성 문제는 직접적으로 연결하기는 어렵다고 하겠다.

VI. 맺음말

이상에서 선진문헌(先秦文獻) 가운데 '조선' 관련 내용이 기록된 자료를 검토해 보았다. 이를 통해 매우 단편적인 기록이지만 초기 고조선 사회에 대한 편린을 얻었다고 할 수 있다.

일차적으로 『관자(管子)』 기록을 통해서는 초기 고조선이 요동(遼東)이나 요동과 인접한 지역에 있었고, 요서(遼西) 지역에는 존재하지 않았음을 알 수 있었다. 나아가 요동과 인접한 지역에 조선이 존재하고 있었을 가능성이 매우 높다고 보인다. 당시 고조선은 무늬 있는 호랑이 가죽이 특산물로 유명했으며, 춘추 시기 제(齊)나라에서 무역을 논의할 정도였다.

『전국책(戰國策)』의 기록을 통해서도 전국시대(戰國時代) 당시 조선이 연(燕)의 변경에서 멀지 않은 곳에 있었으며, 연의 국세나 대외관계 등을 논할 때 주의해야 할 세력집단이었음을 확인할 수 있었다. 따라서 늦어도 기원전 4세기 중반에는 조선

----

62) 리지린, 앞의 책, 1963, 109~110쪽.

의 실체가 북중국 사람들에게 뚜렷이 인식되고 있었음을 알 수 있었다.

한편『산해경(山海經)』과『수경주(水經注)』의 기록은 전국시대 이전 시기 조선의 존재와 대략적인 위치에 대한 이해에 많은 도움을 주고 있다. 다만 위 두 사료는 모두 기록 자체에 대한 비판적인 이해가 필요한 관계로, 이를 바탕으로 고조선의 등장 시기 및 위치에 대한 구체적인 논의를 전개하기는 어렵다.

먼저『산해경』「해내북경」에서 '해북산남(海北山南)'이라고 한 것은 '바다의 북쪽, 산의 남쪽'으로 위로는 산을 등지고 앞으로는 바다에 면하였다는 의미다. 현재의 요동과 서북한은 뒤로는 장백·낭림 산맥을 등지고 앞으로는 바다에 면해 있다. 또한『해내경』에서 '동해의 안쪽 북해의 모퉁이(東海之內北海之隅)'라 한 것은 크게 말하여 조선이 동해의 범위 안, 즉 동해에 면하였고 더 구체적으로 말하면 그 동해 북부의 한쪽 가에 있다는 뜻으로도 볼 수 있다. 결국『산해경』의 기사는 고조선 위치에 대한 개략적 상황을 알려줄 뿐 고조선의 본래 위치를 논하는 자료로는 부적합하다.

중국 고대 사서에 의하면 당시 연의 영토는 결코 요양(遼陽), 즉 요하 동쪽보다 더 멀리 확대된 적이 없다. 따라서『산해경』의 기록을 통해서는 조선이 하북성 난하(灤河) 유역 일대에 있던 연의 동쪽에 열양(列陽)이 위치하고, 열양 동쪽에 존재했다는 사실만을 알 수 있다.

일부 논자들은 중국 고대문헌에 '숙신(肅慎)'이나 '동이(東夷)'로 표현된 세력도 '조선'과 같은 실체로 볼 수 있다는 주장을 강하게 제기하고 있다. 신채호·리지린 등에 의해 기원전 7세기 이전에 요령지역에 존재한 것으로 나오는 발(發)·숙신(肅慎) 등을 고조선으로 보는 주장이 그것이다.

그런데 이 두 세력은 이미 기원전 7세기 이전에 중국 산동반도를 포함하여 요령 지역 일대에 있었고 고조선과는 직접적 관련이 없는 것으로 보았다. 따라서 고조선이 역사무대에 등장한 시기를 살펴보기 위해서는 선진문헌에 나오는 고조선 관련 종족 및 주변 집단의 실체를 검토해볼 필요가 있다.

기원전 7세기경 '조선'이라는 지역(종족) 집단이 등장하기 이전에 활동한 여러 종족들에 대한 기록을 보면 중국의 북쪽 지방에 산융(山戎)과 발(發), 숙신(肅慎)이 있었고, 동쪽에는 조이(鳥夷, 島夷)가 있었다고 한다.

조이(鳥夷)를 고조선의 주민으로 보는 주장은 동이족(東夷族) 문제와 관련된 문제이다. 그러나 동이족은 후한 이후에 동호 동쪽의 여러 집단을 가리키는 범칭으로 사용되었음이 입증되었다. 따라서 동이나 조이는 고조선과 같은 집단을 가리키는 것으로 보기 어렵다.

이상에서 선진문헌을 검토하면서 얻은 결론은 고조선은 연의 동방에 있던 유력한 세력집단으로 연과는 기원전 4세기에 대치상태를 유지하고 있었으나 구체적으로 기원전 7세기 이전 어느 시기, 어느 곳에서 '조선'이라는 실체가 역사상에 등장했는가 하는 점에 대해서는, 더 이상 문헌으로 접근하는 데 한계가 있다. 더 명확한 해석을 위해서는 초기 고조선과 관련된 지역을 비정하고 그곳에서 출토되는 유적·유물을 통해 판단하는 수밖에 없다.

고조선과 연(燕)·진(秦)·한(漢)의 외교 관계

Ⅰ. 머리말

고대 동아시아 세계를 구성한 여러 국가들 사이에 이루어지는 다양한 교섭과 충돌은 외교와 전쟁이라는 형태로 전개되었다. 한 시기의 국가사를 외교사적 시각에서 접근하는 것은 일국사적인 틀을 벗어나 큰 시야에서 한 국가의 성장과 발전을 살펴 볼 수 있다는 점에서 의미가 있는 작업이라 할 수 있다.

동아시아 고대 중원제국 세력과 주변 국가 사이에 맺어진 외교 관계는 책봉(冊封)과 조공(朝貢)이라는 형식으로 이루어졌다.[1] '조공(朝貢)'에 상응하는 대응 행위는 '책봉(冊封)'이었다. '조공'과 '책봉'이 서로 교환됨으로써 비로소 '국제 관계'가 발생하는 것이다.[2] 기록을 보면 조공—책봉 관계는 주대(周代)부터 성립하였다. 본격적으로는 한대(漢代) 이후 중국과 그 인접국 간에 성립되었다. 그 성격은 시기마다, 대상국마다 다양하게 전개되었다.[3] 따라서 책봉체제는 그 형식(名)보다 실제 성격

---

[1] 西嶋定生,「東アジア世界と册封體制」,『日本歷史』제2권, 岩波講座 古代2, 1962; 김한규,『古代中國的世界秩序研究』, 一潮閣, 1982, 109~111쪽.

[2] 김한규,『한중관계사』Ⅰ, 아르케, 1999, 26쪽.

[3] 西嶋定生, 앞의 논문, 1962; 김유철,「日本學界의 東아시아 世界論에 대한 비판적 검토」,『사회과학연구』5, 경상대학교 사회과학연구원, 1987, 197~220쪽; 이성시,

(實) 파악이 중요하다.[4]

그리고 조공—책봉관계는 본래 정치·외교적 관계로서 진공(進貢)과 회사(回賜)라는 경제적 관계와 그에 따른 부수적 관계를 동반한다. 다만 조공—책봉 관계의 내용은 시대에 따라 변화하며, 각 국가들의 역학 관계가 반영되게 된다.[5] 따라서 조공—책봉 관계와 역학 관계를 상호 유기적으로 연관시켜 고찰할 필요가 있다.

이처럼 고대 동아시아 국제 질서를 규정하는 조공—책봉 관계는 고조선의 경우에도 적용할 수 있을 것이다. 그러나 고조선의 역사 속에서 청동기 시대인 춘추 시기(기원전 8~7세기)의 초기 고조선사에는 조공—책봉 관계를 적용하기가 쉽지 않다. 그것은 당시 고조선의 국가적 특성이 모호하고 구체적인 국제 관계 모습을 설명하기 어렵기 때문이다.

분명 우리 역사상 첫 국가 고조선의 경우도 중국과 조공—책봉 관계를 맺고 성장해 나갔다. 그렇다면 고조선이 중국과 외교 관계를 수립하는 구체적인 시점은 언제부터일까? 여기서 먼저 고려해야 할 가장 중요한 점은 역사상 '중국(中國)' 또는 '중화(中華)'라는 개념이 출현한 이후에야 중국과의 관계를 이야기하는 것이 가능하다는 사실이다. 다시 말하면 중국 역사상 '천하(天下)'의 개념이나 '사해(四海)'의 개념이 성립된 이후에 중국과의 관계를 논하는 것이 가능하다 할 수 있다.

중국에서 천하나 사해의 개념이 성립한 시점은 대개 전국시대(戰國時代) 이후라고 할 수 있다. 그리고 진(秦)·한(漢) 제국의 통일 이후 체계적인 이론이 완성되었다고 할 수 있다.[6] 고조선 관련 문헌 기록을 보면 한(漢) 무제(武帝) 이전 시기에는

「일본 역사학계의 동아시아세계론에 대한 재검토 —한국 학계와의 대화로부터—」, 『역사학보』 216, 2012, 57~80쪽.

4) 김한규, 앞의 책, 1999, 25~31쪽.

5) 노태돈, 「5~6세기 동아시아 국제관계와 고구려의 대외관계」, 『고구려사 연구』, 사계절, 1999; 노중국, 「삼국의 역관계 변화에 대한 일고찰」, 『東方學志』 28, 1981; 김한규, 「封朝體制와 邊郡體制를 통해서 본 漢代 中國的 世界秩序의 制度的 構成原理」, 『古代中國的世界秩序研究』, 一潮閣, 1982, 109~111쪽; 임기환, 앞의 논문, 2007, 156~157쪽.

6) 堀敏一, 「中華思想と天下觀念」, 『中國と古代東アジア世界』, 岩波書店, 1993, 37~

지속적이고 공식적인 국제 관계를 확인할 수 없다. 즉, 고조선과 중원 제국 간의 공식적인 국제 관계는 빨라야 전국시대에 들어와야 가능했다고 할 수 있다. 역사적으로도 중국 왕조가 요하(遼河) 이동의 여러 민족을 직접 접촉하기 시작한 것은 역시 진(秦)·한(漢) 통일제국 이후에 속하며, 특히 한(漢) 무제(武帝)의 조선 정벌과 4군 설치는 요동~서북한 지역에 대한 직접 견문을 대거 획득할 수 있는 호기가 되었을 것이다.[7]

그렇다면 전국시대 이전에 중원 제국과 그 주변 국가들 간의 관계는 어떠한 시각에서 정리하는 것이 바람직할까? 전국시대 이후가 되면 중원 제국과 그 주변의 흉노나 남 비엣[남월]의 경우 번신(藩臣)으로 편입되어 중원 왕실에 입조(入朝)하는 단계로 들어간다. 대체로 중원 제국과 주변 오랑캐 국가 사이에 맺어지는 번속체제(藩屬體制)는 대체로 선진(先秦) 시기에 생겼다. 그러나 구체적으로 중원 주변 지역 통치에 이용되고, 아울러 상대적으로 완성된 번속 체제를 구축하는 것은 한(漢) 왕조에 이르러서야 가능했던 것이다.[8]

이러한 흉노와 남월의 중원 제국과의 관계에 대한 내용은 고조선의 중원 제국과의 관계를 파악하는 데 많은 시사를 준다. 고조선의 경우도 대개 전국시대를 거쳐 위만 단계에는 중국의 외신(外臣), 즉 번신(藩臣)이 되어 입조(入朝)하는 단계로 발전한다.[9] 따라서 고조선과 고대 중원제국과의 외교 관계사는 기본적으로 중국 중심의 국제 질서인 조공—책봉 관계, 즉 번속체제에 들어가는 시점과 그 이전을 구분해 볼 필요가 있다.

청동기 문화를 바탕으로 등장한 고조선은 대개 중국 동북 지방 일대에 철기 문화가 전래되는 기원전 4~3세기경 지배 체제를 정비하고 왕권을 통한 집권력이

60쪽; 鶴間和幸, 「中華の形成と東方世界」, 『岩波講座 世界歷史』 3, 岩波書店, 1998.

7) 이성규, 「中國 古文獻에 나타난 東北觀」, 『동북아시아 선사 및 고대사 연구의 방향』, 학연문화사, 2004, 19쪽.

8) 李大龍, 『漢唐藩屬體制硏究』, 中國社會科學出版社, 2006.

9) 堀敏一, 앞의 책, 1993, 73~74쪽.

발휘되는 고대 국가로서 성장하게 된다. 그 과정에서 고조선은 중국이나 흉노 등 주변 국가들과 교섭을 펼쳐나갔다.[10] 그러한 내용이 단편적이지만 『사기(史記)』 조선열전(朝鮮列傳)과 『삼국지(三國志)』 등에 기록되어 있다. 반면, 기원전 4~3세기 이전 기록에서는 왕실 간에 사신이 오고 간 흔적을 찾아보기가 어렵다. 따라서 그때는 경제적인 교역만을 이야기 할 수 있다. 이러한 기본적인 사실을 전제로 하고 본고는 고조선사의 성장 과정에 맞추어 중원 제국과의 국제 관계 모습을 살펴보려 한다.

그 동안 고조선의 성장과 발전을 국제 관계사와 연관시켜 살펴 본 연구 성과는 많지 않았다. 대체로 1990년대까지의 연구 성과로는 위만조선의 국가적 성격을 엘만 서비스 등이 주장했던 chiefdom 사회로 이해하고 위만조선이 한과 한반도 중남부의 진국(辰國) 사이에서 중계무역을 해서 부를 축적했다는 연구[11]가 있었다. 이밖에 고조선의 대외 교역을 단군 조선시기부터 위만조선 시기까지의 영역 변천 과정과 연결시켜 본 연구도 있었다.[12]

2000년대에 들어와서는 중국 동북지방 일대의 비파형동검문화와 고조선 사회에 대한 연구가 깊어지면서 청동기시대의 고조선 사회와 중국 춘추·전국시대 국가들과의 교섭을 다룬 연구 성과들이 지속적으로 나오고 있다.[13] 특히, 고고 자료를 중심으로 청동기시대에서 초기 철기시대 시기의 고조선을 중심으로 중원 제

---

10) 송호정, 『한국 고대사 속의 고조선사』, 푸른 역사, 2003, 280~283쪽.

11) 최몽룡, 「한국고대국가형성에 대한 일고찰」, 『김철준박사 화갑기념논총』, 1983; 최몽룡, 「고대국가 성장과 무역 −위만조선의 예」, 『한국 고대의 국가와 사회』, 역사학회, 1985; 최몽룡, 「위만조선」, 『한국고대국가형성론』, 서울대학교출판부, 1997.

12) 서영수, 「고조선의 대외관계와 강역의 변동」, 『동양학』 29, 1999.

13) 박대재, 「고조선과 연·제의 상호관계」, 『사학연구』 83, 2006; 박준형, 「고조선의 대외 교역과 의미 −춘추 제와의 교역을 중심으로」, 『북방사논총』 2, 고구려연구재단, 2004; 박준형, 「고조선의 춘추 제와 교류 관계」, 『백산학보』 95, 2013; 박준형, 「기원전 7세기 중반 동북아시아의 국제관계와 고조선의 위상」, 『백산학보』 106, 2016; 조원진, 「고조선의 발전과 대외관계 연구」, 세종대학교 박사학위논문, 2017.

국과의 교류 실태를 종합 정리한 연구가 주목된다.[14]

이상의 연구 성과들은 대개 고조선의 국가적 특성이나 고대 국제 관계에 대한 기본적인 정의 없이 중원제국과의 문화적 교류 양상이 확인되는 모습을 추적하여 대외 관계[15]라는 이름으로 정리하고 있다. 최근에 나온 고조선의 대외관계사 논문 역시[16] 기원전 8~7세기 당시의 고조선과 중원제국과의 관계를 동아시아의 책봉체제론(册封體制論)적 시각에서 다루고 있으나 당시 사신 파견이나 조공 관계 기록이 없는 상황에서 단편적으로 등장하는 '예맥(穢貊)' 기록을 고조선으로 보고 있어 설득력이 떨어지고 있다.

같은 시각의 내용이 처음으로 한국 고대의 외교 관계를 정리한 작업에도 그대로 반영되어 있다.[17] 그러나 같은 책 맨 앞에 실려 있는 한국 고대의 외교 관계 총론에는 문헌 기록상 고조선의 성장과 외교 관계 내용을 전국시대 이후부터 정리가 가능하다고 쓰여 있다.[18] 이 글은 기원전 8~7세기 단계에 고조선과 중원제국 간에 관계가 형성되었다는 본문의 박준형 글과 기본 전제에서부터 큰 차이를 보이고 있다.

최근의 고조선 국제관계사 연구는 물론 한국 고대 국제 관계사 연구의 대부분

---

14) 이청규, 「韓中交流에 대한 考古學的 接近」, 『한국고대사연구』 32, 한국고대사학회, 2003.

15) 여기서 쓴 '대외 관계' 용어는 보통 정치적–경제적 상호관계를 의미하는 용어로 사용되며 '국제 관계' 용어보다는 더 포괄적 의미를 갖고 있다. 한편 '국제 관계'는 '정치·외교 관계'를 의미하는 것으로 보통 '외교 관계'와 같은 의미로 사용되고 있다(임기환, 「국제 관계」, 『새로운 한국사 길잡이』, 지식산업사, 2007; 김한규, 앞의 책, 1999, 25~31쪽).

16) 박준형, 「고조선의 대외관계사 연구를 위한 새로운 모색 –조공책봉관계를 중심으로–」, 『한국고대사연구』 95, 한국고대사학회, 2019.

17) 박준형, 「고조선의 대외 관계」, 『한국의 대외 관계와 외교사(고대편)』, 동북아역사재단, 2019.

18) 노태돈, 「고대 한국의 대외관계와 외교사 총론」, 『한국의 대외관계와 외교사(고대편)』, 동북아역사재단, 2019.

은 나라와 나라 간의 사신 교환에 의한 외교나 국제 관계라기보다는 주변국과의 교섭이라는 폭넓은 관점에서 접근하고 있다.[19] 그 동안의 연구에서는 동아시아 전체의 국제질서 변화에 대한 설명이 잘 이루어지지 않았고, 주로 한국의 고대국가가 중국 대륙이나 일본 열도와 어떠한 교역을 하였는지에 국한하여 서술해 왔다.[20] 특히 대외 진출이나 대외 항쟁, 그리고 문화 전수라는 관점에서 기술하는 것이 대부분이었다.

그 동안 고조선의 국제 관계에 관한 의미 있는 연구는 중국 고대사 전공자에 의해 이루어졌다. 김한규는 일련의 저술을 통해 진한(秦漢) 시기에 이르러 요동에 지역 기반을 둔 고대 한국과 중원제국과의 국제 관계를 조공─책봉 관계의 틀 속에서 체계적으로 정리하였다.[21] 김한규의 연구를 한국고대사의 시각에서 다시 정리한 것이 이종욱의 연구이다. 이종욱은 고조선 연구 책에서 기원전 8~7세기에는 원거리 교역이 이루어졌고, 기원전 5~4세기에 이르러 전국시대 연(燕)과 사신 교환이 이루어졌으나 본토 중국 왕실과는 사신 교환 등의 관계가 없었다고 보았다. 비로소 진(秦) 통일 이후에 와서야 중국과 본격적인 관계가 이루어졌고, 위만조선에 이르러 조공─책봉 관계에 들었다고 보았다.[22] 이 주장은 전체적으로 합리적이라 생각한다.

그 밖의 고조선 국제 관계 연구 성과들은 대외 관계의 측면에서 고조선의 성장 과정을 다루고 있지 못하는 한계가 있다. 그러나 국제 관계 또는 외교 관계라는 것이 국가 대 국가 간의 사신 왕래와 교섭이 이루어지는 것이라고 할 때, 고조선이 언제부터 국제 관계를 형성하였고 국가의 성장에 따라 외교 교섭의 양상이 어

---

19) 박선미, 『고조선과 동북아의 고대 화폐』, 학연문화사, 2009; 박준형, 앞의 논문, 2019.

20) 임기환, 앞의 논문, 2007, 155쪽; 윤용구, 「삼한·삼국의 교역」, 『한국 고대사 연구의 새동향』, 서경문화사, 2007, 537쪽.

21) 김한규, 앞의 책, 1982; 김한규, 앞의 책, 1999; 김한규, 『요동사』, 문학과 지성사, 2004.

22) 李鍾旭, 『古朝鮮史研究』, 一潮閣, 1993.

떻게 변하였는지를 명확하게 서술하는 것은 매우 중요하다.

그렇다면 고조선은 과연 언제부터 본격적으로 중원제국과 외교 관계를 맺었을까? 그 동안 이러한 의문에 대한 혼란의 근본적인 이유는 아마도 초기 고조선사, 즉 청동기시대의 고조선사에 대한 학계의 견해 차이가 크기 때문이라고 할 수 있다.

지금까지 남아 있는 문헌 및 고고 자료를 종합해 보면, 대개 동아시아가 중국 중심의 책봉 질서에 들어가는 진(秦)·한(漢) 시기부터 고조선의 외교 관계를 명확히 할 수 있다. 진(秦)·한(漢) 시기 이전 단계는 경제적 교역에 초점을 맞추는 것이 합리적이라고 생각한다.

본고는 이러한 시각에서 고조선의 역사를 정리하면서 지배 체제의 정비와 국제 관계의 변화에 초점을 두고 서술하고자 한다.

Ⅱ. 기원전 8~7세기 고조선의 대외 관계

선진(先秦) 시기 문헌 가운데 '조선(朝鮮)'을 직접적으로 언급하고 있는 사료는『산해경(山海經)』,[23]『관자(管子)』경중갑편(輕重甲篇),『전국책(戰國策)』연책(燕策)1에 불과하다. 그런데 이들 문헌의 성립 연대(특히, 조선이 언급된 편장)는 모두 중국 전국시대(戰國時代) 이상 소급되지 않는다. 전국시대 위(魏) 양왕의 무덤에서 출토되었다는『일주서(逸周書)』왕회해(王會解)에 중국 동북지방의 이민족이 다수 열거되었지만, '조선(朝鮮)'은 그 안에 포함되지 않았다.[24] 따라서 기원전 5세기 이전 고조선의 국가적 성장 모습이나 주변 나라들과의 관계 역시 파악하기가 쉽지 않다.

선진(先秦) 시기의 문헌 가운데 '조선(朝鮮)' 기록이 나오는 문헌으로 가장 이른 것이『관자(管子)』이다.『관자』는 중국 춘추시대(春秋時代, 즉 기원전 8~7세기) 제(齊)의 재

---

23)『山海經』第12 海內北經 "朝鮮在列陽東 海北山南 列陽屬燕朝鮮今樂浪縣";『山海經』第18 海內經 "東海之內 北海之隅 有國 名曰朝鮮"

24) 이성규,「고대 중국인이 본 한민족의 원류」,『한국사 시민강좌』32집, 2003, 140쪽.

상이었던 관중(管仲)이 편찬했다고 전해진다. 그러나 실제 그 주된 내용은 기원전 5~3세기 사람들의 저술로 보는 것이 일반적이다.[25] 다만 전국시대(戰國時代) 이전부터 내려오던 어떤 전승을 토대로, 전국시대 사람들이 자기 시대의 사상을 담아 기술한 것이라 볼 수 있다.

『관자(管子)』 경중(輕重) 19편은 3편이 망실되고 현재 16편이 전하는데, 이 가운데 '조선(朝鮮)'의 존재를 기록하고 있는 곳은 11편 「규탁(揆度)」편과 13편 「경중갑(輕重甲)」편이다.[26] 두 편의 내용 가운데 조선(朝鮮)이 나오는 기록은 다음과 같다.

> "환공이 관자에게 다음과 같이 물었다. '나는 이 세상에 일곱 군데의 보물이 있는 곳이 있다고 들었습니다. 이에 관해 알고 있습니까?' 관자가 대답했다. '첫 번째 보물은 음산(陰山)에 있는 보석이요, 두 번째 보물은 연의 자산(紫山)에 있는 은이요, 세 번째 보물은 발조선(發朝鮮)의 반점이 박힌 짐승가죽입니다.'"[27]

> "관자가 말하기를 왕의 나라를 돕는 것으로 세 개가 있습니다. … 초나라에는 여한의 황금이 있고, 제나라에는 거전의 소금이 있고, 연에는 요동의 구운 소금이 있습니다. … 환공이 말하기를 발과 사방 오랑캐가 복종하지 않으니 도리어 공격당할까 두렵다. 천하에서 놀면서 과인을 다치게 하는 것은 … 관자가 대답하기를 오(吳)와 월(越)이 우리에게 조공을 바치지 않고 있는데, 진주와 상아에 대한 대가를 쳐주면 어떻겠습니까? 조선이 조공을 바치지 않으니 청컨대 호랑이 가죽과 털옷을 보물로 여겨주면 어떻겠습니까? … 그런 연후에 8천리 정도 떨어져 있는 발과 조선이 우리에게 조공을 바칠 것입니다."[28]

---

25) 『管子』는 春秋時代 管仲이 撰한 것으로 전해지나 일반적으로 후인이 이름을 가탁하여 지은 것이라고 본다. 책이 쓰여진 시기는 戰國時代로 보고 있다(上海辭書出版社, 『中國歷史大辭典』先秦史 편, 1996, 547쪽).

26) 馬非百 撰, 『管子輕重篇新詮』(上)(下), 中華書局, 1979.

27) 『管子』 輕重 卷23 揆度78 "桓公問管子曰 吾聞海內玉幣有七筴 可得以聞乎 管子對曰 陰山之礝碼 一筴也 燕之紫山白金 一筴也 發朝鮮之文皮一筴也"

28) 『管子』 輕重 卷23 輕重甲80 "管子曰 陰王之國有三 … 楚有汝漢之黃金 而齊有渠展之鹽 燕有遼東之煮 此陰王之國 桓公曰 四夷不服 恐其逆攻 游於天下而傷寡人 … 管子對曰 吳越不朝 珠象而以爲幣乎 朝鮮不朝 請文皮毸服而爲弊乎 … 然後八千里之發朝

이 기록을 놓고 적극적으로 춘추시대에 중국 제(齊)나라와 정치적 교역이 이루어졌다고 보는 연구가 많이 있었다. 일찍이 이종욱은 기원전 8~7세기 당시, 요동지역의 여러 소국들은 '원거리 교역'을 하고 외부로부터의 압력에 대응하는 과정에서 고조선을 중심으로 하는 소국연맹을 형성하였다고 보았다.[29] 즉 '제 환공'은 조선의 문피(文皮)와 같은 물품을 공물로 생각하였고, 이와 같은 공물을 바치는 조공 관계가 유지되기를 원했다. 『관자』의 "조선의 문피에 대하여 '금'으로서 대금을 지불하여야 한다."는 관중의 답은 당시 조선(朝鮮)과 제(齊) 사이에 중국 측 관점에서 보는 조공(朝貢) 관계가 아니라 서로 대가를 지불하는 교역(交易) 관계였음을 나타내 준다고 보았다.

한편 고조선을 맹주국으로 하는 소국연맹 세력에게는 중국 선진 문물에 대한 욕구 때문에 정치적 권위를 나타내는 산물인 위신재[Prestige-goods]를 수입하는 원거리 교역이 행해졌다고 보았다. 이를 이종욱은 Prestige-goods-System이라고 불렀다.[30] 기원전 8~7세기 당시 조선(朝鮮)이 제(齊)나 연(燕) 세력과 원거리교역을 행하게 된 것은 중국 입장에서는 이민족의 토산품에 대한 욕구 충족이자 소위 중국인들이 생각하는 조공관계를 통하여 이민족의 실체 파악을 하고 그들에 대한 통제력을 행사하기 위한 것이라고 할 수 있다.

2000년대 들어와 춘추시기의 고조선 교역 문제를 강조하고 있는 박준형은 고조선이 춘추시대 제(齊)와 행했던 문피 교역의 성격에 주목하면서 배후지 교역에 초점을 맞추었다.[31] 그는 산동 지역에서 수습된 선형동부(扇形銅斧)와 그 거푸집을 소개하면서 고조선과 제의 교역을 보여주는 구체적인 자료로 제시했다.[32] 한편

鮮 可得而朝也"

29) 李鍾旭, 「古朝鮮小國의 成長과 小國聯盟의 형성」, 『古朝鮮研究』, 一潮閣, 1993, 132쪽.
30) 李鍾旭, 앞의 책, 1993, 134~138쪽.
31) 박준형, 앞의 논문, 2004; 「고조선의 대외 교역과 의미 −춘추 제(齊)와의 교역을 중심으로−」, 『고조선의 역사를 찾아서 −국가·문화·교역−』, 동북아역사재단, 182~215쪽.
32) 박준형, 「산동지역과 요동지역의 문화교류 −산동지역에서 새로 발견된 선형동부를

강인욱은 명도전을 모피 교역의 산물로 이해한 견해를 제시했다.[33] 나아가 박준형은 고조선과 춘추 제와의 관계를 조공이라고 보아온 기존의 시각[34]을 비판하고 이종욱의 주장처럼 이것을 중원 제국과 대등한 교역품으로 인식하였다. 그래서 고조선이 춘추 5패의 하나였던 제(齊)와 조공의 형식을 가장한 대등한 교역을 했을 정도로 성장했다고 주장하였다.[35] 특히 고조선이 중원사회가 요구하는 형식적인 외교적 관계를 받아 주면서 비싼 값에 문피(文皮)를 팔았다고 보았다.

그러나 이 주장은 현재의 문헌 자료만으로는 설득력이 부족하다고 하겠다. 비파형동검문화가 유행한 기원전 8~7세기에는 산융(山戎)·동호(東胡)·조선(朝鮮)·예맥(濊貊) 등의 족속이 공유한 청동기 문화가 발전하였다. 이 문화는 지역에 따라 구체적인 양태에는 상당한 차이가 있었다. 대개 요하(遼河)를 경계로 그 이동 지역에서 비파형동검, 지석묘, 미송리형토기 등의 존재가 특징적으로 확인된다. 이때 요동지역과 한반도 서북 지방의 비파형동검문화 담지자는 예맥족(濊貊族)이 분명하다.[36] 이러한 전제 하에 박준형이 『관자』 경중갑편의 '조(朝[조근(朝覲)])'를 실제 조공이 이루어지지 않은 것으로 본 것은 일면 타당한 부분도 있다. 그러나 조공을 하지 않은 것을 두고 조선이 독자적인 국가로 대등하게 제나라와 교역을 한 것이라는 주장은 사실상 증명하기 어려운 주장이라고 할 수 있다.

이에 대해 관중이 제안했다는 조공의 방식에 유의할 필요성을 제기하며 정치적 복속 관계와 군사적 안정을 바라는 중원 제국과 물품의 교환을 바라는 고조선 사

중심으로-」, 『한국상고사학보』 79, 한국상고사학회, 2013.

33) 강인욱, 「고조선의 모피무역과 명도전」, 『한국고대사연구』 64, 2011, 243~284쪽.

34) 김철준, 「古朝鮮社會의 政治勢力의 成長」, 『한국사』 2, 국사편찬위원회, 1977, 124쪽; 김정배, 「古朝鮮의 문화와 사회 관계」, 『한국사』 4, 국사편찬위원회, 1997, 139~140쪽; 서영수, 「古朝鮮의 對外 關係와 疆域의 變動」, 『東洋學』 29, 단국대 동양학연구소, 1999, 106~108쪽.

35) 박준형, 앞의 논문, 2016; 박준형, 앞의 논문, 2019, 17~20쪽.

36) 송호정, 앞의 책, 2003, 159~164쪽; 이청규, 「靑銅器를 통해 본 古朝鮮과 주변사회」, 『북방사논총』, 고구려연구재단, 2005, 7~58쪽.

이에 조공의 외피를 쓴 교역 관계가 성립했을 것이고, 실제로 교역이 실현된 것은 전국시기(戰國時期) 이후라고 본 글이 주목된다.[37]

『관자』의 기록에서 가장 중요한 점은 춘추시대(春秋時代)를 전후해 고조선과 연(燕)이 조공(朝貢)과 교역(交易)을 논의할 정도로 성장했다는 사실이다. 만일 『관자』의 내용을 관중 시기인 춘추시대까지 올려본다면 고대 중국인들은 이미 기원전 7세기에 조선(朝鮮)을 잘 알고 있었으며, 조선과 고대 중국 왕조들 간에 제한적인 교역이 이루어졌을 가능성도 생각해 볼 수 있다. 그러나 전술했듯이 '조선(朝鮮)' 명칭이 제일 먼저 나오는 『관자』 책은 관중의 저술이 아니라 전국시대(戰國時代) 제(齊)나라 사람들이 관중의 이름에 가탁하여 저술한 것으로 여겨지고 있다.[38] 그 내용 역시 중국과 조공—책봉 관계를 맺고 있다는 것이 아니라 중국에서 경제적 교역의 대상국으로 조선을 받아들이려면 조선의 특산물인 문피(文皮)에 대해 일정하게 가치 평가를 해 줄 필요가 있다는 건의에 불과할 뿐 실제 두 나라 사이에 모피와 그에 상당하는 물품이 오고갔다는 증거가 되지는 못한다.[39]

따라서 『관자』를 비롯한 선진 시기 문헌의 고조선 기록으로는 고조선의 경제적 교역을 이야기 할 수 있을지 몰라도 조공—책봉 관계를 매개로 한 중국과의 외교 관계가 있었다고[40] 말하기는 어렵다.

현존하는 청동기시대의 고고 자료와 『관자』 등 선진(先秦) 시기 문헌 자료를 종합해 보면 기원전 4세기 이전 고조선의 국제 관계에 대한 내용은 경제적 교섭이나 문화적 교류 차원에서 논의해야지, 정치·외교적인 차원으로 확대 해석 할 수는 없다고 생각한다.

---

37) 김창석, 「고조선과 백제의 국제 교역상의 위치」, 『한국 고대 대외교역의 형성과 전개』, 서울대학교출판문화원, 2013, 107~108쪽.

38) 노태돈, 「고대 한국의 대외 관계와 외교사 총론」, 『한국의 대외관계와 외교사』 고대편, 2018, 17쪽.

39) 송호정, 「先秦文獻에 기록된 古朝鮮 사회와 주민집단」, 『역사와 담론』 61집, 2012, 229쪽.

40) 박준형, 앞의 논문, 2019.

Ⅲ. 기원전 4~3세기 고조선과 연(燕)의 관계

전국시대 중반, 기원전 4~3세기 중국은 동쪽으로 진출하여 상곡군(上谷郡)에서 요동군(遼東郡)에 이르는 5개의 군(郡)을 설치하고 그 지역 일대를 통치해 나갔다.[41] 당시 고조선은 중국 군현 통치의 바깥 지역[遼東外徼]에서 새롭게 중국 세력에 맞서 지배 체제를 정비하고 국가로서 성장하게 된다.

춘추 전국시대의 중국은 고도의 신분제 사회로서 발달된 행정 조직을 갖추었다. 중국의 팽창에 따른 주변 지역에 대한 압력과 그에 대한 고조선의 대응이 이루어졌다. 『위략(魏略)』 기록을 보면 "주(周)가 쇠한 것을 보고 연(燕)에서 왕(王)을 칭하고 동쪽 땅을 뺏으려 하였다."[42]고 하였다. 여기서 동쪽 땅은 고조선 지역을 가리킨다. 또 이어서 『위략』에는 "조선후(朝鮮侯)가 왕(王)을 칭하고 오히려 연(燕)을 공격하려 하였다."[43]고 하였다.

『위략』의 기록은 분명 후대에 상당히 윤색이 가해진 것이지만 고조선(古朝鮮)과 연(燕) 관계 기사는 상당 부분 사실성을 인정할 수 있다.[44] 여기서 보면, 기원전 4세기 고조선과 연은 이웃한 세력이라고 할 수 있다. 그리고 고조선의 역사에서 대체로 기원전 4~3세기 이후 조선후가 왕(王)을 칭하는 단계부터 책봉(冊封) 체제에 따른 국제 관계를 살펴볼 수 있다.

선진(先秦) 시기 문헌 및 고대 문헌 중에 전국시대 연(燕)과 고조선의 관계를 언급한 것으로는 다음 기록들이 있다.

---

41) 『史記』110 匈奴列傳50 "其後燕有賢將秦開 爲質於胡 胡甚信之 歸而襲破走東胡 東胡 却千餘里 燕亦築長城 自造陽至襄平 置上谷漁陽右北平遼西遼東郡以拒胡"

42) 『三國志』권30 烏桓鮮卑東夷傳 제30 韓條 所引 『魏略』 "昔箕子之後朝鮮侯 見周衰燕 自尊爲王"

43) 『三國志』권30 烏桓鮮卑東夷傳 제30 韓條 所引 『魏略』 "朝鮮侯亦自稱爲王 欲興兵逆 擊燕以尊周室 其大夫禮諫之 乃止"

44) 盧泰敦, 「고조선 중심지의 변천에 대한 연구」, 『韓國史論』23, 1990, 32~33쪽.

(가) "소진이 장차 종사하고자 북으로 연 문후를 달래어 말하기를 '연(燕)의 동쪽에 는 조선(朝鮮)·요동(遼東)이 있고, 북쪽에는 임호·루번이 있고, 서쪽으로는 운중·구원이 있고, 남쪽으로는 호타·역수가 있다. 땅이 사방 이천 리이고, 군사가 수십만이며, 수레 7백승·기병 6천필·속지(粟支)한 지 10년이다.'"45)

(나) "제 환공이 연(燕)을 넘어 산융(山戎)을 정벌하고 고죽(孤竹)을 깨트리고 영지 (令支)를 멸망시켰다. 조 무령왕이 구주를 넘어 대곡을 지나 임호·루번을 멸 망시켰다. 연은 동호를 습격하여 달아나게 하고 땅을 천리를 넓혔으며 요동 (遼東)을 건너 조선(朝鮮)을 공격하였다."46)

(다) "진시황이 도록의 전하는 내용을 보고 말하기를 '진을 망하게 하는 자는 오랑 캐다'하고 군대 50만을 발하고 몽염을 시켜 성을 쌓고 수리하게 하였다. 서쪽 으로는 유사를 복속시키고 북쪽으로 요수[요수는 요동]를 공격하고 동으로 조선[조선은 낙랑]과 연결하였다."47)

여기서 (가) 『전국책』의 기록은 소진(蘇秦; ?~B.C.317)이 연 문후(B.C.361~333)에 게 지명·족명 등을 열거하여 연(燕)의 사방으로 이르는 곳을 설명한 것이다. 이 기 록들에는 기원전 4세기에 요동(遼東) 지역이 조선(朝鮮)과 병렬되고 있으며, 요동 지 역이 연(燕)에 속하지 않고 또한 조선과도 구분되어 존재하고 있었다고 나온다.

(나) 『염철론』의 기록은 '연 나라가 먼저 요동 일대에 위치한 동호(東胡)를 치고 천 리의 땅을 개척한 이후에 그 군대가 요동(遼東)을 지나 고조선에 대한 진공을 개시 하였다'는 내용이다. 이 기록을 그대로 읽는다면 "요동(遼東)을 지나(度) 조선(朝鮮)

---

45) 『戰國策』 卷29 燕1 蘇秦將爲從北說燕文侯 "蘇秦將爲從 北說燕文侯(기원전 361~ 333)曰 燕東有朝鮮遼東 北有林胡樓煩 西有雲中九原 南有嘑沱易水 地方二千餘里 帶 甲數十萬 車七百乘 騎六千匹 粟支十年"

46) 『鹽鐵論』 第45 伐攻 "齊桓公(기원전 685~643)越燕伐山戎 破孤竹 殘令支 趙武寧王 踰句注 過代谷 略滅林胡樓煩 燕襲走東胡 辟地千里 度遼東而攻朝鮮"(『鹽鐵論』 伐功 第45) 燕襲走東胡 辟地千里 度遼東而攻朝鮮"

47) 『淮南子』 人間訓 "秦皇挾錄圖 見其傳曰「亡秦者胡也」因發卒五十萬 使蒙公 楊翁子將 築修城 西屬流沙 北擊遼水[遼水 遼東] 東結朝鮮[朝鮮 樂浪]"

을 공격한" 것으로 요동이 고조선의 영토가 아님을 말해주는 또 하나의 사료라고 할 수 있다.

(다) 『회남자』의 기록[48]은 진시황 때의 장수 몽염이 흉노를 치는 과정에서 요동(遼東) 지역을 공격하고 장성을 요수(遼水) 근처까지 설치했다는 내용이다. 이 당시는 이미 고조선이 대동강 유역에 중심을 두고 있을 때이지만 고대 중국인들은 이전부터 요동(遼東)을 조선(朝鮮)과 구별하여 인식했고, 요동(遼東)을 요수(遼水)라고 표기하기도 했음을 말해준다.

이상의 기록들을 종합하면, 연이 동호를 치고 동쪽으로 진출하였을 때 요동(遼東)이 고조선(古朝鮮)과의 사이에 일종의 접경지대로서 자리 잡고 있었음을 알 수 있다. 그 구체적인 위치는 이전 시기에 미송리형토기와 석관묘가 집중 분포했던 혼하(渾河)와 태자하(太子河) 유역 일대를 가리키는 것으로 보이며, 대개 천산산맥을 넘지 않는 지역을 포괄하고 있다고 생각한다. 이것은 요동 천산산맥 일대의 당산리, 윤가촌, 목양성지 등에서 중국 전국시대 기와가 출토되는 것으로 보아,[49] 이 지역에 장새(鄣塞)가 축조되고 연인(燕人)들이 많이 살았던 흔적을 통해서도 증명된다.[50]

『사기』 「흉노열전(匈奴列傳)」에는 연(燕) 장수 진개의 활약으로 동호(東胡)를 물리치는 기록이 나온다. 기원전 284년 제(齊)를 패퇴시킨 후 계속해서 연은 승세를 타

---

48) 劉安 等 編著·高誘 注 『淮南子』 卷18 人間訓 (上海古籍出版社); 『淮南子』는 前漢 淮南王 劉安이 幕下의 학자들에게 명하여 각각 그 道를 講論시켜 만든 것이다. 思想은 道家의 경향이 농후하다고 한다. 전부 21卷이다.

49) 송호정, 앞의 책, 2003, 307~309쪽.

50) 遼寧省文物考古研究所에서 편찬한 『遼寧重大文化史述』(1999)의 지도에는 전국시대 燕長城이 赤峰에서 敖漢旗 아래쪽으로 흘러가서 朝陽市 동북쪽의 牤牛河를 건너 阜新 근처에서 끝나는 것으로 표기되어 있다. 대체로 국내 학자들은 전국시대 長城이 遼東까지 설치되었다는 중국학계의 주장에 대해 흔적이 잘 보이지 않는 점에서 의문을 제기하고 있다(이종수, 「遼東地域 燕秦漢 長城 調査現況 및 問題點 檢討」, 『한국사학보』 43, 고려사학회, 2011; 홍승현, 「중국과 일본 학계의 燕·秦·漢長城 연구와 추이」, 『동북아역사논총』 35, 동북아역사재단, 2012).

고 기원전 280년 전후에 고조선(古朝鮮)을 정벌하였다. 동호가 사라진 뒤 중국의 군현세력과 맞서 힘을 키웠던 나라는 바로 고조선이었다.

이 시기의 고조선과 중국 연의 관계를 알 수 있는 유일한 사례가 『위략(魏略)』이다. 『위략』에는 "고조선 왕이 연(燕)을 공격하려 하자 대부 예(禮)가 간하여 고조선이 공격을 멈추고 다시 대부 예를 연에 사신으로 파견하여 설득하여 연이 공격을 하지 않게 되었다."[51]고 기록되어 있다. 이를 통해 기원전 5세기~기원전 4세기의 고조선은 중국 전국 7국 가운데 한나라였던 연(燕)에 맞설 수 있던 나라였음을 알 수 있다. 이 기록에서 가장 주목되는 점은 고조선에서 전국시대 연(燕)나라에 대부(大夫) 예(禮)를 사신으로 파견한 사실이다. 즉, 『위략』 기록을 통해 기원전 4~3세기에 이르러 고조선의 대외 관계가 중국에 사신을 파견할 정도로 발전했음을 알 수 있다.

이상의 『위략』 기록 외에는 고조선이 중원 세력에게 사신을 파견한 예가 알려지지 않았다. 그러나 고조선과 중원 제국의 정치 세력 사이에는 필요에 의하여 사신을 교환하였을 가능성이 있다. 이종욱은 기원전 5~4세기에는 단순한 원거리 교역만이 아니라 고조선과 중국 사이에 생겨난 현안의 문제를 해결하기 위한 사신까지 파견하였음을 알 수 있다고 보았다. 다만, 기원전 5~4세기 당시에는 중국 주(周) 왕실에까지 사신을 파견할 필요성이 없었을 것이고, 가까운 위치에 있던 연(燕)이나 제(齊)에 사신을 파견했을 것으로 보았다.[52] 다시 말하면 아직 고조선과 중국 사이의 관계는 독립 주권국가 간의 관계로 중국 봉건국가들 사이에 행해지던 조근(朝覲)과 순수(巡狩)에 의한 관계는 이루어질 수 없었다고 보았다. 이러한 견해는 당시 고조선의 발전 단계를 볼 때 매우 적절한 해석이라 생각한다.

전국시대(戰國時代)에서 진(秦)에 이르는 시기의 고조선과 중국의 국제 관계에 대하여 『사기(史記)』 조선열전(朝鮮列傳)은 다음과 같이 설명하고 있다.

---

51) 『三國志』 권30 烏桓鮮卑東夷傳 제30 韓條 所引 『魏略』 "朝鮮侯亦自稱爲王 欲興兵逆擊燕以尊周室 其大夫禮諫之 乃止"

52) 이종욱, 앞의 책, 1993, 154~155쪽.

사진 1. 요서 건평현 소과영자 전국시대 연장성(燕長城) 유적

　　"연(燕) 전성 시기에 진번과 조선을 공략하여 복속시키고 관리를 두고 장새를 쌓았다. 진(秦)이 연(燕)을 멸한 뒤에 요동외요(遼東外徼; 요동 바깥의 요새)에 속하게 하였다."[53]

　　이 기록에 따르면 전국시대의 조선(朝鮮)은 연(燕)에 의해 공략되어 그 지역이 축소되었으며, '요동외요'에 속하였다고 한다. 당시 연(燕)에 공략되어 그 세력 범위가 줄어든 고조선과 진번의 위치는 대체로 요동과 한반도 서북 지방에 걸친 지역으로 보이지만 그 명확한 위치는 비정하기가 쉽지 않다.

---

53) 『史記』 115 朝鮮列傳55 "自始全燕時 嘗略屬眞番朝鮮 爲置吏 築鄣塞 秦滅燕 屬遼東外徼"

한편, 『사기』 흉노열전에서 진개가 동호를 1천여 리 물리치고 조양(造陽: 현 하북성 회래현)에서 양평(襄平: 현 요양시)에 이르는 지역에 장성(長城)을 쌓았다는 기록[54]을 통해 유추해 보면, 『사기』 조선열전 기록에 고조선이 연에 복속된 뒤에 "관리를 두고 장새를 쌓았다."는 것[55]은 군현(郡縣)의 설치를 의미한다고 보아야 할 것이다.[56]

그 군현의 구체적인 모습은 알 수 없으나 전국시대의 고조선은 중국에서 설치한 군현의 가장 동쪽에 해당하는 요동군(遼東郡)의 외곽에 위치하여 실질적으로 중국의 변군(邊郡)과 같은 국가로서 연(燕)에 사신을 파견하고, 요동군과 관계를 맺으면서 성장해 나갔다고 할 수 있다.

Ⅳ. 진(秦) 통일제국의 등장과 고조선의 외교 관계

진(秦)은 전국을 통일하면서 원래 진나라 안에서만 실행하던 지방행정 제도를 전국에 걸쳐 실행하였고 각지에 군현(郡縣)을 두었다. 전국적으로 46군(郡)을 설치하였는데, 그 중 원래 연(燕)나라 경내 5군(郡)은 옛 이름을 그대로 두었고 요령 지역과 관계있는 것으로 우북평군(右北平郡), 요서군(遼西郡)과 요동군(遼東郡)도 그대로 이름을 붙였다. 여기서 우북평군과 요서군은 기원전 225년에 두었는데,[57] 우북평군의 군치(郡治)는 무종[無終; 현 하북성 계현(薊縣)]에 두었고, 요서군의 군치는 양락(陽樂; 현 요령성 의현 서쪽)에 두었다. 요동군은 설치가 비교적 늦어서 기원전 222년

---

54) 『史記』110 匈奴列傳50 "其後燕有賢將秦開 爲質於胡 胡甚信之 歸而襲破走東胡 東胡却千餘里 燕亦築長城 自造陽至襄平 置上谷漁陽右北平遼西遼東郡以拒胡"

55) 『史記』115 朝鮮列傳55 "嘗略屬眞番朝鮮 爲置吏 築鄣塞"

56) 김한규, 「한대 중외관계의 몇가지 유형」, 『古代中國的世界秩序研究』, 一潮閣, 1982, 255쪽.

57) 『水經注』卷14 鮑丘水條 및 卷14 濡水條

연왕 희(喜)가 붙잡혀 포로가 된 후에 세워졌고, 군치는 그대로 양평[襄平; 현 요양시 (遼陽市)]에 두었다.

연(燕) 당시에는 위의 세 군(郡)에는 현(縣)을 두지 않았고, 진대(秦代)에 와서 군(郡) 아래 현(縣)을 두어 우북평군에는 16개, 요서(遼西)와 요동(遼東)에는 모두 29개의 속현(屬縣)이 있었다.[58] 이것은 진의 동북지방 관할체제가 더욱 정비되었음을 말하며, 통치 또한 훨씬 엄밀해졌음을 의미한다.

진(秦)의 군대는 중국 동북지방 남부에 대한 통제를 강화하기 위해 장성(長城)을 따라 북방 동호(東胡) 등의 남하를 방어했을 뿐 아니라, 남부의 중요 지점에도 병사를 나누어 지켰다. 『사기』「조선열전」에 보면 "연의 전성 시기에 일찍이 진번(眞番) 조선(朝鮮)을 복속시켜 관리를 두고 장새(鄣塞)를 쌓았다. 진이 연을 멸한 이후에 요동외요(遼東外徼)에 속하게 했다."는 기록[59]이 있다. 여기서 진(秦)은 조선(朝鮮)에 대해 요동 바깥의 장새(障塞)를 두어 통제했음을 볼 수 있다.

조선(朝鮮)의 지위는 요동(遼東)·요서(遼西)의 군과는 비록 구별이 있으나, 진(秦)에 예속된 것은 분명한 사실이며, 이 때문에 한초(漢初)에는 오히려 조선 북부에 "진 고공지 상하장(秦故空地 上下障)"[60]이 생기게 된 것이다. 또 진의 각종 법령에는 그대로 "동으로 바다에 이르러 조선에 미친다."라고 기록되어 있고,[61] 이를 근거로 "진이 이미 천하를 병합함에 동으로 패수를 끊고 아울러 조선을 멸하였다."[62]고 적고 있다.

『위략』에는 "진(秦)이 천하를 통일한 뒤 몽염(蒙恬)을 시켜 장성(長城)을 쌓게 하여 요동(遼東)에 이르렀다."[63]고 한다. 『사기』진시황본기에는 "진시황 26년(기원전

---

58) 『史記』卷57 周勃世家
59) 『史記』卷110 朝鮮列傳 "自始全燕時 嘗略屬眞番朝鮮 爲置吏 築障塞 秦滅燕 屬遼東外徼"
60) 『史記』卷115 朝鮮列傳 第55
61) 『史記』卷6 秦始皇本紀 "東至海暨朝鮮"
62) 『鹽鐵論』卷3 誅秦 "秦旣并天下 東絶沛水 并滅朝鮮"
63) 『三國志』30 『魏書』30 烏桓鮮卑東夷傳 所引 『魏略』 "及秦并天下 使蒙恬築長城 至遼東"

220) 진나라의 영역을 동으로 바다에 이르러 조선에 미치고 북으로는 황하를 요새로 삼아 음산(陰山)에서 요동(遼東)에 이르렀다."[64]고 한다. 즉 기록에 따르면 진(秦)은 연(燕)이 장악하였던 요동(遼東) 지역을 영토로 확보하게 되었다. 기원전 3세기 이후 요동(遼東) 지역에는 요동군(遼東郡)이 설치되어 중국 군현 세력이 장악하고 있었다. 당시 고조선은 한반도 서북 지방을 영토로 하면서 기본적으로 요동군과 관계하면서 성장해 나갔다.

진한(秦漢) 시기 이후 중국 동북지방 '동이(東夷)의 세계'와 본격적으로 접촉하기 시작한 중국 왕조는 그 지역에서 생각보다 발달한 토착 농경문화를 발견했으며, 부분적으로나마 중원(中原)문화도 전파된 것을 확인했다. 때문에 그들은 이 지역에도 중국의 농경(農耕) 사회를 통치하는 군현지배(郡縣支配)가 가능하다고 판단했으며, 실제 그 판단 아래 설치한 중국 군현은 비교적 장기간 유지되기도 했다.[65]

그러나 확실히 다른 이적(夷狄)과는 달리 이 중국 동북지역의 주민들은 결국 독자의 국가를 다시 형성하여 군현(郡縣)을 축출하였고, 중국문화를 적극 수용하여 '소중화(小中華)'를 건설해 나갔다. 이것은 이 지역에 대한 중국의 군현 지배 욕구를 더욱 자극했지만, 이미 그것은 불가능한 일이었다. 때문에 중국은 조공–책봉 체제로 이 지역에 대한 안전망을 구축하는 한편, 문화가 필요했던 '동이(東夷)'들도 이 외교 형식을 일단 인정했다. 그러나 이 불평등한 평화 공존은 그 본질상 쌍방 간의 이해와 세력 균형에 따라 부침할 수밖에 없었다.[66]

진(秦) 제국 당시 고조선과 연(燕) 사이에 공식적인 외교 관계가 있었는지는 알길이 없다. 그러나 『삼국지』에 인용된 『위략』에는 "진(秦)이 천하를 병합함에 이르러 몽염(蒙恬)으로 하여금 장성(長城)을 쌓게 하여 요동까지 이르게 하였다. 이 때 조선의 왕 부(否)가 왕위에 있었는데, 진(秦)이 습격할까 두려워하였고, 진(秦)에 복

----

64) 『史記』 卷6 秦始皇本紀 "地東至海暨朝鮮 … 北據河爲塞 並陰山至遼東"

65) 이성규, 앞의 논문, 2004, 47쪽.

66) 이성규, 앞의 논문, 2004, 48쪽.

속되어 조회(朝會)를 했어야 하지만 끝내 조회하지 않았다."[67]고 하였다.

여기서 조선왕 부(否)가 진에 습격을 받을까봐 두려워하고 조회를 하지 않았다는 기록을 보면 진의 황제에 의해 조선인이 철저하게 지배된 것은 아니었음을 알 수 있다. 조회(朝會)란 개념 자체가 간접적이고 집단적인 지배를 의미하기 때문이다.[68] 이로 미루어 보면 고조선은 진에 대해 실질적으로 독립 관계를 유지한 것을 알 수 있다.[69] 즉 고조선의 부왕(否王)이 진(秦)의 침략을 막기 위하여 정책적으로 진에 복속한 것을 알 수 있다. 어쨌든 『위략』의 고조선 기록을 통해 고조선 부왕의 진(秦)에 대한 복속은 실질적인 복속은 아니었으나 고조선과 중국 사이에 구체적인 외교 관계가 시작된 사실에 주목할 필요가 있다. 그러나 그 이후 고조선과 중국의 중앙정부 사이에 지속적이고 직접적인 외교 관계는 한(漢) 무제(武帝) 이전에는 없었다고 할 수 있다.

그렇다면 한 무제 이전 고조선이 정치적 교섭을 벌인 중원세력은 과연 어느 나라였을까? 현재까지의 자료로만 보면 파악이 쉽지 않으나 기록에 충실하면 중국과 고조선의 관계는 연(燕)과 제(齊)를 통하여 이루어졌고, 후일 요동군(遼東郡)이 설치된 이후에는 요동군을 통하여 이루어진 것으로 보는 것이 합리적이다.[70]

진(秦)과 고조선(古朝鮮)의 외교 관계 모습은 『사기(史記)』에 기재된 남 비엣[南越] 기록을 통해 명확하게 이해할 수 있다. 『사기』 율서(律書)에는 "진의 효문제(孝文帝)가 즉위함에 이르러 장군 진무 등이 의논하여 가로되, 남 비엣과 조선은 전성기 진(秦)에 내속(內屬)하여 신하가 되었다."[71]고 하였다. 즉, 진(秦) 제국 당시 고조선은 남 비엣과 함께 진에 복속되어 관리를 받는 내속(內屬) 상태에 있었다고 한다.

---

67) 『三國志』30 『魏書』30 烏桓鮮卑東夷傳 所引 『魏略』 "及秦幷天下 使蒙恬築長城 至遼東 時朝鮮王否立 畏秦襲之 略服屬秦 不肯朝會"

68) 김한규, 앞의 책, 1982, 255쪽.

69) 이종욱, 앞의 책, 1993, 195쪽.

70) 이종욱, 앞의 책, 1993, 196쪽.

71) 『史記』 25 律書3 "歷至孝文卽位 將軍陳武等議曰 南越朝鮮自全秦時內屬爲臣子"

여기서 구체적으로 내속(內屬) 상태가 어떤 의미의 관계를 말하는지 살펴볼 필요가 있다. 내속(內屬)의 의미에 대해서는 조선과 함께 진에 내속되었다는 남 비엣[南越]의 존재 형태에 대하여 검토함으로써 간접적으로 시사 받을 수 있다. 『사기』남월열전(南越列傳)에는 "민월왕(閩越王) 무저(無諸) 및 월(越)의 동해왕 요(搖)는 그 조상이 모두 월왕 구천(句踐)의 후예이다. 진(秦)이 이미 천하를 병합함에 미쳐 모두 폐하여 군장(君長)으로 삼고, 그 땅을 민중군(閩中郡)으로 삼았다."[72]고 했다.

기록에 따르면 통일의 결과로서 남 비엣의 영토는 진(秦)의 군현(郡縣)으로 편입하였고, 그 왕은 폐하여 군장(君長)이 되었다고 한다. 분명 진대(秦代)에는 군장(君長)이라는 작위나 관위가 없었다. 따라서 '폐하여 군장으로 삼았다'는 것은 왕(王)에서 강등되어 군장(君長)에 봉(封)해졌다는 것이 아니라, 여러 월(越)국의 왕(王)을 작제적(爵制的) 질서로부터 배제하여 단순한 족장(族長)의 위치로 되돌렸음을 의미하는 것으로 볼 수 있다.[73]

이러한 상황은 비슷한 국가 운영 경험을 거친 고조선에도 적용해 볼 수 있다. 즉 진대(秦代)의 고조선은 진(秦)에 내속(內屬)하여 간접적이고 집단적 지배 체제로 편입되었지만 영토는 진(秦)의 군현(郡縣)에 직접 편입되지 아니하였고, 고조선의 고유한 지배질서를 유지하면서 요동군(遼東郡)의 관할 하에 있었다고 볼 수 있다. 고조선의 이러한 존재 형태는 한대(漢代)의 서남이(西南夷) 제국이 군현(郡縣)에 직접 편입되지는 않으면서, 변군(邊郡)에 예속되어 산재(散在)한 모습과 같은 것이었다.[74]

결국 진대(秦代)의 고조선은 요동군의 관할 하에 진(秦) 왕실과 외교 관계를 맺어 나갔다고 할 수 있다.

---

72) 『史記』 113 南越列傳53 "閩越王無諸及越東海王搖者 其先皆越王句踐之後也 姓騶氏 秦已并天下 皆廢爲君長 以其地爲閩中郡"

73) 張榮芳·黃淼章 著, 『南越國史』[修訂版], 廣東人民出版社, 1995, 58~110쪽; 김한규, 앞의 책, 1982, 256쪽.

74) 『史記』 116 西南夷列傳56 "西南夷君長以什數 夜郎最大 此皆魋結 … 邑聚 … 其俗或土着 或移徙"

Ⅴ. 위만조선(衛滿朝鮮)과 한(漢)의 외신(外臣) 관계

1. 위만조선(衛滿朝鮮)의 성립과 국가적 특성

대체로 고조선과 주변 국가, 특히 중국과의 사신 왕래에 의한 외교 관계가 형성되는 것은 위만(衛滿)의 등장 이후에 가능했던 것으로 볼 수 있다. 고조선과 중국과의 관계에 대한 문헌 기록은 위만조선(衛滿朝鮮)이 성립한 이후부터 분명하게 등장한다.

진말(秦末)~한초(漢初)의 장기적 대혼란은 중국 동북지방 일대에 커다란 동요를 초래하였다. 오랜 전란을 피하기 위해 연(燕)·제(齊)·조(趙) 등 중국 동북지방의 주민들이 대규모로 중국의 동쪽 지역인 조선(朝鮮) 지역으로 이동하게 되었다.『삼국지』동이전(東夷傳) 한조(韓條)에 인용된『위략(魏略)』에서는 이 무렵의 대규모 인구 이동에 대하여 자세히 전하고 있다.[75]

중국인 유망민 집단의 대규모 이동은 조선의 국가적 성격을 크게 변질시켰을 뿐만 아니라, 중국과 조선의 기존 관계를 변경시키는 데도 결정적 영향을 미쳤다. 왜냐하면 이들 수만 명의 중국 유이민 집단 가운데 한 세력인 위만(衛滿) 집단에 의해 기존의 조선(朝鮮) 왕조가 멸망되고, 한(漢)과 대등하게 대립할 만한 새로운 독립국가가 고조선 땅에 건설되었기 때문이다.

고대 국가로서 고조선은 멸망 시까지 그 국가적 성격이 삼국(三國)과 달리 지역 세력들의 연맹적인 상태에 머물렀다. 왕권도 강하다고 할 수 없었다. 그러나 고조선사 전체를 보면 위만이 집권한 위만조선 단계에 이르러서야 비로소 고대 국가로서의 지배 체제가 어느 정도 갖추어졌으며, 중국 한(漢)과의 외교 관계를 통해 선진 문물을 받아들였음을 알 수 있다.

---

75)『三國志』30『魏書』30 烏桓鮮卑東夷傳 所引『魏略』"二十餘年而陳項起 天下亂 燕齊 趙民愁苦 稍稍亡往準 準乃置之於西方"

『사기』 조선열전을 자세히 보면 위만은 따로 중국적 질서에 편입되거나 유이민들을 토착인과 구분한 정책을 취하지 않았다. 위만은 이전 고조선 사회의 지배체제를 그대로 계승하여 국호(國號)도 여전히 조선(朝鮮)이라 칭하고 국력 강화를 위해 노력하였다.[76] 위만조선은 이웃한 진번(眞番)·임둔(臨屯)·동옥저(東沃沮) 등지에서 나오는 풍부한 물자를 확보하고 그것을 바탕으로 사회를 유지하였다. 또한 철기문화를 바탕으로 국가적 성장 과정에서 주변 세력을 복속시키고 속민집단으로 편제하여 안정된 수취기반을 확대해 가는 데 주력하였다.

위만조선은 사방 천 리 영역 내에 있는 여러 소국(小國)들을 통제하고, 한(漢)과 교역하는 한반도 남부 여러 소국 및 부족들을 통제하여 중계무역의 이득을 취하였다.[77] 이렇게 강화된 힘을 바탕으로 인근의 진번(眞番)·임둔(臨屯) 등을 복속시키면서 고대 국가로서 성장해 나갔다. 따라서 고조선 사회의 정치적 통합 규모는 공납(貢納)과 고조선에서 내려주는 사여(賜與)·증여(贈與) 형식을 통해 규정되었을 것이다. 이처럼 위만(衛滿) 왕조는 위만이 이끄는 유이민 집단과 토착 고조선 세력을 지배 체제에 참여시켜 양측의 갈등을 줄이고 정치적 안정을 도모하였다. 그리고 유이민 집단과 함께 전래된 일부 중국 문물을 수용하여 군사력을 강화해 나갔다.[78]

한(漢)·흉노(匈奴)·남 비엣[南越] 등과 비슷한 시기에 건국된 위만조선(衛滿朝鮮)의 성립 과정에 대하여 『사기(史記)』, 『위략(魏略)』, 『삼국지(三國志)』 등의 기록을 보면, 위만은 연(燕)의 망인(亡人)이며, 위만조선은 진(秦) 멸망 이후 중국의 동북지방에서 유입된 중국 유이민 집단에 의해 성립되었다고 한다.[79] 이러한 점에서 조선(朝鮮)의

---

76) 『史記』115 朝鮮列傳 55 "滿亡命聚黨千餘人 … 居秦故空地上下鄣 稍役屬眞番朝鮮蠻夷及故燕齊亡命者王之"

77) 『史記』115 朝鮮列傳 55 "傳子至孫右渠 所誘漢亡人玆多 又未嘗入見 眞番旁衆國欲上書見天子 又擁閼不通"

78) 송호정, 앞의 책, 2003, 419~422쪽.

79) 『史記』115 朝鮮列傳 55 "燕王盧綰反入匈奴 滿亡命聚黨千餘人 … 稍役屬眞番朝鮮蠻夷及故燕齊亡命者王之"

국가적 성격은 남 비엣[南越]의 그것과 매우 유사하다. 건국의 시기와 상황적 배경이 비슷할 뿐만 아니라, 그 정권의 주도세력이 다 같이 중국인 이주민 집단이라는 점에서 공통된다. 따라서 남 비엣과 한(漢)의 관계에 대한 고찰은 위만조선(衛滿朝鮮)과 한(漢)의 관계를 살피는 데 많은 시사점을 준다.

『사기(史記)』「남월열전(南越列傳)」을 보면 남 비엣에는 유이민 세력들이 지배체제에 일부 포함되어 있었지만 이들은 토착인들과 따로 구별되거나 별도의 세력을 형성한 것은 아니었다.[80] 남 비엣 왕조 역시 중국계(中國系)로 시작되었다. 남 비엣 사회는 찌에우 다[趙佗]를 둘러싼 소수의 중국인 집단에 의해 지배층이 구성되어지기는 했으나, 그가 다수의 비중국인 토착사회와 밀착되어 있었기 때문에 국가체제를 유지하는 것이 가능하였다. 찌에우 다는 토착적인 관습을 익히고 스스로를 토착인과 동일시하였다. 기원전 196년 한 고조의 사신을 맞을 때도 현지의 관습에 따랐고 한에 대하여 독립적이고 대등한 입장을 취하였다.[81]

이후 여후(呂侯) 시대에 접어들어 한(漢)이 남 비엣에 철기 수출을 금지하면서 양국의 관계가 단절되자 찌에우 다는 스스로를 무제(武帝)라 칭하고 독립하였다. 그리고는 한의 남변에 있는 장사(長沙)를 공격하고, 나아가 민월(閩越)이나 서구 락을 종속시켜 세력을 확장하였다.[82] 이렇게 세력을 강화할 때는 유이민 계통과 토착민의 구분이란 의미가 없었다.

이상에서 주목되는 점은 한(漢)의 주변국인 남 비엣[南越]과 조선(朝鮮)의 경우 비록 왕조의 출발은 중국계 관인에 의해 시작되었으나 유이민과 토착민 사이에 구분되는 활동이나 종족적 차이를 보이지 않고 하나의 국가와 민족으로서 한(漢)에 대항하면서 발전해 나갔다는 것이다. 고조선과 남 비엣 두 나라가 이처럼 유사한

---

80) 『史記』113 南越列傳 第53

81) 劉仁善, 「趙佗의 南越國」, 『베트남史』, 民音社, 1984, 28~31쪽; 張榮芳·黃淼章 著, 앞의 책, 1995, 184~207쪽.

82) 『史記』卷113 南越列傳 第53 "佗因此以兵威邊 財物賂遺閩越西甌駱役屬焉 東西萬餘里"

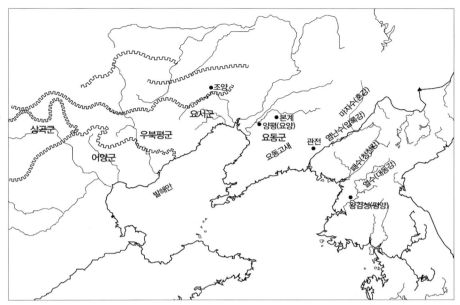

도 1. 고조선 관련 주요 명칭

역사상을 갖게 된 것은 당시 한(漢)의 정책이 남 비엣과 고조선에 동일하게 적용되었기 때문이라 할 수 있다.

2. 한(漢)과 위만조선의 외신(外臣) 관계 성립

『사기(史記)』 조선열전(朝鮮列傳)에는 한대(漢代)에 이르러 고조선(古朝鮮)에 대한 중국의 정책이 이전보다 크게 후퇴하였음이 기록되어 있다.[83] "한(漢)이 일어남에 다시 요동고새를 수리하고 패수(浿水)에 이르러 경계를 삼았다."[84]고 하였다. 고조

---

83) 『史記』115 朝鮮列傳 55 "自始全燕時 嘗略屬眞番朝鮮 爲置吏築鄣塞 秦滅燕 屬遼東外徼 漢興 爲其遠難守 復修遼東故塞 至浿水爲界 屬燕"

84) 『史記』115 朝鮮列傳 55 "漢興 爲其遠難守 復修遼東故塞 至浿水爲界"

선이 한과 지리적으로 너무 떨어져있어 지키기 어렵기 때문에 요동군(遼東郡)의 고새(故塞)를 다시 수축하고 패수(浿水)로써 조선 땅과 경계를 나누었다는 것이다. 이는 한(漢)이 처음 성립되었을 당시 국가적 상황이 진(秦) 왕조 때처럼 고조선의 내속(內屬)을 유지하기 어려웠음을 가리킨다.

위만조선(衛滿朝鮮)이 성립한 정확한 시기에 대해서는 정확치 않지만, 『사기』 조선열전에서는 연왕(燕王) 노관(盧綰)이 흉노(匈奴) 땅으로 망명한 직후로 나온다.[85] 노관이 흉노 땅으로 망명한 시기가 기원전 194년이므로 위만의 망명과 위만조선의 성립 시기 또한 대개 기원전 2세기 초라고 볼 수 있다. 기원전 2세기 초 고조선 땅으로 온 위만은 고조선의 서방 지역에 자리하고 일정 기간 동안 세력을 키운 뒤에 고조선의 준왕(準王)을 밀어내고 그 뒤를 이어 후기 고조선 왕조의 전성 시기를 이끌었다.

위만이 집권한 당시의 한(漢)은 효혜(孝惠: 기원전 195~188) 고후(高后: 기원전 206~195) 시절로 흉노 및 남 비엣 등과 화친(和親) 관계를 유지해 나갔다. 위만조선 역시 효혜(孝惠) 고후(高后) 시절 한(漢)과 외신(外臣) 관계를 맺었다.[86] 이는 『사기』 태사공(太史公) 자서(自序)에서 위만조선이 외신(外臣) 체제에 편입되어 있었음을 강조[87]하고 있는 데서 확인할 수 있다.

한대(漢代)에는 주변 민족의 수장을 '외신(外臣)'이라 불렀다. 이는 중국 내부의 제도가 주변 민족의 수장에게까지 미치게 된 것이라 할 수 있다. 이처럼 중국 황제와 주변 민족의 수장 사이에 관작(官爵)의 수여를 매개로 해서 맺어지는 관계를 니시지마 사다오[西嶋定生]는 책봉체제(冊封體制)라 이름 붙였다. 이러한 책봉체제를 지탱하는 정치사상은 중국 고유의 중화사상(中華思想)과 왕화사상(王化思想)인데, 책봉

---

85) 『史記』 115 朝鮮列傳 55 "燕王盧綰反入匈奴 滿亡命聚黨千餘人 魋結蠻夷服而東走出塞 渡浿水 居秦故空地上下鄣 稍役屬眞番朝鮮蠻夷及故燕齊亡命者王之"

86) 『史記』 115 朝鮮列傳 55 "會孝惠高后時天下初定 遼東太守卽約滿爲外臣 保塞外蠻夷 無使盜邊 諸蠻夷君長欲得入見天子 勿得禁止"

87) 『史記』 太史公自序 "燕丹散亂遼間 滿收其亡民 厥聚海東 以集眞蕃 葆塞爲外臣"

체제를 살펴보기 위해서는 이것에 유의할 필요가 있다.

요컨대 책봉(冊封) 관계의 설정은 중국 군주의 덕화(德化)에 의해 이상적인 질서가 실현된다는 왕화사상에 뒷받침되어 있다. 책봉한 나라에 덕을 미쳐 이들을 덕화하는 것은 이른바 중국 군주의 의무인 것이다. 한편 책봉을 받은 나라는 중국 문화를 수용하는 한편, 이 책봉 관계를 통해 중국 문화권이 형성되게 된다. 이리하여 동아시아문화권, 즉 중국문화권은 중국을 중심으로 하는 정치권[책봉체제]과 합치되고, 동아시아 문화권의 형성은 책봉체제라는 정치구조와 그것을 지탱하는 정치사상 없이는 있을 수 없다는 이야기가 성립하게 된다.[88] 이처럼 동아시아문화권의 형성은 책봉체제의 성립이나 이를 지탱하는 정치사상의 성립을 전제로 하는 것이 된다.

책봉체제라는 중국을 중심으로 하는 국제 관계의 논리와 형식이 갖춰지는 것은 전한(前漢) 초기였다. 그것의 구체적인 예는 기원전 2세기 초 현재의 중국 남부 광동·광서성에서 베트남 북부에 걸쳐 세력을 가졌던 찌에우 다(趙佗)가 남 비엣 왕[南越王]에 책봉된 것을 통해 알 수 있다. 그리고 한반도 동북부를 지배하고 있던 위만(衛滿)이 조선왕(朝鮮王)에 책봉된 사실에서도 알 수 있다. 남 비엣 왕과 조선 왕은 이때 한(漢)의 황제인 무제(武帝)와 군신(君臣) 관계를 맺고 외신(外臣)으로 임명되었다.[89]

위만은 한의 외신(外臣)으로서 관계를 맺고 조선에서 왕 노릇을 하였다. 그 외교 형식은 한(漢) 황제로부터 관직과 인수(印綬)를 사여 받아 제후국으로서 국가를 통치하는 형태였을 것이다. 『사기』 조선열전에는 인수(印綬)를 내려주었다는 기사가 생략되어 있지만, 남 비엣이나 흉노 등 외신(外臣) 체제에 있었던 제국(諸國)의 경우를 보아 고조선 역시 당연히 진공(進貢)과 회사(回賜)라는 경제적 관계와 그에 따른 부수적 관계를 동반하는 책봉(冊封) 체제에 편입되어 있었을 것이다.[90]

---

88) 이성시, 앞의 책, 2001, 144쪽.

89) 상동.

90) 김한규, 앞의 책, 1999, 27쪽.

여기서 위만조선이 한(漢)과 맺은 외신(外臣) 관계는 어떠한 내용을 갖고 있는지 살펴볼 필요가 있다. 『사기』서남이(西南夷)열전을 보면 한대(漢代)의 남 비엣도 한과 외신(外臣) 관계를 맺었다고 한다.[91] 『사기』남월열전에는 한 고조가 계림(桂林) 일대를 점령하고 스스로 '남월무왕(南越武王)'에 오른 찌에우 다(趙佗)를 남 비엣 왕에 봉하고 외번국(外蕃國)으로 하는 군신(君臣) 관계를 맺었음이 기록되어 있다. 이후 남 비엣은 한의 제후로 임명되어 사신(使臣)을 보내고 중국과 관시(關市) 무역을 통해 성장하면서 주변 오랑캐를 화집(和集)시키는 임무를 부여받았다고 한다.[92]

역사상 남 비엣은 93년의 역사 가운데 여후(呂侯)가 칭제(稱帝)하고 한(漢)에 대항했던 4년 정도(기원전 183~179)의 기간을 제외하고 나머지 기간 동안에는 중국 한 왕조에 '칭신(稱臣)'하는 '신속(臣屬)' 관계에 있었다.[93] 여기서 한(漢)이 맺은 외신(外臣) 관계는 하나의 제후국이 한(漢)과 사신(使臣)을 통하고 그 대가로 한의 선진 문물을 관시(關市) 교역을 통해 받아들이고, 주변 나라들에 대해 일정한 통솔의 임무도 부여받은 관계임을 알 수 있다. 이러한 한과 남 비엣 및 위만조선이 맺은 외신 관계는 넓게 보면 한(漢)과 흉노(匈奴) 사이에 화친(和親) 관계를 맺은 것과 유사한 관계로 볼 수 있다.[94]

한편 한과 위만조선 사이에 맺어진 약(約)의 구체적인 내용은 크게 두 가지로 나누어 생각해 볼 수 있다. 그 하나는 새외만이(塞外蠻夷)를 보호하여 변경을 침범치 못하게 한다는 것이고, 또 다른 하나는 여러 만이(蠻夷)의 군장이 천자에게 입견(入見)하려 할 때는 이를 금지할 수 없다는 것이다.[95]

---

91) 『史記』116 西南吏列傳 56 "南越王黃屋左纛 地東西萬餘里 名爲外臣 實一州主也"

92) 『史記』113 南越列傳 53 "佗爲南越王 與剖符通使 和集百越 … 高后時有司請禁南越 關市鐵器"

93) 張榮芳·黃淼章 著, 앞의 책, 1995; 劉仁善, 앞의 책, 1984.

94) 『史記』匈奴列傳 50 "冒頓旣立 … 使劉敬結和親之約";『漢書』94 匈奴列傳 64 "武帝 卽位 明和親約束 厚遇關市 饒給之"

95) 『史記』115 朝鮮列傳 55 "遼東太守卽約滿爲外臣 保塞外蠻夷 無使盜邊 諸蠻夷君長欲

전자의 경우는 한(漢)과 남 비엣[南越]의 약(約)에서 보이는 "남월이 백월을 화합하고 모아 한의 남변을 침범치 못하게 한다."[96]는 것과 상응한다. 남 비엣의 예를 보면, 고조선의 경우도 약(約)을 통하여 중국과 접근한 동이(東夷)의 제 부족을 화합하고 중국의 동북변경을 침범치 못하게 감시 보호한다는 임무를 부여받았다고 보인다. 이는 일견하여 한(漢)의 이익에는 부합되는 조건인 듯이 보이지만, 한편으로는 동이(東夷) 여러 부족에 대한 조선(朝鮮)의 종주적(宗主的) 지위를 한(漢)이 인정하는 것으로 이해될 수도 있다. 한편, 한과 고조선의 외신 관계에는 한(漢)이 동이(東夷) 여러 부족을 직접적으로 파악하여 그들을 중국적 세계질서의 한 구성 요소로 정착케 하려는 것도 포함하고 있다고도 해석할 수 있다.[97] 이는 한(漢)이 남 비엣[南越], 즉 제월(諸越)의 국제 질서까지 간섭하여 규제함으로써 남 비엣을 직접 지배하려 한 것과 같다.

이상의 한대(漢代) 고조선의 외신(外臣) 관계는 고조선의 고유한 지배질서를 유지하면서 요동군(遼東郡)의 관할 하에 있었던 진대(秦代)의 국제 관계보다 훨씬 강화된 국제 관계라고 할 수 있다.

위만은 중국으로부터 병위(兵威)와 재물(財物)을 취득함으로써 그 이웃의 소읍(小邑)을 침략하고, 마침내 진번·임둔·옥저 등 동이 계통 부족들을 복속시켜 사방 수천 리의 영역국가로 발전할 수 있었다. 남 비엣[南越] 역시 관시(關市)와 사통(使通)에 의해 수입된 철제 무기로 무장하여 동서 1만여 리의 큰 영토국가를 건설할 수 있었다.[98]

한(漢)이 고조선과 외신(外臣) 관계를 맺고 고조선에 병위재물(兵威財物)을 제공한 목적은 고조선이 그 주변 부족을 견제하여 중국의 변경을 침범하지 않도록 하는

得入見天子 勿得禁止"

96) 『史記』南越列傳 "和集百越 毋爲南邊害 與長沙接境"

97) 김한규, 앞의 책, 1982, 254쪽.

98) 『史記』卷113 南越列傳 第53 "高后時 有司請禁南越關市鐵器" "佗因此以兵威邊 財物 賂遺閩越西甌駱役屬焉 東西萬餘里"

데 있었을 것이다. 한으로서는 고조선이 주변 지역을 관리하는 그 이상의 힘을 보유하게 되는 것을 결코 원하지 않았을 것이다. 그러나 고조선에 제공된 철기와 재물은 조선의 국력을 강화하는 데 기여하였다. 그것은 문제(文帝: 기원전 179~157) 초에 장군 진무(陳武) 등이 조선(朝鮮)과 남 비엣[南越]이 병력을 갖추고 중국을 엿보고 있으니 이를 치자고 주청한 기록[99]을 통해 알 수 있다. 이 당시 위만조선은 발달된 철기문화와 철제 무기를 바탕으로 한반도 서북지방에서 요동 방면으로 진출을 꾀한 것이 아닌가 짐작된다.

이와 같은 조선의 행위는 외신(外臣) 체제의 파괴를 의미하는 것임은 물론이다. 한(漢)과 고조선의 불안한 외신 관계는 이미 문제(文帝) 시대부터 약(約)체제의 모순으로 인해 붕괴되고 있었다. 한(漢) 무제(武帝) 시기에 이르면 동아시아 세계 질서에 큰 변화가 발생한다. 당시 중국은 제국(帝國) 체제를 수립하였다. 이에 따라 당시 동아시아 일대에서 활약하던 한(漢)과 흉노(匈奴), 조선(朝鮮)과 남 비엣[南越] 등 상호 역학 관계에 심각한 변화가 일어난다.

고조선은 통일 제국인 한(漢)과 관시(關市)의 개설이나 요동 지역의 주도권 인정 등 실질적 이익을 얻기 위하여 외신(外臣)의 지위를 받아들였다. 그러나 이후 양국 관계에서 사실상 외신(外臣)의 지위를 방기하고 흉노(匈奴)의 왼팔이 되었다는 기록[100]을 보면 흉노와 연결하여 세력을 키우면서 한과의 약속을 잘 지키지 않았던 것으로 볼 수 있다.

위만의 손자 우거왕(右渠王) 대에 이르면 이미 한(漢)과 위만조선의 공식적인 외교 관계는 지속되지 않는다. 이는 그간의 달라진 사정을 잘 말해준다. 고조선은 주변 소국들이 중국과 교류하는 것을 통제·독점함으로써 부를 쌓고 국력을 강화해 갔다. 고조선의 우거왕은 강력한 국력과 한(漢)에서 멀리 떨어진 지리적 조건을 이용하여 한의 조서를 거부하고 독자적으로 주변 읍락집단과 소국들을 통제하기에 이른다. 그리고 중간무역의 이익을 독점하기 위해 한강 이남에 있는 진국(辰國)

---

99) 『史記』 25 律書3 "南越朝鮮 自全秦時 內屬爲臣子 後且擁兵阻阨 選蝡觀望"
100) 『漢書』 73 韋玄傳 "東伐朝鮮 起玄菟樂浪 以斷匈奴之左臂"

등 여러 나라가 한(漢)과 직접 통교하는 것을 금지시켰다.[101]

　이러한 한(漢)과의 외교 관계 거부 결정은 철제무기 제작기술을 습득했으며, 기술 수준 또한 일정 수준에 도달했기에 가능했을 것으로 보인다. 이 같은 고조선의 행동은 한(漢)과 위만(衛滿) 사이에 맺은 이른바 외신(外臣)의 규정에는 어긋나므로 한을 자극하였을 것이다.

　한편, 기원전 128년(元朔 元年)에 예군남려(濊君南閭)가 우거(右渠)의 지배에서 벗어나 28만구(萬口)를 거느리고 한의 요동군(遼東郡)에 내속(內屬)하였기 때문에 무제는 그 땅을 창해군(蒼海郡)으로 하였다.[102] 이 군은 2년 만에 폐지되지만 예군남려의 요동군 내속은 한과 조선의 관계를 악화시켰음에 틀림없다. 그 후 흉노(匈奴)의 좌비(左臂)를 단절할 목적으로 기원전 109년(元封 2)에 한 무제는 조선을 침공하여 멸망시키고, 그 땅에 한군현(漢郡縣)을 두었다.[103]

　기원전 108년 한(漢)이 고조선을 멸망시키고 군현(郡縣)을 설치한 것은 기본적으로는 한의 법령 밖에 있던 외번(外藩)을 군현화(郡縣化)시키고, 직접 통치 또는 지배하려고 기도했던 사실을 보여주는 것이다.[104] 한은 고조선 지역에 군현을 설치하여 이전에 위만조선에게 부여한 외신(外臣)의 역할보다 더 강력하게 중국 동북지역의 만이(蠻夷) 세력을 묶어 두고 통치하려고 했다. 다만 주변 각국에 설치된 군(郡)의 성격은 나라마다의 사정에 따라 서로 차이가 있었다.[105]

---

101) 『史記』 115 朝鮮列傳 55 "眞番旁衆國欲上書見天子 又擁閼不通"

102) 『後漢書』 85 東夷 濊傳 "濊君南閭等畔右渠 率二十八萬口詣遼東內屬 武帝以其地爲 蒼海郡"

103) 『史記』 115 朝鮮列傳 55 "天子募罪人擊朝鮮 … 誅成己 以故遂定朝鮮"

104) 李春植, 『中國古代史의 展開』, 藝文出版社, 1986, 385~386쪽; 이성규, 「중국 군현으로서의 낙랑」, 『낙랑 문화 연구』, 동북아역사재단 연구총서 20, 2006.

105) 窪添慶文, 「樂浪郡と帶方郡の推移」, 『日本古代史講座』 3, 學生社, 1981; 栗原朋信, 「漢帝國と周辺諸民族」, 『岩波講座 世界歴史』 4, 1970, 483쪽.

Ⅵ. 맺음말

지금까지 본문에서는 고조선의 성장과 발전 과정에 따라 고조선이 중원 제국과 어떻게 국제 관계를 맺고 성장해 갔는가를 살펴보았다. 이하에서는 논문의 내용을 정리하는 것으로 결론에 대신하고자 한다.

고조선이 중국과 외교 관계를 수립하는 구체적인 시점을 생각할 때 먼저 고려해야 할 점은 역사상 '중국(中國)' 또는 '중화(中華)'라는 개념이 출현한 이후에야 중국과의 관계를 이야기하는 것이 가능하다는 사실이다. 이때 중국에서 천하(天下)나 사해(四海)의 개념이 성립한 시점은 대개 전국시대(戰國時代) 이후라고 할 수 있다. 그리고 진(秦) · 한(漢) 제국의 통일 이후 체계적인 이론이 완성되었다고 할 수 있다. 따라서 기본적으로 동아시아가 중국 중심의 책봉 질서에 들어가는 진한(秦漢) 시기부터 고조선의 외교 관계를 명확히 할 수 있고, 그 이전 단계는 경제적 교역에 초점을 맞추는 것이 합리적이라 생각한다.

『관자』를 비롯한 선진(先秦) 문헌의 고조선 기록과 고고 자료로는 기원전 4세기이전 고조선의 국제 관계에 대한 내용은 경제적 교섭이나 문화적 교류를 이야기할 수 있을지 몰라도 조공-책봉 관계를 매개로 한 중국과의 외교 관계가 있었다고 말하기는 어렵다.

이후 전국시대의 고조선은 『위략(魏略)』 기록에 따르면 중국에서 설치한 군현의 가장 동쪽에 해당하는 요동군(遼東郡)의 외곽에 위치하여 실질적으로 중국의 변군(邊郡)과 같은 국가로서 연(燕)에 사신을 파견하고, 요동군과 관계를 맺으면서 성장해 나갔다고 할 수 있다.

진대(秦代)의 고조선은 진(秦)에 내속(內屬)하여 간접적이고 집단적 지배 체제로 편입되었지만 영토는 진(秦)의 군현(郡縣)에 직접 편입되지 아니하였고, 고조선의 고유한 지배질서를 유지하면서 요동군(遼東郡)의 관할 하에 있었다고 보인다.

대체로 고조선과 주변 국가, 특히 중국과의 사신 왕래에 의한 외교 관계가 형성되는 것은 위만(衛滿)의 등장 이후에 가능했던 것으로 볼 수 있다. 고조선과 중국과의 관계에 대한 문헌 기록은 위만조선(衛滿朝鮮)이 성립한 이후부터 분명하게 등장한다.

한(漢) 제국이 성립된 이후 등장한 조선 왕은 한(漢)의 황제인 무제(武帝)와 군신(君臣) 관계를 맺고 외신(外臣)으로 임명되었다. 위만(衛滿)은 한(漢)의 외신(外臣)으로서 관계를 맺고 조선에서 왕 노릇을 하였다. 그 외교 형식은 한(漢) 황제로부터 관직(官職)과 인수(印綬)를 사여 받아 제후국(諸侯國)으로서 국가를 통치하는 형태였다. 당시 고조선은 한(漢) 왕실과 진공(進貢)과 회사(回賜)라는 경제적 관계와 그에 따른 부수적 관계를 동반하는 책봉(册封) 체제에 편입되어 있었다.

기원전 2세기 고조선(古朝鮮) 준왕(準王)의
남래(南來)와 익산(益山)

Ⅰ. 머리말

오늘날 전라북도 익산(益山) 금마(金馬) 일원은 지리적으로 노령산맥의 줄기가 뻗어 있고, 서남쪽으로 금강과 만경강이 흐르며, 작은 구릉이 연이어 있는 사이사이에 비옥한 평야가 펼쳐져 있다. 또 가까운 곳에 우리나라 최대의 김제평야와 삼례평야가 자리 잡고 있어 경제적으로 풍요로운 땅이다.

이러한 조건으로 이 지역은 일찍부터 농경문화가 발달했고, 사방으로 통하는 교통로로 적합한 조건이었기 때문에 오래 전부터 문화의 중심지가 될 수 있었다. 그래서 익산지역은 선사시대 이래, 특히 청동기시대에는 많은 사람들이 거주하고 정치체가 형성된 생활 무대였다.[1]

일찍이 김원룡 선생은 익산지역을 중심으로 반경 60km 이내에 분포되어 있는 청동유물 출토유적에 주목하고 익산문화권(益山文化圈)으로 설정한 바 있다.[2] 그리

---

1) 金三龍, 『益山文化圈의 연구』, 원광대출판국, 1977; 「益山文化圈의 形成과 그 背景」, 『益山의 先史와 古代文化』, 마한·백제문화연구소, 2003.
2) 김원룡, 「익산지역의 청동기문화」, 『마한·백제문화』 2, 원광대학교 마한 백제문화연구소, 1977, 25~43쪽.

고 금강, 만경 평야가 마한의 근거지이
며 익산 지역 청동기인들은 후에 마한
인으로 발전하는 이 지역의 선주민으
로 파악하였다.

익산 지역에서는 일찍부터 매우 이
른 시기의 청동기가 출토되었다.[3] 용
화산에서 출토한 비파형동검[4]을 비롯
하여 익산에서 출토한 것으로 전해지
는 비파형 동모(銅鉾),[5] 그리고 금마(金
馬) 오금산(五金山)에서 출토한 세문경의

사진 1. 익산 오금산 출토 청동거울

전단계인 조문경(粗紋鏡)[6](사진 1)은 평남 성천(成川) 출토의 것과 유사한 것이다. 이
것들은 모두 매우 드물고 귀한 것으로 그 시기가 올라가는 것이다. 익산 금마 용
화산에서 출토된 비파형동검과 완주 상림리(上林里)[7] 및 미륵산에서 출토된 도씨
검[8]은 한결같이 우리나라에서는 최고식(最古式)의 청동기 유물에 속하는 것이다.

이를 보면, 대개 지석묘를 포함해 비파형동검문화가 발전한 평양(平壤)과 익산
(益山) 일대는 한반도 서해안에 가까운 위치에서 한반도 최고(最古) 청동기문화의 2
대 문화권을 형성하고 있었다고 할 수 있다.

3) 金元龍, 「益山郡梨堤出土青銅器一括遺物」, 『史學研究』 제20호, 1968; 「益山五金山
    多鈕細紋鏡과 細形銅劍」, 『考古美術』 8권 3호; 西谷 正, 「全羅北道益山郡出土の青銅
    器」, 『考古學雜誌』 54卷 4號, 1969, 98~102쪽.

4) 龍華山에서 출토한 비파형동검은 고려대학교 박물관에 1점이 전시되어 있고, 한국교
    원대학교 박물관에도 1점이 전시되어 있다.

5) 국립전주박물관, 『益山』, 전북의 역사문물전 특별전 도록, 2013, 41쪽 사진에는 비
    파형동검으로 소개되어 있으나 이는 銅劍이 아니라 銅鉾이다.

6) 복천박물관, 『神의 거울 銅鏡』 특별전 도록, 2010; 이 거울은 현재 한국교원대학교
    교육박물관에 전시되어 있다.

7) 김원룡, 앞의 논문, 1977, 38쪽.

8) 金貞培, 「準王 및 辰國과 「三韓正統論」의 諸問題」, 『韓國史研究』 13, 1976, 25쪽.

일찍이 익산 지역의 청동기문화에 주목하여 이 지역을 진국(辰國)과 준왕(準王)의 남래지(南來地)로 비정한 연구 성과가 주목된다.[9] 이 논문에서는 익산 지역에 대한 문헌 기록을 망라하고, 일대의 청동기문화에 주목하여 준왕의 남래 지역을 설정하였다. 이후 한 연구에서는 충청·전라 지역의 청동유물과 공반되는 철기의 성격을 마한사회의 소국성립과 연관 짓고 그 배경에는 서북한 지방의 정치적 파동과 관련된 주민이동에서 비롯되었다고 보았다. 그 대표적인 예로 준왕의 남래 사건을 예시하고 있다.[10]

일찍이 『고려사』 지리지 등 고려·조선조의 여러 사서에서 준왕의 남래지로 익산 지역을 주목하였다.[11] 이러한 사실과 익산지역의 발달된 청동기문화가 대동강 유역에 위치한 고조선 청동기문화와 유사하다는 점에서 많은 연구자들이 오래 전부터 준왕의 남래지로 익산 지역이 가장 적합하다는 생각을 해왔다.

준왕의 남래 지역을 익산으로 보는 것은 바꾸어 말하면 마한(馬韓)의 처음 출발지가 익산 지역이라는 견해인데,[12] 이는 기존 고대사학계의 인식과는 조금 차이가 있다. 그러나 한국 고대사 인식체계에서 매우 중요한 의미를 갖고 있다.

본 논문은 준왕의 남천과 관련된 몇 가지 문제에 대해 그 동안 고민한 내용을 검토해 보려 한다. 먼저 대동강 유역에서 발전한 고조선 준왕 당시의 청동기문화를 살펴보고, 그와 유사한 청동기문화가 한강 이남 전북 익산 지역에서도 번성하였음을 주목하였다. 그리고 두 지역의 문화적 유사성은 준왕이 익산 지역으로 남래한 배경이 되었음을 고찰하였다. 그리고 준왕의 남래 기사에 나오는 '한지(韓地)'와 '한왕(韓王)' 및 진국(辰國, 衆國)과의 연관 문제 등을 주요 내용으로 살펴보고자 한다.

---

9) 金貞培, 위의 논문, 1976, 18~23쪽.
10) 전영래, 「마한시대의 고고학과 문헌사학」, 『마한 백제문화』 12, 원광대학교 마한 백제문화연구소, 1990.
11) 高麗 중기 이래 準王의 都邑地로서 益山을 지목하고 있는 史書는 『高麗史』 地理志, 『帝王韻紀』, 『世宗實錄』 地理志, 『東國輿地勝覽』 益山郡條 등이다.
12) 金貞培, 앞의 논문, 1976, 3~28쪽.

Ⅱ. 기원전 4~2세기 서북한(西北韓) 지역과 익산(益山) 지역의 청동기문화

1. 준왕(準王) 단계의 고조선(古朝鮮) 사회와 그 문화

최근 일부 연구자들이 다른 논지를 주장하고 있지만, 준왕(準王)이 왕위에 있던 고조선 후기의 중심지역은 바로 왕검성(王儉城)이 있던 평양(平壤) 대동강(大同江) 지역이다. 따라서 준왕 단계 고조선 지역집단의 분포나 존재양식에 대한 검토는 왕검성과 그 주변 지역에서 먼저 시작해야 한다.

왕검성이 위치한 곳으로 추정되는 대동강 중심의 서북한 지역에서는 기원전 4~3세기 무렵부터 운성리(雲城里)[13] · 성현리(成峴里)처럼 거대한 마을을 이루고 토성까지 축조하는 독자적 지역집단이 성장하고 있었다. 한편 황해북도 봉산군 솔뫼골과 서흥 천곡리, 황해도 재령군 고산리, 평안남도 대동군 반천리, 황해도 배천군 석산리 등에서도 집중 분포하는 토광묘(土壙墓)와 이후의 목곽묘(木槨墓)의 존재를 통해 고조선(古朝鮮) 읍락(邑落) 집단들의 분포를 살필 수 있다.[14]

이후 한(漢)은 군현(郡縣)을 설치하는 과정에서 조선 내의 상황에 밝지 못하였기 때문에 당시 지리적 · 역사적으로 형성된 고조선 내 여러 지역집단들을 이용하지 않을 수 없었다.[15] 따라서 한 군현이 이들 토착 지역집단을 바탕으로 통치 거점을 마련하였으므로 한 군현의 유적 · 유물이 집중적으로 나오는 곳은 고조선의 토착 읍락이 분포했던 곳이라고 봐도 크게 틀리지 않을 것이다.

고조선 후기 단계부터 낙랑군 시기에 걸친 대표적 거주 지역으로는 강서 태성리(현 남포시 강서구역 태성리) 일대가 주목된다. 이 지역에는 청동기시대의 주거지와

---

13) 과학원 고고학 및 민속학 연구소, 「황해남도 은율군 운성리 토광묘 발굴 보고」, 『대동강 류역 고분 발굴 보고』 고고학자료집 제1집, 평양: 과학원출판사, 1958.

14) 吳永贊, 『낙랑군 연구』, 일조각, 2006, 75~87쪽.

15) 權五重, 『樂浪郡研究』, 一潮閣, 1992, 46~59쪽; 吳永贊, 위의 책, 2006, 91~109쪽.

지석묘를 비롯하여 석곽묘·토광묘·옹관묘 등 수십 기의 무덤이 분포하고 있다. 이것은 이 지역에서 청동기시대 이래 토착집단이 살아왔음을 말해준다.[16]

또한 일찍이 북방식(탁자식) 지석묘가 집중 분포하여 토착집단의 성장을 보이는 황주강을 경계로 그 북쪽의 황주군 천주리 유적과 양지동 부락에서 낙랑시기의 무덤이 발견되었다. 또 그 부근에는 다수의 고분들이 더 있는 것으로 알려져 있다.[17] 인근에 흑교리 유적·금석리 목곽묘가 있으며, 황주군 벽성리 철도 연변에 원시시대 유물포함층 및 그와 인접하여 토기편·벽돌 등이 널려 있는 지점이 있다.[18] 따라서 이 지역에도 하나의 토착 읍락집단이 존재하였다고 상정할 수 있다.

이밖에 초기 한국식동검의 대표적 유적인 재령군 고산리(孤山里) 유적을 비롯하여 부덕동, 수역동의 목곽묘와 다수의 낙랑시대 전축분이 분포한 재령군 일대도 하나의 읍락 분포지로 설정할 수 있다. 금대리 유적·갈현리 유적·옥현리 유적 등 목곽묘와 귀틀무덤이 조사된 은파군 일대도 낙랑군의 현이 두어졌던 지역으로 상정되므로,[19] 읍락이 존재했다고 생각할 수 있다.

특히 요동 심양(瀋陽)의 정가와자 토광묘(土壙墓, 木槨墓)처럼 고기(古期)[20]에 속하는 토광묘가 서북한 지역 초기의 토광묘인 황해도 재령군 고산리, 평안남도 대동군 반천리(反川里), 그리고 황해도 배천군 석산리(石山里)[21] 등에서 알려지고 있다.

---

16) 고고학 및 민속학연구소, 『태성리고분군 발굴보고』 유적발굴보고 제5집, 1959.

17) 고고학 및 민속학연구소, 『고고학자료집』 1, 1959, 29쪽.

18) 고고학 및 민속학연구소, 앞의 책, 1959, 25쪽.

19) 吳永贊, 위의 책, 2006, 104~109쪽.

20) 중국 遼東 지역 瀋陽 鄭家窪子 6512호 대형 土壙木槨墓와 遼陽 亮甲山 二道河子 55년도 발굴 土壙墓 등에서는 변형 요령식 동검 또는 초기 세형동검들이 출토되고 있다. 따라서 가장 초기 단계의 토광묘라 할 수 있다.

21) 황기덕, 「최근에 새로 알려진 비파형단검과 좁은놋단검 관계의 유적 유물」, 『고고학자료집』 4, 1974, 40~41쪽.

표 1. 기원전 4~2세기 서북한 지역 돌덧널무덤과 움무덤[22]

유적명	유구 형식	출토 유물		
		청동기	철기	석기
황남 서흥군 천곡리	돌덧널무덤	한국식 동검 1		검자루 맞추개 1, 돌화살촉
황남 신계군 정봉리	돌덧널무덤	한국식 동검 1, 청동창 1, 청동도끼 1		돌화살촉
황북 봉산군 송산리 솔뫼골	돌돌림무덤	한국식 동검 1, 청동도끼 1, 청동송곳 1, 잔무늬거울 1, 청동자귀 1, 청동끌 1, 청동 조각도	철제도끼 1	
황남 재령군 고산리	움무덤	변형 요령식동검 1, T자형검자루 1, 도씨검 2		
평남 대동군 반천리	움무덤	한국식 동검 1, 청동조각도 1, 잔무늬 거울 2		
평남 배천군 석산리	움무덤	한국식 동검 1, 동과 1, 검자루 맞추개 1	철제도끼 1	

이처럼 초기 세형동검 사용기에 요동 지역에서 널리 쓰이던 토광묘가 아직 석관묘가 주류를 이루던 서북한 지역에서 쓰이기 시작하는 것은 주민의 이동에 의한 것도 있지만, 대개 연(燕) 장수 진개(秦開)의 요동(遼東) 침공과 관련[23]이 있는 것으로 보고 있다. 하나의 문화 요소가 새로이 등장할 경우, 그것은 주변지역과의 교역이나 기타 문

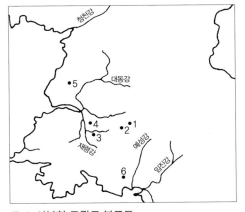

도 1. 서북한 토광묘 분포도
(1.신계 정봉리, 2.서흥 천곡리, 3.봉산 송산리, 4.재령 고산리, 5.대동 반천리, 6.배천 석산리)

----

22) 송호정, 『한국고대사 속의 고조선사』, 푸른역사, 2003, 359쪽, 362쪽.

23) 『魏略』 "昔箕子之後朝鮮侯 見周衰燕自尊爲王 欲東略地 朝鮮侯亦自稱爲王 欲興兵逆擊

화접변의 결과 이루어지기도 하나, 그보다 한 문화요소 사용집단의 직접적 내왕에 의해 비롯되었을 가능성이 더 높기 때문이다.[24]

서북한(西北韓) 지역에서 토광묘(土壙墓)가 사용되는 것은 그 사용집단의 이주에 의해 이루어졌을 가능성이 높다. 특히 세형(韓國式) 동검이라는 전형적인 양식의 동검(銅劍)과 청동의기류(靑銅儀器類) 및 점토대토기(粘土帶土器), 흑도장경호(黑陶長頸壺) 등의 유물이 본격적으로 출현하게 되는 것은 요동 지역의 청동기문화가 직접

사진 2. 봉산 송산리(솔뫼골) 돌돌림무덤 유구의 유물(1.유구, 2.세형동검, 3.청동조각도, 4.세문경, 5.청동도끼, 6.청동끌, 7.청동도끼)

燕以尊周室 其大夫禮諫之 乃止 使禮而說燕 燕止之不功 後子孫稍驕虐 燕乃見將秦開功其西方 取地二千餘里 至滿番汗爲界 朝鮮遂弱 及秦并天下 使蒙恬築長城到遼東"
24) 李南珪, 「서북한 토광묘의 성격」, 『韓國考古學報』 20, 한국고고학회, 1987, 76~78쪽.

파급됨으로 인하여[25] 기존의 초기 세형(한국식)동검 문화에 커다란 변화가 왔다고 봐야 할 것이다. 구체적으로는 심양 정가와자(鄭家窪子) 유적의 목곽묘와 여기에 부장된 옹(甕, 점토대토기)과 장경호(長頸壺, 변형 미송리형토기)가 가장 이른 시기의 점토대토기 문화로서, 이러한 형식의 묘제와 유물이 이후 요동 지역과 한반도 서북 지방, 그리고 중남부 지방에 영향을 미친 것으로 볼 수 있다.

서북한 지역에서는 자체적으로 초기 세형(한국식)동검문화가 성장하였고 그것이 요령 지역의 영향을 받아 점차 전형적 세형(한국식)동검문화로 변화해 나갔다고 보인다.[26] 서북한 지역에서는 기원전 4~3세기의 변동기에 정치적·문화적 충격에 따라 세형(한국식) 동검문화의 발전이 급격하게 이루어진다. 물론 이것은 아무런 바탕이 없는 상태에서 발생한 것이 아니라 이전의 자생적인 비파형(요령식)동검 문화가 중국의 선진문물을 지닌 세력의 이주 등으로 새로운 문화적 충격을 받아 한 단계 발전된 것이라고 할 수 있다.

이러한 점은 세형동검과 초기 세형동검과의 관계를 살펴보면 더욱 명확해 진다. 일찍이 몇몇 연구에서 세형동검의 결입부는 비파형(요령식)동검 이래의 전통인 뾰족돌기의 퇴화 부분과 검몸 하단부가 각이 진 초

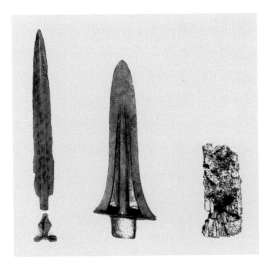

사진 3. 배천 석산리 움무덤 유물
(1.세형동검, 2.동과, 3.철부)

25) 李健茂, 「韓國式銅劍文化의 性格」, 『東아시아의 靑銅器文化』, 文化財管理局 文化財研究所, 1994, 167~168쪽.
26) 송호정, 위의 책, 2003, 358~363쪽.

기 세형동검의 어깨부분이 상호 결합된 결과라고 보았다.[27] 이것은 한반도 서북한 지역 사회에 요동 지역의 주민과 문화가 파급되면서 문화요소가 변동한 모습이라 할 수 있다. 그리고 이것은 한강 이남의 충남지역과 전북 지역의 세형(한국식) 동검문화의 발전에 영향을 주었을 것이다.

2. 익산(益山) 지역의 후기 청동기문화

청동기시대 후기는 일부 유적에서 주조철부(鑄造鐵斧)를 특징으로 하는 철기가 출현하여 초기철기문화라고도 부르며, 대개 점토대토기(粘土帶土器) 문화로 대표된다.[28] 청동기시대 후기의 대표 토기인 점토대토기가 한반도에 처음 등장하는 시기에 대해서는 대개 기원전 4세기경 중국 전국시대의 연(燕) 세력의 진출에 따른 주민이동 과정 속에서 한반도에 유입된 것으로 이야기 한다.

청동기시대 후기 점토대토기 문화와 함께 들어온 새로운 묘제가 토광묘인데, 목관의 사용 유무에 따라 목관묘와 토광(직장)묘로 구분된다. 목관의 사용은 청동기시대 전기부터 확인되지만, 본격적으로 사용되기 시작한 것은 청동기시대 후기의 점토대토기문화와 관련된 것으로 볼 수 있다. 그렇지만 후기 토광묘에 모두 목관이 사용된 것은 아니며 계층에 따라 상위집단은 일반적으로 목관을 사용하지만

---

27) 李淸圭, 「청동기를 통해 본 고조선」, 『國史館論叢』 第42輯, 1995, 7~8쪽; 朴淳發, 「우리나라 初期鐵器문화의 展開過程에 대한 약간의 考察」, 『考古美術史論』 3집, 1994, 37~61쪽; 岡內三眞, 「朝鮮における銅劍の始源と終焉」, 『考古學論考』, 平凡社, 1982, 787~802쪽; 村上恭通, 「遼寧式銅劍·細形銅劍文化と燕」, 『東夷世界の考古學』, 靑木書店, 2000, 56~74쪽.

28) 점토대토기는 청동기시대 후기로 보는 견해와 초기철기시대로 보는 견해 등 시기 구분에 있어 가장 논란이 되는 시기이다. 이는 점토대토기가 한반도에 전개되는 사회·문화적 변화를 이전 무문토기 사회와 질적으로 다른 단계로 볼 것인가, 아니면 기존 무문토기사회의 순조로운 발전으로 이해할 것인가의 문제이다(한국고고학회, 「초기철기시대」, 『한국고고학강의』, 사회평론, 2007, 123~130쪽; 박진일, 「점토대토기, 그리고 청동기시대와 초기철기시대」, 『한국청동기학보』 1, 2007).

하위집단은 여전히 목관을 사용하지 않은 토광(직장)묘였을 것으로 보인다.

익산 지역에 조성된 후기 토광묘는 중기의 토광묘와 달리 바닥에 특별한 시설을 하지 않고 생토면을 그대로 이용하고 있으며 뚜껑의 경우도 석개(石蓋)가 확인되지 않는다.[29]

익산에서는 최근 신동리, 삼기면 오룡리, 구평리, 계문동, 서두리 등 5개 유적에서 모두 13기의 토광묘가 조사되었다.[30] 목관의 사용 유무에 따라 목관묘와 토광(직장)묘로 구분되는데 목관의 흔적은 오룡리 5지점 1호에서만 확인되지만, 나머지 토광묘의 경우도 유물의 출토 위치 등으로 보아 대부분 목관을 사용한 것으로 보인다.

표 2. 익산지역 후기 토광묘 일람표[31]

유적	유구	출토 유물			석기
		청동기	철기	토기	
신동리	토광묘	동검, 검파두식	철부, 鐵鉈	흑도장경호, 점토대토기	
오룡리	목관묘	동검, 조문경		흑도장경호, 점토대토기, 장경호	삼각촉
구평리	토광묘	동검		흑도장경호, 점토대토기	
계문동	토광묘	검파두식	철도자, 철촉		
서두리	토광묘	동사			
평장리	목관묘	세형동검, 동모, 동과, 반리문경			

---

29) 김규정, 「익산 청동기문화권과 마한의 태동」, 『益山』, 전북의 역사문물전 특별전 도록, 2013, 245쪽.

30) 김규정, 앞의 논문, 2013, 246쪽.

31) 김규정, 위의 논문, 2013, 244쪽 표 참조.

이들 토광묘에서는 동검(銅劍), 동사(銅鉈), 검파두식(劍把頭飾), 철기(鐵刀子, 鐵斧, 鐵鉈, 鐵鏃 등), 삼각형석촉 등이 출토되었다.

이밖에도 묘제의 정확한 구조는 파악할 수 없으나 목관묘로 추정되는 분묘가 평장리에서 1기가 조사되었다. 유물은 세형동검, 동모, 동과와 함께 중국 한경(漢鏡)인 반리문경이 출토되었다. 반리문경은 전국시대(戰國時代) 말에서 전한(前漢) 시기 초에 제작된 것으로 보고 있으며, 호남 지역에서는 아직까지 출토된 예가 없다.

이 지역 외에도 1964년 발견된 익산 팔봉동 이제유적,[32] 1975년 발견된 함열 다송리,[33] 완주 갈동,[34] 전주 여의동,[35] 중화산동,[36] 중인리[37] 토광묘 유적 등이

사진 4. 삼기 오룡리 점토대토기, 흑도장경호

사진 5. 삼기 오룡리 동경, 동검

32) 김원룡, 「익산군 이제출토 청동일괄유물」, 『사학연구』 20, 1968.

33) 전영래, 「익산 함열면 다송리 청동유물출토묘」, 『전북유적조사보고』 5, 1975.

34) 호남문화재연구원, 『완주 갈동유적(Ⅱ)』, 2009.

35) 전영래, 『전주, 여의동 선사유적 발굴조사보고』, 전주대학교박물관, 1990.

36) 전북문화재연구원, 『전주 중화산동유적』, 2008.

37) 전북문화재연구원, 『전주 중인동 유적』, 2008.

사진 6. 신동리 철기(주조철부, 새기개)

사진 7. 신동리 점토대토기

사진 8. 신동리 청동검, 청동과

사진 9. 평장리 청동거울

조사되어 익산 지역에 후기 청동기문화(초기철기문화)가 매우 번성하였음을 말해주
고 있다. 이들 토광묘에서는 세형동검을 비롯한 청동무기류와 동경(銅鏡)과 같은
의기류(儀器類), 동사(銅鉇)와 동착(銅鑿) 등 청동 공구류, 그리고 철부(鐵斧), 철사(鐵
鉇), 철겸(鐵鎌) 등 철기 농공구류와 점토대토기(粘土帶土器)와 흑도장경호(黑陶長頸壺)
등의 토기가 출토되고 있다.

　이들 유물의 조합상은 서북한 지역의 후기 청동기문화와 매우 유사하다. 그러

사진 10. 평장리 청동검, 청동창, 청동과

나 익산을 포함한 호남 지역에서 기원전 3~2세기 대까지는 요동이나 서북한 지역처럼 철기문화가 아직 제대로 보급되지 않았고, 단지 대전 괴정동유형이나 익산 이제 유형, 화순 대곡리 유형과 같은 중심적 청동기문화 유형이 분포하고 있었다.[38]

한편 각 유적의 규모를 비교해 보면 각기 집단 내에서는 커다란 위계차를 보이지 않지만 집단 간의 위계 차는 확인된다. 또한 규모에 따른 위계와 더불어 출토유물에서도 그 차이가 현격하게 나타나고 있다고 한다.[39]

익산 지역의 점토대토기 문화는 기원전 4~3세기를 전후하여 진(秦)의 중국통일과 연장(燕將) 진개(秦開)의 고조선 침략 등 잦은 전쟁으로 인하여 중국과 고조선의 유이민이 대거 한반도로 유입되면서 토착적인 송국리문화가 쇠퇴하고 중국의 선진문물의 영향을 받아 등장한 청동기문화이다. 특히 점토대토기문화와 함께 목관묘(木棺墓)가 새로운 묘제로 들어와 석관묘(石棺墓)나 석개(石蓋) 토광묘 등을 대신하게 되는데 이러한 고고 자료를 통해 기원전 3~2세기를 지나면서 한반도 중서부 지역에 새로운 문화를 지닌 주민집단의 이주 모습을 엿볼 수 있다.

이상의 내용을 준왕의 남래와 연결시켜보면, 준왕(準王)의 남래 이전에 한강 이

38) 이청규, 「청동기를 통해 본 고조선과 주변 사회」, 『고조선의 역사를 찾아서 –국가·문화·교역–』, 학연문화사, 2007.

39) 최완규, 「왕도 익산의 역사·문화적 가치」, 『益山』 전북의 역사문물전 특별전 도록, 2014, 223쪽; 갈동에서는 무기류, 의기류 등이 풍부하게 매납되어 있지만, 중화산동이나 중인리에서는 세형동검의 봉부 편만을 부장하고 있기도 하여 상징적인 의미가 강하다고 한다.

남에 고조선 준왕 단계의 점토대토기문화와 목관묘문화가 번성하고 집중하는 익산지역은 준왕이 익산을 남래지로 선택한 배경이 되었을 가능성이 높다.

Ⅲ. 준왕(準王)의 남래(南來)와 정치 세력

1. 준왕(準王)의 남래(南來)와 '한지(韓地)'

『삼국지(三國志)』 위서(魏書) 동이전(東夷傳) 한조(韓條)에 인용된 『위략(魏略)』에 따르면 위만에게 왕위를 빼앗긴 준왕(準王)은[40] 황급히 좌우 궁인(宮人)을 거느리고 바다를 건너 '한지(韓地)'에 이르렀고, 스스로 '한왕(韓王)'이라 자처했다고 한다. 위만이 조선의 왕이 된 시점은 한(漢)의 여후(呂后) 집정기(執政期)인 기원전 194~180년경이므로 준왕의 남래 시점은 기원전 2세기 후반으로 볼 수 있다. 기록대로라면 이때부터 '한(韓)'의 역사가 시작된 것으로 볼 수 있다.

그렇다면 준왕이 남래하여 온 뒤 '한(韓)'의 역사가 시작된 '한지(韓地)'는 어느 지역을 가리키는 것일까? '한지(韓地)'란 본래는 한족(韓族)들이 살고 있는 지역이라는 의미이다. 주지하다시피 한족은 한강 이남 태백산맥 이서 일대에 분포하고 있었다. 이 가운데 중남부 지역에는 진국(辰國, 또는 衆國) 세력이 이미 형성되어 있었고, 소백산맥과 지리산이라고 하는 험준한 산맥들로 차단되어 있던 경상도 지역에도 뒷날 진한과 변한으로 불린 집단들이 성립되어 있었다. 따라서 『위략』 기사의 '한지(韓地)'는 준왕의 영향력이 미치는 지역으로 한정해 보아야 할 것이다.[41]

기본적으로 『위략』 기록에서 '한(韓)'이란 한반도 중남부 지역 정치집단 전체에 대한 통칭으로 보인다. 그리고 지리적으로는 서북한 지역과 빈번한 접촉을 지속

---

40) 『三國志』 卷30 魏書30 烏丸鮮卑東夷傳30 "侯準 旣僭號稱王 爲燕亡人衛滿所攻奪 將其左右宮人 走入海 居韓地 自號韓王"

41) 노중국, 「百濟史에 있어서의 益山의 위치」, 『益山의 先史와 古代文化』, 마한 백제문화연구소, 2003, 190~192쪽.

해 오고 결과적으로 선진적인 청동기문화를 일찍부터 수용하고 있던 지역을 가리키는다고 보인다. 즉, 한반도 중서부 정치집단인 '마한(馬韓) 지역'을 뜻하는 경우가 많았다.

준왕 남래 이후 불려진 '한(韓)'은 점차 삼한 지역 전체를 의미하는 '광의의 한(韓)'으로 변용(變用)되어 갔다고 보인다. 이에 대해서는 『위략』에 나오는 '한(韓)' 및 진역(秦役) 기사의 내용을 근거로 한(韓) 또는 마한의 성립시기를 준왕의 남래 이전인 기원전 3세기 말경의 진대(秦代)로 보는 견해가 있으나,[42] 이 '한(韓)'은 준왕의 남래 이전부터 그렇게 불리고 있었다기보다는 『삼국지』가 찬술되었던 위대(魏代)에 '한(韓)'으로 일컬어지던 남한지역에 준왕이 정착한 사실을 전하고 있을 뿐이라는 견해[43]가 더 설득력이 있어 보인다.

'한(韓)'에 대한 기록은 『후한서(後漢書)』와 『삼국지(三國志)』에 처음 등장하는데, 이들 사서보다 이전에 쓰여진 『사기(史記)』와 『한서(漢書)』에는 조선전(朝鮮傳)만 입전되어 있고, 삼한(三韓)에 대한 내용이 없다.

『삼국지』와 『후한서』에 나오는 한의 용례 기록을 보면, '한지(韓地)'를 '마한(馬韓)'으로 바꾸어 적은 것은 『후한서』 기록부터임을 알 수 있다.

① "조선왕 준은 … 달아나 바다로 갔으며 한지(韓地)에 살면서 스스로 한왕(韓王)이라고 이름하였다."[44]
② "처음에 조선왕 준(準)은 … 달아나 바다로 갔으며 마한을 공격하여 깨뜨리고 스스로 한왕(韓王)이 되었다."[45]

---

42) 노중국, 위의 논문, 2003.
43) 千寬宇, 『古朝鮮史·三韓史硏究』, 一潮閣, 1989.
44) 『三國志』 東夷傳 "朝鮮王準 … 走入海 居韓地 自號韓王"
　　『魏略』에는 「準王海中 不與朝鮮相往來」라고 기록되어 있어 『三國志』 기록과 차이가 보인다. 「韓地」와 「海中」의 차이를 이해하는 것이 또 하나의 과제이지만, 필자는 『魏略』의 기록이 『三國志』 기록을 간략히 기록한 것으로 본다. 즉 한강 이남의 辰國 지역에 준왕 세력이 해로나 해안로를 이용해 내려온 사실을 海中으로 표현한 것으로 본다.
45) 『後漢書』 東夷傳 "初 朝鮮王 準 … 走入海 攻馬韓破之 自立爲韓王"

②, 즉 『후한서』의 기록은 ①의 『삼국지』 기록과 동일한 내용을 전재하는 과정에서 '한(韓)'을 '마한(馬韓)'으로 고쳐서 기술한 것이다.

따라서 '한지(韓地)'를 '마한(馬韓)'으로 기록한 것이 『후한서』에 나타나기 시작한 것을 보면 준왕의 남래설이 후대의 사가들에 의해 윤색되었을 가능성이 높다고 보인다.[46]

준왕이 위만에게 쫓겨 한지(韓地)로 내려온 시점은 고고학적으로는 한반도 중서부 지방 및 금강 이남 지역에서 주조철부(鑄造鐵斧)를 공반한 청동기가 나타나는 시점과 일치되는 것으로 보임은 전술한 바와 같다. 그런데, 『사기』와 『한서』에 기록된 기원전 3~2세기 남한 지역의 정치체는 '중국(衆國)' 또는 '진국(辰國)'으로 나오며, 한(韓)'은 기원전 1세기 이후의 정치체로 볼 수 있다. 따라서 문헌 기록을 중시한다면 준왕의 남래 지역으로 나오는 '한지(韓地)'는 한(韓)의 땅이라기보다는 그 이전에 존재했던 '진국(辰國)' 지역으로 보는 것이 순리이다.

진국(辰國)의 명칭이 최초로 나오는 곳은 『사기』 조선열전이다. 그러나 유행본 『사기』를 따라 중국(衆國)을 취하고 진국(辰國)이라는 단일한 정치집단 대신 다수의 정치집단을 상정하는 이른바 중국설(衆國說)을 주장하는 학자도 있다. 그러나 『사기』와는 사료 계통과 내용을 달리하는 『위략』과 『삼국지』 동이전에도 분명 진국(辰國)의 명칭이 나오고 있으므로 진국(辰國)이 바른 표기라는 견해가 우세하다.[47]

『사기』 조선전에는 진번(眞番) 곁에 있던 진국(辰國)이 중국 한(漢)나라와 직접 통교하고자 하였으나 위만조선(衛滿朝鮮)의 방해로 뜻을 이루지 못하였다는 기록이 있다.[48] 그리고 『삼국지』 동이전에 인용된 『위략』의 기록에는 위만조선이 멸망하기 이전 조선상 역계경(歷谿卿)이 위만조선의 마지막 왕인 우거(右渠)와 뜻이 맞지 않아 동쪽 진국(辰國)으로 갔다는 기록이 있다. 이 두 기록을 통해 기원전 2세기경

---

46) 전영래, 「문헌을 통해서 본 益山의 馬韓」, 『益山의 先史와 古代文化』, 원광대학교 마한백제문화연구소, 2003; 박대재, 「準王 南來說에 대한 비판적 검토 —조선유민의 마한 유입과 관련하여—」, 『先史와 古代』 35, 한국고대학회, 2011.

47) 이현혜, 「삼한」, 『한국사』 4, 국사편찬위원회, 1997, 각주 6번 내용 참조, 262~263쪽.

48) 『史記』 권115 列傳 55 朝鮮 "眞番傍辰國欲上書 又擁閼不通"

에는 서북 지방의 위만조선과 함께 중부 이남 지역에 진국(辰國)이라는 정치집단이 있었던 것을 알 수 있다.

그런데 진국(辰國)의 이름은 기원전 2세기 말 위만조선의 멸망과 한군현(漢郡縣)의 설치라는 서북한 지역의 정치적 파동 이후 더 이상 등장하지 않고 그 대신 중부 이남 지역의 정치집단들은 한(韓)으로 불리고 있다. 후한(後漢) 광무제(光武帝) 건무(建武) 20년(기원후 44) 염사인(廉斯人) 소마시(蘇馬諟)를 '한염사읍군(韓廉斯邑君)'으로 봉했다는 기록이[49] 있어 이미 '한(韓)'이라는 명칭이 보편화되고 있음을 알 수 있다.

따라서 기원전 3~2세기 이른바 한반도 중남부 지역에서 점토대토기문화 또는 세형동검문화를 영위하던 세력집단은 '한(韓)'이 아닌 '진국(辰國)'으로 보는 것이 합리적이다.

그렇다면 준왕의 남래 당시 한반도 중서부 지역에 위치하고 있던 진국(辰國)은 구체적으로 어느 지역에 위치하고 있던 정치체였을까?

많은 고대사 연구자들은 진국(辰國)은 기원전 2세기 말에 한(韓)과는 별개의 세력으로 존립했다고 본다. 그리고 고조선의 멸망을 전후하여 많은 수의 유이민이 한반도 중남부로 이동하는 과정에서 정치적 소용돌이에 휩싸여 어느 시기엔가 구심점이 무너지고, 대신 한(韓)의 영향권 내에 존재하는 진한(辰韓)으로 변신을 하게 된 것으로 보고 있다.[50]

진국(辰國)이 존속했던 기원전 2세기의 중남부지역은 세형동검문화, 즉 점토대토기문화가 발달했던 단계이다. 철제 도끼와 끌 등의 철기 완제품이 일부 사용되고 있으나 아직도 철기의 사용은 제한적이었으며 무기와 의기(儀器) 및 공구의 주된 재료는 여전히 청동(靑銅)이었다.

그러므로 진국(辰國)은 청동무기 못지않게 청동거울과 청동제 방울 등을 권위의

---

49) 『三國志』 권30 魏書30 烏丸鮮卑東夷傳 韓條 "范書東夷傳 建武二十年 韓人廉斯人蘇馬諟等 詣樂浪貢獻 光武封蘇馬諟 爲韓廉斯邑君"

50) 노중국, 앞의 논문, 2003, 190~192쪽.

상징물로 소중하게 여기고 물리적인 힘보다 제사장의 권위와 능력을 권력의 주요 토대로 삼고 있는 이른바 제정일치 사회 단계에 있었으며, 진국(辰國)은 제정일치 단계의 족장들에 의해 통솔되는 다수 정치집단들의 집합체로 파악된다.[51]

한반도 중남부 지역에는 세형동검기 전기 1기의 괴정동 단계에 이어 덕산, 논산, 익산 등의 세형동검기 전기 2기의 유적들이 분포하고 있다. 이들 사회는 각종 청동의기를 소유한 수장에 의해 통합된 읍락 단계로 이해된다.[52]

그런데 기원전 2세기경 한반도 중남부 지역 내에서 이러한 청동유물과 유적이 집중적으로 발견되는 곳은 금강과 영산강 유역이므로[53] 진국(辰國)의 지리적 위치 역시 넓게는 충남과 전라도 지역 일대에 비정될 가능성이 높다.

이상에서 준왕의 남래(南來) 기록을 고고학 자료와 종합해 보면 적어도 준왕이 남래해 온 지역은 대개 지금의 충남 및 전북 일대가 유력해 보인다. 특히 토광묘와 점토대토기문화가 번성하고 집중하는 전북 익산 지역이 준왕의 남래 지역으로 가장 유력하다 하겠다. 일찍이 김정배 선생은 익산 지역의 청동기문화에 주목하여 준왕은 한강 이남의 진국(辰國) 지역에 내려와 나중에 진왕(辰王)이라 불렸으며, 그 지역은 전라북도 익산 지역으로 볼 수 있다는 견해를 발표하였다.[54] 이는 최근 기원전 3~2세기의 점토대토기문화 자료가 많이 조사되기 전의 자료를 바탕으로 한 견해였지만 탁견이라 할 수 있다.

한편, 고고학 자료상으로만 보면 기원전 3~2세기경 한강 유역은 일종의 공백 지역으로 드러나고 있다. 그런데 기원전 3~2세기 무렵의 남하 집단은 한강 유역이 아닌 중서부 지역에 정착하고 나아가 '한(韓)'의 땅에서 왕으로 군림하고 있는 점은 매우 흥미롭다.

---

51) 이현혜, 「삼한」, 『한국사』 4권 초기국가-고조선·부여·삼한-, 국사편찬위원회, 1997, 264쪽.

52) 박순발, 「전기 마한의 시·공간적 위치에 대하여」, 『마한사 연구』, 충남대학교 출판부, 1998, 30~31쪽.

53) 국립중앙박물, 『한국의 청동기문화』 특별전 도록관, 1992, 150~154쪽.

54) 金貞培, 앞의 논문, 1976, 11~16쪽.

이는 남하한 준왕과 이들 지역이 일정한 연고(緣故)가 있었을 가능성을 시사하는 것으로 생각된다. 『위략』 기록상의 '한(韓)'은 적어도 고고학적으로 보면 이전의 고조선 주민이 거주하였던 요동 지방과 서북한 지역으로부터 남하한 점토대토기 문화를 기반으로 하고 있던 사회임은 분명하다. 이러한 점에서 연고가 있는 지역으로 볼 수 있으며 이러한 배경에서 오히려 점토대토기문화가 가장 번성한 지역을 준왕 세력의 정착지로 선택하였을 것으로 볼 수 있기 때문이다.[55]

그 지역은 현재까지의 고고 자료상으로 보면 넓게는 금강 유역과 만경강 유역을 포괄하는 지역으로 볼 수 있다. 이 지역 내에서도 중국의 선진문화를 누리던 외래 집단의 이주를 암시하는 도씨검(桃氏劍) 및 청동거울 등 외래계 청동기문화가 가장 집중하고 있는 익산 지역이 바로 '한지(韓地)'일 가능성이 가장 크다고 하겠다.

『삼국지』 동이전 한조(韓條)에 열거된 한(韓) 소국(小國)들은 동일한 문화를 배경으로 일정한 기간에 일률적으로 대두하는 것으로 볼 수 없다. 대개 고고학 유물 유적의 분포 상태와 『삼국지』의 기록을 종합해 보면, 마한 소국 형성의 주체는 그 상당 부분이 기원전 3~2세기 이래의 선주(先住) 정치집단을 기반으로 대두되는 것으로 볼 수 있다. 이때 익산지역 청동기문화권의 주민이 후에 마한의 중심세력이 된 집단임을 추정해도 크게 무리하지 않다고 생각한다.[56]

준왕이 정착한 '한지(韓地)'에 대해서는 고려시대 이후의 사서인 『제왕운기(帝王韻紀)』를 비롯한 『고려사(高麗史)』 지리지,[57] 『세종실록지리지(世宗實錄地理志)』, 『신증동국여지승람(新增東國輿地勝覽)』[58] 등의 기록에 모두 금마군(金馬郡), 오늘날의 익산으로 언급하고 있다.

---

55) 박순발, 앞의 논문, 1998, 31쪽.

56) 김원룡, 「익산지역의 청동기문화」, 『마한백제문화』 2호, 1977.

57) 『高麗史』 卷57 地理2 金馬郡 "金馬郡本馬韓國 後 朝鮮王箕準避衛滿之亂 浮海而南至韓地 開國號馬韓"

58) 『新增東國輿地勝覽』 卷33 益山郡 建置沿革條 "朝鮮王箕準 箕子四十一代孫也 浮海而南至韓地 開國 仍號馬韓"

당시의 금마군의 지역적인 범위를 어디까지로 보아야 할지 정확하게 알 수 없지만, 문헌 기록과 고고 자료를 종합해 보면 마한의 성립지가 금마(金馬)라는 것을 알 수 있으며, 그 중심지는 아마도 만경강 일대가 될 것으로 보인다.

2. 진국(辰國)에서 한(韓)으로의 변화와 연맹체 형성

전술했듯이 진국(辰國)이 처음 기록에 나타나기는 위만조선의 우거왕 때인 기원전 2세기 후반의 일이었다. 『사기』 권115 조선전의 기사에 의하면 이 때 진번국(眞番國) 곁에 있던 진국(辰國)[59]은 한(韓)에 글을 보내어 직접적인 통교의 길을 트고자 하였는데, 이것은 중국의 금속문화에 대한 강한 욕구의 표현이었던 것 같다.

진국(辰國)을 포함한 한반도 남부 사회에서는 기원전 2세기 초 위만에게 쫓겨 해로(海路)로 남하·망명한 준왕의 세력집단을 통하여 이미 금속문화의 혜택을 받고 있었으나 보다 선진적인 문물을 받아들이고 있던 위만조선과의 경쟁심에서 직접 중국의 금속문화를 받아들이고자 한 것이다. 하지만, 이 희망은 당시 국제무역의 주도권을 쥐고 있던 위만조선의 방해로 말미암아 좌절되고 말았다.

기원전 108년 위만조선이 멸망된 후 한(漢)의 군현(郡縣) 통치가 실시되자 고조선 지방으로부터 많은 유이민이 쉬지 않고 진국사회(辰國社會)로 들어왔다. 위만조선이 멸망되기 직전에 2천여 호를 거느리고 진국(辰國)으로 이주한 조선상(朝鮮相) 역계경(歷谿卿) 같은 존재[60]는 그 두드러진 예라 하겠다.

---

59) 『史記』(百衲本) 朝鮮傳의 '眞番旁辰國'은 다른 版本에는 衆國으로 되어 있어 辰國의 명칭에는 논란이 없지도 않다. 이에 대한 학설사적인 정리는 김정배의 아래 논문이 참조된다(「辰國과 '韓'에 關한 考察」, 『史叢』 12·13합집, 1968, 343~348쪽). 한편 이 진국을 中國 역사가의 관념적 추정에 불과한 일종의 假想的인 존재로 보려는 설도 있다(三品彰英, 「史實と考證 －魏志東夷傳の辰國と辰王－」, 『史學雜誌』 55의 1, 1944, 76~81쪽; 村山正雄, 「辰國臆斷」, 『朝鮮學報』 81, 1976, 397~416쪽).

60) 『史記』 朝鮮列傳 "初右渠未破時 朝鮮相歷谿卿以諫 右渠不用 東之辰國 時民隨出居者 二千餘戶 亦與朝鮮貢蕃不相往來"

진국사회(辰國社會)는 처음 20여 년 간은 한강 이북의 진번군(眞番郡)과, 그 철폐 후에는 낙랑군(樂浪郡) 예하 남부도위(南部都尉)와 직접 접촉을 가지는 한편 이들 유이민(流移民)을 통하여 더욱 발달된 철기문화(鐵器文化)의 혜택을 받았다. 이에 따라 사회적 변화도 급속히 진전되었는데, 그 결과 한반도 중부 이남 지역에는 마한(馬韓)·진한(辰韓)·변한(弁韓)의 삼한(三韓)이 대두하게 되었다.

진국(辰國)과 韓의 관계에 대해 『삼국지』 동이전에는 '진한은 옛 진국'이라 한데 비해 『후한서(後漢書)』 동이전에는 '삼한(三韓)이 모두 진국(辰國)에서 발전한 것'으로 되어 있어 연구자의 논지에 따라 둘 중 하나가 임의적으로 선택되고 있다. 예컨대 진국(辰國)을 부인하고 중국설(衆國說)을 취할 경우 『후한서』의 기록이 논리에 더 적합할 것이며, 북한의 『조선전사』처럼 진국(辰國)을 구성한 단위집단이 삼한(三韓) 70여 소국(小國)이라는 주장도 『후한서』의 기록을 취한 결과이다.

그러나 『후한서』의 기록은 진국(辰國)의 영역을 한반도 중남부 전역에 걸친 것으로 이해한 데서 온 오류이며, 『삼국지』에서 진국(辰國)을 진한(辰韓)과 연결 지은 것은 '辰'이라는 글자의 공통성에 덧붙여 진국(辰國)의 방향이 위만조선의 동쪽에 있다는 것과 진한(辰韓)이 마한(馬韓)의 동쪽에 위치한다는 방향의 공통성을 토대로 사서(史書) 편찬과정에서 찬자가 내린 추론일 가능성이 크다.[61]

고고 자료상 중부 이남 지역은 '진국(辰國)'에서 '한(韓)'이라는 명칭의 변동에 관계없이 점토대토기문화 단계 이래의 주민과 문화가 계승 발전하는 양상을 보이고 있다. 즉 진국(辰國)에서 한(韓)으로의 명칭 변화가 진행되는 기원전 2세기 말에서 기원을 전후하여 철기문화(鐵器文化)가 급격히 확산하는 변화가 있으나 삼한(三韓) 사회는 기본적으로 점토대토기문화(粘土帶土器文化) 단계의 주민과 문화를 계승(繼承)하고 있다는 것이 고고학계의 일반적 견해이다.

그러므로 진국(辰國)에서 한(韓)으로의 변화 과정에서 제일 중요한 문제는 진국(辰國)이라는 정치집단의 해체와 한(韓) 소국(小國)의 출현을 어떠한 과정으로 파악할 것인가 하는 점이다.

----

61) 이현혜, 앞의 논문, 1997, 263~264쪽.

전술했듯이 준왕의 남천지로 추정되는 익산 지역에서는 청동기시대 후기에 이전 시기와는 전혀 다른 묘제로 목관묘가 등장한다. 이는 준왕의 남래로 말미암아 전래된 새로운 매장 풍습이며, 마한의 조기(早期) 묘제(墓制)로 인식되고 있다. 이후 서력기원 전후부터 기원후 3세기에 걸쳐서는 마한(馬韓) 전기(前期)의 중심 묘제인 주구묘(周溝墓)가 새롭게 축조된다. 이들 주구묘에서는 조기의 적석목관묘나 목관묘와는 신전장법(伸展葬法) 외에는 구조적인 속성이나 출토유물에서 연속성을 찾을 수 없다. 그리고 오히려 송국리문화와 관련성이 있는 것으로 볼 수 있다.[62]

이상에서 익산 지역에는 기원전 2세기경 점토대토기문화와 함께 새로운 묘제로 목관묘가 들어와 기존 토착사회의 묘제인 지석묘·석관묘·(석개)토광묘를 대신하여 조성되다가 기원 전후부터는 목관묘의 후신으로 새로이 주구묘가 등장한다. 그런데 주구 무덤은 목관묘 계통과 달리 한강 이남의 토착사회의 묘제인 점이 주목된다.[63]

그러나 목관묘에서 주구묘로의 교체과정은 아직 명확하지 않다. 다만, 무덤 양식이 시간이 지나면서 바뀌는 것은 지배세력이 바뀌었다는 것을 암시한다는 점에서 주목된다. 여기서 『후한서』와 『삼국지』에 "준왕(準王)의 후손(後孫)이 어느 시기에 절멸(絶滅)하고 마한인(馬韓人) 자립하여 진왕(辰王)이 되었다."라는 기록[64]으로 보아 준왕의 남래 시 철기문화를 가지고 온 집단은 외래계 세력으로 얼마간 우월적 존재로 있었지만, 강한 토착문화의 전통은 다시 부활하여 새로운 마한 전통의 문화를 유지해 나갔던 것으로 보고 있다.[65]

마지막으로 『삼국지』 동이전 한조(韓條)의 준왕 남래 기록에서 생각해 보아야 할 것이, 준왕이 '한지(韓地)'에 내려와 스스로 칭했다고 하는 '한왕(韓王)'의 의미이다. 준왕은 금강 이남 지역으로 남래한 후 점차 세력이 확대되자 '한왕(韓王)'을 칭하게

---

62) 최완규, 「마한 묘제의 형성과 전북지역에서의 전개」, 『마한 숨쉬는 기록』 특별전 도록, 2009.

63) 박순발, 「마한 사회의 변천」, 『마한 숨쉬는 기록』 특별전 도록, 2009.

64) 『三國志』 권30 魏書30 烏丸鮮卑東夷傳30 韓條 "自號韓王 其後絶滅"

65) 김규정, 앞의 논문, 2013, 248쪽; 최완규, 앞의 논문, 2009.

되는데, 이는 준왕이 그 지역에서 새로운 지배자로 등장하게 되었음을 의미한다.

준왕(準王)이 칭한 한왕(韓王)의 의미와 관련하여 비교해 볼 수 있는 것은 『삼국지』 동이전 한조에 인용된 『위략』 기록에서 '조선후(朝鮮侯)'가 '칭왕(稱王)'하였다는 사실과 『삼국지』 동이전 한조에 나오는 왕의 존재이다.

전국시대(戰國時代) 당시 중국에서는 변법을 통한 징병제의 실시가 보편적으로 이루어지고, 아울러 제후가 종래 '후(侯)'나 '군(君)'의 칭호를 버리고 '왕(王)'호(號)를 사용하게 된다. 그런데 각 군주의 '칭왕(稱王)'은 변법(變法) 실시와 대체로 시기가 일치한다는 점에서, 종래에는 '칭왕(稱王)'의 의미를 각 제후(諸侯)가 변법을 통한 국내체제의 안정 및 국력신장을 확보함으로써 명실상부한 전제군주의 지위와 권위를 과시하고, 더 나아가 왕 천하의 열망을 표출한 결과라고 보았다.[66]

이처럼 중국에서 전국시대 제후국의 성장과 관련지어 볼 때 고조선이 기원전 4세기에 '칭왕(稱王)'한 사실은 고조선 지배 권력의 성장에 따라 그에 상응하는 권위가 필요하여 취해진 조치로 볼 수 있다.

기원전 4~3세기 당시 고조선은 비록 소국연맹적 상태에 있었지만 국가로서의 골격을 어느 정도 갖추었다고 볼 수 있다. 당시 고조선에는 '왕'이 존재하고 있었고, 전쟁 등 국가의 중대사를 왕과 함께 논의하는 대부(大夫)[67]라는 관직도 보인다. 당시 '조선후국'의 '왕'은 주변에 산재한 지역집단의 연맹장이라는 직책을 수행하면서, 전문적인 관리가 필요했던 만큼 미숙한 관료체계를 마련하였던 것이다.[68]

---

66) 『史記』卷43 趙世家에 "(武靈王)八年 … 五國相王 趙獨否曰 無其實 敢處其名乎"라 한 것은 '稱王'이 단순한 호칭의 변경만은 아니고 그에 상응하는 權威가 필요함을 반영하며, 秦昭王과 齊湣王이 '稱帝'했다가 다시 이를 포기할 수밖에 없었던 것도 그와 관련지어 생각할 수 있다(李成九, 『강좌중국사』Ⅰ, 1989, 134쪽).

67) 진·한 시대의 대부 직책은 국가가 논의해야 할 문제를 취급하던 관직이었으므로, 국왕에 대해 충고한 고조선의 대부는 나라의 중요한 문제들에 대해 왕에게 직접 충고할 수 있는 직위를 가진 관리였다고 보인다(陶希聖, 『中國政治制度史』第二冊 秦漢, 啓業書局, 1962, 78~88쪽; 徐連達 編, 『中國歷代官制詞典』, 1991, 54쪽).

68) 金光洙, 「古朝鮮 官名의 系統的 理解」, 『歷史教育』第56輯, 1994, 3쪽.

기원전 4~3세기경 고조선은 중국에서 이른바 '조선후국'이라 부르는 정치권력이 맹주가 되어 그 주변에 위치한 예맥·진번·임둔 등 소국세력에 대해 일정한 영향력을 행사하였고, 성장된 권력을 바탕으로 왕이라 칭하였던 것으로 보인다. 이 단계를 일찍이 '조선연맹체'라는 개념으로 규정한 성과도 있다.[69]

이처럼 고조선의 왕이 연맹장이 되어 주변 국가를 복속시켜 다스리던 단계의 모습을 준왕의 남래 기사에서도 엿볼 수 있다. 그것은 바로 준왕이 남래한 후 '한왕(韓王)'이라 칭한 사실에서 보인다. 그리고 이와 유사한 모습은 『삼국지』 동이전 한조(韓條)에서도 확인 할 수 있다. 『삼국지』 동이전 한조(韓條)에 나오는 '왕(王)'은 '연맹장(聯盟長)'을 의미하는데 마한(馬韓)의 연맹장이 '진왕(辰王)'으로 표기된 것이라든가 변한(弁韓) 12국에 왕이 있었다고 한 것이 그것이다. 그렇다고 하면 '한왕(韓王)'이라는 칭호는 준왕(準王)이 익산 지역을 기반으로 하여 연맹체를 형성하고 연맹장이 되었음을 보여주는 것이라 할 수 있다.[70]

Ⅳ. 맺음말

지금까지 고조선 준왕의 남래 지역과 진국(辰國)의 문제를 익산 지역과 관련하여 살펴보았다.

본 연구에서는 대체로 문헌 사료로서 『삼국지』 및 『후한서』 등에 보이는 기원전 2세기 초 고조선 준왕(準王)의 한지(韓地, 마한)로의 남분(南奔) 기사를 신뢰하고, 준왕의 남래 지역은 고려시대 이래 전통적인 견해에 따라 익산으로 파악하였다. 한편 문헌 자료의 기록을 방증하는 내용으로 기원전 3~2세기경 후기 청동기문화에 근거하여, 준왕의 남래가 가지는 역사적 의미를 해석하였다.

본 연구에서는 크게 두 가지 사실에 주목하였다. 하나는 준왕이 한강 이남의

---

69) 송호정, 앞의 책, 2003, 280~282쪽.

70) 노중국, 앞의 논문, 2003, 192쪽.

한지(韓地)에 남래해서 한(韓) 사회를 열었다면 그 두 지역은 동일한 청동기문화의 특성을 가지고 있었을 것이라는 점이다.

지금까지 조사된 고고 자료에 대한 고찰 결과 한반도 서북 지방의 후기 청동기문화(준왕 단계 고조선의 청동기문화)와 가장 유사한 문화가 집중하는 곳은 익산 지역이었고, 그 지역이 바로 준왕의 남래지였음을 설명하였다.

다른 하나는 그 동안 기존 학계에서는 한강 이남에서 금강 이북에는 '진국(辰國)' 또는 '중국(衆國)'이 존재하고, 금강 이남 지역은 한지(韓地)로 불렸으며, 이 지역에 준왕이 내려온 것으로 보았었다. 그런데 이에 대해 필자는 금강 이북에는 현재까지의 조사 결과이지만 고고 자료의 공백으로 특별한 정치체를 비정하기 어렵고, 오히려 금강~만경강 일대에 걸쳐 진국(辰國)이 위치했다고 보았다. 그리고 그 지역에 준왕이 내려왔을 가능성이 높다는 점을 논증하였다. 준왕이 익산 지역을 선택한 배경으로는 익산 지역에서 번성한 점토대토기문화와 목관묘 문화를 근거로 하였다.

이를 통해 준왕의 남래(南來)는 한반도 남부 지역에 선진적인 금속문화의 경험을 일찍 할 수 있게 하였고, 그것이 바탕이 되어 삼한(三韓) 사회가 열리는 기본 배경이 되었으며, 마한(馬韓)의 진왕(辰王)을 중심으로 한(韓)연맹체 사회가 시작되는 계기가 되었음을 알 수 있었다.

위만조선의 정치체제와
삼국 초기의 부체제

Ⅰ. 머리말

최근 한국 고대사의 전체 체계 속에서 최초의 국가 고조선이 어떠한 위치를 차지하고 있는가에 대한 여러 측면에서의 접근이 이루어지고 있다.

초기 단계의 고조선과 관련된 단군신화의 경우는 신화로서 인식하는 학계의 대부분의 입장과 달리 단군을 실존 인물로 보는 재야사학계의 주장이 강하게 제기되어 소모적인 논쟁 상태를 벗어나지 못하고 있다. 기자조선 문제 또한 그러하다. 다만 현재의 자료만을 놓고 본다면 단군신화로 반영된 시기와 기자조선의 실체는 명확하게 밝히기 어렵다고 하겠다. 좀 더 학술적인 측면에서 체계적인 연구가 필요한 실정이다.

따라서 비교적 문헌 자료가 남아 있고 나무곽무덤 등 고고학 자료도 다수 존재하는 위만조선의 경우는 문헌과 고고학 자료를 잘 비교 분석한다면 최초의 국가와 그 사회상에 대한 약간의 실마리를 얻을 수 있을 것으로 생각한다. 특히 위만조선과 관련하여 그 왕실의 지배구조와 정치구조에 대한 해명은 지방 사회 토착민의 존재 모습까지 파악해야 하므로, 결국 초기 고대국가의 지배체제와 토착 사회의 존재 양태를 확인할 수 있는 가장 중요한 접근 방법이라 할 수 있다.

고조선은 멸망 후 낙랑군으로 그 문화와 주민이 이어지고 고구려와 신라 등 삼국사회가 형성되는 기본 바탕이 되었다. 따라서 고조선의 지배체제나 그 유이민들이 고구려나 신라의 국가형성에 미친 영향과 그 차이점 등을 명확하게 밝혀주는 작업은 고조선 사회의 특성을 밝히는데 꼭 필요한 작업이다. 즉 뒷 시기의 정치구조에 대한 이해를 바탕으로 고조선의 정치구조에 대해 접근하는 방식이라 할 수 있다. 고조선이 하나의 고대국가라고 한다면 삼국 초기의 부체제(部體制) 사회에는 어떠한 영향을 미쳤고 어떠한 계기적인 변화 발전이 이루어졌는지에 대한 명확한 해명이야말로 초기 고대국가의 사회상을 이해하는 중요한 척도가 될 것이다.

따라서 약간의 문헌 자료가 남아 있는 위만조선 단계의 관제(官制)를 구체적으로 해명하고 그것이 비슷한 국가 단계에 있던 남월(南越) 사회와 부여(夫餘)와는 어떠한 유사성과 차이가 있는지를 밝히는 것이 고조선 사회의 사회경제 구성과 국가적 특성을 살피는 데 주요한 방법일 것이다. 나아가 삼국 초기의 정치구조인 부체제 모습과 비교하여 어떠한 특성과 차이가 있는 지를 연구하여 고조선 사회가 삼국 사회에 미친 영향을 고찰하는 작업 또한 필요하다. 여기에 고고학자료를 병행하여 고찰하면 고조선의 정치구조와 국가적 성격에 대해 어느 정도 실마리를 얻을 수 있을 것으로 생각한다.

Ⅱ. 고조선의 관료제도

1. 기존의 논의 검토

종래 후기 고조선, 이른바 위만조선의 국가적 성격에 관해서는 상이한 두 가지 설명이 있어 왔다. 하나는 건국자인 위만의 출자를 조선인으로 보아 위만조선을 토착인 정권으로 파악하는 입장이다.[1] 다른 하나는 위만을 중국인으로 보아 위

---

1) 李丙燾, 「衛氏朝鮮興亡考」, 『韓國古代史研究』, 博英社, 1976, 76~84쪽.

만조선을 중국인 이주자들에 의해 수립된 식민지 정권으로 이해하는 입장이다.[2]

일견 두 견해는 다른 듯이 보이지만 건국자의 종족적(種族的) 출자(出自)만으로 국가의 성격을 논증하려 한 점은 동일하다. 전자에 대해서는 논리 이전에 당위성이 전제된 것이라는 점과,[3] 논리가 취약하다는 점에서 비판되었다.[4] 이에 반해 후자는 매우 주목되고 있다.

후자의 논자인 미가미(三上次男)는 위만의 출자를 『사기』 조선열전의 기록대로 중국인(=燕人)으로 보고, 위만조선을 식민지 국가로 규정하였다.[5] 그러면서도 위만조선의 지배층을 설명하면서는 한반도 서북지구에 존속한 지석묘에 유의하여 이주중국인과 토착민호족이 연합하였을 것이라고 하였다. 정권의 중핵(中核)은 이주중국인이었지만 토착 호족과의 타협하에 정권이 유지되었다는 것이다.

이러한 인식은 기본적으로 타당하다. 다만 이러한 국가를 식민지국가로 규정한 것은 위만을 조선계로 보고 위만조선의 성격을 토착인 정권으로 보는 시각과 동일한 오류를 범하고 있다 하겠다. 사실 한 국가를 주도하였던 왕실의 출자는 중요한 문제이다. 그러나 종족적 출자만으로 국가의 성격 내지 식민지 여부를 논단하는 것은 단순한 논리이다. 그러므로 고조선의 국가적 성격을 알아보기 위해서는 새로운 각도에서의 검토가 요청된다고 하겠다.

후기 고조선의 지배세력이 유이민과 토착인 간의 타협·연합에 의해 수립된 정권이라는 점에 대해서는 누구나 인정하고 있다. 이에 대해서는 위만조선의 권력구조를 중국계와 토착인 간의 연합적 형태로 파악한 김한규의 연구를 먼저 들 수 있다.[6] 이 입장이 미가미(三上次男)의 설과 다른 점은 문헌상에 보이는 '조선상(朝鮮

---

2) 三上次男, 「古代の西北朝鮮と衛氏朝鮮國家の政治·社會的 性格」, 『古代東北アジア史研究』, 1966, 7~11쪽.

3) 金翰奎, 「衛滿朝鮮 關係 中國側史料에 대한 再檢討」, 『釜山女大論文集』 8, 1980, 132~135쪽.

4) 權五重, 「樂浪郡의 設置背景」, 『樂浪郡研究』, 一潮閣, 1992, 20쪽.

5) 三上次男, 앞의 논문, 1966, 4~7쪽, 19~20쪽.

6) 金翰奎, 앞의 논문, 1980; 『古代中國的世界秩序研究』, 一潮閣, 1982.

相'에 유의하여 토착세력으로 '상'직을 설정하였다는 점이다. 김한규는 위만조선의 성격을 '중국계 왕권'과 '토착계 상권'이 결합한 형태로 이해하였다. 그러나 왕권과 상권의 관계나 유이민 세력으로서 왕권의 실체 등의 문제는 여전히 의문으로 남아 있다.

이와 거의 유사한 견해가 권오중에 의해 제기되었다. 그는 낙랑군 성립의 기반으로 고조선의 국가적 성격을 검토하면서, 먼저 건국자인 위만에 관해 주목하였다. 그리하여 문헌사료대로 위만을 중국계로 보았으나, 다만 위만이 중국에서 조선에 도래할 때의 상태가 중국에 흡수될 수 없는 임협(任俠)집단과 같은 상태로 중국을 이탈한 정치적 망명자였다고 보았다.[7] 즉 위만은 중국적 질서에 흡수되기를 거부한 일종의 임협집단같은 존재였고, 따라서 고조선은 중국계 망명인을 수반으로 하며 망명인들이 중추적 역할을 담당한 정권이었다는 것이다. 이 견해는 위만이 고조선으로 이주할 당시의 상황을 좀 더 자세히 파악한 점 외에는 김한규의 견해와 유사하며, 다만 위만조선이 유이민과 토착인의 연합정권이기는 하나 유이민이 중심이 된 정권임을 강조하고 있다.

이상의 견해에서 도출되는 공통된 문제점은 위만조선의 성격 문제를 너무 위만의 출자에만 집착하여 해결하려 한다는 점이다. 그 과정에서 위만이 망명인이라는 것이 부각될 수밖에 없었다. 그러나 위만조선의 국가적 성격을 살펴보기 위한 가장 본질적인 면은 바로 위만왕조의 정치적 구조가 어떠하였느냐를 밝히는 데 있다. 물론 지방사회 일반인의 구체적 생활모습에 대한 자료가 있다면 위만조선의 사회성격에 대한 보다 명확한 서술이 가능할 것이다. 그러나 정치사와 관련된 단편적 자료만이 남아있는 현 상황에서는 당시의 정치구조를 복원하는 것이 최선의 방법이라 할 수 있다.

최근 위만조선의 관명을 중심으로 정치구조를 새롭게 고찰한 성과가 제시되었다. 관명을 분석한 결과 종래의 견해처럼 위만조선은 고조선계 집단과 유이민계

---

7) 權五重, 『樂浪郡研究』, 一潮閣, 1992, 20~26쪽.

집단이 함께 참여하여 운영해 나갔던 연합 형태의 국가였다는 것이다.[8] 특히 위만이 조선에 올 때 조선옷을 입었으며 집권 후 계속 국호를 조선이라 한 점과 기원전 3세기 이래 평양 지역 토광묘유적의 문화성격이 연속성을 보이는 것 등에서 위만왕조는 고조선사회에 바탕을 두고 독자적으로 발전을 추구해 나갔다고 보았다.[9]

이 주장은 전체적으로 고조선사의 왕조별 해석 대신 각 단계의 사회구조를 비교 분석하여 각 단계의 연속성과 단절성을 파악하려 한 점에서 주목된다. 위만조선의 경우는 이전 준왕까지의 고조선 정치구조가 그대로 계승된다는 측면에서 식민지 정권이 아니고 고조선사의 연속선상에서 이해해야된다는 주장은 매우 합리적이라 생각한다. 다만 몇 가지 점에서 필자와 다른 견해를 보이고 있다. 따라서 이하에서는 『사기』와 『위략』에 나오는 고조선의 관명을 통해 관료제도의 모습을 추론하고 그를 통해 고조선의 국가적 성격에 대해 살펴보고자 한다.

2. 관료직의 분석

현재 고조선의 권력체계나 행정조직을 확인할 만한 기록은 남아 있지 않다. 다만 『사기』의 기록을 통해 고조선에는 중국지역과 다른 독자적인 행정조직이 존재했음을 유추할 수 있다.

『사기』의 기록에 따르면 고조선 중기에는 박사·대부, 후기에는 상·대신·장군·비왕 등 중국 지역과 명칭은 동일하나 독자적 행정조직을 엿볼 수 있는 관직이 나온다. 분명 이들 관직명은 고대 한국어를 한자화하였을 것이다. 이 관직명을 보면 그것을 기록한 사마천 자신의 시각에서 중국식으로 맞춘 듯한 인상을 준다.[10]

---

8) 盧泰敦, 「古朝鮮의 變遷」, 『檀君』, 서울대학교출판부, 1994, 41~42쪽; 「위만조선의 政治構造」, 『古朝鮮史와 檀君』, 高麗學術文化財團, 1996, 95~107쪽.

9) 盧泰敦, 앞의 논문, 1996, 106쪽.

10) 정찬영, 「고조선의 위치와 그 성격에 관한 몇가지 문제」, 『문화유산』 60-3, 1960, 50쪽.

상·장군 등 고조선의 관직은 재상·삼공 등과 같이 한나라식 관직명으로 불리지 않은 점으로 보아 당시 중국 관제와 대비할 수 없는 관제조직이 있었다고 보이지만 기록이 단편적이어서 더 이상 정확한 모습은 확인하기 힘들다.

고조선의 관직에서 기원전 4세기에 등장하는 박사·대부의 직은 주대 봉건 귀족제인 경대부제를 모방한 것으로 보인다. 후기 단계의 상·장군·비왕·대신 등의 직은 진·한대의 전제적인 상·장군 중심체제의 영향으로 이루어진 것이라고 볼 수 있다.[11] 그러나 과연 봉건적인 경대부제가 그대로 고조선 사회에서 운영되었는지는 미지수이다. 실제 고조선의 관직은 발달되지 못하고 그 자체가 모호하였기 때문에 『한서』 조선전 응소의 주에 "융적(戎狄 : 고조선-필자주)은 관제를 알지 못했기 때문에 (관직을) 모두 상이라 불렀다."고[12] 기록한 것이라고 생각한다.

『한서』의 기록처럼 고조선 관직이 상으로 대표되었던 점은 두 가지 측면에서 이해된다. 첫째 고조선에서는 관직의 성격을 구분하지 않고 중국 제도를 모방했을 가능성이다. 후기 고조선 지배층의 상당수가 중국에서 온 유이민이었기 때문에 중국 제도를 차용하였으리라는 것은 충분히 이해되며, 아마도 고조선 사회의 특성으로 말미암아 세분화된 관직이 필요하지 않았을 수 있다. 둘째, 고조선의 국가발전단계는 중국 전국시대 이후 군현제에 입각한 고대국가의 관제가 성립되지 않은 단계이고, 또 그것을 이해할 수 없었던 데서 말미암은 현상으로도 볼 수 있다. 어떤 것이든 비록 기록에는 고조선에 중국 제도와 유사한 관직의 명칭도 보이지만 분명 고조선 고유의 운영체계가 있었을 것이다. 이에 대해 좀 더 구체적으로 살펴보도록 하겠다.

『사기』에서는 서한시대와 관계있던 관직만이 언급되고 있으므로 실제 고조선에는 『사기』에 기록된 것보다 더 많은 관직이 있었을 것으로 보인다. 『삼국지』에 인용된 『위략』에는 고조선의 관직으로 대부와 박사라는 직책이 적혀있다. 그러나 이 직위가 과연 고조선의 관명 그대로 쓴 것인지 혹은 한인들이 번역한 것인지는 알

---

11) 金光洙, 「古朝鮮 官名의 系統的 理解」, 『歷史敎育』 第56輯, 1994, 1~20쪽.
12) 『漢書』 朝鮮傳 應劭註 "應劭曰「凡五人也 戎狄不知官紀 故皆稱相」"

수 없다.

중국에서 박사라는 관직은 진대에 설치한 것으로 '고금의 일을 장악한(掌通古今事)' 학자로서, 황제의 고문 역할을 한 관리였다.[13] 사마천이 위만의 관직을 박사라고 쓴 것을 보면 한대의 박사와 동일한 기능을 한 직책이었을 것이다. 따라서 한인들이 박사로 번역할 수 있는 그러한 직무를 수행하는 관직이 위만조선 이전부터 있었다고 볼 수 있다.

또 『위략』의 "조선후가 왕을 칭하고 연을 치려 하자 대부인 예가 만류했다."는 기사에서 기원전 4세기 후반 고조선에는 대부라는 관직도 있었다. 대부는 주나라의 관등명으로 그 밑에 사(士)라는 하급 관리가 있고 그 위로는 경(卿)이라는 장관 이상이 갖는 관등이 있었다.[14] 당시 각국에는 제후의 일족이 지배계층을 이루어 스스로 국인이라 불렸는데 그들이 곧 대부였다. 이들은 공(公)으로부터 봉지(封地)와 씨(氏)를 분여받아 자기 일족자제를 기르고 그들로써 병단을 구성하여 국군(國君)하에 전쟁에 참여할 의무를 부여받았다.[15] 그러나 춘추·전국시대이래 군주권이 전제화되어 감에 따라 경대부 세력은 점차 소멸되었으며, 그 의미도 일반적인 귀족의 명칭으로 또는 서열에 따른 관위·벼슬의 명칭으로 바뀌었다.[16]

그렇다면 고조선에서 기원전 4세기에 등장하는 대부는 어떤 역할을 하는 직책이었을까. 과연 그것이 주대의 대부직과 같은 기준에서 운영되었을 것인가.[17] 여기서 주목되는 것은, 대부직은 주대에만 사용된 것이 아니라 한대 이후의 관작이기도 했다는 점이다. 한대 이후의 대부직은 상앙의 변법에서 창건한 22등작제의

---

13) 리지린, 『고조선연구』, 과학원출판사, 1963; 학우서방, 361~82쪽.

14) 주대(周代)에 경대부(卿大夫)는 일종의 가신집단(家臣集團)을 이루고 있는 족벌(族閥)의 장(長)에게 주어진 칭호였다(李成九, 「春秋戰國時代의 國家와 社會」, 『講座中國史』 I , 1989, 99~100쪽).

15) 李成九, 앞의 논문, 1989, 100쪽.

16) 徐連達, 『中國歷代官制詞典』, 安徽教育出版社, 1991, 54쪽.

17) 金光洙, 앞의 논문, 1994, 3쪽.

제5급 작제를 말하는 것이었고, 진·한대의 대부는 천자의 비서장으로서[18] 국가가 논의해야 할 중요한 문제를 취급하였다.[19]

기원전 4세기 연과의 대립과정에서 국왕을 충고한 고조선의 대부는 진·한대의 대부 역할과 유사한 측면이 강하다고 생각한다. 아마 사마천의 시각에서도 고조선의 대부직은 진·한대의 대부와 동일한 기능을 가진 관직으로 파악되었을 것이다. 결국 고조선의 '대부'는 왕의 측근에서 나라의 중요한 문제들에 대하여 왕에게 직접 충고할 수 있는 직위를 가진 관리였다고 판단할 수 있다. 그리고 현재의 자료만 가지고 그것이 중국과 동일하게 경대부 제도로 운영되었는지는 현재의 자료로서는 더 이상 논의하기 어렵다.

이상의 검토를 통해 기원전 4세기 후반경 고조선에는 왕 및 박사·대부 등의 관료체계와 그에 따른 일정한 통치체제가 갖추어져 있었다고 보인다. 그러나 당시 고조선 사회는 아직 소국 간의 연맹 상태로 일원적인 행정체계에 의해 지배되는 중앙집권적 단계에는 이르지 못하였다. 고조선 왕은 일정한 지역에 한하여 연맹장으로서 직책을 수행하고, 다만 전문적인 관리가 필요했던 상황에서 미약하나마 관료체계를 마련했던 것으로 보인다.

고조선의 관제가 체계있게 분화된 모습을 보여주는 것은 후기의 위만 단계에 이르러서이다. 고조선 후기단계에 왕 밑에서 국무를 관장했던 대표적인 귀족세력은 상(相)이었다.[20] 상은 위만 집권 당시 한나라의 관제였다. 진에서는 좌우승상제(左右丞相制)를 실시했고, 『한서』 백공경표(百公卿表)에 의하면 상국(相國)의 존재가 보인다. 고조선의 상은 물론 중국 제도들의 경상[=大臣]직을 모방한 것이다. 구체적 사례로 고조선 말기에 상직을 가진 역계경이 우거왕에게 충고하였으나 이것이 받아들여지지 않자 진국으로 망명하였다[21]는 것으로 보아, 상은 나라의 중요한

---

18) 陶希聖, 『中國政治制度史』 第二冊 秦漢, 啓業書局, 1962, 78~88쪽.

19) 徐連達 編, 앞의 책, 1991, 54쪽.

20) 상(相)은 위만 집권 당시 한(漢)나라의 관제였다. 진(秦)에서는 '좌우승상제(左右丞相制)'를 실시했고, 『한서』 백공경표에 의하면 '상국(相國)'의 존재가 보인다.

21) 『三國志』 卷30 魏書30 烏丸鮮卑東夷傳 韓條 所引 『魏略』 "右渠未破時 朝鮮相歷谿卿

문제들에 대하여 왕에게 '충고'하고 조언하는 직책이었음을 알 수 있다.

상에는 원래 '찬(贊)'·'도(導)'·'면(勉)'의 뜻이 있어 집단 영도자의 지도·권면 등의 기능을 표시한다. 고구려에서는 부족장을 '상가(相加)'라고 하였는데 '가'는 '족'을 의미하므로 '상가'란 족의 지도자 곧 족장을 의미한다.[22] 고조선의 경우도 이와 유사하게 각 지역집단의 족장들을 중앙관직에 끌어들여 상이라는 관직으로 편입하였다고 생각한다. 니계상 참의 경우『사기』후자년표에 「조선니계상(朝鮮尼谿相)」이라고 하였는데 여기서 니계는 그 발음과 명칭이 분명 고조선의 한 지명일 것이다. 이처럼 상직 앞에 그 세력기반이 있는 지명을 함께 칭하고 있다는 점에서 상직을 가진 자는 기본적으로 지역에 기반을 둔 우두머리 출신임을 알 수 있다.

상의 직위를 가진 사람들은『사기』조선열전에 전하는 것만도 상 한음, 상 노인, 니계상 참 등이 있다. 여기서 먼저 짚고 넘어가야 할 것은『사기』에 표현된 상직이 '조선상(朝鮮相)'과 '니계상(尼谿相)'으로 구분되어 표현되고 있는데 '조선상'은 중앙관직이고, '니계상'이나 지역명을 칭하지 않은 '상'은 지방관직이라는 인식의 타당성 여부이다.[23] 고조선의 관직이 분화되어 중앙관직과 지방관직으로 나뉘어 있었다고 보는 입장에서는 고조선이 중앙과 지방의 두 관직 모두 상이라 칭한 것은 조선 관제의 한 특색이요, 원시부족장제의 잔재유풍이 그렇게 만든 것이라고 본다.[24] 그러나『사기』조선열전을 자세히 보면 '조선상'이라는 표현은 하나의 관직으로 사용되었다기보다 단순히 '조선의 상'이라는 의미일 뿐이다.

『사기』조선열전의 기록을 보면 '노인'이라는 인물의 직책이 앞에서는 '조선상 노인'이라고 표기되었지만 뒤에서는 그냥 '상 노인'으로 나온다. 이것은 '조선상'이라는 관직이 '조선의 상'이라는 의미로 썼음을 단적으로 말해준다. 또『사기』조선열전에 "융적(戎狄)은 관직체계를 잘 알지 못하여 모든 고관을 상이라 불렀다."

以諫右渠不用 東之辰國"

22) 金哲埈,「古朝鮮社會의 政治勢力의 成立」,『한국사』2, 국사편찬위원회, 1973, 76쪽.

23) 李丙燾,「衛氏朝鮮興亡考」,『韓國古代史研究』, 博英社, 1976, 81~82쪽.

24) 李丙燾, 앞의 논문, 1976, 81~82쪽.

는 기록에서 일부 족장의 경우 출신지역명을 붙이는 경우도 있지만, 나머지는 대부분 '상'이라고 불렀지 중앙 관직으로서 '조선상'이 존재한 것이 아님을 알 수 있다. 이것은 『한서』 원성공신표에 무신이었던 왕겹의 직책이 조선장군(朝鮮將軍)이라 표기되는 것[25]에서 '조선'이 직책 앞에 국적을 표시하는 의미로 등장한 것으로 볼 수 있다.

결국 고조선의 관직체계 중 문관직으로서 벼슬이 높은 관리, 즉 고관은 모두 상이라 불렀고 그들은 유이민과 지방사회의 족장 출신들이 대부분이었다고 생각한다. 다만 '니계상'과 같이 어떠한 이유에서인지 몰라도 특정 출신지역과 연관이 깊은 경우에는 지역명을 붙였을 것으로 생각한다.

고조선 관직체계의 핵심이 지방에 기반을 둔 족장세력을 중앙 관료체계에 편입시켜 운영하였던 사실은, 후기 단계에 이르러서도 고조선 사회가 여러 부족이나 읍락들을 완전히 지배하지 못하고 연맹적인 통치조직을 이루고 있었던 것에서 알 수 있다. 그리고 연맹을 이루고 있던 부족들의 크기는 '조선의 상'으로 나오는 니계상 참과 역계경 및 한음 등이 고조선 멸망 후에 많게는 2천 호·1천 호, 작게는 500여 호를 사여받은 것[26]에서 매우 컸음을 짐작할 수 있다.

역계경이 진국으로 망명할 때 당시 소국의 평균 규모인 2천여 호의 주민을 이끌고 갔다는 것은 재지의 상이 상당한 정치적 기반과 경제력을 가진 관리였음을 말해준다. 고조선의 왕은 상직을 통해 재지기반을 가진 독립적 세력가를 중앙의 관료제도 아래로 포섭하고, 또한 그를 통해 지배지역의 행정을 중앙집권적 차원으로 연결하였을 것이라고 생각한다.[27] 그러나 상직을 지닌 집단은 중앙정부의 통제를 어느 정도 받았겠지만 적어도 각 집단 내부의 일은 자치적으로 시행하였을 것으로 보인다. 그것은 역계경이 왕에게 건의한 것이 받아들여지지 않자 자신이 관할하던 주민집단을 모두 데리고 떠난 것에서 방증된다.

---

25) 『漢書』 卷17 景武昭宣元成功臣表 "平州侯 王唊 以朝鮮將 … 千四百八十戶"

26) 『漢書』 卷17 景武昭宣元成功臣表 "平州侯 王唊 以朝鮮將 … 千四百八十戶", "萩苴侯 韓陶 以朝鮮相將 … 五百四十戶", "澅淸侯 參 以朝鮮尼谿相 … 千戶"

27) 金光洙, 앞의 논문, 1994, 11쪽.

『사기』에는 상 이외의 문관직으로서 '대신(大臣)'이 나온다. 종래 이 대신직에 대해서는 대개 상과 동등하거나 상 밑에 위치한 고급관리로 인정하면서 고조선의 관직이 매우 분화되어 있었다고 설명한다.[28] 그러나 관련 사료를 면밀히 검토하면 대신의 명칭은 '조선대신'[29]이라는 복합어로 표기되어 있고, 또 한 무제와의 왕검성 전투에서 최후까지 싸우다가 희생된 위만조선의 관리 성기(成己)의 이름 앞에도 쓰였다.[30] 이 두 가지 사례만 보아도 대신직은 '조선의 상'과 같이 '조선의 큰 관리'라는 뜻으로 쓰인 것이지, 상과 또 다른 관직으로 존재한 것이 아님을 알 수 있다. 상직을 가진 관료를 일반적으로 부를 경우 상이라는 명칭을 쓰지 않고 대신이라 표기했던 것이라고 생각된다.

대신직이 일반적인 관료를 나타내는 표기로 사용된 예는 고조선 당시 주변 국가들에서도 확인된다. 『사기』 흉노열전에 보면 당시 흉노에서는 선우(單于) 아래에 좌·우현왕 등 24명의 왕과 장(將)이 있어 각지에 분지를 나누어 다스리고 있었다. 그런데 왕·장에 대한 설명에서 '여러 대신들은 모두 대대로 관리를 했다.'[31]는 설명처럼 흉노의 관료들은 중앙에서 임명하는 임기가 정해진 관료적 존재는 아니었다고 보이며[32] 귀족 지배자들을 일반적으로 대신이라 부르고 있었다.

『사기』 남월열전에는 왕 자리를 넘볼 정도로 세력이 강한 상(相) 여가(呂嘉)가 있어 왕이 그를 제거하려 하였는데, 그 계획이 수포로 돌아가고 오히려 그가 다른 대신들과 모의하여 난을 일으키는 내용이 나온다.[33] 이것을 보면 남월 조정에 위치한 여러 관리들을 일반적으로 대신이라 부르고, 그 직책을 표기할 경우는 '상'이

---

28) 金光洙, 위의 논문, 1994, 13쪽.
29) 『史記』 卷115 朝鮮列傳 第55 "左將軍急擊之 朝鮮大臣乃陰閒使人私約降樓船"
30) 『史記』 卷115 朝鮮列傳 第55 "王儉城未下 故右渠之大臣成己又反 復攻吏"
31) 『史記』 卷110 匈奴列傳 第50 "諸大臣世官"
32) 盧泰敦, 앞의 논문, 1996, 100쪽.
33) 『史記』 卷113 南越列傳 第53 "其相呂嘉年長矣(中略) 其居國中甚重 越人信之 多爲耳目者 得衆心愈於王(中略) 相嘉大臣西鄕 侍坐飮(中略) 乃陰與大臣作亂"

라 불렀음을 알 수 있다.[34] 일본에서도 3세기 초까지는 대신직이 궁정에서 근시 (近侍), 봉사하는 정신(廷臣)의 의미로 쓰였고, 고정된 직책명이 아니었다는 점[35]이 이를 방증한다.

상직이 고조선의 문관 임무를 담당했다면 체제 유지를 위한 상비군의 지휘자로서 무관의 임무는 장군이 맡았다. 장군 직책은 상설직 관료로 볼 수 있다. 고대 국가의 관직 중에서 군사관련 관직이 가장 먼저 분화하는 것이 보편적 현상이기 때문이다.[36] 당시 고조선 지배자의 무덤으로 인정되는 목곽묘에서 많은 무기나 부장품이 출현하는 것으로 보아 이들 장군은 국가체제 운영에서 형벌권을 행사하여 전쟁포로 이외에 형벌노예를 재생산함으로써 자신의 경제기반을 확대하였다고 보인다.

이밖에 『사기』 조선열전에는 고조선의 고위 무관직으로 비왕이 존재한 것으로 나온다. 그 내용을 보면 비왕은 고조선에 사신으로 왔던 한나라의 섭하를 전송하다 살해된 장(長)이라는 인물의 관직으로 나온다.

비왕은 『사기』 조선열전 협주에는 장사(將士)라 표현되어 있고, 본문에서도 한의 사신 섭하가 장을 죽인 후 한나라에 돌아가 "신이 조선의 사령관을 살해했습니다."라고 보고한 것을 보면[37] 무관과 관계된 직책임을 알 수 있다.[38] 그러나 실제 비왕은 명칭 그대로 왕을 보좌하는 부왕과 같은 존재로 고대 사회에서 사신을

---

34) 고조선과 그 통치체제가 유사하였던 남월의 경우 관료의 우두머리인 상을 남월상이라는 식으로 국가명을 붙여 부르지 않았다는 점이다. 이는 고조선에서도 동일하게 조선상이라는 관직이 있어 니계상과 같은 지역명을 칭한 상과 병존하여 귀족회의체를 이루었다는 기존의 인식(李丙燾, 金哲埈, 盧泰敦)이 잘못되었음을 말해준다.

35) 『日本書紀』 권7, 聖武天皇 3년 춘정월 초에 武內宿禰를 '대신(大臣)'으로 삼았다는 기록은 同書 景行天皇 51년 8월조에 武內宿禰를 '棟梁之臣'으로 삼았다는 것처럼 대신직(大臣職)이 일반적인 근시(近侍)의 의미로 쓰였음을 말한다.

36) 金瑛河, 「韓國 古代社會의 政治構造」, 『韓國史의 時代區分』, 신서원, 1995, 39쪽.

37) 『史記』 卷115 朝鮮列傳 第55 "何至界上 臨浿水 使御刺殺送何者 朝鮮裨王長卽渡馳入塞 遂歸報天子曰「殺朝鮮將」"

38) 李丙燾, 「衛氏朝鮮 興亡考」, 『韓國古代史研究』, 博英社, 1976, 87쪽.

수행하는 등 무관의 일을 행한 존재로 파악하는 것이 합리적이라 생각한다.

『사기』흉노열전에는 비왕직이 흉노의 왕인 선우(單于) 밑에 위치한 좌·우현왕 바로 밑에 존재한 부왕(副王)과 같은 존재로 나온다.『후한서』흉노전에는 흉노 큰 부족의 족장 명칭 중 '비소왕(裨小王)'이 나온다. 따라서 비왕은 흉노 선우에 종속된 부왕과 같은 존재로서 좌·우현왕의 밑에 존재한 직책으로 비정된다.[39] 또한『사기』에 나오는 비왕의 기록을 보면 '비왕'이 '비소왕(裨小王)',[40] '소왕(小王)',[41] '비장(裨將)'[42] 등으로 표기되어 같은 의미로 사용되었음을 알 수 있다. 특히『사기』흉노열전 색은(索隱)에는 소안(小顔)의 말을 인용하여 "비왕은 소왕으로 대략 비장과 같다."[43]고 하여 비왕이 비장과 같은 군사적 임무도 수행하는 직책임을 설명하고 있다.

일종의 정복국가적 성격을 갖고 있던 고조선 사회에서는 중앙의 왕을 비롯하여 핵심 중앙 관료조직에 구체적인 실무를 처리하는 비왕직을 두어 업무를 보았고, 그 비왕들은 고대 사회 초기의 특성상 비장과 같은 무관으로서의 성향을 지니고 있었던 것이다. 따라서 비왕은 문관직인 상을 포함해 무관직인 장군 밑에도 있었을 가능성이 높다.

이상에서 보면 고조선은 상직에 병행하여 군사적 업무를 담당한 장군직을 두어 있어 국가 간 정복이 잦았던 당시의 국가체제를 유지하기 위한 기본 업무를 담당케 하였던 것으로 보인다. 고조선의 실질적인 행정업무는 상과 장군직에 속해 있던 비왕에 의해 처리되는 체제가 아니었을까 생각한다.

『사기』조선열전에는 위만이 한으로부터 받은 병위재물(兵威財物)을 바탕으로 주

---

39) 盧泰敦, 앞의 논문, 1996, 100~102쪽.

40) 『史記』卷110 匈奴列傳 第50 "漢以衛靑爲大將軍 將六將軍 十餘萬人 出朔方高闕擊胡 (中略) 漢得右賢王衆男女萬五千人 裨小王十餘人"

41) 『史記』卷110 匈奴列傳 第50 "趙信者 故胡小王 降漢 漢封爲翕侯"

42) 『史記』卷111 衛將軍 驃騎列傳 第51 "渾邪王裨將見漢軍而多欲不降者 頗遁去 (中略) 封渾邪王萬戶 爲漯陰侯 封其裨王呼毒尼 爲下摩侯"

43) 『史記』卷111 衛將軍 驃騎列傳 第51 "裨王 小王也 若裨將然"

변의 진번·임둔 등을 복속시키고 국가체제를 수립하였다고 나온다. 이때 장군과 비왕이 그 중심에서 활약하였을 것은 어렵지 않게 추측할 수 있다. 멸망 당시 고조선에는 한나라 5만 군사를 맞아 싸울 만한 군대와 무장이 있었다는 기록도 있다.[44] 또 한의 군대가 조선을 공격하였을 때 조선의 태자가 무기를 갖춘 만여 명의 무리를 이끌고 패수를 건너 한나라로 가려 하였고, 조선에서 말 5천 필을 바치기로 한 사실이 기록되어 있다. 여기서 말 5천 필과 만여 명의 무장병이란 숫자가 얼마나 확실성을 갖는 지는 자세하지 않지만 적은 영토의 고조선에 이렇게 많은 마필(馬匹)과 호위병이 있고 군량을 제공할 수 있었다는 것은 당시 고조선의 경제 및 군사조직이 대단히 강하였음을 보여준다.[45]

고조선은 국가형성 과정에서 족적 유대감이 강한 단위정치체의 대소 족장세력을 연맹·결속의 단계를 거쳐 국가의 지배신분층으로 편제하였다. '상'과 '장군'직으로 편제된 이들은 재지기반을 가진 세습귀족을 형성하고 왕 밑에서 귀족회의체를 구성하여 국가의 주요 업무를 처리하였다. 이것은 당시 중국 춘추·전국시대의 관료기구, 즉 중앙 정권기구가 상부(相府)와 장군부(將軍府)로 구성되어 있었던 점과 일치한다.[46] 이는 일단 『사기』 조선열전을 기록한 사마천의 시각이 고조선의 관직체계를 중국의 관료체계와 동일시하여 정리한 데서 나온 현상이라고 볼 수 있다. 그러나 그것은 고조선 관직체계의 실상을 반영하고 있다.

고조선의 관직체계는 중국과 달리 분화가 덜 되었다. 문관직의 경우 전부 상이라 부르고 무관직은 장군이라 부르는 등 조선 독자의 관직체계를 갖추었으며, 가장 큰 특징이 재지기반을 가진 족장세력들을 중앙 관료직으로 편입하는 중층적 구조를 갖고 있었다는 점이다. 특히 왕을 비롯한 중앙 관료들에게는 실무 행정을 담당하는 비왕이 존재하고 있었다. 중앙의 왕은 지방사회에 대해 기본적으로는 대거수(大渠帥) 또는 거수(渠帥)를 통해 지배력을 발휘했으며, 그들 가운데 중앙으로

---

44) 『史記』卷115 朝鮮列傳 第55.

45) 이병도는 이에 대해 고조선은 병농일치제(兵農一致制)에 입각한 경제와 군사체계를 유지하였을 것이라는 추론을 하고 있다(이병도, 앞의 논문, 1976, 89~90쪽).

46) 唐進·鄭川水, 『中國國家機構史』, 遼寧人民出版社, 1993, 44~45쪽.

진출한 이들이 상직을 지니게 되었던 것으로 볼 수 있다.[47]

　이러한 관료제도를 통해 볼 때 고조선은 일정한 정치적 기구를 갖춘 국가의 단계에 있었으나, 그 사회구조는 아직 지방의 촌락공동체에 토대를 둔 부족(種族) 또는 종족연합의 상태를 완전히 청산하지 못한 단계로서 관료기구 또한 강력한 고대 중앙집권 국가의 관료기구에 비한다면 초보적인 것이었다.

　고조선의 정치구조를 간단히 표로 정리하면 아래와 같다.

Ⅲ. 관료집단의 족속계통과 정치구조의 특성

1. 고조선 관료집단의 족속계통

　고조선 후기단계의 위만조선은 위만을 중심으로 한 중국계의 이주민이 토착민 사회의 지배자와 함께 연합하여 이룩한 정권이었다고 보는 것이 일반적이다. 그

---

47) 상 가운데서도 완전히 중앙의 행정관료화한 사람은 그냥 상이라 칭하였지만, 계속 출신지역과 연관을 맺고 있는 경우는 출신지역명을 붙인 것이 아닌가 생각한다. 이에 대해 필자는 아직 확신을 갖고 있지 못하다. 앞으로 더 고찰이 필요하다.

과정에서 중국인 이주자만이 지배자였고 토착민은 피지배자였다고 하는 식민지 국가로서 위만조선을 파악하기도 한다.[48] 그러나 이 주장은 명확히 논증된 것은 아니다.

고조선 지배체제의 성격을 살펴보기 위해서는 위만조선을 구성했던 지배층 가운데 이주 중국인과 토착민 호족이 어떠한 정치·사회적 관계를 가지고 조합되어 있었던가를 살피는 것이 가장 기본적인 작업이라고 할 수 있다.[49] 고조선의 지배 체제는 토착 조선인만으로 이루어진 것이 아니라 유이민도 큰 세력을 차지하고 함께 국가를 운영해 나갔다는 측면에서 그러하다. 이러한 작업은 곧 위만조선을 주도하던 집단의 족속계통, 즉 출자에 관한 문제이기도 하다.

한나라의 지배자층이 어떠한 민족적 구성을 가지고 있었는지를 알고자 할 경우 인명이 많이 전해진다면 좋지만, 유감스럽게도 위만조선의 인명은 대단히 적게 알려져 있다. 『사기』 조선열전에는 위만조선이 멸망할 당시 이 나라의 요인으로서 상 노인(路人), 상 한음(韓陰, 韓陶), 니계상 참(參), 장군 왕겹(王唊)이라는 이름과 역계 경의 존재가 나온다.

이들 인명에 대해서는 『한서』 음의(音義)에는 노인·한도(韓陶)·니계·참·왕겹의 5명이라고 하고 있고, 또 『사기』 조선전을 답습한 『한서』 조선전의 서술에서도 응소는 이것을 5인의 인명이라고 주하고 있다. 그러나 이것을 5명이라고 한 것은 잘못이다. 『한서』의 후자년표(侯者年表)에 보면 위씨조선과 한 군대와의 싸움을 끝까지 이끌고 패전 후에는 한에 귀항하였던 요인 가운데 노인의 아들 최(最)는 온양 후(溫陽侯)에, 한음(도)은 추저후(萩苴侯)에, 삼은 획청후(澅淸侯)에, 왕겹은 평주후(平州侯)에 봉해졌던 것인데, 이에 대해 니계의 이름은 거기에 나타나지 않고 물론 어떠한 제후에도 봉해지지 않고 있다. 따라서 이계상은 바로 "니계의 상"이라는 특수한 칭호가 부여되어 있다고 생각된다.[50]

---

48) 三上次男, 앞의 논문, 1966, 7~11쪽.
49) 盧泰敦, 「衛滿 朝鮮의 政治構造 ─官名분석을 중심으로─」, 『古朝鮮史와 檀君』, 高麗 學術文化財團 심포지엄자료집, 1996, 95~96쪽; 『汕耘史學』 8, 1999에 재수록.
50) 三上次男, 앞의 논문, 1966, 9쪽.

우리는 앞장에서 이들의 활동을 중심으로 후기 고조선의 지배체제가 왕 밑의 상, 장군 등이 귀족회의체를 구성하여 이들이 정치운영에 임하였던 것으로 파악하였다. 이제는 이름이 확인되는 이들의 구체적인 소속과 계통문제를 살펴보도록 하겠다.

먼저 조선왕에게 무엇인가 건의했다가 받아들여지지 않자 휘하의 2천 호를 이끌고 남으로 이탈한 역계경[51]이 주목된다. 그는 조선의 상으로서 이름 자체에 토착어인 듯한 '역계(歷谿)'로 관칭되고 있으며, 진국으로 간 뒤에도 '조선 진번' 등과 다시 교통이 없었다고 밝힌 것에서 그는 원래 조선의 토착세력이었음을 알 수 있다.[52] 반면 노인과 한음, 왕겹의 경우 그 성(姓)만을 놓고 본다면 아마도 유력한 망명자 또는 망명자집단의 인물로 볼 수 있다.

노인에 대해서는 『사기』 조선열전 주(註)에서 색은이 "노인은 어양현인(漁陽縣人)" 이라고 서술하고 있다. 근거는 불명하지만, 한에는 노성(路姓)이 적지 않기 때문에 색은의 설은 일단 신빙성이 있는 것으로 보인다. 노씨 성을 가진 인물로 『사기』 위장군 표기열전에 장군 노박덕(路博德)이 나오는데, 그는 평주 사람으로 표기장군이 죽자 위위(衛尉) 복파장군(伏波將軍)이 되어 남월을 정벌하는 데 공을 세운 인물이다.[53] '노인'의 경우 한자식 이름으로 '인'이 어색하다 해도 아마 '노씨 성을 가진 사람'이라는 의미 정도로 사용된 한계통의 사람이었을 가능성이 높다. 다만 그 성만을 가지고는 구체적인 소속을 확정하기는 힘들다.

한음에 대해서는 불분명하지만 중국에는 한(韓)씨 성이 적지 않기 때문에 그 도 중국계통이라고 보아도 좋을 것이다. '한'의 명칭에 대해서는 『위략』에 전하기를 준왕이 남으로 한지(韓地)에 내려간 뒤 한왕이라 칭한 점과, 고대 한국어에서 '크다', '가득하다'는 의미로 한(韓)이 사용되었다는 점에서 중국에서 비롯된 말이 아

---

51) 『史記』 卷110 朝鮮列傳 第50.

52) 盧泰敦, 앞의 논문, 1996, 104쪽.

53) 『史記』 卷111 列傳 第51 衛將軍 驃騎列傳 "將軍路博德平州人 (中略) 博德以衛尉爲伏波將軍 伐破南越"

닐 것이라는 점이 조심스럽게 제기되고 있다.[54] 그러나 '한'은 성으로 사용되었음이 분명하고, 전국시대 이래로 한이 중국의 주요 성이었던 점과 한씨라는 명문이 새겨진 전(塼)이 황해도 지역에서 여러 개 발견되었다는 점 등에서 한씨를 중국계 호족으로 보는 것[55] 또한 설득력이 있어 보인다. 한음은 노인처럼 그 성만 가지고는 구체적인 소속을 판정하기 힘들다.

장군 왕겹의 경우도 역시 왕성을 가진 중국인이라고 생각한다. 『후한서』 권76의 왕경전에는 기원전 2세기 처음에 산동 낭야의 불기(不其)에서 서북조선으로 옮겨와 훗날 낙랑군 부근의 땅에 이주하여 호족으로 되었던 왕경이라는 인물이 나온다. 이처럼 고조선 당시 중국에서 온 유이민 가운데 왕씨 성을 가진 사람들이 많았음을 알 수 있고, 왕겹도 그 중의 하나라고 볼 수 있다.

활동이 기록된 인물 가운데 특히 주목되는 이는 니계상 참이다. 참이라는 인물은 앞의 세 인물과 달리 성을 갖지 않고, 니계라는 재지세력을 근거지로 한 상이었다. 참이 성을 칭하지 않은 것은 그가 토착인이었기 때문에 한성(漢姓)을 갖지 않고 다만 성명을 합쳐 '참'이라고 기록한 것이 아닌가[56]라는 주장이 있는데 설득력 있다. 그렇다면 그의 칭호가 다른 사람과 다른 '니계의 상'인 것도 수긍할 수 있을 것이다.

끝으로 '비왕 장(長)'의 경우, 비왕직이 왕을 포함해 상 및 장군 밑에 존재한 중하급 실무직임을 염두에 둔다면 아무래도 토착 고조선계 사람이 맡았을 가능성이 높다. 이름 또한 토착계 사람인 참처럼 외자인 점도 토착인일 가능성을 높여준다.

이상 위만조선 말기의 중요한 몇몇 인물을 간략히 살펴보았지만 이름만으로는 고조선 관료집단의 구성을 알기가 힘들다는 것을 알 수 있었다. 다만 고조선후기 단계의 관직체계는 중국 계통의 유이민 출신과 토착민의 유력자가 일정하게 결합된 형태로 존재했다는 것만은 분명하다. 이에 대해 미가미(三上次男)는 우거의 신하

---

54) 盧泰敦, 앞의 논문, 1996, 104~105쪽.

55) 三上次男, 앞의 논문, 1966, 9~10쪽.

56) 三上次男은 이것을 『宋書』 倭人傳의 倭王 瓚·武와 유사한 표기로 보고 있다(三上次男, 앞의 논문, 1966, 10쪽).

들 중에서 니계상 참만을 빼고는 모두가 중국인일 것이라고 추측하고 있다.[57] 그러나 상직을 가진 인물 모두가 『사기』 조선열전에 표기된 것이 아니므로 그 성만을 가지고서 출신을 파악하기란 매우 힘들다고 하겠다.

단지 네명 인물의 출자를 검토하는 것으로는 출신지역에 대한 증거가 확실하지 않을 뿐만 아니라, 고조선이 지역공동체의 장을 중앙 귀족으로 끌어들여 지배공동체 조직을 형성하였다는 점에서는 오히려 많은 수의 상직이 토착사회의 족장이었다고 보는 것이 타당하다. 또한 토착민인 참이 다른 사람들 사이에서 어떠한 위치를 점하였는지는 분명치 않지만 니계상으로서 상의 지위에 있는 상당히 유력한 존재였다는 것은 충분히 짐작할 수 있을 것이다. 다만 『사기』 등 문헌에 기록된 고조선의 주요 인물들 중에는 중국계 유이민세력들이 많은 것은 분명하다.

『사기』 조선열전에 "연 전성기로부터 … 왕험에 도읍하였다[自始全燕時 … 都王險]."고 한 것에서, 고조선후기 단계에 지배층 중심을 이루었던 사람들은 위만이 지배한 진번·조선의 '만이(蠻夷)'라고 한 토착민과 연·제·조의 유망민들이었음을 알 수 있다. 당시 중국의 유망민 수가 한반도 전체로는 수만 구에 이르렀다[58]는 『위지』 예전(濊傳)의 기사로 보아, 상당히 많았음을 짐작할 수 있고, 또 그 수만 구의 대부분이 한반도 북부에 머물렀던 것으로 보이므로, 이들이 위만 왕조의 주체세력이 되었다고 생각한다.

2. 후기 고조선 정치 구조의 특성

앞에서 보았듯이 고조선 후기 단계의 정치구조는 토착 고조선계 주민집단과 중국 유이민계 집단이 함께 참여하여 국가를 운영해 나가던 형태였다. 다만 기원전 3~2세기 고조선의 토착민들 사이에는 이미 상당히 커다란 권력을 가진 족장 또

---

57) 三上次男, 앞의 논문, 1966, 10~11쪽.

58) 『三國志』 卷30 魏書 烏丸鮮卑東夷傳 第30, 848쪽 "陳勝等起 天下叛秦 燕·齊·趙民 避地朝鮮數萬口"

는 수장이 있었다고 생각된다. 이는 앞에서 서술했듯이 서북한 지역에서 지배자의 무덤인 토광묘가 군집하고 한국식동검문화가 발달하는 것에서 기본적으로 추측할 수 있다. 게다가 중국인 이주민 가운데는 권력자의 수가 그다지 많지 않았다고 생각되기 때문에 이주민 집단이 토착민 사회를 전면적으로 압도해 갔다고 보는 것은 잘못이라고 생각한다. 위만조선은 단순한 식민지 정권은 아니고, 보다 복잡한 구성을 하고 있었다고 보지 않으면 안된다.

여기서는 고조선의 관료인 '니계상'을 주목하고 싶다. 니계상에서 '니계'가 무엇을 의미하는지는 분명치 않지만 중국의 지명이 아닌 것은 분명하다. 혹자는 '니계'가 나중에 '예(濊)'로 불렸다고 보기도 한다. 따라서 이것은 분명 한어(漢語)가 아닌 토착어를 한자로 쓴 것이라 보아도 틀림이 없을 것이다.[59] 즉 니계상 참은 토착어의 형용사를 관칭한 토착민이라고 볼 수 있다. 그가 다른 상과 달리 특별히 출신명을 관칭하고 있는 것은 출신지역에 기반을 두고서 중앙 정계의 고위 관료로 활동하고 있음을 말해 주는 것이라고 할 수 있다. 반대로 관칭하지 않은 관료, 즉 그냥 '상'이라고만 칭하는 관료의 경우, 그들은 앞서 추론했듯이 지역사회와 연관이 없거나 이미 연관을 떠난 인물이라고 생각할 수 있다.

이때 '니계'는 고조선 내에 속한 하나의 읍락집단으로 보는 것이 합리적이라고 생각한다. 이것을 문헌에서는 소읍(小邑)[60]이라 표기하였다고 생각된다. 이것만 보아도 고조선 후기 단계의 지배체제는 읍락집단이나 속국의 존재를 인정하고, 그것의 일부를 포함하여 완만하게 맺어진 형태의 연맹적 국가를 운영하였다고 볼 수 있다.

앞에서 우거가 망하기 전에 우거와 뜻이 맞지 않아 남방 진국으로 옮겨 간 역계경에 관한 것으로 "조선상 역계경 2천여 호(朝鮮相 歷谿卿 二千餘 戶)"라는 『위략』의 기록을 보았다. 1호 당 5명으로 잡을 경우 2천 호는 1만 명에 해당하는 숫자로 꽤

---

59) 三上次男은 '니계'가 조선의 토착 읍락집단(邑落集團)일 가능성이 높다고 보았다(三上次男, 앞의 논문, 1966, 10쪽).

60) 『史記』卷115 朝鮮列傳 第55 "以故滿得兵威財物 侵降其旁小邑 眞番 臨屯 皆來服屬 方數千里"

큰 소국 인구에 해당한다.[61] 역계경 1인을 따라간 사람이 이 정도에 이르는 것으로 보아 역계경은 토착사회의 우두머리로 판단된다. 그리고 이 기록은 한 소국이나 대읍락의 주민들이 그 우두머리를 따라 이주한 것을 말한다.

당시 상황에서 족적 유대가 없이는 역계경의 사례와 같은 대이동은 거의 불가능하였을 것이다. 결국 이들 각 지역집단의 우두머리가 조선의 상이 된 것은 후기 고조선, 즉 위만조선이 왕 위만을 포함하여 한족 유이민을 한 단위로 한 집단과 토착사회 여러 읍락집단들의 연맹적 구성으로 이루어졌음을 추측할 수 있다. 다시 말해 대동강 유역에서는 위만 이전부터 정치력이 성장하여 하나의 우세 지역집단이 영도세력으로 등장하는 소국(=소읍)연맹이 형성되었다고 생각되며, 이러한 토착사회의 기반 위에 한족의 유이민이 이주하면서 위만왕조를 수립하였던 것으로 보인다.[62]

이때 중국 동북 지방에서 계속 흘러들어온 유이민과 그들을 포섭하여 세력을 키웠던 위만이 새로운 왕조를 개창하였을 때, 과연 그들이 어떠한 형태로 고조선 사회 안에 위치하고 있었을까. 과연 유이민 세력들은 조선에 들어와서도 계속 그들 독자의 정체성을 지니면서 하나의 종족적 범주로 존재했을까.

왕겹·한음·노인과 같은 중국계 인물들은 각각 위만조선내의 세력자였음에 틀림이 없다. 이들 중 왕씨와 한씨의 경우 위만조선이 멸망한 후에도 계속해서 지방의 호족으로서 힘을 가지고 있었음이 확인된다. 한씨를 칭하는 명문이 새겨진 전(塼)이 황해도 지역에서 여러 개 발견되었고 낙랑태수 왕준(王遵)이나 대방태수 왕기(王頎)[63]의 존재를 보면 알 수 있다. 또 고조선 후기 단계의 무덤인 목곽묘가 한 군현의 낙랑시대에도 그대로 이어지고 있는 점도 그 방증자료이다.[64]

---

61) 李賢惠, 『三韓社會形成過程研究』, 一潮閣, 1984, 120쪽.

62) 李丙燾, 「衛氏朝鮮興亡考」, 『韓國古代史研究』, 博英社, 1976, 76~84쪽.

63) 吳永贊, 「樂浪郡의 土着勢力 再編과 支配構造 -기원전 1세기대 나무곽무덤의 분석을 중심으로-」, 『韓國史論』 35, 1996, 56쪽.

64) 後藤直, 「韓半島의 靑銅器副葬墓 -銅劍과 그 社會-」, 『尹武炳博士回甲紀念論叢』, 1984, 156~158쪽; 吳永贊, 앞의 논문, 1996, 5~29쪽.

그렇다면 이들은 토착 고조선인들과 어떠한 관계를 가지고 존재했던 것일까. 이 점은 후기 고조선의 국가적 발전과정을 보면 쉽게 알 수 있다. 전술했듯이 위만과 그를 따라온 천여 명의 유이민은 이미 중국적 세계질서를 거부한 세력으로, 고조선이라는 체제 안에 흡수되어 국가발전의 원동력으로서 작용하고 있었다.

『사기』조선열전을 자세히 보면 위만은 따로 중국적 질서에 편입되거나 유이민들을 토착인과 구분한 정책을 취한 것이 아니다. 위만은 이전 고조선 사회의 지배체제를 그대로 계승하여 국호도 여전히 조선이라 칭하고 국력강화를 위해 노력하고 있다. 위만은 중국으로부터 받아들인 '병위재물(兵威財物)'을 가지고 주변지역을 정복하였고, 손자인 우거대에 이르러서는 강력한 국력과 한에서 멀리 떨어진 지리적 조건을 이용하여 한의 조서를 거부하고 독자적으로 주변 읍락집단과 소국들을 통제하기에 이른다.[65] 이처럼 위만왕조는 토착 고조선사회에 바탕을 두고 독자적으로 발전을 추구해 나갔으며, 유이민 세력집단이 따로 지배세력으로 구분되어 존재하고 있지 않았다.[66] 따라서 한 무제 이후 조선과 한의 충돌은 조선 왕조가 중국의 정책대로 움직이지 않고 독자적 성장을 지속하는 한 필연적으로 일어날 수밖에 없는 사건이었다.[67]

이제 상황을 더 명확하게 인식하기 위해 고조선과 유사한 국가적 성격을 지녔고 역사발전 단계와 지배체제 또한 매우 유사하였던 남월(南越)의 사례를 살펴보겠다. 『사기』남월전을 보면 남월의 국가적 성장과 변천이 고조선과 매우 유사하였음을 알 수 있다. 남월에는 유이민 세력들이 지배체제에 일부 포함되어 있었지만 이들은 토착인들과 따로 구별되거나 별도의 세력을 형성한 것은 아니었다.[68]

남월 왕조의 시작은 역시 중국계로 시작되었다. 진말의 혼란시에 중국인으로서 남해군 용천현령이었던 조타(趙他)는 전임자 임효(任囂)의 위촉을 받아 남해군위(南

---

65) 『史記』卷115 朝鮮列傳 第55 "傳子至孫右渠 (中略) 眞番旁衆國欲上書見天子 又擁閼
   不通 漢使涉河誘諭右渠 終不肯奉詔"

66) 吳永贊, 앞의 논문, 1996, 59~60쪽.

67) 盧泰敦, 앞의 논문, 1996, 106쪽.

68) 『史記』卷113 南越列傳 第53.

海郡(衛)가 되었는데, 그 뒤 진이 멸망하자 계림·상군(象郡)을 병합하여 남월국을 세우고 번우(番禺 : 지금의 광주시)를 도읍으로 하고 스스로 무왕이라 칭하였다. 이는 위만이 고조선 서쪽 변방에 있다가 준왕 대신 위만조선을 세우는 상황과 매우 유사하다. 한편 한 고조는 남월에 출병할 만한 여유가 없자 육가(陸賈)를 파견하여 조타(趙佗)를 남월왕에 봉하고 외번국으로 하는 군신관계를 맺어 그들의 침입을 막고자 하였다. 이민족에 대한 이러한 통치는 위만조선이 한의 '외신(外臣)'으로 통제받았던 것과 거의 같은 상황이다.

한편, 남월 사회는 조타를 둘러싼 소수의 중국인 집단에 의해 지배층이 구성되어지기는 했으나, 그가 다수의 비중국인 토착사회와 밀착되어 있었기 때문에 국가체제를 유지하는 것이 가능하였다. 즉 조타는 토착의 관습을 익히고, 스스로를 토착인과 동일시하였다. 기원전 196년 한 고조의 사신을 맞을 때도 현지의 관습으로 대하였고 한에 대하여 독립적이고 대등한 입장을 취하였다.[69] 이후 여후 시대가 되어 중국에서 남월에 철기 수출을 금지하면서 양국의 관계가 단절되자 조타는 스스로를 무제라 칭하고 독립하였다. 그리고는 한의 남변에 있는 장사를 공격하고, 나아가 민월(閩越)이나 서구락(베트남 북부)을 종속시켜 세력을 확장하였다. 이렇게 세력을 강화할 때는 유이민 계통과 토착민의 구분이란 의미가 없었다.

이후 남월의 무왕 조타가 죽고(기원전 137년) 손자 조호(趙胡)가 왕을 계승하자 한 무제는 북쪽의 흉노에 대해 취한 것과 마찬가지로 남쪽의 월에 대해서도 적극적인 조치를 취하였다. 즉 남월에 자주 사자를 보내어 왕의 입조를 요구하였던 것이다. 그러나 조호 이하 여러 왕들은 병 등을 핑계로 가지 않았다. 입조하면 한의 제후왕과 동렬로 취급받고 내번국(內藩國)이 되어 남월국의 주체성이 상실될까 두려웠기 때문이다. 그 후 조호의 손자 조흥이 왕위에 올랐는데, 그는 모친이 중국인이었기 때문에 한의 요청을 승락하여 입조하기로 하였다. 그러나 남월의 토착 대족이었던 승상 여가(呂嘉)가 왕의 입조에 반대하여 한에 반항하였다.[70]

---

69) 劉仁善,「趙佗의 南越國」,『베트남史』, 民音社, 1984, 28~31쪽.

70) 『史記』卷113 南越列傳 第53.

이러한 남월의 역사는 연인이었던 위만이 조선의 지배체제를 그대로 계승하여 왕조를 유지한 점이나 나중에 한의 외신으로서의 역할을 저버리고 특히 손자 우거대에 이르러서는 한에 반항하였던 점에서 위만조선과 매우 유사하다. 양국이 이처럼 유사한 역사상을 갖게 된 것은 당시 한의 정책이 남월과 조선에 동일하게 적용되었기 때문이다.[71] 그러나 여기서 주목해야 할 사실은 중국의 주변국인 남월과 조선의 경우 비록 왕조의 출발은 중국계 관인에 의해 시작되었으나 유이민과 토착민 사이에 구분되는 활동이나 종족적 차이를 보이지 않고 하나의 국가와 민족으로서 한에 대항하면서 발전해 나갔다는 것이다.

결국 왕조 개창자의 출자가 어디인가 하는 것은 그 국가의 성격을 결정하는데 그다지 중요한 문제가 아님을 알 수 있다. 중요한 것은 왕조의 지배집단이 지향하고 있는 방향성이다. 그러할 때 남월의 개창자 조타(趙佗)와 위만조선의 개창자 위만이 중국적 세계질서를 거부하고 독자적으로 이전 왕조를 계승하여 국가적 발전을 지속해 나갔다는 점은 시사하는 바가 크다. 즉 조선과 남월 두 국가는 비록 유이민과 토착민의 연합정권이었으나 기본적으로는 이전에 존재하던 남월과 고조선의 계승적인 국가였던 것이다.

Ⅳ. 고조선의 정치체제와 삼국 사회와의 계기성

1. 삼국 초기의 정치체제

고조선은 멸망 후 낙랑군으로 그 문화와 주민이 이어지고 삼국사회가 형성되는 기본 바탕이 되었다. 따라서 고조선 이후 고조선의 유이민들이 고구려나 신라의 국가형성에 미친 영향과 그 차이점 등을 명확하게 밝히는 작업은 고조선 사회

---

71) 金翰奎,「衛滿朝鮮關係 中國側史料에 대한 再檢討」,『釜山女大論文集』8, 1979, 137~ 143쪽;『古代中國的 世界秩序研究』, 一潮閣, 1982, 262쪽.

의 특성을 밝히는데 꼭 필요한 작업이다.

고조선의 정치체제는 기본적으로 삼국 초기의 정치체제와 유사하다. 즉 여러 지역집단의 독자성이 강하여 이들 간에 연맹을 통해 국가체제를 유지하였고, 따라서 왕권이 아직 공동체적 예속에서 벗어나지 못한 상태였다. 이러한 사회 상태를 일반적으로 부체제라는 개념에서 이해한다.[72] 그런데 부체제는 체제이면서 운영원리이므로 기본적으로 구조적 측면과 운영의 측면 양자를 모두 살펴보아야 이해가 가능하다.

구조적 측면에서 보면 삼국초기의 부체제 사회는 왕을 중심으로 한 중앙 부족과 제가—호민—하호로 구성된 읍락공동체로 이루어졌음을 알 수 있다. 이 양 집단을 연결시켜 주는 장치가 '제가회의(諸加會議)'였던 것이며, 이것은 바로 연맹체(聯盟體)를 말하는 것이다. 다만 외교(대외)·군사·제의에 있어서는 '왕'이 권한을 행사하였다. 이를 통해 연맹체의 구성원을 통제하였던 것이다.[73]

부체제론에서는 읍락(邑落)·소국(小國)의 통합과정에서 중앙정치체제가 정비되면서 이를 구성하는 단위정치체(읍락·소국)의 결합이 보다 확고해지는데, 이 단계에서 정치권력 운영의 한 형태로서 부체제(部體制)가 성립한다고 본다.[74] '부(部)'의 성립은 여러 부족들이 어떤 한 유력부족을 중심으로 한 집권력에 의해 그 운동력의 일부를 상실하고 부족연맹체의 일원으로 통합되어짐을 뜻한다.[75] 이때 부는 비록 대외운동력을 상실하였지만 독자적 관원조직을 보유한 단위정치체제로서 자치권을 보유하여, 족장회의에서 연맹체의 일을 처리하였고, 가장 유력한 부인 왕실은 관계(官階)를 통하여 족장층을 편제하고 전문 행정요원을 두어 각 부를 통제하였다고 한다. 따라서 최근에는 부체제를 통해 고조선의 정치구조를 이해하기

---

72) 노태돈, 「部體制의 성립과 구조」, 『고구려사 연구』, 사계절, 1999, 97~168쪽.

73) 노태돈, 「초기 고대국가의 국가구조와 정치운영 —부체제론을 중심으로—」, 『한국고대사연구』17, 신서원, 2000.

74) 盧泰敦, 「三國時代의 「部」에 關한 硏究」, 『韓國史論』 2, 1975, 17쪽; 『고구려사 연구』, 사계절, 1999, 117~121쪽.

75) 盧泰敦, 앞의 논문, 1975, 11~12쪽.

도 하였다.[76]

고조선 후기와 위만조선 때에는 박사(博士)·경(卿)·대부(大夫)·상(相)·대신(大臣)·장군(將軍) 등의 관명이 보이고 있어, 그 구체적인 성격은 확실하지 않지만 당시 중앙통치조직의 형성이 어느 정도 진전되었음을 나타낸다. 그런데 이들 관명을 띠고 있던 이들 중에는 독자적인 세력기반을 지닌 이들이 있었다. 한에 대한 외교정책에서 위만조선의 우거왕(右渠王)과 의견이 맞지 않자 휘하의 2천여 호를 이끌고 남한 지역으로 내려간 조선상(朝鮮相) 역계경(歷谿卿)과 같은 이들이 그러한 예이다. 한(漢)과의 전쟁 중에 전선을 이탈하여 왕검성이 함락되는 데 결정적인 작용을 하였던 조선상 노인(路人), 니계상 참(尼谿相 參), 상 한음(相 韓陰) 등도 그러한 이들로 본다. 이때 상(相)은 일정한 세력집단의 대표로서 중앙정부에 참여하였던 이들이 지녔던 관명으로 본다. 그리고 위에 열거한 인물들은 토착 고조선인들이었다고 생각한다.[77]

이들 집단에 대해 중앙정부의 통제력이 일정 범위에서 작용하였겠지만, 각 집단 내부의 일에 있어선 자치적이었다는 것이다. 왕으로부터 역계경 등의 이탈행위가 가능했던 것은 그러한 면을 말해 준다는 것이다. 결국 중앙정부의 왕실도 기본적으로는 그러한 집단들 중에서 가장 큰 집단의 長이었다고 본다. 이러한 집단의 존재를 뒷받침하는 토대는 당시 각 집단이 지니고 있던 공동체적 관계였고, 이러한 면이 삼국 초기의 부체제 하의 정치구조와 연결된다는 것이다.[78]

2. 고조선 정치 체제와 삼국 부(部)체제의 비교

이러한 삼국 초기 부체제에 대한 이해를 기본으로 고조선의 정치체제를 살펴보면 몇몇 측면에서 삼국 사회와의 차이점을 정리할 수 있다. 먼저 기원 3세기 전후

---

76) 盧泰敦, 「위만조선의 정치구조 −官名 분석을 중심으로−」, 『汕耘史學』 8, 1999.

77) 盧泰敦, 앞의 논문, 1999.

78) 노태돈, 「古朝鮮의 變遷」, 『檀君』, 서울대학교출판부, 1994, 43쪽.

의 사실을 반영한『삼국지』위서 동이전에는 고조선 사회에 부(部)의 존재 기사나 부(部) 용어가 확인되지 않는다는 점이 주목된다. 아마도 부 용어가 보이지 않는 것은 고조선 사회의 운영체계가 삼국 초기의 부체제와는 차이가 있었기 때문으로 볼 수 있다.

다음으로 운영의 측면에서 보면 삼국의 부체제가 고조선의 정치체제보다 진전된 단계임을 알 수 있다. 부체제라는 것은 중앙의 체제만이 아닌 지방 사회에 대한 일정한 역할을 하는 운영 시스템이라고 할 때 중앙이 지배력을 유지하면서 지방에 대해 통제하는 과정이 매우 중요하다고 할 수 있다. 즉 부의 출현은 부족들을 통제해 그 운동력의 일부를 상실케 할 집권력의 존재를 요한다는 점이다. 이때 부체제 하의 고구려국가는 5부의 대가들의 연합체였다. 부의 전신인 나(那)는 독자적인 소국이나 부족, 그에 비해 5부는 고구려국의 주요 구성단위로서 왕권 아래 귀속되었던 것이다.[79] 그러나 고조선 상의 경우 역계경의 이탈 사례를 볼 때 독자성이 매우 강하다고 할 수 있다.

고조선·부여 사회의 경우 중앙 왕실의 힘이 독자적으로 지방 사회를 통제할 정도의 집중력이 보이지 않는다. 고조선의 경우 중앙 왕실은 유이민 세력과 토착 재지세력 출신인 상(相) 집단의 연합구조에 의해 형성되었던 것은 분명하나 그들 간의 세력 관계나 중심세력의 모습이 어떠한지 지금 상태로서는 설정이 어렵다. 고조선의 경우 왕위의 부자상속은 어느 정도 확인되나 건국집단·핵심집단의 설정이 현재 자료상으로는 어려움이 있다.[80]

삼국의 부는 그 역사적 성격에 의해 5나(那)와 6탁평 및 유이민계 부족들만 지칭한다. 고조선과 삼국 두 사회에서는 정치체제의 연맹체적·합의체적인 면이 강하다. 그러므로 부체제적인 면도 많이 보이나 차이가 많이 난다고 할 수 있다. 따라서 단순한 지역구획 명칭으로 존재하다가 뒤에 그 성격이 바뀌게 된 삼국의 부는 삼국 건설의 주체였던 연맹부족들로 그 역사적 성격을 일단 규정할 수 있

---

79) 노태돈, 앞의 책, 1999, 111~116쪽.
80) 송호정, 「고조선·부여의 지배체제와 부(部)」, 『한국고대사연구』 17, 신서원, 2000.

다. 그렇다면 고조선의 지배체제는 부체제 직전의 모습으로 이해하는 것이 좋을 듯하다.

V. 맺음말

지금까지 고조선의 국가 구조와 그 정치운영에 대해 관료제도에 대한 분석과 주변국가와 비교를 통해 접근해 보았다. 나아가 그것이 삼국 초기의 부체제 사회 와는 어떠한 차이가 있는지에 대해서도 간략히 짚어보았다. 이하에서는 본문 내 용을 요약하는 것으로 결론에 대신하겠다.

고조선이 국가로서 성장하는 것은 위만으로 대표되는 세력의 등장과 집권이 그 한 획기를 이루고 있다. 『사기』 조선열전에는 준왕의 뒤를 이은 위만이 한으로부 터 '병위재물'을 받아 성장하였다고 한다. 이는 위만이 왕위에 오른 이후에 중국과 교역이 있었고, 그를 바탕으로 한대 철기문화가 발전했음을 말해주는 것이다. 위 만 단계 이후 한의 선진 철제무기를 배경으로 세력기반을 확대한 고조선은 이웃 한 소읍 및 소국들을 침략하여 항복을 받았으며 이 과정에서 진번과 임둔 및 동옥 저 등이 고조선의 지배 통제하에 들게 되었다. 따라서 고조선은 토착 지역집단과 이들 복속 지역의 집단에 대해 어떠한 방식으로든 통제하였을 것이며 이를 통해 관료제도나 정치구조의 모습을 짐작할 수 있다.

실제 고조선의 지배체제는 부여·고구려의 '가(加)'나 '상가(相加)'와 같은 존재인 '상(相)'직과 '장군(將軍)'직으로 편제되었다. 특히 비왕(裨王)이 존재하였는데 그 실체 에 대한 해명은 대단히 중요하다. 이들은 재지기반을 가진 세습귀족을 형성하고 왕 밑에서 귀족회의체를 구성하여 국가적 업무에 영향력을 미쳤다. 이들은 이미 대외교섭권이나 무역권 등을 국왕에게 빼앗겼으나 각기 지역적인 경제기반을 보 유하고 있었으며, 이들 집단에 대해 중앙정부의 통제력이 어느 정도 작용하였겠 지만 적어도 각 집단 내부의 일은 자치적이었을 것이다.

이처럼 고조선 사회는 후기 단계까지도 여러 지역집단들이 연맹적 조직을 이루고 있었고 이것을 바탕으로 한 지배체제를 갖고 있었다. 이러한 형태는 고대국가의 전제력과 비교될 만큼 그 정치력이 강할 수 없었고 각 지역집단들의 자치성이 강하였다. 위만왕조 멸망 당시 역계경이 2천여 호의 세력을 거느리고 진국(辰國)으로 망명한 사실이나 예군남려(濊君南閭)가 28만 명을 데리고 한에 투항한 사실 등은 왕으로부터 언제든지 이탈할 수 있을 정도로 독자적인 세력을 지닌 토착민 지배자의 존재를 말해준다. 그러한 가운데에도 위만을 중심으로 지배자 공동체는 주변의 '소읍' 또는 '대읍락집단(=소국)'을 복속시켜, 이들 예속지에서 포로를 노비로 끌어들였을 뿐만 아니라 그 지역의 우두머리를 통하여 항시적으로 수탈하는 제도를 실시하였다. 고조선은 예속된 지역을 직접통치가 아닌 공동체적 질서를 그대로 유지한 채 공납적 지배방식으로 통치했음을 알 수 있다.

이러한 기본적인 정치구조와 지배체제에 대한 이해를 바탕으로 이러한 정치 구조가 이웃한 초기국가 부여 및 남월 사회와는 대체로 유사성이 있으며, 그것이 삼국 초기 부체제 사회로 이어졌음을 알 수 있었다. 다만 고조선의 정치구조는 삼국 초기의 부체제 단계보다는 이른 특징을 보이고 있어 그 직전의 단계에 해당한다고 볼 수 있었다.

제2부

고고 자료로 본 고조선

고고학으로 본 고조선

I. 머리말

고조선(古朝鮮)은 국가의 기원과 형성 문제뿐만 아니라 한국사의 시원을 이루고 있다는 점에서 매우 중요한 연구 대상이다. 고조선은 같은 시기에 부여·동옥저·삼한을 비롯하여 주변 국가와 문화적 교류를 이루며, 서로 영향 관계에 있었고, 멸망 후에는 고구려·백제·신라의 국가 형성과 정치적 성장에 대단히 중요한 영향을 미쳤다. 따라서 기원전 2세기까지 동북아지역에서 가장 앞선 사회였고, 우리 역사상 처음으로 국가를 형성한 고조선의 역사에 대한 해명은 매우 중요하다.

일반적으로 고조선의 역사는 대개 단군왕검이 세운 단군조선(檀君朝鮮)과 이후의 기자조선(箕子朝鮮), 그리고 위만(衛滿)이 세운 위만조선(衛滿朝鮮)이라는 세 단계의 발전 과정을 거친 것으로 이해한다. 그러나 그 발전 과정에 대한 구체적이고 명확한 정리는 아직 이루어지지 않았다. 각 시기의 역사상은 물론 당시 사람들이 남긴 문화와 고고학 자료에 대한 이해 역시 피상적인 이해 수준에 머물고 있다.

이렇게 된 가장 주요한 요인은 일차적으로 문헌 자료의 절대적인 부족에 기인한다. 전체적인 고대사 연구의 한계이기도 하지만 고조선 관련 사료는 이용할 수 있는 것이 얼마 되지 않는다. 따라서 문헌 자료의 부족함을 메워줄 수 있는 고고 자료에 대한 검토가 고조선사 연구에서 중요하다. 그러나 고고 자료는 기본적으로 그 사용 주민 집단과 주거 지역 문제가 해결되어야만 자료로서 가치가 있기 때문에 그동안 지리적 위치와 중심지 문제에 대해 많은 논의가 전개되었다.

고고 자료를 중심으로 고조선사를 논할 때 가장 먼저 거론되는 것은 비파형동검문화이다. 비파형동검문화는 청동기시대인 초기 고조선의 사회상을 설명해주는 문화적 지표이다. 비파형동검문화는 각 지역마다 독자적 특징을 간직하고 있다. 이처럼 중국 동북지방과 한반도에 걸쳐 지역적 특성을 가진 청동기문화가 존재하는 것은 청동기시대 고조선 사회가 왕권이 강하지 않고 토착 족장들이 지역에서 커다란 영향력을 발휘하고 있었음을 말해준다.

고고 자료로 고조선사를 검토할 때 분명히 해야 할 것은 청동기문화, 즉 비파형동검문화가 고조선문화의 전부라는 종전의 인식에서 벗어나야 한다는 점이다. 고조선이 중국이나 주변 종족 집단들에게 하나의 정치체(政治體)나 국가로 인식되기 시작한 것은 기원전 4~3세기경인 철기시대에 들어와서이다. 사마천의 『사기(史記)』 등의 문헌 자료를 보아도 철기문화가 남만주 지역에 전래되기 시작한 기원전 4~3세기 이후에 와서야 고조선의 관료체제나 고조선 사회의 구체적인 모습을 확인할 수 있다.

고조선은 청동기 사회의 발전을 바탕으로 철기를 비롯한 금속문화가 보급되면서 농업생산력이 일층 발전하고, 그로 인한 사회적 분화가 발생하는 과정에서 국가를 형성하게 된다. 또한 선진 철기문화를 누리던 세력의 성장 등이 이루어지면서 기원전 4~3세기경 점진적으로 중앙 지배 권력이 성립하였다. 따라서 고고 자료를 바탕으로 고조선사를 정리할 경우 시간적으로 청동기시대와 초기철기시대의 고조선을 구분하여 서술하는 것이 중요하다.

선진(先秦) 문헌인 『관자(管子)』에 따르면 고조선이 등장하는 시기는 중국 동북지방에서 청동기문화가 개화하는 기원전 8~7세기 이후이다. 그렇다면 이때부터 고조선의 역사가 시작된 것으로 보아야 한다. 『사기』에는 고조선이 기원전 108년 한(漢) 무제(武帝)가 보낸 군대에 의해 멸망하였다고 한다. 따라서 '고조선사'란 바로 남만주, 즉 중국 동북 지방에서 청동기문화가 개화하여 발전하기 시작하는 기원전 10세기 이후부터 한나라 군대에 의해 멸망하는 시기까지의 역사를 말한다.

고조선 사람들은 남만주의 요동 일대와 한반도 서북부 일대를 중심으로 살았다. 이 지역은 일찍부터 농경이 발달한 곳이다. 이곳의 주민은 주로 예족(濊族)과 맥족(貊族)으로, 언어와 풍속이 서로 비슷했고, 일찍부터 한반도 서북부와 남만주 발해만 일대를 중심으로 퍼져 살았다. 점차 이 지역에서 작은 정치 집단이 군데군데 생겨나 그중 우세한 세력을 중심으로 다른 집단이 정복당하거나 통합되었다. 그 과정에서 고조선이라는 정치체가 출현하게 된다. 따라서 고조선사를 정리하려 할 경우 공간적으로는 고조선 주민 집단의 활동 무대였던 중국 동북 지방과 한반도 북부의 청동기·초기철기시대 고고학 자료를 주 대상으로 다루는 것이 필요하다.

Ⅱ. 초기 고조선사와 요서 지역의 비파형청동기문화

일연(一然)은 『삼국유사(三國遺事)』에서 고조선은 단군왕검이 세운 왕검조선을 말한다고 서술하고 있다. 많은 연구자들은 단군조선의 존재를 인정하고 이를 남만주 지역에서 개화한 비파형동검문화와 연관해서 보려고 노력하였다. 이러한 견해는 중·고등학교 국사교과서에도 반영되었다. 그러나 고조선사의 첫 단계로 인식해왔던 단군신화나 단군조선의 시기는 우리 역사에서 초기 국가가 출현하는 단계의 역사적 경험을 신화 형태로 정리한 것이라 볼 수 있다.

단군 이야기를 일정한 지배 권력이 형성된 정치체로 설명하기에는 역사성이 떨어진다. 고조선의 초기 단계인 이른바 단군조선은 고조선의 국가권력이 형성되고 난 이후에 지배층 사이에서 만들어진 신화 속의 역사이며, 단군신화 속의 내용이 실재했던 역사임을 입증할 근거가 전혀 없다.

반면, 단군조선 이후에 등장하는 기자조선의 역사는 초기 고조선사를 다루는 과정에서 그 시기나 내용이 겹치기 때문에 반드시 언급하고 넘어가야 할 주제이다. 기자조선의 역사를 이해하기 위해서는 일차적으로 현재 중국 요령성(遼寧省) 지역에 분포하는 비파형동검문화를 분석하여 지역적 특성과 담당 주민 집단을 고증해보는 것이 중요하다.

문헌 기록상에 보이는 기자(箕子)가 활동한 시기는 기원전 11세기경이다. 그러

사진 1. 요서지역 출토 비파형동검사진　　　사진 2. 내몽골 소흑석구 청동거울 거푸집

나 기자조선 이야기는 한대(漢代) 이후 『상서대전(尙書大典)』에 처음 나온다. 그리고 남만주 요서(遼西) 지역 객좌현(喀左縣) 일대에 집중적으로 분포하는 '기후(箕侯)' 등 씨족명이 적힌 상주(商周)시기 청동예기(靑銅禮器)는 당시 상(商)나라 유민들이 남긴 것인데, 요동 지역이나 한반도에서는 보이지 않는 것들이다.

　　상나라의 기족(箕族) 또는 그 일(一) 지족(支族)은 서주(西周) 초기에 요서 지역에 위치하면서 연후(燕侯)와 밀접한 관계를 유지하고 있었다. 그들은 일시 요서 지역에 거주하였으나 이후에 결코 동북방으로는 이동하지 않았으며 그와 반대쪽인 산동성 지방으로 집결하여 영주(永住)하였다는 사실이 더욱 중요하다. 아마 대릉하(大凌河) 유역에 정주하고 있던 상 유민들은 아마도 일시적인 변고 때문에 씨족을 상징하는 전승가보 청동기를 황급히 땅에 묻고 다시 서쪽으로 이동했던 것으로 보인다.

　　따라서 선진(先秦) 문헌에 등장하는 기자조선의 국가였다는 요하 서쪽의 고죽국(孤竹國)이나 기국(箕國) 등은 모두 중국 연(燕)의 관할 하에 있던 상족(商族)의 후예들이 거주했던 국가였고, 그 국가들은 실질적으로 청동기시대의 '산융(山戎)' 등 유목민족 계통의 소국(小國)으로 볼 수 있다. 한대 이후 문헌 기록에 나오는 '기자동래설'은 문명의 전수자로서 기자를 강조하고자 하는 한나라 역사가들의 관념 속에서 나온 이야기이고, 요서 지역에서 나온 '기후(箕侯)'라는 이름이 쓰인 청동기는 산융(山戎) 등 융적(戎狄) 사회에 상나라 유민들이 살았던 증거라고 보는 것이 합리적이다.

종래 초기 고조선 관련 남만주 지방 고고학 자료에 대한 논의는 이른바 '비파형(요령식)동검문화'에 대한 해석 여부를 둘러싼 것이었다. 논의 과정에서 고조선 문제와 관련하여 가장 관건이 되는 부분은 역시 요서 지역 청동기문화의 담당자와 대릉하 동쪽에서 요동 지역에 분포하는 청동단검문화를 과연 어느 주민 집단의 문화로 보느냐 하는 것이다.

비파형 청동단검이 주로 사용되던 시기는 기원전 8~7세기 이후이므로 그 주민 집단을 단군조선으로 보기는 힘들다. 그렇다면 그 이후에 등장한 기자조선 사람들이 남긴 유물인지, 아니면 청동기시대 고조선 사람들이 남긴 유물인지에 대한 검토가 필요하다. 이때 기원전 8~7세기 단계에 요령성 일대에서 활약한 군소 종족 가운데 여러 오랑캐족(산융, 동호 등)과 고조선에 주목할 필요가 있다.

중국 선진(先秦)시대의 문헌에는 요서 지역에서 기원전 8~7세기경에 활동한 종족으로 산융·동호족이 등장한다. 그 동쪽 지역에 예맥·조선이 있었음이 보인다. 우리 학계에서는 고조선문화를 전기와 후기로 나누어 설명하는데, 그 가운데 전기 문화는 기원전 10세기 초에 나타난 초기비파형동검문화의 발전에 기초하여 기원전 8~7세기경에 형성되었고, 이때 초기 고조선 사회가 성립하는 것으로 보고 있다. 그런데 비파형동검은 산융족이 활동한 요서 지역에 집중되어 있다.

보통 내몽고지역을 포함한 요서 지역의 비파형동검문화를 하가점상층문화(夏家店上層文化)라고 부른다. 대표 유적으로는 남산근(南山根) 유적과 소흑석구(小黑石溝) 유적이 있다. 이 대표 유적에서는 비파형동검을 비롯하여 각종 청동기와 많은 양의 유물이 출토되고 있는데, 이를 통해 하가점상층문화인들은 대개 반농반목의 정착생활을 하고 있었던 것으로 보인다.

그런데 요서 지역은 문헌에서 분명하게 산융이나 동호의 거주지로 명시되어 있다. 이 집단들은 100여 개 이상의 여러 종족으로 나뉘어 있으면서 전쟁이나 제사 등 특정한 목적 하에 이합집산을 하면서 중국의 연(燕)나라와 제(齊)를 괴롭혔다고 기록되어 있다. 따라서 하가점상층문화는 산융이나 동호의 문화로 보아도 큰 무리가 없다고 생각한다.

전술하였듯이 고고학에서 한 고고 자료의 분포권은 곧바로 한 주민 집단의 생활권과 직결할 수 없는 것이 상식이다. 중국 동북 지방 내에서도 각 지역별로 전체적인 청동기유물의 특성을 분석하고 그 특징이 문헌 기록에 그 지역에서 활동하던 종족과 어떻게 연결되는지를 면밀히 검토해야만 그 지역의 주민 집단이 누구인지를 이야기 할 수 있을 것이다.

그동안 교과서를 비롯하여 많은 개설서에서 비파형동검이 나오는 지역, 특히 비파형동검이 집중하는 요서 지역을 고조선의 영역으로 해석하는 연구가 많이 나왔다. 그러나 과연 당시에 고조선이 그처럼 넓은 범위의 영토를 이끌어갈 정도의 국가 단계에 이르렀는지에 대한 고민이 선결되어야 하며, 문헌 기록과 괴리되는 부분을 어떻게 정리할지에 대한 분명한 정리가 필요하다.

Ⅲ. 대릉하 유역은 고조선문화권인가

현재까지의 발굴·조사 자료에 따르면 요령성 지역의 청동기문화는 대릉하 유역을 경계로 그 북쪽 지역과 남쪽·동쪽 지역이 구분되는 지역성을 띠고 있다. 관련 자료를 보면 하가점하층문화에서 위영자문화(魏營子文化) 단계를 거쳐 하가점상층문화로 발전한 요서 지역의 청동기문화는 대릉하 유역을 중심으로 유적이 밀집 분포하며, 대릉하 북쪽 지역으로는 노합하(老哈河)·영금하(英金河) 등의 강을 따라서 유적이 집중하고 있다. 한편 요동 지역에서는 혼하(渾河)·태자하(太子河) 일대에 유적이 집중되어 있으며, 요동반도 지역은 대련(大連)을 중심으로 유적이 밀집해 있다.

1980년대에는 대릉하 중하류의 청동기문화 유적, 예를 들어 조양시(朝陽市) 십이대영자(十二臺營子), 금서현(錦西縣) 오금당(烏金塘)과 사아보(寺兒堡), 객좌현(喀左縣) 남동구(南洞溝) 등 유적을 하가점상층문화 속의 '십이대영자유형' 또는 '릉하유형'이라 불렀다. 그러나 최근에는 중국학자는 물론 한국의 고고학자 대부분이 대릉하 유역의 청동기문화와 서요하(西遼河) 유역의 하가점상층문화 사이에 차이가 분명히 존재하고, 또 대릉하 유역 청동기문화가 요하 중류 심양(瀋陽)의 정가와자(鄭

家窪子) 묘지로 대표되는 청동기문화와 많은 점에서 유사하다고 보고 있다. 따라서 대릉하 유역의 청동기문화를 서요하·노합하 유역 청동기문화로부터 분리해내어 '십이대영자문화'로 명명하였다. 한국학계에서는 최근 대릉하 유역을 경계로 요서 지역의 청동기문화권역을 구분하고 있으며, 대릉하 유역의 십이대영자문화가 요동 지역까지 발달하였다고 보고 있다.

그동안의 연구를 정리하면 십이대영자문화는 기원전 9세기 이전에 대릉하 중류 지역을 중심으로 형성되었으며, 기원전 8~6세기에는 대·소릉하 유역의 전역으로 확산되고, 동시에 서쪽 노합하 유역의 하가점상층문화와도 상호 영향 관계를 맺게 된 것으로 보인다. 이후 기원전 5~4세기가 되면 능원·건평·건창·객좌와 같은 대릉하 상류 지역에서 비파형 동검과 중원식 동과(銅戈) 등이 공반되고 있어 십이대영자문화가 서서히 중원문화와 접촉함을 알 수 있다.

기원전 3세기를 전후해서 요서 지역은 중원문화가 주류적 위치를 점하게 되는데, 이것은 연(燕)의 5군(郡) 설치와 관련되는 것으로 보인다. 이후 하가점상층문화와 십이대영자문화가 갑작스럽게 소멸되는데, 이는 연 소왕 때 장군 진개(秦開)의

사진 3. 릉원 삼관전자 출토 비파형동검   사진 4. 요서 건창 동대장자 동검

경략(經略)과 결부시켜 이해할 수 있다. 즉 이때 소멸된 십이대영자문화는 고조선과 연결시킬 수 있다고 보는 의견이 최근 늘어나고 있다.

한 연구자는 십이대영자문화를 다뉴기하학문경을 대표적인 위세품으로 삼는 문화로 보아 요동—한반도와 관련 있는 족속, 곧 고조선이거나 적어도 고조선이라고 부를 수 있는 집단의 문화로 추정하는 학자도 있다. 나아가 현재까지 발견된 고고학 성과로 본다면 고조선 전기 단계에는 십이대영자문화가 그 중심에 있으며 일정한 과정을 거쳐 주변의 여러 집단과 연결하여 '국(國)'의 네트워크를 형성했을 것으로 본다. 그 연대는 대체로 기원전 8~6세기로 선진(先秦)시대 문헌인 『관자』의 기록이 이러한 고고학적 상황과 맞물리는 것으로 이해하고 있다.

그러나 선진시대 문헌인 『관자』 기록에는 중국에서 멀리 떨어진 곳에 '조선'이란 나라가 있었음을 알려줄 뿐, 국가의 모습을 살펴볼 수 있는 어떠한 내용도 없다. 그리고 대부분의 선진시대 문헌에는 요서 지역 청동기문화의 담당자가 산융이나 융적으로 표현되는 오랑캐로 기록되어 있다. 그리고 십이대영자문화가 요서 지역에서 발달할 때 요동 지역에서는 돌널무덤에 미송리형토기를 부장하는 문화나 고인돌문화가 발달했는데, 이 문화와 연관성을 설명해주어야 대릉하 유역까지 고조선 문화로 설명하는 것이 분명해진다.

최근의 연구대로 서요하 유역 하가점상층문화와 대릉하 유역 십이대영자문화 사이에는 청동기, 토기 및 매장 습속 방면에서 일정한 차이가 있다. 따라서 필자 역시 서요하 상류지역 하가점상층문화와 대릉하 유역 십이대영자문화의 지역적 차이를 인정한다. 다만 그것이 종족이나 주민 집단의 차이를 결정지을 정도의 차이는 아니라고 본다. 오히려 기존의 연구처럼 대릉하 유역 십이대영자문화가 서요하 상류지역 하가점상층문화의 지역 유형이라고 보는 견해가 더 설득력이 있다고 생각한다.

앞으로 이 논의는 구체적으로 어떠한 고고학 문화가 청동기시대 고조선의 것이며, 나아가 대릉하 유역 십이대영자문화가 그러한 고조선 문화의 특징을 갖고 있음을 논리적으로 설명해야 설득력을 얻을 수 있을 것이다.

IV. 요동-서북한 지역 비파형동검문화와 그 담당자

고조선의 세력권이나 영역과 관련해서는 요서 지역보다 요동 지역이 주목된다. 그것은 요동 지역의 청동기문화가 한반도 청동기문화와 직결되고, 또 요서 지역과 차이가 나기 때문이다.

기원전 8~7세기 무렵이 되면 고조선이 역사상에 등장한다. 기원전 4세기 이전의 일을 기록한 『관자(管子)』나 『전국책(戰國策)』 등에는 고조선 주민과 관련하여 '요동'과 '조선'이 따로 구분되어 나온다. 어떤 문헌에는 요동 지역의 주민 집단은 '예맥'이라 표기되어 있다. 따라서 요동 지역과 고조선, 예맥족의 연관성은 매우 깊게 형성되었던 것으로 볼 수 있다. 그 시기는 대개 기원전 8~7세기까지 올라간다. 이러한 사실은 고고 자료에서도 확인할 수 있다.

청동기시대 후기 단계에 이르면 고인돌·돌널무덤에 미송리형토기를 함께 묻는 비파형동검문화가 요동에서 한반도에 걸쳐 고루 유행하게 된다. 이러한 현상은 요동 지역 및 서북한 지역의 농업에 유리한 환경을 이용하여 성장하던 예맥 계통의 종족들이 상호 밀접한 교류관계를 통해 느슨한 연맹관계를 형성한 사실을 반영한 것으로 보인다.

요동 지역과 한반도 서북 지방에 살았던 예맥족과 고조선 사람들이 남긴 대표적 문화로는 비파형동검 외에 고인돌과 미송리형토기가 주목된다. 특히 요동 및 한반도 지역에 집중적으로 분포하는 탁자식 고인돌은 유사한 특징을 많이 보여준다. 이는 그 존재 시기상 고조선의 정치세력과 연관될 가능성이 높다.

요동 및 서북한 지역의 고인돌 사회를 분포 상황으로 판단하면, 그 사회에는 상당히 장기간에 걸쳐 거대한 고인돌을 구축하는 것이 가능한 대수장 혹은 족장이 단속적(斷續的)으로 존재했던 것으로 이해할 수 있다. 이것을 인정한다면 탁자식 고인돌이 분포하는 지점에는 토착민 호족의 정치세력이 상당히 장기간에 걸쳐 지속되었던 것을 알 수 있다.

현재까지의 고고 자료 조사 결과, 요동 지역의 청동기문화는 크게 요동 지역과 한반도 서북 지방이 유사성을 띠면서도 지역적인 차이를 갖고 있다. 즉, 혼하—압록강 일대의 돌널무덤·미송리형토기 문화권과 서북한 지역의 고인돌·팽이형토기 문화권, 그리고 요동반도 지역이 지역마다의 특색을 가지고 독자적인 문화권을 이루고 있음을 알 수 있다. 다만 요동 지역 전체적으로는 고인돌과 돌널무덤이라는 동일 계열의 묘제를 사용하는 것으로 보아 같은 계통의 주민 집단이 살고 있었고, 단지 지리적인 차이로 인해 문화 유형에 차이가 있게 된 것이라고 생각한다.

종래 우리 학계에서는 청동기시대 고조선의 전형적인 문화로 미송리형토기를 주목하였다. 그것은 미송리형토기 분포권이 넓게 보면 고인돌 및 돌널무덤의 분포 범위와 겹치기 때문이다. 그런데 최근 조사 결과 미송리형토기는 대부분 돌널무덤에서 초기 비파형동검과 함께 출토되고 있음을 알게 되었다. 때문에 미송리형토기가 주로 출토되는 요하 유역에서 청천강에 이르는 지역을 고조선의 중심 지역으로 설정하는 논자들이 많다.

반면 미송리형토기와 돌널무덤의 집중 분포 지역 이남인 요동반도 남쪽과 한반도 서북 지방에서는 팽이형토기가 고인돌과 함께 출토되고 있다. 서북한 지역의 고인돌이 분포되어 있는 곳에서는 미송리형토기와 유사한 팽이형토기가 반드시 출토되고 있으며, 요동 지방에서도 고인돌이 있는 곳에는 팽이형토기와 유사한 계통의 그릇이 보인다.

이처럼 고인돌의 형식(탁자식)과 입지상의 특징 및 고인돌 안에서 같은 형식의 아가리를 따로 만들어 붙인 토기가 나오는 것이 요동반도 지역과 한반도 서북 지방이 거의 유사하므로 양 지역 간에 문화적 유사성이 있었음을 알 수 있다. 나아가 이는 양 지역에 걸쳐 동일한 정치체가 있었음을 설명하는 근거가 된다.

결론적으로 지금까지의 요동 지역 고고 자료를 보면 돌널무덤과 미송리형토기, 그리고 고인돌과 팽이형토기가 일종의 공반 관계를 이루고 있음을 확인할 수 있다. 그리고 미송리형토기와 팽이형토기는 기본적으로 목이 긴 장경호와 아가리를 따로 만들어 붙인 독이 공반 출토되고 있어 같은 계통의 주민 집단이 만든 것으로 볼 수 있다.

묘제로서 고인돌과 돌널무덤이 일정 지역에 집중 분포하는 것은 그 일대에 하나의 유사한 계통의 종족과 주민 집단이 있었음을 말해준다. 선진(先秦)시대의 문

사진 5. 요동 철령 일대 돌널무덤

사진 6. 요동 철령 일대 출토 비파형동검

사진 7. 평양 상원군 장리1호 고인돌

헌에는 늦어도 기원전 4세기 중반 이전에 발해 연안지대에 존재한 종족으로서 산융을 중심으로 한 여러 융적들과 그 동쪽에 '조선'이 존재했다고 나온다. 이들 중 산융을 비롯한 영지·고죽·도하 등 융적들은 기원전 8~7세기경에는 대개 장성·열하 일대에서 난하·요서 일대에 위치하고 있었음이 문헌과 고고학 자료로 입증되었다.

반면 황해 이북 연안과 요동 지역은 중국인의 시각에서 볼 때 동이족(東夷族)이 살고 있었던 지역으로 일찍이 "오랑캐와 예족의 고향[夷穢之鄕]"으로 표기되었다(『여씨춘추(呂氏春秋)』 恃君覽). 그곳은 정치 집단으로 말하면 '조선'으로 표현되는 세력의 거주 지역이라고 볼 수 있다.

　일찍부터 요동-서북한 지역에서는 요동 지역으로부터 들어오는 선진 청동문물의 영향을 받아 여러 지역 집단들이 성장하고 있었다. 이들은 자체적인 발전 과정과 이웃 집단과의 밀접한 상호 관계를 통해 하나의 통일된 정치체를 형성하게 된다. 이것을 중국인들은 '조선'이라 불렀고, 문헌에는 '조선후(朝鮮侯)' 집단으로 기록되었다(『위략(魏略)』).

　대개 고인돌과 돌널무덤이 조영되던 마지막 단계에 이르면 이른바 '조선후'로 표현되는 연맹체 집단이 요동-서북한 지역에 형성되어 중국 연(燕) 세력과 대립하였던 것으로 보인다.

Ⅴ. 세형동검문화와 위만조선

　기원전 5~4세기에 이르면서 요동 지역에는 중국문화의 영향으로 새로운 무덤 양식인 움무덤이 등장한다. 이들 움무덤에서는 특별한 예를 제외하고는 청동단검이 출토되고 있다. 그런데 이 시기의 청동단검들은 벌써 비파형동검의 곡인(曲刃) 형태를 벗어나서 초기 세형동검 단계에 들어서고 있다.

　이들 초기 세형동검문화를 누리던 지역 집단들은 요동-서북한 지역에서 크게 세 지역으로 나뉘어 성장하고 있었는데, 제일 먼저 요동 지역과 길림성 일대의 문화는 소멸하고, 한반도 유형만이 요동 지역의 영향을 받아 보다 새로운 본격적 세형동검문화로 성장하게 된다. 이것은 바로 요동-서북한 지역에 기원전 5~4세기 단계에 광범위한 연맹이 형성되어 있었음을 반영한다.

　초기 고조선은 기원전 5세기가 되면 중국 세력이 요령성 지역에 진출하고 점차 중국의 선진 문물을 흡수하면서 문화적인 변화를 경험한다. 고조선은 기원전 4세기 이래 중국 연(燕) 세력이 남만주 지역으로 진출하자 그들이 누리던 선진 철기문화를 받아들여 중앙 왕실의 지배 권력을 다져나갔다. 이제 어느덧 국가 단계로 성장하고, 요동 일대의 예맥족이 거주하던 지역 역시 세력권으로 두고 연맹 상태의 국가체제를 형성하게 된다.

대개 기원전 4~3세기를 지나면서는 중국 전국시대 철기문화가 남만주 지역과 한반도 땅에도 영향을 미치게 된다. 이전의 비파형동검문화도 이른바 세형(한국식)동검문화로 발전하게 되는데, 그 중심지는 현재까지의 고고 자료 분포상으로 보아 서북한 청천강 이남 지역에 있었다. 일찍이 청동기시대부터 서북한 지역에서 성장하던 주민 집단들은 요령 지역의 선진 청동기문화와 철기문화를 받아들여 새로이 세형(한국식)동검문화를 창조해낸 것이다.

기원전 3세기 이후가 되면 연(燕)이 동호를 공격하게 된다. 그리고 요동 지역 천산산맥 일대까지 장성(長城)을 설치하였다. 이때 설치된 장성 근처에는 대량의 와당(瓦當), 명도전(明刀錢), 철기(鐵器) 등이 발견된다. 이 유물들은 서북한 지역의 청천강 유역을 경계로 그 이북에서만 출토되고 있다. 이러한 고고학 자료의 분포를 통해, 연이 기원전 3세기 초 요서 지역에 위치한 동호를 공격하는 과정에서 고조선도 공격하였고, 그 결과 요동 지역에 존재하던 조선연맹체 집단들을 밀어내고 요동 지역에 진출했음을 알 수 있다.

이 당시 요동 지역과 청천강 이북 지역에 진출한 중국 세력과 유이민들이 남긴 고고 문화는 이른바 세죽리(細竹里)-연화보(蓮花堡)유형 문화라고 부른다. 대개 요동-서북한 청천강 유역의 대표 유적인 무순(撫順) 연화보 유적과 영변(寧邊) 세죽리 유적을 근거로 세죽리-연화보유형 문화라고 부르고 있는데, 그동안 많은 연구자들은 요동-서북한 지역의 초기철기문화를 별다른 논의 없이 고조선의 문화로 해석해왔다. 그러나 요동-서북한 지역에서 중국으로부터 영향을 받아 발달하기 시작한 초기철기문화는 청천강 이남 한반도 서북 지방의 문화와 기본적으로 차이가 난다.

요동-청천강 유역 초기철기문화는 유이민에 의한 전국계(戰國系) 철기문화가 그 중심을 이루고 있어 기본적으로 유이민과 토착민의 문화가 융합하여 성립한 것이라 할 수 있다. 한편 청천강 이남 지역에서 발달한 세죽리-연화보유형 문화는 철제 무기와 농공구 등이 청천강 이북지역과 특징에서 차이를 보인다. 따라서 요동-청천강 유역의 세죽리-연화보유형 문화를 종전의 견해대로 고조선의 문화로 해석하는 것은 신중할 필요가 있다. 대개 이는 예맥 계통 토착민 거주 지역에 연의 유이민이 이동하여 이루어진 연 계통의 문화로 보는 것이 합리적이라 생각한다. 한편 청천강 이남 지역에서는 세형동검을 위주로 한 세형동검문화, 즉 초기철기문화가 발전하였는데, 그것은 고조선의 문화라고 할 수 있다.

고조선은 기원전 3~2세기 이래 중국 전국시대 연으로부터 들어온 철기문화의 영향을 받아 성장하였고, 한대에 이르러 한으로부터 새로이 철기 등 병위재물(兵威財物)을 얻어 이를 바탕으로 고대 국가를 이루는 단계까지 나아갔다. 이처럼 고조선이 국가를 형성하는 데는 중국 전국계 철기문화의 영향이 컸던 사실을 유념할 필요가 있다.

『위략』 기록을 보면 당시 요동 지역에서 성장한 세력에 대해 '조선후국(朝鮮侯國)'이라 표현하고 있다. 그리고 이들이 성장하여 '왕'을 칭하는 등 교활해졌다고 기록하고 있다. 이러한 기록은 요동 지역의 청동기문화를 바탕으로 고조선이 주변 지역을 아우를 수 있는 상당히 강한 지배 권력을 수립했음을 표현한 것이라 볼 수 있다.

당시 후기 단계 고조선 사람들이 남긴 문화로는 청동기시대의 고인돌 및 청동기 등과 달리 움무덤과 세형동검(한국식동검) 및 각종 철제 무기들이 있다. 초기 철기시대 고조선의 중심 지역이었던 한반도 서북 지방에서는 기원전 4~3세기경부터 평안남도 운성리(雲城里)나 성현리(成峴里)처럼 거대한 읍락(邑落)을 이루고, 토성(土城)까지 축조하는 독자적 지역 집단이 성장하고 있었다. 이것은 고산리, 반천리, 석산리 등 움무덤에 세형동검과 청동과(靑銅戈) 및 철제 도끼 등이 부장되고, 그것이 일정 지역을 중심으로 집중되어 있다는 점에서 방증된다. 그리고 이러한 지배층 무덤의 집중 현상은 기원전 2세기를 지나면서는 평안남도와 황해도 지역을 중심으로 나무곽 무덤이 조영되면서 보다 강화된다. 이는 이 지역에서 어느 정도 권력을 가진 지배자 공동체의 등장을 암시한다.

사진 8. 평양 정백동 나무곽무덤

사진 9. 평양 상리 나무곽무덤 출토 유물

　한반도 서북 지방에서 움무덤을 사용하게 된 분명한 계기는 비파형동검문화 후기 단계에 움무덤을 묘제로 하던 요동 일대 주민들이 연 세력에 밀려 서북한 지역으로 남하하면서부터라고 할 수 있다. 남하한 이들은 비파형동검의 전통을 계승하면서 세형동검을 제작하였고, 이전 토착 집단의 고인돌·돌널무덤과 함께 움무덤을 사용하였던 것으로 생각한다.

　청동기문화의 발전 과정에서 나타나는 고인돌·돌널무덤에서 움무덤으로의 묘제 변화는 세형동검문화의 시작 및 철기의 시원적 보급과 더불어 지역 단위 정치체의 성장과 지배자 지위의 진전을 보여주는 것이라고 할 수 있다. 이러한 지역 단위 정치체의 통제는 결국 '고조선'이라는 중앙집권적인 국가권력의 출현으로 이어졌다.

Ⅵ. 통치 권력의 집중과 고조선의 국가 형성

세형동검을 주요 부장품으로 집어넣던 움무덤은 시간이 지나면서 일정 지역을 중심으로 집중 분포하게 된다. 현재 움무덤이 집중 분포되어 있는 곳은 남포시 강서구역 태성리, 황해북도 황주군 부근, 함경남도 함흥시 일대를 들 수 있다. 이 가운데 태성리는 고조선 멸망 전후 시기의 무덤이 12기나 발굴될 정도로 고조선 말기의 움무덤들이 집중되어 있다. 이처럼 대동강 유역에서는 주조철부와 세형동검을 지닌 지배자가 집중하였던 것으로 보인다. 특히 움무덤 유적은 충적지를 바라보는 낮은 구릉지대에 주로 분포하며, 맨땅에 깊이 판 무덤구덩이 안에 아무런 시설 없이 주검을 넣은 관을 묻고 관 안팎에 이전 단계와 달리 동검과 동과, 철부 등을 묻었다.

이처럼 기원전 3~2세기에 요동에서 청천강에 이르는 지역에서는 세죽리−연화보유형 문화가 발전하고, 서북한 지역에서는 세형동검문화가 발전하였다. 이 두 문화는 모두 초기 철기문화로서 이전의 청동단검문화를 계승하여 상호 유사한 성격을 갖고 있다. 다만 이전 청동기문화와 마찬가지로 지역적으로 조건에 따라 독특한 특색을 보이고 있는데, 문헌 기록을 살펴보면 요동−청천강 유역은 이미 유이민 세력이 중심이 되어 거주하고 있었다. 그리고 이남지역인 청천강 유역 일대 이남지역에서 고조선이 성장하였던 것으로 보인다.

위만조선의 지배층에는 이주해온 중국인이 많았다. 따라서 그들은 중국 계통의 문화를 유지하면서 발전시켰으리라 생각한다. 그러나 서북한 지역은 중국 본토에서 멀리 떨어져 있고, 게다가 전국시대문화 혹은 진·한초의 문화는 중국 본국 문화에서 벗어나 자립적인 발전을 시작하여 후에 서북한 지역에서 독자적인 지역문화를 형성하게 되었다.

이제 토착민들도 선진 문명사회와 접촉함으로써 새로운 문화를 누리게 되었고, 계급사회가 성립하였다. 이러한 변화 발전은 남만주에서 서북한 지역에 걸쳐 새로운 단계의 무덤으로 움무덤이 집중 발견되는 것에서도 알 수 있다. 이들 움무덤은 분명 토착민 유력자들이나 그 가족의 무덤일 것이라 생각된다.

『사기』조선열전의 기록에 의하면 위만은 주변 만이족(蠻夷族)이 중국 변경을 침입하는 것을 방어하는 책임을 맡았고, 만이(蠻夷) 군장(君長)이 '입현천자(入見天子)'하는 것을 차단하지 않는다는 조건하에 한(漢)의 '외신(外臣)'으로 봉해지고 한으로부터 철제 무기를 공급받았다. 그리고 이를 바탕으로 진번(眞番), 임둔(臨屯) 같은 세력을 복속시키고 있다. 이는 위씨조선의 지배자 집단이 이미 한의 철제 무기를 세력 팽창의 배경으로 삼고 있었다는 것을 뜻한다.

위만조선은 손자 우거대(右渠代)에 이르면 이미 한과 공식적인 외교관계를 지속하지 않는데, 이는 중간무역의 이익을 독점하고자 하는 실질적인 이해관계에 따른 거부이다. 그리고 이 같은 관계 거부 결정은 위만조선이 이미 철제 무기 제작 기술을 습득했으며, 기술 또한 일정 수준에 도달했기에 가능했을 것이다.

Ⅶ. 맺음말

지금까지 고고 자료를 중심으로 고조선의 성장 과정을 정리해보았다. 그 대체적인 결론을 아래에 제시하는 것으로 맺음말을 대신하고자 한다.

대개 무덤 등 고고 자료의 분포와 변화를 통해 요동−서북한 지역 각지에서 일정한 범위를 통합하는 정치권력의 성장을 상정할 수 있다. 고조선 전기 단계에는 고인돌과 팽이형토기문화라는 특징을 보이던 요동반도 지방과 한반도 서북 지방이 하나의 유사한 종족과 단위 집단으로 상정되고, 혼하−압록강·길림 일대의 돌널무덤과 미송리형토기문화권을 또 하나의 유사한 종족 집단으로 상정할 수 있다. 그리고 고인돌의 군집과 대형화, 그리고 돌널무덤의 조영을 통해 각 지역 단위 정치체 안에서 지배자의 성장 모습을 추론할 수 있다.

이후 후기 단계의 위만조선은 중국으로부터 받은 '병위재물' 등을 바탕으로 많은 철제 농기구와 무기를 만들어 생산력을 제고(提高)하고 군사력 증강을 통해 주변 소국에 대한 '무력 정복'을 수행해갔다. 위만조선은 수도인 왕검성을 중심으로 한반도 서북 지방 일대에 독자적인 문화도 탄생시켰다. 움무덤에 이어 나무곽 무덤을 조영하고, 고조선만의 독특한 세형(한국식)동검문화를 창조한 것이 그것이다.

종래 고조선사와 관련된 연구 동향에서 제기될 수 있는 근본적인 문제점으로는 각 시대마다 역사학에 주어진 시대적 과제와 연구자 개개인의 역사 인식이 연결되면서 실상에 맞는 객관적인 분석보다는 선입관이 먼저 작용하여 연구를 진행한 점이 있을 것이다. 특히 고조선사가 한국 최초의 고대국가라는 점에서 그 국가 형성의 시기와 활동 무대를 언제, 어디로 설정하느냐에 따라 민족사의 기원 문제가 뒤바뀔 수 있다는 것이 전제되다 보니 역사적 실상과는 달리 과장된 결과가 도출되었던 것으로 보인다.

그러나 고조선사를 연구할 때는 먼저 고조선 사회가 그렇게 넓은 지역을 차지하고 이끌어갈 수 있는 사회 발전 단계에 도달하였는지에 대한 실증이 선행되어야 한다. 예를 들어 비파형동검이라는 유물 분포를 바탕으로 설정된 광범위한 문화권이 고조선이라는 하나의 정치세력권으로 상정될 수 있는가 하는 점 등에 대한 논의가 기본적으로 해결되어야 할 것이다.

원시 사회의 해체와 국가 형성은 하나의 연속된 과정이다. 따라서 그 전환 과정에 일정한 획기를 설정하고 그 이전과 이후가 어떻게 연속적으로 변화하는지를 일관된 논리체계로 검토함으로써 국가의 본질적 성격을 보다 더 분명히 할 수 있다. 고조선 사회에 대한 연구도 요동 지방 및 서북한 지방에 존재한 여러 소국이 하나의 중심 소국을 중심으로 언제, 어떻게 보다 더 큰 연합체(연맹체)를 이루고 국가로 발전해갔는지를 살피는 것이 중요하다.

그러나 이 문제를 단편적인 문헌 자료로만 접근하기는 어려운 실정이다. 이를 위해서는 문헌 자료를 바탕으로 하면서, 중국 동북 지방 청동기시대의 무덤유적 및 주변의 주거지 등 취락 집단이나 토성, 나아가 유물을 함께 분석해야만 당시 사회관계에 대해 보다 명확하고 많은 정보를 얻을 수 있을 것이다.

요서 지역 고고 자료와
한국 고대사 관련 연구에 대한 재검토

Ⅰ. 머리말

남만주(南滿洲), 특히 요서 지역에서는 구석기시대 이래 주민들이 생활하며 삶의 터전을 마련하였다. 신석기시대에는 채도문화가 특징인 홍산문화(紅山文化)가 발전하였고, 이후 하가점하층문화(夏家店下層文化)를 거쳐 위영자문화(魏營子文化)가 발전하였다. 기원전 1천년경에는 하가점상층문화(夏家店上層文化)와 비파형(요령식)동검 문화라는 지역 독자의 청동기문화가 발전하였다. 그 문화권 내에는 중국 중원 및 북방계 청동기문화의 요소를 받아들여 청동기시대에서 철기시대로 이행한 여러 주민집단이 살고 있었다. 이 주민집단 가운데 일부 세력들은 우리 고대 역사를 형성하는 주역이 되었다.

이들 요령(遼寧) 지역 고고 자료에 대해서는 1900년대 도리이 류조(鳥居龍藏) 등 일본 제국주의 고고학자로부터 조사가 시작된 이래 비파형동검의 분포와 형식 등에 대한 연구가 나오기 시작하였고, 1980년대에 이르러서는 한국과 중국, 일본 등의 조사 의견과 연구 성과를 바탕으로 요령 지역의 물질문화에 대한 새로운 역사학적 해석이 지속적으로 이루어졌다.

그 동안 많은 조사가 이루어졌지만 아직까지 고고 조사 자료의 부족으로 요서 지역 청동기 사회의 발전 과정을 통시적이고 일관되게 정리하는 데는 여전히 어려움이 있었다. 특히 홍산문화의 조영 집단, 위영자 문화의 성격 문제, 하가점하층문화의 하가점상층문화로 연결 문제, 십이대영자문화의 성격 문제 등이 고고학상 중요 과제로 남아 있다. 그리고 이들 고고학 자료를 우리 민족사와 관련하여 춘추·전국시대 요하 유역, 즉 만주 지역에 등장한 여러 정치체와 그들 상호 간에 맺어진 관련 역사를 정리하는 것이 중요하다. 이 과정에서 우리 역사상 첫 국가인 고조선사와 중국 동북 지역 고대 문명과의 관련 여부에 대한 정리가 가능할 것이다.

최근 우리 학계의 한국고대사 연구자들은 영성한 문헌 사료의 한계를 극복하려는 노력의 일환으로 고고학 자료에 대한 발굴과 조사를 통하여 축적된 자료를 적극적으로 이용하여 새로운 해석을 제시하려는 시도를 계속하고 있다. 고대사학자 뿐만 아니라 고고학자들에 의한 이러한 연구는 대체로 문헌 사료에서 보이는 정치적 사건이나 사회적 상황에 대한 단편적인 기록을 고고학 자료에서 유추되는 문화적 양상과 연결하려는 연구가 대부분을 차지하고 있다.

그러나 고고 자료는 그 커다란 가능성과 잠재력에도 불구하고 명백한 한계를 지니고 있다. 고고 자료를 통하여 동북아시아 고대사 무대에 등장하는 여러 집단을 확인하려는 노력은 수많은 시도들에 비하여 그 결과는 기대에 미치지 못하고 있는 형편이다. 각 지역의 청동기문화가 하나의 국가체와 직결되는 것은 결코 아니며, 여러 종족 집단들의 이동과 정주 과정에서 남긴 유산임을 주목해야 한다.[1]

예를 들어 고고 자료를 이용하여 한국 최초의 국가 고조선을 연구하려는 많은 학자들이 있지만, 기원전 2세기경의 이른바 '위만조선(衛滿朝鮮)'시기 이전에 대한 연구에서 역사적으로나 고고학적으로 객관적이고 타당성 있는 새로운 결론을 도출하는 것은 상당히 어려운 실정이다. 심지어 위만조선에 대한 연구라고 할지라도 왕검성의 위치 문제를 비롯해 사회 성격 문제 등 아직 해결되지 않은 수많은 기본적인 과제들이 남아 있다. 하물며 위만조선 이전 시기에 대한 연구는 그 사회

---

1) 박양진, 「묘장 자료의 사회적 분석과 유수 노하심묘지의 일고찰」, 『한국상고사학보』 29, 1998.

상에 대해 구체적으로 언급해 놓은 문헌 자료가 거의 없어 구체적인 접근이 사실상 어려운 형편이라 하겠다. 따라서 고고학자들이 중심이 되어 요령 지역 청동기문화 자료의 지역별 유형 분류를 통해 청동기시대 고조선 사회와 연결하려는 노력이 시도되고 있지만 여전히 설득력 있는 논지를 제시하지 못하고 있는 실정이다.

청동기시대에 문헌 기록에 등장하는 요서 지역의 주민집단 가운데 우리 역사와 밀접한 관련을 맺는 종족은 대부분 산용과 동호이다. 예맥족 관련 자료가 한둘 있는데, 최근에는 이를 고조선으로 해석하는 연구자가 늘고 있다. 그러나 중국 학계에서는 동호족이나 또는 산용족으로 보는 입장이 대부분이다.[2] 특히 요서 지역 내에서 대릉하(大凌河) 유역에서 집중적으로 번성한 비파형동검문화의 주체에 대해서는 동호·산용인지, 아니면 고조선의 배경 문화 또는 예맥족의 것인지 지금껏 논의가 이루어지고 있다.

이처럼 논의가 하나로 정리되지 못하는 이유는 고고 자료가 정합성을 보이지 않고 문헌자료 또한 명확한 해석을 할 수 없을 정도로 단편적인 점이 근본 요인이다. 또한 중국이나 우리나라, 일본학계 모두 만주에서 일어났던 과거의 역사적 사실 규명을 자신의 현재 민족적 관점에서 바라보기 때문이다. 그러나 이러한 관점은 순수한 학문 태도가 아니며, 모든 것은 객관적 자료에 입각한 해석이 기본이 되어야 할 것이다.

본고에서는 요령 지역, 즉 남만주 요서 일대의 청동기문화와 초기 철기문화 유적 유물에 대한 기존의 연구 성과를 살펴보고, 이를 산용이나 동호, 예맥과 고조선 등 당시에 등장한 정치체나 국가와 연결시켜 보았던 연구 성과에 대해 비판적으로 정리해 보고자 한다. 이를 통해 한국 청동기문화의 원류에 대한 균형 잡힌 시각을 얻고, 나아가 동아시아 역사 속에서 한국 고대사 및 고대 문화의 흐름에 대한 올바른 이해를 얻는 데 도움이 되길 기대한다.

---

2)   송호정, 『한국 고대사 속의 고조선사』, 푸른역사, 2003.

사진 1. 내몽골 적봉일대 하가점상층문화 청동 유물

Ⅱ. 하가점하층문화와 요서 지역 청동기문화의 시작

　남만주 일대 청동기문화는 제일 먼저 요서 지방에서 개화되었다.[3] '요서'로 칭한 지역에서 대체로 기원전 2000년을 약간 상회한 시기, 즉 용산문화(龍山文化) 말기에서 이리두문화(二里頭文化) 초(初)에 이르는 시기에 이른 청동기문화인 하가점하층문화(夏家店下層文化)가 출현한 것은 이론의 여지가 없다. 이는 문화적으로 훨씬 높은 수준에 도달해 있던 중국과 청동기 제작에서 한걸음 앞서 있던 남시베리아에 근접해 있다는 지리적 요인이 많이 작용한 것으로 보인다.

---

3)　尹武炳,「遼寧地方의 靑銅器文化」,『韓國上古史의 諸問題』, 韓國精神文化研究院, 1987.

'하가점하층문화'[4]는 적봉(赤峰) 하가점(夏家店) 유적의 하층 문화를 대표로 하는 요서 지역의 초기 청동기문화를 가리킨다. 연(燕) 성립 이전의 요령 지역 토착문화로, 서주 시기에 진입한 이후 상·주 청동기문화의 영향을 받으면서 많은 변화를 겪기는 하였으나, 지역 특성을 고수하고 각 지역에 따라 다양한 문화를 창조하였다.[5] 하가점하층문화의 분포 범위는 요령성의 대릉하 중·상류와 노합하(老哈河) 유역을 중심으로 하고, 일부는 하북성의 조백하(潮白河) 유역과 길림성 나만(奈曼)·고륜(庫倫)을 거쳐 요하 유역에까지 미친다.[6] 중심 연대는 대체로 기원전 21~14세기경(夏代~商代의 中·前期)에 해당되며, 적은 양의 청동기유물이 출토되고 있다.[7]

하가점하층문화를 담당한 주민집단은 문헌을 통해서는 그 존재를 확인하기가 쉽지 않다. 선진문헌(先秦文獻)에 반영된 기록 역시 단편적이고 해석의 여지가 많아 연구자들 간에 견해가 다양하다.

『좌전(左傳)』 소공(昭公) 9년조의 기록에는 "숙신(肅愼)·연(燕)·박(亳)은 우리나라의 북쪽이다."[8]라고 쓰여 있는데, 이에 근거하면 숙신은 주나라 북방에서 연과 인접해 있던 종족이었다. 이 자료에서 설명하고 있는 숙신의 거주 지역은 결코 후세에 길림성(吉林省) 동북 지방에 거주하던 읍루(挹婁)의 땅을 가리키는 것으로 해석할 수 없으며, 기록의 순서로 보건대 연의 북방이나 혹은 그 동북방에 위치했다고 판단된다. 여타의 선진문헌 기록을 통해서도 박(亳, 發)·식신(息愼)이 기원전 12세기경

----

4) 李伯謙, 「論夏家店下層文化」, 『紀念北京大學考古專業三十周年論文集』, 文物出版社, 1990; 李殿福, 「吉林省 庫倫·奈曼兩旗 夏家店下層文化遺址分布與內涵」, 『文物資料叢刊』 7期, 1983; 李經漢, 「試論夏家店下層文化的分期和類型」, 『中國考古學會一次年匯論文集』, 文物出版社, 1980; 千葉基次, 「遼西地域における夏家店下層文化 -夏家店下層文化考1-」, 『考古學雜誌』 71권 제2호, 1986.

5) 劉觀民·徐光冀, 「內蒙古東部地區靑銅時代的兩種文化」, 『內蒙古文物考古』 創刊號, 1981.

6) 李殿福, 앞의 논문, 1983.

7) 中國科學院 考古研究所 內蒙古工作隊, 「赤峰葯王廟 夏家店遺址 試掘報告」, 『考古學報』 74-1, 1974; 張忠培 等, 「夏家店下層文化研究」, 『考古學文化論集』 1, 1987.

8) 『左傳』 召公 9年條 "武王克商 璞始商奄吾北土也 巴璞楚鄧吾南土也 肅愼燕亳吾北土也"

연에 인접한 장성(長城)·열하(熱河) 부근(현 하북성 승덕시 부근)에 존재하였다고 추정할 수 있다.[9] 이 기록을 근거로 추형(鄒衡)은 숙신과 연박(燕亳)은 별도의 방국(方國)으로 그 땅은 하가점하층문화 분포 범위 안에 있다고 보았다.[10]

대부분의 한국학자와 일부 중국학자들은 선진문헌에 기록된 숙신은 「오제본기(五帝本紀)」의 '식신(息愼)'에 해당하며, '박(亳)'은 '발(發)'에 해당하는 것으로 본다.[11] 발과 식신은 남쪽의 한족(漢族)과 대립하는 한편 상호간에도 충돌했을 것으로도 짐작되는데, 그 가운데 가장 먼저 중국과 교섭을 맺은 종족은 숙신으로 보인다. 『상서(尙書)』에 보면 "무왕(武王)이 동이(東夷)를 이미 정벌하였다. 숙신이 와서 축하하자 왕이 영백으로 하여금 숙신의 명을 내려주었다."[12]라는 기록이 남아 있다. 중국 춘추시대에 공자가 진(陳)나라에서 돌화살촉에 맞아 죽은 새매를 보고, 그 화살이 숙신씨의 것이라고 하면서 무왕 때 숙신씨가 싸리나무 화살과 돌로 만든 쇠뇌를 선물한 일이 있다고 말한 사실은[13] 이 기사가 허황한 것만은 아님을 말해준다. 그러나 숙신의 위치에 대해서는 흑룡강(黑龍江) 하류 일대로 보는 학자도 있으며,[14] 어떤 학자는 숙신이 길림성 경내(境內)에 위치했으며, 서단산문화(西團山文化)와 밀접한 관계가 있다고 보기도 한다.[15] 물론 이 주장에 대해서는 이미 임훈(林

9) 『尙書』 書序에는 "成王旣伐東夷 肅愼來賀 王俾榮伯 作賄肅愼之命";『史記』 周本紀에는 "成王旣伐東夷 息愼來賀 王錫榮伯作賄息愼之命";『竹書紀年』 1卷 五帝本紀 帝舜有虞氏 "帝舜有虞氏 … 二十五年 息愼氏來朝 貢弓矢" 등의 기록이 있다.

10) 鄒衡, 「關于夏商時期北方地區諸遼鄰境文化的初步探討」, 『夏商周考古論文集』, 文物出版社, 1980.

11) 『史記』 卷1 五帝本紀 第1 "方五千里 至于荒服 南撫交趾 北發西戎 析枝 渠廋 北山戎 發息愼"

12) 『尙書』 卷18 賄肅愼之命 序 "武王旣伐東夷 肅愼來賀 王俾榮伯 作賄肅愼之命"

13) 『國語』 卷5 魯語 下 "仲尼曰 隼之來也遠矣 此肅愼氏之矢也 昔武王克商 通道於九夷百蠻 使各以其方賄來貢 使無忘職業 於是肅愼氏貢楛矢石砮"

14) 張博泉, 「肅愼燕亳考」, 『東北考古與歷史』 第一輯, 文物出版社, 1982.

15) 佟柱臣, 「考古學上漢代及漢代以前的東北疆域」, 『考古學報』 56-1, 1956.

澐), 동학증(董學增) 등의 반론이 제기되었다.[16]

하가점하층문화는 북쪽에서 남쪽으로 점차 영향을 주며 발전을 지속하였다. 그리하여 상문화(商文化)의 형성에 모종의 영향을 주었음을 고고 자료를 통해 확인할 수 있다.[17] 따라서 서주(西周) 이전의 하가점하층문화는 '선연(先燕)'과 관계된 문화로 보는 주장이 최근 지지를 얻고 있다.[18] 그러나 이 주장은 연(燕)과 연관을 강조하는 점에서 중원(中原) 문화와의 연관을 지나치게 고려한 주장이라 할 수 있다.

한국의 일부 연구자들은 우하량(牛河梁)·동산취(東山嘴) 등 기원전 5천년 이래 요서 지역에서 형성된 홍산문화(紅山文化)가 단군조선의 초기문화이며, 이러한 문화를 누리던 고조선인이 초기 청동기시대 하가점하층문화 단계에 대전자(大甸子) 등지에서 고조선 도성(都城)을 형성하였다고 본다.[19] 그러나 하가점하층문화는 채색토기나 나무 판재로 무덤곽을 짜서 매장하는 등 비교적 중원문화와 유사성을 보이며, 반면 지석묘나 석관묘를 주로 조영한 예맥족의 문화나 한반도지역의 문화와는 전혀 다른 문화적 특성을 보인다.

이상에서 각 주장에 일리는 있지만 어느 한 입장을 따르기는 쉽지 않다. 아직

---

16) 林澐, 「肅愼, 挹婁和沃沮」, 『遼海文物學刊』 創刊號, 1986.

17) 郭大順, 「北方古文化與商文化的起源」, 『中國商文化國際學術討論會論文集』, 中國大百科全書出版社, 1998.

18) 劉觀民·徐光冀, 「內蒙古東部地區靑銅時代的兩種文化」, 『內蒙古文物考古』 創刊號, 1981.

19) 복기대, 「한국사 연구에서 고고학 응용의 몇 가지 문제에 관하여 -만주지역 고고문화와 한국사의 관계를 중심으로-」, 『고조선연구』 1, 고조선학회, 2008.
국가형성기 및 발전기에 대한 인식에서는 하가점하층문화에 대해 설명하면서 삼족기가 특징인데, 중원 지역에서 수입된 것도 있지만 홍산문화에서 자체 제작한 것도 많이 있기에 한국사와 관련해서 보아야 한다는 것이다. 국가발전기-비파형동검 시기의 내용에서는 요서 지역이 비파형동검문화의 중심이자 발생지이고, 요서 지역에서는 지형 특징상 고인돌을 만들지 않았을 뿐이기 때문에 요하를 경계로 요서를 고조선 영역에서 제외하는 것은 문제라는 것이다.

까지 하가점하층문화를 담당한 사람들에 대해 기록을 통해 명확히 말하기는 쉽지 않다. 다만, 나중에 '융적(戎狄)' 또는 '융호(戎胡)'를 형성하는 종족의 조상들이었던 것만은 분명하다. 더 구체적인 하나의 종족 집단이나 정치체에 비정하기는 현재까지의 자료로는 한계가 있다.

Ⅲ. 상주시기(商周時期) 청동기 저장갱(窖藏)과 위영자문화

요서 지역에서는 하가점하층문화 다음 단계에 위영자문화(魏營子文化)가 등장하였다. 1970년대 후반 하가점하층문화와 하가점상층문화 사이에 위치한 위영자문화가 발견되면서, 하가점상하층문화 사이의 단절된 고리를 연결하고 요령 지역에서 현지의 청동기문화가 연속적으로 발전해간 모습을 찾으려는 노력이 어느 정도 성과를 거두었다.[20]

위영자라는 하나의 역사유적을 문화유형으로 처음 명명한 것은 궈다순[郭大順]이었다. 궈다순[郭大順]은 위영자 유적을 하나의 유형으로 설정할 수 있다고 보고, 청동기 매납 유구 또한 위영자 유형에 포함시킬 수 있다고 보았다. 그리고 선·후행 문화와의 비교를 통해 요서 지역의 청동기문화가 하가점하층문화, 위영자유형(魏營子類型), 능하유형(凌河類型)의 순서로 계통적으로 변모하였다고 보았다.[21]

위영자문화는 분명 하가점하층문화 다음 단계에 출현하였다. 위영자문화와 하가점하층문화 사이에는 적은 수이지만 토기(土器)나 석기(石器) 등 서로 겹치는 유물이 많고, 문화 관계상 변화가 크지만 토기 형태 및 문양 등 몇몇 측면에서 계승되는 맥락을 찾아볼 수 있다. 따라서 위영자 유형은 하가점하층문화가 번영했던

---

20) 遼寧省博物館 文物工作隊, 「遼寧朝陽魏營子西周墓和古遺址」, 『考古』77-5, 1977; 郭大順, 「試論魏營子類型」, 『考古學文化論集』1, 1986

21) 郭大順, 앞의 논문, 1986.

시기 이후에 출현한 것이 분명하다.

이후 위영자 유형과 관련해서 대릉하 유역 객좌(喀左) 등지의 청동예기(青銅禮器) 매납(埋納) 유구의 성격과 유적을 남긴 주체에 대한 논의가 이어졌다. 위영자문화 유적에서는 토착문화인 하가점하층문화 분포 범위 내에서, 특히 객좌현 일대를 중심으로 요하 유역 및 내몽고 지역까지 상(商)·주(周) 청동예기가 집중 분포하는 것이 특징이다.[22] 그런데 이 유적들은 대개 현지의 토착 문화 유물과 함께 묻혀 있지 않았다. 보통 저장갱 상태로 발굴되며, 토기 등을 공반하지 않는 것이 특징 이다. 따라서 그 사용자 집단의 성격에 대해 많은 혼란이 초래되고 있다.

위영자 유형을 조영한 세력 집단에 대해서는 대개 요서 지역에는 고죽국(孤竹 國), 요동 지역에는 숙신국(肅愼國)이라는 연구,[23] 기국(箕國)으로 해석한 연구[24]가 있었다. 대릉하 유역의 객좌 일대는 고죽국, 노합하와 대릉하 전역은 토방(土方)과 연계시켜 본 연구[25]도 주목된다.

객좌현, 풍녕현(豊寧縣) 등에서 발견된 여러 청동예기의 명문(銘文)에는, 북동촌(北 洞村)의 청동기에 보이지 않는 족(族) 또는 국(國)의 휘호(徽號)가 나온다. 마창구(馬廠 溝) 소전산자(小轉山子) 해도영자촌(海島營子村)에서 나온 어(魚)·채(蔡)·언후(匽侯)·사 벌(史伐)·과(戈) 등의 명문은 씨족의 족휘(族徽)를 말하는 것이다.[26] 특히 북경 남쪽 교외 방산현(房山縣) 유리하(琉璃河)에서 대규모의 서주(西周) 묘지(墓地)가 발굴·조사

---

22) 魏凡, 「從考古學上再論東北商文化問題」, 『遼寧大學學報』 94-6, 1994.
    객좌현 경내에서 이미 출토한 상·주 청동기는 모두 소성자(小城子) 1점, 마창구(馬 廠溝) 18점, 북동(北洞) 12점, 산만자(山灣子) 22점, 소파태구(小波汰溝) 14점, 화 상구(和尚溝) 2점이다.

23) 魏凡, 「就出土青銅器探索遼寧商文化問題」, 『遼寧大學學報』 5期, 1983.

24) 張震澤, 「喀左北洞村出土銅器銘文考釋」, 『社會科學輯刊』 79-2, 1979; 張博泉, 「從東 北出土殷周銅器說起」, 『遼寧文物』 6期, 1984.

25) 金岳, 「論東北商代青銅器分期·性質和特點」, 『遼海文物學刊』 2期, 1990; 金岳, 「東 北商代青銅器的研究」, 『自然雜誌』 12期, 1991.

26) 熱河省博物館籌備處, 「熱河凌源縣海島營子村發現的古代銅器」, 『文物』 55-8, 1955.

사진 2. 객좌 북동촌 孤山 출토 '箕侯'명 禮器　　사진 3. 房山縣 琉璃河 출토 '燕侯'명 예기

되면서 그곳에서 '언후(匽侯, 연후燕侯)'와 관련된 청동기가 출토되었다.[27] 요령성 객좌현에서는 상(商)의 봉국(封國)이 거의 확실한 고죽(孤竹)·기후명(箕侯銘)의 상말(商末) 청동기가 출토되었다. 이 사실은 주초(周初)에 이 지역이 연(燕)을 통해 주왕(周王)에게 복속된 증거로 볼 수 있다.[28] 그리고 대릉하 유역 객좌 일대의 주민집단이 고죽이나 기후로 불렸음을 알 수 있다.

1973년 객좌 북동촌에서 발견된 청동예기는 비교적 가지런히 놓여 있었는데, 보고서에서는 매납(埋納)된 제사(祭祀) 유적으로 설명하고 있다. 그런데 2호갱의 방정(方鼎)에 새겨진 명문 20여 자를 해석해 보면 객좌현 일대는 상대(商代)의 고죽국과 관련된 지역으로 보인다.[29] 특히 이 지역은 '기후(箕侯)' 명(銘)을 가진 인물에 의해 통치되었다. 따라서 기자조선이 일정 기간 있었던 곳으로 보기도 한다.[30] 그

---

27) 琉璃河考古工作隊, 「北京附近發現的西周奴隷殉葬墓」, 『考古』 74-5, 1974.

28) 遼寧省博物館文物工作隊·朝陽地區博物館文物組, 「遼寧喀喇沁河東遺址試掘簡報」, 『考古』 83-11, 1983; 朱永剛, 「夏家店上層文化的初步硏究」, 『考古學文化論集』 1輯, 1986; 張忠培, 『中國北方考古文集』, 1986.

29) 晏琬, 「北京·遼寧出土 靑銅器與周初的燕」, 『考古』 75-5, 1975; 張震澤, 앞의 논문, 1979.

30) 이형구, 「大凌河流域의 殷末周初 靑銅器文化와 箕子 및 箕子朝鮮」, 『韓國上古史學報』 5, 1991.

러나 기후 세력과 기자조선과 반드시 연결되는 것으로 볼 수 있을지는 의문이다.

대릉하 유역에서 출토된 청동예기에 여러 족속의 이름이 나오는 것은 이 동기(銅器)가 상대부터 주 시대에 연속되었음을 의미한다.[31] 또 기족명(箕族銘)이 쓰여 있는 동기(銅器)가 북방의 연(燕) 땅에서 출토되는 것은, 이들과 연후(燕侯)가 관련이 있음을 입증하는 것이다.[32] 청동예기의 사용집단과 관련하여 이들 청동예기는 제례의 장에서 사용된 용기로서 그것을 제작하고 소유하는 혈연집단에 의해 오랜 시간에 걸쳐 소유되고 특정한 혈연집단에게 중요한 의미를 가지는 물건으로, 다른 혈연집단에게 함부로 증여될 수 있는 성격의 것이 아니라는 지적에 유념할 필요가 있다.[33] 그런 의미에서 위영자문화 및 하가점상층문화의 중원식 청동예기에 증여의 가능성을 상정하기 힘들고 현지 자체 제작이라는 지적에 유의해야 한다. 결국 이들 명문 청동예기들은 바로 상·주 시기부터 연·박의 땅이 요령 지역에 있었음을 증명하는 유적이라 볼 수 있다. 그 청동예기를 남긴 주민 집단은 바로 고죽이나 기후로 불렸으며, 연의 제후 임무를 가지고 '연후'로 불리기도 했던 것이다.

『국어(國語)』 제어(齊語)에는 제환공이 "북으로 산융(山戎)과 영지(令支)를 정벌하고 고죽을 친 뒤 남으로 귀환하였다."[34]고 나온다. 이 기록을 통해 보더라도 상·주 시기 위영자문화 세력권에는 산융, 영지, 고죽 등으로 불리는 토착 소수민족이 거주하고 있었고, 여기에 상(商) 유민(遺民)과 주(周)의 거주민 일부가 옮겨와 살았을

---

31) 喀左縣文化館·朝陽地區博物館·遼寧省博物館, 「遼寧省喀左縣山灣子出土商周青銅器」, 『文物』 77-12, 1977; 劉淑娟, 「山灣子商周銅器青銅器斷代及銘文簡釋」, 『遼海文物學刊』 91-2, 1991.

32) 기족(箕族)의 것을 비롯해 주초(周初)의 것으로 판단되는 은(殷) 계통 청동기에는 '연후의 상사(賞賜)를 받는' 등의 명문이 있어 여기에 나오는 이들의 대부분은 연후와 모종의 복속 관계를 맺고 있는 것이 확실하다.

33) 김정열, 「요서지역 출토 상·주 청동예기의 성격에 대하여」, 『요하유역의 초기 청동기 문화』, 동북아역사재단, 2009; 김정열, 「하가점상층문화에 보이는 중원식 청동예기의 연대와 유입 경위」, 『한국상고사학보』 제72호, 2011.

34) 『國語』 齊語 "北伐山戎 刺令支 斬孤竹而南歸"

가능성이 높다. 여기서 주목해야 할 것은 산융도 영지나 고죽과 같은 작은 규모의 시원적 소국(小國)으로 볼 수 있다는 점이다.

이처럼 객좌현을 중심으로 한 청동기시대 위영자문화는 요서 지역 토착 유목종족 문화와 상(商) 유민 문화가 융합되는 상황을 이해하는 데 중요하다. 분명한 사실은 당시 위영자문화를 영위하던 세력이 대릉하 유역의 객좌현 일대를 중심으로 살았다는 점이다. 그리고 그 지역의 주민집단은 요서 지역에 일찍부터 거주하던 토착민이 중심이었을 것이다. 혹자의 주장처럼 객좌현 일대가 기자조선과 관련된다는 주장은 '기후'명 청동예기를 기자로 해석하는 데 근거한 것으로 신빙성이 떨어진다.

최근 중국학계는 동북공정과 연계된 연구를 진행하면서 청동예기를 부장한 주민집단을 기자조선으로 보고 그 역사와 문화를 강조한다. 이에 대해서는 일찍이 이형구 선생님의 연구를 비판적으로 해석한 연구가 이어져 요서 지역 청동기문화가 기자조선의 역사와 무관하고, 한대(漢代) 역사가들의 관념 속에서 나온 것으로 보았다.[35]

Ⅳ. 하가점상층문화와 산융 및 동호

요서 지역의 영성현(寧城縣) 일대에서 번성한 비파형동검문화는 그 지역의 대표 유적의 이름을 따서 하가점상층문화라고 부른다.[36] 하가점상층문화의 분포범위

---

35) 송호정, 「대릉하유역 은주청동예기 사용집단과 기자조선」, 『한국고대사연구』 38, 2005; 박대재, 「기자 관련 상주청동기 명문과 기자동래설」, 『선사와 고대』 32, 2010; 심재훈, 「기자조선 문제」, 『고대 중국에 빠져 한국사를 바라보다』, 푸른역사, 2016.

36) 水野淸一·濱田耕作, 『赤峰紅山後』 東方考古學叢刊 甲種 六冊 東亞考古學會, 1938; 中國科學院 考古硏究所 內蒙古工作隊, 앞의 논문, 1974; 朱永剛, 앞의 논문, 1986; 靳楓毅, 「論中國東北地區含曲刃靑銅短劍的文化遺存」, 『考古學報』 82-4, 83-1(上, 下篇), 1982·1983.

는 북(北)으로는 시라무렌하 일대에 이르고 서(西)로는 승덕(承德)·준화(遵化) 일대에 이르고, 동쪽으로는 철리목맹(哲里木盟) 나만기(奈曼旗)에, 남쪽으로는 적봉(赤峰)·오한기(敖漢旗)·영성(寧城) 일대까지이다. 이 문화는 대부분 산곡(山谷) 사이에 있는데, 유물은 홍갈색 토기·소면(素面) 토기가 대표적인 조합을 이루고 청동제 공구(工具)와 무기 등이 있다. 대표적인 유적으로는 1950년대부터 조사된 남산근(南山根) 유적과 1985년에 처음 조사된 소흑석구(小黑石溝) 유적이 있다.[37]

하가점상층문화의 유적과 유물은 대개 그 유적의 분포 구역 안에 있는 하가점하층 문화층 위에 겹쳐서 나오고 있다. 하가점하층문화의 문화 내용 중 토기는 주로 흑갈도(黑褐陶)·흑도(黑陶)·마광흑도(磨光黑陶) 혹은 승문도(繩紋陶)이다. 시대상 이른 상(商) 시기에 해당한다. 문화내용상 하가점 상·하층 문화 양자 사이에는 계승 관계가 잘 보이지 않는다. 양자는 중첩관계를 이루고 함께 존재하는 것뿐이다.[38] 이러한 점은 두 문화 사이에 주민(住民) 교체가 이루어졌을 가능성을 말해준다. 하가점상층문화는 이미 현지의 토착 거주민 문화가 아니며, 주민들은 그 지역에서 장기간 거주한 부족이 아님을 알 수 있다.

영성현 소흑석구 유적과 남산근 유적을 대표로 하는 노합하 유역의 하가점상층문화 지역에서는 요령식동검과 함께 투겁 달린 곡인단검(曲刃短劍)과 직인(直刃) 비수식(匕首式)

사진 4. 영성현 남산근 101호 출토 청동단검   사진 5. 영성현 남산근 출토 청동단검

---

37) 遼寧省博物館, 「林西大井古銅鑛1976年發掘簡報」, 『文物資料叢刊』 7期, 1983.
38) 劉觀民·徐光冀, 앞의 논문, 1981.

사진 6. 남산근 유적주변

사진 7. 남산근(좌 2자루) 및 소흑석구(우 2자루) 출토 동검

동검이 집중적으로 출토되고 있다. 특히 동촉(銅鏃)·동과(銅戈)·동모(銅鉾)·청동제 투구 등 무기류가 많이 출토되는 것은 무장 세력의 존재와 주민 집단 간의 정복관계를 짐작케 한다.

　상·주 시대에 시라무렌하 이북 지역에 분포한 하가점상층문화는 시라무렌하를 넘어서 남쪽까지 영향을 미치며, 기원전 8~7세기에 이르면 이미 연산(燕山) 지구의 대부분 지역에 이르게 된다. 그것은 기원전 11~8세기(서주시대)에 시작된 '융호(戎胡)'의 남진(南進) 추세와 연관되어 나타난 현상이라 할 수 있다.[39]

이상의 문화적 현상을 근거로 추론해 보면 대개 하가점상층문화인은 북쪽에서 내려와 요서 지역에 도달한 것으로 생각되며, 그들이 옮겨오기 이전 요서 지역에는 하가점하층문화와 위영자문화를 영위하던 선주민(先主民) 집단이 존재하고 있었던 것으로 보인다. 이후 하가점상층문화인들이 떠나가고 나면 그들 거주지에는 전국시대 연(燕)의 거주민이 거주하게 된다.

하가점상층문화의 담당 주민집단과 관련해서는 그 동안 여러 해석이 있었는데, 특히 동호[40]와 산융[41] 등이 그 유력한 주민집단으로 거론되었다. 그리고 동호와 산융설 역시 문제가 있고, 화북 일대에서 활약한 융계(戎系) 제족으로 보는 주장도 있다.[42]

문헌 기록을 보면, 기원전 7~6세기 당시의 상황을 기록한 선진문헌에는 연과 세력을 다투는 군소종족으로 산융을 중심으로 영지·고죽·도하(屠何) 등의 종족 집단이 보인다. 이 종족 집단들은 기원전 8~7세기를 전후한 춘추시대 초·중기에는 세력이 상당히 강성하여 '연(燕)을 병들게 하거나(病燕)'·'산융이 연을 넘어 제나라를 정벌하자 제의 이공이 제 교외에서 맞서 싸웠다.'[43]는 등의 상황을 초래하였다. 이 과정에서 가장 커다란 위협을 느낀 세력은 역시 산융과 이웃하고 있던 연나라였다. 연은 당시 패주(覇主)였던 제나라에 구원을 요청하였고, 제는 드디어 산융을 중심으로 한 요령 지역의 '융적'들을 정벌하기에 이른다.[44]

---

39) 劉觀民·徐光冀, 앞의 논문, 1981.
40) 靳楓毅, 「夏家店上層文化及其族屬問題」, 『考古學報』87-2, 1987.
41) 朱永剛, 앞의 논문, 1987; 林澐, 「中國東北系銅劍初論」, 『考古學報』80-2, 1980; 송호정, 『한국 고대사 속의 고조선사』, 푸른역사, 2003.
42) 김정열, 앞의 논문, 2011.
43) 『史記』卷110 匈奴列傳 第50 "山戎越燕而伐齊 齊釐公與戰于齊郊"
44) 『管子』小匡 "北伐山戎 制令支 斬孤竹 而九夷始聽"; 『史記』齊太公世家 "二十三年 山

제 환공이 산융을 정벌하여 패업을 이룩한 것은, 기원전 5세기 초(춘추 말기) 중국 동북 지방 역사에서 중대 사건의 하나로 볼 수 있다. 제는 산융을 중국 동북지방에서 몰아냄으로써[45) 중국 북방으로부터 오는 장기간의 위협을 제거하였다. 이제 연나라도 요령 지역을 향해 진출하여 비교적 안정된 지위를 확보할 수 있게 되었으며,[46) 요령 지역에 존재하는 여러 지역집단들은 연에 복속되지 않을 수 없게 되었다. 이와 함께 제 환공의 패업은 확대되고, 북방 각 종족의 융합이 더욱 촉진되었다.

산융으로 대표되는 여러 융적들이 활동하던 시기의 요서 지역 고고 자료를 보면 융적과 대응하는 고고문화는 바로 하가점상층문화이다. 하가점상층문화는 대부분 산곡 사이에 분포되어 있는데, 이것은 산융의 명칭과도 부합하며, 특히 하가점상층문화 무덤에서 청동창·청동단검·청동칼 등의 무기가 대량으로 출토되는 것은 오랑캐[戎狄]가 정복전쟁에 뛰어났다는 사실과도 잘 부합한다.[47)

일찍이 북한학계(北韓學界)에서는 요서 지역의 청동기문화를 남산근 유형과 십이대영자 유형으로 구분하고, 이를 기본적으로 맥족(=동호)의 문화라고 주장하였다. 북한학계의 주장은 요서 지역의 주민집단을 동호로 인정한다. 다만 그 동호가 실제는 맥족(貊族)에 대한 다른 이름이었다는 해석을 하고 있다. 즉, 남산근 유형과 십이대영자 유형의 청동기문화는 부여-고구려(맥족)의 옛 조상으로 파악되는 발족·동호족의 것이며, 요동 지역에 존재한 고조선과 함께 고대 조선족의 소산임을 밝히고 있다.[48)

戎伐燕 … 齊桓公救燕 遂伐山戎 至于孤竹而還"

45) 『史記』卷110 匈奴列傳 "山戎走"

46) 『管子』卷9 霸形 第22 "北伐孤竹 還存燕公 …"

47) 朱永剛, 앞의 논문, 1986.

48) 리지진, 『고조선 연구』, 과학원출판사, 1963(1989, 도서출판 열사람 영인발간); 황기덕, 「료서지방의 비파형단검문화와 그 주민」, 『비파형단검문화에 관한 연구』, 과학백과사전출판사, 1987.

이러한 북한학계의 시각에서 한 걸음 나아가 한국학계에서는 요서 지역 가운데 대릉하 유역의 비파형동검문화 담당자를 하가점상층문화에서 분리해 내어 고조선과 관련하여 해석하려는 시도가 이루어지고 있다. 일찍이 우리 학계에서는 요서 지역의 하가점상층문화를 산융의 문화로 비정한 연구가 있었다.[49] 이후 고고학계를 중심으로 많은 논자들이 중국 동북 지방, 즉 남부 만주 지방의 청동기문화를 "요령식동검문화"[50] 또는 "비파형동검문화"[51]라는 문화특성으로 규정하면서 우리 역사와 관련된 해석을 위해 노력하였다.

이는 1980년대 이후 중국 학계에서 그간의 조사를 바탕으로 요령 지역 유물·유적의 공반 관계 등을 고려하여 유형화시키고, 분류된 각 유형에 대해 지역 내에서의 상대적인 서열과 연대 및 문화 내용에 대해 활발히 논의한 것을 바탕으로 하였다. 중국 학계에서 요서 지역 자료에 대한 본격적인 논의는 오은(烏恩), 임운(林澐)과 근풍의(靳楓毅)로부터 시작되었다.[52] 임운은 비파형동검 분포 지역을 대소릉하구(大小凌河區)에서 요동구(遼東區)까지로 설정하고, 이 가운데 대소릉하구를 하가점상층문화는 물론 요동구와도 다른 유형으로 보았다. 이어 청동단검분포권을 요서 지구, 심양 지구, 요동 지구, 길장(吉長) 지구로 구분한 뒤, 서요하 상류역과 대릉하 유역을 '곡인검(曲刃劍)'을 표지로 하는 하가점상층문화로 일괄한 다음, 이와 유사한 유물 양상을 보이는 심양 지구를 하가점상층문화로부터 갈라져 나온 지역 유형으로 보았다. 그리고 요서 지역 청동기문화의 담당자는 동호족, 요동 지역은 동이족이라고 보았다.[53]

49) 李康承, 「遼寧地方의 靑銅器文化 −청동유물로 본 遼寧靑銅文化와 夏家店上層文化의 비교 연구−」, 『韓國考古學報』 6, 1979.

50) 李健茂, 「韓國의 遼寧式銅劍文化」, 『韓國의 靑銅器文化』, 汎友社, 1992.

51) 박진욱, 「비파형단검문화의 발원지와 창조자에 대하여」, 『비파형단검문화에 관한 연구』, 과학백과사전출판사, 1987.

52) 烏恩, 「關于我國北方的靑銅短劍」, 『考古』 78−5, 1978; 林澐, 앞의 논문, 1980; 靳楓毅, 앞의 논문, 1982.

53) 靳楓毅, 앞의 논문, 1987.

期	段	乳足鬲	壺	銎柄短劍(直刃有格)	銎柄短劍(無刃無格)
후기	Ⅳ		1		2
	Ⅲ				
중기	Ⅱ	3	4	6	5
초기	Ⅰ	7		8	

도 1. 하가점상층문화 유족격(有足鬲) 호(壺) 공병단검(銎柄短劍) 분기도(分期圖)
  (1.극십극등기 관동거, 2.파림우기 대판 남산묘, 3.극십극등기 용두산, 4~6.옹우특기 대포자,
  7.적봉 홍산후, 8.극십극등기 용두산)

  이후에 중국 학계에서는 여러 견해가 잇따랐는데,[54] 이는 근풍의(靳楓毅)의 견해
를 보완하는 내용이었다. 특히 왕성생(王成生)은 곡인검의 출토 지역을 요서문화유
형과 요동문화유형으로 나누고 요서문화유형을 능하유형(凌河類型)으로 부르고 이
를 춘추전국시대 연나라 경역 내에 복속하고 있던 산융—동호족, 요동문화유형을
예맥족의 문화로 보았다. 이후에 비슷한 시각에서 연구가 이어졌다.[55] 최근 내몽
고 지역 고고학자들이 정리한 연구 성과에서도 하가점상층문화를 산융의 문화유

---

54) 遲雷, 「關于曲刃青銅短劍的若干問題」, 『考古』1期, 1982; 王成生, 「遼河流域及隣近
  地區短鋌曲刃劍研究」, 『遼寧省考古博物館學會成立大會會刊』, 1981; 王成生, 「概述
  近年遼寧新見青銅短劍」, 『遼海文物學刊』1期, 1991.
55) 翟德芳, 「中國北方地區青銅短劍分群研究」, 『考古學報』3期, 1988; 鄭紹宗, 「中國北
  方青銅短劍的分期及刑制研究」, 『文物』2期, 1984; 朱永剛, 앞의 논문, 1986; 朱永
  剛, 「我國北方地區銎柄式柱脊短劍」, 『文物』12期, 1992.

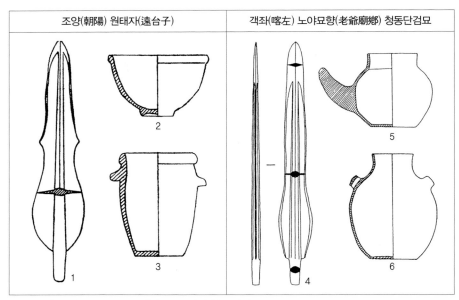

| 조양(朝陽) 원태자(遠台子) | 객좌(喀左) 노야묘향(老爺廟鄕) 청동단검묘 |

도 2. 능하유존(凌河遺存) 무덤 출토 토기와 청동단검

적으로 명확히 정의하고 있다.[56]

　그 동안 요서 지역은 요령 지역 가운데 가장 많은 연구가 진행되었는데, 그 결과 요서 지역의 청동기문화가 하가점하층문화(전기 청동기문화), 위영자유형(중기 청동기문화), '능하유형' 또는 '비파형동검을 대표로 하는 유적'(후기 청동기문화)으로 서열화 되었다. 요서 지역 청동기문화를 이와 같이 삼단계로 대구획하고, 또 각 획기 내의 유물·유적군을 유형화시키는 작업은 당연히 요령성의 다른 지역의 연구에도 영향을 미쳐 요동 북부와 요동 남단 지역 또한 청동기시대를 기원전 20세기로 끌어올림과 동시에 전기 청동기문화와 후기 청동기문화로 나누어 보는 계기가 되었다.

56) 席永杰·任愛君·楊福瑞 等 著,「夏家店上層文化時期西遼河流域的文化特徵」,『古代西遼河流域的游牧文化』, 內蒙古人民出版社, 2008.

Ⅴ. 요령식 청동단검을 특징으로 하는 문화와 고조선

내몽고 지역에 집중하는 하가점상층문화는 적봉 하가점이나 영성 남산근 등 중심지역에서뿐 아니라, 동으로 조금 떨어진 대릉하 유역의 조양(朝陽)·금서(錦西)와 요하 평원 일대에서도 발견되었다. 이 지역에서는 조양 십이대영자, 금서현 오금당(烏金塘), 북표시(北票市) 일대를 중심으로 전형적인 요령식동검의 검몸을 가진 동검이 출토되고 있으며, 특이한 장식이 되어 있는 청동제품을 많이 공반하고 있다.

이 지역은 산지(山地)인 요서 지역보다 지세가 낮은데, 이처럼 평탄한 지역을 중심으로 하가점상층문화가 요동 지역의 농업문화와 복합(複合)되고 있다. 실제 청동기나 여타의 유적·유물도 중국문화와 북방 유목문화 및 요동 지역 농경문화의 요소가 혼재되어 있는 다양한 특징을 보여준다. 이를 통해 볼 때 아마도 이 지역은 '융적' 계통의 주민집단이 위치한 제일 동단(東端)으로 생각된다.

청동기시대 대릉하 유역에서 비파형 청동단검을 특징적으로 부장(副葬)하는 묘장(墓葬) 유적의 연대는 기원전 9~3세기(서주 후기~전국 후기)에 해당한다. 묘장은 주로 장방형(長方形) 토광수혈(土壙竪穴)로 가끔 석판 또는 돌 더미를 쌓아올린 석관(石棺)과 석곽(石槨)을 사용하고 또 목질(木質) 장구(葬具)도 발견된다. 이외에 소량의 적석묘와 방형의 계단식 적석묘가 있다. 장식(葬式)은 대부분 단인장(單人葬)으로 양신직지(仰身直肢)이며 또 합장(合葬)도 있다. 부장품은 청동기, 토기, 석기, 골기(骨器) 등이 있고 아울러 가축을 순장한 습속도 있다.

최근 중국학자는 물론 한국의 많은 고고학자들은 대릉하 유역의 십이대영자문화(十二臺營子文化)와 서요하 유역의 하가점상층문화 사이에 차이가 분명히 존재하고, 또 대릉하 유역 청동기문화는 요하 중류(中流)지구 심양 정가와자(鄭家窪子) 묘지로 대표되는 청동기문화 유적과 훨씬 많은 유사한 점이 있다고 보고 있다. 따라서 그것을 서요하·노합하 유역 청동기문화로부터 분리해 내어 '십이대영자문화'로 명명하였다.[57]

---

57) 烏恩岳斯圖, 「十二台營子文化」, 『北方草原』 考古學文化硏究, 科學出版社, 2007.

대릉하 유역에 집중하는 십이대영자문화는 기원전 9세기 이전에 대릉하 중류 지역을 중심으로 형성되었으며, 기원전 8~6세기에는 대·소릉하 유역의 전역으로 확산됨과 동시에 노합하 유역의 하가점상층문화 남산근 유형과도 접촉하는 것으로 보인다. 이후 기원전 5~4세기가 되면 능원(凌源)·건평(建平)·건창(建昌)·객좌(喀座)와 같은 대릉하 상류 지역에서 요령식동검과 중원식(中原式) 동과(銅戈) 등이 공반되고 있어 십이대영자문화가 서서히 중원문화와 접촉함을 알 수 있다.[58]

최근에는 한국 학계를 중심으로 대릉하 유역의 청동기문화를 독자적인 문화로 설정하고 이를 고조선과 연결시켜 보는 연구 성과가 나오고 있다. 일찍이 북한 학계의 도유호,[59] 리병선[60]의 논문을 시작으로 고조선의 중심지와 강역에 대한 각종 집담회에서 만주 일대의 고고 자료에 대한 해석이 중요하게 인용되었다. 종전에 요서와 대동강 유역을 고조선문화에서 제외하였던 것을 고조선문화의 판도로 끌어들였다.[61]

당시 요령성 지역 고고 자료를 둘러싼 논의에서 가장 기본적인 것은 비파형동검문화에 대한 기원 논쟁이었다. 비파형동검이 요동에서 기원해서 요서 지역과 한반도 지역으로 전해졌다는 주장이 북한 학계에서 60년대 후반에 나왔다.[62] 이러한 주장은 그 동안의 일본 학계 주장에 대한 전면 부정을 바탕으로 하고 있었다.

일본의 야키야마 신고(秋山進午)는 비파형(요령식)동검문화를 1, 2기로 나누고 비

---

58) 楊建華, 「燕山南北商周之際靑銅器遺存的分群硏究」, 『考古學報』 2期, 2002; 王建新, 「東北亞系靑銅劍分類硏究」, 『考古學報』 2期, 2002; 王立新, 「遼西區夏至戰國時期文化格局與經濟形態的演進」, 『考古學報』 3期, 2004.

59) 도유호, 「고조선에 관한 약간의 고찰」, 『문화유산』 60-4, 1960.

60) 리병선, 「압록강 및 송화강 중상류 청동기시대 문화와 그 주민」, 『고고민속』 3기, 1966.

61) 박진욱, 앞의 책, 1987; 황기덕, 「비파형단검문화의 미송리유형」, 『력사과학』 89-3, 1989.

62) 리병선, 앞의 논문, 1966.

파형(요령식)동검문화와 한반도의 세형동검문화를 구분하고 두 문화는 다른 계통의 별개 문화로서 사실상 병존하였다고 보았다.[63] 그리고 비파형동검문화를 남긴 족속을 동호족으로 보고, 평양의 세형동검문화를 남긴 나라를 고조선으로 보았다. 이는 사실상 중국 학계의 동일한 견해라고 할 수 있다. 이러한 주장은 1980년대에 들어서도 지속적으로 제기되었고, 중국 동북 지방의 청동기문화와 조선의 청동기문화라는 이름으로 다시 정리되었다.[64] 여기서 전형적 비파형동검(요령식동검)이 집중하는 대릉하 유역의 청동기문화는 요령식동검문화 제 I 기로 분류하고, 대표 유적으로는 십이대영자 1호 무덤과 금서 오금당, 요양 이도하자무덤 등을 들었다.

최근 우리 학계에서는 요서 지역의 청동기문화는 기본적으로 하가점상층문화로 포괄할 수 있고, 그 가운데 대릉하 유역에는 비파형동검을 특징적으로 내포하는 십이대영자문화(=릉하(凌河) 유형)가 있었다는 주장이 많이 나오고 있다.

1979년 이후 이강승(李康承), 김정학, 김정배, 윤무병, 강인구, 이형구, 임병태 등이 중요한 연구 성과를 내었는데, 특히 이강승은 요령 지역에 분포하고 있는 비파형동검 단계 유물 유적을 유적과 유물로 나누어 종합적으로 살펴본 후 이를 바탕으로 요령 지역이 요령식동검문화라는 단일한 성격의 문화로 묶여진다는 결론을 냈다. 그리고 하가점상층문화를 동호, 대릉하 유역의 청동단검문화를 산용으로 비정하였다.[65] 이는 요서 각지 출토 유적·유물을 종합적으로 분석하여 논지를 전개한 점에서 매우 주목되는 성과이다. 이설은 나중에 이건무(李健茂)의 주장으로 이어져 사실상 우리 학계의 통설로 자리 잡았다.[66]

2000년대 들어 요서 지역 청동기문화에 대한 체계적인 정리는 복기대에 의해

63) 秋山進午, 「中國東北地方の初期金屬文化の樣狀(上)·(中)·(下)」, 『考古學雜誌』 53-4, 54-1, 54-4, 1953·1954.

64) 近藤喬一, 「日朝靑銅器の諸問題」, 『東アジアにおける日本古代史講座』 2, 學生社, 1984.

65) 李康承, 앞의 논문, 1979.

66) 李健茂, 앞의 책, 1992.

이루어졌다.[67] 복기대는 대릉하 유역의 비파형동검문화를 '릉하문화'라고 명명하였다. 그리고 릉하문화의 가장 큰 특징을 이른바 비파형동검과 그 동반 유물로 보고, 그 기원 지역을 요동으로 보았다. 릉하문화의 성격은 일부 학자들이 주장하듯이 하가점상층문화의 한 유형이 아니라 지역 자체의 고유한 문화이며, 시간적으로 이어지는 위영자문화의 많은 요소를 계승하는 동시에 주변 지역의 문화를 흡수 발전시킨 문화로 볼 수 있다고 하였다. 다만 담당 주민집단에 대해서는 구체적으로 언급하지 않았다.[68]

이후 오강원(吳江原)은 유물·유적의 유형화와 소지역 연구, 소지역 간 상호 작용, 요령과 주변 문화와의 상호 작용 등에 대한 연구를 진행하였다. 요령 지역을 유물유적에 대한 시공간성과 지역적 조합 양상을 근거로 요서의 십이대영자문화, 요동 북부의 이도하자 유형, 요동 남부의 쌍방 유형, 요동 남단의 강상 유형, 요동 동부의 대리수구 유형으로 나눈 후, 처음에는 요서와 요동이 이질적인 문화 지대를 이루고 있다가, 기원전 8~7세기에는 요동 지역이 십이대영자문화의 청동기를 모방하여 제작하기 시작하였고, 기원전 6~5세기에는 정가와자 유형의 출현을 계기로 요령 지역에 정가와자 유형을 매개로 한 중층적인 교류 체계가 형성되었으며, 그 결과 기원전 5~4세기 요령 지역이 단일한 문화 단위를 이루게 되었다고 보았다.[69]

오강원의 연구는 요서 지역 청동기문화 관련 자료를 망라했다는 점에서 큰 의

---

67) 복기대,『요서지역의 청동기시대 문화연구』, 백산자료원, 2002.
   복기대는 요서 지역의 청동기문화를 하가점하층문화, 하가점상층문화, 위영자문화, 릉하문화로 구분하여 설명하였다. 특히 여기서 릉하문화에 대해 문화의 성격은 일부 학자들이 주장하듯이 하가점상층문화의 한 유형이 아니라 지역 자체의 고유한 문화이며, 시간적으로 이어지는 위영자문화의 많은 요소를 계승하는 동시에 주변지역의 문화를 흡수 발전시킨 문화로 보았다.

68) 복기대, 앞의 책, 2002.

69) 吳江原,「요령지역의 청동기문화와 지역간 교섭관계」,『동북아시아 선사 및 고대사 연구의 방향』, 학연문화사, 2004a; 오강원,「중국 동북지역 세 청동단검문화의 문화 지형과 교섭관계」,『선사와 고대』20, 2004b.

미를 갖는다. 다만 연구에서 말하는 요서와 요동 문화유형 간의 교류 체계 형성은 각 문화유형의 유물 속성의 유사성에 기초한 해석으로, 개별 유형이 어떠한 과정을 거쳐 교류를 하게 되었는지에 대한 논리나 설명 내용이 설득력을 주지 못하는 한계를 보인다.

이와 달리 다뉴기하문경을 비파형동검문화의 핵심적인 유물임과 동시에 요령–한반도의 엘리트 계층을 대표하는 위세품으로 보고 이의 분포와 부장을 통해 동북아시아 속에서 비파형동검문화의 중심 지역과 정치 상위층을 살펴보고, 청동기 유물 조합을 통해 고조선의 가능한 범위를 추론하는 연구도 이루어졌다.[70] 이 연구에서는 노로아호산 동쪽의 다뉴기하학문경을 대표적인 위세품으로 삼는 십이대영자 유형은 요동–한반도와 관련 있는 집단, 곧 고조선이거나 적어도 고조선이라고 부를 수 있는 집단에 대응하는 것으로 추정한다. 그리고 대릉하 유역 청동기 사용 집단 간에 상호 일정한 네트워크를 형성하였을 것으로 추정하나, 이들을 모두 묶어 고조선으로 부를 수 있는 지역 집단의 범주에 소속시킬 수 있는지 여부는 단정 짓기 어렵다고 보았다.

사진 8. 내몽골 오한기박물관 전시
비파형동검 및 거푸집

그러나 위 주장처럼 기원전 8~6세기에 청동기를 중심으로 한 네트워크 형성 문제를 말하려면 네트워크 운영의 주체 문제나 구체적인 교류의 내용을 설명해 주어야 한다. 그러나 현재의 고고 자료는 문화적인 유사성이 일부 유물에서 보일 뿐인데, 그것을 교류 관계로 설명하기에는 그 구체성이 떨어진다.

70) 李淸圭, 「東北亞地域의 多鈕鏡과 그 副葬에 대하여」, 『韓國考古學報』 40, 1999; 이청규, 「중국 동북지역과 한반도 청동기문화 연구의 성과」, 『북방사논총』 5, 2005; 이청규, 「청동기를 통해서 본 고조선과 주변사회」, 『고조선의 역사를 찾아서』, 학연문화사, 2007; 이청규, 『다뉴경과 고조선』, 단국대학교 동양학연구원 편, 2015.

이와 비슷한 시각에서 중국 동북 지역, 러시아 연해주, 한반도, 일본열도에는 비파형동검문화와 세형동검문화로 대표되는 특징적인 청동기문화를 동북아식청동기문화로 명명하고, 따라서 고조선에 대한 논의도 한반도 중남부 지역을 중심으로 분포하는 세형동검문화보다는 중국 동북 지역을 중심으로 분포하는 비파형동검문화 및 변형 비파형동검문화와 결부시켜 이해해야 한다는 주장이 있다.[71] 이 주장에서는 기원전 4세기 이후 고조선이 전국시대의 연, 또는 진한 제국의 요동군과 아주 가깝거나 접경하고 있는 것처럼 기록되어 있다는 점에서 대소릉하유역의 십이대영자문화와 심양·요양 지역의 정가와자유형이 고조선과 관련될 것으로 보았다.

이상의 요령 지역 청동기문화의 지역성에 바탕을 둔 연구는 대개 청동단검의 형식 분류를 통한 연구 성과가 주류를 이루었다. 특색 있는 청동단검이 분포하는 지역은 한정되기 때문에 청동단검으로 표상되는 지역과 그렇지 않은 지역의 차이를 인정할 수 있기 때문에 분석 자료로 유용하다. 그러나 청동단검의 분포지역이 반드시 분명한 경계를 가지고 구획되는 것은 아니다. 분포지역 또한 내몽고, 요령성, 흑룡강성과 한반도 등 매우 광범위하다. 다만 일정한 양식의 동검 형식을 가진 지역이나 여러 종류의 동검이 뒤섞여 있는 지역에도 동검의 여러 속성 혹은 토기[72] 및 기타 청

사진 9. 내몽골 영성현 소흑석구박물관 전시 비파형청동검

---

71) 조진선, 「요서지역 청동기문화의 발전과정과 성격」, 『요하문명의 확산과 중국 동북지역의 청동기문화』, 동북아역사재단, 2010; 조진선, 「중국 동북지역의 청동기문화와 고조선의 위치 변동」, 『東洋學』50, 단국대학교 동양학연구원, 2014.

72) 천선행, 「비파형동검 성립 전후 요서지역 토기문화의 전개」, 『요하문명의 확산과 중국동북지역의 청동기문화』, 동북아역사재단, 2010.

동유물 등 공반 유물을 검토함으로써 어느 정도 세밀하게 지역성을 확인할 수 있다. 그리고 여러 유물을 부장하고 있는 무덤과 매장 방법에 대한 분석도 중요하며, 이를 단편적이지만 문헌 자료와 연계해서 해석을 내려야 한다. 그러나 아직은 일정한 고고 자료에 대해 종합적인 판단이 이루어지지 못하고 한국 고대사와 관련하여 비파형동검 자료에만 매몰되어 연구가 진행되는 한계를 보인다.

고고학 자료만을 갖고는 그것이 어느 종족이나 정치체의 산물인지에 대해 알기 쉽지 않다. 따라서 고고학자들은 문헌 자료를 찾아 일정한 주민집단과 연결시켜 보려는 시도를 하나, 기록 자체가 너무 단편적이고, 고고학 문화를 일정한 정치체와 연결시키는 것 자체가 너무 자의적인 해석이 개입될 여지가 크다. 따라서 요서 지역 청동기시대 물질문화 자료에 입각하여 이 지역의 사회 복합화 양상과 시간적 추이에 따른 변화 등에 관한 문제를 종합적으로 살펴본 연구처럼 한 지역의 고고 문화를 하나의 정치체에 연결시키려는 해석보다는 그 지역 고고문화의 역사적 특성을 잘 서술하려는 시도가 훨씬 합리적이다.[73] 이런 점에서 최근 중국 동북 지역 청동기−초기철기시대 문화를 하가점하층문화, 위영자문화, 하가점상층문화, 릉하유형, 고대산문화, 마성자문화, 쌍타자문화, 쌍방문화로 구분하고, 토광묘와 석관묘는 요서와 요동 지역에서만 고르게 나오는 반면 적석총과 지석묘 및 대석개묘는 요동 지역에서만 확인되는 묘제로 요서와 요동을 구분한 연구 성과는 주목된다.[74]

대릉하 유역의 청동기문화를 고조선의 문화로 포함시키는 논자들 대부분은 관련 문헌 자료로는 『위략(魏略)』 기록을 중시한다. 그리고 고고 자료를 보면, 기원전 3세기를 전후해서 요서 지역은 중원문화가 주류적 위치를 점하게 되는데, 이것은 연의 5군 설치와 관련되는 것으로 본다.[75] 이후 요서 지역의 대표적 청동기문화인 하가점상층문화와 십이대영자문화가 갑작스럽게 소멸되는데, 이는 연나라 소

73) 김정열, 「遼西 지역의 청동기문화와 복합사회의 전개」, 『東洋學』 第52輯, 2012.

74) 곽동구, 「중국 동북지역 청동기−초기철기시대 문화 연구」, 고려대학교 석사학위논문, 2015.

75) 裵眞永, 「燕國의 五郡 설치와 그 의미」, 『中國史研究』 36, 2005.

왕 때 진개의 경략과 결부시켜 이해한다. 이때 소멸된 하가점상층문화가 동호의 문화이고, 십이대영자문화는 고조선과 연결시킬 수 있다고 보는 것이다.[76)]

이 주장에서는 기본적으로 대릉하 유역의 비파형동검을 부장한 무덤이 집중하는 곳을 초기 고조선의 중심지로 본다. 그러나 십이대영자문화를 고조선으로 보는 입장의 가장 큰 문제점은 과연 십이대영자문화가 고조선이라는 국가로 비정할 정도로 요서 지역 청동단검문화 내에서 독자적 문화 특성을 갖고 있는지 여부에 대한 논란이다. 이 주장이 설득력을 갖기 위해서는 무엇보다도 상·주 시기에 산융이나 영지, 고죽 등이 존재했던 대릉하 일대에 과연 어떤 배경 속에서 기원전 8~7세기경에 고조선 사람들이 살게 되었는지에 대해 합리적 해석이 필요하다 하겠다.

이처럼 대릉하 유역 비파형동검문화 집중지를 고조선과 연관시켜 해석하는 입장은 기본적으로 비파형동검문화가 하가점상층문화와 같은 수준의 하나의 문화로 설정할 정도의 정체성을 보이는 지에 대한 더 명확한 정리가 필요하다. 엄밀히 보면, 이들 주장은 기본적으로 고고학 문화의 범위와 단일 종족의 분포를 동일시하는 데에서 비롯된 오해라 할 수 있다.

대릉하 유역의 청동기를 부장한 무덤 유적들은 요동 지역의 청동기 유적과 유사한 점이 많다. 그러나 기본적으로는 묘장이나 부장된 토기 등이 요하를 경계로 명확히 구분이 된다[77)]는 점에 주목해야 한다.

묘장과 토기, 그리고 청동기 유물 등을 종합해서 보면 대릉하 유역의 청동기 부장 무덤은 요서 지역의 하가점상층문화와 더 유사하다고 할 수 있다.[78)] 그리고

---

76) 박준형, 『고조선사의 전개』, 서경문화사, 2014; 이청규, 앞의 논문, 2007; 이청규, 「고조선과 요하문명」, 『한국사 시민강좌』 49, 일조각, 2011; 오강원, 「청동기~철기시대 요령·서북한지역 비파형동검문화의 변동과 고조선의 위치」, 『東洋學』 53, 2013.

77) 송호정, 「고고학으로 고조선」, 『한국사 시민강좌』 49, 일조각, 2013.

78) 송호정, 「요서지역 하가점상층문화 묘제의 변천과 주변 문화와의 관계」, 『요하문명의 확산과 중국 동북지역의 청동기문화』, 동북아역사재단, 2010.

십이대영자문화 수장층의 무덤에 보이는 부장품의 규모는 하가점상층문화에 비하면 손색이 있고, 이는 십이대영자문화 사회의 복합화 수준과 사회의 권력 집중도가 하가점상층문화의 그것만큼 진전되지 못한 것과 관련되었을 가능성이 높다는 지적에 유념해야 한다.[79)]

하가점상층문화와 십이대영자문화는 기본적으로 중심 문화유형과 개념 사용은 차이가 있지만 그 문화 내용은 비슷하다. 저자의 주장처럼 서요하 유역 하가점상층문화와 대릉하 유역 십이대영자문화 사이에는 청동기, 토기 및 매장 습속 방면에서 일정한 차이가 있다. 그러나 그 차이라는 것이 지역적인 특색이 보이는 정도이지 완전히 다른 문화권으로 구분할 정도의 차이라고 보기는 어렵다. 하가점상층문화와 십이대영자문화는 전통적인 매장방식에서 서로 유사함을 보이고, 단경식(短頸式) 검, T자형 자루 곡인검, 투구, 치병도(齒柄刀), 경형식(鏡形飾), 함(銜), 표(鑣) 등 청동기 유물에서도 유사한 요소가 많이 보인다.

동북아 역사 지도를 펼치면 대개 요하를 경계로 요서와 요동 지역이 구분된다. 요서 지역의 지형은 대흥안령산맥 자락이 서남쪽으로 흘러내려와 북경 이북 쪽에서 머물면서 연산 산맥을 형성하고 그 산맥 줄기가 동으로 요하 근처에 못 미쳐서 끝난다. 요동반도에는 중간에 척량산맥으로 천산산맥이 흐르는데, 이는 소흥안령산맥 자락이 동남으로 흘러 내려 압록강 이북에서 노령산맥으로 되고, 백두산 위쪽에서부터 뻗어 내려온 노령산맥 줄기가 천산산맥으로 요동반도 한복판을 지난다. 이렇게 요령성 지역은 요하를 경계로 그 지역이 구분되고, 요서 지역 역시 하나의 동일한 공간적 범주에 속하는 지역이다. 그 가운데 대릉하 유역은 칠로도산맥과 노로아호산맥 아래쪽에 위치하며 내몽고 지역과 어느 정도 구분이 되는 것은 사실이지만, 전체적으로 요서 지역에 해발 1천미터 정도의 연산 산맥 산지에 포함되고, 내몽고 영성현 지역의 산융 등 융적들과 명확하게 경계가 구분되는 것은 아니다.

일찍이 왕성생(王成生)과 근풍의(靳楓毅)에 의해 무덤의 형태, 매장풍습, 부장품,

---

79) 김정열, 앞의 책, 2012.

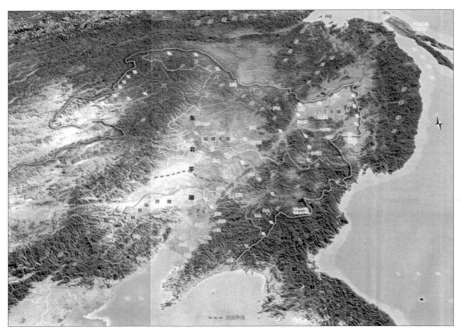

사진 10. 중국 동북 지방 지형도

특히 토기, 단검 등 제 방면에서 요서와 요동 문화 유적 사이의 명확한 차이점이
자세히 분석되었다.[80] 이러한 분석은 고고 자료가 증가된 현재에도 여전히 유효
하다. 나아가 가까운 대릉하 유역과 요동 지역 역시 문화상 특징에서 일정한 차이
를 보이고 있다.

 최근에까지 당지 연구자들은 대릉하 유역의 비파형동검문화를 하가점상층문
화의 한 지역 유형으로 보고 있다. 1970년대 이래 지금까지 서요하 유역이라 함
은 "훨씬 구체적으로 말하면 서요하, 노합하, 대릉하 수계를 가리킨다."고 정의하

---

80) 王成生, 앞의 논문, 1981; 靳楓毅, 앞의 논문, 1982.

고 있다.[81]

　우리 학계에서도 일찍이 고고 자료에 대한 기존 연구 성과와 보고서 등을 고조선 관련 단편적인 문헌 기록과 연계하여 대체로 요서 지역은 고조선과는 무관한 것으로 해석하였다.[82] 필자도 이 견해에 전적으로 동의한다. 기본적인 방향과 틀을 제시한 노태돈은 비파형동검의 출토지는 넓은 공간에 걸쳐 분포하는데, 구체적으로 비파형동검의 세부 양식에 따라 공병식(銎柄式)과 비수식(匕首式)은 요서 지역에서만 출토되고, 단경식(短莖式)은 요하 동·서쪽에서 모두 출토되는 점에 주목하였다. 그리고 종종 동검과 함께 출토되는 토기를 보면, 미송리형토기는 대체로 요하를 경계로 그 동쪽에서만 출토된다. 반면 삼족기는 요하 서쪽에서 주로 출토되고 있다. 무덤의 경우도 지석묘는 요하 동편 지역에서만 확인된다. 특히 요동반도 지역의 탁자식 지석묘는 그 제작 기법이 대동강 하류 지역의 것과 흡사한 모습을 보인다는 점에 주목하였다. 즉 단경식 비파형 동검, 미송리형토기, 지석묘 등을 특징적 유물로 하는 문화적 경계를 상정할 수 있고, 그럴 때 고조선의 중심지는 대체로 요하 동편 지역으로 상정하였다.[83]

　일본학계에서는 여전히 비파형(요령식)동검에 대한 연구를 바탕으로 요서 지역 전체를 하가점상층문화로 이해하고 주민집단도 청동기문화 단계에는 산융으로, 전국시대 이후 연 세력의 확대가 이루어진 시기에는 동호로 표기되었다고 인식한다.[84] 일본 학계에서는 요령식 동검이 요서에서 요동으로 이동한 점을 강조하고 있다.[85] 문헌 기재에 의하면 산융은 대릉하 유역의 고죽의 북쪽에 위치하고 있었

---

81) 席永杰·任愛君·楊福瑞 等 著, 앞의 책, 2008.

82) 盧泰敦, 「고조선 중심지의 변천에 대한 연구」, 『韓國史論』 23, 서울대학교 국사학과, 1990; 송호정, 앞의 책, 2003; 박대재, 『고대 한국 초기국가의 왕과 전쟁』, 경인문화사, 2006; 박대재, 「고조선의 왕과 국가형성」, 『북방사논총』 7, 2007.

83) 노태돈, 앞의 논문, 1990; 노태돈, 『한국 고대사』, 경세원, 2015.

84) 宮本一夫, 「遼寧式銅劍文化圈とその社會」, 『中國古代北疆史の考古學的硏究』, 中國書店, 2000.

85) 中村大介, 「遼寧式銅劍の系統的展開と起源」, 『中國考古學』 7, 2007.

다고 보고, 이들을 영성 지구를 중심으로 하는 요서 사회에 적용하였다. 또 계층 상위자로 보이는 중원계의 청동기는 연산이남(燕山以南)의 지역과 교류나 약탈품일 가능성이 높다고 본다. 한편 춘추 이래 산융의 기재는 없어지고, 변화하여 전국시대에는 동호라는 부족명이 문헌기술에 나타나는 점을 주목하였다.

이상에서 보면, 크게 보아 요하~대릉하 일대를 접경지대로 하여, 요서 지역의 청동기문화인 하가점상층문화와 요동 지역의 청동기문화인 요령식 동검을 특징으로 하는 문화가 구분된다. 그리고 중간의 십이대영자문화는 하가점상층문화 및 요동 지역 청동기문화 양자의 공통적인 요소를 지니고 있었던 것으로 볼 수 있다. 서요하 상류 지역 하가점상층문화와 대릉하 유역 십이대영자문화의 차이를 인정하지만, 그것이 종족이나 주민 집단의 차이를 결정지을 정도의 차이인지는 의문이다.

Ⅵ. 전국시대~한대 중국문화의 유입

전국시대(戰國時代) 이후 요서 지역에서는 북방계(北方系) 문화 요소들이 쇠퇴하는 대신 중원계(中原系) 문화 요소들이 급증한다. 특히 전국 중기 무렵에는 요서 서부 지역을 중심으로 전국 연의 물질문화 요소들이 토착문화 속에 대거 확산되는 양상까지 나타난다. 이와 같은 기원전 4세기대 요서 지역의 물질문화는 보통 십이대영자문화 또는 비파형동검문화의 하위유형으로 '동대장자유형(東大杖子類型)'이 설정되고 있다.[86]

동대장자유형을 바라보는 시각에는 중원계의 문화요소들이 급증하는 점에 주

---

86) 吳江原, 『비파형동검문화와 요령 지역의 청동기문화』, 청계, 2006; 이청규, 「중국 동북지역과 한반도 청동기문화 연구의 성과」, 『중국 동북지역 고고학 연구현황과 문제점』, 동북아역사재단, 2008; 이후석, 『요령식 세형동검문화와 고조선의 변천』, 숭실대학교대학원 박사학위논문, 2015.

목하여 전국 연의 영역 확장과 관련시켜 정치 변동으로 이해하는 입장[87]과 토착 동검문화가 지속되는 점에 주목하여 토착집단의 대외적인 상호작용이나 문화 변동의 결과로 이해하는 견해로 대비되고 있다.[88]

이와 같은 시각 차이에도 불구하고 많은 연구자는 요서 지역의 전국시대 물질문화를 담당했던 주민집단을 '동호' 등의 북방계 주민집단으로 본다.[89] 특히 중국이나 일본학계의 경우 요서 지역에는 '동호'가 위치했던 것으로 이해하는 연구자가 많다.

최근에는 내몽고 동남부 지역의 '정구자유형(井溝子類型)'(또는 철장구유형)을 '동호'로 보는 견해[90]를 수용하여 요서 지역의 남동구(南東溝)—동대장자(東大杖子) 유형을 '예맥'으로 본다던지,[91] 이에 더해 『삼국지』 동이전의 『위략』에서 전국 연과 고조선이 서로 인접하는 듯이 서술되어 있는 점과 요령 지역의 전국시대 물질문화가 정가와자 유형과 남동구 유형으로 분화되어 있었다는 점에 근거하여 고조선은 서로 다른 두 연맹체로 재편되어 있었다고 주장한다.[92] 이외에도 전국시대 요서 지역의 물질문화를 북방계 유이민과 토착민의 융합문화로 인식하고 '맥국'으로 설정하며, 요동 지역의 고조선과 다른 정치체로 이해하는 연구자도 있다.[93]

---

87) 궈다순·장싱더(김정열 역), 『동북문화와 유연문명(하)』, 동북아역사재단, 2008; 宮本一夫, 앞의 책, 2000.

88) 오강원, 앞의 책, 2006.

89) 궈다순·장싱더(김정열 역), 앞의 책, 2008; 송호정, 앞의 책, 2003; 烏恩岳斯圖, 앞의 책, 2007; 宮本一夫, 앞의 책, 2000.

90) 강인욱, 「내몽고 동남부 시라무렌하 유역에서 발견된 새로운 유목문화에 대한 이해」, 『韓國靑銅器學報』 9, 한국청동기학회, 2011; 王立新, 「동호 유적을 찾아서」, 『동아시아의 지역과 인간』, 지식산업사, 2005.

91) 박준형, 「대릉하~서북한지역 비파형동검문화의 변동과 고조선의 위치」, 『한국고대사연구』 66, 한국고대사학회, 2012.

92) 오강원, 앞의 논문, 2013.

93) 吳炫受, 『고조선의 형성과 변천과정 연구』, 한국학중앙연구원 한국학대학원 박사학위논문, 2014.

그러나 기원전 4세기부터 시작하는 전국시대 요서 지역의 연 문화를 과연 대릉하 유역의 객좌 남동구 유적과 그 문화 유형으로 정리할 수 있는 지에 대해서는 많은 의문이 든다. 특히『사기』나『염철론』[94] 등에서는 전국시대에 요서 지역이 동호의 거주 지역으로 기록되어 있고, 그 요하(요동) 동쪽에 고조선이 존재했다고 하는데, 이 문헌 기록을 부정하는 해석이 과연 어느 정도 설득력이 있을지 의문이다.

『사기』흉노열전에 보면 연나라 장수 진개가 동호를 물리친 후에 연나라는 상곡군(上谷郡), 어양군(漁陽郡), 우북평군(右北平郡)(객좌현, 능원시, 건평현), 요서군(조양시), 요동군(요양시) 등 5군을 설치하고 장성을 축조했다고 한다.[95] 여기서 나오는 장성은 물론 연나라 시기에 동호를 물리치고 쌓은 장성으로 고조선이나 예맥이 아니라 동호 및 흉노를 막기 위해 쌓은 성이다.

사진 11. 요서 건평현 일대 전국시대 연장성
(燕長城) 주변 출토 반와당(半瓦當)

종래 고조선 요령성설을 주장하던 학자는 고조선의 서쪽 경계가 북경 근처에 이른다는 중요한 근거의 하나로 산해관(山海關)에 이르는 현재의 만리장성을 연나라 때 쌓은 장성과 동일시하는 데 있었다. 그러나 현재의 만리장성은 명(明) 때 개축한 것으로『사기』흉노열전에는 동호족과 고조선 세력을 밀어내고 연과 진·한 대에 설치한 장성과 초소는 바로 요서 지역과 요동 천산산맥 일대에까지도 나온다.

한대에는 우북평군, 요서군을

94)『鹽鐵論』伐功 第45 "燕襲走東胡 辟地千里 度遼東而功朝鮮"

95)『史記』卷110 匈奴列傳50 "置上谷漁陽右北平遼西遼東郡以拒胡"

유지하면서 연 장성 이남에 봉화대를 설치하기까지도 했다. 이러한 장성을 통해 한은 흉노·선비·오환을 이이제이식으로 통치하였던 것이다. 요서 지역의 연·진 시기 및 한 시기 장성 근처에는 기와 및 철기 제품 그리고 명도전 등 중국 세력들이 동쪽으로 진출하는 과정에서 정착하여 살면서 남긴 유물들을 많이 볼 수 있다.[96]

그리고 연진(燕秦)시대부터 한 시기에 이르는 중국에서 설치한 주요 성지(城址) 유적으로는 우북평군치(右北平郡治)와 관련된 영성현(寧城縣) 흑성(黑城), 유성현치(柳城縣治)로 보고 있는 조양시 원태자(袁台子) 유적, 그리고 우북평군 석성현치(石城縣治)로 보고 있는 능원(凌源) 안장자(安杖子) 성지(城址) 등이 있다. 이 성지에는 현재에도 중국 전국시대 및 한대의 와당 및 기와가 성 주변에 그대로 널려 있고 많은 토기들을 수습할 수 있다. 중국 세력의 진출과 통치의 거점으로 활용되었음을 어느 정도 확인할 수 있다.

기원전 4~3세기 및 2~1세기에 해당하는 장성이 요서 및 요동 지역에 설치되었다면 이 당시 위만조선의 영역은 당연히 장성 동쪽에서 찾아야 할 것이다. 북경 오른쪽에 흐르는 난하 근처의 산해관을 염두에 두고 고조선의 영역을 찾는 일은 없어야 할 것이다.

Ⅶ. 맺음말

현재까지의 발굴·조사 자료에 따르면 요령 지역의 청동기문화는 요하 유역을 경계로 그 남북 지역과 동서 지역이 구분되는 특성을 보이고 있다. 관련 자료를 살펴보면 하가점하층문화에서 위영자문화 단계를 거쳐 하가점상층문화로 발전한

---

96) 孫守道, 「漢代遼東長城列燧遺蹟考」, 『遼海文物學刊』 92-2, 1992; 劉謙, 「遼東長城考査」, 『遼寧大學學報』 82-5, 1982; 馮永謙·何溥瀅 編著, 『遼寧古長城』, 遼寧人民出版社, 1986.

요서 지역의 청동기문화는 대릉하 유역과 대릉하 북쪽의 노합하와 영금하(英金河) 강을 따라서 유적이 밀집 분포해 있다. 이들 요서 지역에 거주한 여러 지역집단이 남긴 각종 문화유형은 계승 관계가 잘 보이지 않는 비연속적 성격을 보인다.

이상의 요서 지역 고고 자료 가운데 내몽고 영성현 일대를 중심으로 하는 하가점상층문화와 대릉하 유역을 중심으로 하는 십이대영자문화를 두 개의 독립적인 문화 유형으로 보고, 이를 산융과 예맥 또는 고조선으로 비정하는 문제를 두고 많은 논의가 이루어지고 있다.

한국 고대사와 관련해 문헌 자료에서는 하가점상층문화가 분포하는 요서 지역의 경우 산융의 문화로 보는 데는 이견이 없다. 여기서 유념할 것은 산융은 문헌 기록에 백여 오랑캐가 서로 연맹을 맺고 있는 시원적 소국(小國)으로 나오고 있다는 점이다. 당시 고조선이 산융의 동쪽에 있었다고 할 때 고조선 사회 역시 하나의 소국이나 종족국가에 불과했다는 점이다. 그렇다면 청동기시대에 고조선이 과연 십이대영자문화라는 대릉하 전역을 포괄하는 지배체제를 구축하고 있었다고 볼 수 있는지에 대한 충분한 해명이 필요하다고 생각한다.

또 후기 청동기문화 자료와 문헌 기록을 종합하여 고찰 할 때, 『사기』 흉노열전의 5군 설치 기사와 연·진 장성이 요하 일대까지 이르렀다는 점에서 멸망 이전까지 고조선의 중심을 요령 지역에 비정하기는 어렵다고 하겠다.

대릉하 유역 상주(商周)
청동예기 사용 집단과 기자조선

Ⅰ. 머리말

한국 고대사에서 기자조선 문제는 초기 고조선 사회의 형성 세력과 역사적 해석에서 중요한 자리를 차지한다. 만일 기원전 12세기부터 기자조선이 존재했다면 고조선의 국가 형성 시기는 기원전 12세기까지 올려볼 수 있으며, 그 형성 세력은 중국 상족(商族)의 후예들이 주축이 되었다고 볼 수 있기 때문이다.

기자조선 문제와 관련해 종래에는 단군신화 내용에 실려 있는 기자의 존재와 『사기』에 실려 있는 기자조선의 존재를 전체 고조선사와 관련하여 합리적으로 해석하려는 여러 입장이 있었다. 그러나 남북한 대부분의 고대사 연구자들이 기자조선의 실체를 부정하고, 기자조선의 존재를 주장하는 학자들도 그 존재를 명확하게 입증하지 못하고 있는 것은 위만조선 이전의 고조선 역사에 대한 입장이 구체적으로 정리되지 못하였기 때문이다.

그 동안 많은 연구자들이 초기 고조선사를 연구하면서 간과한 것은 고조선 사회가 형성될 즈음 고조선 영역과 관련하여 살펴보게 될 요동 및 요동만(遼東灣) 일대의 종족구성이 매우 다양하였다는 사실이다.

중국의 동쪽 일대에서는 기원전 10세기 이전부터 농경이 시작되고 이어 사회 분화가 점진적으로 진전되어, 그 뒤 어느 시기에 그 각각이 하나의 종족(種族)인 예

(濊) · 맥(貊) · 한족(韓族) 사이에서 고조선이 형성되었다. 또 고조선 사회가 발전하면서 그 세력 하의 주민집단들 간의 융합도 진행되었다.[1] 따라서 고조선의 지배 집단도 바로 넓은 의미에서 예와 맥을 포함한 하나의 종족에 속했다고 생각하는 것이 일반적인 견해이다.[2]

고조선의 형성세력을 이처럼 예맥과 관련시켜 보는 생각은 현재까지의 문헌자료나 고고학 자료 등을 통해 볼 때 타당한 해석이라 생각한다.[3] 그런데 기자조선의 존재를 주장하는 논자들은 고조선의 국가 형성 이전에 동이족으로 표현되는 세력이 이동을 통해 중국 동북 지방 일대를 거쳐 한반도에 이르기까지 기자조선이라는 국가체(國家體)를 영위하였다고 본다. 그리고 단군(檀君)이나 기자(箕子)를 초기 고조선 사회 형성세력의 중심으로 보고 있다.

일찍이 동이족의 이동에 의해 한민족이 형성되었다는 김상기의 견해[4] 이래, 기자조선의 문제를 체계적으로 이야기한 천관우(千寬宇)는 기후세력(箕侯勢力)의 실체를 인정하고 기자는 동이(東夷)이며 기자족집단(箕子族集團)을 나타내는 것으로 보고 있다.[5] 이밖에 발해만(渤海灣) 일대에서 나오는 상주(商周) 청동기문화 고고학자료

---

1) 『史記』卷110 匈奴列傳 "諸左方王將居東方 直上谷以往者 東接穢貊朝鮮"; 『史記』卷129 貨殖列傳 "夫燕亦勃碣之間一都會也 (中略) 北隣烏桓夫餘 東綰穢貊朝鮮眞番之利"; 『漢書』卷24 下 食貨志4 下 "彭吳穿穢貊朝鮮 置蒼海郡云云"

2) 노태돈, 「한국민족 형성과정에 대한 이론적 고찰」, 『韓國古代史論叢』1, 1991, 34~35쪽; 황철산, 「고조선의 종족에 대하여」, 『고고민속』63-1, 1963, 1~11쪽.

3) 三品彰英, 「濊貊族小考」, 『朝鮮學報』4, 1953, 26~27쪽; 황철산, 「예맥족에 대하여」(Ⅰ), 『고고민속』63-2, 1963, 19~31쪽.

4) 김상기, 「韓 · 濊 · 貊移動考」, 『史海』, 創刊號, 1948; 『東方史論叢』, 서울大學校 出版部, 1974.

5) 천관우에 따르면 기자족은 은(殷)을 떠나 그 일부가 요서 지방으로 이동하여 백이(伯夷), 숙제(叔齊)의 나라인 난하(灤河) 하류(下流)의 고죽국 근처에 한동안 정착하였는데, 그곳이 조선이었다고 한다. 그리고 기자는 언제인가 세상을 떠났으나 기자족이 혈연의식을 가지고 대동강 하류에 도달하였고, 동래(東來)한 이후 기자족도 한국인(韓國人)을 형성하는 요소 중의 일부라고 하였다(천관우, 「箕子攷」, 『東方學志』15, 1974; 『古朝鮮 · 三韓史研究』, 一潮閣, 1989, 10~13쪽).

를 기자집단의 유물로 인정하고 기자조선의 존재와 기자족의 동래 문제를 재확인한 연구[6]가 있다. 이 연구는 기원전 12~11세기경 대릉하 유역에는 주족(周族)으로부터 밀려난 상왕족(商殷族) 기자를 대표로 하는 상 유민(遺民)에 의해 기자조선이 건국되었다고 보았다. 그리고 이 같은 기자조선이 기원전 2세기의 준왕(準王)에 이르기까지 거의 천년을 지속하였다고 하였다. 그 근거로는 대릉하 유역의 객좌현 고산(孤山) 북동(北洞)유적에서 발굴된 상대 청동예기(靑銅禮器)에 기후(箕侯)와 고죽(孤竹)이라는 명문이 나오는 것을 들고 있다. 대릉하 유역 출토 상주시대 청동예기들은 요서 객좌현 일대가 기후와 관계가 있음을 증명하는 것이고, 여기서 기후는 기자와 동일인물이라는 것이다.

중국학계에서도 기자조선의 존재를 인정하는 주장이 나오고 있다. 요서 지역 출토 청동예기 명문을 통해 명문 가운데 기(箕)·죽(竹)은 상(商)의 후국(侯國)에 속한다는 것이다. 그리고 기·죽 동기(銅器)가 한 지점에서 나온 것으로 보아 기씨조선(箕氏朝鮮)이 처음에는 고죽 혹은 그 인근지역이었고 문헌에 나오는 기씨조선과 관계된 내용이 사실이라고 보고 있다.[7] 이러한 입장은 최근 동북공정(東北工程)과 관련된 일련의 연구 성과에서도 계속 주장되고 있다.[8]

이러한 주장과 달리 기자는 고조선 연맹(聯盟) 내에 포함된 한 작은 성읍국가(城邑國家)를 기반으로 성장하여 결국은 조선의 연맹왕국(聯盟王國)을 손에 넣었다고 보는 견해도 있다.[9] 최근에는 고조선의 형성세력으로 기자 대신 그 이전의 토착세력을 주목하는 견해가 제기되었다.[10] 상말(商末)·주초(周初)인 기원전 12세기경 상의 지배세력들이 망명을 하게 되었는데, 그 중 일부가 중국 동북 지역인 대릉하 유

---

6) 이형구, 「大凌河流域의 殷末周初 靑銅器文化와 箕子 및 箕子朝鮮」, 『韓國上古史學報』 5, 1991, 27~33쪽; 「渤海沿岸 大凌河流域 箕子朝鮮의 遺蹟遺物」, 『古朝鮮과 夫餘의 諸問題』, 韓國古代史研究會, 1996, 55~73쪽.

7) 張博泉, 「從東北出土殷周銅器說起」, 『遼寧文物』 總6期, 1984.

8) 李治亭 主編, 『東北通史』(中國邊疆通史叢書), 中州古籍出版社, 2003, 41쪽.

9) 김두진, 「檀君神話의 文化史的 接近」, 『韓國史學』 11, 1990, 20~23쪽.

10) 이종욱, 『古朝鮮史研究』, 一潮閣, 1993, 83~93쪽.

역으로 이주하게 되었다는 것이다. 그러한 집단 중에 범이나 환웅(桓雄)으로 표현되는 세력이 있었고 그들은 곰으로 표현되고 있는 선주집단과 몇 단계에 걸친 관계를 갖게 되는데, 그러한 관계를 통하여 선주세력(先住勢力)들은 점차 중국의 선진 문명을 받아들여 그들의 정치·사회·문화·경제적인 실력을 쌓아 나갔다는 것이다.

이러한 견해들은 기본적으로 기자, 기자족, 기자조선의 실체를 인정하는 주장으로, 이러한 주장이 설득력을 가지려면 고고학적으로 요서 지역에 위치했다는 기자조선의 실체와 그 이동 경로에 대한 검토가 일차적으로 필요하다. 이때 주목되는 것이 대릉하 유역에서 출토된 '기후'명 청동예기이다.

따라서 본고에서는 초기 고조선 사회를 파악하기 위한 하나의 시도로서 기자조선의 중심지역으로 설정되는 대릉하 유역의 상주시기 청동예기 교장(窖藏)유적에 대한 분석을 통해 '기자조선'의 실체에 대한 확인과 고조선 국가형성(國家形成)과의 관련 여부를 분석하려 한다.

문헌 자료의 부족과 고고학 자료에 대한 이해의 부족으로 피상적으로 정리한 부분은 후고를 통해 보완하도록 하겠다. 많은 비판과 지적을 바란다.

Ⅱ. 대릉하 유역 상주(商周) 청동예기 교장(窖藏)의 성격

1. 상주 청동예기 교장의 분포 특성

요령성 지역에서는 과거 십여 곳에서 상주(商周) 시기의 청동기와 청동예기(靑銅禮器) 교장(窖藏) 유적이 발견되었다. 북경과 가까운 지금의 흥성(興城)·북표(北票)와 천안(遷安)·노룡(盧龍) 사이에서도 일찍이 상대(商代) 초기와 말기 단계의 청동기가 출토하였다.[11]

상주 청동기가 발견된 지역은 대개 요서 지역에 집중되었으나 일부는 요하 부

---

11) 朱風瀚, 『古代 中國靑銅器』, 南開大學出版社, 1995.

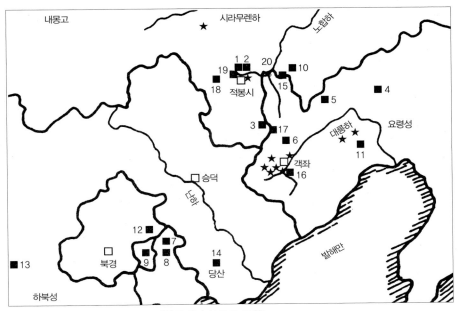

도 1. 하가점하층문화유적 분포도(청동예기 분포도 포함)
   (1.하가점, 2.지주산, 3.남산근, 4.평정산, 5.풍하, 6.수천, 7.위방, 8.장가원, 9.대타두, 10.대전자,
   11.수수영자, 12.유리점, 13.삼관, 14.소관로, 15.석호산, 16.객라심하동, 17.소유수림자, 18.동
   산취, 19.약왕묘, 20.백사랑영자)(■ 하가점하층유적, ★ 위영자 유적)

근에 미치고 있다. 그리고 이들 청동기가 출토하는 지방에서는 다수의 이른 시기

상문화(商文化)유적이 발견되었다.

   이상의 상주 청동기 유물들은 단독 출토가 대부분이며 발견 경위 또한 불분명

하다. 이 가운데 대릉하 연안의 객좌현 일대에서는 여섯 지점에서 중요한 상주 청

동예기 유적이 발견되었다. 그리고 그 주변에서는 최근까지 모두 70여 점의 청동

기가 발견되었다.[12) 그 출토지점은 밀집되어 있어 대릉하 양안의 30km 범위 안

---

12) 객좌현 경내에서 이미 출토한 상주(商周)청동기는 모두 소성자(小城子) 1점, 마창구
   (馬廠溝) 18점, 북동(北洞) 12점, 산만자(山灣子) 22점, 소파태구(小波汰溝) 14점,
   화상구(和尙溝) 2점이다.

에 분포하고 있는데, 특히 소전산자(小轉山子) 유적과 북동촌(北洞村) 고산(孤山) 1, 2호 및 산만자(山灣子) 유적은 서로 10km 내외의 거리 안에 있으며, 대릉하를 따라 동북 지방에 이르는 중요한 통로를 끼고 위치하고 있다(도 1 참조).[13]

상주 청동예기는 일대의 토착문화인 하가점하층문화 분포 범위 내에서, 특히 객좌현 일대를 중심으로 요하 유역 및 내몽고 지역에까지 분포하고 있다. 그런데 이 유적들은 대개 현지의 토착 문화와 함께 나오는 것이 아니고, 별도로 마련된 교장 유적에서 나오며, 토기 등을 공반하지 않는 것이 특징이다. 따라서 그 사용자 집단을 추정하는 데 많은 어려움이 있다.

청동기 교장의 입지(立地)는 객좌현 북동촌유적의 현지답사를 통해 본 결과 대릉하에 임한 곳에 가능한 한 관망하기에 좋은 곳에 위치하고 있다. 청동기 교장 주위에는 주거 공간이 존재하고 있다. 이를 통해 청동기를 가진 집단은 거주지의 주변 산에 무슨 이유에선가 청동기를 매납하였던 것 같다.

객좌현 북동촌의 경우는 아주 정연하게 매납(埋納)되어 제사행위를 하고 매납한 것으로 보인다. 그러나 산만자(山灣子)나 마창구(馬廠溝) 교장의 경우는 난잡하게 놓여 있었고, 그것이 한꺼번에 매납된 것으로 보아 종래 청동기 매납 이유의 하나로 생각되었던 제사(祭祀)와는 관련이 없는 것이라고 생각된다.

청동기 교장과 그곳에 매납된 청동예기들은 대개 상(商) 시기와 서주(西周) 초기의 것이 공존하고 있어 넓게 보아 상주시기로 볼 수 있다.[14] 보고자들은 그것의 매장 시기가 서주 초기를 넘지 않는 것으로 보고 있다. 특히 마창구나 산만자 교장은 청동기의 연대폭이 상당히 크고, 오랜 시기에 걸쳐 사용된 그릇이 한 시기에 매납되었던 것으로 파악된다.

표 1에 정리한 것처럼 각 교장 유적 출토 청동기의 특징을 보면 그것들이 사용된 대체적인 편년이 가능하다.

---

13) 魏凡, 「從考古學上再論東北商文化問題」, 『遼寧大學學報』 94-6, 1994, 11~16쪽.

14) 청동기의 연대는 이리강기(二里岡期)의 것도 한 점 확인되었지만 대부분이 상말(商末)에서 서주 전기에 걸친 시기에 집중하고 서주 중기로 되면 격감한다고 한다(陳夢家, 1955, 「西周銅器斷代(二)」, 『考古學報』 10冊).

표 1. 대릉하 유역 출토 상주시기 청동기 · 교장유적

번호	유적명	반출청동기	명문
1	咕嚕溝	饕餮紋大盂鼎	
2	凌源 馬廠溝	瓿2, 簋3, 卣1, 盂, 罍, 貫耳壺, 蟬紋盤, 鴨形尊, 盤鼎 등 13점	魚父癸 · 蔡 · 戈父庚 · 史伐 · 匽侯
3	喀左 北洞村	1호교장(瓿1, 罍5), 2호교장(方鼎1, 圓鼎2, 方座簋1, 蟠龍蓋罍1, 鉢狀器1)	箕侯, 匽侯
4	喀左 山灣子	方鼎1, 鬲1, 瓿3, 魚尊1, 卣1, 罍2, 方罍1, 簋10, 盤狀器1	叔尹, 伯矩 · 子荷戈, 父乙
5	喀左 小波汰溝	饕餮紋大圓鼎, 方鼎, 方罍, 圓罍(蓋), 圓罍, 鈴首匙, 圍簋, 夔紋鼎, 盤	登逆, 父乙, 父庚, 天黿
6	喀左 和尙溝墓地	提梁卣, 提梁壺	
7	義縣 花爾(兒)樓	圓鼎1, 簋1, 瓿2(大 · 小), 俎形器1	
8	朝陽市	弦紋鼎1, 罍2	
9	赤峰 牛波羅	弦紋瓿	
10	克什克滕旗 天寶洞	弦紋瓿	
11	翁牛特旗 頭牌子	瓿, 饕餮紋鼎, 弦紋鼎	'宀庸'銘文

　　마창구 교장[15])에서는 청동기 16점이 수습되었다. 구체적으로 瓿2(饕餮紋 · 弦紋), 簋3(魚父癸 · 饕餮紋 · 蔡), 卣2(戈父庚 · 史伐), 匽侯盂, 罍, 貫耳壺, 蟬紋盤, 鴨形尊, 盤鼎 각 1점 등 모두 13점(14점이 완형)의 청동예기가 나왔다. 청동기 파편도 다수 발견되었는데, 청동기는 보수 및 땜질 흔적이 있는 것으로 보아 실용품으로 보인다. 이 청동기 연대는 보고서에 의하면 은허(殷墟) 후기~서주(西周) 전기에 해당하며, 교장의 연대는 서주 중기 혹은 그 이후에 해당하는 것으로 보고 있다.

　　객좌 평방자향(平房子鄉) 북동촌 청동기 교장[16])의 1호 구덩이에서는 모두 상(商)

15) 喀座縣博物館籌備處, 「熱河凌源縣海島營子村發現的古代靑銅器」, 『文物參考資料』 55-8, 1955.

16) 朝陽地區博物館 · 遼寧省博物館, 「遼寧喀左縣北洞村發現殷代靑銅器」, 『考古』 73-4,

시기의 청동기가 매장되었고, 매장 시기는 상말(商末)로 보고 있다. 2호 구덩이에서는 청동기 6점이 출토되었는데 그 가운데 상기(商器)가 2점, 주기(周器)가 4점이었다.

객좌 평방자향 산만자 청동기 교장[17] 유적은 반원형 갱(坑)에서 22점의 청동예기[叔尹方鼎1, 鬲1, 甗3(饕餮紋·伯矩·子荷戈), 魚尊1, 卣1, 罍2(圓渦紋·牛紋), 方罍1, 簋10(饕餮紋·父乙 등), 盤狀器1]가 출토되었다. 출토 상태가 난잡한 것으로 보아 '어떤 중대한 사건이 발생하여, 급하게 매납한 것'으로 추정된다. 유물은 상 말에서 서주 중기까지로 편년되며, 교장은 서주 중기 이후에 해당한다고 보고 있다.

객좌 곤도영자향(坤都營子鄉) 소파태구 청동기 교장(미보고)에서는 10점의 청동예기(饕餮紋大圓鼎, 登逆方罍, 父乙方罍, 父庚圓罍(蓋), 天黿圓罍, 鈴首匕, 圍簋, 夔紋鼎, 盤)가 출토하였다. 출토 청동기 가운데 상 시기 것이 7점이고, 주 시기 것이 3점으로 보고있다.

객좌 흥륭장향(興隆庄鄉) 선가와보(宣家窩堡) 화상구묘지(和尙溝墓地) A구(區) 1호묘는 22기의 묘(墓) 가운데 하나이며, 묘 내부에서 청동 제량유(提梁卣), 제량호(提梁壺) 등의 청동예기[18]가 나왔다. 그 시기는 각각 상기(商器)·상말 주초로 비정된다.

의현(義縣) 화아루대대(花爾兒樓大隊) 청동기교장[19]에서는 원정(圓鼎) 1, 궤(簋) 1, 언(甗) 2(大·小), 조형기(組形器) 1 등 청동기 5점이 출토되었다. 시기는 상말~서주 말로 비정된다.

이밖에 조양에서 현문정(弦紋鼎) 1(이리강기), 뢰(罍) 2(은허 후기) 등 모두 3점이 수습되었다. 또 적봉시(赤峰市) 대서(大西) 우파라(牛波羅)에서 현문언(弦紋甗)이 출토되었고, 극십극등기(克什克騰旗) 천보동(天寶洞)에서도 현문언이 출토되었다. 옹우특기(翁

1973; 喀左縣文化館·朝陽地區博物館·遼寧省博物館, 「遼寧喀左北洞村出土的殷周青銅器」, 『考古』74-6, 1974.

17) 喀左縣文化館·朝陽地區博物館·遼寧省博物館, 「遼寧喀左縣山灣子出土殷周青銅器」, 『文物』77-12, 1977.

18) 喀座縣博物館, 「喀座和尙溝墓地」, 『遼海文物學刊』89-2, 1989.

19) 遼寧義縣文物保管所, 「遼寧義縣發現商周銅器窖藏」, 『文物』82-2, 1982.

牛特旗) 오동화향(梧桐花鄕) 두패자(頭牌子)에서는 '면용(宀庸)'명문이 있는 언(甗)이 나왔다. 여기에는 도철문정(饕餮紋鼎), 현문정(弦紋鼎)도 나왔다.

이들 청동기는 보고서에서 지적한 대로 대체로 상주(商周) 시기에 사용된 청동예기들이 대부분이다. 객좌 북동촌 2호갱에서 나온 "기후(箕侯)"명 방정(方鼎)은 하남성 안양시 출토 상대 청동기 명문에도 나오며, 함께 출토된 용봉문뢰(龍鳳紋罍)는 분명 서주초기의 특징을 지니고 있다.[20]

이상의 특징을 지닌 상주시기 청동기 교장유적에서는 "기(箕)"와 "고죽(孤竹)", "匽(燕)侯"라는 글자가 쓰여진 청동기가 나와 그 해석에 주목을 끌었다. 그리고 북동촌 유적 조사시에는 교장 주변에서 다수의 하가점하층문화 토기편이 분포하고 있음을 확인하였다.

당시 출토한 토기의 연대는 교장 유적과 동일하다. 이는 이 지역이 이전부터 계속 주민이 거주하고 있었음을 말해준다.

따라서 청동기 명문에 쓰여진 집단이나 종족과 토착 청동기문화와의 관련 문제가 요서 지역 초기 청동기문화의 담당자와 관련하여 중요한 의의를 지닌다.

2. 청동예기 명문의 분석

요서 지역 객좌현을 중심으로 풍녕현(豊寧縣) 등에서는 여러 청동예기가 발견되고 있고, 이것에는 '족(族)' 또는 '국(國)'의 휘호(徽號)가 명문으로 새겨져 있다.

현재까지 명문(銘文)이 있는 동기(銅器)는 32점이 나왔다. 이는 대릉하 유역 출토 청동기 총수의 1/3 정도에 해당한다.[21] 이들 명문 내용은 복잡하다. 정리해 보면 명문의 주된 내용은 인근 사방의 국명(國名; ex. 孤竹·匽(=燕)·蔡 등)과 족명(族名) 혹은

---

20) 喀左縣文化館·朝陽地區博物館·遼寧省博物館,「遼寧喀左北洞村出土的殷周靑銅器」, 『考古』74-6, 1974.

21) 張亞初,「燕國靑銅器銘文硏究」,『中國考古學論叢』, 科學出版社, 1995 : 구체적으로는 마창구 6점, 북동 4점, 산만자 15점, 소파태구 5점, 화상구 1점 등이다.

족휘(族徽; ex. 登逆·山·天黽 등) 등이며, 기타 성씨 인명(姓氏 人名; ex. 己+其侯亞匕+矢·伯矩·佣万 등) 등이다.

마창구 소전산자 해도영자촌[22]에서는 어(魚)·채(蔡)·언후(匽侯)·사벌(史伐)·과(戈) 등의 명문이 나오는데, 이것은 씨족의 족휘(族徽)를 말하는 것이다. 평방자향 산만자 청동기교장[23]에는 존(尊)에 "魚丨"의 두 글자가 있고, 방정(方鼎)에는 "叔尹作旅" 명문이, 언(甗)에는 "伯矩" 등의 명문이 쓰여 있는데, 이 명문 내용은 북경 유리하(琉璃河)의 연국(燕國) '어(圉)'명(銘) 언(甗)과 비슷하다. 이때 백구(白矩)는 언(언)후와 밀접한 관계가 있는 인물이다. 이외에 궤(簋)에 나오는 단(亶)은 지명(地名) 또는 국족명(國族名)으로 보고 있다.[24]

곤도영자향 소파태구 청동기 교장에도 원뢰(圓罍)에 "부경(父庚)", 궤(簋)에 "어(圉)"명(銘) 등이 보이는데, 부경은 족명이며, 어는 상말 주초 시기 일정 씨족의 족휘로 이들 집단은 북경에서 대릉하 유역으로 이동해갔을 것으로 보고 있다.

이상의 청동예기들은 바로 상말~주초에 북경에 있던 상계 씨족의 대릉하 유역으로의 이동을 잘 설명해 준다.[25] 그리고 여러 족명과 국명이 나오는 것으로 보아 그 이동은 한 씨족만이 아니라 여러 씨족들이 함께 이동했던 것으로 보인다.

명문 청동기 가운데 객좌현 북동촌에서 발견된 2기의 말~주초 청동기 교혈(窖穴)[26]에서는 '기후'명 청동기가 발견되어 과연 이들 동기(銅器)의 제작 집단인 기족이 문헌에 기록된 기씨와 동일 씨족인지의 여부가 중요한 관심 사항이 되고 있다.

객좌 북동촌 1호 저장갱에서 출토된 동뢰(銅罍)의 구경(口頸) 안에 쓰여진 '부정(父丁) 원아(元亞)' 명문 가운데 '𥦆𠆢' 2자는 '고죽(孤竹)'으로 해석하는 것이 일반적이

22) 熱河省博物館籌備處, 「熱河凌源縣絲海島營子村發現的古代銅器」, 『文物』55-8, 1955.
23) 喀左縣文化館·朝陽地區博物館·遼寧省博物館, 앞의 논문, 1977.
24) 劉淑娟, 「山灣子商周銅器靑銅器斷代及銘文簡釋」, 『遼海文物學刊』91-2, 1991, 72~77쪽.
25) 廣川 守, 「大凌河流域の殷周靑銅器」, 『東北アジアの考古學硏究』, 1995.
26) 遼寧省博物館, 앞의 논문, 1973; 遼寧省博物館, 앞의 논문, 1974.

북동 2호 저장갱   소파태구 저장갱   산만자 저장갱
정(鼎) 명문   궤(簋) 명문   언(甗) 명문
(孤竹)

다.[27] 2호 저장갱의 방정(方鼎)에 쓰여진 "기후아시(其侯亞矢)" 4자 가운데 "기후(其侯)"는 "기후(箕侯)"로 해석된다.[28] 그리고 마창구 저장갱의 청동우(靑銅盂)에 쓰여진 "언후(匽侯)"는 "연후(燕侯)"를 가리킨다.

따라서 이들 명문이 적힌 청동예기는 객좌현 일대가 상대의 고죽국과 관련된 지역이었고,[29] 특히 이 지역은 '기후' 명을 가진 인물에 의해 통치되었다는 사실을 말해준다. 또한 기족을 비롯한 주초 상족 계통의 청동기에는 '언후의 상사(賞賜)를 받는 등'의 명문이 있어 청동기에 적힌 종족의 대부분은 연(匽)후와 모종의 복속 관계를 맺고있는 것이 확실하다.[30]

기명(箕銘) 청동예기는 상말 주초의 청동기 유적에서 제일 많이 발견되는 금문

27) 遼寧省博物館·朝陽地區博物館, 앞의 논문, 1973; 晏琬, 앞의 논문, 1975; 이형구, 앞의 논문, 1996, 65쪽.

28) 喀座縣文化館·朝陽地區博物館·遼寧省博物館, 앞의 논문, 1974.

29) 晏琬, 앞의 논문, 1975.

30) 李學勤의 경우는 기후와 언후가 연칭되는 것으로 보아 이들 양자 사이에는 어떤 깊은 관계가 형성되었을 것으로 보고, 하남의 연국이 북경 연 지역에 오기 전에 은대 기족 또는 그 일지가 이곳에 있지 않았을까 추정하고 있다(晏琬, 「北京遼寧出土銅器與周初的燕」, 『考古』75-5, 1975, 370쪽).

(金文) 동기(銅器) 중의 하나로, 상말~주초부터 춘추시대에 이르기까지 계속해서 제작된 것이다. 기명 청동예기 가운데 서주 말기 또는 춘추시대에 제작된 다수의 청동기들은 주로 산동성 관내에서 출토되었으며, 이들 명문에 나오는 당시 기족 집단의 근거지로는 현 산동성의 동남쪽에 있는인 거현(莒縣) 부근으로 비정하는 견해가 가장 유력하다.[31]

이처럼 춘추시대에 산동성 경내로 비정되는 기국(箕國)의 청동기가 요령성 객좌현 일대에서 다수 발견되는 점은 무엇을 말하는 것일까. 대체로 이것은 상대에 하남성 또는 산동성에 위치하고 있던 기국의 한 집단이 요서 지역으로 이동한 사실을 말해주는 것으로 볼 수 있다.

이 점에 대해 많은 연구를 한 이학근(李學勤)은 기후와 언후가 연칭(連稱)되는 것으로 보아 이들 양자 사이에는 어떤 깊은 관계가 형성되었을 것으로 보고, 하남의 연국(燕國)이 북경 연(燕) 지역에 오기 전에 상대 기족 또는 그 일지(一支)가 이곳에 있지 않았을까 추정하고 있다.[32] 필자 역시 이 의견에 동의하고 있다.

고대의 문헌에서는 요서 지방에 존재한 방국(方國)의 구체적 명칭을 확인하는 것이 어렵지만 적어도 요서 지역의 하가점하층문화 분포 범위 안에는 이른 시기에 잊혀지고 만 '상(商)의 후국(侯國)'으로 볼 수 있는 집단이 존재한 것은 분명한 것 같다.[33]

그런데 여기서 유념해야 할 점은 주초에 봉국(封國) 또는 씨족집단의 이동은 그 집단 또는 세력 전체의 이동이라기보다는 그 일부 또는 그 지배집단의 이동에 국한된 경우가 많다는 점이다.[34] 봉건(封建)의 경우는 기존 토착주민을 지배하는 씨

---

31) 王獻唐遺書, 『山東考古』, 齊魯書社, 1983.

32) 晏琬, 앞의 논문, 1975, 370쪽.

33) 北京大學歷史系考古敎硏室商周組 編著, 『商周考古』, 文物出版社, 1979; 鄒衡, 『商周考古學槪說』, 北京大學考古學硏究室, 1989; 金岳은 「燕山方國考」(上)(下), 『遼海文物學刊』 87-1에서 연산(燕山) 주변의 방국에 대해 일일이 그 지리적 위치와 역사를 고증하고 있는데 상당히 많은 의문점을 해소하였다고 생각한다.

34) 松丸道雄, 「殷周國家の構造」, 『世界歷史』 4, 岩波書店, 1970; 이성규, 「中國文明의

족의 파견에 불과하며 그 지역주민의 구성에 커다란 변화를 가져오는 것은 아니라고 한다.

이러한 점을 고려하면 상의 일족인 기자의 후예가 하북 정현(定縣) 부근에 선우국(鮮虞國)을 세운 것은 거의 확실하나 요서 지역에서 확인된 '기(箕)'는 연후에 복속된 소국(小國)에 불과한 것으로 보인다.[35] 따라서 섣불리 기자의 후예가 요서 지역에서 그들 독자의 국가를 세웠다고 상정하기는 어렵다.

이상의 문제에 대한 이해를 위해서는 요서 지역 토착 주민집단의 문화와 청동예기 사용 단계의 문화와 어떠한 연관성과 차이가 있는지를 살펴보는 것이 필요하다.

Ⅲ. 중국계 유이민(流移民)과 기자조선

1. '연(燕)'의 봉국(封國)과 토착민의 관계

요서 지역은 중국 동북 지방에서 가장 이른 시기부터 청동기문화가 발전하였다. 요서 지역의 초기 청동기문화는 일반적으로 적봉 하가점유적의 하층문화를 대표로 하여 '하가점하층문화'[36]라고 부른다. 적은 수량의 청동기유물을 출토하는 하가점하층문화는 요령성의 대릉하 중·상류와 노합하 유역에 걸친 지역을 중

起源과 形成」, 『講座中國史』Ⅰ, 1989, 73~74쪽; 앞의 논문, 1991, 105쪽.

35) 이성규, 앞의 논문, 1991, 104쪽.

36) 하가점하층문화에 대해서는 1929년 濱田耕作의 『貔子窩』에서 처음으로 소개가 되었고, 1935년 江上波夫·水野淸一이 쓴 『內蒙古 長城地帶』에서 일부 소개가 있었으며, 1938년 濱田耕作·水野淸一이 『赤峰紅山後』를 통해 하가점하층문화를 "적봉 제Ⅱ기 문화"로 명명하였다. 또 1952년 唐山 小官庄유적이 조사되고 1956년 裵文中·呂遵鄂이 적봉 제2기문화를 몇 개의 다른 성질의 문화가 섞인 것으로 분석하였으며 1960년 중국 사회과학원 고고연구소에서 하가점유지를 발굴하여 "하가점하층문화"라고 명명하였다(李伯謙, 「論夏家店下層文化」, 『紀念北京大學考古專業三十周年論文集』, 文物出版社, 1990).

심으로 하고, 일부는 하북성의 조백하(潮白河)유역과 길림성 나만(奈曼)·고륜(庫侖)을 거쳐[37] 요하 유역에 미치고 있다(도면 1 참조).

중심 연대는 이전 단계의 소하연문화(小河沿文化)[38] 연대와 비교하건대, 대개 기원전 21~14세기경(하대~상대의 중전기)에 해당한다.[39] 말하자면 하가점하층문화는 신석기시대에서 청동기시대로 이행하는 과정의 초기 청동기시대 문화라고 할 수 있다.

하가점하층문화는 지역에 따라 독자적인 특성을 보이고 있다. 이러한 지역성을 지닌 문화를 중국학계에서는 여러 문화유형[40]으로 분류하고 있는데, 토기 및 석기 등 전체적인 문화상에서는 유사성을 보이고 있다. 현재까지 조사된 하가점하층문화의 특징을 종합해 보면 그 주민들은 반지하식 수혈가옥이나 자연석을 이용하여 벽을 쌓은 가옥을 사용하고, 타제의 돌호미와 마제의 돌칼·돌삽 등을 사용하였다. 이러한 점으로 보아 하가점하층문화인들은 정주(定住)하며 농경생활을 영위하였음을 알 수 있다.

---

37) 李殿福,「吉林省 庫侖·奈曼兩旗 夏家店下層文化遺址分布與內涵」,『文物資料叢刊』7期, 1983.

38) 遼寧省博物館 等,「遼寧敖漢旗小河沿三種原始文化的發現」,『文物』77-12, 1977.

39) 中國科學院 考古研究所 內蒙古發掘隊,「內蒙古赤峰葯王廟·夏家店遺址試掘簡報」,『考古』61-2, 1961; 張忠培 等,「夏家店下層文化研究」,『考古學文化論集』1, 1987, 58~78쪽.

40) 하가점하층문화에 대한 처음 편년을 한 李經漢은 하가점하층문화를 연산(燕山)을 기준으로 연북유형과 연남유형으로 나누었는데 이는 객관적인 실재를 반영한 것이었다(李經漢,「試論夏家店下層文化的分期和類型」,『中國考古學會第一次年會論文集』, 1979, 163~170쪽). 이를 張忠培는 서요하수계구(西遼河水系區)유형과 해하북계구(海河北系區)유형, 울현 호류하(蔚縣 壺流河)유형으로 나누었는데(張忠培 等, 앞의 논문, 1987, 58~78쪽), 이것을 다시 정리하여 李伯謙은 연북지구의 약왕묘(葯王廟)유형과 연남지구의 대타두유형(大坨頭類型), 호류하유역의 호류하(壺流河)유형으로 구분하였다(李伯謙, 앞의 논문, 1990). 그러나 그 내용은 결국 크게 연산을 기준으로 남북 유형으로 구분된다고 할 수 있다(千葉基次,「遼西地域における夏家店下層文化 -夏家店下層文化考1-」,『考古學雜誌』71권 제2호, 1986).

하가점하층문화는 이후 같은 지역에서 하가점상층문화[41]로 발전한다. 하가점상층문화의 중심 연대는 이른 시기 하가점상층문화에 속하는 임서(林西) 대정(大井) 고동광(古銅鑛) 유적의 연대 측정 결과 C14연대가 2900±115·2720±90년이 나왔다.[42] 따라서 대개 기원전 9세기(서주만기西周晩期)에서 기원전 8~6세기(춘추시기)에 해당하는 문화이다.

하가점상층문화의 분포 범위는 북으로는 시라무렌하 일대에 이르고 서로는 승덕(承德)·준화(遵化) 일대에 이르고, 동쪽으로는 철리목맹(哲里木盟) 나만기(奈曼旗), 남쪽으로는 적봉(赤峰)·오한기(敖漢旗)·영성(寧城) 일대에 이른다.[43] 이 문화의 분포는 대부분 산곡(山谷) 사이에 있는데, 내용(內容)으로 보아 홍갈색 토기·소면(素面) 토기가 대표적인 조합을 이루는 유물군이고 청동제 공구와 무기 등이 있다.

하가점상층문화의 유적과 유물은 대개 그 유적의 분포구역 안에 있는 하가점하층문화층 위에 겹쳐서 나오고 있다. 그렇다면 하가점상층문화는 하층문화와 동일 주인공에 의해 조영된 문화인가가 중요한 과제이다.

그러나 각 단계 문화의 중요한 표지유물인 토기를 보면 양 문화는 그 특징 차이가 매우 크다. 하가점상층문화에서는 홍갈색 토기와 소면토기가 대표적으로 사용되었지만, 하가점하층문화의 토기는 주로 흑갈도(黑褐陶)·흑도·마광흑도(磨光黑陶) 혹은 승문도(繩紋陶)이다. 시대상에서도 이른 상(商)시기에 해당한다. 따라서 문화내용상 하가점 상·하층문화 양자 사이에는 계승 관계가 잘 보이지 않는다. 양자는 중첩관계를 이루고 함께 존재하는 것뿐이다.[44]

---

41) 朱永剛, 「夏家店上層文化的初步研究」, 『考古學文化論集』 1, 1986, 99~128쪽.

42) 遼寧省博物館, 「林西大井古銅鑛1976年發掘簡報」, 『文物資料叢刊』 7期, 1983.

43) 水野淸一·濱田耕作, 『赤峰紅山後』 東方考古學叢刊 甲種 六冊, 東亞考古學會, 1938, 71~77쪽; 中國科學院 考古研究所 內蒙古工作隊, 「赤峰葯王廟 夏家店遺址 試掘報告」, 『考古學報』 74-1, 1974, 111~144쪽.

44) 예를 들어 건평현(建平縣) 수천(水泉)유적은 하가점상층문화가 하가점하층문화 위에 쌓여 있고, 하가점상층문화의 상면(上面)에는 전국(戰國)문화, 즉 연문화(燕文化)가 있었다(建平縣文化館, 「建平縣的靑銅時代墓葬及其相關遺物」, 『考古』 83-8, 1983; 遼寧省博物館, 「建平水泉遺址及水泉城子7801號墓」, 『遼海文物學刊』 1986-

이러한 사실은 하가점상층문화가 이미 현지의 토착 거주민 문화가 아니며, 그 지역에서 장기간 거주한 부족이 아니라는 사실을 말해 준다. 아마도 문화적으로 이러한 현상을 보이는 것은 바로 선진문헌에 등장하는 산융족을 중심으로 한 '융적(戎狄)'들이 여러 번 천사(遷徙)한 사실과 어느 정도 부합하는 것이 아닌가 생각된다.[45]

고고학적으로 보면 하가점하층문화는 시라무렌하로부터 점점 남쪽으로 그 분포가 확장되는 추세이다. 동시에 상·주 시대에 시라무렌하 이북(以北) 지역에 분포한 하가점상층문화는 시라무렌하를 넘어서 남쪽으로 들어가고 기원전 8~7세기(춘추시대 초기)에 이르면 이미 연산지구(燕山地區)의 대부분 지역에 미치게 된다. 그것은 기원전 11~8세기(서주시대)에 개시한 '융호(戎胡)'의 남진 추세의 일부분이라 할 수 있다.[46] 하가점상층문화인은 후래(後來)하여 요서 지역에 도달한 것으로 생각되며, 그들이 옮겨오기 이전에는 하가점하층문화를 영위하던 선주민 집단이 존재하고 있었던 것으로 보인다.

문제는 하가점하층문화의 연대가 중원의 상대 초기와 병행하고 있다는 점이다. 이 때문에 능원이나 객좌 일대의 청동기 교장과 하가점하층문화의 관계에 대해 종래 여러 추측이 있었다.

그러나 위에서 소개한 여러 교장갱(窖藏坑)은 하가점하층문화의 퇴적층을 자르고 그 위에 조영되었고, 그 상대 연대는 하가점하층보다도 후대에 해당한다. 하가점하층문화에 청동기가 있어도 그것은 작은 장식품에 불과하고 청동 용기는 아직 발견되지 않았다. 예를 들어 내몽고 오한기(敖漢旗) 대전자(大甸子)에서 발견된 하가점하층문화의 무덤을 보아도 그 문화 양상은 상주 청동기문화의 양상과 크게 다르다.[47]

2, 1986).

45) 송호정, 「古朝鮮 國家形成 過程 硏究」, 서울대학교 박사학위논문, 1999, 23~26쪽.

46) 劉觀民·徐光冀, 「內蒙古東部地區靑銅時代的兩種文化」, 『內蒙古文物考古』, 1981, 14쪽.

47) 中國社會科學院 考古硏究所 編, 『大甸子』, 科學出版社, 1996.

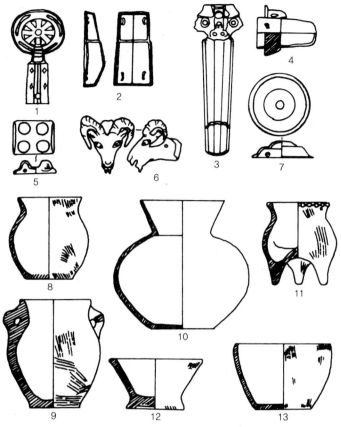

도 2. 위영자 문화 토기 및 청동기
(1.방울, 2.장방형 갑옷 장식, 3.말얼굴 가리개, 4.수레 굴대끝, 5 · 7.청동
단추, 6.양머리 장식(1~7.위영자무덤 출토 청동기), 8.물동이 관, 9.쌍이
관, 10.단지(호), 11.력, 12.접시(완), 13.바리(8~13.후분촌 출토 토기))

따라서 대릉하 유역 교장 청동기와 하가점하층문화의 사이에 직접적인 연관은
없다고 보인다. 그런데 최근 하가점하층문화와 하가점상층문화 사이에 위치한 위
영자유형문화(魏營子類型文化)의 발견[48]으로 인해 그들 사이의 단절된 고리를 연결

---

48) 遼寧省博物館 文物工作隊, 「遼寧朝陽魏營子西周墓和古遺址」, 『考古』77-5, 1977.

하고, 요령 지역에서 현지의 청동기문화가 연속적으로 발전해간 일면을 찾으려는 성과가 보고되고 있다.[49]

이른바 위영자유형문화는 하가점하층문화와 적은 수이지만 토기나 석기 등 유물에서 서로 겹치는 부분이 많고, 비록 문화상 변화가 크지만 일부 계승되는 맥락을 찾아 볼 수 있다.[50] 따라서 위영자유형은 하가점하층문화가 번영했던 시기 이후에 출현한 것이 분명하다.

최근 위영자문화를 하가점하층문화를 계승한 요서 지역의 독자적 문화로 해석하면서 하가점상층문화와 병존(並存)한 문화로 봐야 한다는 견해가 제기되었다.[51] 이 글에서는 요서 지역 청동기문화 가운데 중기 단계의 청동기문화인 위영자문화가 나중에 비파형동검을 주로 사용하는 능하문화(凌河文化, 한국학계의 비파형동검문화)의 기원이 되었다는 견해를 제기하고 있다. 이 주장의 타당성 여부에 대한 논의는 본 논문의 주제와 밀접히 연관되지 않으므로 다음 기회로 미루고자 한다. 다만 위영자문화를 하나의 독자적 문화로 주목하여 정리한 점은 위 견해의 중요한 성과라고 볼 수 있다.

자료를 보는 중에 필자가 주목한 점은 위영자문화가 대릉하 유역을 중심으로 분포하는 기원전 10세기를 전후한 상주 시기 청동기 교장(窖藏, 저장갱) 유적의 시대와 부합되고 있다는 점이다.[52] 즉 위영자문화가 분포하는 지역에 바로 상주시

---

49) 郭大順, 「試論魏營子類型」, 『考古學文化論集』 1, 1986, 79~98쪽.

50) 두 문화의 공통점은 대개 다음과 같다. 첫째 하가점하층문화 토기에 사행승문(斜行繩紋)을 장식한 홍갈색 발(鉢)이 증가하는 추세는 점차 위영자유형과 접근하는 것이다. 둘째, 두 유형 모두 승문이 있고, 기형(器型)으로는 모두 격(鬲)·언(甑)·정(鼎)·발(鉢) 등 유사하다는 점이다. 셋째, 위영자유형은 많은 청동기를 가지고 있는데, 그 가운데 어떤 것은 그 지방에서 제작한 것으로 이것은 분명 현지 하가점하층문화 단계의 청동 주조업이 장기간 발전한 결과로 볼 수 있다(郭大順, 앞의 논문, 1986, 91~92쪽).

51) 복기대, 「中國 遼西지역 청동기시대문화의 역사적 이해」, 『단군학연구』 제5호, 2001, 213~245쪽; 『요서지역의 청동기시대 문화연구』, 백산자료원, 2002.

52) 위영자유형을 상주 청동기문화와 관련된 유형으로 주목하게 된 것은 두 문화유형의

기 청동예기가 집중하여 나오고 있는 것이다. 따라서 양 문화는 분명 연관이 깊은 문화로 볼 수 있다.[53]

그렇다면 상주 청동기 교장유적에서 나오는 청동기문화는 "위영자유형" 및 그 관련 유적을 조영한 주민집단이 남긴 문화인지 아닌지를 살펴보는 것이 중요하다.

위영자에서 출토된 서주 시대의 토갱(土坑) 목곽묘 9기는 그 구조가 북경시 창평(昌平) 백부촌(白浮村)에서 조사된 서주 목곽묘와 동일하며, 부장품도 백부와 유사한 청동제 회(盉)와 난령(鸞鈴) 등의 거마구(車馬具)가 발견되었다.

그리고 위영자 유적 출토 청동예기는 중원 지역의 상과 서주 문화에 속할 뿐만 아니라 또한 현지의 청동문화에도 속한다. 그리고 이 청동문화는 넓게는 상주 청동기의 요소를 갖고 있고, 부분적으로는 연(燕)의 청동기를 포함한다. 따라서 이들 청동예기 사용 집단은 상 문화 및 이후의 연 문화와 밀접한 관계를 갖고 있는 것으로 보인다.

위영자 유적의 발견은 북경지구 서주 문화유적과 객좌현·조양시의 무덤과 청동기 교장 유적을 유기적으로 결합시켜, 연국의 세력을 대표하는 서주 초기의 문화 유적이 요서 지구에 확실히 존재하고 있었음을 강하게 증명하고 있다.

여기서 주목되는 또 하나의 사실은 이들 청동예기가 부장된 위영자유형 문화가 장성지역(長城地域)에서 초기 청동기문화 단계에 유행한 이른바 북방식 청동기문화와 매우 밀접한 관련을 보인다는 점이다.[54] 예를 들어 소파태구에서 출토한 14점

시간이 서로 부합된다(모두 상주의 전후 한 단계)는 것이고, 분포지역 또한 서로 부합된다는 점이다(遼寧省博物館文物工作隊·朝陽地區博物館文物組, 「遼寧喀喇沁河東遺址試掘簡報」, 『考古』83-11, 1983; 朱永剛, 앞의 논문, 1987; 張忠培, 앞의 논문, 1987).

53) 張忠培는 하가점하층문화를 호류하유역과 해하북계구와 서요하유역의 세 지역으로 나누어 보고 있는데, 그 중 서요하유역의 하가점하층문화층은 위영자유형문화층과 중복관계를 이루고 있음을 고증하고 있다(遼寧省博物館文物工作隊·朝陽地區博物館文物組, 「遼寧喀喇沁河東遺址試掘簡報」, 『考古』1983-11, 1983; 朱永剛, 앞의 논문, 1986; 張忠培, 「夏家店下層文化研究」, 『考古學文化論集』1, 1987, 70~74쪽).

54) 秋山進午, 「東北アジア初期靑銅器をめぐる幾つかの問題」, 『朝鮮學報』162, 1997;

의 청동예기를 보면 전형적인 중국 예기는 정(鼎), 궤(簋), 반(盤) 등이고, 영수시(鈴首匙)·현령방좌궤(懸鈴方座簋) 등 중국 북방식청동기와 유사한 동기도 여러 점이 공반되고 있다. 특히 동기(銅器) 개(蓋)는 특이하다.

이는 상주(商周) 청동기에서는 보이지 않는다. 문양은 톱니바퀴 같은 거치문 위에 속점문(粟点紋)이 조합된 띠무늬로 상주 시기 중원의 전통문양과 다르며 중국 북방일대에서 자주 보이는 것이다. 예를 들어 하북성 청룡(靑龍) 초도구(抄道溝)의 녹수동만도(鹿首銅彎刀)[55]와 자루 문양이 동일하다. 북경에서 수집한 "쌍수동월(雙獸銅鉞)"과 장가구시(張家口市)에서 수집한 "수수동도(獸首銅刀)" 및 적봉시 수집의 영수동도(鈴首銅刀) 등도 같은 문양이다. 따라서 이들 소파태구 출토의 기개(器蓋)와 동도자(銅刀子)는 밀접한 관계를 가지고 있다. 그런데 초도구유적은 상 말기~서주 초기보다 늦지 않은 시기로 비정된다.[56]

상주 청동예기 교장과 관련하여 또 하나 주목되는 현상은 현재까지 요서 일대에서는 전형적인 상 문화와 서주 초기 문화가 발견되고 있지 않다는 사실이다.[57] 대릉하 유역 상주교체기 청동기 저장갱이 하가점하층문화를 파괴하고 그 위에서 나오는 것은 사실이나 요서 일대에서는 상 문화와 서주 초기문화 대신 서주 초 이후에 상 문화와 성격이 매우 다른 하가점상층문화가 발전되고 있다.[58] 그런데 전술했듯이 그 동안 조사된 하가점 하층문화와 상층문화를 보면 두 문화 사이에는

林沄, 「商文化靑銅器與北方地區靑銅器關係之再硏究」, 『考古學文化論集』(一), 1987, 129~153쪽.

55) 河北省文化局, 「河北靑龍縣紗道溝發現一批靑銅器」, 『考古』62-12, 1962.

56) 李建民·傅俊山, 「遼寧興城縣楊河發現靑銅器」, 『考古』1978-6, 1978.

57) 郭大順, 「試論魏營子類型」, 『考古學文化論集』(一), 文物出版社, 1987 : 조양(朝陽) 위영자서주묘(魏營子西周墓)와 고유지(古遺址)(『考古』77-5)에서는 9기의 장방형 토갱목곽묘가 출토되었는데 銅盉2, 원형銅甲1, 鈴, 羊頭飾, 銅泡, 當盧, 綠松石珠와 陶器-鬲, 甗, 鼎, 罐, 盆, 豆 등에서 창평 백부촌 서주조기묘(西周早期墓)와 통한다. 이는 창평 백부촌으로 통하는 서주 조기 연국의 청동문화가 연산남북의 광대한 지구에 분포하고 있음을 증명한다. 이를 통해 연문화가 요서 지구에서 변화하는 모습을 살피는데 요서에서 출토한 상주 시기의 청동기는 가치가 있다.

58) 朱永剛, 「夏家店上層文化初步硏究」, 『考古學文化論集』(一), 文物出版社, 1987.

기본적인 특징의 변화가 대단히 커서 상호 관련성을 찾기가 힘들다.[59]

하가점상층문화의 이른 시기 유적인 영성현 남산근 유적에도 상 주민 계통의 무덤인 북경 백부촌 서주묘(西周墓)와 공통점이 부분적으로 확인되기도 하지만,[60] 이 문화는 전체적으로 상·주의 중원문화와는 계통이 다르며 장성(長城)지대 북방 청동기문화와 요하 유역 청동기문화의 영향이 뚜렷하다.[61] 특히 최근에 조사된 영성현 소흑석구 유적을 보면 더욱 분명하게 드러난다. 소흑석구 유적 주변에서는 하가점 상하층문화유지가 펼쳐져 있고, 장방형 석곽묘에서는 하가점상층문화에서 특징적인 동제(銅製) 병기(兵器) 및 동제 단추, 동제 패식(牌飾) 등이 나왔다.[62] 청동기 가운데 청동예기가 20점 나왔는데, 이것은 중국 지역과 밀접한 교류를 설명한다. 그러나 무덤의 성격은 남산근 101호와 대단히 유사하며, 장성지역 중국 북방청동기문화와 밀접한 관련을 보이고 있다.[63]

이상의 내용을 정리하면 요서 지역에서 하가점하층문화 다음 단계에 등장한 객좌현 일대의 교장 청동기문화는 현지 토착 주민집단이 창조한 청동기문화로 볼 수 있다. 그리고 교장 청동기가 출현한 시기의 위영자유형문화가 이들 교장 청동기와 관련된 문화일 가능성이 매우 높다.[64] 그런데 위영자유형 문화는 부장 유물

---

59) 객라심하동(喀喇沁河東) 유적에서 하가점하층, 상층문화가 층압(層壓) 관계로 나오는 예가 있는 것은 사실이다. 그러나 朱永剛의 앞의 논문(1986)도 하가점하층문화와 상층문화의 선후 계승관계를 말하기 어렵다는 입장인데, 張忠培도 동일한 입장이다 (劉觀民·徐光冀, 「內蒙古東部地區青銅時代的兩種文化」, 『內蒙古文物考古』, 1981, 5~14쪽).

60) 甲元眞之, 「燕の 成立と東北アジア」, 『東北アジアの 考古學』, 1990 : 그 유지에서 출토된 유물은 (1) 그 부근의 지역적 특색이 현저한 부류, (2) 인근지역의 유물과 상사한 부류, (3) 중원문화의 전형적인 기물 등으로 大分되어(『考古』 73-2) 상주문화의 요소가 일정한 비중을 차지하고 있는 것도 분명하다.

61) 李伯謙, 「論夏家店下層文化」, 『紀念北京大學考古專業三十周年論文集』, 文物出版社, 1990.

62) 項春松·李義, 「寧城縣小黑石溝石槨墓」, 『文物』 95-5, 1995.

63) 朱永剛, 앞의 논문, 1987, 124쪽.

64) 遼寧省文物考古研究所 喀左縣博物館, 위의 논문, 1989, 114쪽; 鄭紹宗, 「夏商時期

을 보면 하가점상층문화와 밀접한 관련을 보이며, 특히 장성지역 주변에서 유행한 중국 북방청동기문화와 관련이 깊은 문화라고 볼 수 있다.

결국 요서 지역에서 발달한 청동기문화는 하가점하층문화 단계를 거쳐 위영자문화와 하가점상층문화로 발전해 감을 알 수 있다. 이때 중원 지역으로부터 청동예기를 사용한 집단이 요서 지역에 들어와 위영자문화를 번성시켰을 가능성이 높다.

객좌현의 청동기 교장은 당시의 어떠한 활동의 결과인가는 지금 어떻게 단언할 수 없다. 그러나 이들 여러 교장 사이의 거리가 먼 것은 7km, 가까운 것은 4km 정도로, 무엇보다도 근접하고 있다는 점이 일단 주목된다. 이처럼 일정한 범위 안에(즉, 대릉하를 따라) 연속해서 교장 청동기가 발견되는 것 자체가 그 중요성을 말해 주는 것이며, 아마 여기가 서주 초기에 연국이 중국 동북 지역을 경영하는 데 하나의 중요 기지였을 것이라는 추측도 가능하다고 생각한다.[65]

2. 기자조선 재요령성설(在遼寧省說)에 대한 검토

1) 요서 지역 하가점문화와 주민집단

대릉하 유역에서 청동예기를 사용한 주민집단을 문헌에 기록된 어떤 종족과 관련시킬 수 있을까. 일반적으로 중국 동북방 장성 지구의 광대한 지역을 무대로 기원전 천년기(西周時期)부터 기원전 8~6세기(春秋時期)에 활동한 경제 유형과 문화 습속이 가까운 소수 민족은 역사 문헌에 대개 "융적(戎狄)"[66]이라고 불렀다.

河北古代文化的初步分析」, 『考古學文化論集』(四), 文物出版社, 1997.

65) 中國社會科學院考古研究所 編著, 『新中國的考古發現和研究』, 1984(關野雄 監譯, 『新中國の考古學』, 平凡社, 1988, 249쪽).

66) 『春秋公羊傳』 卷9 莊公 30年 "桓公之與戎狄 驅之爾"; 『韓非子』 卷3 十過篇 "昔者 桀 爲有戎之會 而有緡叛之 紂爲黎丘之蒐 而戎狄叛之"; 『史記』 卷88 蒙恬列傳 第28 "秦 已并天下 乃使蒙將三十萬衆 北逐戎狄 收河南"

"융(戎)"은 '병융(兵戎)'의 뜻으로 문화가 낙후하고 '무(武)'를 좋아하는 민족을 가리키는 말로 당연히 중국왕조 주변의 소수민족을 가리키는 말이다.[67] 융적의 지파는 여러 종(種)이 있었는데, 기록을 통해 보면 적융(赤戎)·견융(犬戎)·북융(北戎)·대융(大戎)·소융(小戎)·산융(山戎) 등의 표기가 있다. 이때 산융의 경우 오래도록 심산협곡(深山峽谷)에서 거주하면서 그 이름을 얻었던 것이다.[68]

이에 대해『사기』에서는 "각기 계곡에 흩어져 살면서 스스로 군장을 두었고 종종 모인 것이 100여 오랑캐나 되었으나 서로하나로 통일할 수 없었다."[69]라고 표기하였다. 즉 여러 '융적'들은 일정 세력을 중심으로 통속관계 없이 개별적으로 독자적 생활을 유지해 나갔던 것이다.

선진문헌에는 연(燕)과 세력을 다투는 군소 종족으로 대개 산융을 중심으로 영지·고죽·도하 등이 보인다. 그리고 이 종족들은 기원전 8~7세기를 전후한 춘추시대 초기와 중기에는 세력이 상당히 강성하여, "연(燕)을 병들게 하였다."[70]·"산융(山戎)이 연(燕)땅을 넘어 제(齊)나라를 정벌하였는데, 제(齊)의 이공(釐公)이 교외에서 맞아 싸웠다." 등의 상황을 초래하였다.[71] 이 과정에서 가장 커다란 위협을 느낀 것은 역시 산융과 이웃하고 있던 연나라였을 것이다. 연은 당시 패주(覇主)였던

---

67) 白鳥庫吉, 「周代の戎狄について」, 『東洋學報』第14卷 第2號, 1937; 武家昌, 「山戎族地望考略」, 『遼海文物學刊』95-1, 1995, 64쪽.

68) 武家昌, 앞의 논문, 1995, 64쪽.

69) 『史記』卷110 匈奴列傳 第50 "各分散谿谷 自有君長 往往而聚者百有餘戎 然莫能相一".

70) 『左傳』"冬遇于魯濟 謀山戎也 以其病燕故也".

71) 산융의 활동 상황을 기록한 대표적인 문헌은 아래와 같다.
『國語』齊語 桓公曰 "吾欲北伐 遂北伐山戎 刜令支孤竹而南歸 …"; 『管子』封禪 齊桓公曰 "寡人北伐山戎過孤竹"; 『管子』大匡 "桓公乃北伐令支 下鳧之山 斬孤竹 遇山戎"; 『管子』小匡 "北伐山戎 制令支 斬孤竹 而九夷始聽"; 『史記』齊太公世家 "二十三年 山戎伐燕 … 齊桓公救燕 遂伐山戎 至于孤竹而還"; 『史記』匈奴列傳 "是後 六十有五年 山戎越燕而伐齊 齊釐公(前 706) 與戰于齊郊 其後四十四年 而山戎伐燕 燕告急于齊 齊桓公北伐山戎 山戎走", "當是之時 秦晋爲强國 … 而晋北有林胡樓煩之戎 燕北有東胡山戎", "其後燕有賢將秦開爲質于胡 胡甚信之 歸而襲破走東胡 東胡却千餘里"

제(齊)에게 구원을 요청하였고, 제는 드디어 산융을 중심으로 한 요령 지역의 '융적'들을 정벌하기에 이른다.

연은 주초(周初)에 소공(召公)의 봉지(封地)를 주었는데 주의 제후국은 지금의 북경 부근에 있었고 하북 계현(薊縣)이 그 국도(國都)였다.[72] 국내에는 연산(燕山)이 있었는데 연산 지역은 지금의 하북 계현·풍윤(豊潤)에서 발해(渤海)에 이르는 광활한 지역이다. 그렇다면 산융은 마땅히 연산의 이북 지역에 위치하고 있었다.

『관자』 소광편(小匡篇)의 "(연은) 북으로 산융을 치고 영지를 제압하고 고죽을 치니 아홉 오랑캐가 마침내 굴복하였다."는 기록[73]은 산융이 연의 북쪽에 위치하고 직접적으로 연과 경계를 접(接)하고 있지 않았음을 말해준다. 또한 기록에 보이는 고죽·영지는 중국의 '상족(商族)'이 많이 섞여 있기는 하나 기본적으로는 모두 '융적'의 일지(一支)로 보아야 할 것이다.

고죽은 중국 고대 북방에 위치한 '나라(國)'이다. 『한서(漢書)』 지리지 등 많은 문헌 기록에 고죽은 영지와 함께 요서 지역에 위치했다고 나온다.[74] 그리고 문헌에 나오는 고죽의 명칭은 춘추시대에 동북 지방의 연국에 대해 위협을 조성한 나라들과의 관련 속에서 등장한다. 『한비자(韓非子)』 설림(說林)에는 "관중이 환공에게 고죽을 정벌하게 하였는데 봄에 가서 겨울에 돌아왔다."고 했는데,[75] 이는 고죽이 산융과 함께 연·제를 침공하니 환공이 함께 그들을 정벌한 내용을 기록한 것이다. 이 기록을 보면 당시 연을 위협한 세력은 산융 일족(一族)에 그친 것은 아니며, 북부와 동부에 위치한 허다한 소수민족 부락(部落) 혹은 작은 봉국(封國)들이었다. 대표적인 것이 예(濊)·맥(貊)·도하(屠何)와 고죽·영지 등으로 그들은 때때로 반

72) 李學勤·五井直弘 譯, 『春秋戰國時代の歷史と文物』, 研文出版, 1991, 42~44쪽.

73) 『管子』 小匡 "北伐山戎 制令支 斬孤竹 而九夷始聽"

74) 『國語』 卷6 齊語 "二國(令支·孤竹) 山戎之與也 … 令支 今爲縣 屬遼西 孤竹之城存焉"; 『水經注』 卷14 濡水 "濡水又東南 逕盧龍故城東 … 秦始皇二十二年 分燕置遼西郡 令支縣[隷]焉"; 『漢』 卷28 下 地理志 下 "令支 有孤竹城 … [應劭曰 故伯夷國 今有孤竹城]"

75) 『韓非子』 卷7 說林上 第22 "管仲 隰朋從桓公伐孤竹 春往冬反 迷惑失道"

란하고 복속 당하여 연의 통제와 명령을 받았다.

고고학 자료상으로도 요령 지역 청동기문화에 대한 현재까지의 연구성과에서 어렵지 않게 간출(看出)해 낼 수 있는 것은 문헌사료에 기재된 산융을 중심으로 하는 융적들의 활동연대, 지역과 주변 문화와의 관계가 요서 지역 하가점상층문화와 대체로 부합한다는 것이다.[76)

산융이 활동하던 시기의 요서 지역 고고 자료를 보면 융적과 대응하는 고고 문화는 바로 하가점상층문화이다. 하가점상층문화 분포지역은 대부분 산곡(山谷) 사이에 있는데, 이것은 산융의 명칭과도 부합하는 것이라 생각한다. 특히 하가점상층문화 무덤 가운데 대량의 무기들, 예를 들면 동모(銅矛)·청동단검·동도(銅刀) 등이 출토하는 것은 융적들이 정복전쟁에 뛰어났다는 것과 잘 부합한다.

요서 지역에서 청동예기를 부장하는 하가점상층문화의 주인공에 대해서는 일찍이 오은(烏恩)이 하북성 북부와 요령성, 내몽고 지역에 상(商)문화의 요소가 많이 있음을 지적하면서 역으로 중국 북방청동기문화가 상문화에 미친 영향이 컸던 점도 주목해야 한다고 고찰하였다.[77) 그리고 요서 지역에서 하가점문화 단계에 북방청동기를 사용한 종족은 '융적' 계통임을 고증하였다.

이상에서 문헌과 고고학 자료에 근거하는 한 대부분의 연구자들은 하가점문화의 주인공에 대해 동호 또는 산융으로 비정하고 있어,[78) 상족(商族)과는 무관하다고 볼 수 있다.

2) 중국계 유이민과 기자조선

고고학적으로 북경(北京) 부근의 동가임촌(董家林村)과 황파촌(黃坡村)에서 각각 발

---

76) 朱永剛, 앞의 논문, 1987, 124~126쪽.

77) 烏恩, 「殷至周初的北方靑銅器」, 『考古學報』 85-2, 1985, 152~153쪽.

78) 劉觀民·徐光冀, 앞의 논문, 1981; 더욱이 이 문화는 하북 난하 유역까지 분포된 것으로 보고되어 있지만 최근 북경 군도산(軍都山)에서 500여 기에 달하는 춘추시대의 산융묘지가 확인되었다(『文物』 89-8). 이것은 춘추시대의 산융이 연·제지역까지 깊숙이 침투하였다는 문헌기록을 그대로 입증하는 것이다.

굴·조사된 고성(古城) 유적과 대규모의 묘지(墓地)는[79] 당시 이 지역 상족의 정황을 시사하고 있다. 동서 850m에 달하는 대규모의 고성 축조 연대가 기원전 11세기경(상대 말기)으로 소급될 뿐만 아니라 묘지 1기 역시 상 말에 해당되는 것이 확인되었다. 이것은 연후(燕侯)가 도착하기 이전에 상 왕조의 중요 거점이 이 지역에 존재했다는 증거이다. 이 거점을 중심으로 상당한 규모의 상족 집단이 존재했음을 상정할 수 있다.[80]

주초(周初)에는 바로 이러한 상황에서 이 지역에 '연(燕)'이 피봉(被封)된 것이다. 많은 연구자들은 이 시기를 전후하여 상족의 대거 중국 동북 지역으로의 이동 사실을 주장하고 있다.[81]

최근 북경 유리하 부근의 주초 상족계의 무덤[82]에서는 '태보(太保)' 동기(銅器)의 명문, 즉 연 소공(燕 召公)을 '언후(匽侯)'로 봉하는 명문이 새겨진 청동기가 출토되었다. 이를 통해 기원전 10세기를 전후한 시기(西周 初)에는 연문화가 확실히 이미 연산 남록(燕山 南麓)의 광대한 지구에 분포하고 있음을 알 수 있었다. 그리고 이것은 『사기』주본기(周本紀)에 기록된 "봉소공석우연(封昭公奭于燕)"의 역사 기록이 믿을 만하다는 것을 입증해 주었다.[83]

당시 주에서 관할한 주요 지역은 하북의 역수(易水)에서 요서 대릉하 상유(上游) 일대에 이르는 곳으로 북경 서남의 계성(薊城)이 그 도성(都城)이었다. 전국시대 말기에는 또 하도(下都)를 무양(武陽, 지금의 하북성 역현易縣 남쪽)에 설치하였다. 그리고

---

79) 北京市文物考古隊, 「建國以來北京市考古和文物保護工作」, 『文物考古工作三十年』, 1979, 3~4쪽.

80) 李成珪, 앞의 논문, 1991, 140쪽.

81) 王彩梅, 「燕國歷史溯源與夏家店下·上層文化」, 『華夏文明』87-1輯, 1987, 400쪽(『中國考古集成』, 北京出版社, 1997, 476~483쪽 재인용).

82) 中國社會科學院考古研究所·北京市文物研究所 琉璃河工作隊, 「北京琉璃河1193號大墓發掘簡報」, 『考古』90-1, 1990, 20~31쪽; 殷瑋璋, 「新出土的太保銅器及其相關問題」, 『考古』90-1, 1990, 66~77쪽.

83) 琉璃河考古工作隊, 「北京附近發現的西周奴隸殉葬墓」, 『考古』74-5, 1974; 晏琬, 앞의 논문, 1975.

일대에서 출토한 일련의 동기 명문으로 알 수 있는 것은 연후가 언제나 대릉하 유역에 있던 고죽 등의 우두머리에 대해 상사(賞賜)를 진행하고 그들 사이에는 정치상의 예속(隸屬) 관계가 존재하였다는 사실이다.[84]

연은 상(殷)의 유민을 이끌고 북방으로 진출하여 청동예기 매납유적에서 보듯 대릉하 하류 유역에 까지 도달하였다. 이러한 상황을 두고 주목되는 두 가지 해석이 있다. 하나는 청동예기가 상 시기와 주 시기로 구분되는 점에 주목하여 상족의 요서 지역 진출은 1차 성왕(成王) 시기에 이루어졌다가 유병식동기(有柄式銅劍)를 사용하는 세력에 의해 다시 물러난 뒤 강왕(康王) 시기가 되어 창평(昌平) 백부촌(白浮村) 유적에서 보듯 다시 진출했다고 보는 견해이다.[85] 이 주장은 매우 설득력이 있으나 과연 상주 청동예기의 편년이 연의 두 차례 요서 지역 진출을 설명할 정도로 명확한지 여부가 관건이 된다고 하겠다.

또 하나는 요서 대릉하 유역에서 출토되는 청동예기를 연의 군대가 대릉하 유역에 진입하여 그 교통로를 확보했을 때의 유물이라고 보는 견해이다. 즉 청동예기가 나오는 지점은 단기적인 군사 행동을 통해 획득한 군사적 관할 범위에 한정된 것이므로 토착 종족의 습속을 변경시킨다든지 식민 경영 등의 일은 없었다는 것이다.[86] 이 주장은 청동예기 유적에서 토기 등 생활 유물이 나오지 않는 점에서 설득력이 있다.

상·주 두 왕조는 모두 요서 지역에 제후국(諸侯國)을 건립하고 중국의 문화를 전입시켰다. 상조 분봉의 중심은 노룡(盧龍)의 고죽국에 있었으며, 주초 분봉의 중심은 북경의 연국(燕國)에게 있었고 이들은 현지의 소수민족에 대한 통치를 진행하였다.

이처럼 연의 관할 하에 있던 봉국 주변에는 일부 유목상태에 있던 소수의 토착 종족들이 활동하고 있었다. 특히 대릉하 주변 지역의 광활한 대지에서 많은 부락을 형성한 종족은 문헌에 기록된 융적이라 할 수 있다.

춘추시기에 요서 지역에서 활약한 종족으로는 산융 외에 도하(屠何)·무종(無終)

---

84) 晏琬, 앞의 논문, 1975, 278~279쪽.

85) 甲元眞之, 앞의 논문, 1990.

86) 町田章, 「殷周と孤竹國」, 『古代東アジアの裝飾墓』, 1987.

등 아주 많은 종족 집단이 있었다. 제환공이 북방의 여러 소수민족 혹은 작은 봉국을 북벌한 것은 한 번이 아니었다. 예를 들면 "진공(晉公)"을 구원하기 위해서 제환공은 일찍이 북상하여 "적왕(狄王)을 사로잡고 호맥(胡貊)을 패퇴시켰으며, 도하(屠何)를 격파하여 도적들을 처음으로 복속시켰다."[87]했다. 호맥(胡貊)은 동북 지방 서남부의 일부 맥인을 포괄하며, 도하는 요서의 남부에 거처하였으며, 또한 산융과 동호의 한 지파였다. 한편 산융과 관련 있는 곳으로는 또 무종(無終)이 있는데, 고증에 근거하면 무종은 지금의 하북 계현과 옥전(玉田) 부근으로 볼 수 있다.

이러한 사실과 달리 요서 지역 객좌현 일대에 거주한 청동예기 명문의 족명(族名) 씨족들을 '기자집단'으로 이해하여 대릉하 유역에 기자조선이 있었다는 주장[88]은 기자조선에 대한 합리적인 해석의 과정에서 나온 것으로 보인다. 그러나 중국 고대문헌에서 난하 유역이나 대릉하 유역을 '조선'이라고 한 일이 없으며, 산융은 물론이고 거기에 거주한 영지, 고죽, 도하 등이 고조선의 주민으로 된 일도 없다.

고조선이라는 지역 또는 종족집단은 처음부터 '융적(산융, 영지, 고죽, 도하)'의 이동 지역(以東地域)에 있었으며, 고조선과 연과의 접촉이 시작된 것도 융적들이 기원전 7세기경 연·제의 연합세력에 의하여 쇠약해지고 그 후 점차 연의 세력이 그 지역에 미치게 된 후부터의 일이라고 볼 수 있다.[89]

Ⅳ. 맺음말

대릉하 유역에서 출토된 청동예기의 여러 씨족명을 보면 은 멸망 후 은족들이 중국 동북 지방으로 집단적으로 이동했음을 인정할 수 있다. 그러나 은족의 동북 지방 이동이 집단적으로 이루어진 것을 인정한다 해도 당시 이 일대에는 아직 하

---

87) 『春秋穀梁傳』 卷3 "禽狄王 敗胡貊 破屠何 而騎寇始服"

88) 李亨求, 앞의 논문, 1995; 張博泉, 앞의 논문, 1984.

89) 황철산, 「고조선의 종족에 대하여」, 『고고민속』 63-1, 1963, 8쪽.

가점하층문화 주민들이 북방계 청동기를 사용하면서 광범위하게 자리잡고 있었음을 고려해야 한다. 특히 요서 지역 초기 청동기문화는 중국학계에서 말하는 이른바 북방계 청동기문화라는 토착문화와 밀접한 관련을 가지고 발전하고 있다.

요서 지역에서 하가점하층문화를 담당한 주민집단은 문헌상 그 존재를 명확하게 확인할 수 없다. 다만 그들은 나중에 '융적' 또는 '융호'를 형성하는 선조들의 문화였던 것만은 분명하다. 하가점하층문화는 연 성립 이전의 요령 지역 토착문화로 서주시기에 진입한 이후에도 상·주 청동기문화의 영향을 받으면서 많은 변화를 겪기는 하였으나, 지역적 특성을 고수하고 일정한 지역에 따라 다양한 특성들을 성립시켰다.

전술한 기족 또는 그 일지족은 서주 초기에 요서 지역에 위치하면서 언(연)후와 밀접한 관계를 유지하고 있었다. 그들은 일시 요서 지역에 거주하였으나 이후에 결코 동북방으로는 이동하지 않았으며 그와 반대쪽인 산동성 지방으로 집결하여 영주(永住)하였다는 사실이 더욱 중요시된다.[90] 아마 대릉하 유역에 정거(定居)하고 있던 은유(殷遺)들은 아마도 일시적인 변고 때문에 씨족을 상징하는 '永保尊彝'(전승 가보)를 황급히 땅에 묻고 다시 서쪽으로 이동했던 것으로 보인다.

이상의 내용에서 기자를 대표로 하는 주민집단의 존재는 인정할 수 있어도 요서 대릉하 유역이 '기자조선'이었다는 논리는 성립하기 어렵다. 기자조선과 관련하여 언급되는 고죽이나 기자집단, 영지 등은 대개 상의 유이민이 중심이 된 집단들이었지만, 결국은 토착 융적문화에 흡수되어 존재하였던 것이다.

따라서 복생(伏生)의 『상서대전(尚書大傳)』에 처음으로 등장하는 '주 무왕이 상을 이기자 기자가 북쪽으로 향해 조선으로 갔다'는 고사[91]는 바로 '기자조선'의 존재를 입증하는 것이라기보다는 이 광대한 지역에 기후(箕侯)가 존재하였고, 또 '상조(商朝)'와 밀접한 관계가 있었기 때문에 등장한 것으로 볼 수 있다.

----

90) 李成珪, 앞의 논문, 1991, 105쪽; 노태돈, 「기자동래설의 사실성 여부」, 『한국사를 통해 본 우리와 세계에 대한 인식』, 풀빛, 1998, 295~303쪽.

91) 『尚書大傳』 卷4 周傳 洪範 "武王勝殷 繼公子祿父 釋箕子囚 箕子不忍周之釋 走之朝鮮"

고대 동북아시아 요령식(비파형)동검문화 연구
-요동반도 지역의 청동기 문화를 중심으로-

I . 머리말

한국 최초의 국가 고조선 사회의 주민생활이나 사회상을 알기 위해서는 일차적으로 고고학자료에 대한 이해가 필요하다. 문헌에는 자세한 내용이 나오지 않기 때문이다. 고조선 관련 고고학 자료를 검토하기 위해서는 일차적으로 고조선 주민이 살았던 곳이 어디인지에 대한 정리가 필요하다.

다른 고대 역사와 달리 고조선사의 경우는 여러 이유로 인해 그 위치가 아직도 명확하게 정리되지 않았다. 그러나 한국 고대사 연구자 모두 인정하는 것은 고조선 사람들의 활동지역으로 요동 지역을 주목해야 된다는 것이다. 그것은 요동 지역의 청동기문화가 한반도 청동기문화와 직결되고, 또 그 서쪽에 위치하는 내몽고 및 요서 지역과는 차이가 나기 때문이다. 이때 요동 지역의 대표적 표지유물로는 요령식(비파형)동검[1] 외에도 고인돌과 미송리형토기라는 새로운 자료가 중요하다.

----

1) 남만주와 한반도에서 출토하는 청동검을 부르는 명칭은 크게 두 가지로 나눌 수 있다. 우선 그 형태를 기본으로 하여 비파형동검, T자형병검, 곡인단검 등의 명칭을 사용하는 경우와, 청동검이 가장 많이 출토하는 지역인 요령 지역을 특징적으로 부각시켜 요령식동검으로 부르는 경우가 있다. 비파 모양의 청동 단검은 일정한 지역적 특색을 보이는 유물이므로 지역 명칭을 앞에 두는 것이 더 타당하다고 보아 요령식동

요동 지역은 자연 지리적으로 요서 지역 및 중국 북방 초원(草原)의 문화를 쉽게 받아들일 수 있고, 또한 그것을 동쪽의 길림 일대나 한반도에 전수해주는 중간적 위치에 있었기 때문에 매우 빠르게 문화교류와 전파가 이루어졌다. 이러한 이유로 요동 지역의 청동기문화 양상은 단순하지 않으며, 매우 복잡하고 빠르게 다른 문화 요소로 변화하였다.

요동 지역 초기 청동기문화는 처음 중국 은주 청동기문화와 이른바 중국 북방식 청동기의 영향을 받아 지역성을 띠고 발전하였다. 예를 들어 법고현(法庫縣) 만류가(灣柳街)에서 나온 사슴머리 칼[鹿首刀], 둥근머리 칼[環首刀], 자루 끝에 구멍이 있는 모양의 칼이라든가,[2] 무순시(撫順市) 망화(望花)유적에서 나온 청동칼[刀子][3] 등, 요동 지역에서 요령식동검이 사용되기 이전에 출현한 청동기는 멀리는 바이칼호 연안에서 나오는 유물과 유사하며 가깝게는 요서 지역에 분포하는 초기 북방식 청동기문화와 연관된다.[4] 이후 기원전 8~7세기 단계에 이르면 요동 지역에서는 요령식동검과 미송리형토기를 함께 부장하는 돌널무덤 · 고인돌문화가 성장하게 되는데, 이 시기에는 이른바 '미송리형토기문화'[5]라고 통칭되는 요령식동검문화의 한 특징이 형성된다.

요령식동검문화는 기원전 5~4세기 단계인 전국시대에 이르면 중국 전국시대 문화의 영향을 받아 심양시(瀋陽市) 정가와자(鄭家窪子) 유적이나 요양시(遼陽市) 이도하자(二道河子) 유적과 같은 움무덤과 함께 초기 세형동검문화로 발전하게 된다. 또한 이 시기에는 중국 세력의 진출과 예맥 계통 집단의 세력경쟁에 따라 문화나

검이라는 개념을 사용하도록 하겠다.

2) 遼寧大學歷史系考古敎硏究室 · 鐵嶺市博物館, 「法庫灣柳街遺址發掘」, 『考古』89-12, 1989; 鐵嶺市博物館, 「法庫縣灣柳街遺址試掘報告」, 『遼海文物學刊』90-1, 1990.

3) 撫順市博物館, 「遼寧撫順市發現殷代靑銅環首刀」, 『考古』81-2, 1981.

4) 秋山進午, 「遼寧省 東部地域의 靑銅器再論」, 『東北アジアの考古學硏究』[日 · 中共同硏究報告], 1995, 246~267쪽; 烏恩, 앞의 논문, 1986, 도1.

5) 황기덕, 「비파형단검문화의 미송리유형」, 『력사과학』89-3, 1989; 鄭漢德, 「美松里型土器の生成」, 『東北アジアの考古學』[天池], 1989; 宋鎬晸, 「遼東地域 靑銅器文化와 美松里型土器에 관한 考察」, 『韓國史論』24, 1991.

주민집단의 이동과 변화가 발생했을 것으로 생각한다. 그러다가 기원전 3~2세기가 되면 중국 세력이 요동 지역에 도달함에 따라 이전의 전통을 계승하면서 중국 전국(戰國) 계통의 타날문토기가 초기 세형동검 및 주조철기와 함께 부장되는 석곽무덤이나 나무곽무덤으로 변화하게 된다. 대표적인 유적은 요동 본계시 상보촌(上堡村)과 무순 연화보(蓮花堡) 유적을 들 수 있다.

따라서 요동 지역에서 각 단계에 따라 변화하는 청동기문화의 특성을 문헌에 보이는 주민집단과 면밀히 비교 검토한다면 요동 지역에서 형성된 초기 지역집단과 예맥 및 고조선 사회에 대해 보다 명확하게 이해할 수 있으리라 생각한다.

Ⅱ. 요동 지역의 청동기문화 변천

신석기 중기 이래로 밭농사와 벼농사가 많이 행해진 요동반도 일대는 풍부한 농업생산을 기반으로 일찍부터 청동기문화가 발전하였다. 요동반도에서는 대략 기원전 13~12세기경 여대(旅大)시 지역에서 처음으로 청동기가 출현하였다. 기원전 13세기경으로 추정되는 우가촌(牛家村) 상층 유적[6]에서 청동기가 출토되었고, 양두와(羊頭窪) 유적[7]에서도 청동기 박편(薄片)이 발견되었으며 쌍타자(雙砣子) 상층 유적[8]에서도 동촉(銅鏃)과 동어구(銅魚鉤)가 출현하였다. 그리고 기원전 20세기 후반으로 추정되는 여러 유적에서는 손칼을 비롯하여 끌, 송곳, 활촉, 가락지, 팔찌, 단추, 방울 등 노동도구와 장식품류가 나오고 있다.

요동반도 일대의 청동기문화는 쌍타자 유적의 문화층을 기준으로 보면 세 개

---

6) 旅順博物館·遼寧省博物館,「旅順于家村遺址發掘簡報」,『考古學集刊』, 1981;「大連于家村砣頭積石墓地」,『文物』83-9, 1983.

7) 安志敏,「中國早期銅器的幾個問題」,『考古學報』81-3, 1981.

8) 사회과학출판사, 앞의 논문, 1969, 38~66쪽.

의 문화유형이 계승 발전하였다.[9] 쌍타자 1기는 우가촌 하층유적에 해당하는 초기 청동기문화 시기이고, 쌍타자 2기 단계는 장군산(將軍山)[10] 등 적석무덤이 유행하던 시기이다. 2기 단계에 요동반도 남부의 벽류하(碧流河) 유역에는 단타자(單砣子) 토광묘와 상마석(上馬石) 옹관무덤(甕棺葬) 등이 유행하였다.[11] 한편 '우가촌 상층유형' 또는 '양두와 유형'[12]이라 불리는 쌍타자 3기 유형은 전형적인 마제 석기를 생산 공구로 사용하던 단계로, 이미 우가촌 타두 적석묘에서 청동 화살촉·어구와 청동단추[銅鈕]가 출토되어 청동기시대에 들어간 유적이라 할 수 있다. 이 세 유형이 바로 요동반도 남부의 토착문화 계통이라 할 수 있다.

이후 요동반도 일대에서는 북쪽에서 내려온 석관묘·미송리 유형 문화의 영향에 의해 석개석관묘와 대석개묘가 유행하였다. 이때 출현한 대표적인 청동기문화가 쌍방 문화 유형이다.[13]

기원전 8~7세기로 비정되는 쌍방유형 단계에는 이른바 줄무늬(弦紋)가 있는 미송리형토기가 유행하며 요령식 동검이 출현하게 된다. 벽류하(碧流河) 유역 쌍방(雙方) 유적의 석개석관묘에서는 미송리형토기와 요령식 동검 및 청동도끼 거푸집이 나왔다. 이는 혼하 유역의 토기 및 청동유물과 같은 종류로서 화장(火葬) 실시 등의 사실과 함께 주민집단이 동일하였을 가능성을 시사해준다.

당시에는 지석묘도 계속 조영되었다. 특히 쌍방 6호무덤에서 나온 요령식 동검은 요동반도에서 발견된 동검 중에 가장 이른 것으로 편년 된다. 이후 요양(遼陽)·

9) 許玉林 等, 「旅大地區新石器時代文化和靑銅文化槪述」, 『東北考古與歷史』 1, 1982, 23~41쪽; 王巍, 「夏商時期遼東半島和朝鮮半島西北部的考古學文化序列及其相互關係」, 『中國考古學論叢』, 科學出版社, 1995, 197~207쪽.

10) 中國社會科學院考古硏究所 編著, 앞의 책, 1996, 57~66쪽

11) 許玉林 等, 앞의 논문, 1982, 30~32쪽

12) 許玉林 等, 앞의 논문, 1982, 29~31쪽.

13) 許明綱·許玉林, 앞의 논문, 1983, 293~295쪽. 이것을 벽류하(碧流河) 유역의 청동기문화로서 상마석상층유형(上馬石上層類型)이라 부르기도 한다(遼寧省博物館·旅順博物館·長海縣文化館, 「長海縣廣鹿島大長山島貝丘遺址」, 『考古學報』 81-1, 1981).

도 1. 중국 동북 지방 주요 청동기 문화권

무순(撫順)·청원(淸原) 등지에서 석관묘와 미송리형토기 및 요령식 동검이 유행하게 되는데, 쌍방 문화와의 관계에 많은 영향을 받았을 것으로 보인다.

표 1. 요동 지역 청동기시대 분구(分區)·문화유형·편년표[14]

연대	편년	하요하 평원		천산 산지		요남 연해	
		남단	북단	북록	남록	황해연안	발해연안
기원전 2,000년 기원전 1,500년	제1단계	고대산문화	순산둔유형	묘후산문화		쌍타자 하층문화 쌍타자 중층문화 쌍타자 상층문화	
기원전 1,000년	제2단계	신락상층문화		(북방식청동문화) 고인돌		고인돌	
기원전 500년	제3단계	정가와자유형		돌덮개돌널무덤 요령식동검		돌덮개돌널무덤 요령식동검	

---

14) 郭大順, 앞의 논문, 1995, 238쪽.

Ⅲ. 고대산문화(高台山文化)의 분포와 문화특징

요하 중류 유역, 흔히 요북 지역이라 부르는 신민시(新民市) 일대에 분포하는 청동 기시대 무덤에서는 무늬 없는 홍도호(紅陶壺)와 삼족배(三足杯, 굽 접시)가 부장되어 있 는 게 기본이다.[15] 이러한 특징을 갖는 문화를 고대산문화(高台山文化)라고 부른다.

고대산문화는 의무려산(醫巫閭山) 및 동북으로 펼쳐진 산맥 이동(以東)에 분포하 여, 대개 하요하(下遼河) 양안(兩岸)에 이른다. 심양지구 전체와 요북지구의 철령(鐵 嶺)·개원(開原)·법고(法庫)·강평(康平)의 대부분 및 부신지구(阜新地區)의 창무(彰武) 등 지에 고르게 분포한다.

표 1에 따르면 고대산문화는 순산둔유형 및 묘후산문화와 쌍타자 중층문화 시 기에 해당한다. 이 문화의 전형적인 유적은 신민 고대산 유지, 부신 평정산 유지, 창무 평안보 유지, 법고 엽무대 유지 등을 들 수 있다.

유지(遺址)는 저지대에 위치하며, 흑회토(黑灰土)가 퇴적되어 있으며, 돼지 뼈가 많이 발견된다. 고대산문화의 주거지에는 회갈도(灰褐陶)가 많이 출토되고, 그릇의 모양은 격(鬲)이나 언(甗) 등의 삼족기(三足器)인데 승석문(繩蓆文) 장식이 많다. 이와 똑같은 형태의 그릇이 이웃 요서 지역의 하가점하층문화에서도 보인다.[16] 다른 점이 있다면 하가점하층문화의 경우 무덤 주인의 등급이나 신분을 나타내거나 예 기(禮器)의 기능을 하는 반면에 고대산문화는 호(壺)와 굽달린 발(鉢)을 함께 부장하 는 특징을 갖고 있다. 이에 대해 대개는 고대산문화의 경우 실용적인 측면에서 이 들 토기를 많이 사용했다는 것으로 이해하고 있다.

묘군(墓群)은 단인토갱묘(單人土坑墓)이다. 토기는 소면(素面) 홍갈도(紅褐陶)와 세사

---

15) 沈陽市文物管理委員會辦公室,「新民縣公主屯後山遺址試掘簡報」,『遼海文物學刊』
　　87-2 1987; 趙濱福,「關于高台山文化若干問題的探討」,『靑果集』, 吉林大學出版社,
　　1993; 朱永剛,「論高台山文化及其與遼西靑銅文化的關係」,『中國考古學會第八次年
　　會論文集』, 文物出版社, 1991, 139~156쪽; 中國社會科學院考古硏究所 編著,『中國
　　考古學』夏商卷, 中國社會科學出版社, 2003.

16) 劉觀民,「內蒙古赤峰市大甸子墓地述要」,『考古』92-4, 1992.

사진 1. 신민 고대산문화 출토 토기

회도(細砂灰陶)가 대부분인데, 수이(竪耳)와 횡이(橫耳)가 모두 발달했다. 폭이 넓고 얇게 밖으로 벌어진 아가리와, 격과 언이 많이 발견되며, 대부분 대대족(大袋足)이며 실족근(實足根)이다. 이밖에 호(壺) · 렴구관(斂口罐)과 발완류(鉢碗類)가 있다. 묘장(墓葬)에서 가장 특징적인 것은 고권족발(高圈足鉢)과 호(壺)가 조합되어 출토하는 점이다.

고대산문화 제2기에는 문화의 발전으로 정(鼎)이 번성한다. 이 시는 해당 문화가 강고해지는 시기이다.

신민시 일대 고대산문화 지역에서 선진적(先進的)인 청동기문화가 발전하게 된 것은 요서 지역의 선진문화를 흡수하는 데 유리한 지리적 위치 때문이다. 또한 하요하 평원은 비옥한 토양과 온난한 기후, 하천 등이 갖춰져 있어 농경 발달에도 유리하다.

최근에 이 문화권 내의 부신시(阜新市) 물환지(勿歡池) 유적에서 고대산문화 단계의 관개(灌漑) 도랑 유적이 발굴되었다. 관개 도랑은 종횡으로 교차하고 상호 연결되어 일정한 계통을 갖추고 있었다. 이러한 관개망이 논벼 재배와 관계가 있는지의 여부는 이후 연구가 필요하지만,[17] 당시에 관개시설이 있었다는 사실은 농업 생산력이 발전했음을 입증하는 중요한 자료이다.

요하 중서부 및 내몽고 동남부 지역에서 고대산문화와 동시기에 존재한 문화로는 하가점하층문화, 위영자문화, 순산둔유형, 묘후산문화, 신락상층문화(新樂上層文化)이다. 이 가운데 본고에서는 시간적으로나 공간적으로나 고대산문화와 가장 밀접하게 인접해 있던 하가점하층문화와 순산둔유형, 그리고 위영자문화에 대해 살펴보도록 하겠다.

Ⅳ. 천산산지 일대의 동혈(洞穴) 문화

최근 요동 지역 초기 청동기문화의 발생과 관련하여 본계(本溪)시를 중심으로 한 석회암 동굴 유적이 주목받고 있다. 동굴 유적을 특징으로 하는 이 문화는 이른바 묘후산 유형이라 일컬어진다. 이 문화유형은 1979년 본계현 묘후산에서 B 동혈이 발견되면서 밝혀진 유형으로 태자하(太子河) 양안을 중심으로 석회암 동굴 가운데 이른 시기의 청동기문화 유물이 조사되어 요동 지역의 이른 단계 청동기문화유형으로 규정되었다.[18]

유적은 낮은 구릉산 중턱에 형성되어 있다. 구석기시대 이래 사람들이 거주해 온 동굴 유적이 산맥을 따라 여러 곳에 분포하고 있다. 묘후산유형 청동기문화는 일찍이 태자하 유역에서 발견되는 신석기 후기 단계의 마성자(馬城子)문화[19]를 계승하고 있다. 부장품은 토기와 석기로 이루어지며, 호·관(罐)·접시[碗] 등의 토기

---

17) 「阜新發現距今三千五百年灌漑水渠」, 『中國文物報』, 1993년 2월 7일자.

18) 李恭篤, 「本溪地區三種原始文化的發現及硏究」, 『遼海文物學刊』 89-1, 1989, 106~110쪽; 遼寧省博物館·本溪市博物館·本溪縣文化館, 「遼寧本溪縣廟後山洞穴墓地發掘簡報」, 『考古』 85-6, 1985, 485~496쪽.

19) 李恭篤, 앞의 논문, 1989, 102~110쪽.

사진 2. 묘후산 유적 원경

가 나오는데 그 토기들은 요동 지역 미송리형토기의 초기형태로 볼 수 있는 것들이다. 연대는 기원전 1000~2000년, 즉 상 말~주 초의 시기로 요서 지역 하가점 하층문화의 시대에 해당한다.

묘후산 문화는 그 안에서도 몇 개의 지역성을 갖고 있다. 그리고 지역에 따라 토기의 기형과 조합 형태에 약간씩의 차이를 보이는데, 그것이 지역별 차이인지 종족별 차이인지는 분명하지 않다.[20] 묘후산 유적에서 출토된 토기는 남쪽 한반도의 자강도 공귀리, 심귀리 등에서 출토된 공귀리형 토기와 유사한 점도 보이고, 신민시 고대산 문화에 속하는 토기 및 길림성 일대 서단산 토기에 나타나는 장식도 보이는 등, 너른 지역에 걸쳐 광범위한 영향과 교섭관계를 보이고 있다.

한편 묘후산 문화의 분포 범위 가운데 혼강 지역은 매우 다른 특징을 나타낸

---

20) 李恭篤은 묘후산 유형과 달리 무순지구에서 발달한 토착문화로 망화(望花)유형을 따로 설정하고 있다(李恭篤, 앞의 논문, 1989, 103쪽).

다. 예를 들어 통화시 위에 위치한 노성(老城) 석관묘[21]는 서단산 문화의 특징을 많이 가지고 있으나 삼족기가 보이지 않는 등 독특한 지방요소를 가지고 있다. 인근의 환인(桓仁) 대리수구(大梨樹溝)[22] 석관묘군을 비롯하여 대양하(大洋河) 유역의 단동(丹東) 일대에는 묘후산 유적과 유사하게 표면이 마연된 흑갈색의 몸체가 긴 토기가 출토되고 있다.

묘후산 문화의 후기 단계에는 석관묘 문화가 성행한다.[23] 넓게 보아 묘후산 유형에 포함되는 요양시 접관청(接官廳) 석관묘[24]에서는 아직 청동제 공구와 무기가 보이지 않는 대신, 장식품은 북경 유리하 하가점하층문화 출토품과 유사하다. 이 단계에는 요동 지역과 한반도만의 특징으로 지석묘가 조영되며, 이것이 나중에 요동 북쪽과 길림성 일대로 확산된다. 한편 요령식 동검이 출현한 요양 이도하자 석관묘는 묘후산 문화와 연결되는 것으로, 이를 통해 묘후산 문화가 상당히 오랜 시간 동안 연속되었음을 알 수 있다. 이도하자 석관묘를 기준으로 할 때 묘후산 문화의 하한은 대개 기원전 6세기(춘추시기)까지 이른다.

묘후산 문화는 태자하 유역의 본계 지역을 중심으로 하면서, 요하 양안의 청동기문화와 심층적인 접촉과 교류가 있었고, 동북으로는 길림성 지역, 남으로는 요동반도와 혼강·압록강 유역에 영향을 끼치면서 발전해나갔다. 그런데 이 지역은 나중에 살펴볼 미송리형문화의 분포와 일치한다. 즉 혼하~태자하 유역은 일찍부터 요동 지역 청동기문화의 기원이 된 지역으로, 요동 지역 청동기문화를 대표하는 석관묘 문화와 미송리형토기 문화의 중심지역이라고 할 수 있다.

이후 기원전 8~7세기에서 기원전 5~4세기 사이, 요양 이도하자 석관묘로 대표되는 청동기문화인 이른바 요령식 동검 사회는 석기가 주체적인 역할을 하던 시기를 지나면서 동도끼·동끌 등의 출현으로 커다란 변화를 겪게 된다. 그리고

---

21) 魏凡, 「新賓老城石棺墓發掘報告」, 『遼海文物學刊』93-2, 1993, 9~14쪽.

22) 梁志龍, 「桓仁大梨樹溝靑銅時代墓葬調査」, 『遼海文物學刊』91-2, 1991, 36~39쪽.

23) 鄭漢德, 「美松里型土器の生成」, 『東北アジアの考古學』, 1990, 100~104쪽.

24) 遼陽市文物管理所, 「遼陽市接官廳石棺墓群」, 『考古』83-1, 1983, 72쪽.

이 단계에 이르러서는 요령식 동검과 함께 반출되는 토기인 미송리형토기가 등장한다.[25] 요동 지역에서 요서 지역에서 주로 사용된 삼족기(三足器)와 다른 미송리형토기와 석관묘를 사용하던 주민집단은 바로 고조선 및 부여 등 고대 한민족의 원류가 된 주민집단의 문화, 즉 예맥(濊貊) 계통의 문화로 보는 것이 가장 합리적이다.

게다가 묘후산 문화 유형의 묘장 역시 대개 태자하 양안의 석회암 동굴 중에 봉토와 적석을 하지 않고 절대 다수가 화장을 하거나 요동반도 지역의 지석묘나 석관묘에서 화장을 한 것 등은 두 문화의 담당자가 동일 계통의 주민 집단임을 시사하는 중요한 척도가 되고 있다. 특히 길림 일대의 초기 세형동검 유적인 화전현(樺甸縣) 서황산둔(西荒山屯) 무덤[26]과 이수둔(梨樹坉) 서산묘(西山墓),[27] 모아산(帽兒山) 무덤군[28]에서도 화장(火葬) 사례가 발견된다. 이는 요동 지역에서 석관묘 및 지석묘·적석묘를 세우고 화장을 한 주민들과 길림지역의 주민집단이 같은 예맥(濊貊) 계통임을 시사한다.

Ⅴ. 요동반도 지석묘문화

1. 지석묘의 분포 범위와 특성

요동 지역의 지석묘는 중국학계에서는 석붕(石棚)이라고 하는데, 모두 탁자식으로서 한반도 서북 지방의 탁자식(북방식, 오덕리형) 지석묘와 기본적으로 같은 형식을 하고 있다. 분포는 천산산맥 언저리의 산지와 요하 이남 즉 요동반도 지역에 집중하고 있다. 요하 동쪽 연변의 저지대에 위치하는 심양 정가와자나 요양 이도

---

25) 鄭漢德, 앞의 논문, 1990; 宋鎬晸, 앞의 논문, 1991.

26) 吉林省文物工作隊,「吉林樺甸西荒山靑銅短劍墓」,『東北考古與歷史』1, 1982.

27) 張永平,「磐石縣西山竪穴巖石墓」,『博物館硏究』93-2, 1993.

28) 吉林市博物館,「吉林市帽兒山漢代木槨墓」,『遼海文物學刊』88-2, 1988.

하자 등의 유적들과는 구분되고 있다.

신석기시대 이래 요동 지역에는 그 지세나 자연환경이 농경에 적합해 농업에 바탕을 둔 문화가 발전되어 왔다. 이것은 신석기시대의 문화들, 예를 들어 심양 지구의 신락문화와 편보자문화 및 요동반도 일대의 소주산문화와 후와문화 등이 농경에 바탕을 둔 문화였다는 데에서 알 수 있다.[29] 이러한 신석기문화를 바탕으로 일찍부터 요동 지역은 청동기문화가 발전하였다. 따라서 요동 지역의 청동기 문화는 요서 지역처럼 유목적 요소나 무기류의 존재가 적어지고 대신 석도나 석부 등 농공구(農工具)로 볼 수 있는 것과 농경사회 요소가 강하게 반영된 유물이 중심을 이루고 있다.[30] 이러한 요하 이동의 청동기시대 유적 중 가장 초기 형태의 지역집단이 존재했음을 암시하는 것이 지석묘이다.

지석묘의 형식 및 입지상 특징은 얇은 두께로 잘 다듬은 판돌을 짜 맞추어 벽체를 만들고 그 위에 커다란 뚜껑돌을 덮어 'ㅠ'자형의 무덤방을 만든 것이 특징으로 그 형태가 마치 제단과 같은 형식을 하고 있다. 지석묘가 위치한 지점은 주변을 조망할 수 있는 높은 구릉상에 단독으로 분포하는 경우가 많은데, 이는 한반도 서북 지방의 경우도 동일하다.

이처럼 지석묘의 형식(탁자식)과 입지상의 특징 및 지석묘 안에서 같은 형식의 이중구연토기가 나오는 것이 요동반도 지역과 한반도 서북 지방이 거의 유사하므로 양 지역간에 문화적 유사성이 있었음을 알 수 있고, 나아가 양 지역에 걸쳐 동일한 정치체가 있었음을 설명하는 근거가 된다. 즉 요동~서북한 지역에 걸친 탁자식(북방식) 지석묘의 분포지역은 대개 초기 고조선과 관련된 것으로 이해된다.

요동반도 일대 청동기문화의 가장 큰 특징은 거석(巨石) 숭배사상[31]에 의한 돌

---

29) 許玉林, 「東北地區新石器時代文化槪述」, 『遼海文物學刊』 89-1, 1989; 馬沙, 「試析新樂文化的原始農業」, 『新樂遺址學術討論會文集』, 1983.

30) 宋鎬晸, 「遼東地域 靑銅器文化와 美松里型土器에 관한 考察」, 『韓國史論』 24, 1991, 22쪽; 許玉林, 앞의 논문, 1989; 金廷鶴, 「考古學上으로 본 古朝鮮」, 『韓國上古史의 諸問題』, 1987.

31) 도유호, 『조선원시고고학』, 1960; 李恭篤·高美璇, 「遼東地區石築墓與弦紋壺 有關

사진 3. 요동 해성시 석목성 지석묘

을 이용한 무덤들, 즉 지석묘·대석개묘·적석묘 등이 발달하였다는 점일 것이다. 특히 이 시기에 주목되는 사실은 요하 남쪽 지역에서 화장이 행해졌다는 사실이다. 화장된 인골이 발견된 지석묘는 복현(復縣) 화동광(華銅鑛), 장하(庄河) 양둔(楊屯), 백점자(白店子), 금현(金縣) 소관둔(小關屯), 석붕구(石棚溝), 왕영(王營), 증가구(曾家溝) 등인데, 여기서는 화장된 인골 및 부장용 도호(陶壺), 도관(陶罐), 석방륜(石紡輪), 석촉(石鏃), 석제 곤봉두(棍棒頭) 등이 함께 나왔다.[32] 이러한 화장 습속은 강상묘(崗上墓), 루상묘(樓上墓) 등 적석묘 중에서도 발견된다. 이처럼 요동 지역에서 일정한 양식의 매장 풍속이 지속된 것은 산과 돌 및 동굴이 많은 지형 때문이기도 하지만 그 밖에 전통문화의 지속이 가능했던 사회적 역량이 있었던 것도 중요한 요인이 되었을 것이다.

지석묘는 공반유물이 적어 그 조영 연대를 명확히 추적하기가 쉽지 않다. 다만

問題研究」,『遼海文物學刊』95-1, 1995, 54~63쪽.
32) 靳楓毅,「論於中國東北地區含曲刃靑銅短劍的文化遺存」(上)·(下),『考古學報』82-4·83-1, 1982·1983, 404쪽.

지석묘의 대부분은 청동기시대에 속하는 것이 분명하며, 그 중 몇 개는 신석기시대 말기에 속한다고 하나 명확하지 않다.[33] 대체로 지석묘는 석관묘와 병행하다가 한국식 동검이 출토하는 석곽묘나 토광묘로 그 조영 양식이 변해 가는 것을 볼 때 중심 조영시기는 청동기시대로 볼 수 있다. 지석묘 가운데 바둑판식(침촌리형)이나 탁자식(오덕리형) 지석묘는 요동~서북한 지역에서는 토광목곽묘가 조영되는 기원전 4~3세기경에는 소멸한 것으로 생각된다. 다만 한반도 남부 지역의 개석식(바둑판식) 지석묘는 청동기시대를 지나 철기시대 전기의 서력 기원 전후한 시기까지도 사용되었던 것으로 보인다.[34]

최근 조사에 따르면 요동 지역의 지석묘는 요동반도를 중심으로 분포해 있으며, 대·중·소의 크기로 무리지어 있다. 그 분포지역을 보면 북으로는 혼하 중류인 개원 일대까지[35] 태자하 이북 지역의 혼하·휘발하 일대와 길림성의 통화·유하·백산·무송·정우·매하구·동풍 등 혼강과 송화강 유역에도 상당히 분포해 있음이 확인되었다.[36]

요동 지역에서 지석묘가 가장 집중되어 있는 요동반도 일대에서는 이른바 남방식 지석묘가 개현·신금현·수암현·장하현·개원현 등지에서 발견되었다. 이 중 신금현 안파공사의 양둔·태전·쌍방 등과 쌍탑공사의 삼태자·왕영·안평채 등에는 일정 거리를 사이에 두고 5~6기씩 무리지어 분포되어 있다. 특히 양둔이나 삼태자 지석묘는 중국에서 대석개묘(大石蓋墓)라 분류[37]하는 개석식 지석묘가 20여기 이상 무리를 이루어 공존하고 있다.

지석묘와 일견 구별되는 대석개묘는 요동반도와 혼하 일대를 중심으로 분포되

33) 許玉林,「遼東半島石棚之硏究」,『北方文物』85-3, 1985.

34) 金元龍,『韓國考古學槪說』, 一志社, 1973, 92~96쪽; 崔夢龍·李淸圭·李榮文·李盛主 編著,『한국 지석묘(고인돌)유적 종합조사·연구』, 문화재청·서울대학교박물관, 1999.

35) 許玉林,「遼東半島石棚的新發見」,『考古』85-2, 1985.

36) 遼寧省文物考古硏究所,『遼東半島石棚』, 遼寧科學技術出版社, 1993.

37) 旅順博物館,「遼寧大連新金縣碧流河大石蓋墓」,『考古』84-8, 1984, 709~711쪽.

사진 4. 요동 개주시 석붕산 지석묘

어 있다. 중국학계에서는 석붕(石棚: 한국학계의 지석묘)과 대석개묘를 구분하여 석붕에서 대석개묘로의 발전과정을 상정하고 있다.[38] 김정희도 대석개묘는 지석묘의 한 형태인 것이 분명하다고 했다.[39] 이밖에 코모토 마사유키(甲元眞之),[40] 다나카(田中俊明)[41] 등도 대석개묘를 남방식[碁盤式] 지석묘의 범주로 간주하는 논의[42]를 전개했다. 이들 논리 전개를 볼 때 대석개묘는 남방식 지석묘의 한 유형으로 보는

38) 許玉林·許明綱, 「遼東半島石棚綜述」, 『遼寧大學學報』, 1981 ; 許玉林, 「遼東半島石棚之研究」, 『北方文物』85-3, 1985 ; 遼寧省文物考古研究所, 『遼東半島石棚』, 遼寧科學技術出版社, 1993, 74~76쪽.

39) 金貞嬉, 「中國東北地方 支石墓研究의 最近 動向」, 『伽倻通信』 제17집, 1988.

40) 지석묘의 계보는 먼저 甲元眞之는 한반도 서부지역과 남부지역을 A, B형으로 나누고 서북한 지역은 다시 침촌리 A형에서 침촌리 B형(묘광 주위에 적석)을 거쳐 침촌리 D형(지석의 두 긴변을 두터운 괴상석으로 함)으로 발전하고 마지막으로 석천산유형으로 나가는 것이 A계열이다. 그리고 침촌리 A형이 침촌리 C형을 거쳐 묵방리형으로 나가는 것을 B계열로 보았다.

41) 東潮·田中俊明, 『高句麗의 歷史와 遺蹟』, 中央公論社, 1995, 65쪽.

42) 金貞嬉, 앞의 논문, 1988.

것이 합리적인 것 같다. 물론 지석묘와 대석개묘의 관계에 대해서는 신중한 견해가 많고, 부정적인 견해도 많다.[43] 그러나 필자는 대석개묘가 코모토(甲元眞之)가 말하는 침촌리 D형과 밀접한 관련이 있고,[44] 기원전 4~3세기까지 일반 지석묘와 같은 지역에 분포한다는 점에서 지석묘에서 변화 발전된 형식으로 본다.

요동에서 출토되는 중·소형 지석묘는 비교적 간단·조잡하나 대형 지석묘는 정교하게 손질되어 있고 규모도 매우 크다. 한반도 서북 지방의 것도 이와 같은 모습을 하고 있는데, 이러한 특징은 시기의 차이를 반영하는 것이라 볼 수도 있고, 지석묘 피매장자의 신분차를 반영하는 것으로도 볼 수 있을 것이다. 예를 들어 요동반도의 신금현 쌍방지역에 있는 지석묘 6기 중에서 3기의 석개 석관묘가 대석개묘이다. 대석개묘들이 일반 지석묘와 혼재하여 하나의 묘군을 이루고 있다는 점에서 일반 지석묘와 같은 문화계통이다. 그런데 이 중 6호 지석묘에서 조형(祖型)의 요령식 동검과 활석제 청동부 거푸집 각 1점과 토기 등이 출토되어 다른 묘제와 차이가 있었다. 이는 지석묘의 같은 묘역 내에서 더 큰 세력을 가진 자가 출현하고 있었음을 보여주는 것이다. 이러한 상황은 요동 전 지역의 지석묘 유적에서도 동일하게 적용된다. 그러나 아직은 대석개묘라 해도 일반 지석묘와 무덤구역을 함께 하는 경우가 많고, 부장품에서도 강력한 지배자가 출현했다는 것을 증명해줄 만한, 가령 청동기라든가 하는 유물들이 매우 적게 출토되고 있다. 이 점을 미루어 볼 때 지배자세력이 일정한 자연촌락을 범위로 하는 지역공동체 단위를 뛰어넘는 단계까지는 도달하지 못했음은 분명하다.

이처럼 요동 지역 및 서북한 지역에서는 지배자집단이 일찍부터 분화되었고, 그 일정 지역의 대표자무덤으로 대형 탁자식(오덕리형) 지석묘가 조영되었다고 볼 수 있다.

---

43) 許玉林, 『遼東半島石棚』, 遼寧科學技術出版社, 1993, 74~76쪽; 王嗣洲, 「論中國東北地區大石蓋墓」, 『考古』 98-2, 1998, 53~61쪽.

44) 甲元眞之, 「中國 東北地方の支石墓」, 『三貞次郎博士古稀紀念論文集−考古學論考−』, 平凡社, 1982, 204~238쪽.

2. 지석묘의 담당자

고조선은 청동기사회의 발전을 바탕으로 철기를 비롯한 금속문화가 보급되면서 농업생산력이 일층 발전하고, 그로 인한 사회계층 등 사회적 문화가 발생하는 과정에서 국가를 형성하게 된다. 따라서 청동기와 철기문화 단계의 특성과 차이점을 각 시기별로 밝혀주는 것은 고조선의 국가형성 문제를 규명하는 데 중요한 관건이 된다. 이때 고조선 사회가 종족 및 지역집단의 상태를 벗어나 정치집단으로 성장하고, 연맹 단계를 거쳐 국가 단계로 나아가는 모습을 가장 잘 보여주는 자료가 지석묘라 할 수 있다. 왜냐하면 지석묘 사회가 고조선 전기 단계의 시간적·공간적 범위에 그대로 일치하기 때문이다. 지석묘는 요동 및 한반도 지역에 집중적으로 분포해 있는데, 특히 요동 지역에서 한반도 서북 지방에 걸쳐 분포하는 지석묘는 유사한 특징을 많이 보여준다. 그 존재 시기상 고조선의 정치세력과 연관될 가능성이 높다.

중국 동북 지역의 지석묘 사회를 분포 정형으로 판단하면 그 사회에는 상당히 장기간에 걸쳐서 거대한 지석묘를 구축하는 것이 가능한 대수장 혹은 족장이 단속적(斷續的)으로 존재했던 것으로 이해할 수 있다.[45] 이것을 인정한다면 지석묘가 분포하는 지점에는 토착민 호족의 정치세력이 상당히 장기에 걸쳐 지속되었던 것을 알 수 있다.

지금까지의 조사결과에 의하면 중국 동북 지역의 지석묘는 특정 지역에 집중적으로 분포하고 있다. 요령 지역은 요하 동부 지역의 전역과 요동반도를 중심으로 한 요남 지구의 대련·영구에 집중되어 있다. 또 길림 지방은 합달령 남부와 장백산지의 동쪽에서 대부분 조사되었으며, 특히 분수령 부근의 휘발하 유역에 밀집 분포하고 있다.[46] 그런데 요령 지역 지석묘 분포에서 주목되는 것은 요령식 동검

---

45) 三上次男, 『古代東北アジア史研究』, 吉川弘文館, 1966, 17쪽.

45) 三上次男, 『古代東北アジア史研究』, 吉川弘文館, 1966, 17쪽.

46) 遼寧省文物考古研究所, 『遼東半島石棚』, 遼寧科學技術出版社, 1993; 하문식, 「중국 동북지역 고인돌문화 연구」, 『한국상고사학회 학술발표회』 제19회 발표문, 1998, 68~84쪽.

사진 5. 평양 문흥리 2호 고인돌

분포권과 비슷하다는 점이다. 더구나 요동반도의 신금현 쌍방, 한반도의 대전 비례동과 신대동, 여천 적량동 지석묘에서는 요령식 동검도 출토되어 매우 주목되는 곳이다. 이는 요령식 동검문화가 지석묘와 매우 밀접한 관계에 있음을 보여주는 것이다.[47]

요동~서북한 지역의 청동기문화를 분석하면서 주목되는 또 하나의 현상은 요동반도의 지석묘는 전형적인 탁자식(북방식) 지석묘가 주류를 이루고 있고, 이것이 한반도의 탁자식 지석묘와 상통한다는 점이다. 이는 곧 요동반도와 한반도의 주민집단이 동일한 문화단계에서 생활하였음을 나타내준다. 따라서 지석묘는 요동지역과 한반도에 걸쳐 살았던 같은 계통의 주민집단이 남긴 유물로서 하나의 문화권을 설정케 하는 고고학 자료라고 볼 수 있다.[48]

전체적으로 요동반도 지석묘에서 반출된 유물들은 석부(石斧)·홍도편(紅陶片)·

---

47) 李榮文, 「韓國 琵琶形銅劍 文化에 대한 考察」, 『韓國考古學報』 38, 1998, 80~82쪽.

48) 金貞培, 「고조선의 국가형성」, 『한국사』 4-초기국가-, 국사편찬위원회, 1997, 60~62쪽.

석촉(石鏃)·방륜(紡輪) 등인데,[49] 이들은 모두 청동기시대의 유물이며 한반도의 지석묘에서 출토되는 유물들과 유사하다. 그러므로 한반도와 요동반도의 전형적인 지석묘의 경우, 반출되는 유물이나 구조형식으로 보아 거의 동일 시기, 동일 계통의 유적임을 알 수 있다. 그리고 한반도의 지석묘가 묵방리형 지석묘라는 변형 지석묘로 변해간 것처럼, 요동반도 지역의 지석묘는 대석개묘 등으로 변해갔는데, 이것 역시 같은 문화권 내에서의 변화를 보여주는 것이다.[50] 그리고 서북한 지역과 요동반도 지역의 지석묘만이 커다랗고 정연하며 입구가 분명하고 동시에 세 면을 막음하는 방식으로 조영되었다. 이처럼 구조상 서로 밀접한 관계를 가지고 있는 것은 양 지역의 대지석묘가 같은 계통의 것이라고 볼 수 있는 근거를 시사한다.[51] 결국 서북한 지역의 이른바 북방식 대지석묘와 요동반도의 대지석묘는 동일 유형으로 분류될 수 있기 때문에 동일 계통 주민집단의 소산으로 볼 수 있다. 이것은 요동반도 이동과 이북 지역에서 석관묘와 미송리형토기 문화가 중점적으로 발전하는 것과 구별된다고 할 수 있다.

현재까지의 고고학 자료 조사 결과, 지석묘단계 요동 지역 청동기문화의 중심은 혼하~압록강 일대의 석관묘·미송리 유형문화권과 서북한 지역의 지석묘·팽이형 토기문화권, 그리고 요동반도 지역이 독자적으로 문화권을 이루고 있음을 알았다. 다만 요동 지역은 전체적으로는 지석묘와 석관묘라는 동일 계열의 묘제

---

49) 宋延英,「遼東半島的石棚文化-析木城石棚-」,『社會科學輯刊』5, 1987, 72~73쪽; 遼寧省文物考古研究所, 앞의 책, 1993.

50) 대석개묘는 묵방리형지석묘와 같이 묘광을 일정하게 기단을 쌓은 후에 만드는 등 지석묘사회 후기 단계에 출현한 것으로 보는 것이 합리적이다.

51) 田村晃一의 조사에 의하면 서북한 지역의 대석개묘와 요동 지역의 대석개묘는 크게 세 가지 면에서 공통점을 가지고 있다고 한다. 첫째는 지석의 3면을 연결하고 나머지 한쪽에 입구를 만들었다는 점이고, 둘째로는 벽석과 상석이 밀착된 예가 많으며 직선으로 곧게 서 있는 등 구조가 대단히 정연하다는 점이다. 끝으로 지석묘 조영시 기단구축의 전통을 보여주는 것이 요동반도의 소관둔(小官屯), 석붕욕(石棚峪), 서북한의 황해북도 관산리 1호, 문흥리지석묘 등에 보인다는 점이다(田村晃一, 앞의 논문, 1996, 110쪽).

를 사용하는 것으로 보아 같은 계통의 주민집단이 살고 있었고, 다만 지리적인 차이로 인해 문화유형의 차이가 있게 된 것이라고 생각한다.

묘제로서 지석묘와 석관묘가 일정 지역에 집중 분포하는 것은 그 일대에 하나의 유사한 계통의 종족과 주민집단이 있었음을 말해준다. 선진문헌(『관자』, 『산해경』, 『전국책』 등)에는 늦어도 기원전 4세기 중반 이전에 발해 연안지대에 존재한 종족으로서 산융을 중심으로 한 여러 융적들과 그 동쪽에 '조선'이 존재했다고 나온다. 이들 중 산융을 비롯한 영지·고죽·도하 등 융적들은 앞 장에서 살펴보았듯이 기원전 8~7세기경 장성·열하 일대에서 난하·요서 일대에 위치하고 있었음이 문헌과 고고학 자료로서 입증되었다.

최근 몇몇 논자들은 요동반도 지역의 지석묘가 한반도 서북 지방의 지석묘와 유사한 점에 주목하여 두 지역이 동일한 문화권을 이루었을 뿐만 아니라 단일한 정치체에 속해 있었다는 주장을 조심스럽게 제기하고 있다.[52] 즉 전형적인 북방식 지석묘를 조영하던 예맥 계통의 주민집단이 황해 이북 연안 지역을 끼고 고리 모양의 둥근 배열을 하고 있는데, 이것이 일정한 국가나 정치집단을 이루고 있었다는 것이다. 황해 이북 연안 지역은 중국인의 시각에서 볼 때 동이족이 살고 있었던 것으로 믿어지는 지역으로 일찍이 "오랑캐와 예족의 고향(夷穢之鄉)"[53]으로 표기되었다. 그곳은 정치집단으로 말하면 '조선'으로 표현되는 세력의 거주지역이라고 볼 수 있다. 그러나 요동반도 지역과 서북한 지역 사이에는 문화적 공백이 있어 뚜렷한 지지 입장을 제시하기는 어렵다. 우선, 압록강 유역에서 청천강에 이르는 지역에서 아직까지 지석묘 유적이 거의 확인되지 않았다는 점, 또한 압록강 일대 단동 지구에는 이른바 공귀리형 토기를 사용하는 집단이 존재하고 있었다는 점을 짚고 넘어가야 한다. 따라서 이들 세력집단을 포함하여 과연 요동반도에서 서북한에 이르는 지역이 단일한 정치체에 속해 있었는지는 좀더 고찰해야 될 문제라고 하겠다.

---

52) 鄭漢德, 앞의 논문, 1990, 131~132쪽; 東潮, 앞의 논문, 1997, 28~34쪽.

53) 『呂氏春秋』 卷20 恃君覽 第8 "非濱之東[朝鮮樂浪之縣 箕子所封 濱於東海也] 夷穢之鄉 大解凌魚"

Ⅵ. 요동반도 석관묘(石棺墓) 문화

요동 지역에는 이전 토착사회의 문화로서 지석묘와 함께 혼하 유역과 제2송화 강을 중심으로 석관묘가 조영되고, 그것이 점차 요동 전역과 한반도 등으로 확산되는 과정에서 지석묘와 석관묘가 혼재하는 모습을 보인다. 특히 요동반도 지역에서는 초기 단계의 돌무지무덤[積石塚]들이 석관묘와 결합된 형태의 지석묘들이 많이 조영되었다.

요동 지역에 분포하는 석관묘의 구조는 두께 5cm 정도의 얇은 판돌을 장방형의 상자처럼 묻고 그 위에 역시 두께 5cm 정도의 판돌을 덮은 형식이다. 윤가촌 남하 지역의 당시 공동묘지로 추측되는 유적이나 여대시 여순구구 곽가둔, 요양 접관청·양갑산 이도하자를 비롯하여, 무순·청원·개원 등 혼하 유역을 중심으로 그 이동의 길림 서단산문화 지역과 쌍방 등 요동반도 일대의 여러 곳에서 청동단검 한 자루와 약간의 부장품을 묻은 성인남자의 석관묘 무덤이 나타나고 있다.[54] 이 가운데서도 가장 집중하는 곳은 혼하 유역으로, 묘후산 문화가 발전했던 곳이다.

석관묘는 지석묘와 군집하는 경우가 많다. 그러나 석관묘는 지석묘에 비해 적게 분포하고 내부에 석검이나 석촉을 부장한 경우가 많다. 또한 일부 석관묘는 요령식 동검 등 청동기를 부장하면서 군집묘로부터 떨어져 단독으로 조영되어 있는데, 이는 이 지역에 정치적 지배자가 새롭게 등장하기 시작했다는 사실을 암시하는 것이라 할 수 있다. 이 지역에 정치적 지배자가 등장할 수 있었던 이유는 혼하 유역이 일찍부터 요동 지역에서 들어온 선진 청동기문화가 일차적으로 정리되어 새로운 요동 청동기문화로 발전하는 중심지역이었기 때문이다. 따라서 총체적으로 보아 석관묘에는 지석묘 피장자보다 사회적 지위가 높은 자를 매장한 것으로 판단된다.[55]

---

54) 宋鎬晸, 앞의 논문, 1991, 32~43쪽.

55) 後藤直, 「韓半島の靑銅器副葬墓−銅劍とその社會」, 『尹武炳博士回甲紀念論叢』, 1984.

그러나 지배자의 등장이
지석묘사회 단계와 뚜렷이
구분될 거라고 이해해서는
곤란하다. 발굴 조사된 석관
묘들의 예를 살펴보자. 요양
시의 북쪽에 있는 접관청 유
적에서는 길이 300m, 너비
30m의 범위 안에서 불규칙

사진 6. 요양 출토 미송리형토기

한 판석 또는 강돌을 섞어 네 벽을 쌓고 개석을 얹은 상자형 돌널 26기가 발견되
었다.[56] 요양 이도하자에서도 동서 약 20m, 남북 약 100m의 묘지 내에서 20여
기의 석관묘가 출토되었다.[57]

이들 석관묘에서는 요령식 동검이나 미송리형토기, 청동장식품 등이 출토되고
있어 지석묘 단계보다 진전된 일정한 지배력을 가진 존재를 생각해볼 수도 있다.
하지만 아직 그 지역의 다른 피장자들과 묘역을 같이 쓰고 있고, 청동기를 부장한
석관묘라 할지라도 나머지 무덤과 구조양식상에서 별반 차별성을 보이지 않아 지
배자가 지역공동체에 많은 제약을 받던 상태임을 알 수 있다.

필자가 요동 지역의 대표적 석관묘 유적인 양갑산 이도하자 유적을 찾았을 때
는 시간이 너무 늦어 어두움이 깔리고 있었다. 그러나 양갑산 앞에 흐르는 탕하
(湯河)변에 낮은 분지가 형성되어 있고 두 개의 낮은 봉우리 산이 있었는데, 중턱에
는 석관묘에 사용했을 법한 석판들이 널려 있었다. 1975년 조사가 이루어진 이
후, 다시 체계적으로 조사가 이루어진다면 새로운 자료가 드러날 것 같은 느낌이
들었다.

---

56) 遼陽市文物管理所, 「遼陽市接官廳石棺墓群」, 『考古』 83-1, 1983, 72쪽.
57) 遼陽市文物管理所, 「遼陽二道河子石棺墓」, 『考古』 77-5, 1977.

이상의 내용들을 종합해보면, 지석묘와 석관묘가 조영되던 청동기시대 요동 지역 사회는 아직 집단 간에 뚜렷한 우열이나 강력한 지배자가 존재하는 대신에 오히려 공동체적인 관계가 매우 강했었다고 생각된다. 다른 방향에서 해석한다면, 이것은 청동기시대 중기까지는 요동 지역에 산재하던 '예맥' 계통의 집단들이 강력하고 단일한 정치집단으로 형성되지 못하고, 단지 각 지역집단별로 독자적 발전을 지속해 나갔음을 말해 준다.

VII. 요동반도의 초기 적석총(積石塚) 문화

서북한 및 요동 지역 청동기문화를 이야기할 때 빠트릴 수 없는 것이 요동반도 지역에만 막돌 또는 자갈로 된 돌무덤이 장제(葬制)의 기본을 이루고 있다는 사실이다. 예를 들어 쌍타자·윤가촌·유가탄의 묘광이 하나인 막돌무덤, 큰 막돌무덤 속에 여러 개의 묘광이 들어 있는 강상·루상묘 등 대다수의 묘광은 모두 막돌 또는 자갈로 된 석곽으로 되어 있다. 서북한의 묵방리 변형 지석묘군도 이러한 돌무지 무덤에 포함된다. 이처럼 막돌을 쌓아 묘광을 만든 것은 장군산 돌무덤 이래 이 지방에만 있고 다른 지방의 돌무덤에서는 볼 수 없는 것들이다. 특히 요동반도의 여대시 강상묘·루상묘·와룡천 등에서는 지역적으로 특수하게 석관묘 문화와 연결되어 적석묘[58]의 형태가 발전하였다.

종래 한반도~요동반도 일대의 적석묘는 요동반도 일대에 세력을 가지고 있던 고조선 대노예소유주의 무덤이었고 여기에 함께 묻힌 사람들은 노예주에 딸린 순장된 노예들로 설명되어 왔다.[59] 그러나 이러한 해석은 한 가지를 놓치고 있다. 여기서 먼저 주목해야 할 것은 요동반도 지역의 요령식 동검문화 단계에는 적석

---

58) 권오영, 「강상묘와 고조선사회」, 『考古歷史學志』 제9집, 1993.

59) 권오영, 「고대 영남지방의 殉葬」, 『韓國古代史論叢』 4, 1992; 황기덕, 「고조선국가의 기원」, 『고고민속론문집』 12, 1990 및 1994년 이전의 북한 고고학계의 입장.

사진 7. 강상유적 발굴 후 사진

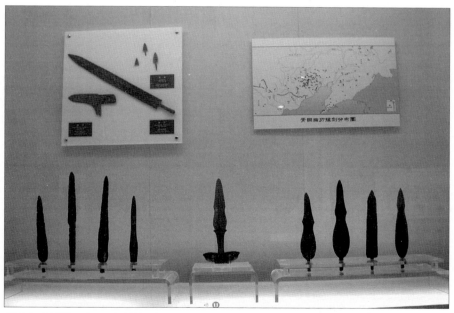

사진 8. 요동반도 출토 비파형동검

총과 지석묘(대석개묘)가 공존하고 있고 분포상 상호 보완적인 관계, 즉 비슷한 분포를 보인다는 점이다. 즉 적석총이란 것이 전체적으로 요동 지역에서 돌을 이용하여 만든 씨족공동체 집체무덤의 한 종류이다.

적석무덤으로 가장 발달한 강상묘와 루상묘의 경우도 그 이전 노철산 및 장군산, 타두 돌무지무덤 단계에서부터 발전해 오면서 이른바 집합식 매장법에 의해 매장되던, 즉 가까운 혈연관계에 있는 가족무덤이라는 관점에서 접근해야 할 것으로 보인다. 즉 고조선 초기단계의 문화를 설명할 경우 주된 유적으로 지석묘와 석관묘를 꼽아야 하며, 요동반도 일대의 적석묘는 이 지역만의 특수한 무덤양식이라는 점에 주목해야 한다.

강상묘처럼 여러 개의 인골이 함께 묻힌 다인장 무덤은 그 지역의 일정 가계 성원이나 공동체 성원들이 가부장이나 수장과 함께 묻힌 것이 분명하다. 그러나 이러한 장법(葬法)은 구조형식상 바둑판식(침촌리형) 지석묘가 한정된 묘역을 이루면서 조영된 것으로 볼 수 있다는 점에서, 순장이라는 의미에서보다는 고조선 초기의 대표적 묘제인 바둑판식 지석묘나 타두 적석묘의 전통과 그 변화과정으로 파악하는 것이 합리적이라고 생각한다.[60]

강상무덤에 대해 중국학계에서는 일찍이 적석총 구역만 조사하고 주변의 구릉대지는 조사하지 않아 무덤 주변의 상황을 잘 알지 못한다. 현재는 경작와 주거 건축으로 인해 루상무덤은 사라졌고, 강상무덤만이 담장 속에 보호되고 있었다. 그러나 유적이 있는 구릉상에는 청동기시대 토기 편이 널려 있어 간단한 조사만으로도 어느 정도의 생활 자료를 얻을 수 있을 것으로 생각되었다.

---

60) 강상묘는 이른바 한 공동체사회 지역집단의 묘지로 볼 수 있다. 강상묘의 묘실은 가족을 대표할 가능성이 높고, 묘지의 구조상 쌍타자3기문화의 우가촌 타두묘지를 계승하고 있다(旅順博物館 等, 「大連于家村砣頭積石墓地」, 『文物』83-9, 1983, 39~47쪽). 이러한 다인집체합장(多人集體合葬) 무덤양식이 계승되어 강상묘의 매장양식으로 계승되었으며, 특히 지석묘 등 돌무덤에 유행한 화장의 장례가 결합된 것으로 볼 수 있다.

Ⅷ. 정가와자와 토광묘 문화

1. 토광묘의 등장

요동 지역에서 기원전 5~4세기의 것으로 추정되는 대표적인 무덤 중 비교적 이른 시기의 토광무덤으로는 심양 정가와자[61]와 요양 이도하자 유적[62] 그리고 윤가촌의 화장묘,[63] 해성현 대둔무덤,[64] 여순구구 루상무덤[65] 등이 있다. 이 무덤들은 이 지역에서 새로이 등장하는 지배세력의 존재를 잘 보여준다. 이들 무덤의 연대에 대해서는 논란이 있지만 무덤 구조와 청동단검의 양식으로 보건대 대체로 기원전 5~4세기 유적으로 볼 수 있다.[66]

이 시기 요동 지역 지배자의 무덤은 윤가촌 유적의 윗층에 속하는 큰 토광묘와 작은 토광묘, 요양 이도하자 1~7호 무덤과 정가와자 2호 무덤 및 윤가촌 12호 무덤이 대표적으로, 단순한 구조에 한두 점의 부장품을 묻는 형태로 널리 쓰이고 있다.[67] 윤가촌 무덤은 1920년대 말에 발견되었으나[68] 한동안 그에 대한 인식이 모호하였다. 그러나 1960년대의 조사를 통해 요동 지역 청동기문화의 발전 및 역사시대로 향하는 과도기에 대한 새로운 자료로 대두하였다. 특히 윤가촌 2기 문화인 남하 12호 무덤은 관 둘레에 큰 판돌을 세우고 관 위에 여러 개의 판돌을 덮은 일종의 석곽이라고 볼 수 있다. 이것은 앞선 시기의 돌무덤 전통이 계승되어

---

61) 瀋陽故宮博物館,「瀋陽鄭家窪子的兩座青銅時代墓葬」,『考古學報』75-1, 1975, 154쪽.

62) 遼陽市文物管理所,「遼陽二道河子石棺墓」,『考古』77-5, 1977.

63) 中國社會科學院考古研究所 編著,『雙砣子與崗上-遼東史前文化的發現和研究-』, 科學出版社, 1996, 119~140쪽.

64) 孫守道·徐秉琨,「遼陽寺兒堡等地青銅短劍與大伙房石棺墓」,『考古』64-6, 1964.

65) 旅順博物館,「旅順口區后牧城驛戰國墓淸理」,『考古』60-8, 1960.

66) 金元龍,「瀋陽 鄭家窪子 靑銅時代墓와 副葬品」,『東洋學』6, 1976, 155쪽.

67) 박진욱, 앞의 책, 1988, 113쪽.

68) 原田淑人,『牧羊城』東方考古學叢刊 第二册, 1931, 137~140쪽.

온 것이다.[69] 그러나 여기서 나오는 니질(泥質) 굽접시[豆]는 당시 공존하던 거친 고권족(高圈足) 굽접시와 다르고 오히려 전국시대 유물과 비교해 매우 유사하다.[70] 예를 들어 당산 가각장(賈各庄) 전국시대 조기 무덤 가운데 유사한 토기가 발견된 바 있으며, 윤가촌 부근의 목양성지 또한 유사한 유물이 있다. 이것은 요동반도에 위치한 윤가촌 2기 문화가 이미 기원전 5세기(전국시대 초기)에 연 문화와 접촉·교류하고 있었음을 말해준다.

윤가촌 2기 유적에서 나온 청동단검은 이미 장봉직인(長鋒直刃)으로 곡인이 사라지고 T자형 검자루가 보이기 시작한다. 이러한 형태는 이미 요령식 곡인청동단검의 범주를 벗어난 것으로 초기 세형동검[71]으로 볼 수 있다.

윤가촌 2기 유적 출토의 동검과 유사한 초기 세형동검은 목양성 일대에서 2점 나왔고,[72] 최근 대련 지역에서 다수 조사되었다.[73] 요양 양갑산에서도 2점 출토되었고,[74] 심양 정가와자에서 발견된 것[75]도 같은 양식의 단검으로 볼 수 있다. 이러한 초기 세형동검의 등장은 요동 지역이 기원전 5세기에 들어서면서 중국 전국시대의 문화적 영향 하에 들어갔고 보다 새로운 청동기문화 단계로 나아가는 변화상을 잘 보여준다.

요동 지역 초기 단계에는 이전에 돌을 이용한 무덤이 조영되던 선진 지역을 중

---

69) 리순진·장주협, 앞의 책, 1973, 16~17쪽.

70) 安志敏, 『考古學報』 53-1, 1953, 도판 5-4; 原田淑人, 앞의 책, 1931, 도12-10, 도판 28-5.

71) 정찬영, 「좁은 놋단검(세형동검)의 형태와 그 변천」, 『문화유산』 62-3, 1962, 30~36쪽.

72) 原田淑人, 앞의 책, 1931, 도26-3, 4.

73) 許明綱, 「大連市近年來發現靑銅短劍及相關的新資料」, 『遼海文物學刊』 93-1, 1993.

74) 孫守道·徐秉琨, 「遼寧寺兒堡等地靑銅短劍與大伙房石棺墓」, 『考古』 64-6, 1964, 279~281쪽; 「遼陽二道河子石棺墓」, 『考古』 77-5, 1977.

75) 中國社會科學院考古研究所 東北工作隊, 「瀋陽肇工街和鄭家窪子的發掘」, 『考古』 89-10, 1989, 그림9-1, 도판 3-4.

심으로 토광묘가 집중되어 있고, 석곽묘도 일부 조영되고 있었음을 알 수 있다. 특히 석곽묘와 토광묘에서는 특별한 예를 제외하고는 반드시 동검이 출토되고 있다. 그런데 이 시기의 청동단검들은 요령식 동검의 곡인 형태를 벗어나, 세형동검 단계에 들어선 것들이 대부분이다. 토기 또한 앞선 시기의 미송리형토기의 특징을 상당히 간직하면서도 이전보다 더 단단한 흑도장경호가 나무그루형 손잡이가 달린 옹과 공반되어 출토하고 있다.[76]

이처럼 청동기 후기 단계에 묘제가 변화하는 구체적인 계기는 알 수 없지만, 요동 일대에서 조영된 초기의 토광묘는 그 구조형식과 장법을 살펴볼 때 전국시대 중국 묘제에 가장 가깝다.[77] 물론 이 시기의 유적이라고 확인된 것이 많지 않아 자료상의 제약도 있지만 지금까지 알려진 바로는 이 시기 이후에 토광묘가 많은 수를 차지하게 되는 이유는 1차적으로 중국지역의 매장풍습을 수용하게 된 때문이며, 시대가 변하면서 매장 풍습이 변해가는 사회적 변화의 반영이라고 할 수 있다.

기원전 5~4세기경부터 요동 일대에서 토광묘가 조영되는 것은 분명 전국시대 연, 제, 조의 유이민들이 광범위하게 요동 일대에 진출하게 되면서부터 시작된 것이라고 보는 편이 합리적이다.[78] 즉 연이 요령 지역에 진출한 결과라 할 수 있다. 하지만 여전히 토광묘와 함께 석곽묘가 많이 조영된 것은 이전의 석관묘 전통이 그대로 돌을 쓰는 석곽묘에 계승되고 있었기 때문이다. 특히 윤가촌 토광묘 유적 가운데 구덩이 안에서 화장을 하는 단순한 순수 토광묘의 경우는 요동 일대의 독특한 장제로서 돌무덤을 쓰던 단계의 화장풍습이 이 시기에까지 이어지고 있는 현상이다. 이렇게 외래 문화 요소인 토광묘에 이전의 매장 풍습이 지속되고 있는 것을 보면, 요동 지역의 청동기문화는 기원전 5~4세기경 급격한 문화적 변동을 겪은 게 아니라 이전의 토착적인 전통을 바탕으로 중국계 문화를 수용, 변화의

---

76) 宋鎬晸, 앞의 논문, 1991, 61쪽.

77) 李南珪, 「서북한지역의 토광묘」, 『韓國考古學報』 20, 1987, 60~68쪽.

78) 李南珪, 위의 논문, 1987, 68~78쪽.

과정을 밟았음을 알 수 있다. 이러한 토광묘의 매장법은 이후 약 100년의 시차를 두고 서북한 지역으로 전래되었다.

2. 심양 정가와자와 요양 이도하자 유적

초기 토광묘 단계의 사회에 강력한 지배자가 존재했음은 심양 정가와자 6512호 무덤을 통해 엿볼 수 있다. 정가와자와 그 부근에서 드러난 토광묘군은 지방의 수장과 그 관할 하에 있던 공동체 성원의 관계를 잘 보여준다. 정가와자 제3지점에서는 두 기의 큰 토광목곽묘와 거기서 동북쪽으로 80m 떨어진 곳에서 12기의 작은 토광묘가 출토되었는데, 두 기의 토광목곽묘는 고기(古期)에 속하는 것으로 중국의 전국시대 고분과 유사하다.

초기에 속하는 토광묘들은 그 구조가 대형이고, 청동기의 수량과 요령식 동검

사진 9. 심양 정가와자 6512호묘 나무곽무덤 인골 출토 모습

사진 10. 정가와자 출토 흑도장경호와 점토대토기(1994년 촬영, 구박물관 전시 사진)

등이 상당히 풍부한 점으로 보아 부유한 지배계급이거나 또는 그 이상의 신분으로 그 일대를 관할하던 대표자의 무덤으로 생각된다. 특히 청동거울이 부장된 무덤이 많은 것으로 보아 제사장의 역할을 하는 지배자들의 존재를 생각할 수 있다. 반면 작은 토광묘에는 아무런 장구류도 없어 토광목곽묘의 피장자에 예속된 낮은 신분의 지배계급이나 그 지역공동체 일반민의 무덤이 아닐까 생각된다.[79] 이처럼 기원전 4세기를 넘어서면서부터는 사회경제적 발전으로 인해 우월한 위치에 올라선 특정 소집단이나 개인이 낮은 신분의 계급이나 일반 성원과 묘역을 달리하여 무덤을 쓰는 양상이 나타나기 시작한다.

요양 이도하자 55년도 발굴 토광묘는[80] 심양 정가와자 유적의 북쪽에 있는 초기 형식의 토광묘로서, 크기가 작고 부장품도 초기 세형동검 한 점과 토기 한두

---

79) 瀋陽古宮博物館, 위의 보고서, 1975; 황기덕, 앞의 논문, 1989, 25쪽.
80) 孫守道·徐秉琨, 「遼寧寺兒堡等地靑銅短劍與大伙房石棺墓」, 『考古』 64-6.

사진 11. 요양 이도하자 출토 후기 미송리형토기

점만이 있었다. 이로써 정가와자 유적의 피장자보다 세력이 약한 그 일대 일정 지역의 수장묘로 볼 수 있다.

기원전 5~4세기 단계에 오면 각 지역에서 일정한 세력을 지닌 지배자의 존재를 확인할 수 있다. 이들 지역 중에서도 정가와자 유적에서 보는 것처럼, 문화의 중심지역에서는 어느 정도 강한 지배력을 지닌 존재가 출현하여 그 주변지역 일대의 소집단(=소읍)을 아우르고 통제했음을 알 수 있다. 특히 정가와자 6512호묘나 이도하자 55년도 발굴 토광묘 등 고기에 속하는 토광묘에는 초기 세형동검과 흑도장경호라는 초기 철기시대의 대표적인 토기가 부장되어 있고, 바닥이 깊은 옹과 세트를 이루어 출토되고 있다. 이러한 점은 이전의 요령식 동검과 미송리형토기를 묻던 석관묘의 전통이 그대로 계승된 것이다.

이외에 여대시 윤가촌 유적 하층의 석묘나[81] 여대시 여순구구 곽가둔, 유가탄[82] 등 여러 곳에서 청동단검 한 자루와 약간의 부장품을 묻은 무덤이 군집하여 보이는 것은 하층 지배세력들의 무덤군으로 볼 수 있다. 이들은 지역공동체 내에 존재하던 부유하고 권력있는 상층 사람들로 보인다. 윤가촌의 군집묘 가운데는 아무런 부장품도 없는 보통의 작은 토광묘가 적지 않은데, 이렇게 부장품을 묻을 수 없었던 사람들은 이 지역공동체의 자유로운 하층 주민으로 인정된다.

이처럼 요동 지역의 경우 일정 지역에서 지배세력간에 어느 정도 분화가 이루어지고 있는데, 이 시기 서북한 지역의 상황은 어떠하였는지 살펴보자. 한국식 동

---

81) 朝·中同考古學發掘隊, 『崗上·樓上』, 1986, 126~150쪽.
82) 東亞考古學會, 『牧羊城』, 東方考古學叢刊 第2冊, 1938, 51~61쪽.

검 문화가 형성되기 전 한반도 서북 지방에는 요령식 동검과 관계된 유적·유물과 함께 지석묘, 석관묘를 비롯하여 팽이형토기와 관계된 유적·유물이 널리 보급되어 있었다. 반면 요동 지역에는 요령식 동검 관계 유적·유물이 지배적인 자리를 차지하고 있었다.

지석묘와 석관묘를 비롯한 팽이형토기 관계 유적·유물은 기원전 2천년기 이래로 한국식 동검 관계 문화가 형성되기 전까지 오랜 시기에 걸쳐 내려오는 서북한 지방 고유의 청동기문화이다. 지석묘나 석관묘를 중심으로 한 팽이형토기문화는 그 이후 한국식 동검문화에 그대로 계승되었다. 그에 대한 예로는 주검곽을 강돌로 두 번 뺑돌려 올려쌓고 그 위에 큰 판돌을 몇 개 맞물려 뚜껑을 덮은 북창군 대평리 3호 지석묘[83]와 신계군 정봉리무덤[84]의 주검곽 시설이 공통되고 북창 대평리 4호 석관묘의 구조가 서흥군 천곡리무덤[85]의 주검곽과 공통되는 것에서 볼 수 있다.

크게 보면 양 지역은 모두 중국 전국시대 초기 철기문화에 영향을 받아 새로운 문화 단계로 나아가지만, 각 지역의 문화는 그곳에서 성장한 토착 청동기문화를 그대로 계승하고 있다. 이것은 다른 두 주민집단이 토착문화를 계승하면서 전체적으로 선진문화의 영향 속에서 문화적 동질성을 갖게 되는 모습이다. 이것은 요동 지역의 예맥 계통 종족과 서북한 지역 고조선족의 성장과정을 반영하는 것이라고 이해할 수 있다.

지석묘가 자체적으로 계승·발전하여 초기 세형동검문화를 형성한 서북한 지방의 경우는 고조선의 영역으로 볼 수 있다. 특히 요동반도 지역의 경우 서북한

---

83) 정찬영, 「북창군 대평리유적 발굴보고」, 『고고학자료집』 제4집, 1974, 135~139쪽.

84) 안병찬, 「우리나라 서북지방의 이른시기 좁은놋단검 관계 유적유물에 대한 연구」, 『고고민속론문집』 제8집, 1983, 59~98쪽.

85) 북창 대평리 4호 석관묘는 큰 판돌로 장방형의 주검곽을 마련하고 그 안에 주검과 부장품을 넣은 석관묘이다. 이 무덤이 서흥 천곡리무덤과 공통되는 점은 두 무덤의 주검곽이 다같이 판돌로 되어 있고 바닥시설이 같다는 것이다(안병찬, 위의 논문, 1983, 71~75쪽).

지역 청동기문화와 동질성이 강한 것으로 보아 한반도 서북 지역과 동질의 정치체를 형성하고 있었음을 알 수 있다. 그 이북의 요중(遼中) 지방(심양, 요양 일대)도 토착문화의 계승관계로 보아 고조선을 형성한 예맥족 계통 주민집단들이 성장하고 있었을 것이다.

기원전 5~4세기 단계에 이르러 초기 세형동검문화가 발전했던 요중(遼中) 지역의 심양 정가와자나 요양 이도하자 무덤의 주인공이 과연 고조선의 최고지배자들이었는지에 대해서는 더 신중한 검토가 요구되지만, 어쨌든 예맥 계통 정치집단의 지배자가 묻힌 무덤으로 보아 큰 잘못이 없을 것이다. 기원전 5~4세기 단계의 토광묘들이 이전부터 존재한 돌무덤의 문화적 전통을 충분히 계승하고 있기 때문이다. 그리고 이러한 선진 문화요소와 주민집단은 서북한 지역에 계속 영향을 미쳐 이곳에서도 새로운 지배세력이 형성되기에 이르렀던 것이다.

이상 요동~서북한 지역 초기 세형동검 단계의 무덤과 부장품에서 공통적으로 보이는 특성은 고조선 지배세력의 모습을 추론할 수 있는 중요한 단서가 된다. 즉 기원전 5~4세기가 되면 '예맥' 계통의 종족과 고조선 세력이 급속히 성장하여 요동~서북한에 걸치는 지역에 이른바 '조선후국'[86]을 형성하게 된 것이 아닌가 추측된다. 문헌에서는 이 당시 요동 지역에서 성장한 세력에 대해 조선후국이라 표현하고, 이들이 성장하여 '칭왕(稱王)'하는 등 교활해졌다고 기록하고 있다.[87] 이러한 기록으로 요동 지역의 청동기문화를 바탕으로 고조선, 즉 조선후국이 주변 지역을 일정하게 아우를 수 있는 상당히 강한 지배권력을 수립했음을 표현한 것이라 볼 수 있다.

---

86) 『三國志』卷30 魏書30 烏丸鮮卑東夷傳 所引『魏略』曰 "昔箕子之侯朝鮮侯見周衰 燕自尊爲王 欲東略地 朝鮮侯亦自稱爲王 欲興兵逆擊燕以尊周室 其大夫禮諫之 乃止"

87) 『三國志』卷30 魏書30 烏丸鮮卑東夷傳 所引 韓條『魏略』"昔箕子之後朝鮮侯 見周衰 燕自尊爲王 欲東略地 朝鮮侯亦自稱爲王 … 後子孫稍驕虐"

Ⅸ. 맺음말

지금까지 매우 거칠지만 요동 지역 청동기문화의 변천과 그 담당 주민집단에 대해 살펴보았다. 그 대체적인 결론은 다음과 같다.

요동 지역의 가장 이른 시기 청동기문화로는 태자하(太子河) 유역의 마성자(馬城子)와 묘후산(廟後山) 문화를 들 수 있다. 태자하 동부 구릉지대는 동굴을 장기간 거주지로 이용하고 있었다. 그것은 동굴 내에서 무덤이 조사되었기 때문이다. 그리고 석관묘 안에서는 화장(火葬)을 하는 것이 보편적이었다.

묘후산 문화보다 조금 늦은 망화(望花) 문화유형에서는 청동제 칼[刀子]이 출토되었는데 그 연대가 3,000B.P.에 해당하고, 쌍타자(雙砣子) 3기 유형에서 청동 화살촉·청동 어구(漁具)·청동 단추가 나오며, 양두와(羊頭窪) 문화유형에서 청동편(靑銅片) 등이 나오는 것으로 보아 요동 지역은 기원전 1천년 기 이전부터 청동기시대가 시작되었음을 알 수 있다.

현재까지 요동 지역에 분포하는 여러 지역의 청동기문화 유형은 대개 확정되었으나, 청동기문화의 편년(編年)이나 발전 단계는 요서 지역처럼 명확하지 않다. 이것은 요동 지역의 문화가 장기간 연속된 점과 동시에 주변지역과의 교류 및 영향에 의해 변화가 많았다는 사실과 관련이 있다.

대개 요동 지역 문화는 요서나 중국문화의 충격에 의해 주민집단의 이동이나 문화의 변동이 대단히 강렬하게 이루어진 것으로 보인다. 요동 지역에서는 요서 지역과 달리 지역적 특색을 가진 문화유형이 두드러지게 나타났다. 이것은 각 유적의 무덤 형식 차이에서 단적으로 드러난다. 구체적으로 예를 들면, 요동반도 남단의 쌍방(雙方) 문화유형(지석묘와 석관묘의 혼합; 초기 요령식 동검과 미송리형토기 공반)의 뒤를 이은 강상(崗上) 문화유형은 다인합장(多人合葬) 적석총(積石塚) 문화이고, 천산산지(千山山地) 및 무순(撫順)·청원(淸原) 등지는 대개 석관묘를 썼다.

이 외에도 각 유적의 청동기 종류 및 수량도 차이가 나고 있다. 이 같은 차이가 나온 주요한 요인은 물론 각자의 문화적 연원(淵源)이 다르기 때문이다. 예를 들어 강상 문화유형의 매장 풍습은 그 지역에서 일찍부터 존재한 쌍타자 3기 문화유형에 속하는 우가촌(于家村) 타두(砣頭) 등 적석무덤과 연원 관계가 있다. 한편, 천산산지 일대에서 청원(淸原) 일대에 이르는 유적들은 본계시 묘후산 동굴유적의 전통을 바탕으로 하면서 요동반도 남단의 쌍방 문화유형의 전통도 계승하고 있다. 미송리 상층 문화유형은 주로 쌍방 문화유형의 요소를 계승하면서 동시에 본계시를 중심으로 한 동굴 무덤 전통도 계승하고 있다.

요동 지역에는 이처럼 몇 개의 청동기문화 계통이 확인되는데, 이는 요동 각 지역 간에 빈번한 교섭·교류가 이루어지고, 외부로부터의 충격 때문에 종족 이동과 융합이 반복되었음을 설명한다. 이러한 여러 종족들은 문헌에서 대개 전국시대 이후가 되면 예맥족(濊貊族)으로 일관되게 등장한다. 그리고 이들은 한민족 최초의 정치체인 고조선의 세력 범위 안에 존재하고 있었다.

한국 최초의 국가 고조선의 세력권이나 영역과 관련해서는 요동 지역이 주목된다. 그것은 요동 지역의 청동기문화가 한반도 청동기문화와 직결되고, 또 요서 지역과 차이가 나기 때문이다. 그 대표적 표지유물로는 요령식 동검 외에도 고인돌과 미송리형토기라는 새로운 자료가 중요하다.

이들 중요 유적에 대한 현지 답사를 통한 조사 결과, 초기에는 묘후산 문화와 고인돌 문화 등 요동반도 산지 일대를 중심으로 청동기문화가 발전하다가, 전성기에는 요동반도의 쌍방문화 등 석관묘에 미송리형토기가 사용되는 단계로 발전하였다. 이후에는 대련지방의 쌍타자나 강상무덤과 같이 강력한 지배자의 출현하는 단계로 발전하였음을 확인하였다. 이러한 문화를 조영한 주민집단은 바로 예맥 계통의 주민집단이고 이들이 중심이 되어 고조선을 세웠다고 볼 수 있다.

미송리형토기문화에 대한 재고찰

Ⅰ. 머리말

종래 중국 동북 지방, 즉 남만주 지방의 청동기문화는 "요령식동검문화" 또는 "비파형동검문화"라는 문화 특성으로 규정해 왔다.[1] 남만주 지역 내에서는 크게 요서 지역의 하가점상층문화, 요동 지역의 미송리형토기문화, 길림 일대의 서단 산문화, 한반도의 청동기문화가 각 지역마다 특색 있게 발전하였다. 이들 각 지역의 문화를 누리던 주민집단은 당시 남만주 지역에서 활동하던 동호, 산융, 예맥, 조선 등 여러 종족들이다.

대개 비파형(요령식)동검문화는 토기를 지표로 할 때 요동~청천강 유역의 미송리형토기문화와 서북한 지역의 팽이형토기문화, 길림성 지역의 서단산형토기문화로 나눌 수 있고, 모두 예맥족 계통의 주민집단이 남긴 청동기시대의 문화로 볼 수 있다.

우리 학계에서 미송리형토기문화에 대해 관심을 갖게 된 것은 한국 청동기문화

---

1) 박진욱 외, 『비파형단검 문화에 관한 연구』, 과학백과사전출판사, 1987; 李健茂, 「韓國의 靑銅器文化」, 『韓國의 靑銅器文化』 도록, 汎友社, 1992; 宋鎬晸, 「古朝鮮 國家形成 過程 研究」, 서울대학교 박사학위논문, 1999; 오강원, 『비파형동검문화와 요령지역의 청동기문화』, 청계, 2006.

의 원류를 이해하고 청동기시대 고조선사와 그 문화인 비파형동검문화를 연구하는 과정에서 시작되었다.[2] 분명 한반도에 청동기문화가 파급되는 배경에는 요동지역의 미송리형토기문화가 어떤 식으로든지 영향을 주었을 것이다. 때문에 미송리형토기문화는 한반도 청동기문화의 원류와 초기 정치체의 모습을 이해하기 위해 필수적으로 검토해야 될 주제라 할 수 있다.[3]

최근 요동 산지(山地) 일대에서 초기 미송리형토기 자료가 증가하면서 미송리형토기의 기원과 변천과정 및 문화적 특성에 대한 새로운 정리가 이루어지고 있다. 본고는 지금까지의 자료를 종합하여 먼저 기존에 설정된 '미송리형토기문화' 개념이 타당한지에 대해 검토를 하고, 그 문화의 특징이 어떠한지에 대해서도 살펴보고자 한다. 나아가 최근 많은 자료가 알려진 요동 산지의 위쪽인 본계(本溪) 지구·태자하상류(太子河上流) 지역의 미송리형토기 자료를 정리하여 미송리형토기의 변천 양상과 그 기원 문제를 다시 검토해 볼 것이다. 미송리형토기문화와 주변 문화의 영향 관계, 그리고 담당 주민 집단과 고조선과의 연관 문제도 함께 살펴볼 것이다.

Ⅱ. 미송리형토기문화의 명칭 및 문화특징

1. '미송리형토기'와 '미송리형토기문화'

일찍이 박수장경병(薄手長頸瓶)[4]이라 칭했고, 최근 중국학계에서 현문호(弦紋壺)[5]

---

2) 황기덕, 「비파형단검문화의 미송리유형」, 『력사과학』 89-3, 1989; 宋鎬晸, 「遼東地域 靑銅器文化와 美松里型土器에 관한 고찰 −고조선의 위치 및 종족문제와 관련하여−」, 『韓國史論』 24, 서울대학교 국사학과, 1991.

3) 宋鎬晸, 앞의 논문, 1999; 吳江原, 「琵琶形銅劍文化의 成立과 展開過程 研究」, 한국정신문화연구원 박사학위논문, 2002; 金美京, 「遼東地域 美松里型土器 研究」, 충남대학교 석사학위논문, 2006.

4) 三上次男, 『滿鮮原始墳墓の研究』, 吉川弘文館, 1962.

5) 현문호를 미송리형토기의 선행형식으로 보고, 미송리형호의 계보를 현문호에서 구

라고 칭하는 미송리형토기는 중국 동북 지방에서도 요하 이동(以東)과 한반도 서북 지방에서 출토된다.

그간 미송리형토기에 대해서는 주로 북한 고고학자들이 초기 고조선문화의 대표적인 요소로 취급하여 왔다. 미송리형토기는 1960년대 초반까지 주목되지 않았으나 1963년 김용간의 연구 이래로 주목을 받아[6] 현재는 기원전 1000년기 전반의 요동 지역 고조선문화의 이전 단계 또는 고조선문화를 대표하는 것으로 설명되고 있다.[7] 미송리형토기는 요동

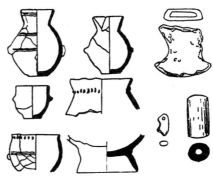

~서북한 지역에 걸쳐 석관묘나 지석묘에서 비파형(요령식)동검 및 선형동부(扇形銅斧)와 함께 공반하고 있기 때문에 청동기시대 고조선의 대표적인 문화로 설명되고 있다.

미송리동굴유적[8]에서 나온 토기 종류는 아래로 갈수록 좁아지는 비교적 긴 목을 가진 작은 단지와 구연을 겹싼 심발형토기, 굽 달린 사발

도 1. 미송리동굴 출토 토기 및 유물

하고 있다(李恭篤·高美璇,「遼東地區石築墓與弦紋壺有關問題研究」,『遼海文物學刊』 95-1, 1995).

6) 김용간,「美松里遺蹟の考古學上の位置」,『考古學雜誌』50-1, 69~70쪽, 1963.

7) 황기덕, 앞의 논문, 1989; 황기덕,「고조선국가의 기원」,『고고민속론문집』121, 990쪽; 西谷正,「美松里型土器とその文化について −中國·東北考古學について−」, 『史淵』127호, 九州大文學部, 1990; 李淸圭,「청동기를 통해 본 고조선」,『國史館論叢』第42輯, 1995.

8) 미송리형토기는 압록강 하류에 있는 의주군 미송리의 동굴유적에서 출토되어 붙여진 이름이다. 이 동굴유적이 분묘인가 아니면 주거지인가에 대해서는 논의가 있지만 조금 이른 시기의 묘후산 동굴유적을 통해 볼 때 분묘(墳墓)일 가능성이 높다(김용간, 「미송리 동굴 유적 발굴보고」,『고고학자료집』3, 1963; 김용간,「미송리 동굴 유적 발굴 중간보고」(1), (2),『문화유산』61-1·2, 1961).

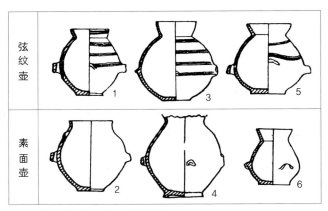

도 2. 요동 산지 출토 미송리형토기
(1·2.무순 대화방 수고, 3·4.요양 이도하자, 5·6.무순 대갑방
석관묘 출토)

(鉢) 형태의 세 종류가 있는
데, 특히 특색 있는 기형을
나타내는 광구의 유경호(또
는 단지)를 '미송리형토기'9)
라고 부르고 있다.

미송리형토기는 동체의
윗부분에 줄무늬가 있는 것
과 없는 것의 두 계통이 있

사진 1. 개원 이가대 출토 미송리형토기

다. 이는 각각의 토기가 특정한 발전 궤적을 가졌음을 암시한다. 예를 들어 무순
시(撫順市) 대화방(大伙房) 수고(水庫) 석관묘에서는 다수의 호(壺)와 옹(甕)이 출토되었

---

9) 대부분의 연구자들은 목이 긴 장경호의 동체부 상복부에 줄무늬가 있는 것만을 미
송리형토기로 부른다(사회과학출판사, 「미송리형토기 용어해설」, 『고고민속』 67-2,
1967). 그러나 상복부에 줄무늬가 없는 것도 미송리형토기로 보아야 하며, 미송리형
토기와 공반하는 옹과 발은 미송리유적 출토의 미송리유형 토기라는 개념으로 부르
는 것이 좋다고 생각한다.

는데 미송리형토기 중 줄무늬가 없는 것이 줄무늬가 있는 것과 비슷한 비율로 출토되었다.[10]

이처럼 요동 산지의 석관묘에서는 줄무늬가 있는 호와 무문의 호로 대표되는 두 문화 계통이 존재했음을 확인할 수 있는데, 두 문화 계통은 서로 밀접한 연계를 가지고 이 지역 석관묘문화의 중요 특징을 만들어 나갔다.[11] 따라서 종전처럼 동체부의 위쪽에 줄무늬가 있는 호만을 미송리형토기라 불러서는 안 되며 무문의 호를 포함하여 목이 있고 다리 또는 입술 모양의 꼭지가 달린 토기 모두를 미송리형토기로 불러야 한다.

요동 지역에서 미송리형토기와 함께 공반되는 토기들은 모두 모래가 끼인 갈색의 토기[夾砂褐色磨研土器][12]이다. 이 토기들은 형태에 따라 작은 단지(壺)와 구연을 겹싼 심발형 토기(甕)·둥근 사발(鉢)·목 없는 단지 등으로 나뉘는데, 양적으로는 유경호와 심발형 토기가 다수를 차지한다.[13] 특히 미송리형토기는 대개 이중 구연을 가진 심발형 옹(罐)이 함께 부장되는 점이 특징이다. 따라서 미송리형토기를 분석할 때에는 심발형 옹(甕)도 함께 고려해야 한다. 심발형 옹은 이중구연(二重口沿)에 각목문(刻目紋)을 한 것으로 이는 한반도 서북 지방의 팽이형토기 기형 및 제작수법과 통하는 특징이다.

미송리형토기가 나오는 유적에서는 요령식동검(遼寧式銅劍)과 동부(銅斧)도 함께 부장되는데, 묘제(墓制)는 대부분 석관묘이다. 석관묘 외에 지석묘, 대석개묘, 적석묘, 생활 유적에서도 미송리형토기가 나오지만 대부분의 전형적인 것은 석관묘에서 나왔다.[14] 이처럼 돌을 이용한 무덤, 특히 석관묘 안에 어깨부분에 줄무늬가 있는 특징적 토기와 청동단검 및 동부 등을 포함하는 청동기문화를 '미송리형토

10) 佟達·張正巖, 1989, 「遼寧 撫順 大伙房 水庫 石棺墓」, 『考古』 89-2.

11) 朱永剛, 「西團山文化源探索」, 『遼海文物學刊』 94-1, 1994.

12) 사회과학원 고고학연구소 편, 『조선고고학개요』, 1977, 131쪽.

13) 西谷正, 「美松里洞窟出土の無文土器」, 『史淵』 115, 1978, 173~175쪽; 황기덕, 앞의 논문, 1989.

14) 李恭篤·高美璇, 앞의 논문, 1995; 김미경, 앞의 논문, 2006.

기문화'로 부를 수 있다. 보다 엄격히 말하면 전형적인 미송리형토기가 쓰인 시기의 문화만을 미송리형토기문화로 부를 수 있겠다.[15]

미송리형토기문화의 개념을 정의할 때 하나 고려해야 될 것은 길림성 일대에서 유행한 서단산문화와의 관계 문제이다. 그것은 서단산문화 출토의 서단산형토기 호(壺)가 미송리형토기와 매우 유사하기 때문이다. 또한 선형동부(扇形銅斧)와 옹(甕) 역시 미송리형토기와 공반하는 상황이 매우 유사하다. 때문에 북한학계에서는 서단산문화 내용을 묵방리형토기와 함께 변형 미송리형토기에 포함시켜 이해하고 있다.[16] 이 점을 고려하여 필자도 이전에 서단산형토기를 미송리형토기로 분류하였다.[17] 그러나 서단산형토기를 미송리형토기의 유형 분류에 포함시키는 것은 문제가 있다. 이른바 서단산문화는 요동 지역 청동기문화와 유사한 점도 많지만 분명 요동 지역 청동기문화와 달리 독자적인 문화 특성을 지닌 채 발전한 문화이기 때문이다.[18] 따라서 미송리형토기문화와 서단산문화의 상호 영향 관계를 논의할 수는 있어도 미송리형토기문화 범위에 서단산문화권을 포함시키는 것은 문제가 있다 하겠다.

2. 형식 분류

대개 미송리 유적에서 출토된 무문토기를 古, 新 두 형식으로 구분하여, 전자를 미송리 I, 후자를 미송리 II로 부르는데,[19] 이 점은 다른 논문에서도 언급된 것[20]

---

15) 최근 요동 지역을 북부와 중부, 남부 등 여러 개의 지역 유형으로 나누어 보는 연구가 있어(오강원, 앞의 책, 2006, 448~514쪽) 이와 대비된 고찰이 필요하나, 이는 별도의 연구를 요하는 주제이며, 본고에서는 미송리형토기를 중심으로 하나의 문화권이 성립될 수 있음을 정리하고자 한다.

16) 사회과학출판사, 「미송리형토기 용어해설」, 『고고민속』 67-2, 1967.

17) 송호정, 앞의 논문, 1991, 51~55쪽.

18) 東學增, 『西團山文化硏究』, 吉林文史出版社, 1994.

19) 西谷正, 앞의 논문, 1978, 175~179쪽.

20) 尹武炳, 「청동기문화」, 『한국사』 1, 1984, 247~248쪽; 사회과학원 고고학연구소

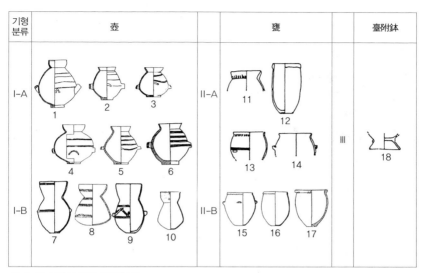

기형 분류	壺				甕			臺附鉢
I-A	1	2	3	II-A	11	12	III	18
I-B	4	5	6		13	14		
	7	8	9	10	II-B	15	16	17

도 3. 미송리형토기 형식분류
(1.쌍방, 2.이가대, 3.대갑방, 4.성신촌, 5.황화산2호, 6.백회창, 7.미송리, 8.남경, 9.묵방리,
10.표대2기, 11.미송리, 12.쌍방, 13·14.미송리, 15·16.신암리, 17.남경, 18.미송리)

으로 그 논의를 바탕으로 형식을 분류하면 도 3과 같다.

미송리형토기는 전체 크기에서 경부(頸部)가 차지하는 길이비율을 기준으로 형식 분류와 시기를 구분한다. 먼저 항상 세트로 출토되는 호와 옹(罐), 대부발(臺附鉢)은 I·II·III류로 나눌 수 있다. 이러한 기본적인 구분을 바탕으로 세분하면 미송리형토기(I)는 경부가 짧고 동체 하반부에 최대 직경을 가지면서 손잡이가 대상으로 붙어 있는 것(I-A)과 경부가 길고 동체부 최대 직경이 거의 중앙부에 오며 손잡이가 젖꼭지형·입술형으로 되어 있는 것(I-B)으로 나뉜다. 이 두 형식은 시기상으로나 형식상 연속성이 강한 것으로 보인다.

옹(II)은 동체의 형태에 따라 이중구연이면서 상하로 세장한 것(II-A)과 손잡이가 있는 화분형(II-B)으로 세분된다. 발은 하나로 형태가 통일되어 있다. 다만 수

편, 『조선고고학개요』, 1977와 황기덕, 『력사과학』 89-3, 1989 등 북한학계의 고조선 관계 논문 대부분에서 보이고 있다.

량이 부족하여 일정한 발전 과정을 설정하기가 어렵다.

이상의 형식 분류는 기본적으로 미송리형토기의 시간성을 보여준다. 가장 이른 시기의 미송리형토기 형식은 마성자문화의 동혈 유적에서 나오는 미송리형토기 이다. 그리고 무순·본계 일대 석관묘 출토의 것은 가장 전형적인 기형을 갖고 있 다. 후기 단계에 오면 평양 남경 유적이나 표대 주거지 출토품처럼 주머니 모양의 변형 미송리형토기로 변화된다.[21] 이에 대한 구체적인 검토는 다음 장에서 지역 의 특징과 함께 살펴 볼 것이다.

Ⅲ. 미송리형토기의 변천 양상

1. 지역적 특성

미송리형토기는 주로 압록강 유역과 혼하·태자하 유역, 그리고 요동반도의 세 곳에 집중 분포한다. 특히 혼하와 태자하 유역의 석관묘 유적에 주로 부장되어 있다.

미송리형토기가 출토되는 유적을 간략히 분류하면, 가장 전형적인 미송리형토 기, 즉 단경호가 주로 석관묘에서 출토되는 혼하~태자하 지역, 전형적인 미송리 형토기가 대석개묘에서 출토되는 요동반도 지역, 미송리형토기의 모든 형식이 출 토되는 압록강 유역, 이른바 묵방리형토기와 주머니 모양의 변형 미송리형토기가 팽이형토기와 공반하는 청천강·대동강 유역 등으로 나눌 수 있다. 이밖에도 단 동 지구 및 강계 풍룡동[22]이나 대동강 이남의 백령도[23] 등에서 미송리형토기의 변형 형태로 보이는 토기들이 나오고 있다.

---

21) 송호정, 앞의 논문, 1991, 27~32쪽; 김미경, 앞의 논문, 2006, 64~76쪽.

22) 有光教一,「平安北道江界郡漁雷面發見の一箱式石棺と其副葬品」,『考古學雜誌』31卷 3號, 1941, 34~35쪽.

23) 宋鎬晸, 앞의 논문, 1991, 53쪽 그림 18.

미송리형토기가 가장 집중하는 혼하 중류 일대는 미송리형토기가 가장 유행한 지역으로, 특히 무순과 청원 일대를 중심으로 소형 석관묘 속에 전형적인 미송리형토기를 비롯하여 비파형동검, 선형동부 등의 유물이 부장되어 있다. 중국측 보고만을 근거로 하면 요령성 무순 대화방(大伙帮)에서 가장 많은 미송리형토기가 출토되었다.[24] 특히 무순 축가구(祝家溝),[25] 청원 토구자 문검(清原 土口子 門瞼)[26]·토구자 중학(土口子 中學)·마가점(馬家店) 등 석관묘[27] 유적에서 미송리형토기가 많이 출토되었다.

혼하 유역의 무순을 포함한 청원~개원 일대는 미송리형토기의 전체 분포 범위에서는 북쪽에 해당한다. 혼하 유역의 석관묘에 부장된 미송리형토기 형식은 요동반도 및 한반도 서북 지방의 것과 다른, 지역 나름의 특징을 가지고 있다. 눈에 띠는 것은 미송리형토기 가운데 줄무늬가 없는 무문의 장경호가 함께 출토되는데 이것은 서단산문화를 대표하는 서단산형토기와 매우 유사하다는 점이다. 나아가 공반유물 가운데 석부(石斧) 등 석기 형태가 서단산 문화 유형과 비슷하고 청동모(青銅矛) 등이 공반한다. 이처럼 두 지역 간에 문화적 정합성과 통일성이 보인다면 양 지역의 종족(주민)집단 계통이 유사함을 생각할 수 있다.

혼하 바로 밑의 태자하 유역 본계현 일대에 위치한 요양 행화촌[28]의 석관묘에서는 초기 미송리형토기로 볼 수 있는 토기들이 나왔고, 태자하 북안 접관청(接官廳)[29]에서도 환형·나선형·경침형(頸針形)의 동식(銅飾) 등과 함께 본계현 묘후산 동혈묘의 호와 연결되는 초기 미송리형토기가 나왔다.[30] 또한 요양 양갑산 이도하

24) 清原縣文化局·撫順市博物館, 「遼寧清原縣近年發現一批石棺墓」, 『考古』82-2, 1982; 佟達·張正岩, 「遼寧撫順大伙帮水庫石棺墓」, 『考古』89-2, 1989.

25) 佟達·張正岩, 앞의 논문, 1989.

26) 清原縣文化局, 「遼寧清原縣門瞼石棺墓」, 『考古』81-2, 1981.

27) 清原縣文化局·撫順市博物館, 앞의 논문, 1982.

28) 梁振晶, 「遼陽杏花村青銅時代石棺墓」, 『遼海文物學刊』96-1, 1996.

29) 遼陽市文物管理所, 「遼陽接官廳石棺墓」, 『考古』83-1, 1983, 72쪽; 鄭漢德, 앞의 논문, 1989, 95쪽.

30) 박진욱, 『비파형단검문화에 관한 연구』, 과학백과사전출판사, 1987, 52~53쪽.

자[31]의 1호 석관에서는 대부발(臺附鉢)과 미송리형토기 호편(壺片)·비파형동검·동부(銅斧)와 동착(銅鑿)·활석제 부(斧)·화살촉 용범(鎔范) 한 세트가 나왔으며, 이미 파괴된 석관과 그 부근에서는 미송리형토기와 목이 곧은 단지 조각이 수집되었다.

태자하 유역에는 혼하 유역의 미송리형토기 및 대동강 유역의 팽이형토기 유적과 관련하여 주목되는 동혈 유적 몇 개가 있다.[32] 묘후산, 남전진 마성자 노립배(南甸鎮 馬城子 老砬背), 남전진 북전촌 삼각동(北甸村 三角洞) 등의 동혈 유적이 그것인데, 이들 유적에서는 기원전 1천 년을 넘어가는 초기 미송리형토기가 출토되었다.[33] 여기서 출토된 그릇받침[臺]과 사발·석기 등은 과거 자강도 공귀리·심귀리 등지에서 출토된 '공귀리형토기'[34]와 유사한 면도 있으며, 서단산문화의 토기와도 통한다.[35]

태자하 유역 출토 토기 가운데 구연을 두 겹으로 겹싼 것이라든가 돼지주둥이처럼 생긴 작은 밑창 같은 것은 대동강 유역 팽이형토기의 특징과도 유사하다. 예를 들어 본계 세하 일대의 호구에서 발견된 석관묘와 정가촌 석관묘[36]에서도 묘후산 유형의 것과 유사한 토기가 조사되었고,[37] 환인(桓仁) 대리수구(大梨樹溝) 유적[38]에서도 미송리형토기의 초기 형태와 함께 마성자문화 중기 단계 토기와 동일 유형의 토기가 나왔다. 이러한 토기는 환인 포권구(抱圈溝) 유적, 봉명(鳳鳴) 유적 등에서

---

31) 遼陽市文物管理所,「遼陽二道河子石棺墓」,『考古』77-5, 1977.

32) 李恭篤·高美璇,「太子河上游洞穴墓葬探究」,『中國考古學會第六次年會論文集』, 文物出版社, 1987; 李恭篤,「本溪發現多處洞穴墓地及遺址」,『中國文物報』, 1988.

33) 遼寧省文物考古研究所·本溪市博物館,『馬城子』, 文物出版社, 1994.

34) 사회과학원 고고학연구소 편, 앞의 책, 1977, 93~95쪽.

35) 朱永剛, 앞의 논문, 1994; 복기대,「馬城子文化에 관한 몇 가지 문제」,『선사와 고대』22, 2005, 21~22쪽.

36) 魏海波,「本溪連山關和下馬塘發現的兩座石棺墓」,『遼海文物學刊』91-2, 1991, 10~11쪽.

37) 魏海波, 앞의 논문, 1991, 11쪽.

38) 梁志龍,「桓仁大梨樹溝靑銅時代墓葬調査」,『遼海文物學刊』91-2, 1991, 36~39쪽.

도 발견되고, 관전 하금갱(寬甸 下金坑) 유적에서 발견되는 것과도 일치한다.[39] 이러한 토기는 이웃 신빈(新濱)·통화(通化) 지역에서도 출토되고 있다.[40]

이상에서 태자하 유역의 초기 미송리형토기문화는 한반도나 길림 지역의 서단산문화에 비해 시기적으로 훨씬 이른 형태를 보이면서 문화적 특징에서 유사한 면을 보이므로, 이 지역의 문화가 나중에 한반도 및 길림 일대로 교류·전파되면서 전형적인 미송리형토기문화나 서단산문화 형성에 영향을 준 것으로 생각된다.

요동반도 지역에서 나오는 미송리형토기 역시 또 하나의 특징을 보인다. 요동반도 남단 신금현 쌍방 석개석관묘(대석개묘)[41]에서는 미송리형토기(Ⅰ-A식)와 함께 이중구연 토기, 비파형동검, 부 용범(斧 鎔范)이 나왔다. 미송리형토기는 비교적 초기 형태이며, 공반하는 구연을 겹싼 토기는 한강을 중심으로 그 이남 지역에 주로 분포하는 이중구연토기(점토대토기)와 통하는 점이 많아 해상이나 육상 교통로를 따라 한반도 이남 지역으로 전파되었음을 시사한다.[42] 비파형동검은 원주형 돌대가 검 끝까지 뻗고 검날 좌우의 돌기가 둥그스럼하게 검 끝에 치우쳐 전형적 비파형동검과 달리 고졸한 형태를 띠고 있다.

한편 쌍방(雙房) 유형의 청동기문화는 이전부터 전통이 강한 지석묘를 조영하고 있던 토착 주민집단이 혼하 일대, 나아가 요동 및 중국 북방으로부터 내려온 석관묘 사용집단과 융합되는 사정을 잘 보여준다. 특히 지석묘와 함께 조영된 석관묘에서만 청동단검과 동부 등이 출토되는 점은 요서나 중국 북방의 선진 청동문화를 경험한 석관묘 사용집단이 청동유물을 바탕으로 토착 지석묘 집단보다 우월한 위치에 있었음을 알 수 있다. 그 중심 시기는 용범의 존재로 보아 동검과 동부를 동시에 주조할 수 있는 단계의 문화,[43] 즉 기원전 8~7세기 단계의 문화임에 틀

---

39) 梁志龍, 앞의 논문, 1991, 39쪽.

40) 張波, 「新賓縣永陵公社色家發現石棺墓」, 『遼寧文物』, 1984.

41) 許明綱·許玉林, 「遼寧新金縣雙方石蓋石棺墓」, 『考古』83-4, 1983, 293~295쪽.

42) 韓相仁, 『粘土帶土器 文化性格의 一考察』, 서울大學校 碩士學位論文, 1981, 38~39쪽.

43) 岡內三眞, 「東北アジアにおける靑銅器の製作技術」, 『尹武炳華甲紀念論叢』, 1984,

림없다. 한편 신금현이나 요동반도 지역에서 쌍방 유적 외에 전형적 미송리형토기 유적이 보이지 않는 것은, 요동반도 지역이 지석묘·적석묘 등 이전의 토착문화 전통이 매우 강했음을 말해준다.

단동 지구의 대양하 유역 동구보 일대 달자영공사 서심, 동구현 하암동, 후훤동, 마가점진 등[44])에서도 묘후산 유적과 유사하게 표면이 마연된 흑갈색의 호와 동체가 긴 형태의 토기가 나오고 있다. 특히 봉성현 동산두 지석묘[45])에는 미송리형토기와 함께 동체가 긴 형태의 토기도 나온다.

이처럼 단동 일대 유적에서는 혼하 일대에서 출토하는 것과 비교적 유사한 초기형의 미송리형토기가 장동호(長胴壺)와 함께 보인다. 이러한 토기들은 압록강 유역의 공귀리형토기와 유사하다는 점에서,[46]) 이 지역 일대에 압록강 유역 주민집단과 관련된 일정 집단이 거주하였음을 말해준다.

단동 지구와 압록강 유역은 요동반도와 서북한 지역의 중간에 위치하므로 양지역의 문화가 교차되고 상호 영향을 주고받았을 것이다. 일찍이 요동반도와 서북한 지역은 문화적으로 서로 밀접히 연관되는데, 대개는 요동반도에서 서북한지역으로 영향을 주었다고 보인다.[47])

서북한 지역에서 출토되는 미송리형토기는 형식에 있어서 요동 지역의 것과 많은 차이가 있다. 평안북도 신암리나 미송리 유적 출토의 것은 요동 지역 미송리형토기의 후기 형태에 해당하는 것으로 동체부가 비교적 둥그렇고 세장한 모습

651~654쪽.

44) 丹東市文化局文物普査隊,「丹東市東溝縣新石器時代遺址調査和試掘」,『考古』84-1, 1984.

45) 許玉林·崔玉寬,「鳳城(草河鄉)東山大石蓋墓發掘簡報」,『遼海文物學刊』90-2, 1990; 大貫靜夫,「遼寧省鳳城縣東山大石蓋墓墓地考古測量調査」,『東北アジアの考古學研究』[日中共同研究報告], 1995, 81~98쪽.

46) 鄭漢德,「美松里型土器の生成」,『東北アジアの考古學』天池, 1990, 103~108쪽.

47) 王巍,「夏商時期遼東半島和朝鮮半島西北部的考古學文化序列及其相互關係」,『中國考古學論叢』, 科學出版社, 1993; 吳江原,「비파형동검문화의 성립과 전개과정 연구」, 한국정신문화연구원, 2002, 194쪽.

을 보인다. 반면 평양 남경 유적이나 대평리 지석묘, 표대 주거지에서 나온 미송리형토기는 변형 미송리형토기로 주머니 모양을 하고 있다. 이는 요동반도 지역 미송리형토기의 영향을 받아 서북한 지방에서 독특하게 형성된 토기 유형으로 보인다. 그리고 서북한 지방은 팽이형토기가 집중하는 곳으로 일찍부터 토착집단이 거주하고 있던 관계로 미송리형토기문화가 영향을 크게 미치지 못했음을 알 수 있다.

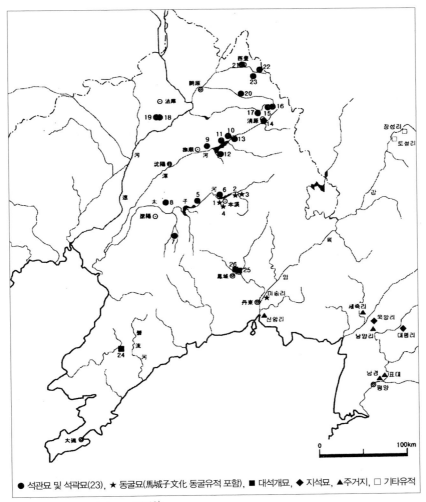

도 4. 미송리형토기 출토 지역[48)]

표 1. 미송리형토기 출토 유적

지역	지명	유구	토기	부장품		비고
				청동기	석기	
압록강·청천강 유역	平北 義州 美松里	무덤	미송리형토기(壺, 甕, 壺(付鉢))	동부2	석촉 4	『문화유산』61년 1·2
	平北 龍泉郡 新岩里	주거지	미송리형토기(壺, 甕)		석검, 석촉	『고고민속』65년 3호
	平北 中江郡 長城里	주거지	미송리형토기면			『고고민속』63년 1호
	平北 中江郡 土城里	주거지	미송리형토기(鉢, 甕)		석촉, 흑요요석편	『고고민속』63년 1호
	平南 价川郡 墨房里	변형지석묘	묵방리형토기, 평이형토기면		반달칼, 활촉	『문화유산』61년 2호
	平南 北昌郡 大坪里	변형지석묘, 석관묘	평이형토기(면), 평이형토기면		석검, 석촉, 곡옥	『고고민속론문집』5
	평양 남경	주거지			석기	『조선고고연구』
	평양 표대	주거지	미송리형토기(무문)		석기	『조선고고연구』
	平南 寧邊郡 細竹里	주거지	묵방리형토기, 평이형토기면		석부, 석창, 석촉, 반달칼	『고고민속』62년 2호
요북 지구	法庫 石砬子	석관묘	미송리형토기(壺, 관, 발 등)		마노주, 石環	『遼海文物學刊』88년 2호
	法庫 長條山	석관묘	미송리형토기			
	法庫 黃花山	석관묘	미송리형토기			
	西豊 和隆	석관묘	미송리형토기면(전부 다수)	청동부 2	青石鏃	『遼海文物學刊』86년 1호
	西豊 誠信村	석관묘	미송리형토기			
	西豊 소방대	석관묘	미송리형토기			
혼하	開原 李家臺	석관묘	미송리형토기, 灰陶豆, 陶罐罐耳	동환, 동도	석범	『考古』81년 2호
태자하 유역	開原 建材村	석관묘 군	미송리형토기	동도	石鋤	『博物館研究』2000년 3호
	清原 門臉	석관묘	미송리형토기	동부	석촉, 곱추	『考古』82년 2호

지역	지명	유구	부장품			비고
			토기	청동기	석기	
	淸原 馬家店·夏家卜·大胡蘆溝	석관묘	미송리형토기	동월, 동모, 비파형동검	석부, 석검, 석방륜	『考古』81년 2호
	撫順 大伙房	석관묘	미송리형토기?편	동부, 동촉	석부	『考古』81년 2호
	撫順 甲幇	석관묘	미송리형토기	비파형동검		『考古』64년 6호
	撫順 草堂	?	미송리형토기			『동북아시아고고학연구』
	新賓 老城	석관묘	미송리형토기		석도, 석촉	
	遼陽 二道河子	석관묘	미송리형토기(臺付鉢, 壺)	동부, 동부유병, 비파형동검		『考古』77년 5호
	遼陽 接官廳	석관묘	미송리형토기	청동제식구	끌기, 석기	『考古』83년 1호
	本溪縣 通江峪, 觀音閣, 孟家堡子, 望城崗子, 丁家峪	석관묘	미송리형토기(호, 관)	동부, 동모	석부, 도영륜	『북방문물』2003-1호
	本溪市 龍頭山	석관묘	미송리형토기	청동단검, 동부, 동촉, 첨삭		『북방문물』2003-1호
	本溪市 北台鎭	석관묘	미송리형토기(고대선토기)	동검, 동모	도영륜	『북방문물』2003-1호
	新錦 雙方	석관묘	미송리형토기(壺, 甕)	동부유병, 동검	방추차	『考古』83년 4호
	新錦 碧流河	석관묘	미송리형토기		석기	
요동반도	蓋縣 伏家爐堡	지석묘	미송리형토기			
	新錦 王屯	석관묘	미송리형토기(무문호)		석기	
	岫巖 眞武廟	생활유지	미송리형토기		석기, 방추차	『북방문물』2003-3호
단동지구	鳳城 東山頭	대석개묘	미송리형토기(호, 관 등)		석부, 석도, 방추차 등	『遼海文物學刊』90년 2호

2. 미송리형토기의 기원과 영향

요동~길림성, 한반도에 걸쳐 출토되는 미송리형토기는 지역이 광대한 만큼 토기 형태도 다양하다. 사용된 시기의 편차 또한 컸던 것으로 생각한다.

북한학계에서는 1980년대 말 미송리형토기를 조기·전형·변형 형식의 3시기로 구분하였다.[49] 이 주장은 토기 사용연대를 지나치게 올려보았기 때문에 편년관은 받아들이기 어렵지만, 단계별 특징에 대한 구분 내용은 많은 참고가 된다.[50]

미송리형토기의 기원과 관련해서는 종래 우가촌(于家村) 타두(砣頭) 적석묘(積石墓)와 요양 접관청(接官廳) 석관묘(石棺墓) 출토 미송리형토기의 특이한 요소가 결합하여 이루어진 것으로 보았다. 즉 요동반도 남단의 우가촌 타두 유적에 그 기원을 두는 입장이 우세하였다. 그러나 최근에는 태자하 유역의 동혈문화 유적이 알려지면서 미송리형토기문화의 기원지로서 태자하 유역이 주목되고 있다.

본계시와 본계현을 중심으로 한 동혈문화 유적지에서 줄무늬를 가진 미송리형토기의 초기 형태가 많이 나와 일반적으로 이 유적을 미송리형토기의 초기 형태로 규정한다.[51] 다만 두 지역의 초기 미송리형토기는 절대연대 측정치가 기원전 12세기경으로 비슷한 시기라 할 수 있다.[52]

---

48) 본 지도는 2006년 김미경 논문에 인용된 것을 약간 수정한 것임.

49) 김동일은 요령식 동검과 미송리형토기를 함께 고려하여 신금현 쌍방 6호석개석관묘 출토의 동검 및 호형토기를 조기(早期)형식으로, 청원현 문검(門瞼) 석관묘유형을 전형적 형식으로, 강상출토의 호형토기를 변형으로 보았다(김동일, 「서북조선과 요동지방의 석관묘에 대하여」, 『력사과학』85-3, 1985).

50) 황기덕, 앞의 논문, 1989에서는 미송리형토기의 형태 변화과정을 세 부류로 구분하고 있는데(2~3쪽), 이는 西谷正의 분류와도 크게 벗어나지 않고 또한 장경호가 단경호에서 장경호로 변한다는 주장과 관련하여 대체로 인정할 수 있어 그 분류체계에 따르고자 한다(西谷正, 앞의 논문, 1978, 175~178쪽; 韓相仁, 앞의 논문, 1981, 34~35쪽).

51) 복기대, 앞의 논문, 2002, 13쪽.

52) 쌍방 유적 6호 석관묘에서 나온 미송리형토기는 그 형태가 청동기시대 이른 시기의

마성자문화 유적 가운데 연대 측정을 한 것이 9개가 있다. 이 가운데 연대가 가장 이른 것은 근변사 A동 1호무덤으로 4075±100 연대가 나왔다. 이밖에 장가보 A동굴 14호가 3305±140, 52호 묘장이 3585±65 연대가 나와 기원전 13~15세기까지 올려보는 분도 있다.[53] 그러나 미송리형토기 초기 형태가 나오는 장가보 A동 2층 7호 묘장과 4호 묘장의 연대가 각각 B.C.1030±35와 B.C.1115±60이고, 마성자 A동 7호 묘장이 B.C.1025±70년으로 초기 미송리형토기의 중심 시기는 기원전 12세기경으로 보는 것이 타당하다. 따라서 마성자 문화유형과 우가촌 타두, 그리고 다음 단계의 쌍방 석관묘 문화유형이 융합하여 전형적인 미송리형토기문화가 발생한 것으로 볼 수 있다.[54]

다음으로 태자하 북쪽의 혼하 유역인 청원, 무순, 개원 지역에는 본계현 일대의 동혈 유적 출토 토기보다는 늦은 단계의 미송리형토기가 많이 분포한다. 그 동안 이 토기에 대해서는 미송리형토기의 중심지이면서 고조선과 관련된 문화로 설명해 왔다. 나아가 청원 및 개원 지역의 미송리형토기는 서단산형토기와 기본 제작 수법과 공반 유물이 유사하기 때문에 그 동안 서단산형토기가 요동 지역에서 지역화하여 어깨 부분에 줄무늬나 톱니 모양의 문양이 새겨지고 비파형동검과 함께 출토하는 것으로 이해하였다.[55]

현재까지의 자료를 통해 보면 서단산형토기는 태자하 유역의 청원 지역이나 개원 일대의 초기 미송리형토기와 제일 유사하다. 그리고 가장 이른 시기의 미송리형토기는 동혈묘에서 나오고 있다. 동혈은 막돌을 이용하여 장방형 석관 형식을 하였는데 이는 석관묘의 원형으로 볼 수 있다. 산성자 C동 M2 출토의 고경호는

것으로 우가 타두 출토의 호와 유사한 면이 있다. 그런데 타두 유적의 C14 연대는 B.P.3135±90년이 나왔다. 쌍방 유적의 이른 시기에 해당하는 상마석 상층 유적의 경우도 C14 연대는 B.P.3130±100년으로 나왔다.

53) 撫順市博物館, 「遼寧新濱滿族自治縣東升洞穴古文化遺存發掘整理報告」, 『北方文物』 2002-1, 2002, 7쪽; 복기대, 앞의 논문, 2002, 18쪽.

54) 王巍, 「雙房遺存研究」, 『慶祝張忠培先生70歲論文集』, 科學出版社, 2005.

55) 송호정, 앞의 논문, 1991; 朱永剛, 앞의 논문, 1994.

	호리병	단지	항아리	바리	대야
마성자문화	1	2	3	4	5
서단산문화	6	7	8	9	10

도 5. 마성자문화와 서단산문화 토기
(1.장가보A동 6호, 2.장가보A동 4호, 3.장가보A동 20호, 4.장가보A동 6, 5.장가보A동 10호,
6. 쌍양 마반산 1호, 7.문수후산 2호, 8.랑두산 109호, 9.성성초 25호, 10.성성초 9호)

미송리형 호의 최고(最古) 형식 토기로 볼 수 있다. 이러한 마성자문화 중기 단계부터 소형 청동기가 출토하고 있다. 태자하 유역의 동혈문화는 대개 비파형동검문화의 시원적(始原的)인 요소를 포함하고 있다고 하겠다. 이 점을 고려하면 대체로 서단산문화는 종전의 생각과 달리 혼하 유역에 중심을 둔 미송리형토기문화가 길림 일대의 토착문화에 영향을 주어 형성된 문화라고 할 수 있다.56)

전술했듯이 가장 이른 시기의 미송리형토기가 나오는 마성자문화의 중기 이후 연대는 기원전 12세기까지 올려본다. 니시타니 타다시(西谷正)이나 미야모토 카츠오(宮本一夫) 같은 일인(日人) 학자들은 대개 중국학계의 편년관을 따른다.57) 다만 태자하 유역의 동혈문화나 요동반도의 적석묘에서 나오는 초기 단계의 청동기문

---

56) 西谷正은 미송리형토기 범주에 길림성 일대 서단산문화를 포함시켜 분석하였다(西谷正 1977).

57) 西谷正, 「美松里洞窟出土の無文土器」, 『史淵』115, 1977; 宮本一夫, 「中國東北地區史前陶器的編年與分區」, 『北方文物』93-2, 1993.

화에 대해서는 부정적인 입장이다. 미야모토 카츠오(宮本一夫)는 기원전 9세기 이후 단계의 청동기문화는 요서 지역의 하가점상층문화, 요동 지역의 상마석 A지점 상층문화, 신락 상층문화, 미송리상층문화, 서단산문화가 비슷한 시기에 유행하였다고 보았는데 매우 합리적인 견해라 생각한다.[58]

아직 마성자문화의 성격이 명확히 정리되지 않은 상태이지만 미송리형토기문화의 기원을 마성자문화에서 찾는 것은 설정 가능하다. 한편 미송리형토기의 기원 시기를 기원전 1천년 이전으로 올리는 중국학계의 견해를 그대로 받아들이기는 조심스럽다. 다만 마성자문화 후기에 해당하는 일부 유적이 기원전 12~11세기로 비정되는 점은 그 연대를 수용해도 가능하다는 생각이다.

미송리형토기의 변화와 다음 단계로의 이행 시기 또한 해결해야 될 과제이다. 최근 논문에서는 미송리형토기가 기원전 6세기경 양천유형(凉泉類型) 문화로 대체된다는 주장이 나왔다.[59] 그러나 미송리형토기문화 다음 단계의 양천 문화유형[60]은 아직 그 문화적 특성에 대한 검토가 제대로 이루어지지 않아 과연 미송리형토기문화를 뒤이어 등장한 문화유형이라 규정할 수 있을지 의문이다.

미송리형토기의 소멸 시기와 그 문화유형을 파악하기 위해서는 다음의 세 가지 측면을 고려하면 어느 정도 합리적인 결론에 도달하리라고 본다.

먼저 미송리형토기문화의 특징이 서단산문화 내용과 매우 유사하므로 서단산문화의 변천과정을 통해 미송리형토기의 변천 과정을 추정해 볼 수 있다. 많은 연구자들의 공통된 견해는 서단산문화가 기원전 10세기경 출현하여 전국시대 말기인 기원전 4~3세기를 전후해서 토광묘(목곽묘)에 부여(扶餘)의 포자연식토기(泡子沿式土器)를 부장하는 형태로 바뀐다고 보았다.[61] 이러한 서단산 문화권 내에 위치하는 주요 유적의 발전 서열에 대한 일반적인 편년을 제시하면 다음과 같다.

---

58) 宮本一夫, 위의 논문, 1993.

59) 김미경, 앞의 논문, 2006, 71쪽.

60) 辛巖, 「遼北地區靑銅時代文化初探」, 『遼海文物學刊』1995-1, 1995.

61) 董學增, 『西團山文化硏究』, 吉林文史出版社, 1993; 李鍾洙, 『夫餘文化 硏究』, 吉林大學 考古學系 博士學位論文, 2004.

표 2. 서단산문화 주요 유적의 편년[62]

시기구분 \ 분류	초기	중기	후기
주요 유적	서단산, 성성초, 소서산, 왕기둔, 소달구 등	양반산, 후석산, 장사산, 포자연전산, 소달구, 산정대관, 소단산자 등	토성자, 동단산, 학고동산, 대해맹, 서황산둔 등
대표 유적	서단산, 성성초	장사산, 후석산	토성자, 동단산
연대	B.C.10~8세기	B.C.7~5세기	B.C.4~3세기

즉 서단산문화는 기원전 10세기경 시작하여 전국시대 말경 남만주 지역에 철기 문화가 보급되는 기원전 4~3세기를 경계로 묘장 유형이 석관묘에서 토광묘로 교체되며, 문화적 특성도 부여 초기 문화로 대체되어 간다. 이러한 문화적 특성의 변화는 중국 동북 지방의 전 지역이 비슷한 양상을 보인다.

다음으로 심양 정가와자 유적과 요양 이도하자 유적에서 출토하는 초기 흑도 장경호(黑陶長頸壺)를 통해 미송리형토기의 소멸 시기를 살필 수 있다. 요동 지역 청동기문화는 전국시대에 들어가면 심양 정가와자 유적처럼 묘제가 목곽묘로 바뀌고 퇴화된 비파형동검과 함께 부장 토기 또한 미송리형토기 다음 단계의 흑갈색 장경호와 이중구연의 심발형토기가 부장된다. 미송리형토기는 기원전 5~4세기인 전국시대에 이르면 심양 정가와자 유적에 부장된 장경호와 심발형토기 형태로 변화되었다. 따라서 미송리형토기가 소멸되는 시기는 대체로 심양 정가와자 유적[63]의 조영 시기인 기원전 5~4세기로 비정할 수 있다.[64]

끝으로 미송리형토기의 형식 변화 및 편년 연구는 평북 영변군 세죽리 유적 주거지[65]의 층위관계 연구가 많은 도움이 된다. 상하 2층으로 구성된 세죽리 제2문화층 주거지의 하층에서 미송리형토기(I-A식)가 출토되었다. 상층은 노지(爐址)

---

62) 송호정, 「扶餘의 國家形成 過程과 文化 基盤」, 『北方史論叢』 6호, 2005, 209쪽 재인용.

63) 瀋陽故宮博物館, 「瀋陽鄭家窪子的兩座靑銅時代墓葬」, 『考古學報』 75-1, 1975, 154쪽.

64) 김원룡, 앞의 논문, 1976, 155쪽.

65) 김정문·김영우, 앞의 논문, 1964, 49쪽.

가 2개씩 있는 것이 특징적인데, 여기에서는 이른바 묵방리형토기가 공반하고 있다.[66] 제일 윗쪽의 제3문화층에서는 중국 전국시대 연의 화폐인 명도전이 2,500여 점 나왔고 포전(布錢)도 몇 점 나왔다. 이것은 세죽리 유적 제3문화층이 명도전을 쓰던 시기(기원전 4~3세기)의 유적이라는 것을 말해준다. 묵방리형토기가 나오는 주거지들은 제3문화층 바로 밑에 놓여있었다. 이는 묵방리형토기가 명도전을 쓰던 시기보다 앞선 시기의 유물임을 의미하며, 묵방리형토기의 마지막 연대가 기원전 4세기 이후로는 내려올 수 없다는 것을 말해준다.[67]

결국 미송리형토기의 하한은 일반적인 무문토기의 하한 연대와 일치하는 세죽리 고대문화층 이전 단계로 보는 것이 타당하고, 그 연대는 기원전 5~4세기경으로 보는 것이 합리적이다. 이때는 미송리형토기 대신 이미 목이 긴 묵방리형토기 형태로 변화되었으며, 새로이 흑도장경호가 등장하여 사용되었다는 것도 알 수 있다.

이상의 고찰을 통해 미송리형토기의 하한은 기원전 5~4세기로 비정되고, 가장 빠른 형태의 출현은 그 동안 요동에서 동검과 동부를 주조하기 시작했던 시기,[68] 즉 기원전 8~7세기경으로 보았으나 이보다는 2~3세기 앞선 기원전 1천년경 또는 그보다 조금 빠른 기원전 12세기경의 마성자문화 단계로 보는 것이 합리적이라 생각한다.

---

66) 김정문·김영우, 앞의 논문, 1964, 50쪽; 尹武炳, 앞의 논문, 1984, 248~249쪽.

67) 황기덕은 회색승석문토기, 철부(鐵斧), 철겸(鐵鎌), 명도전이 출토된 세죽리 고대문화층을 기원전 4~3세기로, 그 밑의 교란층을 기원전 5세기로, 그보다 더 밑에서 나온 묵방리형토기를 기원전 6세기로 비정하였다. 後藤直는 세죽리 고대문화층과 노남리의 명도전을 비교하여 그 연대를 기원전 3세기 초로 보고 이른 무문토기의 하한을 기원전 3세기로 편년하였다. 近藤喬一은 미송리형토기가 요령 청동기문화 제Ⅰ기의 연대와 교차한다고 본다(황기덕, 「서북지방 팽이그릇유적의 연대에 대하여」, 『고고민속』 66-4, 1966, 12~13쪽; 後藤直, 「西朝鮮の無文土器について」, 『考古學研究』, 17-4, 1971, 53~60쪽; 近藤喬一, 「日朝青銅器の諸問題」, 『東アジア世界における日本古代史講座』 2, 學生社, 1984; 藤口健二, 「朝鮮無文土器と彌生土器」, 『彌生文化の研究』 3 彌生土器Ⅰ, 1989, 149쪽).

68) 岡內三眞, 앞의 논문, 1984, 651~654쪽.

표 3. 미송리형토기의 변천과정 및 추정연대

	조기	전기	중기	후기
대표 유적	본계현 장가보, 묘후산 우가촌 타두	신금현 쌍방, 봉성 동산두	요양 이도하자, 무순 대화방, 개원 이가대	의주 미송리, 묵방리, 평양 남경, 표대
토기				
동검	소형 청동기(장신구)	I식 비파형동검	전형적 비파형동검	변형 비파형동검
추정 연대	기원전 12~10세기	기원전 9~8세기	기원전 7~6세기	기원전 5~4세기

Ⅳ. 주변 문화와의 관계

1. 팽이형토기문화와의 관계

미송리형토기문화의 특성을 명확히 이해하기 위해서는 먼저 한반도 서북 지방에서 지석묘와 함께 집중 분포하는 팽이형토기문화를 주목해야 한다. 서북한 지역에 주로 분포하는 팽이형토기는 다른 토기 유형에 비해 지역성이 뚜렷하고, 특히 요동 지역의 미송리형토기 및 지석묘 등과 밀접한 관련을 보이고 있어 한국 최초의 지역집단 문제를 생각함에 있어 반드시 짚고 넘어가야 할 문화이다.

팽이형토기는 종래 북한학계와 일본학계를 중심으로 한반도의 무문토기 문화유형을 정리하는 과정에서 서북한 지역 초기 청동기문화의 특징적 요소로 설명하였다. 다만 압록강 건너의 미송리형토기문화나 길림 일대 서단산문화 등과의 관련 문제는 그다지 논의가 없었다.

팽이형토기는 현재의 자료에서 볼 때 청천강을 북방 경계로 하여 그 이남의 황해도 일대에 집중하고 있다. 즉 평안남도, 황해남도, 황해북도가 주요 분포지역이다. 지금까지의 고고학 성과에 따르면 서북한 지역의 지석묘가 분포되어 있는 곳에는 팽이형토기가 반드시 출토하고 있으며 요동 지방에서도 지석묘가 있는 곳에는 팽이형토기와 유사한 계통의 그릇이 보인다.[69] 그런데 요동반도 지역에서 지석묘가 소재한 유적에서 나오는 토기들도 거의 대부분 소면

사진 2. 미송리형토기(1)와 팽이형토기(2) 조합

(素面) 협사홍도(夾砂紅陶)와 관(罐)을 특징으로 하고 있다.[70] 일부 지석묘에서 아가리를 이중으로 겹싸 넘긴 옹(甕)이 호(壺)와 세트로 나오고 있으며, 특히 신금현(新金縣) 고려채(高麗寨) 하층(下層) 및 당산 조공가(堂山 肇工街) 또는 쌍타자(雙砣子)유적에서 기원전 천년기 전후한 시기에 유행한 토기의 겹아가리에는 '///' 문양의 빗금이 그어져 대동강 유역 팽이형토기의 구연부 수법과 매우 유사한 점이 주목된다.

그러므로 한반도 서북 지방의 지석묘와 요동반도의 지석묘는 전형적인 지석묘의 경우, 반출하는 유물들로 보아 거의 동일한 시기의 유적임을 알 수 있다. 그리고 이것은 조금 늦은 시기에 유행하는 미송리형토기문화의 주요 구성인 현문단경호(弦紋短頸壺)와 옹 및 동검·동부 등 청동기문화와는 약간 구별되는 독자성을 보인다.

이러한 동일 묘제(墓制)의 분포와 토기·석기 등의 제작기법상 유사성은 양 지

69) 도유호, 『조선원시고고학』, 사회과학출판사, 1960, 101쪽.

70) 陳大爲, 「試論遼寧"石棚"的性質及其演變」, 『遼海文物學刊』 91-1, 1991, 82~89쪽.

역, 즉 요동반도 이남~서북한 지역에 동일 계열의 주민집단이 거주하고 있음을 말해주는 것으로 볼 수 있다.[71]

2. 서단산문화와의 관계

남만주 동편의 길림성 일대 석관묘 유적에서도 청동기는 적게 출토되지만 미송리형토기와 유사한 토기상을 찾을 수 있는데 그 유적들을 그룹지어 서단산문화로 부른다.[72]

길림시 일대를 중심으로 길림성 전역에 분포하는 서단산문화는 문화의 성격과 족속 문제 연구를 통해 그 분포지역이 부여의 영역과 일치하고 토기가 부여 시기 토기로 계승하는 점에서 부여사 및 그 선세 문화(先世 文化)를 파악하는 데 중요하다.[73]

서단산문화는 제2송화강 유역이 중심이고 길림시 서단산(西團山)[74]·장사산(長蛇山)[75]·양반산(兩半山)[76]·후석산(猴石山)[77]·성성초(星星哨)[78]와 토성자(土城子)[79] 등지에 집중되어 있다. 남북으로는 제1송화강 이남, 장광재령 이서와 유하 및 휘발

---

71) 東潮·田中俊明, 앞의 논문, 1995, 67쪽; 鄭漢德, 앞의 논문, 1990, 130~131쪽.

72) 佟柱臣, 「吉林西團山石棺墓發掘報告」, 『考古學報』 64-1, 1964, 29~49쪽.

73) 董學增·李澍田, 「略談西團山文化的族屬問題」, 『東北師大學報』 84-2, 1984; 李建才, 「關于西團山文化族屬問題的探討」, 『社會科學戰線』 85-4, 1985; 董學增, 『西團山文化研究』, 吉林文史出版社, 1994.

74) 東北考古發掘團, 「吉林西團山石棺墓發掘報告」, 『考古學報』 64-1, 1964.

75) 吉林省文物工作隊, 「吉林長蛇山遺址的發掘」, 『考古』 80-2, 1980.

76) 吉林地區考古短訓班, 「吉林猴石山遺址發掘簡報」, 『考古』 80-2, 1980.

77) 吉林省文物工作隊, 「吉林猴石山遺址及墓群發掘報告」, 『考古』 80-2, 1980.

78) 吉林市博物館 永吉縣文化館, 「吉林永吉星星哨石棺墓第三次發掘」, 『考古學集刊』 3集, 中國社會科學出版社, 1983.

79) 吉林省博物館, 「吉林江北土城子古文化遺址及石棺墓」, 『考古學報』 57-1, 1957.

하 등 길림 합달령 이북 지구에 이른다.

　서단산형토기는 기본적으로 토착문화를 바탕으로 한 그 지역의 독자적인 토기이지만, 그 이서 지역인 혼하~태자하 유역의 미송리형토기와도 유사한 양상을 보인다. 대부분 줄무늬가 없는 것이 특징인데, 이는 혼하·태자하 유역의 무문의 미송리형토기와 통한다. 따라서 서단산문화는 미송리형토기와 문화상이 비슷하므로 분명 미송리형토기와 밀접한 관련이 있는 주민집단들이 사용한 것으로 보인다.

　요양·본계·심양·개원·청원·서풍 등 하요하 이동의 저산(低山) 구릉지대에는 석관묘에 미송리형토기 호와 청동단검을 부장한 사례가 많이 증가하고 있다.[80] 이들 지역의 미송리형토기문화는 서단산문화와 몇 가지 유사한 특징을 보인다. 먼저 장구(葬具)의 구조와 형태에서 서로 유사하다. 모두 석판을 세우고 바닥에 돌을 깔지 않은 장방형 석관묘를 기본으로 한다. 다음으로 목이 있는 호가 주요 부장토기라는 점이다. 이외에 취사용으로 보이는 이중구연의 심발형 옹이 공반된다.

　서단산문화의 길림 성성초 묘지 등에서 나오는 토기는 요동 산지에서 나오는

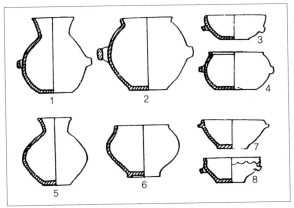

도 6. 길림 성성초 묘장과 본계 노립배 동혈 토기
(1~4.성성초 DM16호 토기, 5~8.본계 노립배 동혈 토기)

----

80) 朱永剛, 「西團山文化源探索」, 『遼海文物學刊』 94-1, 1994.

무늬없는 호와 같은 유형의 토기이다. 한편 요동 산지의 미송리형토기가 나오는 무덤에서는 단경식 곡인단검과 동부가 함께 나오는데, 이 점 역시 서단산문화와 비슷한 문화 내용이라 할 수 있다. 다만 청동단검은 서단산문화의 고유 계통은 아니며, 서단산문화의 고유 요소는 곡인 청동모로 볼 수 있다. 여기에 동부가 함께 공반되는 것이 서단산문화의 특징이라 할 수 있다.

서단산문화 유적은 석관묘를 묘제로 하고 무덤에는 돼지를 희생으로 묻으며 토기의 종류가 작은 단지, 사발, 굽접시, 시루 등으로 미송리형토기 문화유형과 유사하다. 청동모 등 청동기와 여러 토기를 근거로 기원전 7~3세기로 비정되는 서단산문화는 토기군의 耳 형태나 제작 수준이 매우 거칠고, 종종 토기의 목·귀·바닥을 따로 만들어 붙여 한 몸을 이루는 등 제작법이 미송리형토기와 유사하여 두 문화유형 사이에는 모종의 관계가 있었음을 알 수 있다.[81]

V. 미송리형토기 사용 집단과 고조선

종래 북한 고고학자들은 미송리형토기를 초기 고조선문화의 배경이 되었던 대표적인 요소로 보았다.[82] 반면 남한학계에서는 청동기시대 고조선의 전형적인 문화로 보면서,[83] 한반도 출토 토기를 형식분류 할 때 중요하게 언급해 왔다.

최근 정한덕(鄭漢德)은 요하 중·하류에서 한반도 서북부 청천강 유역에 이르는 지역에서 석관묘를 조영하고 활약하던 민족은 예맥이고, 그 가운데 맥계 민족으

81) 리병선, 「압록강유역의 청동기시대의 특징적인 토기들과 그 분포정형」, 『고고민속』 63-3, 1963; 「압록강 및 송화강 중상류 청동기시대 문화와 그 주민」, 『고고민속』 66-3, 1966.

82) 박진욱, 「고조선 전기문화」, 『조선고고학전서』 고대편, 과학백과사전출판사, 1988, 8~14쪽.

83) 盧泰敦, 「고조선 중심지의 변천에 대한 연구」, 『韓國史論』 23, 1990, 36~49쪽; 李淸圭, 「청동기를 통해 본 고조선」, 『國史館論叢』 第42輯, 1995.

로 보고 있다.[84] 연대관에 약간의 차이는 있지만, 미송리형토기 분포권은 맥의 지역이고, 그 이남에서 지석묘를 조영한 세력은 예족이라는 것이다.

과연 요동 지역의 지역집단이 예족과 맥족으로 구분되었는지는 더 고찰되어야겠지만, 미송리형토기 분포의 중심지역과 요동반도에서 서북한에 이르는 지역은 출토 토기나 무덤 형식의 차이로 볼 때 어느 정도 구분되는 문화권이라 할 수 있다. 이점을 고려할 때 혼하~태자하에서 환인에 이르는 미송리형토기 중심 분포 지역과 요동반도 지역을 같은 계열의 다른 지역집단으로 구분한 정한덕(鄭漢德)의 견해는 시사하는 바가 크다.[85]

구체적으로 미송리형토기를 조영한 주민집단의 문제를 파악하는 것은 쉽지 않다. 다만 필자는 미송리형토기문화의 특성이 서단산문화와 그 문화적 특성이 비슷하므로 서단산문화와 비슷한 주민 계통이 남긴 문화로 보아도 좋다는 점에 주목하고자 한다.[86]

서단산문화를 남긴 주민집단에 대해서는 일반적으로 예맥족으로 본다. 서단산문화의 중심 분포 지역은 송화강 중류로서 땅이 비교적 평활(平闊)하며 5곡 농사에 적합하다. 이것은 『삼국지』 동이전에 기재된 "동이의 지역에서 가장 평창하고 오곡에 적합하다."는 기록과 들어맞는다.[87] 길림시 동단산 일대에서 한(漢)과 한 이전의 유적 중에 대략 원형을 나타내는 토성이 발견되고 있다. 이점은 부여가 "원책(圓柵)으로 성을 쌓고 궁실·창고·감옥이 있다."는 기재와[88] 부합한다. 따라서 서단산문화는 예족, 즉 부여 선주민(先住民)의 문화라고 보는 것이 보다 타당하다.[89] 그렇다면 미송리형토기문화의 주인공도 예 또는 예맥 계통의 주민집단으

---

84) 鄭漢德, 「美松里型土器の生成」, 『東北アジアの考古學』[天池], 1989, 131~132쪽.

85) 鄭漢德, 앞의 논문, 1990, 131~132쪽.

86) 김용간, 「미송리동굴 유적 발굴 중간보고(1)」, 『문화유산』 1961-2, 1961, 32쪽.

87) 『三國志』 卷30 魏書30 烏桓鮮卑東夷列傳30 夫餘條 "於東夷之域 最平敞"

88) 『後漢書』 卷85 東夷列傳 75 夫餘國 "以圓柵爲城 有宮室倉庫牢獄"

89) 張錫瑛, 「關于西團山文化族屬的幾点看法」, 『中國考古集成』 東北卷 8, 北京出版社,

로 볼 수 있을 것이다.

요동 산지의 본계·태자하 상류 지역에 대한 고고 조사가 진전됨에 따라[90] 고구려 건국 이전 요동 지역의 "묘후산 문화유형"[91]·"마성자 문화유형"[92]의 윤곽을 파악할 수 있었다. 대개 요동반도 북부, 압록강, 혼강, 태자하 상류에 미치는 지역에서 발견되는 기원전 12세기경의 초기 청동기문화를 "마성자문화"라고 부른다. 전술했듯이 미송리형토기문화는 이 문화에서 계승·발전한 것으로 보는 것이 일반적이다.[93] 만일 이 문화가 서단산문화에 영향을 주었다면 마성자문화 주민집단 역시 예맥 계통으로 볼 수 있다.

체질인류학적 연구 결과 마성자문화의 사람은 고동북유형에 속한다고 한다.[94] 서단산문화의 사람 뼈를 계측한 결과 역시 마성자문화의 사람들과 비슷한 계통이라는 것이 확인되었다.[95]

1983; 董學增·李澍田, 「略談西團山文化的族屬問題」, 『東北師大學報』 1984-2, 1984; 劉景文·張志立, 「西團山文化及其族屬」, 『北方文物』 1985-2, 1985; 李健才, 「關于西團山文化族屬問題的探討」, 『社會科學戰線』 1985-2; 리병선, 「압록강 및 송화강중상류 청동기시대의 문화와 그 주민」, 『고고민속』 3기, 1966; 李健才, 「關于西團山文化族屬問題的探討」, 『社會科學戰線』 2期, 1985; 정상석, 「西團山文化와 初期扶餘」, 동아대학교 대학원 석사학위논문, 1996.

90) 李恭篤·高美璇, 「太子河上游洞穴墓葬探究」, 『中國考古學會第六次年會論文集』, 文物出版社, 1987; 李恭篤, 「本溪發現多處洞穴墓址及遺址」, 『中國文物報』, 1988년 12월 9일자.

91) 遼寧省博物館·本溪市博物館·本溪縣文化館, 「遼寧本溪縣廟後山洞穴墓地發掘簡報」, 『考古』 85-6, 1985.

92) 李恭篤, 「本溪地區三種原始文化的發現及研究」, 『遼海文物學刊』 89-1, 1989, 102~110쪽.

93) 李恭篤·高美璇, 「遼東地區石築墓與弦紋壺有關問題研究」, 『遼海文物學刊』 95-1, 1995, 60~62쪽.

94) 朱泓, 「중국 동북지구의 고대종족」, 『박물관기요』 13호, 단국대학교중앙박물관, 1998, 21쪽.

95) 朱泓, 위의 논문, 1998, 21쪽.

요동 지역에서 미송리형토기 분포권은 넓게 보면 지석묘 분포범위와 겹친다. 그러나 앞에서 보았듯이 한반도~요동 지역에서 지석묘를 수용한 지역은 미송리형토기 중심 분포지역의 외연지대라고 볼 수 있다.[96] 그런데 요동 지역에서 미송리형토기의 분포권은 대체로 석관묘·요령식(비파형)동검의 출현지역과 일치하고[97] 이후의 명도전 분포지역과 거의 겹친다.[98] 그리고 이 지역에서 기원전 2세기 이래 예맥 계통의 고구려족이 등장하고 있다. 따라서 미송리형토기문화의 주민집단은 예맥 계통으로 보아 틀림이 없을 것이다.

그러나 이 경우에도 고조선이나 예맥에 대한 이해가 서로 달라 합치된 결론에 도달한 것은 아니다. 고조선을 건국한 예족의 문화로 보거나,[99] 고조선의 배경문화로 보는 견해,[100] 고조선과는 별개로 고구려의 선조인 맥족의 문화로 보는 견해,[101] 고조선의 세력권,[102] 기자조선후국[103]으로 보는 견해 등 다양한 학설이 제기되고 있다. 크게는 고조선의 배경문화로 보는 입장과 고조선과 예맥을 구분하여 예맥의 문화로 보는 입장으로 나뉜다.

선진(先秦)시대에 요하 이동에는 모두 예맥족이라는 동일 계통의 주민집단이 전체적으로는 요령식동검 문화권 내에서 지역적인 특색을 가지고 성장하고 있었다.

---

96) 田中俊明·東潮, 앞의 논문, 1995, 67쪽.

97) 김용간·황기덕, 「기원전 천년기 전반기의 고조선문화」, 『고고민속』 67-2, 1967, 1~17쪽.

98) 余昊奎, 『1~4세기 고구려 政治體制 연구』, 서울大學校 博士學位論文, 1997, 4~26쪽.

99) 三品彰英, 「穢貊族小考」, 『朝鮮學報』 4, 1953, 6~8쪽.

100) 황기덕, 「비파형단검의 미송리유형」, 『력사과학』 89-3, 1989; 「고조선국가의 기원」, 『고고민속론문집』 12, 1990.

101) 鄭漢德, 「美松里型土器の生成」, 『東北アジアの考古學』[天池], 1989; 「美松里型土器形成期に於ける若干の問題」, 『東北アジアの考古學』 第二, 1996, 205~232쪽; 田中俊明·東潮, 『高句麗の歷史と遺蹟』, 中央公論社, 1995.

102) 近藤喬一, 「日朝靑銅器の諸問題」, 『東アジアにおける日本古代史講座』 2, 學生社, 1984, 285쪽.

103) 張博泉, 『東北地方史稿』, 吉林大學出版社, 1984, 35~37쪽.

여기서 고조선을 형성한 종족은 예맥이고, 예맥은 국가체로 성장하지 않았다는 것이 기존 학계의 일반적 입장이다.[104] 이 입장은 이후의 역사 전개과정을 고려할 때 매우 합리적인 주장이다.

다만 기원전 10세기경부터 기원전 5~4세기에 요동 지역에서 미송리형토기문화를 누리던 예맥족이 대개 해성시 일대를 경계로 그 이북 지역은 석관묘에 미송리형토기를 사용하는 집단과 그 이남 지역에서는 주로 탁자식 지석묘를 조영하는 집단으로 구분되고 있음을 주목해야 할 것 같다. 그리고 요하 이남 지역에서 탁자식 지석묘를 조영하던 세력은 서북한 지역과 문화적 특성이 연결되어 같은 주민집단의 세력권으로 보는 것이 합리적이다.

문헌 기록에서는 이들 두 지역의 주민집단에 대해 명확히 서술하고 있는 것을 찾기 어렵다. 따라서 학계의 통설과 달리 청동기문화 단계에 요동 지역과 서북한 지역이 예맥과 조선으로 구분되어 있었다는 주장도 나오기도 하였다.[105] 그러나 이 주장 역시 문헌에 명확히 기록이 없는 상태에서 일정 지역의 문화적 특징 차이를 단편적 기록과 연결시켜 해석해 본 것으로 여전히 많은 논의가 필요하다 하겠다.

앞으로 요동 및 서북한 지역에 분포하는 미송리형토기의 주민 집단의 문제는 주변의 팽이형토기문화나 서단산문화의 관계를 고려하여 지역적 차이로만 볼 것인지 아니면 종족이나 정치체의 차이로 볼 것인 지에 대해 심도 있는 검토가 필요하다. 다만 현재 미송리형토기가 주로 사용된 기원전 1천년기 전반에 고조선이 요동 지역, 특히 요동반도 중북부 지역을 중심으로 존재했다고 볼 수 있는 문헌 자료가 없는 상황에서 요동 지역의 주민집단과 정치체를 고조선으로 성급하게 해석하는 것은 피해야 할 것이다.

---

104) 盧泰敦, 「한국민족 형성과정에 대한 이론적 고찰」, 『韓國古代史論叢』 1, 1991, 34~39쪽.

105) 宋鎬晸, 앞의 논문, 1999, 82~107쪽.

Ⅵ. 맺음말

본고는 청동기시대 중국 동북 지방, 특히 요동 지역과 서북한 지방에서 유행한 미송리형토기문화에 대해 재정리를 한 것이다.

요동 지역에서 서북한 지역에 걸쳐 분포하는 미송리형토기문화는 석관묘 안에 어깨부분에 줄무늬가 있는 특징적 토기와 청동단검 및 동부 등을 포함하는 청동기문화로서 일정한 문화적 특징을 가지고 있어 '미송리형토기문화'로 부를 수 있다.

특히 최근 증가된 요동 산지의 위쪽인 본계 지구·태자하 상류 지역의 미송리형토기문화 자료를 통해 혼하·태자하 지역을 미송리형토기 분포의 중심 지역으로 설정할 수 있었다. 요동 지역 사람들이 미송리형토기를 사용한 시기는 본계 지역의 마성자문화 출토 토기에 근거하여 기원전 12세기까지 올라가고, 대체로 기원전 5~4세기경에 이르러 흑도장경호와 토광묘를 사용하는 문화로 변화되었음을 알 수 있었다.

미송리형토기문화는 주변 지역의 문화 형성에도 일정한 영향을 미쳤다. 요동 지역에 중심을 둔 미송리형토기문화는 이른 시기 태자하 유역에서 형성되어 서북한 지역에서 유행한 팽이형토기문화 및 길림성 지역의 서단산문화 형성에 영향을 미쳤다. 이는 세 지역에서 사용한 토기의 형태나 조합 관계가 유사한 데서 알 수 있다.

문화 특징의 유사성은 주민 계통이 같았음을 말해 주는 중요한 기준이 된다. 문헌 기록에 따르면 요동 지역에서 미송리형토기를 사용한 주민 집단은 예맥족임이 분명하다. 다만 요동 지역에서 미송리형토기를 사용한 예맥족이 고조선이라는 정치체에 포괄된 세력 집단이었는지에 대해서는 더 논의가 필요하다.

미송리형토기문화의 전성 시기는 청동기시대 고조선 역사와 어느 정도 부합하지만 지역적으로 요동 산지 북쪽에 주로 분포하는 미송리형토기문화를 고조선 사회의 중심 문화로 볼 수 있을지 여부는 쉽게 결론 내리기 힘들다. 앞으로 이 문제는 청동기시대 고조선의 국가적 위상과 예맥족과의 관계를 명확히 정리하는 작업이 선행되어야만 해결되리라 생각한다.

청동기시대 대동강 유역
팽이형토기문화와 고조선

Ⅰ. 머리말

'고조선사'란 남만주, 즉 중국 동북 지방에서 청동기문화가 개화하여 발전하기 시작하는 기원전 10세기 이후부터 한나라 군대에 의해 멸망하는 시기까지의 역사를 말한다.[1] 당시 고조선 사람들은 남만주의 요동 일대와 한반도 서북부 일대를 중심으로 살았다. 이곳의 주민은 주로 예족과 맥족으로, 점차 이 지역에서 작은 정치 집단이 생겨나 그중 우세한 세력을 중심으로 다른 집단이 정복당하거나 통합되는 과정에서 고조선이 출현하게 된다.

따라서 우리 역사상 첫국가인 고조선의 실상에 다가가기 위해서는 문헌 자료를 바탕으로 하면서, 중국 동북 지방 및 대동강 유역의 청동기시대 무덤유적 및 주변의 주거지 등 고고학 자료를 함께 검토해야 한다. 그래야만 당시 사회관계 및 생활상에 대해 명확하고 많은 정보를 얻을 수 있다.

---

1) 고조선사는 고조선의 성립부터 기원전 3세기 초 연나라 장수 진개의 침략 시기까지를 전기 고조선, 이후부터 기원전 2세기 초 위만의 정변까지를 후기 고조선, 나머지 시기인 기원전 108년 멸망 시점까지를 위만조선으로 구분하는 것이 가장 일반적이다(노태돈, 『단군과 고조선사』, 사계절, 2000).

그 동안 청동기시대 초기 고조선 사회와 관련해서는 중국 동북 지방, 특히 대릉하 유역과 요동 지역의 청동기문화, 예를 들어 십이대영자문화[2]와 미송리형토기문화[3] 등에 대해 많은 관심을 가졌다. 그러나 대동강 유역 평양 지역의 청동기문화에 대한 이해 노력은 별로 없었다.

초기 고조선의 주요 지역으로 청동기문화가 발전하였던 대동강 유역에 대한 관심이 상대적으로 소홀하였던 것은 현실적으로 유적에 대한 접근의 어려움과 북한 학계의 연구 성과와 보고 자료가 소략하고 신뢰하기가 쉽지 않다는 데 있다.

대동강 유역에는 고조선 전기의 대표 유물인 비파형동검과 비파형투겁창, 팽이형토기, 묵방리형토기, 청동활촉 등이 지석묘와 석관묘, 그리고 집자리 등에서 자주 나온다. 그리고 가장 이른 형식의 무덤뿐 아니라 시대적 변천 과정을 보여주는 각이한 유형, 다양한 형식의 무덤들이 이 지역에 집중적으로 분포되어 있다.

이를 통해 청동기시대에 대동강 유역을 중심으로 한 서북한 지역에는 지석묘와 팽이형토기를 사용하는 주민집단이 거주하면서 독자적인 문화권을 이루고 있었음을 알 수 있다. 이를 두고 일찍이 각형토기문화(角形土器文化) 또는 팽이형토기문화[4]라 불러왔다.

청동기시대의 팽이형토기문화는 후기 고조선 단계에 이르면 대동강 유역에 위치한 왕검성을 중심으로 한반도 서북 지방 일대에 걸쳐 독자적인 문화로 변화된

2) 鳥恩岳斯圖, 「十二台營子文化」, 『北方草原』, 考古學文化研究, 科學出判社, 2007; 오강원, 『비파형동검문화와 요령지역의 청동기문화』, 청계, 2006.

3) 鄭漢德, 「美松里型土器の生成」, 『東北アジアの考古學』天池, 1989; 「美松里型土器形成期に於ける若干の問題」, 『東北アジアの考古學』第二, 1996; 황기덕, 「비파형단검문화의 미송리유형」, 『력사과학』89-3, 1989; 宋鎬晸, 「遼東地域 青銅器文化와 美松里型土器에 관한 고찰」, 『韓國史論』24, 서울대학교 국사학과, 1991; 金美京, 「遼東地域 美松里型土器 研究」, 충남대학교 석사학위논문, 2006; 송호정, 「미송리형토기문화에 대한 재고찰」, 『한국고대사연구』47, 2007.

4) 황기덕, 『조선의 청동기시대』, 사회과학출판사, 1984; 韓永熙, 「角形土器考」, 『韓國考古學報』14·15합집, 1985; 송호정, 『한국 고대사 속의 고조선사』, 푸른역사, 2003, 196~208쪽.

다. 토광묘에 이어 나무곽 무덤을 조영하고, 고조선만의 독특한 세형동검문화로 발전하였다.[5]

이러한 대동강 유역의 고대문화에 대해 전통적으로는 고조선의 중심 문화로 이해하였다. 전통시대 이래 고조선의 중심지가 평양이었다는 주장이 있어왔다.[6] 그 주장은 지금까지도 계속되고 있다.[7] 이른바 재평양설은 남한 학계의 일부 학자, 일본 학계의 대부분과 최근의 북한학계가 단군릉 개건을 계기로 이러한 입장을 보이고 있다. 특히 북한에서는 90년대 초 단군릉을 개건하고 '대동강문화'[8]라는 새로운 문명관을 제시하면서 대동강 유역과 평양을 중심으로 고조선이 만주에 걸친 광대한 영토국가를 형성하였다고 주장한다.[9]

이처럼 대동강 유역은 선사시대 이래 주요 지역집단의 거주지로, 고조선사와 관련해 일차적으로 검토가 필요한 지역임을 알 수 있다.

이 글은 단군릉 개건 이후 북한학계에서 많은 조사가 이루어진 대동강 유역의 청동기문화를 중심으로 살펴보고자 한다. 초기 고조선사에서 주요 지역이었던 평

---

5) 안병찬, 「우리나라 서북지방의 이른 시기 좁은놋단검 관계 유적유물에 관한 연구」, 『고고민속론문집』 8, 1983; 송호정, 앞의 책, 2003, 355~386쪽.

6) 韓百謙, 『東國地理志』, 前漢書朝鮮傳; 丁若鏞, 『我邦疆域考』 卷1, 朝鮮考; 今西龍, 「洌水考」, 『朝鮮古史の研究』, 1929; 李丙燾, 「浿水考」, 『青丘學叢』 13, 1933.

7) 고조선 중심지 평양설은 기본적으로 『三國遺事』에 고조선의 도읍(아사달)이 평양이라는 주장을 받아들인 것이다. 그리고 고조선의 경계 기록에 등장하는 '遼水'는 현재의 '遼河', '浿水'는 청천강 또는 압록강을 가리킨다고 보며, '洌水'는 대동강, '王儉城'은 평양을 의미한다고 본다. 특히 대동강 연안에서 고조선 멸망 후 설치된 漢四郡 중 樂浪郡의 屬縣인 '점제현신사비'를 비롯하여 기와·벽돌·봉늬 등을 발견하여 낙랑군이 있었던 것으로 주장한다(李丙燾, 「古朝鮮問題의 研究」, 『韓國古代史研究』, 博英社, 1976).

8) 허종호, 「조선의 대동강문화는 세계 5대 문명의 하나」, 『력사과학』 1, 1999, 61~65쪽; 리순진, 장우진, 서국태, 석광준, 『大同江文化』, 외국문출판사(대동강문화 책은 영어, 일어, 중국어판의 세 언어로 출간되었다), 2001.

9) 장우진, 『조선 민족의 발상지 평양』, 사회과학출판사, 2000; 허종호 외, 『고조선 력사 개관』, 사회과학출판사, 2001.

양 대동강 유역의 고대문화, 특히 청동기문화에 대한 고찰을 통해 고조선사와 관련해 가장 논란이 되어왔던 초기 고조선의 위치와 사회 성격 문제의 일단을 파악하고자 한다.

Ⅱ. 청동기시대 대동강 유역의 팽이형토기문화

한반도 서북 지역, 특히 대동강 유역은 땅이 기름지고 기후가 따뜻해서 일찍부터 문화가 발전된 곳이었다. 이 지역에는 평양시 남강 유역의 금탄리 및 입석리를 비롯하여 서성 구역, 삼석 구역 남경, 황해북도 봉산읍, 황주군 침촌리, 송림시 석탄리 등에서 팽이형토기를 특징적으로 사용하던 주거 유적이 발견되었다.

한편 대동강 유역에서는 같은 시기에 많은 지석묘와 석관묘가 조영되고 있다. 그리고 주변에서 초기 고조선사와 관련해 성터 유적이 조사 보고되고 있다.[10] 특히 대동강 유역의 청동기시대 유적에서는 대부분 팽이형토기가 함께 공반되고 있다.[11]

----

10) 북한 학계에서는 단군릉 개건 이후 조사된 토성 유적을 고조선과 관련 있는 방어 시설로 해석하면서 기존의 견해를 수정하고 있다. 특히 성의 축조시기를 단순히 성벽에서 출토되는 팽이형토기나 지석묘와 같은 유물에 근거하여 설정하고 있지만, 그것이 축성 당시에 함께 사용된 것인지에 대한 명확한 검증을 하기가 쉽지 않다(남일룡, 「평양지방의 고대 토성」, 『조선고고연구』 2, 1995, 16~20쪽; 「평양 일대 고대 토성의 축조 연대에 대하여」, 『조선고고연구』 1, 1996, 16~19쪽; 「평양 일대 고대 성곽의 특징에 대하여」, 『조선고고연구』 3, 1996, 24~26쪽).

11) 팽이형토기는 구연(口沿)을 두껍으로 겹쌓았으며 밑창에는 작은 굽이 달려 있는 것이 특징이다. 이것과 팽이처럼 생긴 그릇 밑창에 구멍을 낸 시루가 공반하는데, 일괄하여 팽이형토기라고 부른다(「유물과 용어」, 『고고민속』 67-1, 1967, 44쪽; 金元龍, 『韓國考古學槪說』, 一志社, 1973, 77쪽; 尹武炳, 「無文土器 形式分類 試攷」, 『震檀學報』 39輯, 1975, 11~14쪽).

1. 팽이형토기의 분포와 지역성

팽이형토기는 태토에 활석을 섞어 만들었는데, 이것은 신석기시대부터 청동기시대에 이르기까지 서북한 및 요동반도 일대의 토기에서 보이는 특징이다.[12]

팽이형토기는 청천강을 북방경계로 하여 그 이남의 대동강 유역과 황해도 일대에 집중되어 있다. 대체로 대동강 유역에 전형적인 팽이형토기가 집중되어 있는데, 지석묘문화의 확산에 따라 압록강을 넘어 요동 지역 남쪽까지 영향이 미쳤을 가능성도 배제할 수 없다. 그러나 현재의 고고학 자료에 따르면 대개 팽이형토기문화가 북상하여 도달한 곳은 청천강을 넘는 정도에 그쳤으리라 생각된다. 그것은 북방계 문화의 전래에 밀려 더 이상 압록강을 넘지 못했기 때문이 아닌가 생각한다.

팽이형토기문화의 북방한계선 이북 지역에는 일찍이 공귀리형토기문화가 발전하였고 더 이북에는 미송리형토기문화가 발전하고 있었다.

서북한 지역에 집중하는 팽이형토기는 무문 협사홍도 단지(壺)와 물동이(罐)가 함께 사용된 것이 특징이다.[13] 요동반도 지역의 지석묘가 소재한 유적에서 나오는 토기들도 거의 대부분 무늬 없는 협사홍도 단지와 물동이를 특징으로 하고 있다.[14] 예를 들어 요령성 개주시 노우태산의 화가와보(伙家窩堡)에서 지석묘 20기가 조사되었는데, 이 중 5기가 1988년에 발굴되었다. 그 가운데 1호·3호에서 출토된 구순각목문(口脣刻目紋) 토기는 서북한 팽이형토기와 유사하다.[15] 석기는 한쪽

---

12) 황기덕, 앞의 책, 1984, 44쪽.

13) 팽이형토기의 형식 분류는 학자마다 조금씩 차이가 있으나, 기본적으로 甕과 壺로 구분하고 문양과 형태에 따라 세부적으로 1, 2형식을 나누고 있는 점 등에서 기본적으로 형식분류는 동일하다(田村晃一, 「朝鮮半島の角形土器とその石器」, 『考古學研究』 38, 考古學研究會, 1963, 9쪽; 韓永熙, 「角形土器考」, 『韓國考古學報』 14·15합집, 1985; 藤口健二, 「朝鮮·コマ土器の再檢討」, 『森貞次郎博士古稀記念古文化論集』 上卷, 1982).

14) 陳大爲, 「試論遼寧"石棚"的性質及其演變」, 『遼海文物學刊』 91-1, 1991, 82~89쪽.

15) 東潮·田中俊明, 「青銅器·鐵器時代の東アジア」, 『高句麗の歷史と遺蹟』, 中央公論社,

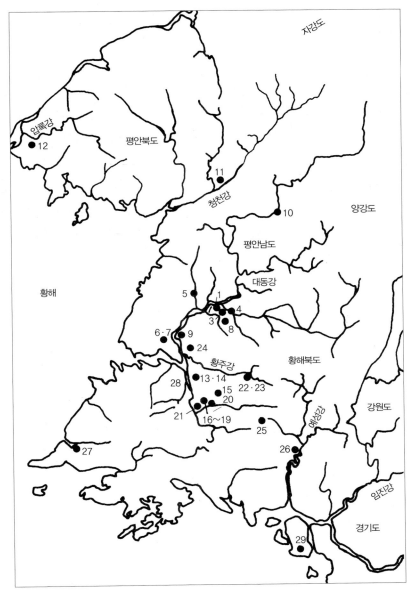

도 1. 팽이형토기 분포도(송호정, 1999년 논문 인용)

(1.미림리 쉴바위, 2.미림역 구내, 3.금탄리, 4.입석리, 5.와산동, 6.태성리29, 7.태성
리 4호, 8.진파리, 9.원암리, 10.대평리, 11.세죽리, 12.신암리, 13.침촌리, 14.천진
동, 15.신흥동, 16.어수구 돌널, 17.철교동, 18.해방동, 19.송산리 당촌, 20.지탑리,
21.묘송리, 22·23.오덕리, 24.석탄리, 25.주암리, 26.강남리, 27.석교리, 28.홍곡,
29.삼거리)

사진 1. 미송리형토기(1)와 팽이형토기
(2. 평양 남경유적 출토)

에만 날을 세운 자귀[斜刃斧] · 활촉 · 반월형석도 · 돌창 · 곤봉두 등이 출토하는데, 요동 지역과 서북한 지역이 거의 동일하다.

팽이형토기의 출현 배경은 확실하지 않으나 기본적으로 토착 빗살무늬토기의 전통을 잇고 있는 것은 분명하다.[16] 특히 두 겹으로 겹 싼 팽이형토기의 구연은 기원전 2000년기 전반기에 속하는 당산(堂山), 조공가(肇工街) 또는 쌍타자(雙砣子) 유적에서 출토된 토기의 이중구연(二重口沿) 특징을 계승한 것이었다.[17]

요동 지역 가운데도 요동반도 일대에 분포하는 지석묘 유적에서 나오는 토기는 미송리형토기와 달리 지역성이 강하다. 예를 들어 신금현 고려채 하층 및 당산 조공가 또는 쌍타자 유적 제2문화층에서 기원전 천년 기를 전후한 시기에 유행한 토기의 겹아가리에는 빗금(/// 문양)이 그어져 대동강 유역 팽이형토기의 구연부 수법과 매우 유사하여 주목된다.

요동의 상마석 상층문화 또는 상마석 동검묘 문화 중에도 비슷한 이중구연 토기가 있고,[18] 변형 팽이형토기라고 불리는 이중구연 장경호도 미송리형토기 속에 섞여 있어 요동 지역 토기와 관련이 있는 것으로 보고 있다.[19] 특히 구연에 시

1995, 61쪽.

16) 사회과학원 고고학연구소 편, 『조선고고학개요』, 1977, 85쪽.

17) 사회과학원 고고학연구소 편, 위의 책, 1977, 85쪽; 황기덕, 앞의 책, 1984, 43쪽.

18) 金元龍, 앞의 책, 1973, 77쪽.

19) 許玉林 · 許明綱 · 高美璇, 「旅大地區新石器文化和靑銅時代文化槪述」, 『東北考古與歷史』 1, 1982, 23~41쪽.

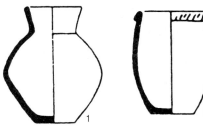

도 2. 화가와보 석관묘 출토 토기
(송호정, 1999년 논문 인용)

사진 2. 쌍타자 제2기 토기 구연부

문하는 수법이나 팽이형토기가 나오
는 지석묘가 요동반도 지역을 통해 서
북한 지역으로 전해졌다는 주장[20]을
염두에 두면 요동 지역과도 어느 정도
관련성이 있었다고 생각된다.

　팽이형토기가 나오는 유적 가운데
청동기가 출토된 대표적인 곳은 서북
한의 신흥동(新興洞)이다.[21] 신흥동 유
적의 연대는 기원전 6세기보다 앞선
것으로 추정된다.[22] 또 신흥동보다
약간 이른 침촌리(沈村里) 유적까지 거
슬러 올라가보면 팽이형토기가 나오
는 초기 유적들은 요령 지역에서 청

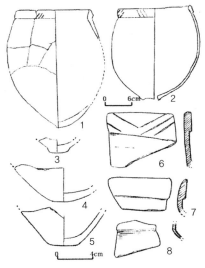

도 3. 신흥동 출토 팽이형토기

---

20) 東潮, 「中國 東北地方の支石墓」, 『高句麗考古學研究』, 吉川弘文館, 1997, 30~34쪽.

21) 서국태, 「신흥동 팽이그릇 집자리」, 『고고민속』64-3, 1964, 40쪽; 황기덕, 「서부지
　　방 팽이그릇유적의 연대에 대하여」, 『고고민속』66-4, 1966.

22) 그 근거는 그곳에서 출토된 동포(銅泡)로, 미송리형토기보다 이른 시기로 편년되는
　　제3지점 2문화층에서 동도자(銅刀子), 굽접시, 유경호(有頸壺) 등과 공반 출토되었
　　던 것에 의한다.

동기문화가 개화되기 시작하는 기원전 8~7세기경에 비정된다. 이 지역 신석기의 하한연대나 청동기문화의 시작연대를 고려한다면 팽이형토기는 가장 빠른 경우 이미 기원전 1000년기부터 사용되고 있었다고 보인다.

대개 신석기시대 빗살무늬토기의 요소가 남아 있는 조기를 거쳐 팽이형토기가 완전히 생활의 기본 토기로 사용되면서 순수한 팽이형토기문화로 완성되는 시기는 비파형동검문화가 개화된 기원전 8~7세기로 볼 수 있다. 기원전 8~7세기에 확립된 전기 팽이형토기문화는 지역성이 강하고 대동강 유역에서만 번성하였다.

팽이형토기는 한반도 서북 지방의 지석묘와 일부 요동반도의 지석묘에서 대부분 나온다. 따라서 팽이형토기가 사용된 시기는 전형적인 지석묘 조영 단계와 거의 동일한 시기임을 알 수 있다.

대체로 지석묘를 중심문화로 하는 팽이형토기문화는 한반도 서북 지방에 집중되어 있는 점으로 미루어 일찍부터 지역집단이 존재하였음을 보여주는 독자성이 강한 문화이다. 그러나 이 문화는 석관묘와 청동기를 중심으로 하는 새로운 혼하유역의 미송리형토기문화의 영향을 받아 대체로 기원전 8~7세기경부터는 비파형동검문화권에 포함된다.[23]

비파형동검이 한반도에 유입되는 시기, 즉 기원전 6~5세기[24]는 팽이형토기문화가 가장 성행하였던 시기이다. 이것은 비파형동검과 미송리형토기 외에 이중구연에 심선문(深線紋) 한 줄 돌린 토기가 반출되는 세죽리Ⅱ식 주거지에서 확인할수 있다.[25]

이처럼 팽이형토기문화는 강한 문화적 요소의 통일성을 가지고 대동강 유역에 집중 분포하고 있다.

특히 팽이형토기는 단지[壺]와 항아리[甕]가 조합되어 있는 점이나 그 형태에서 요동에 집중하는 미송리형토기와 일정한 연관이 보인다. 다만, 미송리형토기(弦紋

---

23) 韓永熙, 앞의 논문, 1983, 113~128쪽; 鄭漢德, 앞의 논문, 1989, 126~130쪽.

24) 이 연대는 송국리 석관묘에서 나온 동검의 연대 측정치에 기준한 것이다(국립부여박물관, 『국립부여박물관』 도록, 1995, 15쪽).

25) 김영우, 「세죽리유적 발굴 중간보고(2)」, 『고고민속』 64-4, 1964.

표 1. 팽이형토기 시기별 유형 변천표(송호정, 1999년 논문 인용)

		항아리(옹)		단지	작은단지
전기	A	석탄리 4호 / 신흥 1호 / 신흥동 2호 / 삼거리 / 주암리		신흥동 1호 / 지탑리 / 주암리	주암리
중기	B	지탑리 / 금탄리 1호 / 와산동 / 신흥동 2호 / 석탄리 1호 / 신흥동 8호 / 진파리		와산동 / 금탄리 2호	석탄리 41호
	C	석탄리 33호 / 석탄리 39호			
후기	D	침촌리 2호 / 석탄리 2호 / 석교리 1호 / 석탄리 15호		입석리 2호 / 석탄리 7호 / 입석리 2호 / 석탄리 15호 / 입석리 2호	입석리 2호

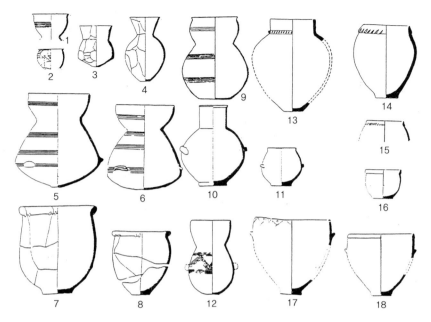

도 4. 평양 남경 및 영변 세죽리 토기

短頸壺)와 항아리[甕] 및 동검(銅劍) 동제 자귀[銅斧] 등 여러 면에서 약간 구별되는 독
자성을 보인다.

2. 대규모 주거지와 무덤의 분포

1) 주거지

1990년대에 들어와 평양 일대에서 고대 도읍을 방불케 하는 대규모 집단 취락
유적들이 여러 곳에서 발굴되었다. 새로운 유적이 발굴된 것도 있지만 이전에 조
사된 유적의 보고도 있었다. 주목되는 점은 대규모의 발굴 조사 결과, 한 곳에서

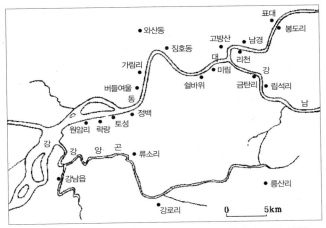

도 5. 평양시 일대 고대 주거지 분포도(<조선고고학전서>에서 인용)

마을로 해석할 수 있는 많은 집터가 조사되었다는 점이다.[26)]

대동강 유역 청동기시대 마을 유적은 대동강을 따라 일정한 거리에 자리하고 있었다. 마을 유적은 동서 30km, 남북 20km되는 범위에 있으며, 가장 많이 조사된 곳은 중류지역이다. 그리고 집터 사이의 거리는 1~3km 정도 되어 가까운 편이다. 대표적인 유적으로는 평양시 삼석구역 표대 유적과 남경 유적, 평안남도 덕천시 남양리 유적과 북창군 대평리 유적,[27)] 황주 석정리 유적[28)]과 고연리 유적,[29)] 송림시 석탄리 유적, 청단 소정리 유적, 영변 구룡강 유적, 봉산 마산리 유적 등이다.[30)]

26) 김종혁, 『평양시 고대 집자리』, 사회과학원 고고학연구소, 2009.

27) 김종혁·박철, 『평안남북도 고대 집자리』, 사회과학원 고고학연구소, 2009.

28) 리경철, 「석정리 집자리유적에 대하여」, 『조선고고연구』 4, 1996; 류충성, 『황해남북도 고대 집자리』, 사회과학원 고고학연구소, 2009.

29) 석광준, 「고연리 유적 발굴 보고」, 『강안리 고연리 구룡강유적 발굴보고』, 사회과학출판사, 2003.

30) 김종혁, 「대동강유역일대의 고대부락터유적에 대하여」, 『조선고고연구』 1999년 제1

 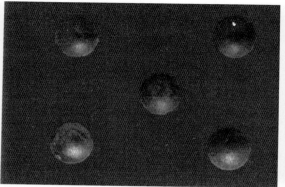 

사진 3. 남양주거지 출토 창끝 및 동포(銅泡)   표대 출토

　　유적들은 일반적으로 100~150개의 팽이형토기 시기의 주거지들로 이루어졌
다. 현재 1지점만을 발굴 조사한 표대 유적에서는 200여 개의 주거지가 확인되었
으며, 규모도 대동강 유역에서 최대 규모라고 한다.[31] 대부분 네 시기의 문화층
과 주거지가 층서관계를 이루고 있었다.[32] 특히 1지점에서 발굴된 팽이형토기 주
거지와 유물은 양적으로 많고 매우 다종다양하다. 예를 들어 주춧돌이 있는 주거
지와 각이한 짜임새와 크기의 주거지, 비파형투겁창, 여러 유형의 묵방리형토기
(조롱박형 단지), 벼와 콩강정, 조 등 희귀한 낟알 자료가 나왔다.
　　몇 년 전부터 계속 발굴하고 있는 남양유적에서도 이미 확인된 집자리가 100

호, 1999, 28~32쪽.

31) 김종혁, 「표대부락터에 대하여」, 『동아시아에 있어서 원시·고대 문명의 재검토
　　－5000년 전의 동아시아－』, 1995(이형구 엮음, 『단군과 고조선』, 살림터, 2000,
　　353~361쪽 재수록); 김종혁, 「표대유적 제1지점 팽이그릇 집자리 발굴 보고」, 『마
　　산리 반궁리 표대유적 발굴 보고』, 2003, 215~388쪽.

32) 김종혁, 「대동강 류역 일대의 고대 부락터 유적에 대하여」, 『조선고고연구』 1, 1999,
　　28~32쪽; 「단군조선 시기 대동강류역 일대의 부락 구조에 대한 고찰」, 『조선고고연
　　구』 3, 1999, 2~6쪽.

여 개인데, 이는 전체 부락규모의 20분의 1밖에 해당되지 않는다.[33] 북한 학계에서는 4기에 해당하는 집터에서 출토된 목이 달린 납작밑 배부른 단지를 묵방리형 토기가 발달한 것으로 이해하고 있으며, '남양형 단지'라는 새로운 유형 설정을 한 점이 주목된다. 이밖에도 2기의 16호 집터에서는 비파형투겁창이, 4기에 해당하는 집터에서는 청동 방울 거푸집이 출토되었다. 이 비파형투겁창은 표대 10호 집터와 상원 방울뫼 5호 지석묘에서도 찾아졌다.[34]

이처럼 큰 규모의 부락터 유적들이 평양을 중심으로 한 그 주변 일대에 집중적으로 분포되어 있는 것은 바로 이 지역이 사람들이 가장 많이 모여 산 번창한 지역으로, 정치, 경제, 문화의 중심지였다는 것을 말해 준다.[35]

2) 무덤

대동강 유역의 대단위 집자리 주변에서는 많은 지석묘와 석관묘가 알려졌다.

지석묘는 보통 5~6기 또는 10여 기를 단위로 한 고장에 수십 기가 연이어 있으며, 전체적으로는 수백 기를 헤아린다. 이러한 상황은 요동 지역도 비슷하다. 특히 평양 일대의 대동강 유역에는 이른 시기의 지석묘뿐만 아니라 우리나라에서 알려진 지석묘의 모든 유형이 다 존재하며 그것이 또한 집중적으로 분포되어 있다.[36]

평양시 중심 지역에서는 10,000여 기(그 가운데 500여 기 발굴조사)가 조사되었다고 한다. 상원 문흥리와 만경대 일대에 200여 기 이상이 조사되었고, 황주군과 연탄군 일부를 포괄하는 황주천 유역의 침촌리 및 사리원시 황석리 일대와 정방산 차

---

33) 서국태·지화산, 『남양리 유적 발굴 보고』, 사회과학출판사, 2003, 24~247쪽.

34) 강승남, 「고조선 시기의 청동 및 철 가공 기술」, 『조선고고연구』 2, 1995, 21~25쪽.

35) 북한학계에서는 청동기시대 대동강 유역처럼 대단위 취락을 이루고 생활할 수 있는 지역 집단이라면 초기 고조선과 관련된 세력밖에는 없다고 생각한다(박진욱, 「단군 조선의 국가적 성격에 대한 고고학적 고찰」, 『조선고고연구』 1999년 제1호, 1999).

36) 석광준, 「우리나라 서북지방 지석묘에 관한 연구」, 『고고민속론문집』 7집, 1979; 「평양은 고대문화의 중심지」, 『조선고고연구』 1994년 제1호, 1994, 17~20쪽.

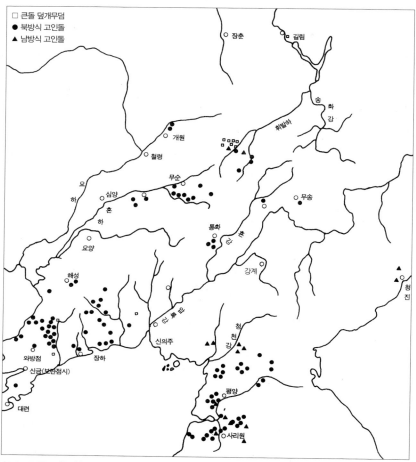

도 6. 요동-서북한 지석묘 분포도(송호정, 1999년 논문 인용)

일봉 일대의 지석묘만 해도 1,100여 기에 이른다.[37]

  특히 용강군 석천산 주변 일대를 비롯하여 태성호에 침수된 지석묘까지 합하면 250여 기에 이른다고 한다. 이외에 황해북도 연탄군 두무리에 150여 기가 군집하고 있으며, 연탄군 오덕리에도 이른바 북방식 지석묘가 230여 기 집중되고 있

37) 석광준, 앞의 논문, 1994, 17~20쪽.

사진 4. 평양 만경대구역 1호 지석묘   사진 5. 평양 문흥리 2호 지석묘

다. 전체적으로 북한지역에만 1만 4천기가 존재하고 있다고 한다.[38]

이 엄청난 숫자는 지금까지 겨우 100여 기밖에 알려지지 않은 요동 지방의 고인돌 무덤을 비롯하여 100기 미만의 함경남북도의 고인돌무덤, 약 20기 밖에 안되는 양강도 일대의 고인돌 무덤에 비하면 그 분포에서 너무도 대조적인 차이를 보여준다.

한편 큰 무덤군은 몇 기 또는 10여 기를 단위로 하는 작은 군들로 구성되어 있다. 예를 들어 황주군 침촌리의 신대동, 극성동, 천진동, 긴동에서는 3~4기 내지 10여 기로 구성된 작은 지석묘군을 이루고 있는데, 이것은 모두 정방산 서록 일대 지석묘군의 일부를 이루고 있다.[39]

무덤방 칸 나누기는 집체무덤처럼 황주천 유역의 연탄 오덕리 지역인 연탄 평촌, 송신동, 석장골 고인돌에서 조사되었다. 이러한 무덤방 구조는 묻기에 따라 이루어진 복장묘(複葬墓)로 여겨지며, 굽혀묻기나 두벌묻기를 하였을 가능성이 많다.[40] 이 지석묘에 묻힌 이들은 동일시기에 대동강 유역과 황주천 유역 일대에

---

38) 齊藤忠, 「古代朝鮮半島の文化と日本」, 『北朝鮮 考古學の新發見』, 雄山閣, 1996, 188~189쪽.

39) 석광준, 앞의 논문, 1979, 119~122쪽.

40) 하문식, 「대동강문화론에서 본 북한학계의 연구 경향」, 『단군학연구』 제14호, 2005, 16쪽.

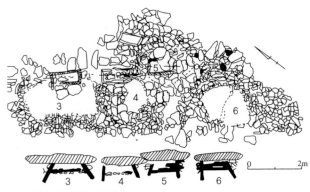
도 7. 침촌리 긴동 지석묘군

분포하는 팽이형토기 주거지에 살았던 사람일 것이다.[41] 그리고 하나의 묘역시설 안에 줄지어 있는 작은 무덤군은 그곳에 속한 가족 단위의 무덤군으로 볼 수 있을 것이다.[42]

석광준은 묘역을 설정하고 적석을 한 무덤을 침촌리 1·2·3유형으로 분류[43] 했는데, 이 단계의 지석묘에서는 같은 무덤구역 안에 있는 지석묘간에 차이가 그리 뚜렷하지 않다. 또 이 유형은 황주군 침촌리 긴동 지석묘군과 천진동·극성 동·석교리 등 몇 개 지역에 국한되고 있다. 이는 당시에 지석묘를 쓴 주민들 사이에 빈부 차이가 크지 않았음을 반영하는 것이다.

생산력의 발달 및 인구 증가와 함께 지석묘의 숫자가 늘어나고 그것의 분포범위 또한 요동 및 한반도 전역으로 확대된다. 이 과정에서 나타난 가장 큰 변화는

41) 석천산의 경우는 120여 기의 지석묘 군이 3개의 그룹으로 나누어져 분포한다. 만일 이 세 그룹의 축조연대가 병행하고 있다면 석천산에도 3개의 유력한 지배적 가계(家系)가 존재하였다고 상정할 수 있다(황기덕, 「무덤을 통하여 본 우리나라 청동기시대 사회관계」, 『고고민속』 65-4, 1965).

42) 황기덕, 앞의 논문, 1965, 11~13쪽; 「우리나라 청동기시대의 사회관계에 대하여」 (1), 『조선고고연구』 87-2, 1987, 3쪽.

43) 석광준, 앞의 논문, 1979, 114~124쪽.

남방식(침촌리형) 지석묘가 개별 무덤구역화하고, 같은 시기의 한 지석묘군 가운데 유달리 큰 지석묘가 등장하는 점이다. 이른바 북방식 대지석묘의 출현은 이러한 사정을 말해준다. 연탄군 두무리의 도동 10호, 금교동 5호, 사리원시 광석리 4호 지석묘들은 그 구조로 보아 이웃 지석묘와 본질적인 차이는 없지만 개석의 크기 및 매장부의 크기가 크고 정교하게 손질되어 있다.[44] 이 중에는 덮개돌이 8미터가 넘을 정도로 커다란 것들도 존재하는데 이것은 이는 지석묘 조영자 가운데 매우 강한 세력을 보유한 자가 등장하였음을 증명하는 것이다.

　이처럼 같은 지석묘 묘역 내에서도 웅장한 개석이 있는 무덤과 그런 것이 없는 보통의 무덤이 있고, 개석이 있는 무덤에는 부장품이 비교적 많다는 사실 등은 지석묘 사회 후기 단계에 이르면 공동체 주민들 사이에 지배자가 출현하고, 피장자 사이에도 어느 정도 신분상 차이가 생기게 되었음을 반영한다.[45]

표 2. 대형 지석묘 일람표

지역	유적	크기
요동반도	은현 허가둔 지석묘	8.42×5.65m, 두께 0.50m
	해성현 석목성 1·2호묘	6.00×5.10m
	개주시 석봉산 1호묘	8.48×5.45m, 두께 0.50m
	영구시 석봉욕 지석묘	8.00×6.00m
	장하시 대황지 지석묘	7.50~8.10×5.00m
서북한	황해남도 은율군 관산리 1호	8.75×4.50m, 두께 0.31m
	황해남도 안악군 노암리 1호	7.90×6.00m, 두께 0.64m
	황해북도 연탄군 오덕리 1호	8.30×6.30m, 두께 0.50m
	평안남도 숙천군 평산리	6.00×3.15m, 두께 0.40m

44) 석광준, 앞의 논문, 1979, 181쪽.
45) 석광준도 4·5유형의 침촌리형 고인돌이 발생하면서 오덕형 고인돌이 등장하였다고 보았다. 이때 대형의 오덕형고인돌은 부의 축적과 함께 지배자들이 더 넓은 지역을 지배하는 과정에서 분화되어 나온 것으로 보고 있다(석광준, 앞의 논문, 1979, 180~182쪽).

기본적으로 지석묘
의 소재지는 상당히 장
기에 걸친 지석묘사회
의 존재를 보여줌과 동
시에 유력한 우두머리
또는 족장들의 소재지
였다고 추정된다.[46]
겨우 정치적 사회가 성
립되어가는 지석묘 조
영시기에 한 지점에서

사진 6. 황해도 관산리 1호 지석묘

수십, 백여 기 이상의 지석묘가 존재한다고 한다면, 막연하지만 이것은 수백 년간
에 걸쳐 조성된 결과라고 볼 수 있다.

지석묘는 요동 및 한반도 지역에 집중적으로 분포해 있는데, 특히 요동 지역에
서 한반도 서북 지방에 걸쳐 분포하는 이른바 대형 북방식 지석묘는 유사한 특징
을 많이 보여준다. 특히 전형적인 북방식 지석묘는 한반도의 서북부를 제외한 요
동반도의 여순·금현·신금현·복현·장하현·신빈현 등 요남(遼南) 지구 일대에서
발견되고 있다. 또 길림성에 접하는 지역, 즉 혼강 유역 일대에서도 지석묘 분포
가 보인다. 이러한 동일 묘제의 분포와 토기·석기 등 제작기법상의 유사성은 양
지역에 동일 계열의 주민집단이 거주하고 있음을 말해준다. 그리고 그 분포 지역
과 조영 시기상 초기 고조선의 정치세력과 연관될 가능성이 높다.

서북한 지역에서는 지석묘 조영시기와 비슷한 시기에 석관묘가 조영된다. 석관
묘는 지석묘처럼 대체로 무리를 지어 나타나지만 지금까지 발견된 것이 그리 많
지 않으며, 한 군 안에 10기 이상 발견된 예가 드물다.[47] 대표적으로 평안남도 북
창군 대평리, 황해북도 사리원시 상매리, 은파군 은파읍, 연산군 공포리, 자강도

46) 三上次男,「西北朝鮮の支石墓」,『古代東北アジア史研究』, 1966, 14~15쪽.
47) 사회과학원 고고학연구소 편, 앞의 책, 1977, 84쪽.

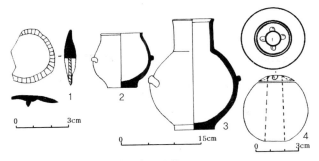

도 8. 시중군 풍룡리 석관묘 출토 유물

시중군 풍룡리 등지에 존재한다.

　최근 평양 주변에서 석관묘 150 여 기가 확인되었다고 한다.[48] 그 가운데 팽이형토기와 함께 이른바 묵방리형토기[조롱박형 단지]가 나오는 석관묘가 최근 남경, 공포리, 황대성 등지에서 알려졌다. 판돌이나 막돌을 상자처럼 두는 이들 석관묘의 구조는 요동 지역과 유사하고 그 내부에서는 석검·석촉 등

사진 7. 상매리 석관묘 출토 유물

무기류와 관옥(管玉)·곡옥(曲玉) 등 장식품이 나오고 있다.[49] 사리원시 상매리에서는 마제석촉, 동촉, 바다조개 껍질 출토되고, 시중군 풍룡리에서는 청동 거푸집, 파수부광구호, 백옥제 관옥, 마뇌제 소옥, 마제석촉, 구슬형 유공석기 등이 출토되었다. 이것은 서북한 지방에서 지석묘와 함께 성행한 팽이형토기문화의 기본유형과 일치한다. 따라서 그 사회단계 또한 지석묘 단계와 같다고 볼 수 있다.

48) 김동일, 『북부 조선지역의 고대 무덤』, 사회과학원 고고학연구소, 2009, 26~36쪽.
49) 宋鎬晸, 「古朝鮮 國家形成 過程 硏究」, 서울대학교 박사학위논문, 1999, 112~115쪽.

사진 8. 선암리 석관묘 출토 유물

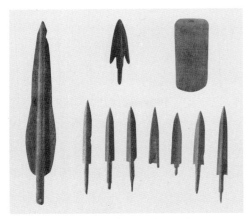

사진 9. 대아리 석관묘 출토 동검 및 동촉

　조금 후대의 것으로 보이는 황해북도 신평군 선암리,[50] 황해북도 배천군 대아리[51]의 경우 단독으로 조영되었고, 구조형식상 청동기시대의 것과 똑같은 석관묘에서는 전성기 비파형동검문화에 특징적인 청동제 비파형동검이 나왔다.[52] 이는 석관묘의 후기양식으로 당시 대동강 일대의 고조선 세력과 관련된 지배자들의 무덤으로 볼 수 있다. 문제는 최근 북한 학자들이 그 시기를 상당히 올려 본다는 데 있다.

　석관묘에는 토기·동검 외에 금동이식·반지 등 장신구가 출토하고 합장(合葬)에 의한 것도 많다는 것이 알려졌다. 석관묘에서 나온 토기들은 대부분 연질이지만 형태와 바탕흙, 경도 등에서 매우 발전된 양상을 잘 보여준다.[53] 그런데 이들 석관묘에서 출토된 금제이식(金製耳飾)[54]과 토기는 그 형태가 고구려 금제이식 및

50) 정용길, 「신평군 선암리 돌상자무덤」, 『고고학자료집』 제6집, 1979, 170~172쪽.

51) 리규태, 「배천군 대아리 돌상자무덤」, 『고고학자료집』 제6집, 1979, 175~177쪽.

52) 박진욱, 앞의 책, 1988, 41~42쪽.

53) 金榮搢, 「發掘された古朝鮮初期の陶器」, 『朝鮮民族と國家の源流』, 雄山閣, 1996, 116~126쪽.

54) 평양시 강동군과 평안남도 평성시, 성천군의 9개의 석관묘에서 금귀걸이 등 모두 13

토기와 매우 유사하다.[55] 또한 석관묘에서는 금동 제품과 철제 유물이 제법 많이 출토되어 절대연대 측정값과 마찬가지로 기존의 문화 성격과 차이가 많으며 그 결과를 이해하는 데 어려움이 따른다.

이상의 지석묘와 석관묘 유적에서는 많은 유물, 특히 청동기 유물이 공반하고 있는 점이 주목된다. 상원군 용곡리 4호 지석묘의 청동단추와 5호 지석묘의 청동 투겁창, 장리 지석묘의 청동장식품과 청동방울, 평성시 경신리 석관묘의 청동띠 고리, 덕천시 남양유적 제16호 집자리에서 나온 청동 투겁창 등이 출토되었다.[56] 한반도의 지석묘에서 이러한 다양한 청동의기(靑銅儀器)가 찾아진 것은 매우 이례적이며 청동기시대 지석묘 사회의 성격을 이해하는 데 매우 중요하다. 특히 청동의기는 기본적으로 청동기시대 지석묘를 조성한 사회의 공동체 집단이 제의(祭儀)를 중시하고 그것을 주제한 지배자의 성격을 짐작케 한다.

Ⅲ. 팽이형토기문화의 변천과 고조선

1. 팽이형토기문화와 미송리형토기문화의 관계

대동강 중류 금탄리를 비롯하여 북창군 대평리, 개천군 묵방리, 평양 남경 유적 등 지석묘와 팽이형토기 관계 주거지에서 미송리형토기가 출토되었다.[57] 최근 평

점의 금제품이 나왔는데, 이 가운데 5기의 연대를 측정하였더니 그 가운데 4000년 전에 해당하는 것이 3기나 되었다고 한다(韓仁浩, 「古朝鮮初期の金製品」, 『朝鮮民族と國家の源流』, 雄山閣, 1996, 107~115쪽).

55) 李殿福 著·西川宏 譯, 『高句麗·渤海の考古と歷史』, 學生社, 1991, 44~46쪽; 東潮, 『高句麗考古學硏究』, 吉川弘文館, 1997, 402~406쪽, 도면 65 참조.

56) 朴晋煜, 「古朝鮮の琵琶形銅劍文化の再檢討」, 『朝鮮民族と國家の源流』, 雄山閣, 1996, 100~106쪽.

57) 북한학계에서는 후기 미송리형토기를 묵방리형토기라고 부른다. 최근에는 형태를 중시해 조롱박형 단지라고 부른다(鄭漢德, 앞의 논문, 1989; 황기덕, 「비파형단검문

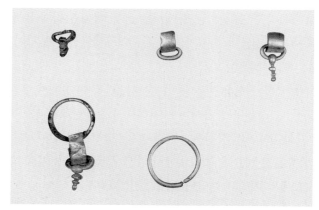

사진 10. 태잠리, 송석리, 용산리 석관묘 출토 금제품

양시 강동군 순창리, 송석리, 태잠리 등에서 발굴된 고대 무덤에서도 묵방리형토기[북한학계의 조롱박형 단지]가 많이 나왔다. 순창리 진계동 1호 무덤에서 나온 합과 송석리 5호무덤에서 나온 뚜껑 있는 단지가 대표적이다.

이들 묵방리형토기들은 청동기시대부터 고대에 걸쳐 평양 일대에서 많이 만들어 쓴 팽이형토기편과 함께 나온 점이 주목된다. 황해북도 황주군 고연리 유적의 제4호 주거지에서는 팽이형토기와 미송리형토기가 공반되어 출토하였다.[58] 팽이형토기 후기 단계의 유적이지만 영변군 세죽리 유적의 제2문화층에서는 묵방리형토기가 공반되었고, 동일시기 주거지들에서는 팽이형토기와 유사한 이중구연토기들이 상하 양 층에 걸쳐 함께 출토되었다. 특히 구연부를 이중으로 처리하는 수법으로 제작된 토기는 공귀리,[59] 심귀리,[60] 신암리, 장성리 등 압록강 유역과 요령 지방의 목양성[61] 등에서 많이 보이고 있다.

화의 미송리유형」, 『력사과학』 89-3, 1989).

58) 도유호, 『조선원시고고학』, 1960, 144쪽.

59) 김용간, 「강계시 공귀리 원시유적발굴보고」, 『유적발굴보고』 6집, 1985.

60) 정찬영, 「자강도 시중군 심귀리 원시유적발굴 중간보고」, 『문화유산』 61-2, 1961.

61) 原田淑人, 『牧羊城』, 東亞考古學叢刊 第二冊 東亞考古學會, 1931, 24·44쪽.

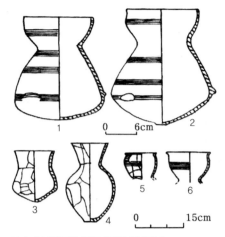

도 9. 남경유적 출토 묵방리형토기

사진 11. 신암리 유적 출토 유물
(1.청동칼, 2.굽접시, 3.목 달린 단지,
4.단지, 5.청동단추)

특히 묵방리형토기(조롱박형 토기)가 발견된 무덤들은 점판암돌이나 석회암돌들로 판이나 상자형으로 만든 것이다. 큰 것은 길이 212~230cm, 폭 100~120cm 정도로 초기 비파형동검이 나온 이가보(李家堡) 무덤이나 쌍방(雙房) 무덤의 형태와 크기가 대체로 비슷하다는 점이 주목된다.

물론 이것은 단순한 문화의 영향에 의한 것이라고도 볼 수 있다. 그러나 당시 청동기문화의 흐름이나 주민 이동의 흐름은 요동 지역에서 요하 이남 및 서북한 지방이나 길림 일대로 전해지는 과정을 밟았다. 따라서 양 문화가 동시에 나타나는 것은 주민집단의 이동과정에서 발생한 현상으로 해석해도 틀리지 않을 것이다.

이처럼 고고학 자료를 보면 서북한 지역에는 지석묘 문화 중기 이후에 미송리 동굴 상층문화가 팽이형토기문화 속으로 들어왔다. 대개 미송리형토기 사용집단이 팽이형토기문화 주민집단과 교류하여 팽이형토기문화에 흡수되었음을 알 수 있다.

미송리형토기 사용 집단이 서북한 지역으로 이동하는 계기는 중국 연(燕) 세력의 진출과 관련이 있다고 생각한다. 즉 기원전 5~4세기 이래 요동 지역에서 성장

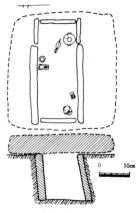
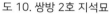

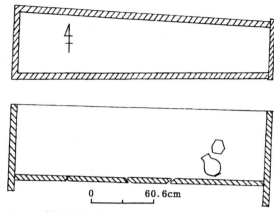

도 10. 쌍방 2호 지석묘   도 11. 시중군 풍룡리 석관묘

하던 미송리형토기 사용 집단은 기원전 3세기경 燕 세력의 요동 지역 진출과 함께 많은 주민들이 서북한 지역으로 내려오게 되고, 두 지역의 문화와 주민집단이 융합하게 된 것이다. 물론 두 문화의 융합과정에서 집단 간에 물리적 충돌이 일어나는 것은 필연적이었을 것이다. 이 점은 바로 서북한 지역 팽이형토기 주거지가 대부분 불탄 채로 조사되고 있는 점에서 알 수 있다.[62]

2. 토광묘의 등장과 청동단검문화의 소멸

기원전 5~4세기 단계에 이르면 서북한 지역 지석묘 사회 내에서 강력한 지배자가 등장한다. 더불어 북쪽으로부터 밀려 내려오는 비파형동검문화·미송리형토기문화의 영향으로 새로운 청동기문화 단계에 들어가게 되는 것으로 보인다. 이러한 문화적 변화 과정에서 새롭게 성장한 집단과 지배세력들은 바로 후기 고조선 사회의 중심세력으로 활동하게 되는 것이다.

------

62) 도유호, 앞의 책, 1960, 221쪽.

세형동검문화가 형성되기
전 한반도 서북 지방에는 비
파형동검과 관계된 유적·유
물과 함께 지석묘, 석관묘를
비롯하여 팽이형토기와 관계
된 유적·유물이 널리 보급되
어 있었다. 반면 요동 지역에
는 비파형동검과 관계된 유
적·유물이 지배적인 자리를
차지하고 있었다.

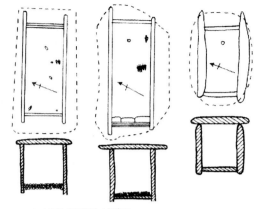

도 12. 북창 대평리 석관묘

지석묘와 석관묘를 비롯한 팽이형토기 관계 유적·유물은 기원전 2천년기 이래
로 세형동검문화가 형성되기 전까지 오랜 시기에 걸쳐 내려오는 한반도 서북 지
방 고유의 청동기문화이다. 지석묘나 석관묘를 중심으로 한 팽이형토기문화는 그

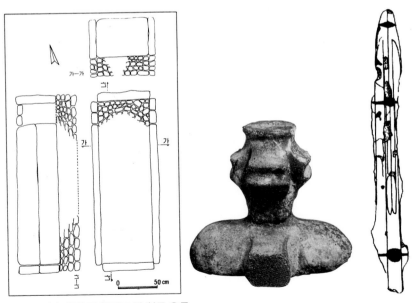

도 13. 서흥 천곡리 위석묘 및 청동 유물

이후 세형동검문화에 그대로 계승되었다. 그에 대한 예로는 주검 곽을 강돌로 두 번 돌려 올려쌓고 그 위에 큰 판돌을 몇 개 맞물려 뚜껑을 덮은 북창군 대평리 3호 지석묘[63]와 신계군 정봉리 무덤[64]의 주검곽 시설이 공통되고, 북창 대평리 4호 석관묘의 구조가 서흥군 천곡리 무덤[65]의 주검곽과 공통되는 것에서 볼 수 있다.

이른 시기 서북한 지방의 세형동검 관계 무덤과 지석묘나 석관묘의 공통성은 부장품의 내용에서도 찾을 수 있다. 지석묘나 석관묘에서 드러난 부장품은 석검을 비롯한 무기류들인데, 이른 시기 세형동검 관계 무덤의 부장품도 역시 무기류를 기본으로 하고 있다. 부장품 가운데 토기가 없는 점도 공통된다. 또한 이른 시기 세형동검 관계 무덤에서 세형동검이 예외 없이 드러나는 것처럼 지석묘나 석관묘에서는 석검이 거의 모든 무덤에서 나온다. 이러한 사실들이 지석묘나 석관묘와 이른 시기 세형동검 관계 무덤 부장품의 주요한 공통점이라 할 것이다.

부장품의 종류와 형태, 그리고 무덤 구조에서 이른 시기 세형동검 관계 무덤과 지석묘 및 석관묘 사이에 깃들어 있는 이러한 몇 가지 공통성은 팽이형토기문화를 남긴 주민들의 매장풍습이 이른 시기 세형동검 문화를 보급한 주민들에게 계승되었다는 것을 말해 준다.[66] 이와 같이 세형동검 관계 유적·유물에는 서북 지방에서 널리 존재하던 문화적 잔재가 깃들게 됨으로써 일정한 독자성을 가지게 되었다.

또 이것은 후에 형성되는 서북한 지방과 요동 지방을 아우르는 고대 정치집단과 그 구성상의 특징과 연관되어 있다. 크게 보면 양 지역은 모두 중국 전국시대 초기 철기문화에 영향을 받아 새로운 문화 단계로 나아가지만, 각 지역의 문화는

63) 정찬영, 「북창군 대평리유적 발굴보고」, 『고고학자료집』 제4집, 1974, 135~139쪽.

64) 안병찬, 앞의 논문, 1983, 59~98쪽.

65) 북창 대평리 4호 석관묘는 큰 판돌로 장방형의 주검 곽을 마련하고 그 안에 주검과 부장품을 넣은 석관묘이다. 이 무덤이 서흥 천곡리 무덤과 공통되는 점은 두 무덤의 주검곽이 다 같이 판돌로 되어 있고 바닥시설이 같다는 것이다(안병찬, 앞의 논문, 1983, 71~75쪽).

66) 안병찬, 앞의 논문, 1983, 91~98쪽.

그곳에서 성장한 토착 청동기문화를 그대로 계승하고 있다. 이것은 다른 두 주민 집단이 토착문화를 계승하면서 전체적으로 선진문화의 영향 속에서 문화적 동질성을 갖게 되는 모습이다. 이것은 요동 지역의 지역집단과 서북한 지역 예맥 계통 고조선 주민집단의 성장 과정을 반영하는 것이라고 이해할 수 있다.

지석묘가 자체적으로 계승·발전되어 초기 세형동검문화의 토대를 이룬 서북한 지역의 경우는 고조선의 영역으로 볼 수 있다. 요동 지역의 경우도 탁자식 지석묘와 미송리형토기, 팽이형토기가 서북한 지역 청동기문화와 동질성이 강한 것으로 보아 한반도 서북 지역과 동질의 주민집단과 정치체가 남긴 문화로 볼 수 있다. 그 이북의 요중(遼中) 지방(심양, 요양 일대)도 토착문화의 계승관계로 보아 고조선을 형성한 예맥족 계통 주민집단들이 성장하고 있었을 것이다.

기원전 5~4세기 단계에 이르러 초기 세형동검문화가 발전했던 요중 지역의 경우 심양 정가와자나 요양 이도하자 무덤의 주인공은 요동 일대를 배경으로 상당한 세력을 지녔던 예맥 계통 정치집단의 지배자였을 것으로 볼 수 있다.[67]

기원전 5~4세기 단계의 토광묘(土壙墓)들이 이전부터 존재한 돌무덤의 문화적 전통을 충분히 계승하고 있기 때문이다. 그리고 이러한 선진 문화요소와 주민집단은 서북한 지역에 계속 영향을 미쳐 이곳에서도 새로운 지배세력이 형성되기에 이르렀다.

Ⅳ. 팽이형토기문화의 담당자와 고조선

1. 청동기시대 대동강 유역 관련 문헌 기록

대동강 유역이 고대문화의 발원지, 그 중심지로 논의된 것은 우리나라의 첫 고

---

67) 오강원, 『비파형동검문화와 요령지역의 청동기문화』, 청계, 2006; 이청규, 「중국 동북지역과 한반도 청동기문화 연구의 성과」, 『중국 동북지역 고고학 연구현황과 문제점』, 동북아역사재단, 2008.

대국가인 고조선의 중요한 지역이었다는 데 있다. 그러나 대동강 유역을 명확히 고조선의 중심 무대로 기록한 문헌 기록은 매우 드물다.

대개 황해(黃海) 이북 연안과 요동 지역은 중국인의 시각에서 볼 때 동이족(東夷族)이 살고 있었던 지역으로, 일찍이 "오랑캐족인 예족의 고향[夷穢之鄕]"으로 표기되었다.[68] 그곳은 정치 집단으로 말하면 '조선(朝鮮)'으로 표현되는 세력의 거주 지역이라고 볼 수 있다.

한반도 서북 지방을 초기 고조선과 관련해 해석할 수 있는 문헌 기록으로는 『전국책(戰國策)』과 『염철론(鹽鐵論)』의 기록이 주목된다.

『전국책』 권29 「연책(燕策)」에는 소진(蘇秦)이 연나라 문후(文侯, 기원전 361~333)에게 당시 연의 주변 상황을 말하면서 "연의 동쪽에는 조선 요동이 있고, 북쪽에는 임호와 누번이 있다."고 기록되어 있다.[69]

위 기록은 소진이 연 문후를 달래면서 하는 이야기를 적은 것으로서 연 문후 때인 기원전 4세기의 사실을 말한 것이다. 그런데 『전국책』 기록에서는 조선의 위치를 『관자』보다 더 사실적으로 기술하고 있어, 고조선 중심지의 위치와 관련하여 주목의 대상이 되어왔다. 특히 똑같은 기록이 『사기(史記)』 「소진열전(蘇秦列傳)」에 그대로 실려 있어[70] 사실성을 더해주고 있다.

『전국책』과 『사기』 소진열전의 기록에서는 지명·족명 혹은 물 이름으로 두 지역을 분별하여 연나라의 사방에 이르는 곳을 설명하고 있다. 그 내용을 자세히 보면 '조선·요동'은 '임호·누번' 등과 병렬되고 있어, 연의 동쪽에 조선과 요동이 있었다는 의미로 해석할 수 있다. 이 내용은 다른 두 사서에서 동일한 기록이 나오는 것으로 보아 매우 신빙성이 있는 것으로 보인다. 그런데 이 기록에는 분명 요동이 조선과 병렬되고 있으며, 요동 지역이 연나라에 속하지 않았음을 말해준다.

---

68) 『呂氏春秋』 卷20 恃君覽 第8 "非濱之東[朝鮮樂浪之縣 箕子所封 濱於東海也] 夷穢之 鄕 大解陵魚"(中華書局, 『諸子集成』 本 참조)

69) 『戰國策』 卷29 燕策1 "蘇秦將爲從 北說燕文侯曰 燕東有朝鮮遼東 北有林胡樓煩 西有 雲中九原 南有嘑沱易水 地方二千餘里 帶甲數十萬 車七百乘 騎六千匹 粟支十年"

70) 『史記』 卷69 蘇秦列傳 第9 "說燕文侯曰燕 「燕東有朝鮮 遼東 北有林胡 樓煩 …"

이 기록 내용을 혹자는 요동 왼쪽에 조선이 있는 것으로 보거나 조선과 요동을 같은 뜻으로 해석하기도 하는데, 그렇게 쉽게 생각하기에는 기사가 너무 단편적이다. 여기서는 단지 요동과 조선의 인접 관계만을 알 수 있을 뿐이며, 연의 동방에 조선과 요동이 따로 존재하고 있었다는 의미로 해석할 수 있다.[71]

『전국책』의 기록을 문자의 기록 순서에 따라 조선이 연나라 쪽에 가까운 지역에 있는 것이라고 이해하는 경우가 있다. 물론 『전국책』에 기록된 순서대로 조선이 연 쪽에 가까운 지역에 있었다고 이해할 수도 있다. 그러나 연나라 남쪽 경계 강인 호타수(呼沱水)에 대한 기록에는 호타수(呼沱水)·역수(易水)의 순서로 되어 있으나 실제 호타수는 역수보다 더 남쪽에 있다는 점으로 보아 이는 꼭 지리적 순서에 따라 기술된 기록이 아님을 알 수 있다. 대개 기록의 전후 문장을 보면 요동 동남쪽인 한반도 서북 지방에 조선이 위치하고 있다고 해석하는 것이 자연스럽다.

한대(漢代)에 출간된 『염철론』 벌공편(伐功篇)에는 "연이 동호를 습격하여 달아나게 하고, 땅을 천리 개척하였다. 계속해서 요동을 건너 조선을 공격하였다."고 기록하고 있다.[72]

기록을 자세히 보면 요서 지역은 영지 고죽 도하 등 산융과 동호 세력이 존재하고 있었고, 산융과 동호 동쪽에 조선이 위치하고 있었다. 여기서 연이 건넜다고 하는 '요동'을 '요하'로 해석하기도 하나, 요동 땅으로 해석하는 것이 자연스럽다. 따라서 『염철론』 벌공편 기록을 본다면 요동 동남쪽에 조선이 위치하고 있었다고 보이며, 그곳은 지금의 한반도 서북 지방을 가리키는 것이라 할 수 있다.

일찍부터 대동강 유역의 청동기시대 주민집단을 고조선으로 인식하였던 것은 『삼국유사』와 『삼국사기』에 기록되어 있다.

『삼국유사』 기이 고조선조에서는 고기(古記)를 인용하여 고조선이 평양에 도읍하였다고 기록하고 있다.[73] 『삼국유사』에서 고조선이 평양에 도읍했다고 기록한

---

71) 徐榮洙, 「古朝鮮의 위치와 강역」, 『韓國史市民講座』 2권, 一潮閣, 1989, 22~23쪽.

72) 『鹽鐵論』 伐功 第四十五 "齊桓公越燕伐山戎 破孤竹 殘令支 趙武靈王踰句注 過代谷 略滅林胡樓煩 燕襲走東胡 辟地千里 度遼東而攻朝鮮"

73) 『三國遺事』 卷1 紀異 古朝鮮 "唐高卽位五十年庚寅 都平壤城 始稱朝鮮"

것은 평양 지역의 지역 신앙으로 내려오던 단군 신앙이 고조선 건국과 함께 고조선의 건국 신화로 자리 잡은 것이라 볼 수 있다.[74] 단군신화를 고조선의 건국 중심지에 대한 직접적인 자료로 이용하기는 어렵지만 건국신화의 배경 무대가 평양 일대이므로, 건국하기 전부터 평양 대동강 지역은 고조선을 세우는 주요한 정치 집단이 존재하였던 지역으로 볼 수 있다.

한편, 『삼국유사』 기이 고조선조에서는 「위서(魏書)」를 인용해 단군왕검이 도읍했다는 아사달을 황해도 구월산으로 비정하고 있다. 그리고 환웅이 무리 3천 명을 거느리고 태백산 꼭대기 신단수 아래 내려왔다[75]고 하는데, 여기서 태백6산 꼭대기를 일연은 지금의 묘향산으로 보고 있다. 황해도 구월산과 평안남도 묘향산은 평양에서 그리 멀지 않고 160여 km 떨어져 있으며 청천강 상류에 있어 사실상 평양 대동강과 같은 권역으로 볼 수 있다.

그리고 『삼국사기』 고구려본기 동천왕 21년(247)조에서 위나라 장수 관구검의 침략군에 의해 수도 환도성이 파괴되어 다시 도읍할 수 없는 조건에서 평양성(平壤城)을 쌓고 거기에 백성들과 종묘사직을 옮긴 사실에 대하여 수록하고, 그 "평양이라고 하는 곳은 본래 선인왕검(仙人王儉)이 살던 곳인데, 혹은 임금의 도읍이었던 왕험(王險)이라고도 한다."[76]고 기록하고 있다. 이 내용 역시 『삼국사기』에 단군에 관하여 언급하고 있는 유일한 예로서, 초기 고조선인 단군조선의 중심지가 평양 대동강 지역임을 말하고 있는데, 『삼국사기』를 편찬할 당시 대동강 지역이 고조선의 수도로서 인식되어 왔음을 말해준다.

2. 팽이형토기문화의 담당자와 사회 성격

소형 지석묘가 집중적으로 묘역을 이루고 있고, 그 가운데서 대형 지석묘가 등

---

74) 노태돈, 「역사적 실체로서의 단군」, 『한국사 시민강좌』 27집, 일조각, 2000, 1~20쪽.

75) 『三國遺事』 卷1 紀異 古朝鮮 "桓雄奉徒三千降於太白山頂"

76) 『三國史記』 卷17 高句麗本紀 제5 東川王條 "二十一年 … 築平壤城 移民及廟社 平壤者本仙人王儉之宅也 或云王之都王險"

장하는 지역은 옛 기록들에 보이는 소국(小國)의 읍락(邑落) 또는 국읍(國邑)의 전신인 우세 집단이 자라난 곳으로 짐작된다.

현재까지의 고고학 자료 조사 결과, 요동~서북한 지역 청동기문화의 중심은 혼하~압록강 일대의 석관묘·미송리유형 문화권과 서북한 지역의 지석묘·팽이형토기 문화권, 그리고 요동반도 지역이 독자적으로 문화권을 이루고 있음을 알았다. 다만 요동~서북한 지역은 전체적으로는 지석묘와 석관묘라는 동일 계열의 묘제를 사용하는 것으로 보아 같은 계통의 주민집단이 살고 있었고, 다만 지리적인 차이로 인해 문화유형의 차이가 있게 된 것이라고 생각한다.

묘제로서 지석묘와 석관묘가 일정 지역에 집중 분포하는 것은 그 일대에 하나의 유사한 계통의 종족과 주민집단이 있었음을 말해준다. 그런데 지석묘문화가 미송리형토기 분포권의 외연에 해당하는 지역에서 수용된 묘제라는 견해들이 제기되었다.[77] 그리고 이러한 현상은 종족집단의 차이, 즉 예족과 맥족의 문화 차이를 반영하는 것이라고 본다.[78]

요동 지역과 서북한 지역의 문화 특징의 차이를 주민집단과 연결시켜 본 점은 매우 주목된다. 그러나 팽이형토기와 지석묘의 집중 지역이 미송리형토기문화의 중심세력권에서 벗어나 있지만, 전체적으로는 비파형동검문화와 미송리형토기문화라는 범위에 포괄되고 있다는 점을 염두에 두어야 한다. 그리고 양 문화 간의 지역 차이가 종족집단의 차이로까지 연결할 수 있는 문헌자료는 현재로서는 명확하지 않다.

최근 몇몇 논자들은 요동반도 지역의 지석묘가 한반도 서북 지방의 지석묘와 유사한 점에 주목하여 두 지역이 동일한 문화권을 이루었고, 단일한 정치체에 속해 있었다는 주장을 조심스럽게 제기하고 있다.[79] 즉 전형적인 북방식 지석묘를 조영하던 예맥 계통의 주민집단이 황해 이북 연안 지역을 끼고 분포하고 있는데,

---

77) 東潮·田中俊明, 앞의 논문, 1995, 67쪽; 鄭漢德, 앞의 논문, 1990, 130~131쪽.

78) 鄭漢德, 앞의 논문, 1990, 130~131쪽; 東潮, 앞의 논문, 1997, 32~34쪽.

79) 鄭漢德, 앞의 논문, 1990, 131~132쪽; 東潮, 앞의 논문, 1997, 28~34쪽.

이것이 일정한 국가나 정치집단을 이루고 있었다는 것이다.

황해 이북 연안 지역은 중국인의 시각에서 볼 때 동이족이 살고 있었던 것으로 믿어지는 지역으로 일찍이 "오랑캐족인 예족의 고향(夷穢之鄕)"[80]으로 표기되었다. 그곳은 정치집단으로 말하면 '조선'으로 표현되는 세력의 거주지역이라고 볼 수 있다. 그러나 요동반도 지역과 서북한 지역 사이에는 문화적 공백이 있어 뚜렷한 입장을 제시하기는 어렵다. 우선, 압록강 유역에서 청천강에 이르는 지역에서 아직까지 지석묘 유적이 거의 확인되지 않았다는 점, 또한 압록강 일대 단동 지구에는 이른바 공귀리형토기를 사용하는 집단이 존재하고 있었다는 점을 짚고 넘어가야 한다.

요동~서북한 지역 초기 세형동검 단계의 무덤과 부장품에서 공통적으로 보이는 특성은 고조선 지배세력의 모습을 추론할 수 있는 중요한 단서가 된다.

요동 지역 미송리형토기문화의 담당자는 '예맥'으로 규정할 수 있다.[81] 『관자』를 비롯해 일부 선진문헌(先秦文獻)에서는 요동 지역을 '예맥'이나 '조선'으로 구분하여 기록하고 있는데,[82] 크게 보면 이는 '조선'의 정치세력이 거주하였던 곳으로 볼 수 있다.

이러한 점을 전제하고 두 문화의 유사성과 차이점을 생각하면 팽이형토기문화의 담당자 또한 같은 예맥 계통의 종족이라 볼 수 있다. 다만 미송리형토기문화가 주로 석관묘을 사용한다는 점과 달리 팽이형토기문화는 지석묘를 주로 사용했다는 점 외에 토기양식이 보여주는 일정한 차이 등을 고려해보면 지역적, 주민집단 간에 구별되는 문화로 볼 수 있다. 따라서 팽이형토기의 담당자는 선진문헌에서

---

80) 『呂氏春秋』 卷20 恃君覽 第8 "非濱之東[朝鮮樂浪之縣 箕子所封 濱於東海也] 夷穢之鄕 大解陵魚"

81) 송호정, 앞의 책, 푸른역사, 2003, 193~196쪽.

82) 『管子』 輕重 卷13 輕重甲 "管子曰 陰王之國有三 … 楚有汝漢之黃金 而齊有渠展之鹽 燕有遼東之煮 此陰王之國 桓公曰 四夷不服 恐其逆攻 游於天下而傷寡人 … 管子對曰 吳越不朝 珠象而以爲幣乎 朝鮮不朝 請文皮毤服而爲弊乎 … 然後八千里之發朝鮮 可得而朝也"

부터 '예맥'과 대비되어 등장하는 '조선'을 형성한 집단으로 보는 것이 합리적이다.

　문헌에서는 이 당시 요동 및 서북한 지역에서 성장한 세력에 대해 '조선후국(朝鮮侯國)'[83]이라 표현하고, 이들이 성장하여 '칭왕(稱王)'하는 등 교활해졌다고 기록하고 있다.[84] 이러한 기록으로 요동 및 서북한 지역의 청동기문화를 바탕으로 고조선, 즉 조선후국이 주변지역을 일정하게 아우를 수 있는 상당히 강한 지배 권력을 수립했음을 표현한 것이라 볼 수 있다.

Ⅴ. 맺음말

　청동기시대에 대동강 유역의 팽이형토기문화를 고조선과 관련하여 해석한 연구는 많지 않다. 단군릉 개건 이후 북한학계를 중심으로 '대동강 문화'라는 새로운 문명관이 제시되면서 대동강 유역과 평양을 중심으로 고조선이 만주에 걸쳐 광대한 영토국가를 형성하였다는 주장이 대동강 유역의 청동기문화에 대한 가장 적극적인 해석이라 할 수 있다.

　『삼국유사』에는 고조선의 건국신화인 단군신화의 무대가 대동강 유역의 평양일대로 나온다. 그리고 멸망 당시 고조선의 수도 왕검성 지역에 설치된 낙랑군 조선현의 위치가 문헌 및 고고 자료를 통해 대동강 유역임이 분명해졌다.

　이상의 기본적인 연구 성과를 바탕으로 필자는 일찍부터 대동강 유역이 고조선의 중심지였다고 생각해 왔다. 그리고 초기 고조선 주민들이 남긴 문화 역시 대동강 유역의 팽이형토기문화라는 생각을 갖고 있다.

　본고에서는 이러한 생각을 구체적으로 논증하기 위해 대동강 유역에서 최근에

---

83) 『三國志』 卷30 魏書30 烏丸鮮卑東夷傳 所引 『魏略』 曰 "昔箕子之侯朝鮮侯見周衰 燕自尊爲王 欲東略地 朝鮮侯亦自稱爲王 欲興兵逆擊燕以尊周室 其大夫禮諫之 乃止"

84) 『三國志』 卷30 魏書30 烏丸鮮卑東夷傳 所引 韓條 『魏略』 "昔箕子之後朝鮮侯 見周衰 燕自尊爲王 欲東略地 朝鮮侯亦自稱爲王 … 後子孫稍驕虐"

조사된 주거지와 무덤 자료를 종합 분석하고, 그것이 초기 고조선 주민집단의 문화임을 입증하고자 노력하였다. 결과 대동강 유역의 팽이형토기문화는 그 문화 요소의 밀집도로 보아 일정한 정치체와 연결할 수 있는 문화로 볼 수 있고, 그 정치체는 다름 아닌 청동기시대의 고조선으로 볼 수밖에 없다고 해석하였다.

대동강 유역의 팽이형토기문화는 요동 지역의 미송리형토기문화와는 일정한 차이를 갖고 있는 독자적인 청동기문화이다. 한편으로 팽이형토기문화는 요동 지역의 미송리형토기문화와 함께 요령 지역 비파형동검문화 범주 안에서 유사성을 갖고 있다. 이는 요동 지역에서 한반도 서북 지방에 걸쳐 동일한 계통의 주민집단이 거주했음을 말해주는 하나의 증거라고 생각한다.

앞으로 서북한 지역 고고 자료에 대한 면밀한 조사 연구가 증대되고, 특히 요동 지역의 청동기 고고 자료와 비교 고찰하여 의미 있는 성과가 나오기를 기대한다. 나아가 이들 고고 자료를 문헌 자료와 종합하여 일정한 정치체와 관련지어 해석하는 노력 역시 필요하다 하겠다.

요동~서북한 지역에서 세형동검문화의
발생과 고조선의 국가형성

Ⅰ. 머리말

우리 역사에서 처음으로 국가를 세운 왕조는 고조선이다. 그 동안 고조선사에 대해서는 단군신화에 대한 해석 문제 등 그 역사의 시작 시기와 영역 문제에 많은 노력을 기울였다. 연구 방법론으로는 『사기(史記)』나 『위략(魏略)』 등 문헌 자료를 기본으로 하였는데, 60년대 후반 북한학계를 시발로 촉발된 비파형동검문화에 대한 관심은[1] 고조선사 해석을 한 단계 높이는데 기여하였다.

고조선사를 객관적으로 접근하기 위해서는 문헌 자료를 기본으로 하면서도 고고학 자료에 대한 깊은 이해가 절실히 요망된다. 그것은 고대사 전반에서 문제되는 것이지만 문헌자료의 단편성과 모호함 때문이다. 남쪽 학계에서 비파형동검문화를 고조선과 관련시켜 해석하는데 관심을 가져온 것도 20년을 넘어선다. 그러나 아직도 많은 연구자 사이에 통일된 의견이 존재하지 않고 자신만의 주장을 하고 있는 실정이다.

---

1) 김용간·황기덕, 「기원전 천년기전반기의 고조선문화」, 『고고민속』 67-2, 1967; 사회과학원 고고학연구소·력사연구소, 「기원전 천년기전반기의 고조선문화」, 『고고민속론문집』 1, 1969.

필자는 그 동안 고고학 자료를 문헌과 결부시켜 종합·정리하는 방식으로 고조선사에 대해 해석해 왔다. 그 과정에서 필자가 갖게된 결론은 다음과 같다. 고조선은 처음에 대동강 유역에서 하나의 지역집단, 종족집단으로 출발하여 기원전 4~3세기를 지나면서 일정 지역집단을 중심으로 결집력을 형성하고 기원전 3~2세기경이 되어야 고대 국가 단계에 이른다는 생각이다.[2] 이러한 입론을 갖기까지 해결하기 어려운 문제가 많았지만 가장 설명하기 어려웠던 점은 고조선의 국가형성 시기와 그 국가의 성격 문제였다. 고고학적으로는 전국시대 말, 즉 기원전 5세기에서 3세기에 이르는 시기의 자료에 대한 해석 문제였다. 이 시기는 중국의 선진 철기 문화요소와 주민집단이 남만주 지역에 들어오고 새로운 문화를 바탕으로 고조선이 종족(지역)집단 단계를 벗어나서 정치체로 성장하는 때이다.

기원전 5~4세기경 청동단검문화가 발전하던 요동~서북한 지역에는 중국 전국시대의 문화가 집중적으로 영향을 미치게 되고, 그와 함께 이주민들이 정착하게 되면서 그 지역의 문화는 점차 철기문화로 대체된다. 그리고 그 과정에서 초기 세형동검문화가 등장하게 된다. 따라서 전국시대 말기의 고조선사를 정리하려면 당시에 새로이 등장하는 고고학 자료로서 초기 세형동검과 검은 간토기, 철기 등에 주목하지 않을 수 없다.

종래 세형동검문화에 대해서는 명도전과 함께 청천강을 경계로 그 이남 지역에만 분포하고 있어 중국과의 문화적·지리적 경계를 설정하는 자료로 이용하였다. 또 전형적인 세형동검이 충청남도 일원에 집중하는 것에 주목하여 충청도 지역의 마한과 관련된 독특한 문화적 요소로 보는 입장도 있었다. 이러한 몇몇 입장만을 보아도 세형동검과 관련해서는 그 기원과 발생의 문제가 가장 중요한 문제로 제기되어 있다. 최근에는 요동~서북한 지방에서도 이른 시기에 해당하는 초기 세형동검이 조사되어 초기 세형동검문화의 발생에 대해 새로운 해석이 시도되기도 하였다. 따라서 이 당시 중국 동북 지방, 남만주 지역에 존재한 정치체와 종족집

---

2) 송호정, 「고조선 국가 형성 과정 연구」, 서울대학교 문학박사학위논문, 1998; 『한국 고대사 속의 고조선사』, 푸른 역사, 2003.

단에 대한 서술이 명확하게 이루어진다면 고조선사의 전개과정에 대한 많은 논란이 해결될 것이라고 생각한다.

본고는 먼저 기원전 5세기 이래 요동 지역에 등장했던 초기 세형동검 자료를 정리하고, 그것을 단편적 문헌 자료에 보이는 고조선사와 연관하여 살펴보고자 한다. 먼저 초기 세형동검문화의 등장과 기원 문제를 살펴보고, 이와 관련하여 요동~서북한 지역에 존재한 예맥, 진번, 조선 등 여러 정치체와의 관련 여부를 살펴보도록 하겠다. 그리고 그것이 한반도 서북 지방에서 전형적 세형동검문화로 발전하면서 고조선이 국가체로 성장해가는 모습을 정리하고자 한다.

본고가 고조선사에 대한 관심을 제고하고 기존의 고조선사에 대한 과장된 인식을 재점검하는 차원에서 의미가 있기를 바란다. 다만 본 논문은 고고학 자료에 대한 단순한 이해와 문헌자료에 대한 무리한 해석으로 인해 많은 오류가 있으리라 생각한다. 많은 질정을 바란다.

Ⅱ. 초기 세형동검문화의 발생과 '조선후(朝鮮侯)'

1. 초기 세형동검문화의 발생

기원전 5~4세기경 요동~서북한 지방에서 조사된 유물 가운데 주목되는 것은 청동단검과 토기이다. 청동단검과 토기는 청동기시대 지배층들의 모습을 확인할 수 있는 가장 특징적인 문화 지표가 되고 있다. 그런데 당시 토기들은 이른바 미송리형토기의 후기 형태들로 흑도장경호 단계에 해당한다. 청동단검 역시 이미 요령식 곡인단검의 형태를 벗어나 세형동검 단계에 들어선 것들이다. 기원전 5세기경으로 비정되는 요양 이도하자 3호무덤에서 나온 것에만 요령식 곡인단검의 특징인 비파형 곡인의 곡선과 날의 돌기 흔적이 조금 남아 있는 정도이고,[3] 나머

---

3) 孫守道·徐秉琨,「遼寧寺兒堡等地靑銅短劍與大伙房石棺墓」,『考古』64-6, 1964,

지 단검에서는 그것이 보이지 않는다.

요동 지역에서 기원전 5~4세기경에 사용된 청동단검은 전반적으로 검날이 좁고 거의 직선에 가까운 호선을 이루고 있다. 이 시기의 단검에는 세형동검의 특징인 독특한 결입부와 등대의 절대(마디)도 없다. 따라서 세형동검의 초기 형태로 인정되고 있다.[4]

현재까지 보고된 고고 자료로 보면 세형동검문화 성립 이전 단계, 즉 요령식동검문화 말기 단계의 문화는 요령식동검문화와 유사성이 인정된다. 요령식동검문화 말기 단계의 동검에는 세형동검의 가장 큰 특징인 마디와 결입부가 나타나고 있고, 봉부(鋒部)의 길이 등에서 각각 다른 형식의 세형동검이 발생한 것으로 보인다.[5] 때문에 한반도 자체에서 요령식동검이 세형동검으로 변화 발전되었을 가능성이 매우 높다.

세형동검이 등장하기 이전에 요동 지역에서 출토된 요령식 청동단검은 그 전형적인 형식인 이른바 비파형동검에서 파생 형식에 이르기까지 상당한 정도의 형태변화를 거쳤다.[6] 이러한 다양한 동검의 양식에 대해서는 여러 방식의 형식분류가 이루어지고 있지만, 현재의 자료만을 가지고 본다면 크게 3종 형식으로 나누어진다. 이에 대해 중국학계의 임운(林澐)은 중국 동북지방에 분포하는 동검에 대해 전형적인 요령식동검을 A형으로 보고 거기서 파생된 형식 가운데 검신의 기부(基部) 근처가 턱이진 부류를 B형, 검신의 양인부(兩刃部)가 평행한 부류는 C형으로 분류하였다.[7] 약간의 예외는 있지만 이러한 분류는 기본적으로 타당하다. 다만 임운의 분류에는 검신 하부에 결입부가 형성되어 있는 서북한 지역에 특징적인 초기 세형동검 자료에 대한 분류가 빠져있다.

277~281쪽.

4) 사회과학원 고고학연구소·력사연구소, 앞의 논문, 1969, 104~106쪽.

5) 李榮文,「韓國 琵琶形銅劍 文化에 대한 考察」,『韓國考古學報』 38輯, 1998, 83쪽.

6) 林澐,「中國東北系銅劍初論」,『考古學報』 80-2, 1980.

7) 林澐, 위의 논문, 1980.

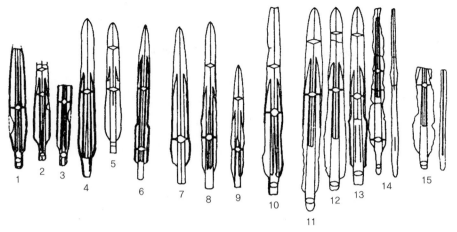

도 1. 요동 지역 출토 초기 세형동검
(1·2.이도하자, 3.정가와자 2호 무덤, 4.윤가촌 12호 무덤, 5.윤가촌 2호 무덤, 6.오도령구문,
7.여순 유가촌 북만, 8.보란점 쾌마창천, 9.금주 대령저촌, 10.장해 서가구, 11.단동 소진가,
12.조가보, 13.대방신, 14.서방신, 15.포자연)

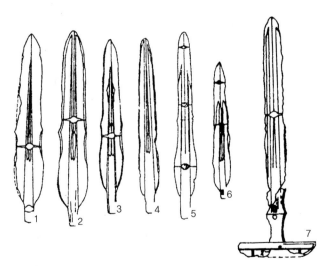

도 2. 서북한 지역 출토 초기 세형동검
(1.전평양, 2.평양, 3.평남 성천, 4.양평 상자포리, 5.개천 용흥리,
6.대전 문화동, 7.재령 고산리)

최근 남쪽 고고학계에서도 초기 세형동검의 발생 문제에 대한 일련의 연구 성과가 나와 주목된다. 대체적인 견해는 임운과 동일하지만, 요령 지역 요령식동검 말기의 양상은 검신의 양날 부분이 평행한 부류와 검신의 기부 근처에 턱이진 부류 및 인부(刃部) 아랫부분에 결입부(抉入部)가 형성된 부류로 분류할 수 있다는 지적이 나왔다.[8] 이 주장에 따르면, 등대에 날이 있고 뚜렷한 절대를 갖고 있지만 검몸 아래의 양측이 요령식 청동단검처럼 곡선을 그리는 세번째형이 발전하여 결입부와 절대가 뚜렷한 전형적인 세형동검, 한반도 출토의 세형동검으로 발전하였다고 본다.

이러한 세 가지 형식의 초기 세형동검은 요령식동검에서 세형동검으로 넘어가는 단계에 각 지역에서 자체적으로 형성된 것이다. 요동반도 윤가촌유적을 대표로 하는 직선형 검신이 출토되는 지역은 요동반도를 중심으로 하면서 서북한 지방에서도 일부 나온다. 집안 오도령구문과 길림 대청산유적을 대표로 하는 검신 하부에 턱이진 형이 출토되는 지역은 혼하·태자하 유역에서 압록강~길림 일대에 걸쳐 집중 분포한다. 그리고 평양과 양평 상자포리를 대표로 하는 검신 하부가 호형으로 된 동검이 출토되는 지역은 청천강 이남의 한반도지역이 그 중심이다. 이에 대해 북한학자들은 좁은놋단검의 초기라 하였고,[9] 이청규는 세형동검시기 Ⅰ기라 한 바 있다.[10] 그리고 이 단계에 속하는 초기 세형동검이 남한에는 없는 것으로 보아, 세형동검문화가 남쪽에서는 한 단계 늦은 시기에 보급되는 것으로 북한학자들은 보고 있다.[11]

---

8) 李清圭,「청동기를 통해 본 고조선」,『國史館論叢』第42輯, 1995, 7~8쪽; 朴淳發,「우리나라 初期鐵器문화의 展開過程에 대한 약간의 考察」,『考古美術史論』3집, 1994, 37~61쪽.

9) 박진욱 외,『비파형단검문화에 관한 연구』, 과학백과사전출판사, 1987, 251쪽; 박진욱,『조선고고학전서-고대편』, 과학백과사전종합출판사, 1988, 121~122쪽.

10) 李清圭,「細形銅劍時期의 遺蹟·遺物에 對한 硏究 -共伴遺物을 중심으로-」, 서울대학교 석사학위논문, 1981; 李清圭,「靑銅器時代 編年 -後期를 중심으로-」,『韓國史論』13, 서울대학교, 1983, 513~557쪽.

11) 박진욱 외, 위의 책, 1987, 251쪽.

이상의 지역적 분포 특징을 갖는 초기 세형동검의 경우 일정 주민집단의 소산이며, 그 시기는 대개 전국시대 말기에 해당하는 것으로 보인다. 구체적으로 요령식동검이 변형된 것으로 보이는 심양 정가와자와 신금현 사아보 등지 출토 동검은 요령식동검 말기 단계의 것으로 기원전 6~5세기(춘추 말~전국 초)에 비정된다. 이밖에 요동 지역과 길림성 일대에 주로 분포하는 직인 초기 세형동검은 집안 오도령구문[12] 방단개석적석묘와 길림 화전현 서황산둔[13] 등에서 전국계 철기와 함께 출토되는 것으로 보아 기원전 3세기(전국 만기)경까지 연대가 떨어진다.

이상의 상대연대를 바탕으로 각 시기 유적들에 대한 발굴보고서의 편년을 참작하여[14] 요령식동검에 관한 대략적인 절대연대를 추정하면 초기 세형동검을 사용하던 시기는 기원전 5~4세기로 비정할 수 있다.[15] 결국 청동기시대 요령 지역의 대표적인 청동기인 요령식동검은 기원전 5~4세기를 전후하여 이른바 세형동검문화로 새로이 변화되어 발전하게 되었던 것이다.

그렇다면 이들 세 유형의 초기 세형동검이 지닌 형태상 특징과 함께 지역적 특성은 어떠한지 살펴보도록 하겠다. 요동반도 윤가촌 유적을 대표로 하는 직선형 검신의 초기 세형동검은 요동반도 일대에 집중한다. 실물을 직접 확인하지 못해 확신할 수는 없지만 등대와 검날을 갈아 세형동검으로 제작한 것이 분명하며 처음에 곡인검으로 제작했다가 사용되어 날이 직선이 된 것은 아니다. 함께 출토된 토기 또한 아가리에 덧띠를 두른 토기와 굽접시가 함께 나오고 있어 전국시대 이후의 특징을 보이고 있다.[16] 이러한 직인형의 검신은 요동반도 지역에서 집중 분포하고 있는데, 대체로 요동 해성시 이남에서 대형 지석묘 분포 범위와 일치하고

12) 集安縣文物保管所, 「集安發現靑銅短劍墓」, 『考古』 81-5, 1981.
13) 吉林省文物工作隊·吉林市博物館, 「吉林樺甸西荒山屯靑銅短劍墓」, 『東北考古與歷史』 82-1, 1982.
14) 사회과학원출판사, 『중국 동북지방의 유적발굴보고』 1963-1965, 1966, 128쪽.
15) 사회과학원 고고학연구소·력사연구소, 「기원전 천년기전반기의 고조선문화」, 『고고민속론문집』 1, 1969, 108쪽.
16) 김용간·황기덕, 앞의 논문, 1967, 3쪽.

있다. 이것은 후술하겠지만 대개 그 일대에 거주하던 예맥이나 고조선 주민집단의 특징적인 문화 소산으로 볼 수 있다.

심양 정가와자, 본계 양가유적[17] 등에서는 요령식동검과 공반하는 기하문이 시문된 동경이 나왔다. 정가와자 출토 유적의 경우 조양 십이대영자를 비롯한 요서 지역의 동경(銅鏡)과 비교할 때 무늬가 간략하고, 조문화되었으며, 양가에서 출토된 것은 정련된 Z자문으로 조양 십이대영자에서 출토된 것과 매우 유사하다.[18] 특히 동경유물 가운데 요동 지역에서 주목되는 현상은 본계 유가초[19] 및 관전현 조가보,[20] 집안 오도령구문[21] 등 유엽형 동모(柳葉形 銅鉾)와 엽맥문 동경(葉脈紋 銅鏡)을 특징으로 하는 유적이 태자하 유역에서 혼강 일대에 걸쳐 일정한 분포권을 형성하고 있다는 점이다. 이것은 오도령구문 출토품처럼 검신 아래쪽에 턱이진 동검의 분포와도 관련하여 단동(丹東)지구의 특징으로 볼 수 있다. 그러나 단동지구와 환인·집안에 이르는 나뭇잎무늬 청동유물 부장유적에서는 환인현 대전자 동검묘[22]를 제외하면 철제품이 거의 출토되지 않았다. 이러한 현상은 이 단계의 단동지구 동검묘들이 연 계통 철기문화의 영향을 적게 받았거나, 연 계통 철기문화가 보급되던 초기 단계였기 때문으로 생각된다.[23] 이들 지역은 일찍이 묘후산 문화를 조영한 주민집단의 거주 지역으로 예맥 계통 종족이 거주한 지역으로 볼 수 있다.

....

17) 魏海波, 「本溪梁家出土靑銅短劍和雙鈕銅鏡」, 『遼寧文物』 84-6, 1984; 魏海波, 「遼寧本溪發現靑銅短劍墓」, 『考古』 87-2, 1987.

18) 姜仁旭, 「中國 東北지방 靑銅器文化에 대한 一考察」, 서울大學校 碩士學位論文, 1996, 42쪽.

19) 梁志龍, 「遼寧本溪劉家哨發現靑銅短劍墓」, 『考古』 92-2, 1992.

20) 許玉林·王連春, 「丹東地區出土的靑銅短劍」, 『考古』 84-8, 1984.

21) 集安縣文物管理所, 「集安發現靑銅短劍墓」, 『考古』 81-5, 1981, 467~470쪽.

22) 曾昭藏·齊俊, 「桓仁大甸子發現靑銅短劍墓」, 『遼寧文物』 81-2, 1981.

23) 余昊奎는 단동지구 동검묘를 고구려 초기 적석묘와 직결시킬 수는 없지만, 최소한 연 계통 철기문화가 압록강 중류 일대에 보급되기 직전 단계의 양상으로 보고 있다(余昊奎, 「1~4세기 고구려 政治體制 연구」, 서울대학교 박사학위논문, 1997, 26쪽).

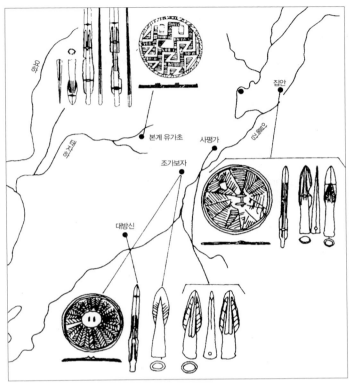

도 3. 태자하~단동지구 출토 나뭇잎무늬 청동기

　마지막으로 검신의 중간에 결입부가 형성되고 결입부 아래가 이전 요령식동검과 같이 곡인을 한 초기 세형동검은 요령식동검에서 세형동검으로 계승관계를 잘 보여주는 형식이다. 간략한 도면만으로는 정확한 실상을 알 수 없지만 결입부 아래가 곡인을 한 초기 세형동검은 주로 서북한 지역에 집중하고 있어 요동 지역으로부터 내려오는 요령식동검문화의 영향을 받으면서 한반도 서북 지방에 거주하던 고조선계 주민집단이 새로이 창조해낸 문화 유형으로 볼 수 있다.

　이처럼 요령식동검 말기 단계에는 지역에 따라 다양한 형식의 문화변동 모습이 확인된다. 그러나 종래에는 요령 지방의 초기 세형동검과 한반도의 전형적 세형동검을 단일한 계통으로 간주하여, 요령 지역의 초기 세형동검이 한반도 청천강 이남 지역의 전형적 세형동검으로 변화·발전하였다고 파악했다.[24) 그러나 그렇게 이해하기에는 고고학적 양상이 단순하지 않다.

한반도 출토의 초기 세형동검 유적과 관련해서는 양평 상자포리 지석묘 출토의 동검이 주목된다. 상자포리 출토 동검[25)은 전형적인 세형동검이 나오는 석곽묘가 아니라 지석묘에서 출토된 것으로 검신에 결입부가 형성되고 등대에 날이 선 세형동검인 것은 분명하나 혹 퇴화된 늦은 단계의 것으로 보기도 한다. 그러나 그것이 지석묘 내부에서 출토되었고 요령식동검에서 결입부가 생기고 등대에 날이 서기 시작하는 초기 세형동검의 형태를 하고 있어 세형동검으로 보는 것이 더 타당하다. 이를 통해 남한에서도 요령식동검 단계는 벗어났으나 아직 전형적 세형동검 단계에는 이르지 못한 과도적인 동검문화가 있었다고 봐야 할 것이다.[26) 특히 초기 세형동검들이 홍도·마제석검·석촉 등 석기류와 대체로 공반되고, 주로 지석묘와 석관묘에서 출토되는 것은 요령식동검의 문화 요소를 계승한 것이다. 한편 초기 세형동검이 선형동부, 조문경, 삼각형석촉 등과 공반되는 것도 세형동검문화와 연결된다.[27)

이처럼 한반도 서북 지방의 평양이나 평남 성천 및 양평 상자포리 등에서 나온 세번째 부류는 한반도의 전형적인 세형동검 이전 단계의 초기형태로 볼 수 있다. 이 형식이 발전하여 결입부와 절대가 뚜렷한 전형적인 세형동검, 즉 한반도 출토의 세형동검이 된 것으로 보인다.[28)

---

24) 李南珪, 「西北韓 土壙墓의 性格」, 『考古學報』20, 1987, 71~75쪽.
25) 李淸圭와 李白圭는 상자포리 1호지석묘 출토 동검은 요령식동검의 형식을 많이 간직하고 있어 세형동검 가운데 제일 이른 시기로 보고 있다(秦弘燮·崔淑卿, 「楊平郡 上紫浦里支石墓發掘報告」, 『팔당소양댐수몰지구 유적발굴종합보고』, 1974, 32~70쪽; 李白圭, 「漢江流域 前半期 민무늬토기의 編年에 대하여」, 『嶺南考古學』2, 1986).
26) 李淸圭, 「청동기를 통해 본 고조선」, 『國史館論叢』第42輯, 1995, 13쪽.
27) 李淸圭, 앞의 논문, 1995, 13쪽.
28) 李淸圭, 앞의 논문, 1995, 7쪽.

일본의 오카우찌 미쯔자네(岡內三眞)는 최고식(最古式) 요령식동검(오까우찌의 AI식)에서 결입부가 현저해지는 AⅡ식과 현저하지 않은 AⅢ식이 동시에 파생되었고, 그 가운데 AⅡ식에서 독자적인 한국식 동검인 BI식이 성립하였다고 보았다.[29] 이것은 매우 합리적인 분석이며, 이것을 보완하여 무라카미(村上恭通)는 한국식 동검의 결입부는 요령식동검 이래의 전통인 뾰족 돌기의 퇴화 부분과 검신 하단부가 각이 진 초기 세형동검의 어깨 부분이 상호 결합된 결과라고 보았다.[30] 이 결론에 따르면 요동 지역에서 출현한 세 종류의 초기 세형동검 유형 가운데 검신이 직선형이거나 하단부가 각이 진 유형은 서북한 지역의 동검과 결합하여 한반도 독자의 세형동검을 창출했다고 할 수 있다. 이것은 한반도 서북 지방에 요동 지역의 주민과 문화가 파급하면서 문화 요소가 변동한 모습이라 할 수 있다.

한편 충남 지방에서 출토되는 전형적인 세형동검 또한 이른 시기의 예산 동서리·아산 남성리를 거쳐 발전하는 것으로 볼 때 충남 지방에서 독자적으로 발생한 것으로도 볼 수 있다. 그러나 그 문화는 요령 지방에 기원을 두고 있고 중간에 서북 지방을 통해 영향을 받아 성장했다고 보는 것이 합리적이다.[31] 특히 준왕의 남천으로 인해 그 문화의 결정적인 개화가 이루어진 것 또한 사실일 것이다.

이러한 점은 최근 원삼국시대에 한강 유역에 새로 출현한 중도식무문토기, 타날문토기, 터널형 노지의 3가지 문화요소가 요동 지방에서 서북한 지방을 거쳐 남하한 것이 분명하다는 논고에서도 방증된다.[32] 대체로 위만조선 시기 서북한 지방의 특징적 토기는 타날문토기와 명사리형토기로 볼 수 있는데, 이 토기는 직접적으로는 세죽리-연화보유형 문화에서 공반되어 남하한 것이며, 그 중 타날문

29) 岡內三眞, 「朝鮮における銅劍の始源と終焉」, 『考古學論考』, 平凡社, 1982, 787~ 802쪽.

30) 村上恭通, 「遼寧式銅劍·細形銅劍文化と燕」, 『東夷世界の考古學』, 靑木書店, 2000, 56~74쪽.

31) 韓炳三·李健茂, 『南城里石棺墓』, 國立博物館古蹟調査報告 第10冊, 國立中央博物館, 1997.

32) 최병현, 「원삼국토기의 계통과 성격」, 『韓國考古學報』 38집, 1998, 113~118쪽.

토기는 중국의 전국계 회도(戰國系 灰陶)에서 유래된 것이고, 명사리형토기는 요동지방에서 전국계 회도의 영향으로 변질된 무문토기라는 사실이다.[33]

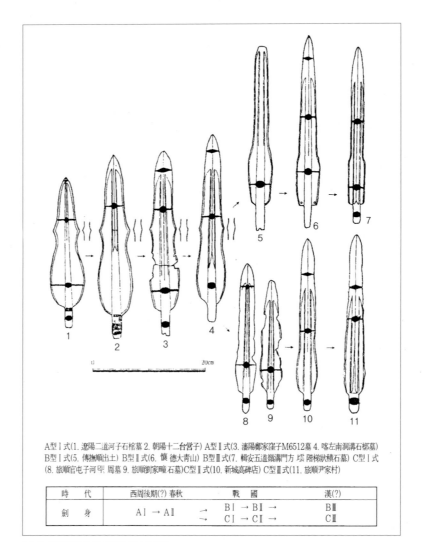

A型Ⅰ式(1. 遼陽二道河子石棺墓 2. 朝陽十二台營子) A型Ⅱ式(3. 瀋陽鄭家窪子M6512墓 4. 喀左南洞溝石槨墓) B型Ⅰ式(5. 傳撫順出土) B型Ⅱ式(6. 慎 德大靑山) B型Ⅲ式(7. 輯安五道嶺溝門方 壜 階梯狀積石墓) C型Ⅰ式(8. 旅順官屯子河믿 周墓 9. 旅順劉家疃石墓)C型Ⅱ式(10. 新城高碑店) C型Ⅲ式(11. 旅順尹家村)

時　代	西周後期(?) 春秋	戰　國	漢(?)
劍　身	AⅠ → AⅡ ⇄	BⅠ → BⅡ → CⅠ → CⅡ →	BⅢ CⅢ

도 4. 林沄의 청동단검 형식변화

---

33) 최병현, 위의 논문, 1998, 116쪽.

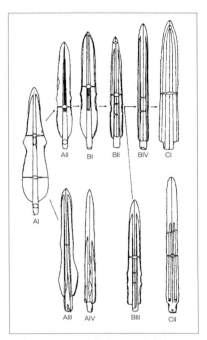

도 5. 岡内三眞의 한반도 동검변천도

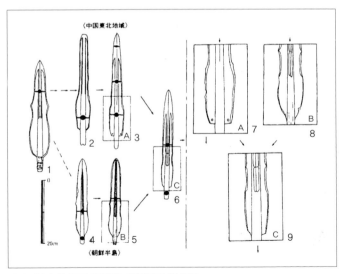

도 6. 村上恭通의 한반도 세형동검 발생도

　　(1.십이대영자1호묘, 2.傳撫順 출토, 3.懷德大靑山, 4.傳平壤, 5.杉
　　原氏旧藏, 6.충청남도 동서리, 7.3의 부분확대도, 8.5의 부분확대도,
　　9.6의 부분확대도)

표 1. 요동 지방 직인 초기 세형동검 출토 유적

번호	유적명	무덤유형	청동기	위치
1	이도하자1호	토광묘	세형동검 1	요양시 양갑산
2	이도하자2호	토광묘	세형동검 1	요양시 양갑산
3	이도하자3호	토광묘	세형동검 1	요양시 양갑산
4	이도하자5호	토광묘		요양시 양갑산
5	이도하자6호	토광묘		요양시 양갑산
6	이도하자7호	토광묘		요양시 양갑산
7	정가와자2호	토광묘	세형동검 1, 가중기	요양시 양갑산
8	고산리무덤	토광묘	세형동검 1, 劍柄, 자귀	황해도 재령
9	윤가촌12호	석곽묘	세형동검 1	요령성 여순구
10	정봉리	석곽묘	세형동검 1, 銅鉾, 斧	황해북도 신계
11	조가보	적석묘	세형동검 1, 銅鉾	요령성 관전현
12	사평가	적석묘	銅鉾, 珠飾	요령성 관전현
13	소진가	적석묘	세형동검 1	요령성 봉성현
14	오도령구문	적석묘	세형동검 1, 劍鞘, 銅鉾, 斧	집안현 태평촌
15	서방신	석관묘	세형동검 1, 가중기, 鐩	수암현 대방신
16	천곡리	석곽묘	세형동검 1, 가중기	황해북도 서흥
17	대방신		세형동검 1	요령성 동구현
18	량가촌	석관묘	세형동검 1	요령성 본계시

　이상의 사실은 요령식동검에서 세형동검으로 넘어가는 과정이 만주지방에서 한반도에 이르는 전지역에 걸쳐 획일적이고 단일한 계통으로 발전한 것이 아님을 말해준다. 즉 전형적인 세형동검이 요령 지방의 초기 세형동검에 바로 연결되지 않는다는 것이다. 특히 초기 세형동검은 거의 대부분 등날이 절대 이하로 내려오지 않고, 철기가 공반된 예가 거의 없어, 모두 기원전 3세기(전국시대 말) 단계에 연으로 대표되는 중국 동북 지방의 철기문화와 접촉하지 않은 상태에서 출현하였음을 알 수 있다. 따라서 요동 지방 및 한반도의 초기 세형동검은 시기적으로 기원전 3세기에 전래된 전국계 철기문화보다 앞서 출현하고 있으므로 세형동검이 진

개의 동침으로 요령 지방과 단절
된 상태에서 발생한 것으로 보
는 견해[34]와 부합되지 않는다.

그러나 한반도만의 자생적인
초기 세형동검 양식이 발생했다
고 해서 요동 지역으로부터의 영
향이 단절되는 것은 아니다. 기
원전 4세기 말~3세기 초로 비
정되는 황해도 재령군 고산리[35]
와 청산리 토성 근처[36]에서 요
동반도 지역의 윤가촌무덤에서
출토된 동검과 유사한 초기 세
형동검이 나오는 것이 그것을 입
증한다. 특히 고산리유적 출토

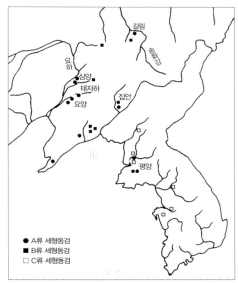

도 7. 초기 세형동검 출토 유적

초기 세형동검에는 이전 시기부터 요령 지역에서는 다수 쓰였으나 서북한 요령식
동검에서 공반되지 않던 T자형 검파가 부착되어 있다. 그러므로 고산리무덤은 요
동 일대에서 남하한 주민들의 것이거나 또는 이주민에게 문화적 영향을 받아 축
조된 묘제라고 볼 수 있다.[37]

서북한 지역에서 토광묘가 사용되는 것은 그 사용집단의 이주에 의해 이루어졌

34) 尹武炳, 「韓國靑銅遺物의 硏究」, 『白山學報』 12, 1972; 李南珪, 「西北韓 土壙墓의 性
格」, 『韓國考古學報』 13, 1987.
35) 황기덕, 「최근에 새로 알려진 비파형단검과 좁은 놋단검 관계의 유적 유물」, 『고고학
자료집』 제4집, 1974, 160쪽.
36) 황기덕, 앞의 논문, 1974, 161쪽.
37) 고산리유적의 연대는 동일한 유형의 직인검이 요동 지역에서 기원전 5~4세기에 형
성된 것으로 보아, 그 전래 시간을 고려하면 기원전 4~3세기로 이해할 수 있다(李南
珪, 앞의 논문, 1987, 75쪽).

을 가능성이 높다. 특히 세형동검이라는 전형적인 양식의 동검과 청동의기류 및 점토대토기, 흑도 등의 유물이 본격적으로 출현하게 되는 것은 요동 지역의 청동 기문화가 직접 파급됨에 따라[38] 기존의 초기 세형동검문화에 커다란 변화가 왔다고 봐야 할 것이다. 다만 연나라 장수 진개의 요동침략과 중국계 문화요소의 전파를 도식적으로 이해해서 진개 침략 이후 요령식동검문화가 사라졌다고 보아 요령식동검의 하한을 진개의 침략시기에 맞출 수는 없다.

서북한 지역에서는 자체적으로 초기 세형동검문화가 성장하고 그것이 요령 지역의 영향을 받아 점차 전형적 세형동검문화로 변화해 나갔다는 점을 염두에 두어야 한다. 다시 말해 서북한 지역에서는 기원전 4~3세기의 변동기에 정치적·문화적 충격에 따라 세형동검문화의 발전이 급격하게 이루어진다. 이것은 아무런 바탕이 없는 상태에서 발생한 것이 아니라 이전의 자생적인 요령식동검문화가 새로운 문화적 충격으로 한 단계 발전한 것이라고 할 수 있다. 그리고 한반도 서북 지방에서 형성된 초기 세형동검문화는 한강 이남의 충남 지역 세형동검문화의 발전에 영향을 주었다.

2. '조선후(朝鮮侯)'의 등장과 고조선

기원전 5~4세기 단계의 요동~서북한 지역에서는 요령식동검을 계승한 새로운 형식의 초기 세형동검문화가 등장하고 있었다. 당시 새롭게 형성된 문화 요소를 영위한 주민집단에 대해 문헌에는 어떻게 기록되어 있는지 살펴보도록 하겠다.

기원전 5~4세기 단계의 상황이 비교적 자세하게 기록된 『위략(魏略)』에는 '조선후'의 존재가 보인다. 『위략』의 기록은 고조선이 전국시대 연나라 세력과 대등하게 대립할 정도로 강하고, 또 연과 인접하여 존재한 것으로 등장한다.[39] 따라서

---

38) 李健茂, 「韓國式銅劍 文化의 性格」, 『東아시아의 靑銅器文化』, 文化財管理局 文化財研究所, 1994, 167~168쪽.

39) 『三國志』 卷30 魏書30 烏丸鮮卑東夷傳 所引 『魏略』 曰 "昔箕子之侯朝鮮侯見周衰 燕

기원전 4세기 이후 단계의 고조선은 서북한 지역만을 그 세력권으로 하고 있었다고 보기에는 설명되지 않는 부분이 많다.

『사기(史記)』화식열전(貨殖列傳)[40])이나 『한서(漢書)』식화지(食貨志)[41]) 등의 기록에는 조선이 존재한 시기에 진번·예맥 등이 활동하였고, 전국시대의 사실을 기록한 『전국책』에는 조선과 요동이 병존했다고 나와 있다.[42]) 여타의 선진 문헌에는 '조선'과 함께 기록되는 부족명이나 국명이 보이지 않는다. 따라서 『전국책』에 등장하는 "연의 동쪽에 조선요동이 있다."는 기록은 조선이 연과 대치하여 강력한 세력을 가지고 있을 때의 상황이라 생각된다. 즉 이 기록의 '조선요동'은 『위략』의 기록에서 연과 대결을 벌이려 했던 '조선후국'과 동일한 존재를 표현한 것으로 볼 수 있다.

고대 문헌에서 예맥이라는 말을 쓰고 병행해서 조선이나 진번이라는 말을 쓴 것은 예맥의 지역이 전부 고조선에 속하지 않는다는 점을 말해준다. 또 조선과 진번은 국가적 존재라기 보다는 단순히 지역을 의미하는 말로 많이 쓰였다. 이처럼 후기단계 고조선에는 이미 여러 소읍(小邑)과 진번, 임둔이라는 명칭을 가진 지방이 있었는데, 이는 위만이 정권을 잡기 전에 이미 정치적으로 일정한 독자성을 가지고 있는 정치세력이 있었다는 것을 말해준다.[43]) '조선후국'은 기본적으로 서북한 지역을 중심으로 압록강 유역과 요동반도, 나아가 요동 전역의 예맥계 집단까지를 통합하는 일정한 정치체를 가리키는 것으로 보인다.

기원전 300년(연 소왕 32) 연은 동호와 전쟁을 하여 승리를 거두었다. 『사기』흉노열전에는 연 장수 진개의 활약으로 동호를 물리치는 기록이 나온다. 동호가 사라진 뒤 중국의 군현세력과 맞서 요령 지역에서 힘을 키웠던 나라는 바로 '조선후

自尊爲王 欲東略地 朝鮮侯亦自稱爲王 欲興兵逆擊燕以尊周室 其大夫禮諫之 乃止"

40) 『史記』卷129 貨殖列傳69 "東綰穢貉朝鮮眞番之利"

41) 『漢書』卷24 下 食貨志 下 "彭吳穿穢貉朝鮮 置蒼海郡"

42) 『戰國策』卷29 燕1 蘇秦將爲從北說燕文侯 "蘇秦將爲從 北說燕文侯(기원전 361~333)曰 燕東有朝鮮遼東 北有林胡樓煩 西有雲中九原 南有嘑沱易水 地方二千餘里"

43) 『史記』卷115 朝鮮列傳 第55 "滿得兵威財物侵降其旁小邑 眞番臨屯皆來服屬 方數千里"

국'[44]이었다. 요하 이동과 서북한 지역의 농업에 유리한 조건을 바탕으로 청동기 문화를 발전시키던 조선후국은 기원전 4세기 무렵, 즉 전국시대 중기가 되면 중국 선진문화의 영향을 받아 성장을 지속하고 그 성장된 힘을 바탕으로 중국 연나라와 대립하게 되었다.

『위략』에는 전국시기에 들어오면 '조선후'가 존재했고 그가 성장하여 '왕'을 칭했다고 기록하고 있다. 이것은 기원전 4세기경부터 조선후국의 세력이 성장하여 중국 연과 대등한 정도가 되었다는 표현이다. 계속되는 기록에서 조선이 연을 치겠다는 표현은 일정정도 병력을 동원할 수 있는 중앙정부의 세력으로 성장하였음을 말해준다. 그리하여 기원전 4세기에는 중국인들이 "교만하고 사납다."[45]고 기록할 정도로 조선후의 세력이 강했다.

기원전 5~4세기 단계를 지나면서 요동 지역에서 서북한 지역에 이르는 지역 전체는 상호간에 연맹을 이루고 하나의 커다란 정치사회를 구성하였음을 알 수 있다. 물론 조선후국을 구성한 각지의 토착민들은 예맥족이 주축을 이루고 있었다고 보인다.

조선후국 내에는 후대 사료에 의거할 때 진번이라는 소국으로 성장하는 집단도 존재하고 있었고, 예맥으로 성장하는 집단도 있었다. 또 동해안에는 임둔으로 표현되는 세력도 있었다. 이들 집단은 자신이 위치한 지역을 배경으로 하면서 독자적으로 활동하였고, 대외적으로는 고조선이라는 중심국에게 일정정도 예속된 연맹체의 일원으로 존재한 것으로 볼 수 있다.

일반적으로 연맹이라 하면 집권적 고대국가가 형성되기 이전에 각 지역별로 집단이나 소국간에 다수의 소국을 통솔하는 구심체가 대두되고, 그 특정세력을 중심으로 정치·경제적 결속기반을 형성하면서 대외적으로 통일된 기능을 발휘하는

---

44) 여기서 '조선후국'이란 기원전 4세기 말~3세기 초 '조선'이 '왕'을 칭할 때 그 전에는 '조선후'라 칭했다는『위략』의 기록에 근거하여 조선이 왕을 칭하고 일차적인 성장을 이루기 전의 중국 연에 의해 후국으로 불린 단계를 조선후국이라 부른다.

45)『魏略輯本』券21 朝鮮 "後子孫稍驕虐"

단계를 말한다.[46] 그러나 연맹단계에서는 아직 정치권력을 배경으로 하는 지배·복속 관계라든가 또는 각 지역의 세력집단이나 소국 전역을 포괄하는 단일한 결속체를 상정하기는 어렵다. 고조선의 경우도 기원전 5~4세기경에는 중국에서 이른바 '조선후국'이라 부르는 정치권력이 맹주가 되어 그 주변에 위치한 예맥, 진번, 임둔 등 소국세력에 대해 일정한 영향력을 행사하는 단계에 있었다고 생각되며, 이것을 필자는 '조선연맹체'라는 개념으로 부르고자 한다.

이 소국들은 위만조선이 경제·군사적으로 강화된 다음에야 비로소 그에 복속된다. 이 사실은 진번, 임둔을 비롯한 여러 소읍들이 이미 준왕 때에 일정한 정치적 독자성을 가지고 있었다는 것을 의미한다. 특히 『사기』 조선열전의 주석에서는 진번, 임둔이 동쪽의 소국으로서 후에 군이 되었다고 하고,[47] 『한서』 지리지에는 진번이 고조선의 소국이라고 하였다.[48] 진번, 임둔의 위치는 차치하더라도 고조선에 진번, 임둔이라는 소국이 있었다는 것만은 분명하다.

이러한 사실은 지석묘 및 석관묘를 중심으로 한 요령식동검문화 마지막 단계의 문화유형이 혼하 유역, 요동반도 지역, 서북한 등 크게 세 지역으로 나뉘고 그 각각의 유형이 독자적으로 성장하는 모습에서도 엿볼 수 있다. 혼하~태자하 유역은 일찍부터 요동 지역 청동기문화의 기원이 된 지역으로, 요동 지역 청동기문화를 대표하는 석관묘문화와 미송리형토기문화의 중심지역이라고 할 수 있다. 이와 달리 요동반도에는 석관묘·적석총과 함께 지석묘가 특징적으로 분포하여 한반도 서북 지방과 유사성을 보인다.[49] 물론 이들 세 개 유형이 문헌에 보이는 소국의 위치와 그대로 대입되는 것은 아니다. 그러나 요동~서북한 지역의 세 문화유형에는 조선, 예맥, 진번의 지역집단과 같은 존재가 있었던 점은 분명하다. 다만 현재의 문헌 자료로는 구체적으로 각각의 소국과 고고학 문화유형을 연결시키기

---

46) 李賢惠, 『三韓社會形成過程硏究』, 一潮閣, 1984, 170쪽; 權五榮, 앞의 논문, 1996, 209~210쪽.

47) 『史記』 卷115 朝鮮列傳 第55 [索隱] "東夷小國 後以爲郡"

48) 『漢書』 卷28 下 地理志 下 "故眞番 朝鮮胡國"

49) 송호정, 앞의 논문, 1998, 108~120쪽.

에는 어려움이 있다. 한편 이들 고고학적 문화유형의 지역성은 지역에 기반을 가진 소국(=소읍) 세력의 독자성을 말해준다. 이 세 문화유형은 독자적으로 발전하면서 전체적으로는 요령식동검문화권, 나아가 초기 세형동검문화권에 속해 있었던 것이다.

요하 이동 지역에서 청동기문화가 가장 번성하던 시기에 직인형의 초기 세형동검문화를 영위하던 세력집단은 문화적으로 미송리형토기를 사용한 지역과 밀접한 관련이 있다. 종래 북한 고고학자들은 미송리형토기를 초기 고조선문화의 배경이 되었던 대표적인 요소로서 취급하여 왔다.[50] 최근 정한덕씨는 요하 중·하류에서 한반도 서북부 청천강 유역에 이르는 지역에서 석관묘를 조영하고 활약하던 민족은 예맥이고, 그 가운데 맥 계통 민족으로 보고 있다.[51] 연대관에 약간의 차이는 있지만, 미송리형토기 분포권은 맥의 지역이고, 그 이남에서 지석묘를 조영한 세력은 예족이라는 것이다.

최근 요동 산지의 오른쪽인 본계 지구·태자하 상류 지역에 대한 고고 조사가 진전됨에 따라[52] 고구려 건국 이전 혼하 유역의 "묘후산문화유형"[53]·"마성자 문화유형"[54]의 실체가 드러나게 되었고, 그것이 예맥계 사회와 연결되고 있음은 거의 분명한 사실로 인식되고 있다. 즉 요동반도 북부, 압록강, 혼강, 태자하 상류에 미치는 지역에서 발견되는 서주 시대 이전의 조기 청동기문화는 "묘후산문화" 또는 "마성자문화"라고 불리는데, 미송리형토기문화는 여기서 계승·발전하였던 것

---

50) 박진욱, 「고조선 전기문화」, 『조선고고학전서』 고대편, 과학백과사전출판사, 1988, 8~14쪽.

51) 鄭漢德, 「美松里型土器の生成」, 『東北アジアの考古學』[天池], 1989, 131~132쪽.

52) 李恭篤·高美璇, 「太子河上游洞穴墓葬探究」, 『中國考古學會第六次年會論文集』, 文物出版社, 1987; 李恭篤, 「本溪發現多處洞穴墓址及遺址」, 『中國文物報』, 1988년 12월 9일자.

53) 遼寧省博物館·本溪市博物館·本溪縣文化館, 「遼寧本溪縣廟後山洞穴墓地發掘簡報」, 『考古』85-6, 1985.

54) 李恭篤, 「本溪地區三種原始文化的發現及研究」, 『遼海文物學刊』89-1, 1989, 102~110쪽.

이다.[55]

요하 동쪽지역에서 미송리형토기 분포권은 넓게 보면 지석묘 분포범위와 겹친다. 그러나 한반도~요동 지역에서 지석묘를 수용한 지역은 미송리형토기 중심 분포지역의 외연지대라고 볼 수 있다.[56] 그런데 미송리형토기의 분포권은 대체로 석관묘·요령식동검의 출현지역과 일치하고[57] 이후의 명도전 분포지역과 거의 겹친다.[58] 그리고 이 지역에서 기원전 2세기이래 맥 계통의 고구려가 등장하고 있다. 그런데 미송리형토기가 나오는 지역은 고조선 국가형성 이전의 '예맥' 계통 문화라고 볼 수 있다.[59]

다음으로 요동반도 지역의 경우는 강상·루상 무덤 및 쌍타자 유적으로 대표되듯이 전체적으로는 지석묘라는 동일한 문화유형을 바탕으로 서북한 지방과 동일 문화권에 속해 있었다. 최근 몇몇 논자들은 요동반도 지역의 지석묘가 한반도 서북 지방의 지석묘와 유사한 점에 주목하여 두 지역이 동일한 문화권을 이루었을 뿐만 아니라 단일한 정치체에 속해 있었다는 주장을 조심스럽게 제기하고 있다.[60] 즉 전형적인 탁자식 지석묘를 조영하던 예맥 계통의 주민집단이 황해이북 연안지역을 끼고 환상적인 분포를 보이고 있는데, 이것이 일정한 국가나 정치집단을 이루고 있었다는 것이다.

황해이북 연안지역은 중국인의 시각에서 볼 때 동이족이 살고 있었던 것으로 믿어지는 지역으로 일찍이 "오랑캐와 예족의 고향(夷穢之鄕)"[61]으로 표기되었다.

55) 宋鎬晸, 「古朝鮮 國家形成 過程 硏究」, 서울대학교 박사학위논문, 1998, 52~54쪽.
56) 田中俊明·東潮, 앞의 논문, 1995, 67쪽.
57) 김용간·황기덕, 「기원전 천년기 전반기의 고조선문화」, 『고고민속』 67-2, 1967, 1~17쪽.
58) 余昊奎, 「1~4세기 고구려 政治體制 연구」, 서울大學校 博士學位論文, 1997, 4~26쪽.
59) 宋鎬晸, 「遼東地域 靑銅器文化와 美松里型土器에 관한 考察」, 『韓國史論』 24, 서울대학교 국사학과, 1991, 53쪽.
60) 鄭漢德, 앞의 논문, 1990, 131~132쪽; 東潮, 앞의 논문, 1997, 28~34쪽.
61) 『呂氏春秋』 卷20 恃君覽 第8 "非濱之東[朝鮮樂浪之縣 箕子所封 濱於東海也] 夷穢之

그곳은 정치집단으로 말하면 '조선'으로 표현되는 세력의 거주지역이라고 볼 수
있다. 그러나 요동반도 지역과 서북한 지역 사이에는 문화적 공백이 있어 명확한
입장을 제시하기는 어렵다.[62] 다만 비슷한 계통의 주민집단이 거주한 것은 분명
하다고 생각한다. 그것은 단편적으로 초기 세형동검의 형식이 요동 윤가촌이나
이도하자의 것과 한반도 서북 지방 고산리의 것이 유사한 점에서도 입증된다. 그
러나 세부적인 면에서는 요동반도 지역과 서북한 지방의 청동기문화는 차이점도
많이 보인다. 이는 예맥 계통 집단 내에서 지역적 특징의 차이로 볼 수 있다. 이와
달리 요동반도에서 서북한 지역에서는 절대 하부가 원형을 이루고 요령식 동검의
형태에서 계승된 초기 세형동검이 새로이 등장하고 있다. 이것은 예맥과 함께 존
재했던 조선족이 새롭게 창조한 유형으로 보는 것이 합리적이다.

Ⅲ. 한반도 서북 지방에서 세형동검문화의 발전과 고조선의 국가형성

1. 한반도 서북 지방에서 세형동검문화의 발전

기원전 4세기를 지나면서 요령 지역과 한반도 북부 지방에는 중국 전국계 철
기문화가 주류를 이루게 된다. 현재 전국시대의 철기는 연 당시의 우북평군·요
서군·요동군 관할구역 각지에서 출토되고 있다.[63] 이것은 기원전 4~3세기 당시

鄕 大解陵魚"

62) 압록강 유역에서 청천강에 이르는 지역에서 아직까지 지석묘 유적이 거의 확인되지
   않았다. 그리고 압록강 일대 단동 지구에는 이른바 공귀리형토기를 사용하는 집단이
   존재하고 있었다. 이들 세력집단을 포함하여 과연 요동반도에서 서북한에 이르는 지
   역이 단일한 정치체에 속해 있었는지는 좀더 고찰해야 될 문제이다.

63) 遼寧省博物館文物工作隊, 『中國考古學三十年』(1949~1979), 文物編輯委員會 編,
   1981, 92쪽.

많은 수의 연인들이 요령 지역으로 이주해 오면서 대량의 철기가 들어오고, 요령 지역은 혁신적인 철기시대에 들어갔음을 보여준다. 이처럼 한반도 철기문화가 중국대륙에서도 한반도에 인접한 요령 지역과의 연관 하에 전개된 것은 움직일 수 없는 사실이다.[64]

철기문화의 전래와 마찬가지로 기원전 4~3세기를 전후하여 고조선 사회가 독창적인 세형동검문화를 주도하게 되는 데에는 중국이라는 외부의 영향을 생각하지 않을 수 없다. 중국과의 교역을 통한 교섭이라든가 유망민을 통해 전국시대 토광묘에 대한 지식을 얻은 것이 하나의 요인으로 작용했을 것이다. 그러나 고조선 사회에 선진적 철기문화가 확산되는 데에는 이러한 외적인 요인 외에 선진문화를 받아들일 수 있는 내적인 조건을 갖추고 있었다는 점에도 주목해야 할 것이다.

앞장에서는 대동강 유역을 중심으로 평안남도와 황해남북도 일대를 고조선의 초기 세형동검문화 지역으로 설정하였다. 요령식동검문화권의 변방지역에 불과한 이 지역에서 일찍부터 국가적 성장을 이루고 강한 정치집단이 성장할 수 있었던 것은 일차적으로 그 지역 일대의 사회적 생산력이 높았기 때문으로 볼 수 있다. 한반도 서북 지방은 신석기 단계부터 대형의 벌목용 돌도끼, 돌보습, 돌괭이, 돌낫, 갈판, 갈돌 등을 사용하는 원시적인 화전농경이 정착되고 있었다.[65] 또 청동기문화 단계에는 요령 지역과 비슷한 수준의 대형 유구석부, 목제 농기구, 반월형석도를 사용하여 조, 기장, 수수, 콩 등을 재배하는 새로운 농경체제가 도입되고 이를 토대로 팽이형토기문화의 중심지가 형성되었다.[66] 특히 서북한 지방처럼 부식토가 두터운 회갈색 삼림지대에서는 심경(深耕)을 함으로써 생산력을 높일 수 있었다.[67]

---

64) 西谷正,「朝鮮における初期鐵製品の問題」,『日本製鐵史論』, 1970, 46~65쪽; 西谷正,「中國東北地方における初期鐵器資料」,『尹武炳博士回甲紀念論叢』, 1984, 613~621쪽.

65) 甲元眞之,「朝鮮の初期農耕 文化」,『考古學硏究』20-1, 1973, 79~81쪽.

66) 李賢惠, 앞의 논문, 1987, 13쪽.

67) 현재 청동기시대 후기 단계의 농경 관계 자료가 극히 적어서 농업생산력에 대해 구

이러한 생산력의 발전을 바탕으로 고조선은 국가 단계로 성장하여 갔고, 중국
연 세력의 동진(東進)에 따른 자극 등으로 그 세력이 더욱 결집되어 강한 지배력을
형성하는 데 성공하였다. 이 당시 서북한 지방에서 집중적으로 출토되는 세형동
검 관계 청동기와 토광목관묘는 이러한 변화를 직접 시사하는 존재들이다.

기원전 4세기이래 서북한 지역 문화의 기본 특징은 세형동검문화라고 할 수 있
다. 세형동검 관계 유적은 성격상 두 시기로 대별되는데, 먼저 앞선 단계에는 세
형동검을 비롯한 청동기가 부장품의 기본을 이룬다. 무덤형식은 토광묘가 기본
이고 무덤 내부에는 철기가 출토되는 경우가 적고 세형동검을 중심으로 철부(鐵
斧)가 한 점 정도 부장되고 있다. 그 다음 단계에는 철기가 부장품의 주류를 이루
는데, 이때는 토광묘 다음 단계로 비정되는 목곽묘를 주요 묘제로 하고, 세형동검
등 청동기와 함께 철기가 다수 나오고 토기도 부장되었다.

안병찬의 분류[68]에 따르면 세형동검 관련 문화 중 기원전 5~4세기에 해당하
는 유적으로는 고산리 토광묘, 정봉리 토광묘, 천곡리 토광묘 등이 있다. 종래의
일반적인 시각보다 100년 정도 연대를 올려보는 입장이기는 하나, 정봉리와 천곡
리의 무덤곽이 요동반도의 누상무덤이나 와룡천무덤의 무덤곽과 공통된 사실을
지적하며 이전 시기의 문화전통을 계승하고 있다고 설명하는 것은 주목할 만하
다.[69] 이 무덤의 부장품은 전부 세형동검을 비롯한 무기류인데, 이처럼 서북한 지
역에 보급되었던 이른 시기의 세형동검 관계 무덤은 무덤 유형과 구조 및 부장품
에서도 모두 요동 지방의 것과 공통된다.

목곽묘 이전 시기인 기원전 4~2세기 서북한 지역에 존재하였던 세형동검 관계

체적으로 설명하기는 어렵지만 이 시기 이후부터 서북한 지역에 수확도구로서 석도
의 숫자가 갈수록 증가하고, 호미나 괭이류의 잡초제거용 농기구가 등장하는 것으로
판단하건대 집약적인 경작지 관리가 진행된 단계로 여겨진다(甲元眞之, 앞의 논문,
1973, 81쪽; 李賢惠, 「韓半島靑銅器文化의 經濟的 背景 -細形銅劍文化期를 中心으
로」, 『韓國史硏究』 56, 1987, 15쪽).

68) 안병찬, 앞의 논문, 1983, 77~98쪽.

69) 안병찬, 앞의 논문, 1983, 91~96쪽.

유적은 크게 석곽묘와 토광묘의 두 계통으로 구분된다. 이 유적들을 유물조합을 중심으로 단계를 나누면, 먼저 돌무덤의 경우 동부(銅斧)·석촉 등 상대적으로 이른 시기의 요소가 강한 유물을 부장한 황해남도 신계군 정봉리무덤[70]·서흥군 천곡리무덤[71] 단계를 거쳐 비슷한 형태의 동꺾[銅鉇]과 세문경을 갖춘 황해북도 봉산군 송산리무덤 단계로 변화한다고 보인다.[72]

이들 이른 시기 세형동검 유적으로 판단되는 정봉리나 천곡리 등의 석곽묘에서는 청동단검의 날부분 아래에 결입부가 형성된 초기 세형동검이 사용되었다.[73] 그리고 대평리 등 이전의 지석묘나 석관묘와 공통성을 가지며, 유물도 토기는 거의 없고 무기류가 기본이다. 세형동검 관계 무덤과 지석묘·석관묘 사이에 발견되는 부장품의 양상이나 무덤구조에서 발견되는 공통성은 팽이형토기문화를 남긴 주민들의 매장풍습이 이른 시기 세형동검문화를 보급한 주민들에 의해 계승되었다는 것을 말해준다.

한편 같은 시기에 석곽묘 외에 토광묘가 조영되었는데, 대표적인 무덤으로 고산리와 반천리, 석산리[74]가 알려져 있다.[75] 이 무덤들의 부장품은 위의 돌무덤과 비슷하여 같은 시기의 것으로 볼 수 있다. 유적 상호간의 관계는 세형동검 초기형이 묻힌 고산리 토광묘가 가장 이른 시기이고 반천리 무덤을 거쳐 동과(銅戈)와 주조철부(鑄造鐵斧)를 부장한 석산리무덤 단계로 이어진다.

---

70) 라명관, 「신계군 정봉리 돌곽무덤」, 『고고학자료집』 6, 1983, 165~168쪽.

71) 백련행, 「천곡리 돌상자무덤」, 『문화유산』 65-1, 1965.

72) 황기덕, 「1958년 춘하기의 어지돈지구 관개공사구역 유적정리 간략보고(Ⅰ)」, 『문화유산』, 1959; 「황해북도 봉산군 솔뫼골 돌돌림무덤」, 『고고학자료집』 1, 1963.

73) 李淸圭, 앞의 논문, 1993, 1~31쪽; 朴淳發, 앞의 논문, 1994, 38~62쪽.

74) 황기덕, 「최근에 새로 알려진 비파형단검과 좁은놋단검 관계의 유적유물」, 『고고학자료집』 4, 1974, 161~163쪽.

75) 안병찬, 「우리 나라 서북지방의 이른시기 좁은놋단검관계 유적유물에 관한 연구」, 『고고민속론문집』 8, 과학백과사전출판사, 1983, 73~76쪽; 리순진, 「우리 나라 서북지방에서의 나무곽무덤의 기원과 발생시기에 대하여」, 『조선고고연구』 92-1, 1992, 17~23쪽.

당시 토광묘는 부장품의 내용에 따라 두 부류로 나뉜다. 제1부류는 세형동검·동끌[銅鉇]·세문경 등이 기본인 무덤(평양시 남형제산유역·반천리유적 등)이고, 제2부류는 전형적인 세형동검·세형동모·동과·주조철부 등이 기본적인 무덤으로 배천군 석산리·이화동·북창군 하세동리·용산리 등이 이에 속한다.[76] 이 무덤은 동끌 등의 유물에 의해 그 상한이 기원전 3세기까지 올라가고(고산리), 하한은 대체로 기원전 2세기 전반기로 비정된다.[77]

황주 부근 출토품과 신천군에서 출토된 기원전 3~2세기경의 세형동검은 이미 세형동검의 자기 형태를 완성한 것들이다. 검신 중간 부분의 양쪽에 결입부가 형성되어 있고 그에 상응하는 등대 부위에 마디가 있으며 검신의 너비가 좁아서 검신이 날씬하게 생긴 것으로 전형적인 형태의 세형동검이라 할 수 있다.[78]

표 2. 기원전 4~2세기 서북한 지역 세형동검 출토 유적

번호	무덤 이름	무덤 유형	청동기	무덤 위치
1	松山里	圍石墓	細形銅劍 1, 銅斧 1, 銅錐 1, 銅鉇 1, 銅鑿 1, 銅鉇 1, 細紋鏡 1	황해북도 봉산군
2	泉谷里	石槨墓	세형동검1	황해남도 서흥군
3	丁峰里	石槨墓	세형동검1, 銅鉇 1, 銅斧 1	황해남도 신계군
4	반천리	土壙墓?	세형동검 1	평안남도 대동군
5	석산리	土壙墓?	세형동검 1, 銅鉇 1	황해남도 배천군
6	정백리 일괄	?	戈 1	평양시 낙랑구역
7	부조예군	목곽묘	세형동검 1, 銅鉇 1	평양시 낙랑구역
8	동대원 허산	?	세형동검 1	평양시 동대원구역
9	용산리	목곽묘	세형동검 1	평양시 만경대구역
10	석암리	목곽묘	세형동검 1	평양시 낙랑구역
11	상리	?	세형동검 1	평안남도 대동군

76) 리순진, 앞의 논문, 1983, 117~119쪽.

77) 리순진, 앞의 논문, 1983, 118쪽.

78) 박진욱, 『조선고고학전서』, 과학백과사전종합출판사, 1988, 154쪽.

번호	무덤 이름	무덤 유형	청동기	무덤 위치
12	천주리	토광묘	세형동검 1	황해북도 황주군
13	금석리	목곽묘	세형동검 1	황해북도 황주군
14	황주 부근	?	세형동검 1, 창고달이 1	황해북도 황주군
15	당촌	목곽묘	세형동검 1	황해북도 봉산군
16	갈현리	토광묘	세형동검 1, 동모 1	황해북도 은파군
17	부덕리	목곽묘	세형동검 1, 동모 1	황해남도 재령군
18	운성리 9호	목곽묘	세형동검 1	황해남도 은율군
19	운성리 3호	목곽묘		황해남도 은율군
20	운성리 4호	목곽묘		황해남도 은율군
21	태성리 11호	목곽묘		남포시 강서구역
22	태성리 8호	목곽묘		남포시 강서구역
23	태성리 13호	목곽묘		남포시 강서구역
24	태성리 15호	목곽묘		남포시 강서구역
25	태성리 16호	목곽묘		남포시 강서구역

세형동검을 부장하는 서북한 지역의 토광묘는 요동 지역과 같이 초기 형식의 순수 토광묘이다. 이들 무덤은 용산리를 제외하고는 모두 한두 점의 동검과 동과, 주조철부가 부장되어 있고 단독으로 조영된다는 점에서 한반도 서북 지방에 존재한 지배자들의 무덤이라고 볼 수 있다. 북한학자들은 한반도 서북 지방에서 세형동검이 출토되는 토광묘의 조영 시작 시기를 기원전 5세기까지 올려보고 있다. 그러나 세형동검이 부장된 토광묘는 연의

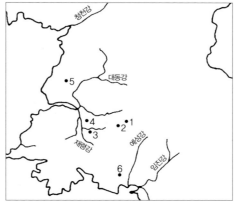

도 8. 기원전 4~2세기 돌덧널무덤과 움무덤 유적
(1.신계 정봉리, 2.서흥 천곡리, 3.봉산 송산리, 4.재령 고산리, 5.대동 반천리, 6.배천 석산리)

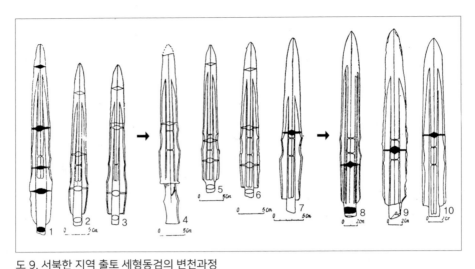

도 9. 서북한 지역 출토 세형동검의 변천과정
(1.황주 부근, 2.신천군, 3.정오동, 4.평양시 정백동, 5.벽성군, 6.평양시 락랑구역, 7.재령군 부덕
리, 8.청룡리, 9.동대원, 10.태성리)

요동 진출과 함께 요령식동검문화의 영향이 청천강 이남에 미치면서 시작되었다
고 보는 것이 옳을 것이다. 따라서 이 지역의 세형동검–주조철부–토광묘의 유물
복합체는 기원전 3세기 이전으로 올라가기 어렵고, 이 지역에서 목곽묘가 출현하
는 기원전 2세기 후반대까지 계속되는 것으로 추측된다. 다만 평양 일대와 그 이
남 지역에서는 독자적인 초기 세형동검문화가 이미 기원전 5~4세기 단계에 출현
하여 성장하고 있음도 염두에 두어야 할 것이다.

초기 세형동검이 나오는 유적을 시기별로 살펴보면, 고산리·정봉리·천곡리 무
덤 등 석곽묘 단계는 세형동검과 토광묘의 등장시기를 고려할 때 기원전 4~3세
기 초로 볼 수 있으며, 마지막의 석산리무덤 단계는 목곽묘의 상한을 기원전 2세
기 중반으로 보아[79] 그보다 조금 이른 기원전 2세기 전반으로 추정된다. 따라서

---

79) 리순진, 「우리나라 서북지방의 나무곽무덤에 대한 연구」, 『고고민속론문집』 8,
    1983, 113~119쪽.

두번째 단계인 반천리 무덤과 솔뫼골 무덤은 기원전 3세기 중후반으로 볼 수 있다.[80]

묘제상으로 볼 때 요령식동검 단계에는 지석묘·석관묘가 기본 묘제인데 초기 세형동검 사용기에 들어서면서 토광묘가 쓰이기 시작하여 석곽묘와 병존하였다. 이후 본격적 세형동검 시기로 넘어가면서 토광묘의 채용이 늘어나고 석곽묘는 점차 사라져 결국 토광묘가 지배적인 위치를 차지하게 되었다.

서북한 지역에서 토광묘가 사용된 계기에 대해 북한학계에서는 대체로 송산리 솔뫼골의 위석묘나 서흥 천곡리 석곽묘 등 돌을 쓴 토광묘와 병행하여 이전부터 존재하던 토광묘가 자체적으로 변해간 것[81]으로 보고 있다. 이것은 서북한 지역의 농업생산력 발전에 따른 결과일 것이다. 그러나 서북한 지역에서 토광묘가 사용되는 계기는 이러한 내적인 요인도 물론 중요하지만, 외적인 요인이 더 강하게 작용했다고 생각한다. 즉 토광묘를 사용하게 된 분명한 계기는 요령식동검문화 후기 단계에 토광묘를 묘제로 쓰던 요동 일대 주민들이 연 세력에 밀려 서북한 지역으로 남하했다는 데에서 찾을 수 있다. 남하한 이들은 요령식동검의 전통을 계승하면서 세형동검을 제작하였고, 이전 토착집단의 지석묘·석관묘와 함께 토광묘를 사용하였다고 생각한다.[82]

또한 심양 정가와자 6512호 대형 토광목곽묘와 요양 양갑산 이도하자 55년도 발굴 토광묘 등에서는 변형 요령식동검 또는 초기 세형동검들이 출토되고 있다. 요동 지역에서는 초기 세형동검이 사용되던 시기에 토광묘가 상당히 쓰이고 있는데, 이러한 고기(古期)에 속하는 토광묘가 서북한 지역 초기의 토광묘인 황해도 재령군 고산리, 평안남도 대동군 반천리 그리고 황해도 배천군 석산리[83] 등에서 알려지고 있다.

---

80) 안병찬, 앞의 논문, 1983, 76쪽.
81) 사회과학출판사, 『고조선문제연구』, 1973, 84~91쪽; 박진욱, 『조선고고학전서』, 과학백과사전종합출판사, 1988, 112~128쪽.
82) 李南珪, 앞의 논문, 1987, 68~78쪽.
83) 황기덕, 앞의 논문, 1974, 40~41쪽.

이처럼 초기 세형동검 사용기에 요동 지역에서 상당히 쓰이던 토광묘가 아직 석관묘가 주류를 이루던 서북한 지역에서 쓰이기 시작하는 것은 연장 진개의 요동 침공과 관련이 있는 것으로 보고 있다. 하나의 문화요소가 새로이 등장할 경우, 그것은 주변지역과의 교역이나 기타 문화접변의 결과 이루어지기도 하나, 그보다 한 문화요소 사용집단의 직접적 내왕에 의해 비롯되었을 가능성이 더 높기 때문이다.[84]

서북한 지역을 중심으로 발전한 세형동검은 전국시대 검인 도씨검이나 요령 지역에서는 다수 쓰였지만 서북한 지역에는 없던 T자형 검손잡이가 부착된 형태로 나온다. 이는 남하 이주민 자체의 제작이거나 그 영향을 받아 축조된 것임을 보여준다.[85] 다만 요동 일대 토광묘에서는 토기가 공반되고 있으나 서북한 지역 초기 토광묘에서는 토기가 확인되지 않는 등 문화 상호간의 직접적인 설명이 곤란한 점이나 약간의 지역적 특성이 보이는 점은 주목할 필요가 있다.

이와 같은 묘제 발전과정을 통해 서북한 지역 각지에서 일정한 범위를 통할하는 정치권력의 성장을 상정할 수 있다. 고조선 전기 단계에 지석묘와 팽이형토기 문화라는 특징을 보이던 요동반도 지방과 한반도 서북 지방을 하나의 유사한 종족과 단위집단으로 상정하고, 혼하~압록강·길림 일대의 석관묘와 미송리형토기 문화를 또 하나의 유사한 종족집단으로 상정할 수 있다면, 지석묘의 군집과 대형화 그리고 석관묘의 조영을 통해 각 지역단위 정치체 안에서 지배자의 성장 모습을 추론할 수 있다.

청동기문화의 발전 과정에서 나타나는 지석묘·석관묘에서 토광묘로의 묘제 변화는 세형동검문화의 시작 및 철기의 시원적 보급과 더불어 지역단위 정치체의 성장과 지배자 지위의 진전을 보여주는 것이라고 할 수 있다. 이러한 지역단위 정치체의 통할은 결국 '고조선'이라는 중앙집권적인 국가권력의 출현으로 나아가게 되었다.

---

84) 李南珪, 앞의 논문, 1987, 76~78쪽.
85) 안병찬, 앞의 논문, 1983, 74~76쪽.

2. 통치권력의 집중과 고조선의 국가형성

세형동검을 주요 부장품으로 집어넣던 토광묘는 시간이 지나면서 일정 지역을 중심으로 집중 분포하게 된다. 현재 토광묘가 집중 분포되어 있는 곳으로 남포시 강서구역 태성리, 황해북도 황주군 부근, 함경남도 함흥시 일대를 들 수 있다. 이 가운데 태성리는 고조선 멸망 전후 시기의 무덤이 12기나 발굴될 정도로 고조선 말기의 토광묘들이 집중되어 있다.[86] 황주군 부근에서도 고조선 멸망 전후 시기의 무덤으로 천주리 한밭골 토광묘, 갈현리 하세동 토광묘, 금석리 목곽묘 등이 많이 알려져 있다.[87] 함흥시 일대에도 이화동 토광묘를 비롯하여 세형동검관계 유적들이 드러났다.[88] 서북한 지역에는 기원전 4~3세기 무렵부터 운성리·성현리처럼 거대한 마을을 이루고 토성까지 축조하는 독자적인 지역집단이 성장하고 있었고, 대동강 유역에서는 주조철부와 세형동검을 지닌 지배자가 집중하여 나타났던 것으로 보인다. 특히 토광묘 유적은 충적지를 바라보는 낮은 구릉지대에 주로 분포하며, 맨땅에 깊이 판 무덤구덩이 안에 아무런 시설 없이 주검을 넣은 관을 묻고 관 안팎에 이전 단계와 달리 동검과 동과, 철부 등을 묻고 있다.[89]

이처럼 기원전 3~2세기에 철기를 바탕으로 요동에서 청천강에 이르는 지역에서는 철기문화가 발전하고, 서북한 지역에서는 세형동검문화가 발전하였다. 이 두 문화는 모두 초기철기문화로서 이전의 청동단검문화를 계승하여 상호 유사한 성격을 갖고 있다. 다만 이전 청동기문화와 마찬가지로 지역적으로 조건에 따라 독특한 특색을 보이고 있다.

이른바 세죽리–연화보 문화는 기원전 4세기 말~3세기 초의 전국시대 철기문화 및 기원전 3세기 말의 진·한교체기, 그 이후 기원전 2세기 초 무렵의 한초 철

---

86) 과학원출판사, 『태성리고분 발굴보고』, 1959, 11~69쪽.

87) 梅原末治·藤田亮策 編著, 『朝鮮古文化綜鑑』 제1권, 1947, 30·42쪽.

88) 사회과학출판사, 『고고학자료집』 제4집, 1974, 165~182쪽.

89) 리순진, 앞의 논문, 1983, 117~119쪽.

기문화를 포괄하고 있다.[90] 그러나 이 세죽리−연화보유형은 기본적으로 그 유형의 설정이 타당한가 의문이 있다. 필자의 생각으로는 명도전 및 초기철기 유물이 나오는 세죽리−연화보유형은 지역적으로 범위가 넓고 유적·유물의 집중이나 정합성이 안 보이는 점에서 예맥 계통의 여러 집단이 연맹체 상태로 존속하고 있음을 보여 주는 유적으로 보는 것이 합리적일 것 같다.[91]

이것은 한반도 서북 지방에서 성장하던 토착 고조선 주민집단의 문화가 청천강 이북의 초기철기문화와는 조금 다른 특성을 보였던 점에서 단적으로 드러난다. 당시 이 지역에서는 강철로 만들어진 철제 장검 및 철제 창끝·도끼·낫·찰갑 등이 사용되었는데,[92] 이 같은 철기들은 요동 일대에서 나오고 있는 농기구, 무기류들과 비교하여 많은 차이가 있다.[93] 당시 요동∼청천강 유역에서는 서북한 지역에서 보이는 완전한 의미의 세형동검이 나오지 않고 철기가 중심이 된 유물이 출토되었다. 쇠로 만든 농공구나 질그릇도 청천강을 경계로 하여 차이점이 나타났다.

기원전 3∼2세기에 서북한 지역에서는 청천강 이북∼요동 지역과 달리 철기 사용이 제한되고 전형적인 세형동검문화가 형성되고 있었다. 이러한 차이는 지역집단의 차이에 따른 결과로 볼 수 있다. 즉 요동∼청천강 유역에는 연 계통의 유이민들이 토착 예맥족과 섞여 살게 되면서 유이민을 주인공으로 한 연의 문화, 즉 선진적인 철제 농기구나 군사적 성격의 유물들이 많이 사용되게 되었다. 반면 서북한 지역에서는 선진 철기문화의 영향을 받기는 했으나 이전부터 존재한 요령식동검문화를 계승하여 독자적인 세형동검문화로 발전하고 대동강 유역을 중심으로 강한 정치적 통합체를 이루어 갔음을 알 수 있다. 이때 등장한 정치집단이 곧

90) 김정문, 「세죽리유적발굴중간보고(1)」, 『고고민속』 64−2, 1964; 김영우, 「세죽리유적발굴중간보고(2)」, 『고고민속』 64−4, 1964.

91) 사회과학원 고고학연구소 편, 『조선고고학개요』, 1977, 139∼143쪽; 宋鎬晸, 앞의 논문, 1998, 180∼186쪽.

92) 박진욱, 앞의 책, 1988, 165∼166쪽.

93) 안병찬, 앞의 논문, 1983, 91∼96쪽.

위만조선이다.

『사기』「조선열전」의 기록에 의하면 위만은 주변 만이족(蠻夷族)이 중국 변경을 침입하는 것을 방어하는 책임을 맡았고, 만이 군장(君長)이 입현천자(入見天子)하는 것을 차단하지 않는다는 조건 하에 한(漢)의 외신(外臣)으로 봉해지고 한으로부터 무기를 공급받았던 것 같다. 그리고 이를 바탕으로 진번, 임둔 같은 세력을 복속시키고 있다.[94] 이는 위씨조선의 지배집단이 이미 한의 철제무기를 세력팽창의 배경으로 삼고 있었다는 것을 뜻한다. 그러나 손자 우거대에 이르면 이미 한과 공식적인 외교관계는 지속되지 않는데, 그간의 달라진 사정을 시사해준다.[95] 이는 중간무역의 이익을 독점하고자 하는 실질적인 이해관계에 따른 거부로 볼 수 있다. 그리고 한과의 관계를 거부한 것은 철제무기 제작기술을 습득했으며, 기술 수준 또한 일정 수준에 도달했기에 가능했을 것이다. 즉 기원전 2세기 후반 위만조선은 강철 제작기술을 습득함으로써 철제무기를 독자적으로 제작할 수 있었으리란 추정이 가능하다.

고조선은 이웃한 진번·임둔·동옥저 등지에서 나오는 풍부한 물자를 확보하고 그것을 바탕으로 사회를 유지하였다. 또한 철기문화를 바탕으로 국가적 성장과정에서 주변세력을 복속시키고 속민집단으로 편제하여 안정된 수취기반을 확대해 가는 데 주력하였다. 한 문제(기원전 179~157년) 초에 장군 진무 등이 조선과 남월이 병력을 갖추고 중국을 엿보고 있으니 이를 치자고 주청한 기록이 있는[96] 것으로 보아 이 당시 위만조선이 발달된 철기문화와 철제 무기를 바탕으로 한반도 서북 지방에서 요동 방면으로 진출을 꾀한 것이 아닌가 짐작된다.

이처럼 여러 지역집단들과 계층으로 분열되어 있던 고조선은 계속되는 중국의

---

94) 『史記』卷115 朝鮮列傳 第55 "會孝惠高后時天下初定 … 以故滿得兵威財物侵降其旁 小邑"

95) 『史記』卷115 朝鮮列傳 第55 "傳子孫右渠所誘漢亡人滋多 又未嘗入見 眞番旁衆國欲 上書見天子 又擁閼不通"

96) 『史記』卷25 律書 第3 "將軍陳武等議日 南越朝鮮 自全秦時內屬爲臣子 後且擁兵阻阨 選蠕觀望"

동진 세력과 대립하면서 점차 국왕을 정점으로 전지역을 포괄하는 지배체제의 정비와 중앙정부의 통제력을 강화해 갔다. 왕위가 부왕에서 준왕으로 계승[97]되는 것을 볼 때 왕위계승이 비교적 안정적이었다고 할 수 있다. 준왕이 위만에게 고조선 서쪽지역에 대한 통치와 박사 직위를 내린 것[98]을 보면 대외적으로도 일정한 집권력이 있었던 것으로 보인다.

Ⅳ. 맺음말

이상에서 매우 거칠고 피상적으로 초기 세형동검문화의 발생과 고조선사와의 관련 여부에 대해 살펴보았다. 세형동검문화에 대한 기본적인 이해가 부족하고 문헌 자료와 관련한 해석에 중점을 두다보니 무리한 억측이 많았으리라 생각한다. 이하에서는 독자들의 이해를 돕고자 혼란스러운 본문 서술을 정리 요약하는 것으로 맺음말에 대신하겠다.

기원전 4세기 이후 중국 연(燕)의 주민들이 요령 지역 남부에 들어오면서 연의 선진문물이 전수되고 그 지역에서 정치집단 및 정치세력의 발달을 초래하였다. 문화적으로는 묘제의 변화가 발생하여 지석묘·석관묘 대신 토광묘가 등장하고, 이들 토광묘에는 특별한 예를 제외하고는 변형된 요령식동검이나 초기 세형동검이 출토하고 있다.

그런데 기원전 5~4세기 단계의 청동단검들은 벌써 요령식동검의 곡인형태를 벗어나서 초기 세형동검 단계에 들어서고 있었다. 이들 초기 세형동검문화를 누리던 주민집단들은 크게 세 지역권으로 나뉘어 성장하고 있었다. 그것은 세 종류의 초기 세형동검이 지역을 달리하여 등장하는 것에서 증명된다. 이들 초기 세형동검문화 가운데 요동과 길림성 일대의 유형은 소멸하고 한반도 유형만이 요동

---

97) 『三國志』卷30 魏書東夷傳 "時朝鮮王否立 畏秦襲之 略服屬秦 不肯朝會 否死 其子準立"
98) 『三國志』卷30 魏書東夷傳 "燕人衛滿亡命 … 準信寵之 拜爲博士"

일대 초기 세형동검문화의 영향을 받아 보다 새로운 본격적 세형동검문화로 성장하게 된다.

기원전 5~4세기 단계에 고고학자료가 이처럼 지역성을 보이며, 또 공통된 문화적 특성을 보이는 것에 대해 『위략』 및 문헌기록에는 조선후 세력이 중심이 되어 주변의 여러 종족집단과 연맹을 이루고 있는 것으로 서술되어 있다. 또 문헌에는 요동 일대의 예맥족이 일정한 지역집단으로 등장하고, 조선 주변의 종족으로 등장한다. 그리고 '진번'이 연의 침략, 위만의 도래 등의 사건과 관련하여 등장한다. 결국 진번·예맥 등 지역집단들이 거주한 요동~서북한 지역은 대개 '조선'을 중심으로 하는 광범위한 연맹을 이루고 있었으며, 그 연맹체의 중심에는 조선이 있었음을 알 수 있다.

조선연맹체 단계의 초기 세형동검문화는 요동~서북한 지역에 걸쳐 분포하면서 각 지역적 특성을 나타내었다. 검신 하부에 각이진 초기 세형동검은 혼하 유역에서 서북한 지방에 걸쳐 분포하는데 지역 특성상 예맥족의 문화로 볼 수 있다. 검신 하부가 요령식동검처럼 둥근 초기 세형동검은 한반도 서북 지방에 집중하는데 이는 고조선의 문화임이 분명하다. 그리고 요동반도에서 서북한 지역에 걸쳐 나오는 검신이 직선인 초기 세형동검은 고조선과 예맥 계통의 주민집단이 조영한 문화인 것은 분명하나 현재의 자료만으로는 특정 주민집단이나 정치체에 연결시키기는 어렵다.

이후 기원전 3세기를 지나면서 중국으로부터 선진 철기문화가 남만주 지역과 한반도에도 영향을 미치게 된다. 요동 지역과 서북한 청천강에 이르는 지역에는 세죽리-연화보 문화가 형성되고, 묘제상에서도 토광묘와 목곽묘가 등장한다. 이 지역에서 철기문화의 영향을 받아 초기 세형동검문화가 발생하였으며, 곧이어 서북한 지역에서도 요동 지역의 영향 하에 새로운 세형동검문화가 형성되었다. 그리고 이러한 세형동검문화를 바탕으로 서북한 지역에 위만조선이 등장하였고 고조선은 위만 단계에 와서 일정한 정치체와 국가를 형성하게 된다.

세죽리-연화보유형 문화와
위만조선의 성장

I. 머리말

일반적으로 중국 동북 지역, 즉 요령 지역에는 기원전 5세기 이후가 되면 연(燕) 지역을 통해 선진 철기문화가 전래되기 시작한다. 연의 선진 철기문화는 단순히 문화적인 영향만이 아니라 주민 이동을 동시에 수반한다.

기원전 5세기, 즉 전국시대 이래 주민들이 대거 이동하여 요령 지역에 거주하기 시작한 모습은 주거지와 성지, 무덤 등에서 알 수 있다. 이들 유적에서는 모두 주조한 철제 농기구와 무기 등이 토착적 성격을 갖고 있는 토기 등과 함께 출토하고 있다. 이 가운데 요동~서북한 청천강 유역까지의 초기 철기문화를 대표 유적인 무순 연화보(蓮花堡) 유적과 영변 세죽리(細竹里) 유적을 근거로 세죽리-연화보유형 문화라고 부르고 있다.[1]

이들 중국으로부터 영향을 받아 발달하기 시작한 초기 철기문화는 요령 지역 및 서북한 지역 초기 철기문화를 이해하는 데 가장 중요하며, 고조선이 국가 단계

---

1)   세죽리-연화보유형 문화라는 용어는 북한학계에서 처음으로 주장하였다(사회과학원 고고학연구소 편, 『조선고고학개요』, 1977, 139~143쪽; 박진욱, 『조선고고학전서』 고대편, 과학백과전서종합출판사, 1988).

로 발전해 가던 시기의 사회 생산력 문제를 이해하는 중요한 관건이 된다.

그런데 요령 지역 및 서북한 지역에서 형성된 세죽리−연화보유형 문화는 이전 시기 청동기문화와 마찬가지로 요동~서북한 지역과 청천강 이남 한반도 서북 지방의 문화가 차이가 난다.

그 동안 많은 연구자들은 요동~서북한 지역의 초기 철기문화를 별다른 논의 없이 고조선의 문화로 해석해 왔다. 그러나 요동~서북한 지역 청동기문화를 자세히 살펴보면 요동~청천강 유역 초기 철기문화의 경우 유이민과 토착민의 문화가 융합하여 성립한 것임을 알 수 있다. 특히 유이민에 의한 전국계 철기문화가 그 중심을 이루고 있다. 따라서 세죽리−연화보유형 문화를 그대로 고조선의 문화로 해석하는 것은 신중할 필요가 있다.

본고는 이상의 내용에 대한 정리를 바탕으로 요동−서북한 지역 초기 철기문화의 특성과 그 담당자 문제 및 고조선과의 관련성 등에 대해 새로운 시각을 마련하고자 한다. 이러한 정리를 바탕으로 고조선의 후기 단계, 즉 위만조선 단계의 철기문화와 국가적 성장을 이해하고자 한다.

본고의 정리는 기원전 3~2세기 당시 위만조선이 성립하는 시기의 사회 문화적 상황을 이해하기 위한 중요한 주제이고 이를 해결함으로써 후기 고조선사 이해를 위한 단초를 얻기를 기대한다.

Ⅱ. 요동~서북한 지역에서 세죽리−연화보유형 문화의 성립

1. 연·진 세력의 요령 지역 진출과 철기문화의 전래

1) 연·진의 성장과 요령 지역 진출

연 소왕이 등장하기 이전에 연이 직접 통제하는 지역의 동북부 경계는 대릉하 상류 일대에 이르고 있었다.[2] 이러한 모습은 대릉하 유역 청동예기의 존재가 잘 보여준다. 이후 연이 요령 지역 남부 지역으로 계속 발전할 수 없었던 까닭은 남쪽에 위치한 제(齊)의 강한 견제를 받았고 북으로는 산융이 가로막고 있었기 때문이다.

기원전 7세기에 이르러 제가 산융을 정벌하자 연은 잠시 연 북방에 존재하던 위협으로부터 벗어날 수 있었다. 그러나 오래지 않아 동호로 불리는 세력이 산융이 있던 지역에 위치하여 연인(燕人)의 동쪽으로 진출을 다시 막았다. 이러한 상황에서 연 소왕은 강화된 국력과 제 정벌의 승세를 타고 북상하여 동호를 격파하였고 비로소 남만주 지구에 대한 직접통치를 이룩하였다.[3] 이후 계속하여 요동 및 서북한 지역의 '조선후(朝鮮侯)' 세력을 공격하여 한반도 서북부 지역에까지 영향력을 행사하였다.[4]

우수한 선진(先進) 철기 기술을 바탕으로 연의 국력은 급격하게 신장되었고 군사적 역량도 강화되었다. 1873년 하북성 역현 연 하도(下都)에서 출토된 기원전 3세기대의 철검은 바로 '괴련철(塊煉鐵)'에 탄소가 스며들게 하여 만든 저온강으로 제작한 것이다.[5] 연에서는 비교적 일찍부터 담금질을 통해 불순물을 제거하는 이른바 연강쉬화[淬火]기술을 터득하고 있었다. 북경 근처에 위치한 연 하도 유적에서는 대량의 쉬화강(淬火鋼) 검(劍)이 출토하였는데, 이것은 중국에서 지금까지 발

2) 晏琬,「北京・遼寧出土靑銅器與周初的燕」,『考古』75-5, 1975.

3) 『史記』卷110 匈奴列傳 第50 "其後燕有賢將秦開 爲質於胡 胡甚信之 歸而襲破走東胡 東胡卻千餘里"

4) 宋鎬晸,「古朝鮮 國家形成 過程 硏究」, 서울대학교 박사학위논문, 1999, 161~186쪽(『三國志』卷30 魏書30 烏丸鮮卑東夷傳 韓條 "(朝鮮) 昔箕子之後 … 後子孫稍驕虐 燕乃遣將秦開攻其西方 取地二千餘里 至滿潘汗爲界")

5) 河北省文物管理處,「河北易縣燕下都44號墓發掘報告」,『考古』74-2, 1974, 120쪽 도판 6; 北京鋼鐵學院壓力加工專業, 앞의 논문, 1975, 241~242쪽; 下條信行,「東アジアにおける鐵器の出現とその波及」,『東アジア世界における日本古代史講座』2, 1984, 311~373쪽; 李南珪,『東アジア初期鐵器文化の硏究 -中國を中心として-』, 廣島大學博士學位論文, 1991, 105~114쪽.

견된 가장 이른 쉬화강기이다.[6]

기원전 284년(연 소왕 26) 우수한 철제 무기와 무장(武裝)을 바탕으로 연은 악의(樂毅)를 상장군으로 삼아 진·한·조·위와 연합하여 공동으로 제를 정벌하였다. 연합군은 6개월 사이에 제국(齊國)의 70여 성을 함락하고 제의 도읍인 임치(臨淄)를 정복하였다. 이후 연 군대의 위세는 날로 강성해졌고 남방으로부터 제의 위협에서 벗어날 수 있었다. 또한 동북방의 동호를 쫓아내고 요령 지역의 남부로 발전할 수 있는 매우 유리한 조건을 만들었다.

요령 지역에서 연은 정치구역을 나누어 군현을 설치하고 장성을 수축하였으며 사병(私兵)을 둔수(屯守)시켰는데, 그 세력이 지금의 한반도 북부에까지 미친 것으로 보인다. 이에 대해서는 아직도 많은 논란이 되지만 '연국(燕國)'과 '연인(燕人)'의 진출을 단적으로 말해주는 것이 '연인' 거주의 성지(城址)와 명도전·전국계 철기 유적이라 할 수 있다.

연은 소왕대를 전후하여 개혁 성공으로 국력이 증강되자 기원전 284년에는 제 나라를 깨뜨리고 곧바로 전력을 다하여 북방의 동호 문제를 해결하려 하였다. 소왕은 우선 동호에 인질로 간 장수 진개(秦開)를 불러들여 그에게 군대를 이끌고 북상케 하였다. 그리하여 연군은 동호를 "천여 리 밖으로 물리쳐[却千餘里]" 지금의 시라무렌하 유역 이북으로 쫓아냈다.[7]

중국 동북 지역의 가장 위협세력이었던 동호를 물리친 후 연은 동북 지방을 견고하게 통치하기 위해 연북장성(燕北長城)[8]을 수축하였다. 서쪽으로 독석구(獨石口)에서 시작하여 동으로 요하 유역에 이르는 완만히 곡절된 연북장성은 면면히 이

----

6) 北京鋼鐵學院壓力加工事業,「易縣燕下都44號墓鐵器金相考察初步報告」,『考古』75-4, 1975; 潮見浩,『東アジアの初期鐵器文化』, 吉川弘文館, 1982, 92~104쪽.

7) 『史記』卷110 匈奴列傳 第50 "其後燕有賢將秦開 爲質於胡 胡甚信之 歸而襲破走東胡 東胡却千餘里"

8) 장성 건립은 전국시대에 전쟁이 빈번하고 격렬해짐에 따라 하안(河岸)의 제방을 활용하여 방어하고자 하는 일종의 거대한 방어공사였다. 연 장성은 연 국경 내에서는 남으로는 역수장성(易水長城)이 있었고 북으로는 연북장성이 있었다. 따라서 동호를 물리치고 쌓은 장성은 연북장성이다(『史記』卷110 匈奴列傳 第50).

어져 수천 km에 이른다. 군사적 목적의 이러한 대공사는 단시간에 완성된 것이 아니라 대체로 소왕대(기원전 311~279) 전 시기에 걸쳐 수축된 것으로 볼 수 있다.

연북장성이 자세히 기록되어 있는 문헌은 『사기』 흉노열전과 『사기』 조선열전이다. 해방 후 고고학적으로 조사한 결과 연북장성의 실제 주향(走向)과 길이의 비율은 문헌기록과 약간 차이가 있다. 현재까지 조사와 관찰을 통해 남아 있는 유지를 살펴보면, 비교적 분명하게 장성의 흔적이 남아 있는 곳은 서단(西端)으로부터 나만기(奈蔓旗)에 이르는 일단이다.[9]

중국 전국시대 및 진·한 시기에 장성을 축조·사용한 것은 연·진·한이었고, 이들 나라의 세력은 적어도 요하 유역에는 도달하고 있었다고 생각한다.[10] 중국 학계에서 추단하고 있는 연북장성은 부신(阜新)의 북쪽으로부터 나온 후에 창무(彰武)·법고(法庫)를 지나 개원(開原)에 이른다. 이후 장새(鄣塞) 즉, 요새나 초소 같은 것이 동남쪽으로 무순의 동쪽을 지나 본계의 동쪽을 거쳐 관전(寬甸)의 북쪽에 이르며, 최종적으로는 압록강을 넘어 한반도 북부 용강(龍崗)에 이른다고 한다.[11]

이러한 주장을 믿는다면 아마 요하 이동 지역은 본격적인 장성이기보다는 전진기지의 성격을 띤 장새가 설치되었던 것으로 생각된다. 『사기』에서 보이는 요동 고새와 『위략』에 나오는 진고공지 상하장의 장새는 바로 이러한 것을 말하는 것으로 볼 수 있다.[12] 그리고 요동 지역의 한대 및 한대 이전의 장성과 관련된 흔적은 천산산맥 이서 지역에서 주로 나오고 있으므로 필자는 천산산맥 일대가 장성의 실질적 동단(東端)이었을 것으로 생각한다.[13]

연북장성의 분포지역으로 보건대 장성 수축의 주요 목적은 동호를 막고자 하

---

9) 李殿福, 「東北境內燕秦長城考」, 『黑龍江文物叢刊』 82-1, 1982; 中國社會科學院考古研究所 編著, 『新中國的考古發現和研究』, 1984, 400~406쪽.

10) 谷豊信, 「樂浪郡の位置」, 『朝鮮史硏究會論文集』 23집, 1987, 37쪽.

11) 李殿福, 「東北境內燕秦長城考」, 『黑龍江文物叢刊』 82-1, 1982.

12) 『史記』 卷115 朝鮮列傳 第55 "自始全燕時 嘗略屬眞番朝鮮爲置吏築障塞 秦滅燕屬遼東外徼 漢興爲其遠難守 復修遼東故塞 至浿水爲界"

13) 佟柱臣, 「考古學上漢代及漢代以前的東北疆域」, 『考古學報』 56-1, 1956, 40~41쪽.

494 — 다시 쓰는 고조선사 • 제2부 고고 자료로 본 고조선

는 즉, "거호(拒胡)"에 있었다. 동시에 북방의 흉노·예·맥 등 기타 소수민족의 침입을 방어하는 것도 의도하고 있다. 문헌 기록상 연북장성은 "조양에서 양평에 이른다."[14]고 하는데, 오늘날 하북성 회래(懷來)에서 요령성 요양에 이른다.

연북장성을 수축한 것은 동호 등 여러 북방 유목종족의 남하와 소요를 방어하는 데 1차적인 목적이 있었다.[15] 장성 설치로 그 이남 지역에 대한 연의 통치력을 유지할 수 있었고, 이는 연의 지배체제를 견고하게 하는 큰 힘이 되었다. 또한 장성 수축은 사병과 유이민의 이동을 초래했고, 그에 따라 중국문화가 중국 북방지역으로 전파되면서 장성 지역의 경제와 문화가 개발되었다. 또한 중국 변경과 내지 사이의 교통왕래를 원활하게 하는 데도 적극적인 작용을 하였다.

연 세력의 진출과 장성 설치로 인해 청동기시대부터 일찍이 토착집단이 거주하던 요령 지역에는 대부분 '연'의 주민들이 이주하여 살게 되었을 것이다. 와당이라든가 토기 같은 것은 당시 이곳이 중요한 건물이 있었고 주민들이 살았던 곳임을 말해주는 흔적이다.

요동~청천강 유역에서는 연의 성지(城址)는 보이지 않고 이전의 토착집단이 성장하면서 남긴 중국 전국시대 이래의 촌락 및 거주지 유적이 많이 조사되고 있다. 이것은 실질적으로 요동 지역이 동호로 표현되는 세력의 거주지 바깥지역으로 군사적 성지 대신 이주민들이 많이 정착하여 살았음을 잘 보여준다.

요동 지역에 위치한 가장 대표적인 중국 전국시대 주거 유적으로는 무순시 연화보 유적[16]을 들 수 있다. 연화보 유적에서는 돌로 쌓은 담장 기초와 부뚜막자리[竈(爐址)], 회구(灰口), 회갱(灰坑) 등의 유구와 비교적 풍부한 유물이 출토되었다.[17]

---

14) 『史記』卷110 匈奴列傳 第55 "自造陽至襄平"

15) 『史記』卷110 匈奴列傳 第50 "燕亦築長城 自造陽至襄平 置上谷漁陽右北平遼西遼東郡以拒胡"

16) 王增新, 「遼寧撫順市蓮花堡遺址發掘簡報」, 『考古』64-6, 1964, 286~293쪽.

17) 유물은 철기가 중심이고, 이외에 청동기, 반량전, 승석문토기 등이 나왔다. 철기 가운데 주조품은 鍬先·斧·鍬·鋤·穗摘用包丁·鎌·刀·鑿이고, 단조품은 錐·錐形器·釣針이다(최택선·리란우 편, 『고조선문제연구』, 사회과학출판사, 1973, 21쪽).

연화보 유적은 다른 유적에서 출토한 주조제(鑄造製) 철기나 토기와 비교하거나 문화층 상부 출토의 반량전이 전한 고후(高后) 2년(기원전 186)에 주조된 팔수반량 (八首半兩)인 점 등에서 중국 전국시대 후기에서 전한 초기에 걸친 것으로 보고 있다.[18] 아마도 연화보 유적은 전국시대 연인들이 요령 지역으로 진출하면서 연에서 가져온 여러 전국계 철기 제품들이 그대로 지배자의 무덤에 부장된 것으로 보인다.

요동반도 윤가촌 남하(尹家村 南河) 유적[19]에는 여러 시기의 문화층이 겹쳐 있었는데, 대별하면 아래층과 윗층으로 갈라진다. 여기에서 문제로 삼는 것은 기원전 3~2세기로 편년된 상층 문화층에 속하는 토광 2개이다. 무덤과 함께 출토된 2개의 토광은 원형으로 생긴 것인데 그 안에서 승석문토기편(繩蓆文土器片), 갈색토기편, 기와편, 짐승뼈 등이 나왔다.

윤가촌 유적의 토광은 이 지역에 당시 주민들이 살고 있었음을 보여준다. 문화층에서 나온 유물의 압도적인 수가 실제 사용되었던 토기이고 그밖에 기와편 등이 있었다. 이는 청동기시대에 대단히 중요한 기능을 하던 건물이 있던 거주지역이었음을 말해 준다.

이외에 요동반도 근처에서는 많은 초기 철기시대 주거유적이 조사되었다. 대니와(大泥窪)[20]에 위치한 유적의 아래 문화층에서는 겸(鎌), 곽(钁), 화폐(명도전 약 100kg), 승석문토기, 석부(石斧) 및 토제(土製) 방추차 등이 나왔다. 그리고 고려채 유적[21]에서는 기원전 3~2세기의 문화층과 그 이전 시기에 속하는 시기를 달리하는 2개 이상의 문화층이 나왔다.[22]

18) 王增新, 앞의 논문, 1964, 286~293쪽.
19) 原田淑人, 『牧羊城』, 東方考古學叢刊 第二册, 1931, 137~140쪽; 中國社會科學院 考古研究所 編著, 『雙砣子與崗上』, 科學出版社, 1997, 119~140쪽.
20) 최택선·리란우 편, 『고조선문제연구』, 사회과학출판사, 1973, 22~23쪽.
21) 濱田耕作, 『貔子窩』, 東方考古學叢刊 第1册 東亞考古學會, 1938, 7~64쪽.
22) 최택선·리란우 편, 앞의 책, 1973, 23쪽.

요동반도 남단에 위치한 목양성지(牧羊城址)[23]와 대령둔성지(大領屯城址)[24]에서는 청동기시대 이래 철기시대의 여러 시기 유물이 섞여 나오는데, 이 성지들의 유물에는 명도전을 비롯한 화폐들과 기와막새, 토기 등 기원전 3~2세기의 것이 적지 않다. 여기에서는 화천(貨泉), 대천오십(大泉五十) 등 기원후 1세기의 화폐들도 있었는데, 이것으로 보건대 이 성지들은 그때까지도 사용되었음을 알 수 있다.

요령성 지역에 위치한 초기 철기시대 주거유적과 비슷한 성격의 주거지가 한반도 서북 지방 영변군 세죽리 유적[25]에서 나와 많은 주목을 끌었다. 세죽리 유적에서는 신석기시대층으로부터 시작하여 청동기시대, 철기시대에 이르는 여러 시기의 문화층이 나왔다. 동서 1~1.3km, 남북 200~300cm에 이르는 이처럼 넓은 범위에서 철기시대 문화층이 확인된 것은 이 지역에 적지 않은 철기시대 마을터가 있었음을 말해준다.

이 큰 마을터에서 극히 일부(약 2,100㎡)를 발굴한 결과 철기시대 집자리 5개를 확인하였다. 집자리들은 이전 시기(신석기시대, 청동기시대) 집자리들과는 달리 움집이 아니라 지상가옥이었다. 그리고 이 중 2개 집자리에서는 구들이 드러났다. 'ㄱ'자 모양으로 구부러진 쪽구들의 고래 안에서는 철기 및 그 조각과 토기편도 발견되었다. 또 집자리 안팎에는 철기, 청동기, 화폐(명도전·포전), 토기 등의 유물들이 많이 널려 있었다.

이밖에 당산리(堂山里) 유적[26]에서도 철기시대, 청동기시대 및 그 이전 문화층 등 여러 시대의 문화층이 조사되었다.

이상의 몇몇 유적을 통해 볼 때 기원전 4세기를 지나면서 연의 주민이 대거 요령 지역으로 진출해 옴에 따라 요동 지역에도 요서 지역과 마찬가지로 연 계통의 이주민들이 거주하게 되었고 이들이 토착민 사회에 커다란 영향을 미치고 있었음

23) 原田淑人, 『牧羊城』, 東方考古學叢刊 第2冊, 1938.
24) 佟柱臣, 앞의 논문, 1956, 35쪽.
25) 김정문, 「세죽리 유적 발굴 중간 보고」, 『고고민속』 64-2, 1964, 44~54쪽; 김영우, 「세죽리 유적 발굴 중간 보고」(2), 『고고민속』 64-4, 1964, 40~50쪽.
26) 사회과학출판사, 앞의 책, 1973, 24쪽.

표 1. 요동 지역 전국시대 이후 촌락 및 거주지 유적

유적명	유구 특성	청동기	鐵器·明刀錢	기타 유물	비고
鞍山市 羊草莊	戰國時代 集落유적		明刀錢 10000여 매, 鏟·錛 등 각종 鐵農具	鐵鍋·鐵鏃 및 일련의 파편 철기	『考古學報』 56-1
撫順市 蓮花堡	戰國時代 居住유적 (석축벽, 노지, 회갱 등)	靑銅흘촉, 검끄	鑣 60점 각종 鐵農具	半兩錢, 회색승석문토기, 유리구슬, 방추차 등	『考古』 54-6
尹家村 南下 上層 土壙	文化層, 土壙 2			繩蓆文土器片, 기와편, 짐승뼈 등	1973 『고조선문제연구』
大泥窪 下層	文化層		鎌, 鑣, 明刀錢 약 100매	회서 및 갈색승석문토기, 석부, 토제방추차	1973 『고조선문제연구』
高麗寨	文化層	靑銅鏃	明刀錢 등 화폐, 鐵器	석기, 토기	1973 『고조선문제연구』
牧羊城址 및 大嶺屯城址	城址		明刀錢 등 화폐	와당, 토기, 貨泉·大泉五十	1973 『고조선문제연구』
貫甸縣 黎明大隊	석회암의 窖藏		300여 매의 明刀錢, 鑄造鐵農具		1973 『고조선문제연구』
寧邊郡 細竹里	文化層, 지상가옥과 구들 등장	각종 銅劍器	明刀錢 20000여 매, 각종 鐵器	土器, 각종 화폐	1973 『고조선문제연구』
壇山里	文化層, 물에 탄 집자리				1973 『고조선문제연구』

을 알 수 있다.

2) 전국계(戰國系) 철기문화의 전래와 그 특징

기원전 4세기 이후 중국계 선진문화를 지닌 연 주민들이 요령성 일대에서 거주하고 활동한 사실은 명도전 외에 철기 유적을 통해서도 알 수 있다.

기원전 4세기를 지나 3세기에 들어오면 요령 지역과 한반도 북부 지방에는 중국 전국계 철기문화가 주류를 이루게 된다. 현재 전국시대의 철기는 연 당시의 우북평군·요서군·요동군 관할구역 각지에서 출토되고 있다.[27] 이것은 기원전 4~3세기 당시 많은 수의 연인들이 요령 지역으로 이주해 오면서 대량의 철기가 들어오고, 요령 지역은 혁신적인 철기시대에 들어갔음을 보여준다. 이처럼 한반도 철기문화가 중국대륙에서도 한반도에 인접한 요령 지역과의 연관 하에 전개된 것은 움직일 수 없는 사실이다.[28]

최근 중국 고고학계에서는 중국 동북 지역의 고고학 자료에 대한 조사가 순조롭게 진전되어, 새로운 사실이 많이 알려지고 있다. 특히 청천강 이북 지역에서는 기원전 3세기 단계의 철기들이 명도전과 함께 출토되고 있다. 예를 들어 요령 지역의 연화보 유적,[29] 관전 유적,[30] 고례채 유적[31]을 비롯하여 대령둔성(大嶺屯城)이나 적봉(赤峰) 가까이의 냉수당성(冷水塘城) 등[32]에서도 명도전과 함께 철기가 발견된다.

---

27) 遼寧省博物館文物工作隊, 『中國考古學三十年』(1949~1979), 文物編輯委員會 編, 1981, 92쪽.

28) 西谷正, 「朝鮮における初期鐵製品の問題」, 『日本製鐵史論』, 1970, 46~65쪽; 「中國東北地方における初期鐵器資料」, 『尹武炳博士回甲紀念論叢』, 1984, 613~621쪽.

29) 王增新, 「遼寧撫順市蓮花堡遺址發掘簡報」, 『考古』 64-6, 1964, 286~293쪽.

30) 許玉林, 「遼寧寬甸發現戰國時期燕國的明刀錢和鐵農具」, 『文物資料叢刊』 80-3, 1980, 125~129쪽.

31) 東亞考古學會, 『貔子窩』, 東方考古學叢刊 1, 1929, 57~61쪽.

32) 佟柱臣, 앞의 논문, 1956, 29~43쪽.

이러한 전국시대 철기의 특징은 철곽(鐵鑘)이 많으며, 그 일반적인 형태가 편평하고 장방형이며, 위에는 구멍[銎]이 있고 아래에는 날[刃]이 있는 것들이다.[33]

중국 전국시대 이래 요령 지역에 전래된 철기문화의 한반도로의 보급은 그 규모와 시간적 속도 면에서 지역마다 차이가 난다.

표 2. 요령 지역 철기 유적 분포

번호	유적명	성격	출토 철기	비고
1	鞍山市 羊草莊	戰國時代 村落地	철제 생산공구 (鏟, 鍤, 鑘, 鎌 등)	『考古學報』56-1
2	錦州市 大泥窪遺址	戰國時代 文化層	鐵鋅1, 鐵鎌	『考古通訊』55-4
3	赤峰 부근 上泉·蜘蛛山· 老爺廟鄕 等地	漢 土城址와 燕長城 內外	鐵斧 等 農器具	『考古學報』56-1
4	撫順 蓮花堡		戰國 鐵器 80여 점 (鑘, 斧, 鋤, 鎬, 掐刀, 鑿, 鉆, 刀, 錐, 漁網錘 등)	『考古』64-6
5	奈曼 沙巴營子	戰國·秦漢 古城址 燕文化層	鑘, 鋅, 鑿, 鎌 등	『社會科學戰線』78-3
6	吉林 樺甸 橫道河子	戰國時代 巖石 竪穴墓	鎌, 鑘, 鎌 등 철농기구	『東北考古與歷史』1
7	寬甸縣 雙山子公社		鐵製農具 9점 (鐵鑘과 각종형태의 鐵刀)	『文物資料叢刊』3
8	建平縣 喀喇沁 河東遺址		鐵鑘과 鐵斧	『考古』83-11

한반도 북부 지역에서는 대개 기원전 4~3세기부터 철기가 사용되었다. 당시

---

33) 李殿福, 「從東北地區出土的戰國兩漢鐵器看漢代東北農業的發展」, 『農業考古』83-2, 1983.

것으로는 연의 화폐인 명도전과 함께 호미(鋤)·낫(鎌)이나 도끼(斧)·창[矛]·화살촉(鏃) 등의 철기류가 출토된다. 현재까지는 자강도 위원군 용연동,[34] 평안북도 영변군 세죽리,[35] 함경북도 회령군 오동, 무산군 범의구석(虎谷洞), 함경남도 영흥군 소라리 등지에서 출토된 주조철기들이 한반도에서 발견된 가장 이른 시기의 철기로 여겨진다.

이러한 전국계 연 나라의 철기문화가 청천강 이북까지 밀려오게 되는 시기는 명도전이 공반되고 있기 때문에 그 시기를 기원전 5세기까지 올려볼 수도 있을 것이다. 그러나 한반도 출토 명도전은 후기형(乙·丙形)인데다가 명도전 사용의 역사적 계기가 연 소왕이 국력강화를 마친 후 장수 진개를 중심으로 동호를 치고 계속해서 고조선을 경략한 이후 단계라고 볼 수 있다. 따라서 한반도 철기 사용의 상한연대를 기원전 3세기 초[36]쯤으로 보는 것이 이후의 철기문화 편년이나 흐름을 이해하는 데 무리가 없을 것이다.[37]

여기서 우리나라에서 가장 연대가 올라가는 철기유적으로 두만강 유역의 회령 오동과 무산 호곡동의 주거지 유적에 대해 살펴볼 필요가 있다. 이 두 유적에서 출토된 철기는 기원전 3세기 전국시대 말기의 것으로 알려져 있으나, 이 연대에 대해서는 의문점이 많다.

출토 철기도 그 형태로 볼 때 명확하게 전국계 유물인지 아니면 한대 것인지 판단하기 어려운 상태이다. 특히 10점 정도의 철기가 출토된 호곡동 유적에 대해서는 후대의 것이 섞여들어 간 것을 정확히 구분하여 보고하지 않았을 뿐만 아니라, 2개 지점의 집자리에서 채집되었다는 철재(鐵滓, Slag)의 출토상황도 애매하여

---

34) 藤田亮策, 「朝鮮發見の明刀錢と其遺跡」, 『朝鮮考古學硏究』京都; 高桐書院, 1948, 196~292쪽.

35) 김영우, 「세죽리 유적 발굴 중간 보고(2)」, 『고고민속』 64-4, 1964, 40~50쪽.

36) 潮見浩, 『東アジアの初期鐵器文化』, 吉川弘文館, 1982; 尹武炳, 「韓國 靑銅短劍의 形式分類」, 『震檀學報』 29·30, 1966, 42~51쪽.

37) 李健茂, 「鐵器의 普及과 靑銅器의 消滅」, 『鐵鋼文明發達史 硏究報告書』, 浦港綜合製鐵株式會社, 1987, 7~8쪽.

상당한 혼란을 초래하고 있다.[38] 따라서 이 지역의 철기문화 개시에 관한 문제는 앞으로 자료가 더 나오기를 기다려 주변지역과 비교하는 가운데 재검토가 이루어져야 할 것이다.

한강 이북 지역에서 기원전 3세기(전국시대 말기)의 전국계 철기가 출토된 유적은 청천강 이북 지역과 두만강 중류 지역에 한정적으로 분포한다. 이 시기 그 이남 지역은 한국식동검을 대표로 하는 청동기문화가 상당히 발달했을 뿐 철기는 아직 도입되지 않았다. 전국시대 철기가 나오는 단계는 고고학상으로 한국식동검의 사용 시기이다.

당시 한반도 서북 지방은 명도전을 특징적인 문화요소로 하는 청천강 이북 지역과 대동강을 중심으로 한 청천강 이남 지역으로 문화권이 구분된다.[39] 역사적으로는 두 지역 모두 후기 고조선의 세력권으로 해당된다.

먼저 청천강 이북 지역의 대표 유적으로는 평안북도 위원군 용연동 유적과 영변군 세죽리 유적을 들 수 있다. 이곳에서는 소위 주조철부(鑄造鐵斧)·괭이(钁)·보

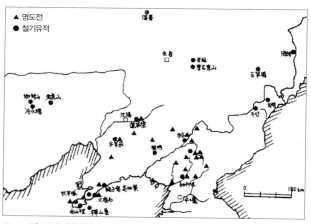

도 1. 명도전-철기 유적 지도

38) 이남규, 「한반도 철기문화의 개시와 유래」, 『鐵鋼報』 95-2, 1995, 33쪽.
39) 과학백과사전출판사, 『조선고고학개요』, 1977, 135~152쪽.

습(鋤)·낫(鎌)·반월형철도·조각
도(鉋)와 같은 농공구와 함께 창
(鉾)·화살촉(鏃) 등의 무기류가
출토되었다. 이 가운데 농공구
류의 대부분은 주조 제품인데
비하여 무기류는 단조(鍛造) 제
품인 점이 특징이다.

이처럼 위원군 용연동 유적
이나 영변군 세죽리 유적 및 혼
하 유역의 무순 연화보 지역 출
토 철기는 주조 농공구류와 단
조 무기류가 함께 출토되는 것
이 특징이다. 또한 그 성격이 연
하도의 전국시대 중·후기에 해
당하는 철기와 유사하다는 점이
주목된다.[40)]

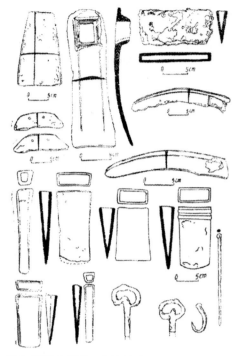

도 2. 세죽리-연화보유형 철기

이 철기 유물들은 토착집단
이 제작한 재지적(在地的) 성격의 것이라고 말할 수 없다. 한반도 서북 지방 출토
초기 철기는 전국계 철기가 요령성 지역을 경유하여 한반도로 유입된 것으로 보
아야 한다. 그리고 그 계기에 대해서는 연 소왕대에 진개가 요동을 공략한 이후
또는 진에 의해 연이 멸망당한 직후 주민들의 이동에 의해 전래되었다는 주장이
설득력을 얻고 있다.[41)]

분명 중국제 철기가 출토되는 것은 당시 중국 동북지방의 전란으로 인한 어지

---

40) 下條新行, 「東アジアにおける鐵器の出現とその波及」, 『日本古代史講座』, 學生社,
   1984, 350쪽.
41) 李南珪, 「東アジア初期鐵器文化の硏究」, 廣島大學 博士學位論文, 1991, 380~390쪽.

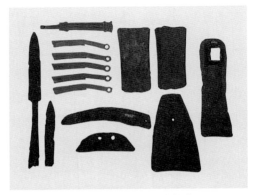

러운 정세와 깊은 관련이 있는 것으로 생각한다. 특히 퇴장(退藏) 유적은 지금(地金)으로서 가치를 지닌 청동화폐를 은닉할 목적으로 매장한 것으로 중국의 연인이나 인접한 요동 지방의 주민들이 병란을 피하기 위해 이주해 와서 남긴 유적으로 보인다.[42]

사진 1. 위원군 용연동 출토 전국계 철기

표 3. 서북한 지역 주조철부(鑄造鐵斧) 관계 유적

유적명	遺構	鐵器	공반유물	비고
황해도 白川郡 石山里	土壙墓	斧1	靑銅器(劍, 劍把頭1, 戈1)	
황해도 鳳山郡 松山里	圍石墓	斧1	靑銅器(劍1, 劍把頭1, 钁1, 鑿1, 銑, 細紋鏡1)	
황해도 신천군 구월산		斧1	靑銅器(劍1, 劍把頭飾1, 戈1)	
평안남도 증산군			斧鑄型	鐵器 無
평안남도 대동군 부산면			斧鑄型	鐵器 無
평양시 낙랑리 조왕부락		斧1	'大河五'銘	

2. 세죽리-연화보유형 문화의 성립

기원전 4세기 말의 요동~서북한 지역 사회는 연맹체 사회였으나, 국가로서의 특징도 갖추고 있었다. 그러나 본격적인 고대국가로의 성장은 3세기 이후 단계에 와서야 가능했다고 보인다. 그것은 전국시대 연의 철기문화가 한반도 서북 지역으로 파급되고 한반도 남부에까지 미치는 시기에 이루어졌다. 다만 기원전 3~2

---

42) 국사편찬위원회, 『한국사』1 고대, 1973, 326~330쪽.

세기 단계에 전래된 철기문화는 지역에 따라 철기 사용 내용이 조금씩 다르고 시간적 위치도 다르다.

전술했듯이 요동 지역에 위치한 연의 유지(遺址)나 성지(城址)에서는 전국시대 연의 선진적인 철기들이 모두 출토되고 있다. 반면에 서북한 지역에서는 연의 철기문화가 파급되어 철기 사용이 시작되지만 대체로 몇 종류의 농공구류만 철기화되었다. 즉 한반도의 청천강 이북 지역에서만 철제무기를 볼 수 있고, 나머지 지역에서는 여전히 동검·동모·동과가 무기의 주종을 이루고 정문경(精文鏡)이나 청동의기가 제작되는 상황이었다. 그나마 출토되는 농공구류도 기능면에서 다양화된 연의 농공구류가 모두 수용되는 것이 아니라 약간의 농공구류만이 철기로 제작되었을 뿐이다.

물론 철기 생산과 도구화가 사회변화에 결정적인 영향을 주었다고 하기는 어렵다. 문헌 기록에서도 확인할 수 있듯이 전쟁, 인구 이동과 증가, 교역 등과 그밖에 생업기술의 발전 등이 철기 보급 못지않게 사회변동에 크게 영향을 미쳤기 때문이다. 그러나 농기구와 무기가 철기로 만들어지면서 농업생산력과 군사력이 크게 증대된 것은 틀림없다. 그리하여 철기 소유 정도가 개인 혹은 집단 간에 실력차별을 가져오고 사회의 계층화를 발전시키는 데 기여했다고 보인다. 또한 철기 생산과 유통에 대한 통제력이 지배 권력의 기반을 구축하는 데 결정적인 요인이 되었다.[43]

농공구의 철기화는 대규모 수리·관개시설을 강화하고 고지·건조지를 농지로 확대하여 생산력을 높이는 잠재적인 힘을 내포하고 있다. 한편으로는 전국시대 말기에는 강화(鋼化) 처리와 단접(鍛接) 기술의 발전에 수반하여 무기의 철기화가 시도되었다. 전한 시대의 철기는 주조의 농공구·단조의 무기로 나뉘어 제작되었다. 주조 철기도 열처리에 의해 탈탄(脫炭)하여 단점을 극복하였다.[44]

전한 무제 원수(元狩) 4년(기원전 119)에는 철 전매와 철 생산지에 「철관(鐵官)」을

43) 李賢惠, 「삼한사회의 농업생산과 철제농기구」, 『歷史學報』 126, 1990, 46쪽.
44) 潮見浩, 「古朝鮮の鐵器」, 『東アジアの初期鐵器文化』, 吉川弘文館, 1982, 203~227쪽.

설치하는 것에 의해 철의 국가통제를 실시하고, 철제 무기에 대해서도 「공관(工官)」을 두어 강철 무기의 제작·관리를 행하고, 또 「마노관(馬弩關)」을 설치하여 국외로 병기·말·철의 수출을 금하는 정책을 취했기 때문에 주변지역에서는 마제석기(磨製石器)를 제작하여 이것에 대처하였다고 한다. 또 낙랑군 등 4군 설치에 의해 한대의 철기가 한반도에 들어오고, 이것은 거기에서 나아가 철문화가 확대하는 계기가 되었다.

기원전 3~2세기에 철기를 바탕으로 요동에서 청천강에 이르는 지역에서 철기문화가 발전하고, 서북한 지역에서는 이른바 한국식동검문화가 발전하였다. 이 두 문화는 모두 초기 철기문화로서 이전의 청동단검문화를 계승하여 상호 유사한 성격을 갖고 있다. 다만 이전 청동기문화와 마찬가지로 지역적으로 조건에 따라 독특한 특색을 보이고 있다.

현재 북한학계에서는 이와 같은 유적, 유물의 성격을 세죽리–연화보유형 문화라는 명칭을 붙여 설명하고 있다. 세죽리–연화보유형 문화라는 개념은 북한학계에서 처음 붙인 것이다. 북한학계에서는 고조선 후기 단계의 특징적 문화를 세죽리–연화보유형 문화로 설명하였다.[45]

이에 따르면 세죽리–연화보유형 문화는 기원전 4세기 말~3세기 초(연 소왕대)의 전국 철기문화 및 기원전 3세기 말의 진·한 교체기, 그 이후 기원전 2세기 초 무렵의 한초 철기문화를 포괄하고 있다. 그러나 세죽리–연화보유형은 하나의 문화유형으로 설정하기에는 검토해야 될 사항이 많이 있다. 이른바 명도전 및 초기 철기 유적이 나오는 세죽리–연화보유형은 지역적으로 넓고 유적·유물의 집중이나 정합성이 잘 보이지 않는다.

게다가 세죽리–연화보유형 문화 단계의 기본 묘제는 토광묘인데, 그 구조가 간단하여 중국 계통인지 고조선 고유의 것인지 명확히 정의하기 어렵다. 토기 역시 태토에 활석을 섞어 만드는 토착적인 요소 외에는 회색 승석문을 하는 등 중국 토기의 특징도 함께 갖고 있다. 특히 가장 특징적인 철기는 중국 전국시대 것과

---

45) 사회과학원 고고학연구소 편, 『조선고고학개요』, 1977, 139~143쪽.

매우 유사하다. 이는 세죽리-연화보유형 문화가 토착인의 거주 지역에 유이민이 들어오면서 상호 문화가 복합되어 형성된 것임을 말해 준다.[46]

여기서 주목할 것은 세죽리-연화보유형 문화를 대표하는 무순 연화보 문화의 특성과 영변 세죽리 문화의 특징이 차이가 난다는 점이다. 다시 말하면 압록강 중류 유역 역시 무순 지역과 청천강 이남 지역이 문화적 특징 차이를 보인다.

기원전 4~3세기경 압록강 중류 유역에서는 청동단검 하단부에 턱이 형성된 초기 세형동검이 나뭇잎무늬[葉脈紋]를 시문한 동모 및 동경과 함께 출토하는 것이 특징인데, 이런 유물들은 천산산맥 동부 산간지대를 중심으로 분포한다. 구체적으로 단동 지구 관전현 태평초진(太平哨鎭) 돌무지 안의 석판(石板) 아래에서 4개의 청동검이, 같은 현 장전진(長甸鎭)에서 돌무지 안의 석관(石棺)에서 청동검 1개가 발견되었다.[47] 이들 유물은 압록강 중류 지역의 집안(集安) 오도령구문(五道嶺溝門) 같은 적석총에서도 확인할 수 있다.[48]

이것은 천산산맥 동부 산간지대의 주민 집단이 철기문화가 본격적으로 보급되기 이전 단계에 상호 밀접한 연계를 맺고 있었음을 말해준다.[49] 그리고 한제국 세력이 밀려들기 이전 시기에, 압록강 중류 일대에 상당한 청동기 유물을 부장한 개인의 무덤이 만들어지는 것이 가능할 만큼 계층분화가 진전되고 있었음을 말해 준다.[50]

이상과 같은 세죽리-연화보유형 문화의 철기들은 어디까지나 연 나라 것인 만큼 연 나라 철기문화의 연장선상에서 파악하는 것이 더 타당할 것이다.[51] 세죽

---

46) 田村晃一, 「樂浪郡設置前夜の考古學(一) －淸川江以北の明刀錢出土遺蹟の檢討－」, 『東アジア世界史の展開』, 靑山學院大學 東洋史論集, 1994, 16~24쪽.

47) 許玉林·王連春, 「丹東地區出土的靑銅短劍」, 『考古』1984-8, 1984.

48) 張雪岩, 「集安發現靑銅短劍墓」, 『考古』5, 1981;「集安靑銅短劍墓及相關問題」, 『高句麗硏究文集』所收, 1993.

49) 余昊奎, 「高句麗 初期의 梁貊과 小水貊」, 『韓國古代史硏究』25집, 2002, 119~122쪽.

50) 盧泰敦, 앞의 논문, 1999, 319쪽.

51) 이남규, 앞의 논문, 1995, 34쪽.

리–연화보유형 문화는 곧바로 후기 단계의 고조선 문화로 해석하기에는 무리가 있고, 대체로 예맥 계통의 여러 집단이 연맹체 상태로 존속하고 있음을 보여 주는 유적으로 해석하는 것이 가장 합리적이라 생각한다.

기원전 3~2세기에 세죽리–연화보유형 문화의 특징을 보유한 유적은 요동과 청천강 유역 일대에서 많이 확인된다. 요동 지역에 철기문화가 전래되면서 형성된 대표적인 초기 철기문화인 윤가촌 2기 문화에서 나온 얕은 깊이의 굽접시는 전국시대 초기에 연문화와 접촉하였음을 상징하는 것이고, 고려채·목양성 등 유적에서도 철기를 포함한 전국시대 유물이 풍부하게 출토된 적이 있다.

철기와 함께 출토된 명도전·명도환전·일도전 등 연의 화폐는 가장 주목되는 것으로, 특히 명도전은 대련 지구에서 최근에 발견된 3기의 저장갱 가운데 많게는 2,000매에 이른다.[52] 이들 풍부한 화폐의 존재는 연의 문화 및 그 경제적 역량이 요동 지역에서도 보편적으로 펼쳐졌음을 시사한다.

이미 진전되고 있던 요동—서북한 지역의 계층분화는 철기의 사용과 교역을 통해 촉진되어졌다. 길림성 집안 지역에서는 중국 전국시대 화폐인 명도전, 포전과 한대의 반량전 및 오수전 등이 발견되었다.[53] 이런 고전(古錢)들은 기원전 3세기 초 요동 지역이 연의 지배 하에 들어간 이래로, 요동 지방과 혼강 및 압록강 중류 지역 주민들 간에 교역이 진전되었음을 말해 준다. 위원 용연동을 포함한 세죽리–연화보유형 문화에서 다량의 철제 농공구와 명도전이 발견된 점은 이러한 점을 방증한다.

점차 중국 문화요소가 농후해지면서 요동—서북한 지역 토착의 청동단검문화는 끝내 소실되고 사회 전반에 걸쳐 거대한 변혁을 일으키게 되었다. 조사 결과 명도전을 비롯한 화폐유물 등이 나오는 것으로 볼 때 농업·수공업 등 생산이 급격히 늘어나고 그에 따라 상품화폐 관계가 발전했음을 알 수 있다.

---

52) 王嗣洲, 「大連市三處戰國貨幣窖藏」, 『考古』 90-2, 1990, 102~105쪽.

53) 古兵, 「吉林省集安歷年出土的錢幣」, 『考古』 2, 1962.

이밖에 당시에는 토광묘 외에도 옹관묘와 패총 등에서 철제품들이 나오고 있어 여러 지역에서 독자적 집단들이 선진적인 중국문화의 영향 속에서 성장하고 있었다고 보인다. 이들은 아직 강력한 토착세력으로 성장하지 못하고 문화가 복합되면서 빠르게 변천하는 모습을 보이고 있었다.

한편 한반도에서 출토되는 철기들은 중국 전국시대의 수입품이 주류를 이루고 있다. 예를 들어 자강도 위원군 용연동의 농공구 같은 주조철기가 평안북도·평안남도·자강도·함경남도 등 한반도 북부에서 나타나고, 대동강 유역에서는 인폭(刃幅)이 넓은 「대하오(大河五)」의 철명(凸銘)이 있는 독특한 형태의 철부(鐵斧)가 출토되는 등 주조철기 문화가 기원전 3세기 이래 정착하고 있다. 한편 전국시대 이후 한대의 낙랑 전기(낙랑군시대 이전) 전곽묘·석곽묘에서 출토되는 철기는 단조품으로, 이 당시 철기제품의 주류를 점하였다.

한반도 서북 지역에서 성장하던 토착 고조선 주민집단의 문화는 청천강 이북의 초기 철기문화와는 조금 다른 특성을 보였다. 당시 이 지역에서는 강철(鋼鐵)로 만들어진 철제 장검 및 철제 창끝·도끼·낫·찰갑 등이 사용되었는데,[54] 이 같은 철기들은 요동 지역에서 나오고 있는 농기구, 무기류들과 비교하여 많은 차이가 있다.[55] 당시 요동~청천강 유역에서는 서북한 지역에서 보이는 완전한 의미의 한국식동검이 나오지 않고 철기가 중심이 된 유물이 출토되었다. 철로 만든 농공구나 토기도 청천강을 경계로 하여 차이점이 나타났다.

이처럼 기원전 3~2세기에 서북한 지역에서는 청천강 이북~요동 지역과 달리 철기 사용이 제한되고 전형적인 한국식동검문화가 형성되고 있었다. 이러한 차이는 지역집단의 차이에 따른 결과로 볼 수 있다.

즉 요동~청천강 유역에는 연 계통의 유이민들이 토착민과 섞여 살게 되면서 유이민을 주인공으로 한 연의 문화, 즉 선진적인 철제 농기구나 군사적 성격의 유

---

54) 박진욱, 앞의 책, 1988, 165~166쪽.

55) 안병찬, 「우리나라 서북지방의 이른 시기 좁은 놋단검관계 유적 유물에 관한 연구」, 『고고민속론문집』 10, 1983, 91~96쪽.

물들이 많이 사용되게 되었다. 반면 서북한 지역에서는 선진 철기문화의 영향을 받기는 했으나 이전부터 존재한 요령식 동검문화를 계승하여 독자적인 한국식동검문화로 발전하고 대동강 유역을 중심으로 강한 정치적 통합체를 이루어 갔음을 알 수 있다. 이때 등장한 정치집단이 곧 위만조선이다.

Ⅲ. 세죽리−연화보유형 문화의 담당자와 위만조선

1. 세죽리-연화보유형 문화의 담당자

요동~서북한 지역에서는 생활 흔적으로서 많은 주거 유적과 성지, 외에도 무덤 등에서 화폐가 많이 출토하고 있다. 화폐는 상업 활동의 반영물이며 화폐 유통 상황은 상품교환의 발전을 반영한다.

연·진 시대의 금속화폐가 요령 지역에서 출토되는 상황을 보면 몇 가지 특징이 보인다. 하나는 출토 지역이 광범위하다는 것이고, 둘째는 수량이 비교적 많다는 것이며, 셋째는 종류가 매우 많다는 것이다.

전국시대에는 이전 시기처럼 각 국의 화폐제도가 일치되지 않았고, 심지어 한 나라 안에서조차 여러 화폐가 사용되었다. 전국시대에 연나라에서 주로 통용된 화폐는 '명도(明刀)'였고, 그 다음으로는 '포폐(布幣)'였다.[56]

명도전은 형태상으로 호배(弧背)·절배(折背)·직배(直背) 등 세 종의 형태가 있었

---

56) 명도전은 중국 전국시대 연(기원전 323~222)에서 만들어진 청동제의 화폐로서 흡사 손칼 모양의 납작한 표면에 '명(明)' 자 비슷한 문양이 양주(陽鑄)되어 있어 붙여진 이름이다. '明刀'의 '明'은 匽 자의 생략으로 볼 수 있고, 또는 燕의 '燕'으로 볼 수도 있다. 그런데 후인들이 잘못하여 '明'이라 하다가 마침내 '明刀'라 했다고 한다. '明刀' 외에 燕 후기에는 또 圓錢을 鑄造하였는데, 네모진 구멍을 뚫고 테두리[郭]가 없는 것으로 '明四'·'明化'의 두 종이 있고, 네모진 구멍에 테두리가 있는 것으로는 '一化' 한 종이 있는데 후자의 출현 시대가 매우 늦다(加藤 繁 著, 『中國貨幣史研究』, 東洋文庫, 1991, 114~122쪽).

는데, 요령 남부 지역에서는 이 세 종류의 명도전이 모두 나온다. 그런데 요령 지역에서 출토된 연 화폐 가운데 상당 부분은 현지에서 주조한 '양평포(襄平布)'이다. 양평은 요동군의 치소이고, 또 연이 요령 지역에서 화폐를 주조하는 작방(作坊)이 있던 곳이다.

요양시 하맥와의 양평포에는 평수평견방족포(平首平肩方足布)와 평수착견방족포(平首窄肩方足布)의 두 종류가 있었는데, 후자가 전자보다 컸다. 그리고 시대에 따라 동일 종의 포폐 형태와 질량에도 차이가 있었다.[57] 이외에 일종의 평견방족의 반근포(半釿布)가 있는데, 대개 요동반도에서 많이 출토되며 한반도 북부에서도 많이

사진 2. 요하유역 출토 전국시대 화폐 및 생활유물

----

57) 적봉 마고산(磨菇山)의 양평포(襄平布)는 모두 평수평견방족(平首平肩方足)이었고, 다만 그중에 일종은 비교적 후중(厚重)하였고, 동질은 비교적 조잡하였으며, 면문(面文) 또한 거칠었다. 다른 일종은 비교적 정교하였고 동질이 비교적 양호하며 면문이 비교적 우수하다(彭信威, 『中國貨幣史』, 上海人民出版社, 1958, 31~63쪽).

발견되고 있다.[58] 이외에 '일화(一化)'명 원전(圓錢)[59]과 진(秦)의 화폐인 '반량' 등도 있었다.

이처럼 연대(燕代)의 화폐제도는 다소 혼란스러웠고 대소의 차이가 있었다. 또한 각 나라 화폐는 서로 섞여 유통되어 사용에 불편이 많았다.

이러한 상황은 진(秦)이 요령 지역을 관할하면서부터 비교적 개선되었으나 기본 화폐로는 반량전이 통용되었다는 점을 말해준다. 다만 진의 통치기간이 짧았고 요령 지역은 멀리 치우친 곳이었기 때문에 전국시대의 많은 화폐가 지방에서 그대로 계속 사용되었다. 요령 지역 진대 유적에서 진의 반량전이 전국시대 화폐와 함께 나오는 것은 이 때문이다. 요령 지역의 화폐제도가 최종적으로 통일된 것은 한대부터이다.

한편 요하를 기준으로 그 이동지역인 남만주 중부 지역의 무순·본계·요양·안산(鞍山)·개현(蓋縣)·영구(營口)·장하(庄河)·여대(旅大) 등지에서도 대량의 연·진 화폐가 출토되었다. 예를 들어 무순 주위에서는 여창(鋁廠)·고만(高灣)·유가분(劉家墳)·송수(松樹)·이석채(李石寨)·해랑(海浪)·팔가자(八家子)·후루(后樓)·파구(巴溝) 등 10여 곳에서 모두 전국시대 화폐 300여 kg이 출토되었다.[60] 요양 부근의 하맥와(下麥窪)·사령방(沙嶺房)·북원(北園)·황니와(黃泥窪)·유조채(柳條寨)에서는 포폐·도폐·일도·원전 등 금속 화폐가 출토되었는데, 유조채 것만도 70여 kg에 달했다. 여대 시 안자산촌에서도 한번에 명도전 60여 kg이 출토된 바 있다.[61]

요령성 동부 지역의 관전 쌍산자·태평초·홍석립자·하노하촌 등과 봉성현의 봉산, 동구현의 신력·장안·합룡촌 등에서도 모두 연·진 화폐가 출토되었을 뿐 아니라, 쌍산자에서도 저장갱에 명도전 200여 매가 있었다.[62] 이것은 또한 연·진 세력이 요동 지역으로 진출하면서 남긴 유물이라고 볼 수 있다.

58) 佟冬, 『中國東北史』, 吉林文史出版社, 1987, 284~286쪽.

59) 項春松, 「內蒙古赤峰地區發現的戰國錢幣」, 『考古』84-2, 1984.

60) 佟達 等, 「遼寧撫順縣巴溝出土燕國刀幣」, 『考古』85-6, 1985.

61) 旅順博物館, 「旅順口區后牧城驛戰國墓淸理」60-8, 1960.

62) 許玉林, 「遼寧寬甸發現戰國時期燕國的明刀錢和鐵農具」, 『文物資料叢刊』3期, 1980.

연 명도전은 한반도 북부에서도 광범하게 출토된다. 출토 지역을 자세히 보면 요동 지역과 한반도 서북 지방, 특히 청천강 이북 지역에서 명도전이 유달리 많이 발견되고 있음이 주목된다.

집안 지역에서는 중국 전국시대 포폐와 연의 명도전이 여러 번 출토되었고,[63] 흑룡강 유역에서는 전국시대 평주포(平周布)가 출토되었다.[64] 평주는 당시 위(魏)나라 땅으로 지금의 산서 개현(介縣)에 있었다. 이는 연의 경제력이 곧바로 장성 이북까지 깊숙이 들어와 흑룡강 유역까지 도달했음을 말해 준다. 또한 요령 지역 남북 양 지역 간에 시종 밀접한 경제교환이 있었음을 알 수 있다.

한반도 북부 지역 출토 명도전 유적은 세죽리[65] 등 '취락(聚落)' 유적에서 나온 것과 환인 대전자[66] 등 묘지에서 나온 것이 있지만, 대다수는 매장(埋葬) 유적에서 나오고 있다. 그리고 이것들은 대개 연 장성 유적 주변에 위치한다.

이처럼 요동 지역과 서북한 일대에서 특별히 명도전이 많이 나오는 것은 기원전 3~2세기 당시 이 지역에서 명도전이 활발하게 유통되었던 사실을 말해준다. 이 지역에서는 상품생산과 유통이 발전하고 대외 거래가 매우 발전되어 있었던 것이다.[67]

요동 지역을 고조선의 영역으로 보는 논자들은 요동과 서북한 지역에서 명도전이 많이 나오는 이유를 그 지역에 위치한 고조선이 명도전을 화폐로 사용했기 때문이라고 본다.

기원전 3세기 말 연장(燕將) 진개의 침입과 함께 명도전이 조선에 유입, 사용되었고 그 흔적이 한반도 및 요동 지역에 나오는 명도전이라는 것이다.[68] 따라서

---

63) 藤田亮策,『朝鮮考古學硏究』, 1948, 196~292쪽.

64) 佟柱臣,「我國歷史上對黑龍江流域的管轄及其他」(『北方考古集成』 재수록), 1953.

65) 김정문, 앞의 논문, 1964, 44~54쪽; 김영우, 앞의 논문, 1964, 40~50쪽.

66) 曾昭藏·齊俊,「桓仁大甸子發現靑銅短劍墓」,『遼寧文物』81-2, 1981.

67) 손량구,「료동지방과 서북조선에 드러난 명도전에 대하여」,『고고민속론문집』12집, 1990, 38쪽.

68) 崔夢龍,「고조선의 문화와 사회경제」,『한국사』4 초기국가-고조선·부여·삼한,

기원전 3~2세기 요동 지역과 서북한 일대에서 명도전이 유통되고, 그것도 다른 지역들에 비해 활발히 유통된 것은 고조선과 연 나라 사이의 활발한 대외적 거래를 보여주는 것이라고 해석한다. 즉 고조선은 연 나라에 대해 강력한 상품수출국이었을 뿐만 아니라, 이 시기 연 나라는 대외관계의 한 축을 고조선에 두고 활발히 교역을 발전시켜 나갔다는 것을 증명한다는 것이다.[69]

최근에는 중국 동북 지역과 한반도 서북부에서 조사된 전국시대~진·한 초의 화폐유적을 본격적으로 검토하고 요하 이동에서 한반도 서북부의 화폐유적을 남긴 주민이 고조선임을 검토한 글이 발표되었다.[70] 이밖에 세죽리-연화보유형의 문화를 연나라의 영향 하에서 보급된 것으로 보면서도 요하~청천강 일대에서 출토되는 명도전에 대해서는 토착민들이 소유하였을 가능성을 인정하는 견해가 발표되기도 하였다.[71]

이러한 해석은 기원전 3~2세기 고조선의 세력권과 관련하여 깊이 생각해 보아야 한다. 즉 기원전 3세기에는 요령 지역이 이미 연 나라의 세력권에 포함되었음을 염두에 두어야 한다.

중국 동북 지방 전체를 놓고 볼 때 명도전 유적은 하북성에서 요서·요동을 거쳐 한반도 서북 지역에 이르는 너른 지역에 분포되어 있다. 특히 명도전이 사용되었던 시기인 기원전 3~2세기에는 고조선 중심지가 청천강 이남 지역이었음을 감안한다면, 요동~청천강 유적에서 명도전이 많이 나오는 것은 전국시대 이래 요령 지역에 대한 연·진의 정치·경제적 영향이 대단히 깊었음을 암시하는 자료로 보

1997, 146쪽; 李鍾旭, 『古朝鮮史研究』, 一潮閣, 1995.

69) 손량구, 앞의 논문, 1990, 38~45쪽; 최몽룡, 「고조선의 문화의 사회 경제」, 『한국사』 4, 국사편찬위원회, 1997, 145쪽.

70) 박선미, 「기원전 3~2세기 요동지역의 고조선문화와 명도전유적」, 『선사와 고대』 14, 2000, 139~166쪽; 「遼河以東의 明刀錢遺蹟과 燕의 관련성 검토」, 『典農史論』 7, 2001, 33~38쪽.

71) 이청규, 「한중 교류에 대한 고고학적 접근 -청동기시대에서 철기시대까지-」, 『한국고대사연구』 32, 2002, 105~110쪽.

아야 한다. 또 연·진의 상인(商人) 및 일반인의 상업과 관계된 구역이 매우 광활하고 상품교환 규모도 상당하였음을 보여주는 것이라고 이해해야 할 것이다.

따라서 명도전이 나오는 지역은 이미 고조선의 영역이 아닌 연·진의 영역이었으므로 그 사용 주체는 토착 예맥족 계통의 고조선인도 있었겠지만, 주로는 연 계통의 사람이었을 것이다. 요동~청천강 유역의 명도전 관계 유적 안에는 예맥 계통의 토착민들과 중국계 이주민이 혼재(混在)하고 있었고, 토착민도 일부 명도 전을 소유·사용하였을 것이지만, 그것을 토착 고조선인의 화폐라고 보는 것은 잘 못이다.[72]

특히 주의할 것은, 중국 동북 지방에서 출토된 금속화폐 중에는 연의 양평포 (襄平布)·차음포(差陰布)·익창포(益昌布)·일화전(一化錢)·원전(圓錢) 및 진 반량전 외에 초(楚)나라의 영원(郢爰)을 제외한 그 나머지 여섯 나라의 화폐가 모두 출토되고 있다.

이 점은 기원전 3~2세기까지 요령 지역에는 각 지역의 여러 소국들이 각 지역 독자적으로 화폐를 사용하면서 할거하고 '왕(王)'을 칭하는 상태에 있었음을 보여준다. 그리고 그들 사이의 경제교류 또한 중단된 적이 없었음을 말해준다.

2. 위만조선 단계의 철기문화와 국가적 성장

기원전 2세기 위만이 등장하기까지 천산산맥 이동 지역과 서북한 지역을 배경으로 성장하던 고조선은 느슨한 연맹 상태에서 벗어나 어느 정도 집권력을 갖춘 국가 단계로 성장하게 된다. 후기 단계 고조선, 즉 위만조선이 국가로서 성장하여 중국 세력에 맞설 수 있을 정도로 성장하는 데는 고조선 사회 자체의 생산력 향상에 따른 국력 성장이 기본이 되었을 것이다.

일반적으로 고조선 후기 단계의 위만 집단은 고조선의 준왕을 축출하고 위씨

---

72) 田村晃一, 「樂浪郡設置前夜の考古學(一) −淸川江以北の明刀錢出土遺蹟の檢討−」, 『東アジア世界史の展開』, 靑山學院大學 東洋史論集, 1994, 25~29쪽.

조선을 건국할 당초부터 상당한 수준의 철기와 철기 제작기술을 보유한 것으로 인식되어 왔다. 그러나 고조선 서북 지역에 거주할 당시부터 위만 집단이 한의 철제 무기를 다량 소유할 수 있었다고는 생각되지 않는다. 당시는 철의 전매제가 실시되기 이전이므로 위만 집단이 소유할 수 있었던 철기는 상인을 통해 구입한 농기구 또는 공구류가 그 대부분이었을 것이다.[73] 그러므로 위만 집단이 한의 철제 무기를 배경으로 세력기반을 확대하게 되는 것은 위만 왕조를 세운 이후 한과의 공식 외교관계가 성립되고 난 이후의 사실로 봐야 한다.[74]

위만이 이주민이나 토착민을 세력 하에 두고 위만조선을 세웠던 시기는 전한 혜제(惠帝) 때, 즉 기원전 190년대의 일이다. 위만과 그 자손은 단지 평양을 중심으로 하는 서북 지방만이 아니고 남방이나 동방으로 세력을 확장하여 진번과 임둔도 지배 하에 두었다. 그리고 그 이북에 위치한 동옥저도 한때 고조선 세력의 지배를 받게 된다.

이처럼 후기 고조선은 주변지역에 대한 정복을 통해 지배체제를 확립한 후, 지배권 하의 여러 부족이나 진번 곁에 위치했다는 중국(衆國, 辰國) 등이 요동 지역의 중국 군현에 직접 조공하고 교역하는 것을 금하였다.

위만조선의 이러한 태도는 무엇보다 자국의 실력에 의지하는 것이겠지만, 한편으로는 당시 북아시아에서 강대한 정치세력을 형성하였던 흉노 제국과 연결될 수 있는 가능성이 또 하나의 힘으로 작용하였다고도 볼 수 있다.[75]

이러한 자신감을 바탕으로 위만조선은 수도인 왕검성(王儉城)을 중심으로 한 독자적인 문화도 탄생시켰다. 토광묘에 이어 목곽묘를 조영하고, 고조선만의 독특한 한국식동검문화를 창조한 것이 그것이다.

---

73) 철제무기가 일반화되는 것은 한대(漢代)에 들어오고 난 이후이며, 이는 한(漢) 정부의 관리 하에 있었기 때문에 쉽게 소유되어질 수 없었을 것이다. 부분적으로 철제무기를 제작하거나 소유하였을 가능성도 있으나 이는 효용도가 낮은 전국계 철기였을 것으로 추정된다.

74) 李賢惠, 『三韓社會形成過程研究』, 一潮閣, 1984, 65~66쪽.

75) 三上次男, 『古代東北アジア史研究』, 吉川弘文館, 1966, 17~19쪽.

한편 위만조선의 지배층에는 이주해온 중국인이 많았다. 따라서 그들은 중국 계통의 문화를 유지하면서 발전시켰으리라 생각한다. 그러나 서북한 지역은 중국 본토에서 멀리 떨어져 있고, 게다가 전국시대 문화 혹은 진·한초의 문화는 중국 본국 문화에서 벗어나 자립적인 발전을 시작하여 후에 독자적인 지역문화를 형성하게 되었다.

　이제 토착민 사이에서도 선진 문명사회와의 접촉에 의해 새로운 문화를 누리게 되었고, 계급사회가 성립하였다. 이러한 변화 발전은 남만주에서 서북한에 걸쳐 새로운 단계의 무덤으로 토광묘가 집중 발견되는 것에서도 알 수 있다. 이들 토광묘는 분명 토착민 유력자들이나 그 가족의 분묘일 것이라 생각된다.

　『사기』「조선열전」의 기록에 의하면 위만은 주변 만이족(蠻夷族)이 중국 변경을 침입하는 것을 방어하는 책임을 맡았고, 만이 군장이 입현천자(入見天子)하는 것을 차단하지 않는다는 조건 하에 한의 외신으로 봉해지고 한으로부터 철제 무기를 공급받았던 것 같다. 그리고 이를 바탕으로 진번, 임둔 같은 세력을 복속시키고 있다.[76] 이는 위씨조선의 지배자집단이 이미 한의 철제무기를 세력팽창의 배경으로 삼고 있었다는 것을 뜻한다.

　위만조선은 손자 우거대(右渠代)에 이르면 이미 한과 공식적인 외교관계는 지속되지 않는데, 그간의 달라진 사정을 잘 말해준다.[77] 이는 중간무역의 이익을 독점하고자 하는 실질적인 이해관계에 따른 거부이다. 그리고 관계 거부 결정은 철제무기 제작기술을 습득했으며, 기술 수준 또한 일정 수준에 도달했기에 가능했을 것이다. 즉 기원전 2세기 후반 위만조선은 강철 제작기술을 습득함으로써 철제무기를 독자적으로 제작할 수 있었으리란 추정이 가능하다.[78]

---

76) 『史記』卷115 朝鮮列傳 第55 "會孝惠高后時天下初定 … 以故滿得兵威財物侵降其旁小邑"

77) 『史記』卷115 朝鮮列傳 第55 "傳子孫右渠所誘漢亡人滋多 又未嘗入見 眞番旁衆國欲上書見天子 又擁閼不通"

78) 한대에 이르러 실용적인 무기로서 철검, 철도가 대량 제작될 수 있었던 것은 단철(鍛鐵) 기술의 진보를 바탕으로 하고 있다(佐藤武敏, 『中國古代工業史の研究』, 1977,

이러한 기술개발의 계기나[79] 철기의 구체적인 성분·성능의 차이 등에 관한 것은 알 수 없으나, 위만조선 지배집단은 한의 철기와 형태가 유사한 철검·철부·철모 같은 철기를 소유할 수 있었을 것이다. 시간이 지남에 따라 위만조선의 철기문화는 발전되었다. 그리고 위만조선은 중국으로부터 받은 '병위재물(兵威財物)' 등을 바탕으로 많은 철제 농기구와 무기를 만들어 생산력을 제고하고 군사력 증강을 통해 주변 소국에 대한 '무력정복'을 수행하여 갔다.[80]

후기 고조선은 이웃한 진번·임둔·동옥저 등지에서 나오는 풍부한 물자를 확보하고 그것을 바탕으로 사회를 유지하였다. 또한 철기문화를 바탕으로 국가적 성장과정에서 주변세력을 복속시키고 속민집단으로 편제하여 안정된 수취기반을 확대해 가는 데 주력하였다. 한 문제(기원전 179~157년) 초에 장군 진무 등이 조선과 남월(南越)이 병력을 갖추고 중국을 엿보고 있으니 이를 치자고 주청한 기록이 있는[81] 것으로 보아 이 당시 위만조선이 발달된 철기문화와 철제 무기를 바탕으로 한반도 서북 지방에서 요동 방면으로 진출을 꾀한 것이 아닌가 짐작된다.

정복지역에서 나오는 여러 생산품과 원료는 고조선이 국가로 성장하는데 불가결한 전제였다고 보인다. 고조선은 주변지역을 정복하여 그 지역의 수장을 통해 지역을 통제하고 물자를 공납(貢納)받아 정치적 통합을 유지하는 물질적 자료로 활용하였다. 따라서 고조선 사회의 정치적 통합 규모는 공납과 고조선에서 내려주는 사여·증여 형식을 통해 규정되었을 것이다. 그렇다고 볼 때 사방 1천 리 영역 내에 있는 여러 소국들을 통제하고 그 소국들이 중국과 하던 무역을 독점함으

79쪽).

79) 漢式 단철기술의 습득이 위만조선이 받아들인 漢 亡人에 의한 것인지 전국계 철기 제작기술을 바탕으로 한 자체 개발인지는 알 수 없다.

80) 『사기』에 위만이 한의 외신이 되어 공급받았다고 하는 병위재물은 공식적인 관계를 통한 교역품을 의미하며, 그 중 병위는 철제의 무기를 가리키는 것으로 보아도 무방할 듯하다.

81) 『史記』卷25 律書 第3 "將軍陳武等議曰「南越朝鮮 自全秦時內屬爲臣子 後且擁兵阻阨 選蝡觀望」"

로써 고조선 왕실의 왕권이나 지배력을 강화하는 작용을 하였다. 이러한 사실은 당시 이미 고조선 왕실의 권한이 어느 정도 확립되어 있었음을 보여준다.[82]

Ⅳ. 맺음말

지금까지 거칠지만 세죽리-연화보유형 문화의 성립과 고조선의 국가적 성장 모습을 연관시켜 살펴보았다. 이하 본문 내용을 정리하는 것으로 맺음말에 대신 하겠다.

기원전 4~3세기, 즉 전국시대 이래 연 지역의 주민들이 대거 이동하여 요령 지역에 거주하기 시작한 모습은 주거지와 성지(城址), 무덤 등에서 알 수 있다. 이들 유적에서는 모두 주조한 철제 농기구와 무기 등이 토착적 성격을 갖고 있는 토기 등과 함께 출토하고 있다.

이 가운데 요동~서북한 청천강 유역의 초기 철기문화는 대표 유적인 무순 연화 보 유적과 영변 세죽리 유적을 근거로 세죽리-연화보유형 문화라고 부르고 있다.

그 동안 많은 연구자들은 요동~서북한 지역의 초기 철기문화를 별다른 논의 없이 고조선의 문화로 해석해 왔다. 그러나 요동~서북한 지역에서 중국으로부터 영향을 받아 발달하기 시작한 초기 철기문화는 이전 시기 청동기문화와 마찬가지로 요동~서북한 지역과 청천강 이남 한반도 서북 지방의 문화가 차이가 난다.

먼저 요동~서북한 지역 청동기문화를 자세히 살펴보면 요동~청천강 유역 초기 철기문화의 경우 기본적으로는 유이민과 토착민의 문화가 융합하여 성립한 것임을 알 수 있다. 그러나 특히 유이민에 의한 전국계 철기문화가 그 중심을 이루고 있음을 알 수 있다. 청천강 이남 지역에서 발달한 세죽리-연화보유형 문화는 철제 무기와 농공구에서 이북 지역과 특징에서 차이를 보인다.

따라서 요동~청천강 유역의 세죽리-연화보유형 문화는 종전의 견해대로 고조

---

82) 송호정, 「고조선의 국가적 성격」, 『역사와 현실』 제14호, 1994, 148~149쪽.

선의 문화로 해석하는 것은 신중할 필요가 있으며, 토착민 거주 지역에 연의 유이민이 이동하여 연 계통의 문화를 형성한 것으로 보는 것이 합리적이라 할 수 있다. 한편 그 이남의 청천강 이남 지역에서는 한국식 동검을 위주로 한 한국식 동검문화, 즉 초기 철기문화가 발전하였으며 그것은 분명 고조선의 문화라고 할 수 있다.

고조선은 기원전 3~2세기 이래 중국 전국시대 연으로부터 들어온 철기문화의 영향을 받아 국가 단계로 성장하였고, 한대에 이르러 한으로부터 새로이 병위재물을 얻어 이를 바탕으로 고대 국가를 이루는 단계까지 나아갔다. 이처럼 고조선이 국가를 형성하는 데는 중국 전국계 철기문화의 영향이 컸던 사실을 유념할 필요가 있다.

다시 쓰는 고조선사 저서 목록

이 책에 담은 각 장의 글은 모두 그간에 발표된 논고들을 정리한 것이다. 교정을 보는 정도로 약간의 문투를 고친 것과 최근의 연구 성과 및 사진 자료를 보충한 것 외에는 발표하였을 때의 내용을 그대로 수록하였다.

이 글들이 처음 발표된 시기와 게재지는 다음과 같다.

시작하는 글

「고조선사 연구 방법론의 새로운 모색」(『인문학연구』 34호, 2017)

I부. 문헌 자료로 본 고조선

1. 고조선, 역사와 고고학(『The Han Commanderies in Early Korea History』, 2013)
2. 고조선 중심지를 둘러싼 논쟁을 어떻게 볼 것인가?(『청람사학』 26집, 2017)
3. 고조선의 위치와 중심지 문제에 대한 고찰(『한국고대사연구』 58, 2010)
4. 위만조선의 왕검성 위치에 대한 최근 논의와 비판적 검토(『역사와 담론』 92집, 2019)
5. 선진 문헌에 기록된 고조선 사회와 주민집단(『역사와 담론』 61집, 2012)
6. 고조선의 성장과 대외 관계(『사학연구』 137호, 2020)
7. 기원전 2세기 古朝鮮 準王의 南來와 益山(『한국고대사연구』 78, 2015)
8. 위만조선의 정치체제와 삼국 초기의 부체제(『국사관논총』 98집, 2002)

II부. 고고 자료로 본 고조선

1. 고고학으로 본 고조선(『한국사시민강좌』 49집, 2011)
2. 요서 지역 고고 자료와 한국 고대사 관련 연구에 대한 재검토(『한국상고사학보』 96호, 2017)
3. 대릉하 유역 상주(商周) 청동예기 사용 집단과 기자조선(『한국고대사연구』 38, 2005)
4. 고대 동북아시아 요령식(비파형)동검문화 연구
   −요동반도 지역의 청동기 문화를 중심으로−(『청람사학』 9집, 2004)
5. 미송리형토기문화에 대한 재고찰(『한국고대사연구』 45, 2007)
6. 청동기시대 대동강 유역 팽이형토기문화와 고조선(『동양학』 55, 2014)
7. 요동~서북한 지역에서 세형동검문화의 발생과 고조선의 국가형성
   (『한국상고사학보』 40호, 2003)
8. 세죽리−연화보유형 문화와 위만조선의 성장(『호서사학』 48집, 2007)

• 송호정

서울대학교 국사학과를 졸업하고 같은 학교 대학원에서 박사학위를 받았다.
한국 고대 문화의 원류에 깊은 관심을 가지고 우리 민족과 고대국가가 형성된 과정
을 연구해 「고조선의 위치와 족속 문제에 관한 고찰」로 석사학위를, 「고조선의 국가
형성 과정 연구」로 박사학위를 받았다. 한국 고대사와 역사고고학을 전공했고, 현재
한국교원대학교 역사교육과 교수로 재직 중이다.

지은 책으로
『한국 고대사 속의 고조선사』, 『단군, 만들어진 신화』, 『한국생활사박물관2-고조선
생활관』, 『고조선을 왜 비파형 동검의 나라라고 하나요?』, 『아! 그렇구나 우리 역사
1, 2, 6』, 『처음 읽는 부여사』 등이 있다.

다시 쓰는 고조선사 | 다시 쓰는 古朝鮮史

초판인쇄일   2020년 2월 25일
초판발행일   2020년 2월 28일
지 은 이   송호정
발 행 인   김선경
책 임 편 집   김소라
발 행 처   서경문화사
주   소   서울시 종로구 이화장길 70-14(204호)
전   화   743-8203, 8205 / 팩스 : 743-8210
메   일   sk8203@chol.com
신 고 번 호   제1994-000041호
ISBN   978-89-6062-221-0   93910
ⓒ 송호정 · 서경문화사, 2020

정가 48,000